LOS GRANDES PRINCIPIOS DEL DERECHO PÚBLICO

BIBLIOTECA INTERNACIONAL DE DERECHO PÚBLICO

LIBARDO RODRÍGUEZ RODRÍGUEZ
(Director)

JUAN CARLOS CASSAGNE

LOS GRANDES PRINCIPIOS
DEL DERECHO PÚBLICO

EDITORIAL TEMIS S. A.
Bogotá - Colombia
2018

© Juan Carlos Cassagne, 2018.
© Editorial Temis S. A., 2018.
  Calle 17, núm. 68D-46, Bogotá.
  www.editorialtemis.com
  correo elec.: gerencia@editorialtemis.com

Hecho el depósito que exige la ley.
Impreso en Editorial Nomos S. A.
Carrera 39B, núm. 17-85, Bogotá.

ISBN 978-958-35-1165-3
      2924 20180001250

A Tomás-Ramón Fernández

PRESENTACIÓN

El Instituto Internacional de Derecho Administrativo - IIDA (www. iida-deradm. org), tiene la satisfacción de presentar a la comunidad jurídica la Biblioteca Internacional de Derecho Público, que tiene por objeto publicar monografías sobre temas de derecho constitucional y administrativo de relevancia actual, conceptual o histórica.

El Instituto es una institución sin ánimo de lucro, de carácter académico y científico, que tiene como objeto el fomento y la promoción de la ciencia del derecho administrativo en los diferentes países y en el marco de la comunidad internacional, para lo cual desarrolla actividades tendientes al cumplimiento de los siguientes objetivos específicos:

a) Promover el estudio, la investigación, la profundización y el conocimiento de las diversas expresiones del derecho administrativo en los diferentes países y desde la perspectiva del derecho comparado.

b) Propiciar la reflexión, el debate, el diálogo y el intercambio de ideas y experiencias entre sus miembros y entre ellos y otras personas o entidades interesadas en los temas propios del derecho administrativo.

c) Fomentar y fortalecer la docencia, la investigación, la divulgación y el desarrollo del derecho administrativo en los diferentes países.

d) Las demás que sean conducentes para el logro del objetivo general.

En cumplimiento de esos objetivos, el volumen I de la Biblioteca, que hoy presentamos, está consagrado a *Los grandes principios del derecho público*, del cual es autor el connotado profesor argentino Juan Carlos Cassagne, ilustre miembro fundador del Instituto. El tema de este volumen es, sin duda, uno de los más actuales del derecho público, teniendo en cuenta la progresiva importancia que han venido adquiriendo los principios en la evolución del derecho.

LIBARDO RODRÍGUEZ RODRÍGUEZ
Presidente del IIDA

A MODO DE PRÓLOGO[*]

En el campo del derecho se llevan a cabo, cada tanto, grandes transformaciones que modifican instituciones caducas y amplían o limitan sus alcances, dando vida a nuevos principios y reglas compatibles con los fines que presiden el cambio o la adaptación del sistema jurídico.

La idea de escribir este libro sobre los grandes principios del derecho público (constitucional y administrativo) nació como una necesidad de actualizar y, en algunos casos, renovar nuestro pensamiento acerca de esos trascendentes principios, a partir de una serie de ensayos y trabajos que tuvieron como eje central el abordaje del principio de legalidad[1]. Esa idea se vio más tarde motorizada por el interés intelectual que nos despertó el desarrollo del nuevo constitucionalismo, la proyección de sus paradigmas al derecho administrativo y la trascendencia de la obra de FINNIS en el campo de la filosofía del derecho, uno de los grandes impulsores de la Nueva Escuela de Derecho Natural (NEDN) la cual, contrariamente a lo que puede suponerse, implica una revalorización del derecho positivo sin mengua de la jerarquía de los principios generales.

El nuevo constitucionalismo, aun con los riesgos que comporta su utilización ideológica, sobre todo la interpretación colectivista igualitaria más radicalizada (una suerte de falso progresismo), no se puede desconocer en tanto es parte de una realidad que ha provocado una vuelta de campana en la concepción misma del derecho, que tiene como centro la dignidad de la persona humana y los principios generales, los cuales, de un modo u otro, se derivan de dicho paradigma fundamental o se vinculan con él, presidiendo el ordenamiento jurídico.

El declive del positivismo, a partir de la segunda guerra mundial, generó una transformación significativa en el plano de las fuentes del derecho provocando la pérdida de la centralidad de la ley y su sustitución por el papel trascendente que adquirieron los principios generales (provenientes tanto del derecho positivo como del derecho natural) que pasaron a funcionar como mandatos vinculantes superiores a las leyes y con operatividad directa o derivada, según sea su dependencia de las previsiones presupuestarias y de las decisiones legislativas necesarias para implementarlos, como sostienen los tratados internacionales que poseen jerarquía constitucional. En ese escenario, desapareció la separación absoluta entre moral y derecho potenciándose la función del juez en la interpretación del derecho, convirtiéndolo en un protagonista fundamental del sistema jurídico. En tal sentido, la indeterminación, que es propia de los principios, así como la necesidad de resolver nuevas situaciones jurídicas no

[*] El autor quiere dejar constancia de su especial agradecimiento a María Eugenia Zacagnino por la eficiente colaboración que le prestó en la compilación de los originales de esta obra y para corregir los sucesivos capítulos con el aporte de valiosas sugerencias.

[1] En nuestro libro *El principio de legalidad y el control judicial de la discrecionalidad administrativa,* Madrid-Buenos Aires, Marcial Pons, 2011.

previstas en las leyes, acentuaron el papel de los jueces en el proceso de creación del derecho hasta llegar a positivizarse por vía jurisprudencial.

El Estado de derecho clásico no ha perdido la fuerza de sus atributos tradicionales pero deja de ser neutral y se convierte en Estado subsidiario al realizar la justicia, con sentido social, a través de prestaciones positivas que garantiza con arreglo al principio de subsidiariedad, cuando no las brinda directamente en caso de insuficiencia de la iniciativa privada. Al propio tiempo, surgieron nuevos derechos constitucionales concernientes al medio ambiente, a la competencia y a los derechos de los consumidores y de los usuarios de servicios públicos, entre otros, que la reforma constitucional de 1994 incorporó a nuestro ordenamiento supremo.

En la misma línea, los tratados de derechos humanos, con jerarquía constitucional (Const. Nal., art. 75 inc. 22), han pasado a complementar el sistema de protección de los derechos individuales y sociales reconocidos en la llamada parte dogmática de nuestra Carta Magna, mediante mandatos que vinculan al juez, a la Administración y a todos los operadores jurídicos, tengan carácter público o privado.

Aunque buena parte de dichos tratados internacionales contienen nuevos principios de derecho público, tal novedad no implica que los derechos colectivos prevalezcan sobre los derechos fundamentales reconocidos en la primera parte de la Constitución. En esa tesitura, los principios y derechos de libertad, propiedad e igualdad deben interpretarse en forma armónica, sin negar *a priori* derecho fundamental alguno para atribuir prioridad a otro. La fórmula interpretativa derechos vs. derechos que se ha propiciado, atribuyéndoles preferencia a los derechos colectivos sobre los individuales, encierra una tesis dogmática que no se funda en un precepto constitucional expreso aparte de que conculca el principio de no contradicción. Por lo demás, los conflictos no se dan directamente entre derechos sino entre las pretensiones contrapuestas de las partes, que hasta pueden versar, en determinadas ocasiones, sobre los mismos derechos y principios, cuya solución de justicia dista de ser una tarea automática y sencilla.

Porque la interpretación justa del ordenamiento, utilizando pautas de razonabilidad y, particularmente, la técnica de la ponderación, es la tarea más difícil que deben afrontar los jueces en la actualidad, en un clima en el que impera la intolerancia en el que debe realizar una labor constante para mantener la vigencia de los valores del Estado de derecho sobre la base del principio de separación de poderes.

Al respecto, pese a que se mantenga la esencia de un Estado de derecho basado en la separación de poderes y, sobre todo, en el funcionamiento independiente del poder judicial, es evidente que asistimos a una remodelación del sistema divisorio para garantizar los derechos de los ciudadanos y de las entidades privadas y de carácter público no estatal.

En ese marco, el clásico principio constitucional de la separación de los poderes ejecutivo, legislativo y judicial, que tanto ha contribuido a la protección de las libertades, ha cobrado nueva dimensión, al coexistir en los gobiernos de los Estados democráticos múltiples y diversos poderes.

Es así que el esquema constitucional de poderes compartidos y separados, adoptado por vez primera en la Constitución norteamericana de 1787 y luego en la francesa de 1791, lejos de ceñirse al reparto de competencias entre los órganos de los clásicos poderes, ha debido ensanchar considerablemente su campo de acción con el surgimiento de nuevos poderes que, bajo el control de los jueces o de tribunales administrativos, van ejerciendo funciones separadas y autónomas respecto de la Administración o del Congreso (v. gr. consejos de la magistratura o del poder judicial, defensores del pueblo, ministerio público, etc.). Entre esos nuevos poderes hay un fenómeno que no ha recibido la profundización doctrinaria que merece que es el de las autoridades regulatorias independientes, las cuales, no obstante no haber tenido recepción en las diferentes constituciones, se han generalizado de un modo sorprendente en casi todos los sistemas comparados. De tal modo, bien puede hablarse de un nuevo principio general, que afirma instituciones que precisan contar con garantías de independencia, imparcialidad y especialización funcional, sacándolas de la órbita de los poderes políticos del gobierno para ponerlas en manos de funcionarios idóneos y técnicos que actúen con neutralidad política y eficacia indiferente.

Este nuevo principio ha desplazado la noción de autarquía ligada a un control de tutela a cargo del ejecutivo o de la administración central. En efecto, la autarquía, junto a las facultades para designar los miembros de los órganos directivos, más los poderes de intervención del ejecutivo, torna ilusoria, en muchos casos, la independencia o autonomía de los entes reguladores.

La tendencia actual en el campo de las autoridades regulatorias radica, fundamentalmente, en atribuirles plena independencia técnica y funcional al par que múltiples competencias, incluso de naturaleza jurisdiccional con control amplio y suficiente de legitimidad (legalidad y razonabilidad) por parte de los jueces. El caso de la AFSCA es paradigmático y la necesidad de independencia e imparcialidad ha sido reconocida por la jurisprudencia nacional e interamericana (caso *Baena*).

En ese escenario, el nuevo constitucionalismo (expresión que preferimos a la de neoconstitucionalismo por la carga ideológica que este término contiene) ha extendido el alcance del control judicial sobre la discrecionalidad administrativa e, incluso, de la constitucionalidad de las leyes, contribuyendo a reafirmar las tendencias imperantes en los derechos administrativo y constitucional, en cuanto a combatir las arbitrariedades e ilegalidades en que suelen incurrir los poderes públicos.

Los paradigmas de la Nueva Escuela de Derecho Natural (NEDN) enseñan que el derecho en general, y particularmente el derecho público, es una ciencia basada en principios de justicia sin que exista una separación absoluta entre moral y derecho.

Es que el derecho, como toda ciencia, no puede renunciar al enfoque sistémico por lo que los intentos del positivismo de depurar la ciencia jurídica pretendiendo quitar todos los elementos no normativos o positivos no pasaron de ser una quimera o un intento infructuoso. En suma, el derecho no puede divorciarse de la teoría de la justicia cuyo conocimiento resulta indispensable para resolver las principales cuestiones que se plantean en el derecho público.

En esa línea de pensamiento, la dogmática no puede desarrollarse en plenitud sin el auxilio de la filosofía del derecho y de la lógica formal ni el derecho público puede explicarse sin conocimientos históricos ni de los provenientes de la ciencia política.

Con ese enfoque sistémico y la metodología de la escuela iusnaturalista moderna, hemos abordado la construcción de una teoría sobre la armonización de los principios y derechos fundamentales de las personas en el Estado social de derecho o Estado de justicia, que es el continuador del Estado de derecho y no su opuesto, como pretenden quienes explican e interpretan las transformaciones operadas desde una visión puramente ideológica y no sociológica.

Este ensayo va precedido de tres capítulos introductorios. Dos de ellos, de tipo más general, resultan indispensables para captar el sentido de las concepciones que se exponen en el núcleo del libro y se refieren al nuevo constitucionalismo, la estructura del ordenamiento y la teoría de los principios generales del derecho. En un capítulo más específico hemos creído conveniente continuar, de alguna manera, la tarea que emprendió en su momento nuestro inolvidable maestro Jorge Tristán Bosch actualizando la teoría de la separación de los poderes a la luz de las transformaciones operadas en el derecho público.

En la selección de los grandes principios y derechos (conceptos interrelacionados en los que abrigamos la pretensión de haber puesto algo de luz) hemos tenido en cuenta aquellos que revisten carácter fundamental en cualquier Estado de derecho democrático civilizado como derechos de las personas (libertad, propiedad e igualdad) sobre la base que los mismos constituyen, a la vez, mandatos que vinculan a los legisladores, administradores y jueces, es decir, principios. Tampoco podía faltar en el enfoque de este ensayo la problemática que plantea el reconocimiento constitucional de los nuevos derechos y garantías que complementan el catálogo de los ya existentes, ni menos aún, el análisis del principio de la tutela judicial efectiva sobre el que pivotea todo el sistema procesal protectorio de los principios y derechos fundamentales.

Por último, el cuadro de los grandes principios de derecho público habría quedado incompleto si no hubiéramos agregado un capítulo con los principios institucionales y sectoriales de aplicación en el derecho administrativo, los que guardan estrecha conexión con los principios fundamentales que presiden el sistema constitucional. Y aunque somos conscientes de que se trata de un abordaje selectivo y, por tanto, no del todo completo, procuramos trazar una orientación metodológica susceptible de seguirse en ulteriores investigaciones.

En definitiva, con una visión sistémica y no fragmentaria, pretendemos contribuir, en la medida de nuestras posibilidades, a la formación de juristas con conocimientos firmes pero, sobre todo, con conciencia moral, pues son muchas las tentaciones que les acechan en un ambiente de corrupción generalizada, que no es patrimonio exclusivo de los gobernantes, legisladores ni jueces sino de toda la sociedad.

Agradecemos a la Editorial Temis y, en especial a su gerente general, Erwin Guerrero Pinzón, la deferencia al decidir la publicación de este libro en Colombia.

Buenos Aires, 12 de marzo de 2016
Juan Carlos Cassagne

ÍNDICE GENERAL

CAPÍTULO II

LOS PRINCIPIOS GENERALES
EN EL DERECHO ADMINISTRATIVO

CAPÍTULO III

EL PRINCIPIO DE SEPARACIÓN DE PODERES

CAPÍTULO IV

LOS PRINCIPIOS DE LEGALIDAD Y DE RAZONABILIDAD.
LA INTERDICCIÓN DE ARBITRARIEDAD

CAPÍTULO V

EL PRINCIPIO DE IGUALDAD

CAPÍTULO VI

EL PRINCIPIO DE LIBERTAD

CAPÍTULO VII

LOS NUEVOS DERECHOS Y GARANTÍAS

PÁG.

2. La protección ambiental y el derecho a un ambiente sano 275
   A) Las nuevas cláusulas constitucionales 277
   B) El núcleo del derecho ambiental 279
   C) El deber legal de preservación del ambiente. Prohibiciones 279
   D) El daño ambiental y la obligación de recomponer 280
   E) El amparo ambiental 282
   F) Competencia en materia ambiental 284
3. El principio protectorio de la competencia 285
4. Los derechos de consumidores y usuarios 287
   A) La falsa oposición entre el interés público y el interés particular o privado 289
   B) La regla de la interpretación restrictiva de los privilegios y su extensión
      a las concesiones y licencias 290
5. La participación pública en el control de los servicios públicos 292
   A) Tipologías de la participación pública en los entes reguladores 296
6. El derecho de reunión 300
7. El derecho a la salud 301
8. Problemática de la legitimación en los procesos administrativos 303
   A) Tendencias actuales en materia de legitimación 305
   B) Los elementos que configuran la legitimación procesal activa (ordinaria
      y anómala o extraordinaria) 308
9. Los derechos de incidencia colectiva y el amparo constitucional 310
10. La tutela de la legalidad y la acción popular 311
11. La globalización: su influencia sobre el principio de legalidad 313

CAPÍTULO VIII

LOS PRINCIPIOS INSTITUCIONALES Y SECTORIALES
DEL DERECHO ADMINISTRATIVO

CAPÍTULO IX

EL PRINCIPIO DE LA TUTELA JUDICIAL EFECTIVA

Capítulo I

EL NUEVO CONSTITUCIONALISMO
Y LAS BASES DEL ORDEN JURÍDICO

1. Un nuevo escenario en el derecho público

La realidad actual muestra que estamos ante un nuevo escenario jurídico constitucional que se proyecta con intensidad a la mayoría de las instituciones del derecho público, particularmente al derecho administrativo. Para explicar lo que acontece la doctrina habla de neoconstitucionalismo[1] y no se puede desconocer que se ha operado un cambio radical en el sistema de las fuentes del derecho, que se refleja tanto en su interpretación como en el papel que cumplen los jueces en el Estado de derecho.

El fenómeno que se ha generado mediante una transformación paulatina y gradual del sistema del derecho es producto de la propia dinámica del Estado de derecho que se va nutriendo de nuevas herramientas para realizar sus fines, en un escenario caracterizado por la aceleración del tiempo histórico.

Basta con advertir que el auge que tuvieron los principios generales en algunos países europeos por obra de la jurisprudencia (como la del Consejo de Estado francés[2]) y en otros, a raíz de la sanción de los nuevos textos constitucionales (v. gr. España, Alemania e Italia) originó un proceso en el que prevalecieron distintas corrientes interpretativas que terminaron desplazando la supremacía de la ley como centro del sistema jurídico junto a una serie de dogmas consecuentes que sostenían el cuadro básico del positivismo legalista.

En ese cuadro figuraban desde la limitación del papel del juez a la mera aplicación de la norma, el rechazo de los valores o de la moral como integrantes del derecho, hasta la idea de que la tarea de interpretación consistía más en

---

[1] Para explicar el fenómeno parece más adecuado utilizar la expresión nuevo constitucionalismo en vez de "neoconstitucionalismo", por la carga ideológica que suelen contener las posturas de algunas doctrinas (mezcla de falso progresismo y populismo) y por las consecuencias que, para algunos sectores, puede suponer el empleo del elemento compositivo.

[2] Charles Debbasch, *Droit administratif,* Paris, Economica, 2002, págs. 115 y ss.; Jacqueline Morand-Deviller, *Cours de droit administratif,* 13ème éd., Paris, Montchrestien, 2013, págs. 267 y ss., expone un nutrido conjunto de principios generales del derecho que resultan aplicables aún en ausencia de texto normativo, desarrollados por el Consejo de Estado a partir de los casos "Dame Trompier-Gravier" (1944) y "Aramú" (1945).

una operación lógica de subsunción antes que en una ponderación basada en el razonamiento práctico o en la argumentación jurídica, como ahora sostiene. Obviamente, en ese esquema positivista, los principios generales del derecho no tenían cabida y la justicia se consideraba una cuestión metafísica, ajena al mundo jurídico. Los derechos del hombre[3] no se fundaban en la ley natural y su vigencia dependía de su reconocimiento por las normas positivas. Sin embargo, al ser el derecho administrativo —en sus orígenes— un derecho especialmente jurisprudencial[4], fue abriéndose paso mediante la creación pretoriana de sus principios institucionales y sectoriales.

El derecho emanado de los tratados internacionales, en especial sus principios y la doctrina de la convencionalidad, contribuyeron también a sellar el nuevo modelo en el que se afirma la protección de los derechos fundamentales o humanos desde la perspectiva del principio de la dignidad de la persona como centro de un sistema jurídico complejo que prevalece e informa a los demás principios.

La clave que ordena ese sistema jurídico complejo que caracteriza al derecho público utiliza una metodología basada en un enfoque sistémico[5] (propio de toda ciencia) que enlaza las partes especiales que forman el conjunto de cada rama del mundo jurídico vinculándolas con los principios generales del derecho[6]. En esa línea[7], el derecho administrativo constituye —dentro del derecho público— un subsistema jurídico[8].

2. Positivismo y neoconstitucionalismo

A partir de la segunda guerra mundial, la mayoría de los antiguos dogmas cayeron en forma bastante generalizada y uniforme en los principales países

---

[3] Acerca del significado de los derechos humanos en la Constitución Argentina véase el trabajo de Leopoldo H. Schiffrin, "Notas sobre el significado de los derechos humanos en la Constitución Argentina", en Jonathan M. Miller, María Angélica Gelli y Susana Cayuso, (Dirs.), *Constitución y derechos humanos*, t. 1, Buenos Aires, Astrea, 1991, págs. 22 y ss.

[4] Libardo Rodríguez R., *Derecho administrativo general y colombiano*, 15ª ed., Bogotá, Temis, 2008, pág. 22.

[5] Mario A. Bunge, *Memorias. Entre dos mundos*, Buenos Aires, Gedisa-Eudeba, 2014, págs. 234-237.

[6] Eberhard Schmidt-Assmann, *La teoría general del derecho administrativo como sistema*, Madrid, Instituto Nacional de la Administración Pública, Marcial Pons, 2003, págs. 1-2.

[7] Alberto Montaña Plata, *Fundamentos de derecho administrativo*, Bogotá, Universidad del Externado de Colombia, 2010, págs. 25-26.

[8] Jaime Orlando Santofimio Gamboa, *Tratado de derecho administrativo*, t. I, Bogotá, Universidad del Externado de Colombia, 2003, págs. 20 y 174-177.

europeos[9]. No obstante, no faltaron quienes trataron de rescatar algunos restos del naufragio refugiándose en lo que algunos juristas denominan neoconstitucionalismo, que aparece con un rumbo radicalmente opuesto al que practicaban las escuelas positivistas de antaño, a pesar de algunas rectificaciones notables, que se adelantaron a la evolución del pensamiento de esas corrientes filosóficas.

En efecto, en uno de los últimos trabajos de KELSEN se observa un cambio fundamental en su concepción normativa ya que, contrariamente a lo que había afirmado en la *Reine Rechtslehre* de 1960 (en el sentido de que las normas jurídicas eran juicios hipotéticos), sostuvo que los principios lógicos (fundamentalmente el de no contradicción y el de inferencia) no son aplicables a las normas. Como las normas que crea el juez (en el último esquema kelseniano) son, en definitiva, actos reales de voluntad y no juicios lógicos[10], dada la indeterminación conceptual propia del derecho y del lenguaje, así como los inevitables vacíos normativos, el giro kelseniano implica reconocer que el derecho tiene su fuente más en la voluntad creadora del juez que en la subsunción a un esquema lógico formal, lo que abre un ancho cauce para que en la voluntad del juez se cuelen, aparte de las subsunciones de la lógica abstracta, las valoraciones y principios jurídicos provenientes de la ley natural, determinados conforme a las reglas de la razonabilidad práctica (FINNIS).

Encandilados con el nuevo esquema que han propuesto algunos teóricos europeos del llamado "neoconstitucionalismo" son pocos los que han subrayado que la mayoría de los países de América (fieles en este punto a la tradición y al sistema de la Constitución norteamericana) estuvieron regidos, desde sus orígenes[11], por principios de un sistema que, aunque con los vicios y defectos de los nuevos Estados, obedecía a la lógica de una arquitectura constitucional superior que, recién muchos años después, adoptaron las constituciones europeas de posguerra[12].

La superioridad de la concepción americana se basó en cuatro elementos fundamentales que se introdujeron en los marcos de los derechos constitucio-

---

[9] ARTHUR KAUFMANN, *La filosofía del derecho en la posmodernidad,* trad. del alemán por Luis Villar Borda, Bogotá, Temis, 2007, págs. 11 y ss.

[10] MARTÍN LACLAU, "Relación entre lógica y Derecho en el último período de Kelsen", La Ley 1982-B, 699 y ss. Los dos últimos trabajos de KELSEN (*Derogación* y *Derecho y Lógica*) fueron traducidos al castellano por el Instituto de Investigaciones Jurídicas de la Universidad Nacional Autónoma de México, y publicados en el *Boletín Mexicano de Derecho Comparado,* núm. 21, México, 1974, págs. 258 y ss.

[11] Véase: AUGUSTO DURÁN MARTÍNEZ, *Neoconstitucionalismo y derecho administrativo,* Montevideo, La Ley, 2012, págs. 9 y ss., especialmente pág. 13.

[12] LUIS PRIETO SANCHÍS (*Constitucionalismo y positivismo,* 2ª ed., México, UNAM-Fontamara, 1997, pág. 16) señala dicha circunstancia y aunque no desarrolla el punto es uno de los pocos juristas europeos que lo advierte.

nales positivos: a) la concepción de la Constitución como norma suprema[13] que prevalece sobre las leyes ordinarias en virtud de un pacto (basado en el consentimiento del pueblo) que garantiza la estabilidad de los derechos en el marco de una Constitución rígida; b) el reconocimiento en la Constitución de los valores republicanos y derechos fundamentales por encima de la ley ordinaria sobre la que predominan la dignidad del hombre[14] y sus libertades como objetivo central de la vida política[15]; c) una justicia imparcial e independiente que aplica e interpreta directamente la Constitución garantizando la limitación de los poderes, que es algo así como la médula del modelo norteamericano, y d) un control de la constitucionalidad de las leyes y de las decisiones administrativas en cabeza del poder judicial[16], que obliga a los jueces a no aplicar las leyes que conculcan la Constitución[17].

Como la obligatoriedad de la Constitución surge, en el sistema norteamericano (seguido en el resto de América), de una regla que le atribuye a la Constitución el carácter de norma suprema y vinculante, no fue necesario en nuestros países acudir a construcciones como fueron la regla básica de KELSEN o la regla de reconocimiento de HART[18], para fundar dicha obligatoriedad en elementos extra positivos de naturaleza sociológica o de lógica formal.

Las bases de ese esquema constitucional permiten afirmar que, para los países americanos, el sistema que los europeos denominan Estado Constitucional de Derecho no es una novedad[19], pues siempre lo tuvieron en sus respectivos

---

[13] ALAN RANDOLPH BREWER CARIAS (*Principios fundamentales del derecho público,* Caracas, Editorial Jurídica Venezolana, 2005, págs. 13 y ss.) apunta que la idea de la Constitución como norma suprema de aplicación inmediata y fundamento del orden jurídico posee una tradición normativa que se remonta a la Constitución venezolana de 1811 (*op. cit.*, pág. 19). Véase del mismo autor: *La Constitución de Cádiz y el constitucionalismo americano*, San José de Costa Rica, Editorial Investigaciones Jurídicas, 2012, págs. 21 y ss.

[14] Ver: DURÁN MARTÍNEZ, *Neoconstitucionalismo* ..., cit. págs. 30 y ss.

[15] Cfr. GREGORIO BADENI, *Tratado de derecho constitucional*, 3ª ed., t. I, Buenos Aires, La Ley, 2010, pág. 56.

[16] JORGE ALEJANDRO AMAYA, *El control de constitucionalidad*, Buenos Aires, Astrea, 2012, págs. 121 y ss.

[17] NÉSTOR P. SAGÜÉS, "El control de constitucionalidad en Argentina", en DANIEL SABSAY (Dir.), *Constitución de la Nación Argentina*, Buenos Aires, Hammurabi, 2010, págs. 585 y ss.

[18] Ver sobre el punto el completo análisis de MANUEL ATIENZA y JUAN RUIZ MANERO, *Las piezas del derecho. Teoría de los enunciados jurídicos*, 2° ed., Barcelona, Ariel Derecho, 2015, págs. 167 y ss. La obligatoriedad de la ley constituye, por otra parte, un principio de derecho natural.

[19] ALFONSO SANTIAGO (*Neoconstitucionalismo*) Separata de Anales de la Academia Nacional de Ciencias Morales y Políticas, Buenos Aires, 2008, señala que ciertos aspectos del neoconstitucionalismo no constituyen una novedad para los sistemas inspirados en el modelo constitucional norteamericano (pág. 8).

ordenamientos desde los comienzos de la Constitución norteamericana. En tal sentido, las nuevas repúblicas de América siguieron este aspecto básico del modelo, no obstante la mixtura con otras fuentes que armonizan con el sistema norteamericano y aún lo profundizan, como la Constitución de Cádiz que tuvo gran influencia en las constituciones de los países iberoamericanos[20].

El peligro de trasplantar este nuevo constitucionalismo europeo a América no se encuentra entonces en la raíz del sistema adoptado sino en la incorporación de otras ideas al proceso de construcción e interpretación del derecho positivo constitucional. Entre ellas, se destacan las basadas en ideologías que conciben el derecho como un mero mecanismo de dominación económica, confundiendo la incuestionable protección de los derechos humanos o fundamentales (en el que la dignidad de la persona constituye el valor supremo) con la socialización del derecho y de la justicia[21] y una pretendida hegemonía cultural que ahoga el pluralismo. El grado máximo de esta tendencia, expresada en diferentes visiones, asigna, básicamente, una absoluta preeminencia a lo colectivo sobre lo individual y al Estado sobre el hombre, desplazando el principio de subsidiariedad. En esa línea, si se atribuye irrestricta prevalencia a la igualdad sobre la libertad y la propiedad, el derecho enfrenta el riesgo de nutrirse de una axiología colectivizante que, llevada al extremo, en vez de procurar la cohesión de la sociedad, introduce la confrontación y el conflicto permanente entre los distintos estamentos sociales, cada uno de los cuales busca aceleradamente crecer a expensas de los otros[22].

Lejos de suponer que el papel del Estado deba ser siempre neutro su intervención es, por naturaleza, subsidiaria de las fuerzas naturales de la sociedad, lo que no impide que intervenga, positivamente y en forma razonable, con el fin de evitar los abusos del mercado que impidan la libre competencia así como para suplir las carencias sociales de los sectores más necesitados de la población, incluso de los desocupados que no consiguen empleo. A su turno, la justicia social precisa orientarse hacia el bien común, sin discriminaciones irrazonables, mediante una política distributiva destinada a compensar las carencias sociales, de manera de no destruir la espontaneidad de los actores

---

[20] Vid nuestro trabajo: "El Bicentenario de la Constitución de Cádiz, sus raíces y sus proyecciones", La Ley 2011-F, 1318, suplemento de la Academia de Derecho y Ciencias Sociales de Buenos Aires, págs. 1 y ss.

[21] ROBERTO ENRIQUE LUQUI, "Socialización de la justicia", La Ley 2011-F, 1290.

[22] La tendencia hacia la socialización o prevalencia de los derechos colectivos sobre los derechos humanos de toda la población se muestra patente en el abuso que hacen los sectores sindicales al utilizar el derecho de huelga en los servicios públicos o esenciales como en el derecho absoluto o ilimitado que conculca otros derechos fundamentales de las personas (trabajar, circular libremente, atender su salud o vida, etc.). Sobre este punto puede verse: AÍDA KEMELMAJER DE CARLUCCI, "Huelga y servicios públicos", en AGUSTÍN GORDILLO (Dir.), *Derecho administrativo. Doctrinas esenciales*, t. III, Buenos Aires, La Ley, págs. 783 y ss.

económicos ni la capacidad financiera de cada comunidad. No hay que confundir la política social con los principios generales del sistema jurídico y los derechos fundamentales del hombre, preexistentes a cualquier acto de creación o reconocimiento del Estado o de la sociedad[23].

3. La constitucionalización del ordenamiento y los nuevos problemas que se plantean

Como parte de un proceso que parece no detenerse hay que advertir que el llamado "neoconstitucionalismo"[24] irrumpe en el complejo escenario mundial, con tendencias que van de un extremo al otro[25], gestadas en el marco de la globalización del derecho.

La aparición de esta corriente responde a variadas causas. Desde los cambios, aparentemente neutros provocados en el seno del positivismo y las conversiones transversales de sus antiguos fieles hacia posiciones afines al iusnaturalismo junto a las matrices puramente ideológicas que impulsan la socialización del derecho hasta los que desde una posición trans-positivista intentan diluir la distinción entre positivismo y iusnaturalismo (llevando quizás más agua al molino del primero), el abanico de posturas filosóficas que abarca ese proceso es prácticamente inagotable. Son escasos los trabajos que han intentado la sistematización de las teorías[26], asumiendo el riesgo inevitable de no incluir muchos de los variados aportes que impulsan las modas de turno, cuyas posturas suelen ser tan opuestas como contradictorias[27]. Con todo, aun con la relatividad propia de una tendencia que exhibe algunas fisuras por ciertos efectos disvaliosos que es susceptible de producir (fundamentalmente, la socialización extrema y abusiva de los derechos individuales de las personas), no se puede desconocer que, en el plano del derecho público, viene imponiéndose la llamada constitucionalización del ordenamiento jurídico[28], carac-

---

[23] Cfr. José Manuel Estrada, *Curso de derecho constitucional*, 2ª ed., Buenos Aires, Científica y Literaria Argentina, 1927, págs. 47-49.

[24] Santiago (*Neoconstitucionalismo*, cit., págs. 8 y ss.), ha hecho una buena descripción del fenómeno.

[25] Kaufmann (*La filosofía...*) advierte que es un signo de la modernidad ir de un extremo al otro (*op. cit.*, pág. 9).

[26] Manuel Hallivis Pelayo (*Teoría general de la interpretación*, México, Porrúa, 2009, especialmente, págs. 20 y ss.) aborda, en forma exhaustiva, la mayoría de los temas y doctrinas sobre la teoría de la interpretación en la filosofía del derecho y en la teoría general.

[27] Alejandro Pérez Hualde (*Reflexiones sobre neoconstitucionalismo y derecho administrativo*, La Ley 2007-C, págs. 851 y ss.) apunta, siguiendo a Carbonell, que "bajo el manto del neoconstitucionalismo se cobijan tendencias contradictorias".

[28] Riccardo Guastini, "La constitucionalización del ordenamiento jurídico: el caso italiano", en Miguel Carbonell (Dir.), *Neoconstitucionalismo(s)*, México – Madrid, Universidad Autónoma de México - Trotta, 2006, pág. 49.

terizada por un condicionamiento acentuado de la Constitución sobre la ley ordinaria y la actividad administrativa.

Este proceso supone, como principal efecto, el desplazamiento como dogma absoluto de la presunción de constitucionalidad de las leyes[29], lo que implica un aumento de las facultades de los jueces para controlar a los otros poderes.

A) *La teoría de la armonización de los derechos para resolver los conflictos*

Al circunscribir las objeciones que merece este proceso de constitucionalización (tarea, por cierto, difícil de llevar a cabo con fundamento en un criterio objetivo) puede decirse que una de las características más cuestionables consiste en elevar la jerarquía de los denominados *nuevos derechos,* oponiéndolos a los derechos fundamentales o humanos clásicos del derecho natural, reconocidos positivamente en la casi totalidad de las constituciones decimonónicas. Una de las técnicas que suelen utilizarse para afirmar esa primacía opera mediante el planteamiento radical de los conflictos de derechos.

Esta es la principal dificultad que plantea la línea más extrema del neoconstitucionalismo ya que el llamado conflicto de derechos, aparte de afectar el principio de no contradicción[30] y, no obstante la dimensión de peso que puedan tener los respectivos principios generales, no tiene en cuenta que cada uno de ellos desempeña un papel armónico dentro del sistema jurídico, en el cual, en principio, no hay jerarquías dogmáticas predeterminadas sean estas positivas o naturales (con excepción del derecho a la vida y sus derivaciones). El desplazamiento de un principio general por otro no debe ser un acto de puro voluntarismo judicial o doctrinario sino de ponderación de los distintos valores que están en juego en el caso, conforme a las exigencias de la razonabilidad práctica[31].

El fundamento de la teoría sobre la armonización de los derechos reposa en que el derecho, en sentido amplio, es una ciencia social y, como toda ciencia, su conocimiento y práctica deben basarse en un enfoque sistémico para

---

[29] Juan Pablo Cajarville Peluffo, "Supremacía constitucional e interpretación", en el libro *Sobre derecho administrativo*, t. i, Montevideo, FCU, 2007, págs. 273 y ss. Sin embargo, tampoco resulta legítimo sustentar la presunción de inconstitucionalidad de ciertas leyes (relativas a las denominadas categorías sospechosas) pues la inconstitucionalidad debe siempre acreditarse o probarse en el proceso.

[30] Como lo ha demostrado Fernando M. Toller, en el trabajo "Refutaciones lógicas a la teoría de los conflictos de derechos", en Juan Cianciardo (Coord.), *La interpretación en la era del neo-constitucionalismo,* Buenos Aires, Ábaco, 2006, págs. 138 y ss.

[31] John Finnis, *Ley natural y derechos naturales,* trad. de Cristóbal Orrego S., Buenos Aires, Abeledo Perrot, 2000, págs. 131 y ss.

poder alcanzar los fines de justicia y bien común que persigue. La pretensión de imponer, con carácter dogmático, un derecho colectivo sobre un derecho individual implica una interpretación fragmentaria del derecho y va contra la unidad que predica la visión sistémica. Incluso para la teoría que postula la naturaleza dual del derecho[32], que reconoce su invalidez solo cuando se supera un umbral extremo o intolerable de injusticia, la prelación de un derecho sobre otro no resulta posible dado que no existe principio alguno que establezca dicha preferencia. Los derechos no se encuentran en conflicto *a priori* y resulta necesaria su armonización mediante un método adecuado que permita ponderar y reflexionar con sentido práctico para arribar a una decisión justa.

B) *Trascendencia de la ciencia política, de la filosofía del derecho y de su teoría general*

Sin embargo, a favor de lo que suele denominarse neoconstitucionalismo, aunque de manera desordenada (con fundamento en las diversas ideologías de sus cultores), corresponde reconocer que ha sabido conectarse con la ciencia política y con la filosofía y, sobre todo, con la teoría general del derecho, para adoptar las nuevas tendencias y técnicas de interpretación de la ley y del derecho. Dichas técnicas, en cualquier caso, no necesitaban una nueva escuela para desarrollarse, por la sencilla razón que eran y son también sostenidas por los juristas que profesan un iusnaturalismo actualizado y por juristas del derecho público pertenecientes a otras disciplinas[33]. Como en toda ciencia, la necesidad de acudir al método sistémico no puede soslayarse.

En efecto, en un escenario caracterizado por la primacía de los principios generales y de la interpretación del derecho, las nuevas tendencias no precisaban un movimiento filosófico-jurídico peculiar o típico para desarrollarse[34]. A la inversa, puede advertirse que fue un movimiento que se gestó *a posteriori* del proceso de recepción de los principios generales nutriéndose tanto de tradiciones y principios de derecho público como de los nuevos preceptos constitucionales de la posguerra europea, en medio de un marcado divisionismo filosófico.

---

[32] Robert Alexy, *El concepto y la naturaleza del derecho*, trad. del alemán de Carlos Bernal Pulido, Madrid, Marcial Pons, 2008, págs. 54 y ss., especialmente págs. 73 y ss.

[33] Sobre los avances producidos en el seno del derecho procesal con la potencialización del papel de los principios generales, el impulso hacia la tutela judicial efectiva y la protección de los derechos humanos, véase: Osvaldo A. Gozaini, *Tratado de derecho procesal civil,* t. I, Buenos Aires, La Ley, 2009, pág. 32.

[34] Tan es así que dos de los más destacados cultores del movimiento pospositivista como Dworkin y Alexy, estuvieron relacionados con la escuela positivista de Hart y para fundar sus teorías no se apoyaron en el constitucionalismo europeo de posguerra. Igualmente, desde el campo del iusnaturalismo, Finnis, de origen australiano, enseñó en Oxford, donde sobresalía la escuela de Hart.

En ese contexto, entonces, resulta impensable postular la unidad y persistencia de un fenómeno doctrinario que seguramente evolucionará hacia otros rumbos en el futuro que son, por el momento, difíciles de avizorar.

Porque si bien podría decirse que uno de los pocos acuerdos existentes entre todas las teorías de la filosofía del derecho y del derecho público radica en la defensa del Estado de derecho y en el mantenimiento de un régimen que lo garantice de una manera efectiva, los desacuerdos surgen, entre otras cosas, en relación 1) a la determinación del contenido o fines del Estado de derecho (liberal, social o benefactor o subsidiario); 2) a la medida y extensión del régimen garantístico (lo que tiene particular incidencia en el régimen del acto administrativo), y 3) a la tendencia hacia la constitución de un complejo sistema de derecho internacional lejos todavía de alcanzar consenso y uniformidad[35].

4. Las fronteras entre el derecho público y el derecho privado: la "summa divisio" como categoría histórica

Las diferentes ramas del derecho nunca han tenido una demarcación precisa de sus límites, dado que estos se mueven al compás de oscilaciones históricas, sociales e incluso, políticas. Repárese, sin más, en la categorización del derecho constitucional como derecho público a pesar de que su contenido comprende la regulación básica de derechos individuales de naturaleza privada, como el derecho de propiedad.

Por otra parte, la delimitación entre lo público y lo privado y la consecuente sistematización de instituciones y principios no siempre coinciden totalmente en los ordenamientos comparados. Esto obedece a que el derecho público —particularmente el derecho administrativo— constituye una categoría histórica[36], al igual que cualquier otra rama del derecho. La historicidad no es patrimonio exclusivo de determinados derechos, sobre todo de los que se gestaron inicialmente como derechos especiales.

Desde una atalaya diferente, la mayoría de los juristas que se ocuparon de esta cuestión en el siglo pasado, probablemente influidos por el prejuicio positivista (KELSEN juzgaba inútil la distinción), no afrontaron la tarea de profundizar las razones y criterios que justifican la clásica *divisio*.

---

[35] Luigi FERRAJOLI, *El garantismo y la filosofía del derecho*, Bogotá, Universidad del Externado, 2000, pág. 178. Por ejemplo, entre los países que no aceptan la jurisdicción del Tribunal Penal Internacional se encuentran las grandes potencias como Estados Unidos y China. En forma paralela, tampoco puede afirmarse que el denominado *ius cogens* se haya totalmente generalizado en el mundo, no obstante que algunos tribunales lo prediquen incluso en contra de preceptos constitucionales expresos (ej. el principio de la irretroactividad de la ley penal).

[36] Como pensaba TULLIO ASCARELLI con respecto al derecho mercantil.

Más extraño aún fue el hecho de que se diera por sobreentendida una *divisio* no basada en elementos que permitieran la determinación de los criterios fundamentales de la distinción, los cuales a la luz de cualquier observador atento y no superficial, resultaba imprescindible determinar para el encuadre de las disciplinas publicistas en los respectivos órdenes jurídicos comparados y en el derecho nacional.

En paralelo, la insuficiencia de las tres principales concepciones que pretendieron fundar la distinción (teoría de los sujetos, del interés público y de los actos de imperio), llevó a algunos autores, como GOLDSCHMIDT, a basar la *divisio* en un criterio que tenía como eje el reparto o distribución de los bienes, derechos o ventajas de la relación jurídica sosteniendo que la adscripción al derecho público se producía cuando el reparto se llevaba a cabo en forma autoritaria mientras que lo típico del derecho privado radicaba en la autonomía de los repartos o atribuciones.

De la simple observación de la realidad se desprende que el derecho civil abarca repartos que no son autónomos (las relaciones de familia, por caso) los cuales, cuando está en juego el orden público no son intereses o derechos libremente disponibles (ej. la obligación alimentaria).

A su vez, en el ámbito del derecho administrativo, pueden coexistir repartos autónomos y repartos autoritarios, aun en los contratos más típicos que celebra la Administración, que hacen a su giro o tráfico normal. Por cierto que la autonomía del reparto ocupa un espacio preferente para los contratistas en los acuerdos bilaterales regidos en punto a su objeto por el derecho privado (v. gr. la compra-venta).

El derecho público y, particularmente, el derecho administrativo, constituyen categorías históricas que se nutren con elementos y circunstancias de cada país. Originada en el derecho mercantil, la idea de la categoría histórica no se proyectó a la *divisio,* y existe cierto desinterés teórico en la búsqueda de criterios definitorios por parte de la doctrina que suele darlos por sobreentendidos, cuando no niega la división, alegando que la globalización, junto a la influencia del derecho anglosajón, ha borrado prácticamente las diferencias entre derecho público y derecho privado[37].

Pero esa moda, como toda moda, será probablemente pasajera y habrá que ver si en el futuro desaparecen los códigos civiles de los derechos europeos o se unifican sus instituciones con las categorías del derecho público.

Porque mientras los teóricos del positivismo kelnesiano consideraban inútil la distinción, el derecho público desarrolló un formidable sistema propio y autónomo, basado en la estructuración de grandes principios que fueron adquiriendo operatividad, interrelacionándose con el derecho privado a través

---

[37] Sobre los criterios de distinción ver: ROMEU FELIPE BACELLAR FILHO, *Direito administrativo e o novo Código Civil,* Belo Horizonte, Fórum, 2007, págs. 41 y ss.

de la analogía. Desde luego que no puede desconocerse la influencia que ha tenido el derecho civil en el derecho administrativo tanto en la génesis de sus instituciones (v. gr. acto y contrato administrativo), como en su desarrollo ulterior, habiéndose afirmado que creció bajo la sombra del derecho civil[38].

Al respecto, puede advertirse que el contenido común del derecho público en el derecho comparado, tiene como eje la figura de la potestad pública (descrita por Santi Romano en Italia) que se afirma como institución central del derecho administrativo, la cual por su carácter omnicomprensivo, desplaza a la exorbitancia como criterio que identifica al derecho público[39]. Por ese motivo, actualmente se habla de régimen administrativo como criterio superador de la exorbitancia.

Con todo, la potestad y las consecuentes prerrogativas que resultan fundamentales para caracterizar categorías trascendentales como el acto administrativo, no agotan el contenido de la disciplina. Basta señalar la cantidad apreciable de meros actos administrativos o de declaraciones que emite la administración, incluso desconociendo derechos adquiridos por el administrado, los actos favorables o de fomento, así como las modernas técnicas de participación y consenso en el procedimiento administrativo, para darnos cuenta de que el universo del derecho administrativo es más complejo pues se integra con otros principios y técnicas que no implican el ejercicio de la potestad pública. Hay que recordar, por otra parte, que, como decía Ihering, no todo derecho es coactivo siendo la teoría de los actos favorables uno de los ejemplos más típicos del derecho administrativo.

Es verdad que la protección de los ciudadanos frente a la arbitrariedad de los poderes públicos continúa siendo uno de los postulados fundamentales del Estado de derecho, tras una conquista lograda en una batalla que difícilmente se revierta, especialmente en los derechos americanos y europeos.

No obstante, un derecho público basado exclusivamente en los principios garantísticos se queda corto para cumplir, por sí mismo, con la finalidad de bien común que persigue el Estado, que debe procurar la satisfacción de las necesidades colectivas, con arreglo a los principios de subsidiariedad y de solidaridad, con el objeto de permitir el libre desarrollo de las personas[40].

En este plano, la conceptualización, que brinda la doctrina alemana del derecho administrativo, como un derecho constitucional concretizado, representa

---

[38] Sebastián Martín-Retortillo Baquer (*El derecho civil en la génesis del derecho administrativo y de sus instituciones,* 2ª ed., Madrid, Civitas, 1996, págs. 15 y ss.) explica cómo se formaron las instituciones administrativas en torno a las categorías básicas del derecho civil.

[39] Véase: Marion Ubaud-Bergeron, "Exorbitance et droit des contrats: quelques interrogations à propos de la modification non conventionnelle du contrat administratif", en Xavier Bioy (Dir.), *L'identité du droit public,* Toulouse, Presses de l'Université, 2011, págs. 229 y ss.

[40] Cfr. Jaime Rodríguez Arana, *Interés general, derecho administrativo y Estado de bienestar,* Madrid, Iustel, 2012, págs. 97 y ss., especialmente pág. 225.

una suerte de tautología generalizada por cuanto es algo tan obvio que no se puede negar. Lo cierto es que esta definición no permite distinguir el derecho administrativo de otras ramas e instituciones del derecho conectadas también con el derecho constitucional (v. gr. el régimen de la propiedad en el derecho civil).

Al propio tiempo, los principios de eficacia y de eficiencia desempeñan un papel fundamental en el campo de la organización de la administración pública y al permear en los diferentes procedimientos tienden a mejorar las decisiones, hacerlas, además de razonables, más eficientes, con el objeto de lograr la mayor participación posible de los ciudadanos y los consensos sociales indispensables para una buena administración.

De ese modo, se abren infinitas posibilidades de regulación e incluso de autoregulación, que provienen de entidades intermedias cuyas organizaciones actúan de un modo independiente, sin subordinarse al poder político de turno.

En ese escenario sobresalen las funciones que cumplen las llamadas autoridades regulatorias independientes, las cuales muestran un desarrollo más abierto y flexible que amplía el ámbito del principio de separación de poderes, en el marco de una realidad en la que interactúan múltiples organismos públicos de control, a los que se les impone respetar los principios de imparcialidad e independencia que han pasado a ser principios supra-nacionales (caso *Baena* de la Corte Interamericana de Derechos Humanos).

En sustitución del antiguo poder de policía sobre el servicio público aparece la regulación económica con el objetivo central de promover la competencia. Del Estado prestador se pasa al Estado regulador y garante, en el que cobra una dimensión activa el principio de subsidiariedad, cuando la iniciativa privada no alcanza a cubrir las necesidades colectivas, sobre todo en el campo de la asistencia y de la previsión social.

Como después de una guerra, las fronteras entre lo público y lo privado se corren. Ello se opera al compás de los nuevos requerimientos de la política económico-social que impulsa el Estado moderno y los principios de selección peculiares de la contratación pública se extienden a empresas privadas en sus contratos con los particulares para promover la competencia.

5. Notas y características principales del nuevo constitucionalismo

Como consecuencia de un conjunto de causas concatenadas que, en forma somera, hemos descrito, no se puede desconocer que el nuevo constitucionalismo ha operado un cambio radical en: a) el sistema de las fuentes del derecho; b) la interpretación y la consecuente metodología que acompaña a la hermenéutica; c) la realización efectiva del control de constitucionalidad para afirmar la supremacía constitucional, y d) la consolidación, en algunos

Estados, de un derecho supranacional que conlleva la necesidad de efectuar el llamado control de convencionalidad[41].

En ese marco se potencian los sistemas de protección de las personas, que tienen como eje el principio de la dignidad de la persona humana, del cual se derivan una serie de principios o sub-principios (v. gr. la buena fe, la confianza legítima, la buena administración, la responsabilidad estatal, la participación pública, etc.).

También aparecen, en el escenario constitucional positivo de muchos Estados (entre ellos, en el ordenamiento constitucional argentino tras la reforma de la Constitución de 1994) los nuevos derechos o derechos de incidencia colectiva, tales como los derechos que protegen el ambiente (Const. Nal., arts. 41 y 43), la información adecuada y veraz (Const. Nal., art. 41), el patrimonio cultural (Const. Nal., art. 41) y la competencia (Const. Nal., art. 43), los usuarios y consumidores en la relación de consumo (Const. Nal., arts. 41 y 43), la igualdad real de oportunidades (Const. Nal., art. 75 inc. 23) y los derechos de los niños, mujeres, ancianos y personas con discapacidad (Const. Nal., art. 75) entre otros, a los que cabe adicionar los reconocidos en los tratados, particularmente los que poseen jerarquía constitucional (Const. Nal., art. 75, inc. 22) como, por ejemplo, el derecho a la tutela judicial efectiva consagrado en los artículos 8° y 25 de la Convención Americana de Derechos Humanos.

En la realización efectiva de los nuevos derechos constitucionales subyace una tensión entre la libertad y la igualdad que conduce a la generación de los denominados conflictos de derechos. Aun cuando la fuente de esos nuevos derechos tiene basamento en convenciones internacionales que en algunos Estados poseen jerarquía constitucional y superioridad sobre las leyes (ej. nuestro art. 75 inc. 22 de la Const. Nal.), lo cierto es que también los clásicos derechos constitucionales de primera generación (e incluso los derechos sociales de segunda generación) tienen también su anclaje en el derecho supranacional de los tratados internacionales (v. gr. el derecho de propiedad).

Sobre la base del esbozo precedente veamos ahora qué se mantiene y cuáles son los cambios que se han producido, cuya captación requiere tener en cuenta los fenómenos históricos (políticos, económicos y sociales) así como los principios que provienen de la filosofía del derecho y las técnicas interdisciplinarias de interpretación, como la lógica, ya que resulta prácticamente imposible hacer ciencia jurídica sin el acuerdo de una metodología sistemática[42] y abarcativa de todos los elementos que componen o complementan el conocimiento jurídico.

---

[41] HALLIVIS PELAYO, *Interpretación de tratados internacionales tributarios*, cit., especialmente págs. 86-98 y el artículo "Elementos para lograr una homologación metodológica del control difuso de constitucionalidad en México", *Revista Pro-Homine*, año 1, núm. 1, Suprema Corte de Justicia de la Nación, México, 2014, págs. 133 y ss.

[42] Ampliar en GERMÁN CISNEROS FARÍAS, *Derecho sistemático,* México, Porrúa, 2005, págs. 239 y ss.

El nuevo constitucionalismo mantiene a rajatabla el Estado de derecho cuyo contenido no es más la ideología liberal de antaño sino que, conservando como principio la protección de la libertad frente a las arbitrariedades de los poderes públicos, se orienta a la realización del Estado social y democrático de derecho o si se prefiere del Estado de justicia. Sin embargo, no es posible soslayar la realidad que exhiben los derechos latinoamericanos como consecuencia de la recepción de los tratados de derechos humanos en sus respectivos ordenamientos, integrando el bloque de constitucionalidad[43], lo cual ha venido a ampliar el dogma de la supremacía constitucional.

La democracia pasa a convertirse en un principio general del derecho público, prácticamente absoluto, en sentido contrario al relativismo crítico que sostuvo KELSEN. En efecto, cualquiera fuera el ordenamiento positivo, como este entraña una verdad relativa, las atrocidades hitlerianas encuentran su justificación en el propio relativismo que cobijaría el principio democrático[44], aunque sean repugnantes a la ley natural, lo cual constituye un absurdo lógico y político de primer orden.

La afirmación del principio democrático como derivación de la ley natural, en cuanto resulta la forma de gobierno en la que el órgano ejecutivo y los parlamentarios resultan elegidos por el pueblo, es la que mejor armoniza con la realización del bien común, sin que necesariamente excluya la llamada monarquía constitucional, en la que la figura del Rey simboliza a la Nación mediante la sabia fórmula que prescribe que reina sin gobernar.

Ahora bien, la democracia no funcionaría con justicia y eficacia pudiendo devenir en un gobierno despótico si no tuviera como complemento el principio de separación de poderes y sus corolarios básicos, esto es, el principio de limitación del poder[45] (como en la Constitución norteamericana, un sistema de poderes limitados) y la independencia del poder judicial con garantías de inamovilidad e imparcialidad[46].

---

[43] ERNESTO JINESTA LOBO, "La construcción de un derecho administrativo común. Reformulación de las fuentes del derecho administrativo con las construcciones del derecho internacional de los derechos humanos", ED, Suplemento de Derecho Administrativo, diario de 30 de marzo de 2012, pág. 2.

[44] HANS KELSEN (*Esencia y valor de la democracia,* trad. del alemán por Rafael Luengo Tapia y Luis Legaz y Lacambra, Barcelona-Buenos Aires, Labor, 1934, págs. 143 y ss., especialmente págs. 153 y ss.) llega a decir que la paradoja de la democracia es darse su sentencia de muerte (*op. cit.,* págs. 144 y ss.) y que todos los metafísicos postulan la autocracia, lo cual es contrario a la verdad histórica ya que basta con el ejemplo que dio la Escuela de Salamanca al rechazar la tesis absolutista sobre el origen divino del poder para demostrar la falsedad histórica en que incurre KELSEN.

[45] FINNIS, *Ley natural..,* cit., págs. 300 y ss. y comentario de ORREGO en el Estudio Preliminar a la obra de FINNIS (pág. 27).

[46] Vid: RODOLFO L. VIGO, *De la ley al derecho,* 2ª ed., México, Porrúa, 2005, págs. 219-220.

Este último principio se ha extendido a otros órganos o entes a los que se les asignan funciones regulatorias, incluso de contenido jurisdiccional, interpretándose que los principios de independencia e imparcialidad se extienden a las llamadas autoridades regulatorias independientes[47]. De ese modo, el campo clásico de la separación de poderes se ha ampliado considerablemente y el sistema exhibe una suerte de poderes múltiples[48] que vienen a complementar, con el ejecutivo, el legislativo y el judicial, el ejercicio de funciones estatales sobre la base de competencias establecidas conforme al principio de especialización.

El nuevo constitucionalismo reafirma la caracterización de la Constitución como norma suprema y algunos piensan que estamos ante la llamada constitucionalización del ordenamiento, algo que en cierto modo parece redundante en América, en cuyos sistemas se consagró, a partir de la Constitución de Estados Unidos, el principio de supremacía constitucional.

Por otra parte, con toda la buena intención del mundo muchos sostienen hoy —conforme a la doctrina alemana[49]— que el derecho administrativo constituye un derecho constitucional concretizado, lo que nos parece una generalización excesiva al punto que, de seguirse esa línea de pensamiento, hasta el derecho civil sería un derecho constitucional concretizado habida cuenta que se ocupa de reglamentar, entre otros derechos, el derecho constitucional de propiedad.

En ese esquema, producto de la revalorización constitucional, el derrumbe de los dogmas positivistas ha conducido a la potenciación de la función del juez como creador del derecho y no más como un aplicador mecánico de la ley a través de un proceso de subsunción.

A su turno, el reconocimiento de la prevalencia de los principios generales sobre la ley positiva abrió un ancho cauce para las técnicas propias de la argumentación jurídica y al método interpretativo de la ponderación (justificación interna y externa) cuyo adalid ha sido, sin duda, ROBERT ALEXY[50]. En este escenario se desarrolla un proceso interpretativo, primero en Alemania y luego en varios Estados europeos y americanos, en el que se adopta y desarrolla el denominado principio de proporcionalidad, descompuesto en tres

---

[47] Caso *Baena* de la Corte Interamericana de Derechos Humanos.

[48] SANTIAGO MUÑOZ MACHADO (*Tratado de derecho administrativo y público general*, t. I, 2ª ed., Madrid, Iustel, 2006, págs. 1197 y ss.) describe la diversidad y múltiples poderes de las agencias o comisiones independientes.

[49] EBERHARD SCHMIDT-ASSMANN, "Cuestiones fundamentales sobre la reforma de la teoría general del derecho administrativo", en el libro *Innovación y reforma del derecho administrativo* (dir. JAVIER BARNÉS VÁZQUEZ), 2ª ed., Sevilla, Inap-Global Law Press, 2012, págs. 52 y ss.

[50] ROBERT ALEXY, *Teoría de la argumentación jurídica. La teoría del discurso racional como teoría de la fundamentación jurídica,* trad. de Manuel Atienza e Isabel Espejo, Madrid, Centro de Estudios Constitucionales, 1997, págs. 215 y ss.

tipos de juicio que debe realizar el juez en la búsqueda de la solución justa de cualquier controversia, a saber: a) el de necesidad; b) el de adecuación, y c) el de proporcionalidad en sentido estricto[51].

Para completar el cuadro de las grandes transformaciones que caracterizan el nuevo constitucionalismo, sobre todo en sus derivaciones positivas y jurisprudenciales, hay que tener en cuenta el abandono de una de las premisas del positivismo legalista que sostenía una separación absoluta entre moral y derecho.

6. LA IRRUPCIÓN Y AUGE DE LAS TENDENCIAS IUSNATURALISTAS: DIVERSOS SENTIDOS DEL CONCEPTO DE DERECHO

La pretensión de reducir el fenómeno jurídico exclusivamente a la ley positiva se ha batido en retirada y ya no quedan casi juristas que sostengan los dogmas básicos del positivismo puro. Esa corriente ha cedido a raíz del reconocimiento de la prevalencia de los principios generales[52], fundados en principios de la ley natural (la justicia, la equidad y otros valores de naturaleza eminentemente moral) (v. gr. el principio general de la buena fe). En realidad —como se ha dicho— las nuevas concepciones jurídicas se concentran más en la cultura del derecho que en la cultura de la ley[53], en suma, de un derecho público que no prescinde de los fines que persigue el Estado[54].

A su turno, la progresiva constitucionalización de los principios generales —que abrió paso a nuevas técnicas de interpretación[55]— ha ahondado el

---

[51] JAVIER BARNÉS VÁZQUEZ, "Introducción al principio de proporcionalidad en el derecho comparado y comunitario", en RAP núm. 135, Madrid, 1994, págs. 495 y ss. Mientras en el juicio de adecuación hay que valorar la idoneidad del fin, en el de necesidad se exige valorar si la medida es la menos restrictiva de los derechos y, por último, el juicio de proporcionalidad supone una valoración entre los medios elegidos, los sacrificios y el interés general, los que deben guardar proporción o, en otros términos, ser razonables.

[52] Véase: JORGE SARMIENTO GARCÍA, *Los principios en el derecho administrativo*, Mendoza, Diké, 2000, págs. 41 y ss.; RODOLFO L. VIGO "Los principios generales del derecho", JA 1986-III, 860; PEDRO J. J. COVIELLO, "Los principios generales del derecho frente a la ley y al reglamento en el derecho administrativo argentino", ReDA, núm. 62, Buenos Aires, Lexis-Nexis, 2007, págs. 1088 y ss., y nuestro libro: *El principio de legalidad y el control judicial de la discrecionalidad administrativa*, Buenos Aires-Madrid, Marcial Pons, 2009, págs. 19 y ss.

[53] Véase: RODOLFO L. VIGO (*De la ley al derecho*, 2ª ed., México, Porrúa, 2005, págs. 3 y ss.) describe muy bien el proceso de cambio de la cultura de la ley a la cultura del derecho, en el mundo occidental.

[54] MONTAÑA PLATA (*Fundamentos de derecho administrativo*, cit., págs. 46-50) señala el error en que ha incurrido el positivismo jurídico, de tipo formal, al descuidar la teleología del Estado (*op. cit.*, págs. 49-50).

[55] CIANCIARDO (Coord.), *La interpretación en la era del neo-constitucionalismo*, cit., págs. 7 y ss.; HALLIVIS PELAYO, *Teoría general de la interpretación*, cit., págs. 304-308.

declive del llamado positivismo excluyente que, en su caída, ha arrastrado antiguos dogmas. En la actualidad, casi nadie sostiene que la interpretación y aplicación al caso sea una operación de pura lógica formal que consista en un proceso de subsunción de los hechos a la norma aplicable.

Ello no implica, desde luego, desconocer la utilidad de los estudios llevados a cabo, desde distintas visiones, para desentrañar aspectos trascendentes de la lógica formal aplicados con frecuencia en el campo de la interpretación normativa, como el concerniente a las relaciones entre el derecho y el lenguaje y el relativo a los criterios que presiden el razonamiento y la argumentación jurídica.

¿Qué debe entenderse por derecho? Esta es la primera dificultad que afronta cualquier jurista porque al ser el derecho un concepto multívoco y analógico —que admite varios sentidos no necesariamente distintos ni opuestos— no existe una sola respuesta uniforme que permita establecer un único sentido del concepto y que este sea el correcto o verdadero. Así, cuando el ordenamiento o cualquier persona se refieren al derecho hay que indagar, previamente, el sentido de su uso, ya que puede referirse tanto al *ius* del derecho premoderno (lo justo), al derecho subjetivo como facultad o poder, a la ley, al orden coactivo o al conjunto del ordenamiento jurídico[56]. A su vez, con referencia al quehacer de los juristas se ha llegado a afirmar que hacer derecho consiste en "dar y exigir razones"[57]. Sin habernos enredado en la discusión filosófica utilizamos también, desde nuestros primeros análisis, el concepto del derecho como facultad (con fundamento en SUÁREZ) que, según FINNIS, traduce el lenguaje moderno de los derechos no necesariamente opuesto al *ius* de los clásicos sino más bien usando el concepto desde una perspectiva distinta[58].

[56] El concepto normativo del derecho tiene arraigada tradición y es usualmente empleado por todos los filósofos del derecho y por los juristas dogmáticos los que, al propio tiempo, utilizan el concepto de derecho como poder o facultad (derecho subjetivo) que refiere a una realidad distinta. Un ejemplo del uso multívoco se advierte en la obra de JOHN FINNIS, *Ley natural...*, cit., págs. 38 y ss. De otra parte, la tendencia al empleo de significados unívocos (desechada por ARISTÓTELES) muestra su quiebre en la diferenciación que suele hacerse en modernos sistemas constitucionales, como el español, entre la ley y el derecho. Mientras el término ley se refiere a la legalidad formal y material, el concepto de derecho remite a la justicia o a los principios generales del derecho.

[57] TOMÁS-RAMÓN FERNÁNDEZ, "Sobre el derecho y el quehacer de los juristas. Dar y exigir razones", Madrid, Universidad Complutense, Servicio de Publicaciones, Facultad de Derecho, 2011, págs. 7 y ss., reproducido en La Ley 2012-B, 1150 y en el libro +en colaboración con el autor *Sobre la ley, el poder y el derecho*, Buenos Aires, Abeledo Perrot, 2014, págs. 51 y ss.

[58] FINNIS, *Ley natural...*, cit., págs. 234 y ss. Sin embargo, se ha destacado también que el gran profesor australiano emplea una definición "focal" del derecho. Véase: RODOLFO L. VIGO, *El iusnaturalismo actual. De M. Villey a J. Finnis*, México, Distribuciones Fontamara, 2003, págs. 123 y ss.

En la dimensión del derecho como concepción ordenadora del mundo jurídico se han impuesto las dos tesis centrales del *iusnaturalismo* que predican, por una parte, que las fuentes del ordenamiento jurídico no se limitan a las de naturaleza positiva sino que comprenden también las fuentes racionales de contenido normativo-jurídico y, por la otra, que no existen compartimentos estancos entre moral y derecho, habida cuenta que este último contiene "condiciones de verdad que corresponden a ciertas proposiciones morales"[59].

Por cierto que el *iusnaturalismo* constituye una tendencia filosófica que ha desarrollado diversas etapas[60], cuyo análisis escapa al objeto de nuestro estudio, tanto por la extensión que demandaría su tratamiento como porque la tarea excedería los límites del tema central que abordamos.

A la vista del nuevo escenario descrito, si bien compartimos los enfoques de la Nueva Escuela de Derecho Natural —NEDN—, seguimos manteniendo, en lo sustancial, la adhesión a la teoría trialista de GOLDSCHMIDT[61], que concibe al mundo jurídico compuesto por las tres dimensiones que se integran respectivamente por las normas, las conductas y los valores[62].

En la vereda opuesta militan distintas corrientes filosóficas herederas o emparentadas con el positivismo que han evolucionado fuertemente y que hoy día tienden a hacer más flexible el dogma que reduce el derecho a la norma jurídica admitiendo que, a la hora de repartir o adjudicar derechos, los jueces no están obligados a una aplicación mecánica de la norma legal o principio constitucional, cuya textura abierta conduce a la interpretación judicial creativa[63].

[59] CARLOS IGNACIO MASSINI CORREAS, "Iusnaturalismo e interpretación jurídica", en *La interpretación en la era...,* cit, pág. 65, con cita de MICHAEL S. MOORE (*Law as a functional kind*).

[60] Véase: GUSTAVO E. SILVA TAMAYO, "*Corsi e ricorsi* de los principios generales del derecho", en ReDA, núm. 79, Buenos Aires, Abeledo-Perrot, 2012, págs. 74-86.

[61] WERNER GOLDSCHMIDT, *Introducción filosófica al derecho*, 4ª ed., Buenos Aires, Depalma, 1973, especialmente págs. 8 y ss., recoge nuestra opinión en el sentido de que la teoría trialista del mundo jurídico constituye un iusnaturalismo actualizado (*op. cit.,* pág. 383).

[62] Vid LUIGI FERRAJOLI, *Principia Iuris. Teoría del derecho y de la democracia*, t. I, trad. del italiano por P. Andrés Ibáñez, J. C. Bayón Mohíno y M. Gascón Abellán, Madrid, Trotta, 2007, págs. 39-40. Así también se desprende del enfoque de FERRAJOLI quien, con una acentuada tendencia normativista, se inscribe en la misma línea que el trialismo que unos cuantos años atrás propugnó WERNER GOLDSCHMIDT, en nuestro país. La teoría del derecho puede convertirse en un punto de encuentro "entre el punto de vista interno propio de las disciplinas dogmáticas, el punto de vista empírico externo propio de la sociología del derecho y el punto de vista axiológico externo propio de la filosofía de la justicia" (*op. cit.*, pág. 39).

[63] Sobre el tema, vid: MARÍA DEL PILAR ZAMBRANO ("El liberalismo político y la interpretación constitucional", en *La interpretación en la era...,* cit., pág. 85) anota que ya está bastante difundida la distinción entre positivismo excluyente (el clásico) y el positivismo incluyente (que reconoce el papel activo del juez en la creación del derecho).

Ha sido el gran filósofo del derecho Finnis (buen conocedor desde las entrañas del positivismo) quien, sin desmerecer el derecho positivo, encabeza con mayor rigor lógico-filosófico, el movimiento que propugna los principios del iusnaturalismo basado principalmente en la ley natural, sus valores básicos[64] y la aplicación de las exigencias fundamentales de la razonabilidad práctica (que enseña las cosas que moralmente pueden y no pueden hacerse)[65].

En efecto, aunque pueda parecer algo paradojal, la tradición iusnaturalista no busca desplazar al derecho positivo sino hacer que este sea siempre guiado por reglas y principios morales. Las reglas morales "son una cuestión de razonabilidad objetiva, no de capricho, convención o mera decisión..."[66].

Cabe anotar que la obra de Finnis fue elogiada por Hart y contribuyó, en grado sumo, a la revalorización del iusnaturalismo por parte de los positivistas[67]. Según Hart "el mérito principal y muy grande de esta aproximación iusnaturalista, es que muestra la necesidad de estudiar el derecho en el contexto de otras disciplinas y favorece la percepción de la manera en que asunciones no expresadas, el sentido común y los propósitos morales influyen en el derecho e integran su judicación (*adjudication*)"[68].

Hallaríase incompleto el análisis que venimos haciendo sin una referencia a la definición del derecho que proporciona Finnis, cuando se explaya sobre el que denomina significado focal del concepto de derecho basado en la descripción de sus facetas centrales que, a su entender, está configurado primariamente "por reglas producidas de acuerdo con reglas jurídicas regulativas por una autoridad determinada y efectiva" para una comunidad completa, apoyada por sanciones dispuestas por instituciones juzgadoras guiadas por prescripciones orientadas a resolver razonablemente cualquiera de los problemas de coordinación de la comunidad para la realización del bien común[69].

---

[64] En el mismo sentido, se habla ahora de un iusnaturalismo humanista como síntesis entre el derecho positivo y el derecho natural que pone el acento más en los principios generales que contienen los valores básicos o fundamentales, que en las normas o reglas positivas; sobre el contenido de esta vertiente ver: Silva Tamayo, "*Corsi e ricorsi...*", cit., págs. 86 y ss.

[65] John Finnis, *Ley natural y derechos naturales,* trad. de Cristóbal Orrego S., Buenos Aires, Abeledo-Perrot, 2000, pág. 134.

[66] Finnis, *Ley natural...,* cit., pág. 137, agrega que las exigencias de la razonabilidad práctica ofrecen "una base racional para los legisladores, los jueces y los ciudadanos" (*op. cit.,* pág. 317).

[67] Cristobal S. Orrego, *Estudio preliminar,* en la obra de Finnis, *Ley natural...*, cit., pág. 15.

[68] H. L. A. Hart, *Essays in Jurisprudence and Philosophy,* Oxford, Oxford University Press, 1983, pág. 11, cit. por Orrego en el Estudio preliminar a la obra de Finnis, *Ley natural...,* cit., pág. 15, donde recuerda que Hart consideró a la obra de Finnis como una interpretación flexible del iusnaturalismo que, en muchos aspectos, resulta complementaria a la teoría jurídica positivista (*op. cit.,* pág. 10).

[69] Finnis, *Ley natural ...,* cit., págs. 304 y ss. La definición del derecho de Finnis es multifacética basándose en una conjunción de reglas e instituciones que interactúan en la

El pensamiento "finnisiano" es complejo pero, aun cuando revela solvencia filosófica y lógica notables, no siempre resulta preciso en la terminología[70], sin desconocer que algunas posturas que adopta en su concepción sobre el derecho se encuentran en discordancia con las bases iusnaturalistas que sustenta en su obra.

Tal ocurre —entre otros aspectos— con el concepto de regla que utiliza, con exclusividad, para la definición del derecho, habida cuenta que al limitarlo a las normas (legales o consuetudinarias), como resulta del significado que atribuye al término en diversos pasajes de su obra[71], quedarían fuera del concepto de derecho nada menos que los principios generales, sobre todo los que considera principios de segundo grado que enuncia y enumera en forma abarcativa y precisa[72].

Por ese motivo, para salir del mar de promiscuidad[73] que genera la caracterización de lo que es una regla parecería más adecuado definirla como un género que comprende tanto a los principios generales como a las normas en sentido estricto[74], cuya configuración jurídica describimos más adelante.

Otro tanto acontece con la nota relativa a que el derecho regula su propia creación en cuanto ello implica caer en el formalismo jurídico pues si no hay derecho más que cuando se dictan reglas jurídicas regulativas por una autoridad determinada y efectiva, no tendrían cabida en el sistema jurídico los principios generales del derecho, fundados en preceptos morales, ni la costumbre.

Por otra parte, suponer que el derecho es un sistema basado en la sanción representa una concesión innecesaria al positivismo ya que quedan afuera del concepto de derecho los repartos autónomos, los actos favorables y los actos de coordinación. Esta postura de FINNIS, en muchos pasajes de su conocido libro, no distingue entre sanción y *vis* coactiva. El uso de la fuerza que entraña todo orden coactivo es su última *ratio* y no su esencia ya que el cumplimiento

---

realización del bien común, guiadas por características "como la especificidad, la minimización de la arbitrariedad y el mantenimiento de la reciprocidad" entre los ciudadanos entre sí y con las autoridades legítimas. La construcción "finnisiana" encierra un significado focal que se apoya en exigencias de la razonabilidad práctica, en determinados valores básicos y "en ciertas características empíricas de las personas y sus comunidades" (*op. cit.,* pág. 304).

[70] VIGO, *El iusnaturalismo actual...,* cit., pág. 131.

[71] FINNIS, *Ley natural ...,* cit., págs. 182, 219, 285, 307-308, etc.

[72] *Ibidem*, pág. 315.

[73] Una prolija descripción de la disparidad existente puede verse en: SUSANA POZZOLO, *Neoconstitucionalismo y positivismo jurídico,* trad. del italiano, Palestra, Lima, 2011, págs. 75-117. Para un sector de la doctrina, la norma es el género y los principios y las reglas son normas en cuanto fijan una orientación para la acción o para el juicio. Vid GUSTAVO ZAGREBELSKY, *La ley y su justicia. Tres capítulos de justicia constitucional,* trad. del italiano, Madrid, Trotta, 2014, pág. 183.

[74] Cfr. RODOLFO L. VIGO, *Los principios jurídicos,* Buenos Aires, Depalma, 2000 y del mismo autor *El iusnaturalismo actual...,* cit., pág. 131, nota 177.

de los actos por los particulares se lleva a cabo, normalmente, sin apelar a la coacción, además de que el uso de la fuerza puede proceder tanto para ejecutar una sanción como para obtener el cumplimiento de un contrato o de un acto jurídico, el cual, en principio y salvo casos de excepción (por ej. demolición de edificios que amenazan ruina) compete a los jueces[75].

Más adelante volveremos a ocuparnos de estos aspectos al abordar, con sentido crítico, algunas de las características atribuidas al orden jurídico.

Las críticas precedentes a la definición focal de Finnis no impiden reconocer que el derecho "cuando cada uno de estos términos" (se refiere a los elementos de la significación focal del derecho) "se realiza plenamente"[76], afirmación que debería limitarse a dos de los componentes centrales de la definición constituidos a nuestro juicio por la exigencia de la razonabilidad práctica cuando se resuelve cualquier problema de coordinación, y por su contenido axiológico que refiere al bien común como objeto, en definitiva, de la justicia[77]. El bien común, que se expresa a través de conceptos jurídicos indeterminados (como interés público o bienestar general) constituye el "conjunto de condiciones que capacita a cada uno de los miembros de la comunidad para alcanzar por sí mismos objetivos razonables o para realizar razonablemente por sí mismos el valor (o los valores) por los cuales ellos tienen razón para colaborar mutuamente (positiva y/o negativamente) en una comunidad"[78].

En la misma corriente "no positivista" se ubica la tesis de Alexy sobre la naturaleza dual del derecho, que ha retomado, en este punto, las banderas clásicas de la teoría del derecho natural. Con un enfoque moderno sostiene que existen propiedades necesarias del derecho que pertenecen a su dimensión real o fáctica (como la coerción) mientras que otras propiedades como la pretensión de corrección del derecho (como fuente de la relación entre moral y derecho) es constitutiva de la dimensión ideal, que permite descubrir los umbrales externos de injusticia (según la conocida fórmula de Radbruch) los cuales, cuando se traspasan, invalidan el derecho[79].

7. Ley natural y ley positiva: la fuente de la ley natural
    y el error de base del positivismo

En la actualidad, ya fuera porque resulta evidente para un sector del iusnaturalismo distinguir la ley natural de la ley positiva o bien porque se considere —conforme al positivismo legalista de matriz kelseniana— que la ley

---

[75] Cfr. nuestro libro *El acto administrativo*, 3ª ed., Buenos Aires, La Ley, 2012, págs. 366-367.

[76] Finnis, *Ley natural...*, cit., pág. 305.

[77] Finnis, *Ley natural...*, cit., pág. 198 y Vigo, *El iusnaturalismo actual...*, cit., pág. 134.

[78] *Ibidem*, pág. 184.

[79] Alexy, *El concepto...*, cit., págs. 89 y ss.

natural es de inspiración metafísica que, por fundarse en la naturaleza, es algo extraño al derecho que debe ser depurado de elementos ajenos a la norma legal positiva, lo cierto es que los filósofos del derecho, con excepción de la NEDN y sus seguidores[80], no han prestado debida atención al examen más o menos exhaustivo de este punto. Sin la pretensión de profundizar en el tema (lo cual excedería el propósito que perseguimos) haremos una serie de reflexiones básicas con la idea de captar su problemática central en sus grandes rasgos.

Mientras hay bastante acuerdo entre los filósofos del derecho en cuanto a que la ley positiva es la que resulta promulgada por el legislador, en sentido formal y material, y por el ejecutivo, cuando este ejerce una función materialmente legislativa (ej. los reglamentos), para los iusnaturalistas, en la vereda opuesta al positivismo, toda ley positiva debe ser conforme a la ley natural[81].

La diversidad de concepciones formuladas sobre el derecho natural ha sido campo propicio para las críticas que recibió del positivismo, principalmente el propugnado por KELSEN quien, por no dominar el panorama del derecho natural de la escolástica, generalizó una serie de errores que se gestaron *a posteriori* en las tendencias del iusnaturalismo. La mayoría de esos errores y críticas han sido refutados por la NEDN, particularmente en la obra de FINNIS[82], con una profundidad filosófica y lógica remarcable.

El error básico de KELSEN sobre el derecho natural estriba en sostener que la norma fundante del derecho natural presupone una norma que diga "deben obedecerse las leyes de la naturaleza"[83], lo que traduce un juicio equivocado.

Han sido muchos los partidarios del derecho natural que antes y después de KELSEN incurrieron en ese error (repárese nada más en VILLEY) y carece de sentido criticarlos y traerlos a colación porque en vez de refutar al gran filósofo austríaco convalidaron su equívoco.

Los estudios hechos en el marco de la NEDN han revalorizado el pensamiento de TOMÁS DE AQUINO sobre el punto, además de actualizarlo y explicarlo en clave entendible por la modernidad.

El Aquinate jamás sostuvo que el derecho o ley natural se fundaba en la naturaleza, ni siquiera en la naturaleza humana en sí misma, sino en el orden impuesto por la razón natural que, en definitiva, se funda en el principio de razonabilidad, habida cuenta que todo hombre posee "la inclinación natural a actuar según razón" y que esto implica obrar en forma virtuosa[84].

---

[80] FINNIS, *Ley natural...,* cit., págs. 68 y ss.

[81] Véase: WERNER GOLDSCHMIDT, *Introducción filosófica al derecho,* cit., con citas de TOMÁS AQUINO y de SUÁREZ.

[82] FINNIS, *Ley natural...,* cit., págs. 66 y ss.

[83] HANS KELSEN, *Teoría pura del derecho,* trad. del alemán de Roberto J. Vernengo, México, Porrúa, 2011, pág. 231.

[84] S.T. I-II, q. 94, a.3, en TOMÁS DE AQUINO, *Tratado de ley. Tratado de la justicia. Opúsculo sobre el gobierno de los príncipes,* México, Porrúa, 1975, pág. 28.

En ese sentido, la interpretación que hace FINNIS sobre los textos de TOMÁS DE AQUINO demuestra lo afirmado precedentemente al señalar que "el criterio de conformidad o contrariedad respecto de la naturaleza es la razonabilidad"[85]: "Y así todo lo que es contrario al orden de la razón es contrario a la naturaleza de los seres humanos en cuanto tal; y lo que es razonable está conforme con la naturaleza humana en cuanto tal. El bien del ser humano consiste en estar conforme con la razón, y el mal humano consiste en estar fuera del orden de la razonabilidad... De modo que la virtud humana, que hace buena a la persona humana y a sus obras, está conforme con la naturaleza humana solo en cuanto [*tantum... in quantum*] está conforme con la razón; y el vicio es contrario a la naturaleza humana solo en cuanto es contrario al orden de la razonabilidad"[86].

En otras palabras dice FINNIS, "para TOMÁS DE AQUINO la manera de descubrir que es moralmente recto (virtud) y desviado (vicio) no es preguntar qué está de acuerdo con la naturaleza humana, sino qué es razonable. Y esta investigación nos conducirá, al final, hasta los primeros principios inderivados de razonabilidad práctica, principios que no hacen ninguna referencia a la naturaleza humana, sino solo al bien humano. Del principio al fin de sus exposiciones sobre ética, las categorías primarias para Tomás de AQUINO son lo «bueno» y lo «razonable», lo «natural» es, desde el punto de vista de su ética, un apéndice especulativo añadido a modo de reflexión metafísica, no un instrumento con el cual moverse hacia o desde los prima principia *per se* nota prácticos"[87].

Una interpretación similar sobre el pensamiento tomista en este punto hizo con anterioridad GOLDSCHMIDT; aunque el desarrollo que efectuó no puede compararse al rigor argumentativo de FINNIS, señaló que la *lex naturalis* es aquella parte de la ley externa que resulta conocible a los hombres mediante la razón y que "su principio supremo estatuye: hacer lo bueno y no hacer lo malo"[88].

Esta coincidencia de GOLDSCHMIDT con la interpretación de FINNIS[89] sobre la obra de TOMÁS DE AQUINO resulta notable no solo por haberla efectuado con bastante anterioridad (la primera edición data de 1960) sino por extenderse a la concepción sobre la ley humana o positiva, la cual, según el maestro austríaco y profesor argentino tras la segunda guerra mundial, se desprende de la ley

---

[85] FINNIS, *Ley natural...*, cit., pág. 69; CARLOS IGNACIO MASSINI CORREAS, *El derecho natural y sus dimensiones actuales,* Buenos Aires, Ábaco, 1999, págs. 34-37, analiza en profundidad los principales errores de KELSEN sobre lo que TOMÁS DE AQUINO entendía por ley natural.

[86] *Ibidem*, pág. 69.

[87] *Ibidem,* pág. 69.

[88] GOLDSCHMIDT, *Introducción filosófica...,* cit. pág. 476.

[89] FINNIS, *Ley natural...,* cit., págs. 311 y ss.

natural "de dos maneras: por conclusión y por determinación. Las conclusiones deducidas de la «lex naturalis» son uniformes" [...] "las determinaciones, al contrario, conceden un espacio de libertad dentro del cual caben lícitamente diferentes regulaciones"[90].

Debe quedar claro, entonces, que en el pensamiento de la NEDN la ley positiva deriva siempre del primer principio[91] del derecho natural que manda hacer el bien y evitar el mal[92], principio que preside un sistema complejo que poco tiene que ver con la norma básica que KELSEN ubicó en la cúspide de su pirámide jurídica. Esta norma de clausura del sistema kelseniano carece por cierto de positividad, ya que su naturaleza es más bien sociológica, como lo reconoce el propio KELSEN al definirla como "el hecho fundante de la producción del derecho", admitiendo que se trata de una norma presupuesta que puede ser designada "como Constitución en sentido lógico jurídico, para diferenciarla de la Constitución en sentido jurídico positivo"[93].

Como puede advertirse, en el sistema kelseniano la norma básica no es impuesta sino presupuesta y, por tanto, no tiene nada de positiva aunque lo peor sea que, a consecuencia de la misma, "cualquier contenido puede ser derecho"[94] (v. gr. normas de la dictadura nazi dirigidas al exterminio de judíos). Para el positivismo, la ley no puede ser moral ni inmoral, es amoral; la justicia es lo que la ley positiva estipula y el poder público tiene siempre razón[95].

En el sistema "no positivista" —en cambio— no tiene cabida una norma opuesta a la justicia, la que se condensa en el primer principio antes señalado[96]

---

[90] GOLDSCHMIDT, *Introducción filosófica...*, cit., pág. 477.

[91] Cfr. FRANCISCO PUY, *Teoría científica del derecho natural*, México, Porrúa y Universidad Panamericana, 2006, pág. 238.

[92] TOMÁS DE AQUINO, *Tratado de la ley...*, cit. I-II, ej. 94, a. 2 puntualiza que "[...] sobre este precepto se fundan todos los demás preceptos de la ley natural: o sea que todo aquello que ha de hacerse o evitarse cae bajo los preceptos de la ley natural en cuanto la razón práctica puede captar que tales actos son bienes humanos".

[93] Vid KELSEN, *Teoría pura...*, cit., pág. 206.

[94] Cfr. KELSEN, *Teoría pura...*, cit., pág. 207.

[95] Cfr. MARIO A. BUNGE (*Filosofía política*, Barcelona-Buenos Aires, Gedisa, 2009, pág. 346) anota que tanto CARL SCHMIDT como HANS KELSEN justificaron el asesinato de Ernst Roehm y sus camisas pardas en 1934 por orden de Hitler y afirma que pese a su declarada neutralidad, "el positivismo jurídico es crudamente inmoral" y que "esa es la razón de que el positivismo jurídico haya sido la filosofía del derecho oficial de la Alemania nazi como de la antigua Unión Soviética".

[96] MASSINI-CORREAS (*El derecho natural...*, cit., pág. 38) afirma el carácter normativo del primer principio del derecho natural refutando la crítica de la filosofía analítica que suponía que TOMÁS DE AQUINO extrapolaba los principios del derecho natural de proposiciones descriptivas basadas en los rasgos de la naturaleza humana. En realidad, señala MASSINI CORREAS, la tesis de HUME en el sentido que "de proposiciones meramente enunciativas solo podía seguirse

y en los principios generales del derecho de primer y segundo grado[97], los cuales integran un sistema de fuentes que se completa con las normas positivas y no al revés. Los principios generales interactúan sin que exista una prevalencia de unos sobre otros, lo que no obsta a reconocer la distinta dimensión de peso que pudieran tener para poderlos ponderar y armonizar con miras a la realización del bien común, salvo aquellos que se definan como derechos prácticamente absolutos, como el derecho a la vida (ya que salvo por el ejercicio de legítima defensa no es lícito provocar la muerte de una persona).

Como conclusión podemos decir que mientras el positivismo puro encorseta el derecho en un sistema lógico-formal basado en normas positivas, excluyendo del mismo la justicia[98], la moral y los consecuentes principios generales del derecho, el iusnaturalismo, particularmente el de la NEDN, se revela como un sistema más amplio y abierto, que se nutre con el aporte interdisciplinario de otras ciencias y disciplinas permitiendo así enriquecer las determinaciones positivas, a condición de que no trasgredan los principios básicos de la justicia, en suma, del derecho natural.

De ese modo, se acrecienta el papel del juez en la creación del derecho reafirmándose los principios de independencia e imparcialidad de la función jurisdiccional, los cuales constituyen principios generales del derecho público que los otros órganos del Estado no pueden alterar con leyes o el dictado de actos administrativos de alcance individual o generales (en sentido estricto: reglamentos).

8. La justicia: diferentes clases

La teoría de la justicia constituye una condición esencial para la comprensión y construcción sistémica de la dogmática jurídica, particularmente desde la visión de la nueva escuela de derecho natural (NEDN) a la que adherimos.

De acuerdo con el pensamiento que desarrolla Finnis al seguir y actualizar con un sentido moderno (sin variar lo esencial) las concepciones de Aristóteles y Tomás de Aquino, la justicia se configura como "un conjunto de exigencias de la razonabilidad práctica que existen porque la persona humana debe

---

una proposición normativa" fue coincidente con el pensamiento de Tomás de Aquino (*op. cit.*, pág. 38).

[97] Finnis, *Ley natural...*, cit. págs. 131 y ss.

[98] Uno de los grandes filósofos argentinos no concibe cómo el positivismo excluye a la justicia de la teoría del derecho, cuando es su principal objeto. Ha señalado también que la ciencia busca la verdad, es explicativa y que "es legal, es decir, esencialista: intenta llegar a la raíz de las cosas"; véase: Mario Bunge, *La ciencia, su método y su filosofía*, Buenos Aires, Siglo Veinte, 1975, págs. 28-34.

buscar realizar y respetar los bienes humanos no simplemente en sí misma y en su propio beneficio sino también en común, en comunidad"[99].

Ahora bien, la justicia constituye un complejo integrado por tres elementos que pasamos a sintetizar: a) se trata de una relación inter-subjetiva o inter-personal, es decir que revela una orientación hacia otra persona[100]; b) contiene un deber o el mandato de cumplir lo debido (*debitum*) o sea lo que es propio, suyo de cada persona o, al menos, lo que se le adeuda en justicia, y c) implica una relación de igualdad en un sentido analógico: igualdad proporcional en relación a la cosa (aritmética) o igualdad en proporción al mérito o necesidad de una persona (geométrica)[101].

En la construcción de TOMÁS DE AQUINO se reconocen dos especies de justicia que en sus grandes rasgos se inspiran en la concepción aristotélica (justicia legal y correctiva). En sentido abarcativo (de ahí su denominación) la justicia general comprende la ordenación de todas las relaciones humanas al bien común (que no se debe confundir con el patrimonio o acervo común de determinada comunidad pública o privada). El bien común es el bien de todos y el de cada uno y por ese motivo todas las especies de justicia (aún la particular) deben orientarse a la realización del bien común.

La otra dimensión de la justicia es la particular que admite la subdivisión en justicia distributiva y conmutativa. La primera comprende las relaciones que vinculan a una comunidad (pública o privada) con los individuos e incluye tanto los deberes de los miembros hacia la comunidad (v. gr. las cargas públicas o la obligación de abonar una cuota social en una asociación privada) pues el concepto de comunidad no se circunscribe al Estado[102]. En estos casos, la relación de igualdad es proporcional al mérito, necesidad u otros criterios distributivos[103].

La segunda especie de justicia es la conmutativa que se refiere a los cambios (no solo a los intercambios) que se producen en las relaciones entre dos personas (incluso entre personas públicas y privadas) y en ellas la igualdad se realiza siempre en proporción a la cosa y no a la persona (proporción aritmética)[104].

---

[99] FINNIS, *Ley natural...*, cit., pág. 191.

[100] MARIANO GAGLIARDO, "Santo Tomás y la justicia", ED, diario del 9 de agosto de 2012, pág. 3.

[101] FINNIS, *Ley natural...*, cit., págs. 191-194.

[102] Véase: MASSINI-CORREAS, *El derecho natural...*, cit., págs. 195-196; y JAVIER HERVADA, *Introducción crítica al derecho natural*, 2ª ed., Bogotá, Edit. Temis, 2006, págs. 38-49.

[103] FINNIS, *Ley natural...*, cit., págs. 195-206, especialmente págs. 202 y ss.

[104] *Ibidem*, págs. 216 y ss., da como ejemplo de justicia distributiva la institución de la quiebra que pertenece al derecho privado (*op. cit.*, págs. 216-221). Mientras la justicia distributiva busca compensar a todos los que sufren daños relevantes, el modelo de justicia

Por tales razones, no es posible identificar la justicia legal ni la distributiva con el Estado[105] ni, por derivación, la justicia distributiva con el derecho público[106], confusión que proviene de la clasificación triadica que formuló el Cardenal CAYETANO al sostener que la justicia distributiva es la justicia del Estado[107]. Ese error en que han caído algunos autores que identifican el derecho público con la justicia distributiva obedece a suponer que cuando TOMÁS DE AQUINO se refiere al todo o la comunidad se está refiriendo al Estado[108] cuando la realidad indica que la justicia distributiva —como relación entre el todo y las partes— puede darse en comunidades no necesariamente estatales (v. gr. asociaciones mutuales, familia, sociedades intermedias, comunidad internacional, etc.)[109].

Esa realidad demuestra, por otra parte, que las relaciones de justicia particular (distributiva y conmutativa) se presentan y desarrollan en planos distintos al correspondiente al derecho privado y al derecho público y que, en ambas ramas, pueden darse relaciones de justicia distributiva y de justicia conmutativa. Por lo demás, como señaló TOMÁS DE AQUINO, la restitución o compensación debida para restablecer la igualdad debe efectuarse con arreglo a los criterios de proporción de la justicia conmutativa (v. gr. expropiación por razones de interés público, responsabilidad por actividad legítima, etc.).

Esta sucinta explicación que hemos hecho quedaría incompleta de no reconocer que, en el escenario de la justicia, suele utilizarse también la categoría de la justicia social[110] la que indica una orientación hacia la realización del bien común (y en esto participa de la justicia general), a lo debido por la comunidad a otros semejantes que necesitan tener condiciones de vida digna como a las cargas impuestas para satisfacer las necesidades sociales que sean compatibles

---

conmutativa busca compensar a quienes fueron lesionados por el acto de quien no cumplió con sus deberes de cuidado y respeto por la persona dañada (*op. cit.*, pág. 209).

[105] FINNIS, *Ley natural…*, cit., págs. 213 y ss.

[106] RODOLFO CARLOS BARRA, *Tratado de derecho administrativo*, t. I, Buenos Aires, Ábaco, 2002, págs. 213 y ss.

[107] FINNIS (*Ley natural…*, cit., págs. 213 y ss.) afirma que "según la opinión de TOMÁS DE AQUINO cualquiera que esté a cargo del 'acervo común' tendrá deberes de justicia distributiva; de aquí que cualquier propietario puede tener tales deberes…" puntualizando además que también el Estado y sus funcionarios tienen deberes de justicia conmutativa (*op. cit.*, pág. 214).

[108] ABELARDO F. ROSSI, *Aproximación a la justicia y a la equidad*, Buenos Aires, Ediciones de la Universidad Católica Argentina, 2000, pág. 22.

[109] *Ibidem*, pág. 22. En la justicia distributiva, dice ROSSI, la medida del derecho de la parte no depende de un valor fijo compensatorio proporcional al valor de la cosa o de otro valor fijo "sino de la proporción entre personas (partes) en el todo y el *quantum* de los bienes comunes distribuibles" (*op. cit.* en nota anterior, pág. 38).

[110] Ver y comparar: BARRA, *Tratado de derecho administrativo*, t. I, cit., págs. 151-154.

con el bien del conjunto de la comunidad y de las personas individualmente consideradas, en definitiva, con el bien común, no circunscribiéndose a una sola especie de justicia[111], sino que las agrupa todas, siendo más bien un criterio de orientación jurídica[112] y política.

9. La distinción entre moral y derecho

Se trata del antiguo y clásico debate entre el positivismo y el iusnaturalismo que dividió durante mucho tiempo a la doctrina jurídica, en el cual al partir de bases e ideas diferentes, nunca lograron ponerse de acuerdo[113]. Los positivistas puros, aunque reconocían la existencia de una moral objetiva o social[114], consideraron siempre que el derecho era algo distinto a la moral, y no obstante reconocer que los preceptos positivos se fundaban en principios morales, negaban la configuración de principios generales del derecho como base y fundamento del orden normativo, apoyándose solo en sus fuentes formales. En ese contexto, y frente a la insuficiencia del positivismo legalista para detener los abusos de las dictaduras europeas (que impusieron el nazismo y fascismo sobre la base de un legalismo formal), fueron muchos los juristas que se convencieron de la necesidad de acudir a los principios generales y de incorporarlos a las constituciones, abriendo así nuevos cauces de creación por parte de la doctrina y de los jueces, que permitieron configurar nuevos principios tanto generales como institucionales o sectoriales.

Paralelamente, el dogma de la plenitud del ordenamiento pronto se agotó en ese esquema y fue reemplazado por el papel creativo del juez que aplica esos principios generales mediante la técnica de la ponderación.

---

[111] Johannes Messner, *Ética social, política y económica a la luz del derecho natural*, Madrid, Rialp, 1967, pág. 505.

[112] Barra, *Tratado de derecho administrativo*, t. i, cit., pág. 154.

[113] Vid. Jacques Leclercq, *El derecho y la sociedad,* trad. del francés, *Leçons du droit naturel,* t. i, Barcelona, Herder, 1965, págs. 40 y ss., Giuseppe Granneris, *Contribución tomista a la teoría del derecho,* trad. del italiano, Buenos Aires, Eudeba, 1977, págs. 43 y ss.

[114] La moral y el derecho no se hallan totalmente separados pues operan como círculos concéntricos. Aún cuando se reconozca la división que hizo Hegel entre moral subjetiva y objetiva y que el derecho tiene por objeto, fundamentalmente esta última, la protección de la conciencia individual no es ajena al orden jurídico. Es cierto que hay valores que no pueden ser objeto directo de normas jurídicas ni prescribir mandatos positivos, como la amistad y el amor a la patria, pero hay siempre mandatos negativos que los protegen. En definitiva, la integración de la moral en el derecho se lleva a cabo, en la actualidad, a través de la recepción en la dogmática jurídica y en la jurisprudencia de los principios generales del derecho, se encuentren o no incorporados al ordenamiento positivo. La fuente de los citados principios se encuentra tanto en la Constitución y las leyes como en la doctrina, en la costumbre y en la jurisprudencia y en esto radica la principal diferencia con el positivismo legalista.

En definitiva, si la moral o ética[115] está ligada al ámbito de los valores, a los cuales se somete, y si el orden jurídico (que no es más solo el orden normativo) acepta la superioridad de principios generales que contienen valores como fundamento del ordenamiento, es evidente que no se puede sostener que el valor sea algo extraño al derecho[116].

Ese panorama se proyecta, como no podría ser de otro modo, a la teoría y, consecuentemente, al régimen del acto administrativo, a través de los principios generales que obran como mandatos que debe acatar la Administración y que están, incluso, por encima del sistema normativo. Así, la configuración del ordenamiento jurídico cobra una nueva dimensión al ampliarse significativamente el clásico bloque de legalidad. En efecto, tras la recepción de los principios generales en los derechos públicos internos de los Estados, ya fuere por la jurisprudencia o por las respectivas constituciones, el fenómeno de la globalización y, en su caso, la prevalencia de los derechos supranacionales, generaliza principios morales[117] que pasan a constituir nuevos paradigmas del derecho administrativo y público en general, en el curso de un proceso que favorece la creación por parte de los jueces del derecho, el cual termina caracterizándose por una integración entre elementos estáticos (los principios generales) y dinámicos (los nuevos paradigmas e instituciones).

La aparición de estos nuevos paradigmas, aplicados conforme a las exigencias de la razón práctica, trae consigo la caída de antiguos dogmas que estaban anclados en una concepción autoritaria del derecho público, aunque la tarea de erradicarlos no corra pareja en los diferentes sistemas comparados ni la transformación se proyecte de la misma manera en cuanto a su intensidad.

10. La estructura del ordenamiento

El ordenamiento jurídico se compone de normas y principios[118]. Suele decirse (alguna vez utilizamos esta expresión) que las normas representan

---

[115] Consideramos que la ética y la moral son sinónimos, conf. PEDRO J. J. COVIELLO, "Reflexiones sobre la ética pública", *Revista Ius et Veritas*, núm. 48, Buenos Aires, 2010, págs. 223 y ss., con cita de JACQUES MARITAIN, *Introducción general a la filosofía*, 8ª ed., Buenos Aires, Club de Lectores, 1949, págs. 229 y ss.

[116] DIOGO FIGUEIREDO MOREIRA NETO (*Curso de direito administrativo,* 15ª ed., Río de Janeiro, 2009, págs. 77 y ss.) destaca el resurgimiento de los principios y la superación de los errores históricos del positivismo legalista.

[117] COVIELLO ("Reflexiones sobre la ética pública", cit., pág. 225) afirma con razón, la unidad de la moral y señala que no puede predicarse que entre la ética pública y la ética privada existan ámbitos estancos, sin perjuicio del principio de reserva privada del art. 19 de la Constitución.

[118] Para un sector de la doctrina española el ordenamiento se integra también con elementos no normativos de naturaleza sociológica (comportamientos, convicciones sociales, etc.), véase: MANUEL REBOLLO PUIG, "Los principios generales del derecho. Atrevimiento atribulado

la faz positiva del ordenamiento, a cuya cabeza se encuentra la Constitución como norma suprema y obligatoria (Const. Nal., art. 31). En realidad, para captar el sentido de dicha expresión hay que definir primero qué es una norma y qué constituye un principio jurídico[119]. La tarea si bien puede aparecer dotada de cierta complejidad ante las múltiples concepciones y definiciones existentes[120], resulta relativamente sencilla si nos atenemos a los conceptos básicos que proporcionan la lógica y la filosofía del derecho.

De ahí en más, cabe advertir que la positividad no es patrimonio exclusivo de la norma legal habida cuenta que es posible crearla por vía consuetudinaria o jurisprudencial y algo similar acontece con los principios que pueden hallarse o no incorporados al ordenamiento legal positivo.

Hay también una jerarquía entre las normas. La norma constitucional prevalece sobre la que tiene su fuente en la ley y lo mismo acontece con respecto a las normas de los tratados que poseen jerarquía constitucional (Const. Nal., art. 75, inc. 22), que son obligatorias y vinculantes, al igual que los principios que prescriben.

11. LAS NORMAS

Toda norma se caracteriza por contener una estructura tripartita, a saber: a) la descripción del supuesto de hecho, b) el mandato (o cópula que expresa el deber ser) y c) la consecuencia jurídica. Esta es, digamos, la concepción clásica sobre la norma que, desde luego, admite una serie de matizaciones, según el tipo de normas y las características peculiares de cada disciplina. Por ejemplo, el mandato, en el derecho penal suele hallarse implícito[121] y, a su vez, en el derecho administrativo, los mandatos pueden contener conceptos

---

sobre su concepto, función e inducción", ED, suplemento de Derecho Administrativo, diario del 10/06/2015, Buenos Aires.

[119] Al referirnos a los principios jurídicos entendemos por tales los principios generales de todo el derecho y los de las distintas ramas, particularmente los pertenecientes al derecho administrativo.

[120] Véase RAFAEL VALIM, *O principio de segurança jurídica no direito administrativo brasileiro,* São Pablo, Malheiros Editores, 2010, págs. 35 y ss.

[121] El art. 79 del C. P. prescribe que "se aplicará reclusión o prisión de ocho a veinticinco años al que matare a otro siempre que en este Código no se estableciera otra pena". El supuesto de hecho es la acción de matar a otro (se entiende a una persona), la consecuencia o sanción jurídica la pena de reclusión o prisión y el mandato legal implícito es la prohibición de matar a otro. Los mandatos penales son casi siempre negativos aún cuando prescriben también mandatos positivos como en los llamados delitos de omisión en los que el sujeto debe actuar por imperio de la ley y omite hacerlo (v. gr. el delito de abandono de personas prescripto en los arts. 106 y 108 del C. P.).

jurídicos indeterminados (v. gr. el interés público)[122] que deben determinarse en cada caso por los gobernantes o jueces con arreglo a las exigencias de la razonabilidad práctica. También, sobre todo en el derecho administrativo, es posible atribuir a la administración, salvo en materia de sanciones de naturaleza penal (o de actos de gravamen, en general), el poder de utilizar la facultad discrecional con respecto a los tres elementos que componen la estructura de la norma, lo que no siempre se ha percibido hasta ahora con claridad. Por cierto, que la atribución legal o reglamentaria de la discrecionalidad de la administración se encuentra sometida siempre a un control judicial pleno y efectivo para garantizar los derechos de las personas que es el fin principal de la separación de los poderes.

12. Los principios generales: su diferencia con las normas y los valores. Las directivas políticas

Mientras las normas responden a una cierta estructura lógica, donde tanto la proposición jurídica constituida por el supuesto de hecho que ella determina como su consecuencia se encuentran formuladas "con similar propósito de precisión"[123], los principios aparecen con un margen de indeterminación y abstracción[124] que los lleva a requerir siempre de un acto posterior que los precise en una formulación más detallada, ya sea en su incorporación al derecho positivo o a falta de este, en su aplicación al caso concreto[125]. Los

---

[122] Véase: Jaime Rodríguez Arana, *Interés general, derecho administrativo y Estado de bienestar,* Madrid, Iustel, 2012, págs. 97 y ss.

[123] Cfr. Augusto Durán Martínez, *Los principios generales del derecho en el derecho administrativo uruguayo. Aplicación por el legislador, el administrador y el juez,* Junta de Castilla y León, Netbilo, La Coruña, 2007, págs. 595-596; Rodolfo L. Vigo, "Los principios generales del derecho", JA 1986-III, 864.

[124] Para De Diego la abstracción de los principios es superior a la de las normas correspondiendo su estudio tanto a los filósofos del derecho como a los juristas prácticos, y en un pasaje del prólogo que hiciera a la obra del Del Vecchio afirma: "Considerados, en efecto, los principios generales del derecho en su más amplio y comprensivo sentido son materia del filósofo del derecho; empero, hallándose ellos en la raíz misma de las instituciones jurídicas particulares no pueden ser extraños al jurista profesional y a este pertenecen y dentro de su competencia están cuando descienden de aquellas alturas para encarnar en la vida, prestando espíritu, color y base a los preceptos de una legislación positiva. En el tránsito de una a otra esfera lo que ganan en concreción y acaso en intensidad, lo pierden en amplitud y extensión; al fin ese tránsito representa una mayor determinación, un acomodamiento en que la virtud del principio, antes generalísimo, se infunde en términos más particulares que a su modo la encintan y disminuyen deviniendo principios ya menos generales y más limitados" (Giorgio Del Vecchio, *Los principios generales del derecho,* Barcelona, Bosch, 1979, págs. 6-7).

[125] Cfr. Durán Martínez, *Neoconstitucionalismo ...,* cit., pág. 88.

principios carecen de supuestos de hecho[126] los que deben ser cubiertos, en principio, por los legisladores o jueces, dadas las restricciones que pesan sobre la administración para determinar su propia competencia.

Se ha procurado distinguir entre principios y valores en el sentido de que mientras estos no permiten especificar los supuestos en que se aplican, ni las consecuencias jurídicas que, en concreto, deben seguirse, los principios, sin llegar a ser normas analíticas, traducen un mayor grado de concreción[127] y resultan vinculantes o exigibles. Como puede apreciarse, el valor, así definido, se parece a la directiva o directriz de DWORKIN en cuanto apunta a un estándar —que al igual que el principio debe ser observado— pero que reposa en un objetivo político, económico o social que persigue la comunidad. Cuando nos referimos al valor no lo hacemos en el sentido de algo útil sino como equivalente a bien, es decir, algo objetivo que resulta estimable por su cualidad intrínseca que suele ser el centro de un principio jurídico y, en cierto modo, refleja la relación de este con la ley natural.

En el plano jurídico, la diferencia entre valor y principio dista de ser clara pues independientemente de que en algunos principios existe un menor grado de concreción que en otros, los valores siempre deben ser observados cuando razonablemente son susceptibles de ser captados por el sistema jurídico. ¿Podría acaso negarse —por ejemplo— que la justicia, la buena fe, la protección de la libertad y de la igualdad no constituyen principios generales del derecho exigibles?[128]. En suma, todo principio contiene un valor pero no todo valor configura un principio jurídico exigible como tal (v. gr. la amistad).

Aunque el positivismo no desconoce los valores (ni por ende la moral) ellos son sacados, arbitrariamente, del sistema jurídico al que solo concibe integrado por normas positivas (incluso por la costumbre y la jurisprudencia).

La depuración que pretende hacer el positivismo (por eso KELSEN denominó su concepción como teoría pura) negando toda relación entre el derecho positivo y el derecho natural, adolece de graves fallas filosóficas, históricas y metodológicas que recién en este siglo (de acuerdo con nuestro criterio) han sido objeto de una refutación completa[129] de parte del iusnaturalismo (mediante la NEDN).

De ese modo, el afán depurador del positivismo kelseniano no da cabida al principio democrático dentro del sistema constitucional. En efecto, si bien KELSEN reconocía a la democracia como un valor, algo que pertenece a su

---

[126] PRIETO SANCHÍS, *Constitucionalismo y positivismo*, cit., págs. 30-31.

[127] ANTONIO E. PÉREZ LUÑO, *Derechos humanos, Estado de Derecho y Constitución*, 4ª ed., Madrid, Tecnos, 1991, págs. 286 y ss.

[128] MARGARITA BELADIEZ ROJO, *Los principios jurídicos,* reimpresión, Madrid, Tecnos, 1997, págs. 75 y ss.

[129] FINNIS, *Ley natural...*, cit., págs. 39 y ss.

propia esencia, al sostener que la democracia constituye la expresión del relativismo[130] y al no atribuir a la democracia la condición de un principio general del derecho (KELSEN no aceptaba incluir a los principios generales del derecho entre las fuentes del ordenamiento) superior a las leyes, termina legitimando cualquier régimen autoritario (nazismo o fascismo) que fuera elegido por la mayoría del pueblo, ya que siendo todas las verdades relativas no era posible deslegitimar —en el plano de su teoría— un régimen positivo cuyas teorías y prácticas políticas resultan contrarias a la ley natural (que impone, entre otros, los mandatos de no matar, no torturar, no dañar bienes ajenos, etc.). En esta concepción no caben derechos absolutos como el derecho a la vida.

La historia, además, demuestra que el auge que tuvo el positivismo para legitimar el régimen nazi ha sido uno de los motivos principales de su decadencia que ha corrido en forma paralela al triunfo de las tesis iusnaturalistas a partir de la segunda guerra mundial y, al menos, al abandono de los dogmas del positivismo que, durante mucho tiempo, se creyeron irrefutables.

A su vez, uno de los ataques más serios que ha sufrido el positivismo anglosajón[131] radica en la distinción formulada por DWORKIN entre principios, directrices y normas, que, paradojalmente, sirve también para limitar las exageraciones interpretativas en que ha incurrido un sector del neoconstitucionalismo continental y vernáculo cuando asigna plena operatividad a principios y valores que encierran objetivos o directivas políticas que deben cumplir los

---

[130] KELSEN, *Esencia y valor de la democracia,* cit., págs. 143 y ss., especialmente págs. 153 y ss.

[131] Conf. RONALD DWORKIN (*Los derechos en serio,* 2ª ed., Barcelona, Ariel, 1989, págs. 72-73) donde señala que "En la mayoría de los casos usaré el término 'principio' en sentido genérico, para referirme a todo el conjunto de los estándares que no son normas; en ocasiones, sin embargo, seré más exacto y distinguiré entre principios y directrices políticas. Aunque ningún punto de mi presente argumentación dependerá de tal distinción, quiero enunciar cómo la establezco. Llamo '*directriz*' o '*directriz política*' al tipo de estándar que propone un objetivo que ha de ser alcanzado; generalmente, una mejora en algún rasgo económico, político o social de la comunidad (aunque algunos objetivos son negativos, en cuanto estipulan que algún rasgo actual ha de ser protegido de cambios adversos). Llamo '*principio*' a un estándar que ha de ser observado, no porque favorezca o asegure una situación económica, política o social que se considera deseable, sino porque es una exigencia de la justicia, la equidad o alguna otra dimensión de la moralidad. De tal modo, la proposición de que es menester disminuir los accidentes de automóvil es una directriz, y la de que ningún hombre puede beneficiarse de su propia injusticia, un principio. La distinción puede desmoronarse si se interpreta que un principio enuncia un objetivo social (a saber, el objetivo de una sociedad en la que nadie se beneficie de su propia injusticia) o si se interpreta que una directriz enuncia un principio (esto es, el principio de que el objetivo que defiende la directriz es valioso) o si se adopta la tesis utilitarista de que los principios de justicia enuncian encubiertamente objetivos (asegurar la mayor felicidad para el mayor número). En algunos contextos, la distinción tiene una utilidad que se pierde si se deja esfumar de esta manera".

gobernantes de turno por decisión del poder constituyente, que no delegó en el juez el poder de crear, con carácter general, los mandatos propios de las normas operativas.

Esta diferencia reposa en una serie de distinciones de naturaleza lógica[132] que hacen al grado de determinación, generalidad y precisión, que, en definitiva, se traduce en la orientación que se proporciona al juez encargado de dirimir una controversia o al órgano administrativo que aplica o interpreta el derecho ya fuera para crear una situación de gravamen como de ventaja, respecto de un particular.

13. El carácter preceptivo o vinculante de los principios. La distinción entre derecho y principio

La mayoría de los autores modernos participan de la tendencia, originada a contramano del positivismo clásico, que atribuye obligatoriedad a la observancia de los principios y superioridad sobre las leyes positivas, cuyo grado de primacía se acentúa en la medida en que se incorporan, en su gran mayoría, a las nuevas constituciones[133]. Incluso, los principios, contenidos en el preámbulo se consideran operativos[134]. Los principios carentes de supuestos de hecho y de consecuencias jurídicas determinadas, resultan, sin embargo, preceptivos y se complementan con la garantía pública [135] que los protege, lo que tiene particular relevancia en el campo de los derechos humanos.

Se ha sostenido, en el campo de la teoría moderna de ALEXY sobre la argumentación jurídica, que se trata de mandatos de optimización[136] cuando, en realidad, ello es peculiar solo de una clase de principios, que predican enun-

---

[132] DWORKIN sostiene: "Ambos conjuntos de estándares apuntan a decisiones particulares referentes a la obligación jurídica en determinadas circunstancias, pero difieren en el carácter de la orientación que dan. Las normas son aplicables a la manera de disyuntivas. Si los hechos que estipula una norma están dados entonces o bien la norma es válida, en cuyo caso la respuesta que da debe ser aceptada, o bien no lo es, y entonces no aporta nada la decisión".

[133] Sobre los diversos conceptos que caracterizan a un principio jurídico, véase: DANIEL WUNDER HACHEM, *Principio constitucional da supremacía do interesse público*, Belo Horizonte, Forum, 2011, págs. 131 y ss.

[134] GUIDO SANTIAGO TAWIL, "El Preámbulo de la Constitución Nacional" en *Estudios de derecho administrativo,* Buenos Aires, Abeledo Perrot, 2012, págs. 798 y ss.

[135] RODOLFO CARLOS BARRA ("El ordenamiento institucional de los derechos humanos", en *Temas de derecho público*, Buenos Aires, RAP, 2008, pág. 300) puntualiza que la exigibilidad es una cualidad inherente a todo derecho humano que se complementa con la garantía pública.

[136] ROBERT ALEXY, *Teoría de la argumentación jurídica,* trad. del alemán, Lima, Palestra, 2007, págs. 458 y ss. Sobre las teorías de la argumentación y su proyección en los fallos judiciales véase el excelente trabajo de MARÍA EUGENIA ZACAGNINO y MARÍA ALEJANDRA FER-

ciados susceptibles de ser ponderados con gradualidad, en un marco abierto e indeterminado de aplicación a los supuestos de hecho o sujetos a las orientaciones, estándares o directrices de naturaleza política, en el sentido empleado por Dworkin.

Por el contrario, basta con reparar en la mayoría de los principios generales para darnos cuenta que no son todos mandatos de optimización[137] y que hay mandatos de aplicación imperativa, ya sean mandatos negativos o positivos. Hasta existen principios que generan derechos del hombre que tienen primacía sobre otros como el derecho a la vida[138] que no pueden ser alterados por los gobernantes (legisladores, jueces o funcionarios públicos).

Esto acontece, por ejemplo, en el campo del derecho público, con el principio de la tutela judicial efectiva, el de la buena fe y el de verdad material, para citar algunos ejemplos en los que no hay optimización posible porque lo óptimo es la realización plena del principio.

En cambio, el mandato de optimización aparece en aquellos supuestos en que más que principios se trata de directivas políticas, económicas o sociales tendientes a orientar al legislador o al funcionario en determinado sentido a través de estándares indeterminados con respecto a las decisiones que adopte. Son las que, en la teoría constitucional clásica, se denominaban normas o cláusulas programáticas de la Constitución[139].

Dada las múltiples conceptualizaciones que hay sobre el derecho en el mundo jurídico suelen confundirse o identificarse los principios con los derechos y estos, a su vez, con las garantías constitucionales. El derecho público es proclive al uso promiscuo de estos conceptos pero lo cierto es que hay una libertad de estipulación en el medio doctrinario favorecida por la textura abierta del lenguaje natural que se utiliza y la variedad de sentidos del término. Solo el conocimiento teórico-práctico permite saber en qué sentido el juez o el le-

---

NÁNDEZ, en Estela B. Sacristán (Dir.), *Manual de jurisprudencia y doctrina*, Buenos Aires, La Ley, 2013, págs. 619 y ss.

[137] Atienza y Ruiz Manero, *Las piezas del derecho: Teoría de los enunciados jurídicos*, cit., págs. 30-31.

[138] Finnis (*Ley natural...*, cit., pág. 251) atribuye carácter absoluto al derecho a la vida. Pero la ley natural y el derecho positivo consagran excepciones al carácter absoluto del derecho a la vida cuando se trata de la defensa de la propia vida (legítima defensa). Aunque es un tema que exige mayores desarrollos también cabe admitir que el derecho legitima la defensa colectiva en los supuestos de guerra habiendo convenciones que regulan diversos aspectos (ej. las Convenciones de Ginebra).

[139] Ver Jorge Reinaldo Vanossi (*Teoría constitucional*, t. II, Buenos Aires, Depalma, 1976, págs. 3 y ss.) distingue entre cláusulas operativas y cláusulas programáticas no operativas que cumplen la función de indicar a los poderes públicos ciertas directivas para el accionar de los poderes públicos o bien, establecer reglas de interpretación dirigidas particularmente a los jueces (*op. cit.,* pág. 4).

gislador han empleado el concepto (v. gr. como principio, derecho o garantía) y si el término derecho que utilizamos se refiere al poder jurídico o facultad que habilita la pretensión procesal o a cualquiera de las otras acepciones reconocidas (ej. lo justo o el derecho concebido como ordenamiento).

14. EL CARÁCTER ABSOLUTO O RELATIVO DE LOS DERECHOS

La filosofía del utilitarismo[140] sostenía que no había derechos fundamentales o humanos absolutos y hasta nuestra Corte Suprema sentó el principio de la relatividad de los derechos al declarar que, conforme al artículo 14, los derechos se gozan de acuerdo con las leyes que reglamentan su ejercicio[141].

Como una suerte de paradoja, la fuerza de semejante tradición, compatible con la tesis del positivismo legalista (de un modo consciente o inconsciente) no es absoluta ya que no puede concebirse la relatividad de los derechos frente a la existencia de bienes básicos.

Se trata de bienes básicos a los que ningún sistema democrático puede limitar ni atribuir carácter relativo o subordinar a la reglamentación y, de hecho, ellos tienen carácter absoluto en aquellos Estados que practican la democracia como forma de gobierno y de vida.

Porque aun cuando haya alguno de estos derechos que no se cumpla en la realidad (como el derecho a que la autoridad no mienta y diga la verdad o el derecho a no ser condenado por razones políticas o datos falsos)[142] lo cierto es que los derechos públicos de mayor trascendencia para la dignidad del hombre tienen carácter absoluto en los Estados democráticos, lo cual permite descartar algunas teorías recientes que asignan prevalencia a los derechos colectivos sobre los derechos individuales.

Entre estos derechos humanos absolutos se encuentran el derecho a no ser privado de la vida así[143] como el derecho a no ser privado de la posibilidad de procrear[144] y el derecho a no ser torturado ni sufrir otros castigos denigrantes de la condición humana[145].

15. CARACTERÍSTICAS ATRIBUIDAS AL ORDEN JURÍDICO

El derecho, concebido como orden jurídico, es el instrumento esencial que utiliza la autoridad para resolver los problemas de coordinación que se plan-

---

[140] FINNIS, *Ley natural...*, cit., pág. 251.

[141] Fallos 136:161 (1922), *in re, Ercolano c/ Lantieri de Renshaw.*

[142] FINNIS, *Ley natural...*, cit., pág. 253.

[143] MASSINI-CORREAS, *El derecho natural...*, cit., págs. 212-225.

[144] FINNIS, *Ley natural...*, cit., pág. 253.

[145] Const. Nal., art. 18 *in fine.*

tean en el seno de una comunidad. Su fin (aunque no sea realizado en plenitud en cada país) se orienta a la previsibilidad de las relaciones humanas mediante la creación de reglas e instituciones[146].

Como resabios del positivismo algunos siguen sosteniendo como supuestos axiomas del derecho el de la completitividad del ordenamiento (negando la posibilidad de carencias normativas), del derecho como orden coactivo[147] y del derecho como regulador de su propia creación, no admitiendo la creación de reglas fuera del círculo que crea y permite crear el derecho positivo.

Sin embargo, esos caracteres formales que se atribuyen al derecho pierden consistencia a poco que se los confronte con la realidad en la que operan.

En primer lugar, no es cierto que el ordenamiento constituya un orden jurídico completo y que, por tanto, no existan las llamadas lagunas del derecho, por más que estas puedan siempre cubrirse apelando a la técnica de la analogía. Se trata de un postulado ficticio como llega a reconocer el propio FINNIS[148] y la experiencia muestra que hay infinidad de casos de carencia de normas (la denominada carencia histórica) en que la solución jurídica se alcanza mediante un salto a la justicia material[149], a través de un acto de creación del derecho por parte del juez que perfectamente puede apoyarse en algún principio del derecho natural (no positivo).

Tampoco son consistentes los dos axiomas con que FINNIS pretende resumir las características formales del derecho[150]. En efecto, el derecho no puede definirse exclusivamente como un orden coactivo toda vez que normalmente él puede realizarse sin apelar a la coacción. Repárese nada más que en los actos favorables (relaciones de fomento o promoción) y en la serie de vínculos contractuales y aún legales que se cumplen sin coacción (la mayor parte de los repartos autónomos) para demostrar que hay innumerable cantidad de actos jurídicos que se cumplen sin procedimientos coactivos. Que la coacción sea una posibilidad para forzar el cumplimiento de actos frente a un particular recalcitrante no implica que todo el ordenamiento jurídico sea un orden coactivo.

Por lo demás, la afirmación que el derecho regula su propia creación va en contra del postulado básico del iusnaturalismo que, fuera de todo dogmatismo formal, concibe la posibilidad de que las fuentes del derecho no tengan que provenir, en todos los supuestos, de autoridades sociales "sino que hay 'algo' jurídico, cognoscible que vale como tal aunque no se lo haya reconocido o dispuesto socialmente"[151]. Ese "algo" jurídico es, para el iusnaturalismo y sus

[146] FINNIS, *Ley natural…*, cit., pág. 296.
[147] Véase: VIGO, *El iusnaturalismo actual…*, cit., págs. 147 y 174.
[148] FINNIS, *Ley natural…*, cit., pág. 298.
[149] GOLDSCHMIDT, *Introducción filosófica…*, cit., págs. 294 y ss., especialmente pág. 299.
[150] FINNIS, *Ley natural…*, cit., págs. 294 y ss. en especial págs. 296-298.
[151] VIGO, *El iusnaturalismo actual…*, cit., pág. 156.

visiones próximas, la ley o el derecho natural y los principios generales del derecho.

16. LOS PARADIGMAS EN EL DERECHO PÚBLICO

El concepto de paradigma, empleado para captar el sentido de la revolución científica que se opera en el campo de las ciencias físicas y naturales y, en general, en el de la historia de las ciencias, puede ser utilizado con provecho en el ámbito de las ciencias sociales, para explicar los fenómenos propios de la transformación de las instituciones[152].

Porque es evidente que todas las ciencias se apoyan en un paradigma o conjunto de ellos, los cuales cumplen la función de ser una suerte de ley básica que alimenta sus principios de un modo continuo y generalizado.

La dinámica de los paradigmas hace que las formulaciones de los principios en el mundo del derecho requieran ser ajustadas cuando la realización del bien común lo demande (generalmente orientado por necesidades sociales), y en la medida que éstas no excedan los principios básicos que fundamentan la justicia material, en sus diversas especies (conmutativa, distributiva y legal).

En la actualidad, el paradigma se ha convertido en una noción, ciertamente versátil, que se utiliza para diversos usos interpretativos con significados diferentes dada la libertad de estipular conceptos que es propia de la ciencia del derecho. De ese modo, mientras algunos conciben a los paradigmas como nuevas visiones del derecho, y otros, como principios generales o valores jurídicos, no faltan quienes los circunscriben a los principios del llamado neoconstitucionalismo.

Cuando aludimos a los valores jurídicos asimilándolos a los principios generales no estamos haciendo referencia a los valores básicos fundamentales[153]. Nos referimos a los principios generales del sistema jurídico (estén o no positivizados) que, aún cuando no se relacionan en base a un orden jerárquico predeterminado, se interpretan y aplican con arreglo a las exigencias básicas de la razonabilidad práctica[154]. Lo cierto es que hasta quienes distinguen por

---

[152] KUHN, *La estructura de las revoluciones científicas,* trad. del inglés, Buenos Aires, Fondo de Cultura Económica, 2002, págs. 9 y ss., especialmente págs. 268 y ss.

[153] FINNIS (*Ley natural...*, págs. 91 y ss. especialmente págs. 113-127) enumera entre los valores básicos fundamentales, la vida, el conocimiento, el juego, la experiencia estética, la sociabilidad, la razonabilidad práctica y la religión.

[154] Veáse: FINNIS, *Ley natural...*, cit., págs. 165 y ss. Al respecto se pregunta dicho autor: ¿cómo puede saber uno que una decisión es razonable prácticamente? Considera la razonabilidad práctica como un bien que estructura nuestra búsqueda de bienes afirmando que no vivir a la altura de esas exigencias es irracional. FINNIS describe y desarrolla como tales: a) un plan de vida coherente; b) ninguna preferencia arbitraria entre los valores; c) ninguna

su grado de especificación los valores de los principios (el principio tendría un grado mayor de determinación) admiten que ambos son preceptivos[155] y que hay principios que se ha entendido configuran derechos humanos inviolables, como el derecho a la vida[156], que cumplen un papel fundamental en el Estado de Derecho, en sus distintas versiones[157].

Veamos ahora algunas de las razones por las cuales los juristas y aun los filósofos del derecho no se preguntan acerca de las exigencias de la razonabilidad práctica. Ello puede obedecer a una explícita o implícita adhesión a la tesis positivista ancestral que separa la moral del derecho, o bien, a una tendencia racionalista moderna, que incorpora formalmente como valores o derechos en el sistema positivo aun a los que no pueden serlo por su repugnancia a la ley natural.

En lo que sigue, vamos a referirnos a aquellos principios generales del derecho aplicables al derecho administrativo que consideramos de relevancia fundamental y que, por tanto, cumplen la función de los paradigmas científicos ya sea que tengan su fuente positiva en los textos constitucionales, en cláusulas de los tratados y en las leyes, así como en la jurisprudencia y en la doctrina, siempre que encarnen interpretaciones iuspublicistas que resulten armónicas con el texto constitucional de 1853-1860 y la reforma de 1994. Ello no implica desechar el comparatismo constitucional que, en cuanto resulte compatible con el derecho vernáculo, puede ser útil para la interpretación jurídica de los preceptos positivos que, en muchos aspectos, se han fundado en sus prescripciones.

---

preferencia arbitraria entre las personas; d) desprendimiento y compromiso; e) la relevancia de las consecuencias: eficiencia, dentro de lo razonable; f) respeto por todo valor básico en todo acto; g) las exigencias del bien común; h) seguir la propia conciencia e i) la moral, como producto de esas exigencias.

[155] PEDRO J. J. COVIELLO, "Los principios y valores como fuentes del derecho administrativo", en *Cuestiones del derecho administrativo,* Buenos Aires, RAP, 2009, pág. 753.

[156] Según FINNIS, resultan inviolables y son absolutos conforme a las exigencias de razonabilidad práctica, un conjunto básico de derechos humanos, entre los que se encuentran desde "el más obvio, el derecho de no verse privado directamente de la propia vida como medio para ningún fin ulterior; pero también el derecho a que no nos mientan positivamente en ninguna situación (v. gr. en la enseñanza) en la cual se espera razonablemente una comunicación real; y el derecho a no ser condenado sobre la base de cargos deliberadamente falsos; y el derecho a no ser privado, u obligado a privarse de la propia capacidad procreadora; y el derecho a ser tenido en cuenta con respecto a cualquier valoración de lo que el bien común exige" (FINNIS, *Ley natural ...,* cit., pág. 253).

[157] Sobre el Estado de Derecho y sus diferentes versiones, hasta llegar al Estado de derecho constitucional, la literatura jurídica europea es abundante, véase: SANTIAGO MUÑOZ MACHADO, *Tratado de derecho administrativo y derecho público general,* t. I, 2ª ed., Madrid, Iustel, 2006, págs. 321 y ss.

El conocimiento de paradigmas sea, bajo la forma de principios generales o de garantías jurídicas, no es un fenómeno exclusivo del derecho público contemporáneo ni del llamado neoconstitucionalismo. Basta recordar la formulación y desarrollo del principio de razonabilidad y del debido proceso adjetivo[158], para citar algunos de los principios que se desarrollaron en nuestro país bajo la influencia de las instituciones del derecho constitucional norteamericano. Algo similar ocurrió con los principios generales del derecho elaborados por la jurisprudencia del Consejo de Estado francés[159] (v. gr. la igualdad ante las cargas públicas y la interdicción de la desviación de poder) fundados en la justicia o en la ley natural antes que en el derecho positivo, los que también se proyectaron a nuestro derecho administrativo.

En Europa continental, incluso en algunos países antes de la sanción de los textos constitucionales de la posguerra, se inició un movimiento doctrinario y jurisprudencial que como reacción a los dogmas y carencias del derecho administrativo clásico, contribuyó a incorporar una serie de principios generales del derecho administrativo al sistema jurídico[160] (v. gr. el informalismo, los principios *pro libertate* y *pro actione*, la buena fe, etc.).

El proceso estaba guiado por una revalorización del Estado de derecho con una finalidad tuitiva de los derechos fundamentales o naturales (particularmente las libertades de los ciudadanos) y ponía el acento en la protección de la persona humana.

En la continuación de ese proceso el llamado neconstitucionalismo europeo extremó la positivización de los principios y nuevos derechos mediante la instrumentación de un amplio catálogo de derechos sociales, y más tarde colectivos, estos últimos concebidos en función de la tutela de bienes comunes (v. gr. la protección ambiental) y de la democracia participativa (derecho de participación)[161].

Algunos de esos nuevos principios y derechos plantean falsos dilemas a la hora de su interpretación. Fuera o no por razones ideológicas, un sector de la doctrina sostiene la operatividad directa de todos los nuevos principios y derechos incorporándolos al orden coactivo, como si fueran normas positi-

---

[158] Vid: JUAN FRANCISCO LINARES, *La razonabilidad de las leyes. El debido proceso como garantía innominada en la Constitución Argentina*, 2ª ed., Buenos Aires, Astrea, 1980.

[159] JEAN RIVERO, "Los principios generales del derecho en el derecho francés contemporáneo", RAP, núm. 6, Madrid, 1951, pág. 293 y su clásico *Droit administratif*, 18ème éd. actualizada por Jean Waline, Paris, Dalloz, 2000, pág. 72.

[160] Véase EDUARDO GARCÍA DE ENTERRÍA, *Reflexiones sobre la ley y los principios generales del derecho*, Madrid, Civitas, 1984, especialmente págs. 63 y ss.

[161] HERNÁN CELORRIO, "Derechos sociales y tutela judicial", en *Estudios de derecho administrativo*, núm. 3, Montevideo, La Ley, 2011, págs. 7 y ss. afirma que no hay contradicción entre los derechos civiles y políticos "correspondiendo una complementación integral de los mismos en la interpretación de sus alcances y de la debida protección (pág. 8).

vas, olvidando que una buena parte de ellos son mandatos de optimización, o según la terminología que utiliza la Corte, derechos fundamentales con operatividad derivada[162] que, cuando implican obligaciones de hacer a cargo del Estado, están sujetos al control de razonabilidad[163]. Ese proceso de transformación de los principios generales en normas coactivas, de contenido positivo, no ha perseguido siempre una finalidad garantista de los derechos y en ocasiones ha transgredido el principio de la razonabilidad económica[164].

Antes bien, la ideología ha procurado, imponer la prevalencia de los derechos colectivos sobre los derechos individuales, aún a costa de aniquilar el derecho a la vida[165] que, para el pensamiento iusnaturalista, representa un derecho absolutamente inviolable.

[162] Domingo García Belaunde ("El Estado Social re-visitado", ReDA núm. 81, Buenos Aires, Abeledo-Perrot, 2012, págs. 697 y ss.) habla de derechos incondicionados y condicionados; estos últimos requieren regulación legal y recursos económicos, es decir, que no son directamente operativos.

[163] En un caso reciente, en el que la madre de un hijo que padecía una grave discapacidad planteó una acción contra la Ciudad Autónoma de Buenos Aires reclamando que se le reconozca y haga efectivo el derecho a una vivienda digna, la Corte hizo lugar a la pretensión ordenando al Gobierno de la Ciudad, el otorgamiento de las prestaciones de asistencia social y de salud y que garantizase a la actora, aun en forma no definitiva "un alojamiento con condiciones edilicias adecuadas a la patología del niño, sin perjuicio de contemplar su inclusión en algún programa de vivienda en curso o futuro para la solución permanente de la solución planteada". En este caso, si bien la Corte parte del reconocimiento de la operatividad efectiva de los derechos fundamentales, como es el derecho a la vivienda digna, precisa que esa operatividad no es directa, en el sentido de que todos los ciudadanos la pueden reclamar en sede judicial (considerando 11º *in fine*) sino una operatividad subordinada a su implementación por los poderes públicos (legislativo y ejecutivo), dado que existe "la necesidad de valorar de modo general otros derechos, como por ejemplo la salud, las prestaciones jubilatorias, los salarios y otros, así como los recursos necesarios" (considerando 11º, primera parte). Sin embargo, la Corte considera que los derechos fundamentales que consagran obligaciones de hacer a cargo del Estado, con operatividad derivada, "están sujetos al control de razonabilidad por parte del poder judicial" (considerando 12º primera parte). (Cfr. en la causa "Recurso de hecho Q. C. S. Y. c/Gobierno de la Ciudad de Buenos Aires s/amparo", Fallos 335:452 [2012]).

[164] Por ejemplo, cuando se opone el derecho a la vivienda digna al derecho individual del propietario, sin declaración de utilidad pública ni el cumplimiento de las demás garantías de la expropiación (Const. Nal., art. 17).

[165] La cita de un texto de Foucault que ha hecho Massini-Correas (en su obra *El derecho natural...*, cit., pág. 221) ilustra hasta dónde llega la tesis que niega a la persona humana y sus derechos fundamentales. Al respecto, ha llegado a decirse que "cuando el proletariado tome el poder puede ser perfectamente posible que ejerza contra las clases sobre los que ha triunfado, un poder violento, dictatorial e incluso sangriento; no veo que objeción puede hacérsele a esto" (Noam Chomsky y Michel Foucault, "La naturaleza humana: ¿justicia o poder?", Valencia, Universidad de Valencia, 1976, págs. 55-56).

Ante todo, cabe advertir que, el verdadero problema no radica en el reconocimiento positivo de los derechos y bienes colectivos cuyos valores son naturalmente protegibles en función del bien común (v. gr. la protección de la salud y del medio ambiente) sino en el desconocimiento de valores básicos y en su interpretación irrazonable o bien, en la utilización demagógica por los gobernantes de turno, cualquiera sea la tendencia que representen (liberales, conservadoras, socialistas, etc.).

Los paradigmas que revisten fundamental relevancia en el derecho público, al configurar principios generales del derecho, se proyectan a la teoría del acto administrativo sobre el cual prevalecen[166]. Muchos de ellos no son sino formulaciones evolucionadas de principios generales anteriormente reconocidos que tuvieron recepción positiva en los tratados internacionales integrantes de nuestro ordenamiento constitucional (art. 75 inc. 22). Ello conduce a la necesidad de aplicar en nuestro derecho administrativo no solo las normas y principios de estos tratados sino también la jurisprudencia de la Corte Interamericana de Derechos Humanos[167].

17. La dignidad de la persona como fuente central
   de todos los principios y derechos

La persona humana es la fuente de todos los principios y derechos[168]. Más aún, el fundamento[169] y la razón de ser del derecho radica en la persona cuya humanidad no deriva de ser una creación formal del hombre[170]. Un ordenamiento positivo que negase la condición de persona de un ser humano sería algo inconcebible, un no-derecho, una aporía que el positivismo no pudo re-

---

[166] Jacqueline Morand-Deviller (*Cours de droit administratif,* 13ème éd., Paris, LGDJ, 2013, pág. 269) señala que los principios generales del derecho tienen un valor jurídico superior a cualquier clase de actos administrativos; ver también: Yves Gaudemet, *Droit administratif,* 20ème éd., Paris, LGDJ, 2012, págs. 132-134.

[167] Ampliar en: Pedro Aberastury y Patrizia E. Gottschau, "Interrelación del derecho supranacional en el procedimiento administrativa nacional", en Pedro Aberastury y Hermann-Josef Blanke (Coords.), *Tendencias actuales del procedimiento administrativo en Latinoamérica y Europa,* Buenos Aires, Eudeba y Fundación Konrad Adenauer, 2012, págs. 95 y ss.

[168] Alejandro Laje, *Derecho a la intimidad. Su protección en la sociedad del espectáculo,* Buenos Aires, Astrea, 2014, págs. 14 y ss., sostiene que es el fundamento de los derechos personalísimos como el derecho a la intimidad, verdadero derecho subjetivo de las personas.

[169] Renato Rabbi–Baldi Cabanellas, *Teoría del derecho,* Buenos Aires, Ábaco, 2008, pág. 33.

[170] José W. Tobías, "Persona y mercado", La Ley 2012-B, 632, Suplemento de la Academia Nacional de Derecho y Ciencias Sociales de Buenos Aires, del 28/02/2012, señala que la *dignitas* es el fundamento último de los derechos fundamentales.

solver cuando sostenía que la persona era una creación del derecho[171], siendo la principal justificación de cualquier norma jurídica[172].

En el dominio sobre la propia vida del ser más que del existir, se encuentra la raíz de la dignidad de la persona pues, como decían las *Partidas*, la persona del hombre es la más noble del mundo[173]. Esa dignidad no admite discriminación alguna por razón de nacimiento, raza o sexo, opiniones o creencias[174] y en ella se fundamentan los derechos del hombre como la libertad religiosa o la libertad de expresión[175].

De un modo u otro, todos los derechos humanos están relacionados con la dignidad de la persona que constituye algo así como el principio general básico de todo el derecho, el cual informa el contenido del ordenamiento y resulta un valor jurídico exigible. Por esa causa, el primer derecho que prevalece respecto de cualquier otro derecho es el derecho a la vida[176], uno de cuyos contenidos principales es el derecho a la salud, dado que la preservación de la persona representa el grado máximo de su dignidad. La persona es un fin en sí mismo para cuya realización y perfección necesita gozar de todos los derechos que se relacionan con la condición humana, con las restricciones razonables que le imponga el bien común tanto en su dimensión individual como social, espiritual y material[177]. En ese arco protectorio se encuentran la libertad, la propiedad y la igualdad y aún los llamados derechos de segunda y tercera generación, con sus nuevos paradigmas, como la tutela judicial efectiva.

El valor jurídico básico de la dignidad humana ocupa un lugar central en el derecho público, siendo un principio constitucional[178] que se proyecta a la teoría del acto administrativo, mediante el desarrollo de una serie de principios generales cuyos diversos contenidos se expresan en mandatos, prohibiciones y estímulos.

[171] RENATO RABBI–BALDI CABANELLAS, *Teoría...*, cit., pág. 62.

[172] BACELLAR FILHO, *Reflexões sobre direito administrativo*, cit., pág. 19.

[173] JESÚS GONZÁLEZ PÉREZ, *La dignidad de la persona*, Madrid, Civitas, 1986, pág. 24.

[174] GONZÁLEZ PÉREZ, *La dignidad...*, cit., pág. 25.

[175] RODOLFO CARLOS BARRA, "La libertad de prensa en la reciente jurisprudencia de la Corte Suprema", en AGUSTÍN GORDILLO (Dir.), *Derecho administrativo. Doctrinas esenciales*, t. I, Buenos Aires, La Ley, 2010, págs. 1171 y ss. en especial, pág. 1181 y la jurisprudencia de la Corte que cita.

[176] FINNIS, *Ley natural...*, cit., págs. 251 y ss.

[177] CARLOS E. DELPIAZZO, "Recepción de los principios generales del derecho por el derecho positivo uruguayo", en *Los principios en el derecho administrativo iberoamericano*, Foro Iberoamericano de Derecho Administrativo, Junta de Castilla y León, Netbiblo, La Coruña, España, 2008, pág. 616.

[178] Fallos 314:421.

La dignidad humana, como principio básico del derecho, ha sido reconocida en numerosos tratados internacionales. Para nuestro derecho adquieren trascendencia como fuente de todo el ordenamiento, aquellos que poseen jerarquía constitucional (Const. Nal., art. 75, inc. 22). En tal sentido, desde la Declaración Universal de los Derechos Humanos[179], el Pacto de Derechos Civiles y Políticos[180], el Pacto de los Derechos Económicos, Sociales y Culturales, la Declaración Americana de Derechos y Deberes del Hombre[181] hasta la Convención Americana sobre Derechos Humanos, han incorporado en sus textos el principio; en particular esta última lo recoge al prescribir que "Toda persona tiene derecho al respeto de su honra y al reconocimiento de su dignidad"[182].

El principio de la dignidad de la persona protege una variedad de situaciones (la de los funcionarios, militares, estudiantes, detenidos o reclusos, usuarios de servicios públicos etc.)[183] y debe observarse en todos los elementos del acto administrativo (competencia, causa, objeto, forma y finalidad). Su violación implica la inconstitucionalidad del acto por la violación de un tratado internacional que es parte integrante de la Constitución y la nulidad puede encuadrarse en cada uno de los supuestos de nulidad absoluta previstos en el artículo 14 de la Ley Nacional de Procedimientos Administrativos (v. gr. incompetencia en razón de la materia por violar la Constitución y así, sucesivamente, con los demás elementos del acto administrativo).

No se puede desconocer tampoco, como se ha señalado, que un grupo de fallos de la Corte Suprema ha conectado el llamado Estado constitucional de derecho con la inmediata protección de la dignidad humana[184].

Recordemos que en la dignidad de la persona humana se fundamentan los demás principios generales del derecho ya sean comunes a todo el derecho como el principio de buena fe, los de *pro homine* y *pro libertate*, junto a los que son propios y típicos del derecho público, como el principio de confianza legítima [185] y la tutela judicial y administrativa efectiva, que constituyen nuevos paradigmas del derecho administrativo.

---

[179] Preámbulo y arts. 1° a 6°, entre otros.

[180] Considerandos y arts. 7°, 8°, 10, 16, 17 y 19.

[181] Considerandos, Preámbulo y arts. I, II y XVII, entre otros.

[182] Art. 11.1 CADH.

[183] González Pérez, *La dignidad...*, cit., págs. 136 y ss.

[184] Patricio Marcelo E. Sammartino, "Introducción al estudio del acto administrativo en el Estado constitucional de derecho", ReDA núm. 81, Buenos Aires, Abeledo Perrot, 2012, punto 2.3.

[185] Véase: Pedro J. J. Coviello, *La protección de la confianza del administrado*, Buenos Aires, Lexis–Nexis, Abeledo Perrot, 2004, págs. 33 y ss.

Al propio tiempo, aunque los hechos y actos de los gobernantes suelen demostrar lo contrario, el ordenamiento internacional aplicable en el orden interno[186], ha potenciado la observancia de la moral pública y la lucha contra la corrupción. El acto administrativo cuyo objeto transgrede la moral pública adolece de nulidad absoluta[187] y la conducta del funcionario merece el reproche penal correspondiente.

18. LOS NUEVOS PARADIGMAS DEL DERECHO PÚBLICO

Una primera aplicación de las exigencias de la razonabilidad práctica indica que ninguno de los nuevos paradigmas puede ser interpretado para aniquilar otro principio por fundamentos arbitrarios o preconceptos ideológicos. Si todos los principios generales, aún los que se consideran nuevos paradigmas, poseen igual jerarquía objetiva en el plano de los valores básicos[188] —con excepción del valor vida— la solución de un conflicto en el que se invoquen diferentes principios o derechos no es susceptible de ser predeterminada dogmáticamente, sino que requiere llevar a cabo una tarea de ponderación conforme a las circunstancias del caso y las reglas de la razonabilidad práctica, a fin de alcanzar la solución justa o correcta.

19. EL PRINCIPIO "PRO HOMINE" Y SU FUNCIÓN ORDENADORA. LA INTERPRETACIÓN MÁS FAVORABLE ("IN DUBIO PRO LIBERTATE")

Se trata de un principio sustantivo que se dirige tanto al agente público que dicta un acto administrativo como al juez que interpreta un principio, norma, acto o contrato administrativo. En tales casos, la aplicación e interpretación de las normas debe orientarse hacia la solución que proteja en mayor medida a la persona[189] (física o jurídica)[190].

---

[186] GONZÁLEZ PÉREZ, *La dignidad...*, cit., págs. 136 y ss.

[187] MIGUEL S. MARIENHOFF, *Tratado de derecho administrativo*, t. II, 4ª ed., Buenos Aires, Abeledo Perrot, 1993, págs. 349 y ss.

[188] CARLOS I. MASSINI CORREAS, *El derecho natural y sus dimensiones actuales*, Buenos Aires, Ábaco, 1999, págs. 216-217.

[189] Véase: el caso *Madorrán* de la CSJN, Fallos 330:1989, considerando 8º.

[190] HÉCTOR A. MAIRAL, "Hacia una noción más acotada del acto administrativo (donde se explica como los argentinos pasamos, sin darnos cuenta, de obedecer la ley a obedecer a los funcionarios públicos)", RAP, 2011-1 y 2, Buenos Aires, RAP, 2011, pág. 43; anota que la protección de las personas jurídicas está contemplada en el art. 1º del Protocolo Adicional 1 al Convenio para la Protección de los Derechos Humanos y de las libertades fundamentales, que entró en vigor el año 1954. Asimismo, señala que en el derecho interamericano la doctrina considera que la protección comprende solo a las personas físicas y no a las personas jurídicas, no obstante algunos precedentes de la CIDH (casos *Redio Ñanduty vs. Paraguay* (1987) y

El basamento normativo del principio se encuentra, fundamentalmente en el artículo 2º de la Convención Americana sobre Derechos Humanos que consagra varias prohibiciones dirigidas a los Estados: a) suprimir el goce y el ejercicio de los derechos y libertades reconocidos en la Convención o limitarlos en mayor medida que la prevista en ella; b) limitar el goce y ejercicio de cualquier derecho o libertad que pueda estar reconocido de acuerdo con las leyes de cualquiera de los Estados parte o de acuerdo con otra convención en que sea parte uno de esos Estados; c) excluir otros derechos y garantías que son inherentes al ser humano o que se derivan de la forma democrática representativa de gobierno y d) excluir o limitar el efecto que pueda producir la Declaración Americana de Derechos y Deberes del Hombre y otros actos internacionales de la misma naturaleza.

El principio obliga a interpretar en forma favorable a la persona las normas que reconocen o amplían los derechos humanos y, a la inversa, en forma restrictiva los que consagran limitaciones o restricciones[191], dado que el propósito del principio consiste en "preservar la dignidad, asegurar los derechos fundamentales y alentar el desarrollo de los seres humanos"[192]. Pero también amplía el ámbito de los derechos de la persona en cuanto a la exigibilidad de otros derechos humanos o fundamentales como el acceso a la información pública, la participación en la elaboración de los reglamentos y de los usuarios en los entes reguladores, la protección de los derechos de los consumidores[193] y usuarios de servicios públicos[194], etc. Se ha sostenido que se trata de un "megaprincipio" cuyo sentido es orientar una dirección valorativa de razonamiento "en dirección de la protección de la persona"[195].

Cantos vs. Argentina (2001). A favor de la protección de la persona jurídica: GERMÁN J. BIDART CAMPOS, *Teoría general de los derechos humanos,* Buenos Aires, Astrea, 2006, págs. 39 y ss.

[191] PABLO ÁNGEL GUTIÉRREZ COLANTUONO y JUAN BAUTISTA JUSTO (colab.), *Administración pública, juridicidad y derechos humanos,* Buenos Aires, Abeledo Perrot, 2009, pág. 15.

[192] CIDH, Caso *Comunidad Mayagma* (*Sumo*) *Awas Tingni c/Nicaragua*, de fecha 31/8/2001, publicado en La Ley 2003-C-290, voto concurrente del juez García Ramírez (párrafo 2).

[193] La protección de los consumidores y usuarios fue reglamentada mediante la ley 24.240 y sus modificatorias (leyes 24.787, 24.999 y 26.361); véase PABLO E. PERRINO, "La responsabilidad del Estado y de los prestadores de servicios públicos privatizados frente a los usuarios", en *Aportes para un Estado eficiente*, publicación del V Congreso Nacional de Derecho Administrativo del Perú, Lima, Palestra, 2012, págs. 365 y ss.

[194] Véase: JORGE DANÓS ORDOÑEZ, "La protección de los derechos de los consumidores y usuarios en el derecho peruano", en el libro *Congreso Internacional de Derecho Administrativo,* X Foro Iberoamericano de Derecho Administrativo, El Salvador, 2011, págs. 719 y ss., realiza una muy completa exposición del tema a la luz del art. 65 de la Constitución peruana.

[195] RICARDO LUIS LORENZETTI, *Teoría de la decisión judicial. Fundamentos de derecho*, Santa Fe, Rubinzal Culzoni, 2008, pág. 265.

Claro está que es razonable argumentar que si el eje de la protección radica en la persona, el principio *pro homine* constituye un valor básico siendo el principio *in dubio pro libertate* (o *favor libertatis*) un derivado de aquel, dado que la autonomía o libertad del sujeto es un *prius* (aunque atado siempre a la responsabilidad personal), ya que la heteronomia y las limitaciones revisten siempre carácter excepcional. De este principio deriva la regla de que la administración debe inclinarse siempre por la interpretación más favorable a la persona y el principio de que la buena fe del administrado siempre se presume, lo cual tiene particular incidencia en el ámbito tributario[196]. La autonomía y la libertad deben prevalecer sobre la restricción que tiene que ser limitada y establecida como excepción a la regla de un modo razonable.

Un claro supuesto que choca con los principios *pro homine, pro libertate* y buena fe, se encuentra en la interpretación que ha efectuado la doctrina y la jurisprudencia de la Corte a partir del caso "Almagro"[197], en torno al artículo 18 de la Ley Nacional de Procedimientos Administrativos que le permite a la administración revocar un acto regular "si el administrado hubiere conocido el vicio". Lo cuestionable no radica en extender la excepción a la revocabilidad del acto regular al acto irregular lo cual resulta lógico, dado que no puede haber una potestad de mayor extensión para revocar el acto que tiene un vicio menor (de nulidad relativa) que el que exhibe un acto irregular que afecta el orden público administrativo (nulidad absoluta). Lo cuestionable es presumir el conocimiento del vicio por parte del administrado porque ello va en contra de los mencionados principios que predican la regla inversa y de la cual se desprende que la carga de la prueba y la de imputar el vicio al administrado es responsabilidad de la administración[198]. En tales supuestos, debe requerirse, al menos, una participación voluntaria del administrado, o bien, que el vicio le sea imputable[199] o que exista dolo del administrado[200].

En el campo del derecho penal, el principio *in dubio pro reo* encarna el principio *pro homine* en cuanto asigna prevalencia —en caso de duda— a la protección de la libertad, habiéndose sostenido que "por las características propias que hacen a la esencia de la interpretación misma de la ley penal, el

---

[196] GONZÁLEZ PÉREZ, *La dignidad...*, cit., págs. 159 y ss

[197] Fallos 321:170.

[198] PABLO ÁNGEL GUTIÉRREZ COLANTUONO y JUAN BAUTISTA JUSTO (*Administración Pública...*, cit., pág. 82) sostienen que una consecuencia fundamental del principio "consiste en desplazar hacia el Estado la carga argumentativa y probatoria sobre la validez y la aplicabilidad de una determinada restricción a un derecho", con cita del fallo Hooft de la Corte Suprema (Fallos: 237:5118, considerando 3) de 2004.

[199] AGUSTÍN GORDILLO, *Tratado de derecho administrativo*, t. 3, 3ª ed., Buenos Aires, Macchi, 1979, pág. VI-18.

[200] JUAN CARLOS CASSAGNE, *Ley Nacional de Procedimientos Administrativos, Comentada y anotada*, Buenos Aires, La Ley, 2009, pág. 384.

principio de menor reprochabilidad debería prevalecer sobre cualquier otro, de acuerdo a una teoría garantística y, fundamentalmente, para proteger la imparcialidad del juzgador"[201].

20. El principio general de la buena fe

Si tomamos por caso el acto administrativo (o el contrato de la administración), la buena fe presupone que tanto la voluntad de la administración como la del particular o administrado y, en general, los elementos del acto o contrato han sido producto de una conducta recta, leal y honesta. Se trata de una derivación del principio de la dignidad de la persona humana, cuya vigencia en el derecho administrativo es anterior[202] a la Convención Americana de Derechos Humanos[203] y, por cierto, aunque reconoce una tradición previa al nuevo constitucionalismo, se inserta en los nuevos paradigmas constituyendo incluso una exigencia del principio de la confianza legítima, como se verá más adelante.

La buena fe se vincula con los comportamientos éticos de las personas cuya exigibilidad se incorpora al derecho que, al tener en cuenta la moral, implica una ruptura más con el positivismo legalista[204]. Ella resulta directamente aplicable al derecho administrativo y rige con independencia de su reconocimiento por el derecho positivo, si bien los ordenamientos se inclinan por su incorporación expresa, ya sea como principio general en el Código Civil[205] o bien, como ocurre en Colombia, a través de la recepción constitucional del principio (art. 83), cuya proyección al procedimiento administrativo ha sido ampliamente desarrollada por la jurisprudencia y doctrina de ese país[206].

21. El principio de la confianza legítima

La actividad de la administración precisa generar confianza en el administrado para que este pueda prever razonablemente el grado de previsibilidad y

---

[201] Federico Wagner, "*In dubio pro reo* como límite a la interpretación de la ley penal", RDP, Buenos Aires, 2014-10-2135.

[202] Miguel S. Marienhoff, *Tratado de derecho administrativo*, t. i, 4ª ed. act., Buenos Aires, Abeledo Perrot, 1990, págs. 196 y 290.

[203] Art. 11, inc. 1°.

[204] Jesús González Pérez, *El principio general de la buena fe en el derecho administrativo*, 4ª ed., Madrid, Thomson-Civitas, 2004, págs. 21 y ss.

[205] Art. 7° ap. 1 del Código Civil español.

[206] Consuelo Sarria Olcos, "Los principios generales del derecho y el procedimiento administrativo en Colombia", en el libro *Los principios en el derecho administrativo iberoamericano*, Actas del VII Foro Iberoamericano de Derecho Administrativo, celebrado en Valladolid y Salamanca, Netbiblo, La Coruña, 2008, págs. 163-165.

seguridad jurídica que posee su relación con el Estado y adoptar las medidas necesarias para cubrir o soportar las contingencias adversas.

El principio de la confianza legítima nace en el derecho alemán[207], en un marco de oposición entre la legalidad estricta y el principio de buena fe, la cual terminó siendo una exigencia y no su fundamento que, en realidad, se encuentra en el principio de la seguridad jurídica[208].

Si bien hay alguna conexión con el principio de los actos propios, el principio de la confianza legítima es una institución típica del derecho público que tiende a morigerar, por razones de justicia, los efectos de una aplicación irrestricta de la legalidad. Su aplicación, que es siempre subsidiaria, se ha proyectado en el derecho español, así como en el derecho comunitario europeo[209], hallándose en un proceso de desarrollo evolutivo en el derecho argentino[210].

La finalidad del principio estriba en mantener la intangibilidad de los derechos que nacen al amparo de un acto o contrato administrativo (pilar de la competencia y la libertad económica) siempre que la verificación de la ilegalidad del acto se produzca luego de haber transcurrido un tiempo razonable susceptible de generarle al particular una legítima confianza en la estabilidad de la decisión[211] y de sus derechos.

Se trata de situaciones con una apariencia de legalidad o ausencia de vicios manifiestos, con independencia del carácter absoluto o relativo de la invalidez, que genera el derecho a la estabilidad del acto administrativo (v. gr. un permiso urbanístico revocado por la administración por razones de legitimidad después de autorizarse el comienzo de las obras y habilitado el inmueble).

En cuanto al fundamento de la seguridad jurídica[212] que se esgrime como basamento del principio de la confianza legítima, el Tribunal de Estrasburgo lo sitúa en el Preámbulo del Tratado que declara el Estado de derecho como patrimonio común de todos los integrantes[213].

---

[207] PEDRO J. J. COVIELLO, *La protección de la confianza...*, cit., pág. 33, especialmente págs. 35 y ss.

[208] HARTMUT MAURER, *Derecho administrativo. Parte general*, trad. del alemán, 17ª ed., Madrid, Marcial Pons, pág. 67.

[209] COVIELLO, *La protección de la confianza...*, cit, págs. 85 y ss.

[210] Los primeros casos en los que se menciona el principio en la jurisprudencia de la Corte son *Revestek* (Fallos 318:1531) y *Cirlafin* (no publicado) del año 1995.

[211] *TJCE Basf y otros v. Comisión*, de fecha 27/2/1992.

[212] ODETE MEDAUAR, *O direito administrativo em evoluçao,* 2ª ed., São Pablo, Revista dos Tribunais, 2003, págs. 246 y ss. En Francia, el Consejo de Estado lo considera un principio general del derecho (C. E. Ass. 24 de marzo de 2006 Soc. KPMG), no ocurre lo mismo con el principio de la confianza legítima cuya aplicación —según el Consejo de Estado, se limita al derecho comunitario. CE -9 de mayo de 2001— caso *Entreprise Freymuth*.

[213] PABLO ÁNGEL GUTIÉRREZ COLANTUONO y JUAN BAUTISTA JUSTO (colab.), *Administración pública...*, cit., pág. 104. Uno de los casos paradigmáticos que cita es *Pine Valley* del año

En el sistema argentino el fundamento se encuentra en el valor de la seguridad jurídica y en los postulados del Estado de derecho contenidos en los artículos 14, 16, 17 y 18 de la Constitución Nacional[214] y aunque en los tribunales del sistema interamericano de derechos humanos no ha tenido aún recepción, el principio tiene similar encuadre a la luz de los preceptos de la CADH[215].

Una aplicación puntual del principio de confianza legítima consiste en limitar el efecto retroactivo que supone la declaración de invalidez del acto administrativo[216], cuando se dan los presupuestos requeridos para que el administrado haya tenido una "expectativa razonable" en la certidumbre de su derecho y haya obrado de buena fe. En el derecho alemán el principio de la protección de la confianza adquiere mayor fuerza en el caso de la revocación de actos favorables, salvo que se hubiera producido un cambio de circunstancias que transforme al acto en "antijurídico". En este último supuesto, la protección de la confianza juega en el sentido de permitir la revocación a partir del momento en el que se produzca el cambio de las circunstancias. Excepcionalmente, se admite la revocación con efectos retroactivos *ex tunc* en aquellos supuestos en que las subvenciones o ayudas públicas no han sido empleadas conforme a su finalidad[217].

22. El principio de la moral pública

El empleo indistinto de los conceptos hace que consideremos la moral como equivalente a la ética y aunque somos conscientes de que una porción de filósofos los separan, carece de sentido que nos ocupemos aquí de este problema lingüístico y conceptual. La esencia de la ética o moral consiste en perseguir el bien y no la utilidad de una persona o grupo de personas.

Hemos dicho antes que la moral no es totalmente separable del derecho (en sentido lato) puesto que no puede haber ordenamientos positivos ni principios de derecho natural que legitimen los actos externos del hombre que sean inmorales, en la medida en que sean susceptibles de proyectarse a terceros. Lo que está exento de la regulación estatal son las acciones privadas de los hom-

---

1991, en el que se consideró que un permiso urbanístico anulado había generado expectativas legítimas o razonables para ejercer los derechos derivados del acto.

[214] Coviello, *La protección de la confianza*..., cit., págs. 460 y ss. Gutiérrez Colantuono y Justo (colab.), *Administración pública*..., cit., pág. 105.

[215] Gutiérrez Colantuono y Justo (colab.), *Administración pública*..., cit., pág. 106, con citas de fallos de la CIDH (Cayara v. Perú. Excepciones preliminares), párrafo 63, entre otros).

[216] Véase: Coviello, *La protección de la confianza*..., cit., págs. 229-234, y las correspondientes citas jurisprudenciales.

[217] Maurer, *Derecho administrativo*..., cit., págs. 324-325.

bres en cuanto no afecten la moral pública ni perjudiquen los derechos de terceros como lo proclama el artículo 19 de la Constitución, norma que constituye un principio general del derecho público.

La moral pública —como todo principio jurídico— constituye así un mandato vinculante que obliga a legisladores, administradores y jueces, derivado del primer principio que se resume en hacer el bien y evitar el mal.

La ética[218] o moral pública encierra un valor en sí misma que se ha cristalizado en diversos preceptos positivos de carácter nacional y supranacional; estos últimos regidos también por el principio de convencionalidad que obliga a respetar las decisiones de los tribunales internacionales y el derecho derivado que producen los diferentes organismos internacionales de los que nuestro país forma parte. Los supuestos de hecho de dicho conjunto de normas[219] se refieren a los procedimientos en las contrataciones públicas, la protección de los denunciantes de hechos de corrupción, el control de la gestión estatal y la sanción de nulidad para los actos que contravengan el régimen de incompatibilidades y conflictos de intereses, entre otras prescripciones.

En el caso del acto administrativo se discute si la moral configura o no un elemento propio de él[220], o bien constituye un requisito o cualidad del elemento objeto[221], sobre la base de la aplicación analógica del artículo 953 del Código Civil de VÉLEZ SARSFIELD[222]. Al respecto, seguimos pensando que la moral se radica en el objeto del acto que es el contenido de las decisiones que adopta el órgano administrativo por cuanto los demás elementos confluyen en él y el resultado práctico es el mismo, ya sea que se considere o no a la moral como un elemento separado y autónomo del acto administrativo.

23. La necesidad de armonizar los nuevos paradigmas

En el derecho público, particularmente en el derecho administrativo, suelen llevarse a cabo, cada tanto, transformaciones que modifican instituciones

---

[218] Véase: María Claudia Caputi, *La ética pública*, Buenos Aires, Depalma, 2000, y "Ética pública y procedimiento administrativo", en Héctor Pozo Gowland, David Andrés Halperin, Oscar Aguilar Valdez, Fernando Juan Lima y Armando Canosa (Dirs.), *Procedimiento administrativo*, t. I, Buenos Aires, La Ley, 2012, págs. 563 y ss.

[219] Art. III incs. 5°, 6°, 8° y 9° de la Convención Interamericana contra la Corrupción (CICC) y art. 17 de la Ley de Ética Pública N°25.188.

[220] Marienhoff, *Tratado de derecho administrativo,* t. II, 2ª ed., actualizada, Buenos Aires, Abeledo Perrot, 1975, págs. 345 y ss.

[221] Juan Carlos Cassagne, *Curso de derecho administrativo*, 10ª ed., Buenos Aires, La Ley, 2011, pág. 617.

[222] Art. 279 del CCCN.

caducas, dan vida a nuevos principios y crean reglas jurídicas compatibles con los fines que persigue el cambio o la adaptación del sistema jurídico.

El fenómeno jurídico puede compararse con el agua de un río que siempre fluye. El derecho, como el agua, mantiene su contenido sustancial que viene a ser una combinación de principios y normas, de justicia y experiencia, con exigencias morales insoslayables.

La caída del dogma positivista que postulaba la separación absoluta entre los valores morales y el derecho, representa el cambio más grande que ha habido en el plano de la filosofía del derecho, producido a partir de la segunda guerra mundial.

Lo curioso es que el auge del nuevo constitucionalismo ha sido posible gracias a los aportes provenientes de unos cuantos filósofos del derecho formados en el positivismo que, sin renegar de todo lo valioso que tiene el derecho positivo, se convencieron de que sin principios de justicia, el derecho se convierte en un instrumento formal que puede ser manejado a su antojo por las dictaduras autoritarias de izquierda y de derecha. Lo que sucedió con el nazismo y el fascismo es la demostración más acabada del quiebre del positivismo legalista en el derecho de raíz continental y anglosajona.

Es que, aparte de las funciones que debe cumplir el Estado como garante y gestor del bien común, el gran problema es y seguirá siendo el de la limitación del poder para hacerlo compatible con los derechos humanos básicos, entre los que cuentan no solo los nuevos derechos colectivos y los derechos sociales de segunda generación, cuya primacía algunos pretenden imponer, sino también, los derechos de la persona individual que hacen a su libertad y a sus necesidades materiales y espirituales, como la propiedad y la igualdad.

Si se respeta el principio de no contradicción nunca puede ser un criterio interpretativo válido darle preferencia dogmática a un principio sobre otro ni al derecho colectivo sobre el derecho individual, en la medida que son derechos fundamentales de la persona humana. Ello implicaría negar de antemano el principio o el derecho, despojándolo de su condición esencial.

Lo que sí puede haber y de hecho es lo que acontece, es que deba resolverse un conflicto entre pretensiones de partes que se apoyan en derechos que, en un determinado caso, aparecen enfrentados y en el que el juez debe darle toda o parcialmente la razón a una u otra sobre la base de la ponderación y de las exigencias de la razonabilidad.

Ese escenario, el nuevo constitucionalismo (expresión que preferimos a la de neoconstitucionalismo), ha contribuido a reafirmar la tendencia del derecho administrativo a prohibir las arbitrariedades de la administración, potenciando el papel que deben cumplir los principios generales en el sistema jurídico constitucional e internacional de protección de los derechos humanos, lo cual implica extender el alcance del control judicial.

En tal sentido, los tratados internacionales de derechos humanos incorporados a la Constitución (art. 75, inc. 22) han complementado el sistema de protección de los derechos individuales y sociales que consagra nuestra Carta Magna haciendo preceptiva la aplicación de sus principios a la teoría del acto administrativo, conforme a las técnicas de la ponderación y a las reglas de la razonabilidad práctica.

El análisis que hemos propuesto sobre tres paradigmas fundamentales que impregnan el contenido de las relaciones entre los particulares y la administración como los principios *pro homine* y, su consecuente, *in dubio pro libertate*, así como otros principios como el de la confianza legítima y la tutela judicial y administrativa efectiva, no pretende ser abarcativo ni excluyente, ya que los tratados internacionales también contienen principios que amplían la esfera de los derechos individuales y colectivos. Sin embargo, cabe advertir que el desarrollo de los mismos no debe hacerse a expensas de los derechos tradicionales de libertad, propiedad e igualdad, lo cual no implica desconocer la extensión que han tenido algunos principios fundamentales, como, por ejemplo, la igualdad de oportunidades, que es una proyección del principio general de igualdad, base de la justicia y cuya aplicabilidad debe ponderarse en cada caso en función de otros principios (razonabilidad y eficacia), así como el clásico principio de subsidiariedad[223], cuya recepción en nuestro país se ha limitado al campo doctrinario[224].

Si tuviéramos que resumir la ecuación actual del derecho administrativo diríamos que ya no gira, exclusivamente, en torno del equilibrio entre autoridad y libertad que, por cierto, hay que seguir manteniendo a rajatabla, al igual que todos los principios que componen el Estado de derecho, sino entre el poder público y la dignidad humana —o si se prefiere entre la autoridad[225] y la protección de la persona física y jurídica y de sus derechos individuales y colectivos—, interpretados con arreglo a las reglas de la razonabilidad práctica mediante la utilización de la técnica de la ponderación y, a su vez, en el plano económico-social, el modelo que prevalece es el del Estado subsidiario que de gestor principal de las prestaciones de servicio público ha pasado a ser un Estado básicamente regulador y garante de la calidad y eficiencia de las prestaciones privadas que satisfacen necesidades públicas. En este modelo, le corresponde al Estado, aparte de las funciones básicas esenciales como la seguridad y la justicia, desempeñar un papel activo en el campo social frente

---

[223] Véase: RODRÍGUEZ-ARANA, *Interés general, Derecho administrativo y Estado de bienestar,* cit., págs. 101 y ss., y MEDAUAR, *O direito...,* cit., págs. 245-246.

[224] Ampliar en nuestro *Curso de derecho administrativo,* 10ª ed, t. I, Buenos Aires, La Ley, 2011, págs. 25 y ss.

[225] Autoridad que, en cualquier caso, cumple una función servicial cuya razón de ser se encuentra en el principio personalista (la primacía de la persona humana), cfr. DELPIAZZO, *Recepción de los principios ...,* cit., pág. 616.

a la insuficiencia de los sectores privados para cubrir las necesidades colectivas, lo que dependerá del grado de desarrollo de cada país y aun cuando las
economías muchas veces no son comparables, el principio de subsidiariedad
se mantiene, en su faz activa, matizándose su alcance con arreglo a las diferentes situaciones y posibilidades de los Estados.

CAPÍTULO II

LOS PRINCIPIOS GENERALES
EN EL DERECHO ADMINISTRATIVO

1. Proyección de los principios generales

El sentido de los principios generales al derecho administrativo, tanto los que son comunes a todo el derecho como aquellos que se gestan en el ámbito de la propia disciplina, no puede prescindir del fundamento basilar que preside las relaciones que se enhebran entre los ciudadanos y el Estado. Ese fundamento último y principal no es otro que la dignidad humana, a partir de la cual se llega "a unos principios inmutables, superiores a todo ordenamiento positivo"[1].

En su problemática cobran trascendencia las distintas fuentes positivas de producción del sistema normativo, así como la justicia material, cuando se procede a integrar los principios generales en la solución del caso, mediante un proceso de heterointegración[2] (en el supuesto de carencia histórica de normas).

Para captar inicialmente el sentido de lo que constituye un principio general puede acudirse, en una suerte de analogía, al pensamiento de Ortega, cuando sostiene que existe una conexión entre ideas y creencias que se asemeja a la que hay entre conocimientos y certidumbres. Quien cree tiene certidumbre —agrega— precisamente porque él no se la ha forjado. Le viene de afuera[3]. Las ideas, en cambio, las adquiere el hombre en contacto consigo mismo y con el mundo, es decir, con la realidad[4].

En esta visión orteguiana, salvando las distancias y terminologías, hay mucho del pensamiento griego de Sócrates y de Platón, en el sentido de que las ideas son algo que el hombre descubre dentro de sí mismo. Como es sabido,

---

[1] Cfr. González Pérez, *La dignidad de la persona humana*, cit., pág. 20; José Luis Martínez López-Muñiz, "Principios generales del derecho administrativo constitucionalizados en el derecho español", en *Actas del VII Foro Iberoamericano de Derecho Administrativo*, Valladolid y Salamanca, Junta de Castilla y León, Netbilo, La Coruña, 2008, págs. 388-389, vincula la dignidad de la persona con los principios del Estado Social y Democrático de Derecho.

[2] Néstor Pedro Sagüés, *Manual de derecho constitucional*, Buenos Aires, Astrea, 2007, pág. 45.

[3] José Ortega y Gasset, *Obras completas*, t. v, Madrid, Alianza Editorial, 1983, pág. 407.

[4] Ortega y Gasset, *Obras completas*, cit., t. v, pág. 384.

mientras Sócrates se basaba en la persona (el objetivo del filósofo debía ser descubrir la verdad dentro de sí mismo), Platón retoma su pensamiento proyectándolo al saber. En esa proyección al saber se perfecciona la dialéctica (el método de la argumentación y discusión para arribar a la verdad o a la solución justa)[5].

Como es sabido, el idealismo platónico consiste en una construcción que se realiza mediante una operación doble. Por una parte, afirma que las ideas (mundo inteligible) existen independientemente de las cosas. Pero las cosas (el mundo sensible) solo existen en cuanto participan de las ideas, de ahí que el idealismo sostenga que la cosa no pueda existir sin la idea (la idea constituye el modelo ejemplar de las cosas).

El pensamiento de Platón constituye, en cierto modo, un antecedente útil para la caracterización de los principios generales en cuanto afirma que el conocimiento de las ideas es un conocimiento *a priori* (independiente de la experiencia, lo que no implica que se arribe a él al margen de la experiencia). Se trata de un conocimiento universal y necesariamente válido que siempre tendrá que ser así[6]; algo similar a la certidumbre o creencia en Ortega.

Los principios generales guardan estrecha relación con la justicia o con el derecho natural, en el que encuentran su fundamento[7], siendo conocimientos que se asemejan a creencias indiscutibles, forjadas desde afuera de la persona, en las que todo el mundo cree. Los principios son universales[8], existen por sí mismos[9]. Puede decirse que son tan obvios que nadie los puede negar o refutar (v. gr. la defensa de la vida, la dignidad de la persona, el afianzamiento de la justicia, la libertad interior y exterior, la buena fe, etc.).

---

[5] Es la concepción clásica de la dialéctica. Las ideas modernas sobre la dialéctica fueron particularmente desarrolladas por Hegel (tesis y antítesis en un movimiento activista) y Schopenhauer (el arte de tener razón). Como es sabido, estas concepciones de la dialéctica excluyen la verdad y los valores.

[6] Cfr. Carlos Pedro Blaquier (*Apuntes para una introducción a la filosofía*, Buenos Aires, Lons, 2003, págs. 33-34) afirma que frente a esos conocimientos *a priori* estamos "[...] ante una verdad de derecho que siempre y necesariamente es así" (*op. cit.,* pág. 34).

[7] Vid Sarmiento García, *Los principios en el derecho administrativo*, cit., págs. 41 y ss.

[8] El realismo moderado, de raíz aristotélico tomista, aunque postula la independencia de las cosas de las ideas (unificando el mundo sensible con el inteligible) acepta, a diferencia del nominalismo, la categoría de los universales. En la actualidad, algunos juristas suelen ser nominalistas inconscientes, como los neo-positivistas; ampliar en José Ferrater Mora, *Diccionario de filosofía*, Barcelona, Ariel Filosofía, 1994, t. iii, págs. 2575 y ss., y t. iv, págs. 3603 y ss.

[9] Marienhoff (*Tratado de derecho administrativo*, t. i, cit.) afirma que "si el Consejo de Estado francés invoca y aplica 'los principios generales del derecho' es porque estos existen" (*op. cit.,* pág. 282).

Sin embargo, no obstante el auge que tuvieron las corrientes iusnaturalistas durante el siglo pasado, incluso las más complejas y abarcativas como el trialismo[10] (una especie de iusnaturalismo actualizado), ellas se encuentran en medio de un escenario doctrinario caracterizado por una notable diversidad en el que desfilan desde concepciones positivistas hasta metapositivistas y eclécticas[11] o bien, transpositivistas[12].

Con todo, las clasificaciones apuntadas no deben llevarnos a confundir las cosas porque muchos de los principios generales provenientes del iusnaturalismo clásico o aun del que posee naturaleza racionalista, han pasado al derecho positivo mediante su incorporación a la Constitución y a la ley (formal y material) o mediante su recepción generalizada por vía de la jurisprudencia. Esto no implica que se diluya la jerarquía que poseen los principios generales del derecho como fuente del ordenamiento, se encuentren o no positivizados, ni dejar de reconocer que "la peculiaridad del ámbito jurídico-administrativo ha sido causa de modalización de algunos o incluso de la aparición de otros al amparo de los preceptos constitucionales"[13].

Llevados al plano de los poderes, los principios constituyen el fundamento de los derechos o garantías que facultan al Estado y a los particulares a invocarlos en los procesos judiciales y obtener así la tutela jurisdiccional de las situaciones jurídicas subjetivas.

2. Trascendencia de los principios generales

A) *Características y principalidad de los principios generales*

En el derecho administrativo confluyen, con mayor o menor intensidad, los elementos normativos del sistema jurídico, los valores que dan contenido justo a la aplicación e interpretación del derecho junto a los datos de la experiencia que refleja la realidad social mediante el comportamiento de las normas, tanto

---

[10] Sarmiento García, *Los principios en el derecho administrativo,* cit., págs. 25-26.

[11] Rodolfo L. Vigo ("Los principios generales del derecho", JA 1986-III, 860) señala que en el escenario doctrinario hay cinco corrientes: la positivista, que sostiene que no hay principios fuera del derecho positivo; la historicista, que encuentra el fundamento de los principios generales en un derecho pretérito; la cientificista, que solo tiene en cuenta su elaboración por la ciencia jurídica; la metapositivista, que fundamenta el contenido de los principios fuera del derecho positivo y, por último, la ecléctica, que armoniza las distintas posturas.

[12] Coviello, "Los principios generales del derecho frente a la ley y al reglamento en el derecho administrativo argentino", ReDA, núm. 62, Buenos Aires, LexisNexis, 2007, págs. 1088 y ss.

[13] Meilán Gil, "Los principios generales del derecho desde la perspectiva del derecho público en España", *Actas del VII Foro Iberoamericano...,* cit., pág. 414.

en la jurisprudencia como en la práctica o costumbre. De ahí la trascendencia que revisten los principios generales en cuanto ellos reafirman sus funciones aplicativas e integrativas para hallar la solución justa en un caso determinado, lo que puede lograrse —entre otros procedimientos— mediante la utilización de la técnica llamada tópica (originaria del derecho romano y revalorizada por la ciencia jurídica alemana y española del siglo pasado).

Con anterioridad[14], nos propusimos captarlo en su real dimensión y trascendencia. Su temática requiere recorrer un camino que parte de las cuestiones básicas que se plantean en el campo de la filosofía del derecho y de la técnica jurídica.

De ese trabajo han transcurrido unos cuantos años y resulta interesante comparar la evolución que han tenido algunos de los principios generales del derecho allí enunciados junto a la aparición de otros nuevos, producto de la reforma constitucional de 1994 y de los desarrollos tanto doctrinarios como jurisprudenciales.

El progreso de la ciencia jurídica del derecho público, particularmente del derecho administrativo a partir de la mitad del siglo xx, ha sido tan espectacular como incesante. Es cierto que ha habido quizá demasiada producción y que no toda, como es lógico, ha contribuido al crecimiento armónico de la disciplina.

Pero, si se separa la paja del trigo, no se puede ignorar que, en la mayor parte de las obras de valía intelectual, hay una recurrencia, a veces larvada, a los principios generales del derecho que constituyen el fundamento o causa del ordenamiento jurídico administrativo.

Ese renacimiento de los principios implica reconocer que ha habido, en forma consciente o inconsciente, una huida masiva del positivismo[15] y de las técnicas puramente deductivas de interpretación de las normas y, por más que algunos sigan postulando una concepción estrictamente positivista del derecho, lo cierto es que los principios de la justicia, o si se quiere del derecho natural, han socavado los cimientos de la pirámide kelseniana, ya que ellos existen, se desarrollan y se aplican con independencia de las normas positivas[16]. Más aún, muchas veces los principios generales representan un freno que cumple la función de garantizar los derechos de los particulares frente a los abusos en que suelen incurrir las leyes o reglamentos administrativos.

---

[14] En *Principios generales del derecho en el derecho administrativo*, Buenos Aires, Abeledo-Perrot, 1988.

[15] Una fuerte y lúcida reacción contra el positivismo legalista en Uruguay puede verse en Daniel Hugo Martins, *Introducción al derecho administrativo*, Montevideo, FCU, 1982, págs. 15 y ss.

[16] Véase Silva Tamayo, *Desviación de poder y abuso de derecho*, Buenos Aires, Lexis Nexis, 2006, pág. 29.

En cierto modo, el derecho administrativo puede describirse partiendo de una cadena formada por principios generales que se encuentran en la base del sistema jurídico, inspiran sus normas e informan su contenido permitiendo concretar, en caso de lagunas, la obra legislativa[17]. Pero no existe, en realidad, un dualismo entre derecho natural y derecho positivo, sino más bien que el primero sufre un proceso de conversión jurídica por su incorporación a fórmulas técnicas que se configuran tópicamente en función de los problemas. Precisamente esta conversión de los preceptos absolutos del derecho natural en criterios técnicos y tecnificables es lo que se expresa en el concepto de "principios generales del Derecho"[18].

La característica de principalidad que poseen los principios en el mundo del derecho plantea una serie de problemas que van desde su articulación con el derecho positivo, la dimensión de peso o importancia que cabe asignarles a cada uno de ellos en su aplicación recíproca, hasta el desarrollo de nuevos principios, como producto de las exigencias de una justicia que funciona en el marco de una cambiante realidad social.

Ese dinamismo potencial, que es propio de los principios generales del derecho, corre parejo con las peculiaridades del derecho administrativo que, como derecho en formación, siempre se encuentra de cara a un proceso de adaptación a la realidad sobre la que elabora sus soluciones frecuentemente asistemáticas[19].

Y, curiosamente, esa elasticidad que muchos llegaron a predicar del derecho positivo, cuya potencia normativa se consideraba prácticamente interminable, es la que cabe reconocer a los principios generales del derecho. Pero hay que advertir que esa aptitud para expandirse no lleva en sí la idea de cambio constante, sino la de la permanencia de los principios e instituciones fundamentales, no obstante su adaptación a una realidad en continuo movimiento.

---

[17] Julio Isidro Altamira Gigena, *Los principios generales del derecho como fuente del derecho administrativo*, Buenos Aires, Astrea, 1972, pág. 29.

[18] Eduardo García de Enterría (*Reflexiones sobre la ley y los principios generales del Derecho*, Madrid, Civitas, 1984, pág. 63) agrega: "La sustantividad de estos, paralela a la propia sustantividad de la técnica jurídica, se manifiesta por de pronto en un hecho elemental, y es que no todos ellos son concreción de ese Derecho natural o superior, sino que este solo informa una parte de ellos, siendo los otros expresión del orden político concreto, y otros, en fin, y no de los menos importantes, de carácter institucional o estrictamente técnico, aunque estos vienen a encerrar frecuentemente, todos los anteriores…" (*op. cit.,* págs. 63-64). Entre nosotros, se ha sostenido también que el derecho natural y el derecho positivo no constituyen ordenamientos separados y que los principios generales del derecho se desprenden de la ley natural, de la cual se extraen por medio de la acción práctica: cfr. Rodolfo Roquel, *Introducción a la teoría general del derecho administrativo*, Buenos Aires, Dunken, 2004, pág. 88.

[19] Como lo ha puesto de relieve Gordillo, *Tratado de derecho administrativo*, t. i, Buenos Aires, FDA, 1995, pág. V-10.

Esto se ve claro en la evolución que se ha operado en el derecho administrativo francés y es lo que ha llevado a Rivero a sostener que el Consejo de Estado, consciente de que la seguridad jurídica no podía hallarse sino en la continuidad del derecho, "ha tenido que ir a buscarla fuera de la ley para mantenerla pese a los cambios políticos y a sus repercusiones legislativas: afirmando enérgicamente la estabilidad de los principios pudo limitar y corregir los efectos de la inestabilidad de las leyes"[20].

Frente a esta problemática, la función del juez desempeña el papel de mantener el equilibrio social por medio de las diferentes formas de justicia[21] cuya realización se alcanza utilizando el mayor margen de libertad que le permite la recurrencia a los principios generales del derecho, incluso para construir nuevas soluciones jurídicas no previstas en el ordenamiento[22].

B) *Sus peculiaridades en el derecho administrativo*

El derecho administrativo es, sin duda, el terreno más fértil y propicio para la aplicación e integración de los principios generales del derecho. Así se desprende de su propia naturaleza como rama no codificada[23] ni codificable en su totalidad que, en sus orígenes y aún hoy en algunos de los principales países de Europa, es de creación eminentemente pretoriana. Esto explica, de algún modo, la trascendencia del papel que cumplen los principios generales

---

[20] Jean Rivero, "Los principios generales del derecho en el derecho francés contemporáneo", en RAP, núm. 6, pág. 293.

[21] En el derecho público, donde predominan la justicia legal y la distributiva, existen también intercambios voluntarios que crean relaciones regidas por la justicia conmutativa (Conf. *Cuestiones de derecho administrativo*, Buenos Aires, Depalma, 1987, pág. 83).

[22] El ordenamiento se halla constituido no solo por las normas sino también por los principios generales del derecho, encontrándose estos en la cúspide del ordenamiento jurídico. La admisión de los principios generales como fuente del derecho rompe la estatización del derecho que se pretendió asegurar con el dogma de la completitividad del ordenamiento. Además de lo dicho en el texto la distinción entre norma y principio se apoya —según Dworkin— en que estos tienen una dimensión que no poseen aquellas: la de peso o importancia. Al respecto, señala este autor que "Cuando los principios se interfieren (la política de protección de los consumidores de automóviles interfiere con los principios de libertad de contratación, por ejemplo) quien debe resolver el conflicto tiene que tener en cuenta el peso relativo de cada uno. En esto no puede haber, por cierto, una medición exacta y el juicio respecto de si un principio o directriz en particular es más importante que otro será con frecuencia motivo de controversia. Sin embargo, es parte esencial del concepto de principio el que tenga esta dimensión, que tenga sentido, qué importancia o qué peso tiene" (Dworkin, *Los derechos en serio*, cit., pág. 78).

[23] Conf. Georges Vedel, *Droit administratif,* 4ème éd., Paris, PUF, 1968, págs. 52 y ss.

y "su contribución a forzar la coherencia del orden normativo", así como su "utilidad para llenar las lagunas del derecho"[24].

Es curioso observar ahora, desde cierta perspectiva histórica, el hecho de que el derecho administrativo no hubiera perdido el rumbo frente a la profusión de leyes y reglamentos que lo asediaba y haya podido elaborar un conjunto orgánico de principios que permiten resolver los innumerables y novedosos problemas prácticos que plantea el obrar de la administración pública.

Ello ha podido acontecer por la gravitación prácticamente universal que han tenido y tienen los principios generales del derecho en el derecho administrativo el cual, además de ser un derecho de equidad[25], que acude frecuentemente a la corrección del rigorismo excesivo de la ley con fórmulas que contienen los criterios de justicia que demanda el caso particular, exalta y potencia el papel del juez en el proceso de creación del derecho.

A la vez, el crecimiento doctrinario que se operó en el derecho administrativo de este siglo contribuyó a consolidar un movimiento jurídico orientado hacia la observancia de los principios comunes a todo el ordenamiento, en la medida en que su aplicación sea compatible con las relaciones de derecho público que vinculan a la administración con los particulares.

Precisamente, el aumento de la intervención de la administración en todos los ámbitos de la vida hace que, como ha dicho García de Enterría "la única posibilidad de una garantía individual y social efectiva frente a los formidables poderes de esta naturaleza" (el autor apunta a la figura del caballo de Troya dentro del derecho administrativo de un Estado de Derecho, según la conocida frase de Huber), "...de la Administración de hoy está en la técnica de los principios generales del Derecho"[26].

El derecho administrativo no posee ni ha poseído nunca una existencia aislada e independiente y ha constituido siempre una porción del ordenamiento jurídico de cada época histórica, manteniendo con las otras ramas jurídicas relaciones de jerarquía y subordinación, como sucede con el derecho constitucional, o bien relaciones de interferencia, como es el caso de sus vínculos con los derechos civil y comercial.

---

[24] Alejandro Vergara Blanco, en la presentación al libro *Principios generales del derecho público* de Frank Moderne, traducido al español, Santiago, Editorial Jurídica de Chile, 2005, pág. 8.

[25] La concepción de un derecho administrativo entendido básicamente como un derecho de equidad se desarrolló en Francia a partir de la obra de Maurice Hauriou, cuya aportación doctrinaria permitió configurar las instituciones y principios fundamentales de la materia. En el Prefacio a la 5ª edición del *Précis de droit administratif et droit public générale* de 1903, al abordar los caracteres y el espíritu del derecho administrativo francés, ya señalaba que el derecho administrativo era un derecho de equidad basado en la prerrogativa de la Administración, hecho por el juez y organizado conforme a la teoría del acto.

[26] García de Enterría, *Reflexiones sobre la ley...*, cit., pág. 41.

Al reconocerse que el derecho administrativo constituye el derecho común de la administración pública, sus relaciones con el derecho civil se plantean, a partir de ese reconocimiento, en el ámbito de dos disciplinas sustantivas de similar autonomía científica, como resultado de un proceso que condujo a desplazar el carácter excepcional y exorbitante que poseía el derecho administrativo de los primeros tiempos reemplazándolo por un régimen, propio y típico, que se abastece e integra por principios y normas que son peculiares del derecho público.

Sin embargo, aparte de que la afirmación precedente no veda las continuas relaciones de interferencia y contacto con el derecho privado, ni tampoco impide la recurrencia a la analogía como técnica de interpretación o aplicación del derecho, es evidente que hay un fondo común integrado por el conjunto de los principios generales del ordenamiento, los cuales, al fundarse en el respeto de la persona humana o en la razonabilidad práctica, encierran —como apunta Rivero— la concepción del derecho natural[27].

Es conocida la circunstancia que, durante muchos años, se sostuvo como un triunfo de la ciencia jurídica, a partir de las enseñanzas de la escuela histórica alemana, el haber desterrado de ella al derecho natural. Pero esta afirmación, que aparece reiterada en las diferentes versiones de las escuelas filosóficas posteriores al positivismo historicista, no se ajusta a la realidad que exhibe el desarrollo del pensamiento jurídico recogido en los códigos que se dictaron en esa época, los que incorporaron criterios propios del derecho natural racionalista de la etapa precedente. Por eso pudo advertir uno de los grandes juristas de la escuela histórica —como fue Gierke— que el derecho natural experimentó en realidad una victoria material por obra de la escuela adversa, después de su ruina formal[28].

Ahora bien, el auge de los principios generales del derecho en el derecho administrativo obedece al abandono, o al menos la morigeración, de los presupuestos ideológicos de la Revolución francesa, en que se apoyó el derecho europeo del siglo XIX, al preconizar la primacía de la ley escrita, cuya autoridad se fundamentaba en la voluntad de la Nación formulada por los representantes elegidos por el pueblo, quienes poseían así un verdadero monopolio para la emisión de las reglas del derecho[29]. En ese marco, el papel del juez

---

[27] Rivero, "Los principios generales del derecho...", cit., pág. 300; en idéntico sentido; Héctor Barbe Pérez, *Los principios generales del derecho como fuente del derecho administrativo en el derecho uruguayo*, Montevideo, 1958, pág. 21.

[28] Gierke, *Naturrecht un Deutsches Recht*, pág. 24, cit. por Giorgio del Vecchio, en *Los principios generales del derecho*, 3ª ed., Barcelona, Bosch, 1979, pág. 45

[29] Rivero, "Los principios generales del derecho...", cit., pág. 289. Señala Luqui, que en tal esquema "la administración pública quedó reducida a la función de simple ejecutora de la voluntad legislativa" (Roberto E. Luqui, "Algunas consideraciones sobre el concepto de Administración Pública", La Ley, t. 151, pág. 1074). Sobre el mito de la ley como la voluntad

debía limitarse forzosamente a la aplicación e interpretación de las normas, sin intervenir en el proceso de creación del derecho.

Pero esa confusión entre ley escrita y regla de derecho, que no admitía otro origen que el legislador positivo, fue quebrada por construcciones provenientes de diversas fuentes formales y de la propia realidad y sin que pueda afirmarse absolutamente que este proceso se encontró signado por alguna escuela filosófica determinada no puede dejar de señalarse que permitió —aún en pleno auge del positivismo— el retorno al principio según el cual el derecho es, siempre, el objeto de la justicia.

La primera quiebra de aquellos presupuestos ideológicos la ocasionaron los Códigos que, como el de Austria y el de VÉLEZ SARSFIELD (además del Código español y el albertino), asignaron a los principios generales del derecho o principios del derecho natural[30] el rango de fuentes del derecho. Sin entrar al análisis de si se trata o no de una fuente subsidiaria o principal, no puede ignorarse que la aplicación conjunta del dogma de la plenitud del ordenamiento jurídico y del deber de fallar impuesto a los jueces implicó una revalorización del papel de estos en la formación del derecho en los supuestos de carencia de norma escrita que resolviera la cuestión, dando pie al regreso del derecho jurisprudencial, el cual, por esa puerta, pasó a convertirse, otra vez, en fuente del derecho.

No menos importante fue la incidencia que en este proceso tuvo la evolución operada en el seno del derecho administrativo el cual, al carecer de normas orgánicamente codificadas, hizo imposible que se extendiera al mismo la técnica de generalización creciente de las normas positivas, limitándose al propio tiempo la función de la analogía a la aplicación de preceptos, previa adaptación con los principios que rigen cada institución administrativa.

Por otro lado, la primacía de la ley formal y material se debilitó también debido al reconocimiento al poder ejecutivo de la potestad de dictar reglamentos con valor de ley, lo cual, junto a la remisión a la equidad natural para corregir la injusticia o desactualización de la norma aplicable al caso, condujo a una intervención más activa de los jueces en el proceso de creación del derecho. A partir de allí, los principios generales pasaron a constituir el fundamento de las decisiones comenzando a operar como límites del poder reglamentario.

En adición a todo ello cabe apuntar que, hallándose enfrentado el mundo contemporáneo a un creciente proceso de globalización y consecuente internalización de las normas jurídicas, la función de los principios aparece potenciada de cara a la necesidad de brindar la seguridad jurídica para que todos los operadores puedan encontrar soluciones coherentes y fácilmente lo-

---

general del pueblo, véase: FRANCISCO GONZÁLEZ NAVARRO, *Derecho administrativo español*, t. I, 2ª ed., Pamplona, Eunsa, 1993, págs. 84-86.

[30] Código de Austria, art. 7º; ex Código Civil argentino, art. 16; Código Albertino, art. 15.

calizables que les permitan encontrar una referencia estable "del razonamiento jurídico", a veces, incluso, como apunta MODERNE "detrás de las soluciones parciales de los litigios"[31].

En todo este proceso, gran parte de los principios generales del derecho natural se incorporaron al derecho positivo de las Constituciones modernas. Es lo que ha ocurrido con los principios que recoge, entre otras, nuestra Constitución, que son fuente primaria del derecho administrativo, la mayoría de cuyas instituciones encuentran su directo fundamento en los principios que emergen del Preámbulo y del articulado de la Carta Magna[32].

C) *La inserción de los principios del derecho natural en el ordenamiento y el papel de la tópica*

Durante algún tiempo —como apuntó en su momento DEL VECCHIO—, "la negación del derecho natural se consideró por lo general «como un indispensable acto de fe y casi un deber de buena crianza para el jurista»"[33]. En efecto, los juristas se van curando poco a poco de esa enfermedad que KAUFMANN[34] llamó el horror *iuris naturalis*, comenzándose a admitir la aplicación de los principios del derecho natural como fuente subsidiaria para suplir las lagunas de la ley, prosiguiendo con el reconocimiento de su carácter informador del ordenamiento hasta culminar, como en el modelo francés, aceptando que se trata de una fuente autónoma y directa del derecho administrativo, conforme a la elaboración jurisprudencial.

La negación de los principios generales del derecho como fuente del derecho continúa siendo afirmada por aquellas concepciones que consideran a la justicia y a la moral como nociones metajurídicas que se hallan fuera del derecho o que este solo surge de la conducta o del consenso de la comunidad. Pero si esto último fuera cierto, cabe preguntarse si sería válida una norma que legitime los enriquecimientos de los funcionarios públicos producidos por exacciones ilegales o cohechos y que los jueces apliquen esa norma en base a que dicho principio es el querido y aceptado por la comunidad en una de-

---

[31] MODERNE, *Los principios generales...*, cit, pág. 19.

[32] Conf. MARIENHOFF, *Tratado de derecho administrativo*, t. I, Buenos Aires, Abeledo Perrot, 1965, pág. 200.

[33] DEL VECCHIO, *Los principios generales...*, cit., pág. 45.

[34] ARTHUR KAUFMANN, en *Naturrecht and Geschichtlichkeit*, Tubingen, 1957, pág. 5, cit., por GARCÍA DE ENTERRÍA, en *Reflexiones sobre la ley...*, pág. 77, nota 9. De esta obra hay una traducción en español bajo el título *Derecho, moral e historicidad*, Madrid, Marcial Pons, 2000. Sin embargo, en la parte interior del libro e inmediatamente antes del Indice, figura con el título "Derecho natural e historicidad. Derecho y moral". Apunta KAUFMANN que "en el jurista yace, profundamente arraigado un *horror iuris naturalis* [...] y en el fondo de su corazón se alegra poder resolver un problema sin tener que acudir a consideraciones *ius naturalitas*".

terminada circunstancia histórica. ¿No constituiría esa norma un supuesto de ilegitimidad por contrariar un principio de la justicia natural según el cual no es lícito obtener de los delitos enriquecimiento alguno?[35].

En el proceso de ruptura de las premisas y axiomas del positivismo jurídico ha sido indudablemente FINNIS uno de los autores que ha revalorizado el iusnaturalismo, actualizándolo a la luz de su tradición y mostrando la necesidad de estudiar el derecho en el contexto de otros disciplinas. Porque, *"volvió a poner sobre la mesa cuestiones como la inextricable unión de las valoraciones* —morales en último término— y las descripciones en las ciencias sociales [...]"* junto a "[...] la necesidad de explicar el derecho positivo en el contexto de la razonabilidad práctica y de los fines básicos fundantes del orden moral"[36].

Esta renovación del pensamiento iusnaturalista procura una nueva formulación de un objetivismo ético-jurídico que se apoye básicamente en la verdad y que se abra a la naturaleza de las cosas humanas con el objeto de "alcanzar una fundamentación "fuerte" del derecho y de las instituciones políticas" es decir, la de suministrar una justificación racional de su obligatoriedad y exigibilidad"[37].

La causa del verdadero descrédito del derecho natural no obedece al hecho de haberlo basado en la primera verdad del hombre que es Dios, sino a la utilización del método axiomático y deductivo, propio de la Geometría, por el que se pretendía extraer de cada axioma una cadena de consecuencias por medio de la deducción. Este método resulta opuesto al llamado tópico que llegaron a utilizar los romanos, el cual ha sido revalorizado en este siglo por la ciencia jurídica alemana. Su criterio central se asienta en un proceso analítico que procura hallar respuestas a problemas concretos mediante el empleo de un repertorio de *topoi* o lugares comunes revelados por la experiencia[38].

Es que —como apunta GARCÍA DE ENTERRÍA— aún cuando el derecho natural se asiente en el *primum verum* "su efectividad en el derecho positivo no actúa destruyendo las estructuras tópicas en que este se concreta sino precisamente insertándose en ellas y funcionalizándose dentro de sus propios esquemas técnicos"[39] mediante la adición, el complemento y la incorporación

---

[35] Sobre las leyes injustas y el principio que predica que la *lex injusta non est lex*, véase: JOHN FINNIS, *Ley natural y derechos naturales*, trad. del inglés, Buenos Aires, Abeledo Perrot, 2000, págs. 379 y ss., especialmente págs. 390-393.

[36] ORREGO, en el Prólogo a la obra de FINNIS, *Ley natural...*, cit. pág. 14.

[37] CARLOS I. MASSINI CORREAS, *Filosofía del derecho*, t. I, "El Derecho, los Derechos Humanos y el Derecho Natural", Buenos Aires, Lexis Nexis – Abeledo Perrot, 2005, págs. 286-289.

[38] THEODOR VIEHWEG, *Tópica y jurisprudencia*, trad. del alemán, Madrid, Taurus, 1964, págs. 25 y ss.

[39] GARCÍA DE ENTERRÍA (*Reflexiones sobre la ley...*, cit., pág. 61) quien agrega: "Así, por ejemplo, la norma del Derecho natural que limita la materia de los pactos a objetos morales

de matices "que el pensar jurídico ha obtenido tópicamente en función de los problemas"[40].

3. LA CONCEPCIÓN "FINNISIANA" SOBRE LOS PRINCIPIOS GENERALES DEL DERECHO

El análisis de la concepción de FINNIS acerca de los principios generales exigiría una profundización de sus bases y axiomas, conceptos jurídicos y figuras lingüísticas cuya extensión excedería el propósito de esta investigación. Por tal razón, optamos por seleccionar los aspectos que consideramos constituyen las claves básicas de su concepción en este punto que seguidamente pasamos a enunciar.

En primer término, cabe visualizar que para FINNIS el derecho positivo constituye una derivación de la ley natural siendo los primeros principios conclusiones que traducen una derivación razonable de ella, que muestran "los aspectos básicos de la plena realización humana"[41]. Esos principios, que son inmutables (por ej. la defensa de la vida) reciben su fuerza de la razonabilidad y no de cualquier otro acto o acontecimiento originante[42]. Existe, empero, una segunda forma de derivación en la que los principios generales se configuran mediante una determinación que consiste en una elección autorizativa más o menos libre, porque siempre estará "conectada con los principios básicos [...] los bienes humanos básicos"[43] y controlada, asimismo, "por principios formales de amplio alcance y por otros principios estructurales (en forma tanto de primer grado como de segundo grado) que a su vez se derivan de los principios básicos según la primera forma de derivación"[44].

En forma paralela e interrelacionada, FINNIS alude a otra clasificación de los principios que no coincide con la categoría de los primeros principios o principios básicos y de los principios que se obtienen mediante una determinación autorizativa. Como se desprende de la propia denominación empleada, los principios de segundo grado son aquellos que "tienen que ver con la

---

no irrumpe en el derecho positivo como un precepto superior y absoluto que hace cesar o suspender las normas propias de este, sino que, por el contrario, alcanza toda su efectividad y todo su sentido en tanto y en cuanto se inserta en las estructuras técnicas positivas lo que en el caso da lugar a un mecanismo técnico tan complejo y matizado como es nada menos que la teoría de la causa, teoría solo precisable y configurable a la luz y en función del problema, esto es, tópicamente".

[40] GARCÍA DE ENTERRÍA, *Reflexiones sobre la ley...*, cit., pág. 62.

[41] FINNIS, *Ley natural...*, cit., pág. 234.

[42] *Ibidem*, pág. 379.

[43] *Ibidem*, pág. 316.

[44] *Ibidem*, pág. 316.

aplicación de otras reglas y principios"[45] y "son esencialmente principios para sistemas de derecho positivo y de hecho se han de encontrar virtualmente en todos los sistemas"[46].

Ahora bien, en la concepción "finnisiana", estos principios de segundo grado más que exigir determinadas conductas funcionan como causa o justificación de reglas y determinaciones particulares[47] con lo que no estamos de acuerdo porque les resta operatividad a principios que configuran verdaderos mandatos plenamente exigibles.

Repárese nada más en los trece principios generales de segundo grado enunciados por FINNIS para captar la importancia de atribuirles carácter vinculante y operativo en cualquier sistema jurídico orientado a la protección de los derechos fundamentales o humanos.

La formulación que elabora FINNIS de los principios de segundo grado comprende:

(i) la privación forzada de los derechos de propiedad ha de ser compensada respecto del *damnun emergens* (pérdidas efectivas) y acaso también *del lucrum cessans* (pérdida de ganancias esperadas);

(ii) no hay responsabilidad por daños no intencionados, sin culpa (este principio se viola con la positivización de la responsabilidad objetiva);

(iii) no hay responsabilidad penal sin *mens rea*;

(iv) no se puede ir contra los actos propios (*estoppel*);

(v) no cabe asistencia judicial para quien alega a su favor su propio ilícito;

(vi) el abuso de los derechos no está protegido;

(vii) el fraude lo anula todo;

(viii) los beneficios recibidos sin justificación a expensas de otro deben ser restituidos;

(ix) el *pacta sunt servanda*;

(x) libertad para cambiar mediante acuerdo las relaciones jurídicas existentes;

(xi) la protección de los sujetos más débiles en la relación al estimar los efectos de los actos jurídicos (la teoría de la lesión);

(xii) el derecho a ser oído en las controversias;

(xiii) nadie puede ser juez en su propia causa[48].

La mayoría de los principios generales antes enunciados han tenido recepción en el derecho positivo y constituyen mandatos exigibles. Desde luego que

---

[45] *Ibidem*, pág. 313.

[46] *Ibidem*, pág. 324.

[47] *Ibidem*, pág. 315.

[48] *Ibidem*, pág. 315.

la lista de los principios generales no se agota con los principios de segundo grado que reconoce Finnis y de ello damos cuenta en el curso de este trabajo.

Interesa señalar, asimismo, que Finnis destaca la necesidad del imperio del derecho para poder sostener razonablemente que un determinado sistema jurídico está funcionando bien, en la medida que se cumplan los *desiderata* (valores deseables) que informan el Estado de Derecho o principio de legalidad[49] (gobierno de la ley y no de los hombres). Empero, entre los *desiderata* que selecciona hay algunos como la irretroactividad y el que no se impongan reglas de cumplimiento imposible[50] que consideramos configuran también principios generales del derecho.

4. Jerarquía y diversidad de los principios generales

A) *La constitucionalización de los principios y la problemática que plantea*

En el campo de la filosofía del derecho y de la teoría general se ha ido afirmando en Europa la idea del paso de un Estado legal al Estado constitucional, cuestión que en Argentina fue superada desde nuestros orígenes fundacionales, gracias a la adopción, en este punto del modelo norteamericano, basado en la supremacía de la Constitución (art. 31) y en la consagración en ella de derechos y garantías.

No obstante, a raíz de la reforma de la Constitución en 1994, se plantean actualmente nuevas cuestiones en materia de interpretación constitucional, como aquellas que suscita la incorporación de los nuevos derechos y garantías en el plexo constitucional, particularmente lo concerniente a su grado de operatividad, el criterio para resolver los supuestos de colisión entre derechos o principios, los límites de los derechos y la competencia del legislador, la aplicación del *ius cogens* y el problema de la jerarquía de los tratados internacionales, que alguna doctrina sostiene que poseen rango superior a la Constitución, cuando versan sobre derechos humanos, doctrina que ha sido seguida por la mayoría de la Corte en el caso "Simón"[51].

En efecto, los tratados internacionales, tengan o no por objeto la regulación de garantías concernientes a los derechos humanos, poseen en el derecho público argentino, jerarquía constitucional subordinada a la propia Constitución pues aunque sean superiores a las leyes internas[52], a tenor de lo prescrito en

---

[49] *Ibidem*, pág. 298.

[50] *Ibidem*, pág. 299.

[51] Fallos 328:2056.

[52] Jorge R. Vanossi y Alberto R. Dalla Vía, *Régimen constitucional de los tratados*, 2ª ed., Buenos Aires, Lexis Nexis, 2000, pág. 325.

el artículo 75 inciso 22 este precepto establece que "no derogan artículo alguno de la primera parte de esta Constitución y deben considerarse complementarios de los derechos y garantías por ella reconocidos"[53].

En consecuencia, los principios, derechos y garantías que se encuentran en la primera parte de la Constitución (v. gr. no hay delito sin ley previa, la inmutabilidad de la cosa juzgada, etc.) no pueden ser dejados de lado por la aplicación ni por la interpretación que se haga de los tratados internacionales sobre Derechos Humanos, porque son principios básicos y fundamentales de nuestro Estado de derecho[54].

El riesgo que plantea el nuevo escenario constitucional reposa tanto en las interpretaciones rígidas y absolutas que se predican como en la tendencia natural a seguir las modas de turno adoptadas como paradigmas revolucionarios (KHUN) aún cuando carezcan de una fundamentación apoyada en los principios generales del derecho y en una lógica argumental básica y, sobre todo, en la propia Constitución.

En este punto, interesa, especialmente, la distinción entre principios y derechos, en particular, los derechos fundamentales y derechos humanos, diferenciación que ciertos sectores doctrinarios rechazan en función de asignarle plena exigibilidad u operatividad a los principios, aún cuando se sostenga que algunos de los principios constituyan "mandatos de optimización"[55]. Los principios son o están en el mundo jurídico mientras que los derechos (independientemente que se funden en principios o en otras fuentes como la ley o los contratos) se tienen o se ejercen[56] pues son facultades o poderes jurídicos. De ese modo, los principios, al ser mandatos (con operatividad directa o

---

[53] En el mismo sentido: HORACIO GARCÍA BELSUNCE, "Los tratados internacionales de derechos humanos y la Constitución Nacional", Separata de la Academia Nacional de Ciencias Morales y Políticas, Buenos Aires, 2006, especialmente, págs. 10 y ss.

[54] Véase: Disidencia del Juez FAYT en el caso *Simón, Julio Héctor y otros* (Fallos 328: 2056), La Ley 2005-E, 331 del 14/06/2005. En sentido similar: FERNANDO BARRANCOS Y VEDÍA, "Acerca del equilibrio y control entre los poderes del Estado", en *Anales de la Academia Nacional de Derecho y Ciencias Sociales*, 1ª serie, 2ª época, Academia Nacional de Derecho y Ciencias Sociales, Buenos Aires, 2008, vol. LIII-46, págs. 45-65 y GREGORIO BADENI, "El caso Simón y la supremacía constitucional", La Ley 2005-D, 639 y ss. Al respecto, aún cuando se ha sostenido que los referidos tratados integran la Constitución y que el juicio de su compatibilidad fue formulado por el constituyente, se ha puesto énfasis en la circunstancia (que implica un juicio constituyente expreso y terminante) de que no pueden derogar "artículo alguno de la primera parte de ésta Constitución" (BARRA, *Tratado de derecho administrativo*, t. I, Buenos Aires, Ábaco, 2002, págs. 318 y ss., especialmente pág. 347).

[55] Tesis sostenida por ROBERT ALEXY en su libro *Teoría de los derechos fundamentales*, 2ª reimp., Madrid, Centro de Estudios Constitucionales, 2001 y en obras posteriores.

[56] Vid MASSINI CORREAS, *Filosofía...*, cit., t. I, pág. 88.

derivada, según el tipo de principio) generan el derecho a reclamar, ante la administración y los jueces, su cumplimiento efectivo.

Los derechos pertenecen a un sujeto determinado y se poseen frente a toda la comunidad o al Estado o se ejercen de cara a sujetos determinados. Son los derechos subjetivos que una sistematización ius-filosófica y jurídica reciente ha descrito con nueve componentes, a saber: 1) sujeto titular del derecho subjetivo; 2) sujeto obligado a satisfacer el derecho subjetivo; 3) objeto del derecho subjetivo; 4) título o calidad atribuida al sujeto acreedor; 5) título o calidad atribuida al sujeto deudor; 6) circunstancias que tornen viable al derecho subjetivo; 7) posibilidad de reclamar la satisfacción del derecho subjetivo; 8) el bien que se satisface con el derecho subjetivo, y 9) fundamentos que justifican la existencia del derecho subjetivo[57].

Al respecto se ha ensayado también un punto de partida para lograr una aproximación al concepto del derecho subjetivo, de acuerdo con el lenguaje habitual sobre los derechos que utilizan las normas y los juristas. En esa línea se considera que por "derechos" en sentido subjetivo debe entenderse "a ciertas posibilidades de exigir —en sentido deóntico— conductas o abstenciones de otros sujetos jurídicos que suponen en estos deberes y que remiten a una determinada justificación —o fundamentación— racional a través de un —o algunos— principios prácticos"[58].

Por nuestra parte, hemos dicho[59] —siguiendo la teoría tradicional— que el derecho subjetivo pertenece al género de los poderes jurídicos, categoría que actualmente no se distingue del interés legítimo, el cual es considerado como una situación jurídica de equivalente jerarquía y protección jurisdiccional similar a la que un sector de la doctrina española denomina "derecho reaccional"[60].

No hay que olvidar, por de pronto, que el núcleo fundante y básico para la realización de los derechos subjetivos se encuentra en la persona humana y en su condición y dignidad[61] y que, por tanto, el derecho a la vida[62], que representa

[57] RODOLFO L. VIGO, *De la ley al derecho*, 2ª ed., México, Porrúa, 2005, págs. 232-233.

[58] MASSINI CORREAS, *Filosofía...* cit., t. I, pág. 89.

[59] En nuestro *Derecho administrativo*, 8ª ed., Buenos Aires, LexisNexis, 2006, págs. 41 y ss.

[60] EDUARDO GARCÍA DE ENTERRÍA y TOMÁS-RAMÓN FERNÁNDEZ, *Curso de derecho administrativo*, t. II, 6ª ed., Madrid, Civitas, 1999, págs. 37 y ss.

[61] CHAÏM PERELMAN (*La lógica jurídica y la nueva retórica*, Madrid, Civitas, 1988, págs. 103-104) afirma la configuración del derecho relativo al respeto y dignidad de la persona humana como un principio general del derecho de las naciones civilizadas que abrió el movimiento hacia los principios a partir del proceso de Núremberg; véase, asimismo PEDRO JOSÉ JORGE COVIELLO, "Los principios generales del Derecho frente a la ley y el reglamento en el derecho administrativo argentino", en ReDA, Buenos Aires, LexisNexis, 2007, pág. 1089.

[62] SAGÜÉS, *Manual...*, cit., págs. 642 y ss.

la máxima protección en el ámbito de los derechos humanos, posee carácter absoluto.

Ahora bien, el derrumbe del sistema positivista ha potenciado cierta tensión entre los principios así como entre los derechos fundamentales y, actualmente, no se postula que todos posean el mismo valor jurídico ni similar protección. A su vez, la falta de un criterio objetivo aumenta el grado de su ponderación axiológica y existencial[63] para permitir su optimización por el legislador o por el juez, de acuerdo con las posibilidades fácticas y jurídicas lo que implica observar, en cualquier caso, el principio de proporcionalidad en sentido amplio (comprensivo de los sub-principios de idoneidad, necesidad y proporcionalidad en sentido estricto)[64].

La colisión entre los principios generales o de los derechos fundamentales entre sí parece presentarse, en algunas ocasiones, como inevitable. Tal es el caso de determinar cuál es la relación entre el derecho al medio ambiente sano y equilibrado frente al derecho de trabajar y al derecho de ejercer industria. No creemos que pueda determinarse *a priori* la prevalencia de un derecho sobre otro porque la interpretación constitucional o legal debe operar, analizando el contenido axiológico junto a las circunstancias económicas y sociales del caso así como a los derechos individuales y colectivos de las personas en juego. Se trata, nada más ni nada menos de acudir al principio de razonabilidad y a la interdicción de arbitrariedad como límites de la interpretación e integración constitucional o, si se prefiere acudir a la técnica que propone ALEXY, de aplicar la llamada ley o margen de ponderación.

Como se ha dicho, con acierto, no es posible concebir una teoría de los principios susceptible de configurar una jerarquía estricta entre ellos ni tampoco que haga posible elaborar un mínimo orden que facilite su aplicación en forma ponderada a los efectos de servir como "fundamento de las decisiones jurídicas"[65].

Otra cuestión de interés radica en establecer la posibilidad de establecer límites al ejercicio de los derechos fundamentales. En principio, el legislador está habilitado a hacerlo conforme al artículo 14 de la Constitución que prescribe que los derechos se gozan de acuerdo con las leyes que reglamentan su ejercicio. Desde luego que reglamentar o limitar los derechos no implica degradarlos sino hacer compatible su ejercicio con el interés público o bien común.

A la vez, la doctrina ha distinguido, entre límites intrínsecos y extrínsecos de los derechos humanos incluyendo entre estos últimos el derecho ajeno, la

---

[63] SAGÜÉS, *Manual...*, cit., pág. 45.

[64] ROBERT ALEXY, *Epílogo a la teoría de los derechos fundamentales*, Madrid, Centro de Estudios, 2004, págs. 80 y ss.

[65] MARÍA EUGENIA ZACAGNINO, "Teoría de la argumentación jurídica (III)", en ESTELA B. SACRISTÁN (Dir.), *Manual de doctrina y jurisprudencia*, Buenos Aires, La Ley, 2013, pág. 735.

moral vigente (la moral pública de nuestro art. 19 de la Const. Nal.), el orden público y el bien común[66], en sintonía con lo que proclama la Declaración Universal en su artículo 29 inciso 2°[67].

B) *Principios fundamentales y principios institucionales o sectoriales*

En un sentido distinto, una visión sobre los principios generales permite advertir dos clases diferenciadas en punto a su jerarquía y relaciones de contacto e interferencia. Así, puede verse que ciertos principios generales constituyen el basamento del edificio en que se asienta y fundamenta el ordenamiento jurídico en general, insertándose, particularmente, en la Constitución, aunque pueden existir también principios fundamentales que no se hayan incorporado, en forma positiva y expresa, a la ley fundamental (por ejemplo, el principio general de la buena fe).

Entre los principios fundamentales cabe incluir los que se vinculan o derivan del Estado de derecho, con las adaptaciones que corresponden a cada país. Si, ante todo, un Estado de derecho debe ser un Estado de justicia[68], un lugar destacado entre los principios fundamentales le corresponde al de "afianzar la justicia", tal como lo proclama con particular énfasis el Preámbulo de nuestra Constitución.

Otros principios fundamentales que se encuentran en la Constitución y que tienen particular relevancia en el derecho administrativo son los que surgen del Estado de derecho basado en la separación de poderes y, consecuentemente, la interdicción que veda al ejecutivo el ejercicio de funciones judiciales (Const. Nal., art. 109); el de supremacía constitucional (Const. Nal., art. 31); el de legalidad (que incluye la supremacía de los tratados de derechos humanos sobre las leyes en la medida que no conculquen artículo alguno de la primera parte de la Constitución —art. 75 inc. 22— los tratados de integración y del derecho derivado sobre las leyes en tanto se celebren en condiciones de reciprocidad e igualdad y respeten el orden democrático y los derechos humanos (Const. Nal., art. 75 inc. 23); la prohibición de arbitrariedad de los poderes públicos (que se desprende del art. 19 segunda parte) y el principio de razonabilidad (Const. Nal., art. 28). También en este núcleo fundamental de princi-

---

[66] F. Fernández Salgado, *La dogmática de los derechos humanos*, Lima, Ediciones Jurídicas, 1994, pág. 102, cit. por Vigo, en *De la ley...*, cit., pág. 155.

[67] Que prescribe que la limitación será por ley y "para satisfacer las justas exigencias de la moral, del orden público y del bienestar general de una sociedad democrática".

[68] Goldschmidt (*Introducción filosófica al Derecho*, cit., págs. 438 y ss.) sostiene que "el principio supremo de justicia" comprende el humanismo y la tolerancia y tiende a que cada persona disponga de la más amplia libertad que sea posible para desarrollar su personalidad. La expresión "Estado de justicia" pertenece a Del Vecchio que si bien es considerada correcta por Goldschmidt prefiere referirse al "régimen de justicia".

pios generales del derecho cabe incluir aquellos que se derivan del principio de justicia como el de la protección de la vida[69] y la dignidad personal, el principio de la tutela judicial efectiva que amplía la inviolabilidad de la defensa (Const. Nal., art. 18), el de buena fe[70], el del enriquecimiento sin causa, el de no dañar a terceros (*alterum non leadere*) y el de la confianza legítima[71]. La mayoría han sido reconocidos por la jurisprudencia[72].

El cuadro de los principios generales se completa con aquellos que constituyen la clave de alguna institución o sector del derecho administrativo[73], como son, por ejemplo, el de autotutela de los bienes del dominio público[74]; la continuidad y regularidad de los servicios públicos[75]; la especialidad de la competencia[76]; el *ius variandi* en la contratación administrativa; la presunción de legitimidad del acto administrativo; la alegación de la propia torpeza para invalidar un acto administrativo mediante la acción de lesividad, etc., son algunos que forman parte de una lista tan extensa como *in fieri*, en virtud de la movilidad y transformación que han caracterizado al derecho administrativo en las distintas etapas de su evolución histórica[77]. Entre ellos, cabe señalar la trascendencia que han adquirido los principios generales propios del procedimiento administrativo (v. gr. eficacia, celeridad, imparcialidad, etc.)[78].

En las instituciones —como bien se ha dicho— se opera "el encuentro de valores provenientes del derecho natural [...] con los resultados del pensamiento tópico sobre los problemas singulares cuya configuración como principios

---

[69] Véase: MARIENHOFF, *Tratado de derecho administrativo*, cit., t. I, pág. 287.

[70] GONZÁLEZ PÉREZ, *El principio general de la buena fe en el derecho administrativo*, cit., 1989, págs. 34 y ss.

[71] PEDRO J. J. COVIELLO, *La protección de la confianza del administrado*, Buenos Aires, LexisNexis, 2004, págs. 33 y ss.

[72] Véase: COVIELLO, *Los principios generales...*, cit., págs. 1095-1098.

[73] En el mismo sentido: JORGE DANOS ORDOÑEZ, "Los principios generales del derecho en el derecho administrativo peruano", en la obra colectiva *Los principios en el derecho administrativo iberoamericano,* Junta de Castilla y León, La Coruña, Netbilo, 2008, págs. 534-535.

[74] MIGUEL S. MARIENHOFF, *Tratado de derecho administrativo*, t. V, 2ª ed. act., Buenos Aires, Abeledo Perrot, 1988, págs. 320 y ss.

[75] Vid nuestro trabajo *La huelga en los servicios públicos esenciales*, Madrid, Civitas, 1993, págs. 49-50.

[76] JULIO R. COMADIRA, *Acto administrativo municipal,* Buenos Aires, Depalma, 1992, pág. 24 y nuestro *Derecho administrativo*, t. I, 8ª ed., Buenos Aires, LexisNexis, 2006, págs. 253-254.

[77] Véase: SABINO CASSESE, *La globalización jurídica*, trad. del italiano, Madrid, Instituto Nacional de Administración Pública, Marcial Pons, 2006, págs. 176 y ss.

[78] SARRIA OLCOS, *Los principios generales del derecho y el procedimiento administrativo en Colombia*, cit., págs. 141 y ss.

generales no puede desconocerse aun cuando no se impongan a todo el ordenamiento en virtud de la estructura tópica o discontinua de este último"[79].

Esta clase de principios institucionales constituyen una importantísima fuente en el campo del derecho administrativo, donde las relaciones jurídicas no se hallan tan tipificadas ni regidas por la ley, como en el derecho privado, abriendo nuevas perspectivas a la creación jurídica para responder a las situaciones concretas siempre cambiantes mediante formulaciones dotadas de estabilidad sobre la articulación de la conjunción de los valores superiores con la experiencia.

Los principios jurídicos, cuando están consagrados en el derecho positivo, pueden representar una formulación diversa y aun pueden tener prelación respecto a un principio más general del ordenamiento escrito. Es lo que ocurre, por ejemplo, con el principio según el cual se permite a la administración alegar su propia torpeza, promoviendo la respectiva acción de nulidad, el cual resulta totalmente opuesto al que rige en el derecho civil.

Un típico principio de esta índole es el de la competencia objetiva de los órganos administrativos que ha ido admitiendo interpretaciones progresivas, sin relegar la idea organizativa de toda institución estatal ni los requisitos esenciales que caracterizan la aptitud de obrar de la administración pública.

Pero ¿qué relación existe entre los principios en caso de conflicto o concurrencia? Por de pronto, en esta materia se invierte la regla interpretativa que asigna prevalencia a lo especial sobre lo general pues la jerarquía que revisten los principios fundamentales se impone frente a los principios institucionales cuya observancia debe ajustarse a aquellos. A su vez, en caso de confluencia de varios principios del mismo rango prevalece aquel que posea mayor dimensión de peso a la luz de la Constitución, interpretada en función del problema en juego (es decir, a través de la tópica) o bien, de la justicia material, si hubiera carencia histórica de normativa constitucional o legal. Finalmente, cuando los bienes que se deben tutelar son *supra* individuales o indivisibles[80] la aptitud de los derechos colectivos para acceder a la justicia puede ser mayor que la correspondiente a los titulares de derechos individuales, en aquellos supuestos en que el legislador les asigne legitimación extraordinaria para actuar, en ejercicio de una acción pública o popular, como titulares de derechos colectivos en determinados sectores como el urbanismo, en el que la Administración y el Legislativo desenvuelven con mayor intensidad las distintas técnicas de intervención estatal[81] que configuran y delimitan los derechos

---

[79] García de Enterría, *Reflexiones sobre la ley...*, págs. 64 y 66, especialmente nota 123.

[80] Jaime Orlando Santofimio Gamboa, "Principios del derecho urbanístico colombiano", en la obra colectiva *Principios...*, cit., pág. 184.

[81] Ampliar en Eduardo García de Enterría, "Los principios de la organización del urbanismo", RAP núm. 87, Madrid, 1978, págs. 302 y ss.

subjetivos de los particulares. Empero, ello no implica que la dimensión de peso sea mayor en relación al derecho sustancial que debe armonizar los diferentes criterios en juego en función de los principios constitucionales, los derechos colectivos, los subjetivos de naturaleza individual y los criterios de justicia aplicables al caso.

La recepción de los principios generales del derecho por el derecho administrativo obedece a orígenes diversos. Aparte del origen positivo o natural que puedan tener, según sea el caso, los principios generales del derecho, su recepción en el derecho administrativo se produce a partir de su reconocimiento tanto en la Constitución Nacional como en las Constituciones de las provincias.

En este ámbito, cabe incluir no solo los principios positivos expresos de las Constituciones[82] sino los que surgen de un modo implícito e informal del respectivo ordenamiento constitucional[83], y los que a falta de regulación positiva se encuentran en el derecho natural, habida cuenta que uno de los principales objetivos del Preámbulo consiste en "afianzar la justicia". Entre los principios que surgen, en forma implícita o virtual, de la Constitución, se encuentra el concerniente a la publicidad de los actos estatales como derivación del sistema republicano de gobierno por aplicación de los artículos 33 y 42 de

---

[82] En este sentido pueden mencionarse, entre otros, los siguientes principios: la igualdad ante la ley (Const. Nal., art. 16); la intangibilidad de la propiedad privada y su sacrificio solo por ley declarativa de utilidad pública (Const. Nal., art. 17); la inviolabilidad de la defensa (Const. Nal., art. 18); y el de que nadie se halla obligado a hacer lo que la ley no manda ni privado de lo que ella no prohíbe (Const. Nal., art. 19), entre otros. Estos principios generales provenientes del derecho natural, se extienden, en algunos supuestos, al ámbito de las relaciones entre los particulares y la administración (v.gr. la igualdad). Pero, en rigor de verdad, el principio general de igualdad ante la administración, más que una proyección de la igualdad ante la ley, traduce el de igualdad jurídica por cuyo mérito solo cabe admitir discriminaciones razonables (con respecto a los elementos que justifican la discriminación: CELSO ANTONIO BANDEIRA DE MELLO, *O contenido jurídico do princípio da igualdade,* São Pablo, 1978, págs. 53-54). Conf. GERMÁN J. BIDART CAMPOS, *Manual de derecho constitucional argentino*, Buenos Aires, Ediar, 1984, pág. 221. Sobre el principio de inviolabilidad de la propiedad como garantía constitucional: HORACIO GARCÍA BELSUNCE, *Garantías constitucionales*, Buenos Aires, 1984, pág. 139.

[83] Los principios que surgen de un modo implícito hallan también fundamento en la dignidad de la persona y en la razón natural. Como ejemplo del primer caso está el derecho a la vida y del segundo, el principio de la separación de los poderes que hace a la forma republicana de gobierno (Const. Nal., art. 33); véase: NÉSTOR PEDRO SAGÜÉS, "Los derechos no enumerados en la Constitución Nacional", Buenos Aires, Academia Nacional de Ciencias Morales y Políticas, 1985, págs. 7 y ss. y ALLAN R. BREWER CARÍAS, *Derecho administrativo*, Caracas, Editorial Jurídica Venezolana, 1975, págs. 211 y ss.

la Constitución, en los que se funda el derecho a la vista de las actuaciones administrativas[84].

Otros provienen, en cambio, del derecho privado especialmente del Código Civil, muchas de cuyas disposiciones se encuentran inspiradas en el derecho romano[85] que, como es conocido, llegó a formular y reconocer los más trascendentes principios del derecho natural. En este marco y sin el propósito de agotar su mención, pueden señalarse el principio del enriquecimiento sin causa[86], el de la buena fe[87], el que estatuye que el objeto de los actos jurídicos no debe ser contrario a la moral ni a las buenas costumbres[88] o el que se refiere a la validez y exigibilidad de los pactos voluntariamente consentidos[89]. Todos ellos han tenido recepción en la jurisprudencia.

Por otro lado, existen principios generales incorporados al Código Civil —como el de la responsabilidad por la actividad ilegítima— que pueden encontrar como primer fundamento positivo principios de raigambre constitucional inherentes al Estado de derecho[90]; tal es lo que acontece con el principio de la responsabilidad del Estado y sus entidades, en cuya construcción el derecho administrativo amplía el criterio privatista desde tres ángulos distintos, a saber: a) en cuanto admite —como regla general y exclusiva— una responsabilidad

---

[84] LAURA MONTI, "Limitaciones a la vista de las actuaciones administrativas", en *Cuestiones de derecho administrativo*, Jornadas organizadas por la Facultad de Derecho, Universidad Austral, RAP, Buenos Aires, 2006, pág. 131.

[85] Véase: MARIENHOFF, *Tratado de derecho administrativo*, cit., t. I, pág. 275.

[86] El principio del enriquecimiento sin causa aparece reconocido en forma constante, en la jurisprudencia de la Corte Suprema de Justicia de la Nación, tanto en las relaciones de derecho privado como en las de derecho público (v. gr. Fallos 279:76). En la doctrina nacional: JESÚS L. ABAD HERNANDO, *Estudios de derecho administrativo*, Mendoza, 1985, pág. 77.

[87] Art. 9°, C. C. y Const. Nal.; GONZÁLEZ PÉREZ, *El principio general de la buena fe...*, cit., págs. 26 y ss.; HÉCTOR A. MAIRAL, *Control judicial de la administración pública*, t. I, Buenos Aires, Depalma, 1984, pág. 270, especialmente nota 29, donde puntualiza que la vigencia del principio por el que la Administración pueda alegar su propia torpeza no le impide a esta aplicar la doctrina de los propios actos, habida cuenta las diferentes finalidades que persiguen ambos principios; el primero, la sanción del acto irregular; el segundo, la protección de la buena fe, la seguridad jurídica, la estabilidad y confianza en los negocios. Por su parte, la doctrina de los actos propios se ha considerado que constituye una derivación necesaria e inmediata del principio de buena fe (conf. AUGUSTO M. MORELLO y RUBÉN S. STIGLIZ, "La doctrina del propio acto", La Ley 1984-A, 865).

[88] C. C. y Const. Nal.; art. 279; MARIENHOFF, *Tratado de derecho administrativo*, cit., t. I, pág. 279, apunta que una regla jurídica carente de contenido moral constituiría un sarcasmo.

[89] Conf. DEL VECCHIO, *Los principios generales del derecho*, cit., pág. 108; MARIENHOFF, *Tratado de derecho administrativo*, cit., t. III-A, pág. 440; C. C. y Const. Nal., art. 959.

[90] MARIENHOFF, *Tratado de derecho administrativo*, t. IV, Buenos Aires, Abeledo Perrot, 1980, págs. 699-702.

directa y objetiva que desplaza la idea de culpa; b) en lo que concierne al reconocimiento, como regla general, de la responsabilidad por actividad estatal legítima y c) en la admisión de la responsabilidad del Estado por la actividad legislativa y judicial.

En otro plano, el de la actividad sancionatoria de la administración pública (cuando ejerce la función de policía) rigen, con las necesarias adaptaciones que requiere la materia administrativa, los principios generales del derecho penal sustantivo, prescritos en el derecho penal. En este sentido, los clásicos principios del derecho penal poseen vigencia en el derecho administrativo, como el de que los hechos punibles y las penas aplicables deben hallarse previstos en la ley (*nullum crimen, nulla poena sine lege*)[91] y el principio *non bis in eadem*[92].

A su vez, el derecho internacional constituye también un manantial inagotable de principios generales del derecho en virtud de lo prescrito en la cláusula constitucional que atribuye a los tratados internacionales la aptitud de ser fuentes del ordenamiento[93]. Tal es lo que acontece, por ejemplo, con el derecho a una tutela judicial efectiva establecido en el Pacto de San José de Costa Rica que ha derogado el principio *solve et repete*[94] como las vallas y ápices formales establecidas para el acceso a la instancia judicial[95].

El último grupo de principios generales del derecho está constituido por los que provienen de las propias instituciones administrativas, muchos de los cuales no han sido incorporados en la legislación positiva. Reconocido por

[91] La Corte Suprema de Justicia de la Nación admitió este principio en la causa *Raúl Oscar Mouviel y otros*, Fallos 337:636.

[92] Conf. GEORGES VEDEL, *Derecho administrativo*, trad. del francés, Madrid, Edic. Aguilar, 1976, pág. 233.

[93] Const. Nal., art. 31, sobre la operatividad de los tratados en el derecho argentino y la jurisprudencia de la Corte Suprema de Justicia: JORGE REYNALDO A. VANOSSI, *Régimen constitucional de los tratados*, Buenos Aires, El Coloquio, 1969, págs. 179 y ss.; GERMÁN J. BIDART CAMPOS, *El derecho constitucional del poder*, t. I, Buenos Aires, Ediar, 1967, pág. 338.

[94] La Cámara Nacional de Apelaciones en lo Contencioso Administrativo Federal, Sala IV, consideró que la regla que postula en el ordenamiento interno el principio *solve et repete* ha sido derogada por el Pacto de San José de Costa Rica, con fundamento en lo prescrito en el art. 8°, párrafo 1 de dicho tratado, ratificado por ley 23.054 (caso *Telesud S. A.*, La Ley 1987-A, 327). Se ha sostenido también que el principio contenido en el art. 25, inc. 1°, del citado pacto es directamente operativo "aún en aquellos países que no tuvieran el recurso judicial a que él hace referencia". Conf. MIGUEL ANGEL EKMEKDJIAN, "La ejecutoriedad de los derechos y garantías reconocidas en el Pacto San José de Costa Rica", La Ley 1987-B, 263 y del mismo autor *Temas de derecho constitucional*, Buenos Aires, 1987, págs. 19 y ss.

[95] Es el caso de las prescripciones del art. 2° de la ley 16.986 que limitan la admisibilidad de la acción de amparo. Sobre este punto: NÉSTOR P. SAGUÉS, *Ley de amparo*, Buenos Aires, 1979, págs. 139 y ss.

la doctrina —y en algunos casos por la jurisprudencia— este grupo se integra con dos vertientes no necesariamente opuestas, según que se originen en la naturaleza de las respectivas instituciones o en el establecimiento de principios peculiares que implican una derogación especial de principios más generales del derecho.

En rigor de verdad, en estos supuestos, más que de principios generales del derecho en el derecho administrativo se trata de principios generales propios del derecho administrativo, en el sentido de que su especialidad y fundamento institucional no permite extenderlos a todas las ramas del derecho, particularmente al derecho privado.

Pertenecen a este grupo una gama considerable de principios generales del derecho administrativo y sin pretender establecer una nómina completa ni taxativa pueden ubicarse en este sector el principio de la continuidad de los servicios públicos[96], el del paralelismo de las competencias[97], el estado de necesidad para fundamentar el dictado de reglamentaciones de urgencia[98], el que prescribe que en los contratos administrativos de atribución toda duda debe interpretarse a favor del contratista particular —a la inversa de los contratos de colaboración[99]—, la autotutela coactiva en la protección del dominio público[100], la creación de obligaciones por acto administrativo unilateral[101], la

---

[96] JEAN RIVERO, "Los principios generales del derecho en el derecho francés contemporáneo", RAP núm. 6, pág. 295. Este jurista sostiene que hay un "grupo de principios que el Consejo de Estado extrae del análisis de las realidades de la naturaleza de las cosas" y agrega que "es propio de la naturaleza del servicio público funcionar sin interrupción, deduciéndose así el principio de la continuidad del servicio público". Vid también: RAFAEL BIELSA, *Derecho administrativo*, t. I, 5ª ed., Buenos Aires, Depalma, 1955, págs. 466-467; MANUEL MARÍA DIEZ, *Derecho administrativo*, t. III, Buenos Aires, Bibliográfica Omeba, 1967, págs. 206-208, entre otros. En el derecho colombiano, JAIME VIDAL PERDOMO, *Derecho administrativo*, 8ª ed., Bogotá, 1985, pág. 206.

[97] Conf. MARIENHOFF, *Tratado de derecho administrativo*, cit., t. III-A, pág. 406.

[98] Sobre el estado de necesidad en el derecho público constitucional y administrativo se ha dicho que los actos que realiza el poder público en tales casos no pueden lesionar una garantía constitucional si no se compensa esa garantía con otra. (RAFAEL BIELSA, "El estado de necesidad con particular referencia al derecho constitucional y al derecho administrativo", Rosario, Anuario del Instituto de Derecho Público, 1940, págs. 125 y ss).

[99] MARIENHOFF, *Tratado de derecho administrativo*, cit., t. III-A, págs. 618-619; JUAN CARLOS CASSAGNE, "En torno a la figura del contrato administrativo", en *Cuestiones de derecho administrativo*, Buenos Aires, Depalma, 1987, págs. 85-86.

[100] MARIENHOFF, *Tratado del dominio público*, Buenos Aires, Abeledo Perrot, 1960, págs. 271 y ss.; CASSAGNE, *La ejecutoriedad del acto administrativo*, Buenos Aires, Abeledo Perrot, 1971, pág. 98.

[101] ANDRÉ DE LAUBADÈRE, *Traité de droit administratif*, cit., t. I, págs. 282 y ss.; JEAN RIVERO, *Droit administratif*, Paris, Dalloz, 1968, págs. 88 y ss.

irrevocabilidad de los actos administrativos creadores de derechos subjetivos[102] y la necesidad de motivar los actos que afecten los derechos e intereses individuales o colectivos[103], el informalismo[104] y el silencio administrativo[105], ambos en favor de los particulares, junto a la presunción de legitimidad y al principio de ejecutoriedad de los actos administrativos[106], una de cuyas consecuencias principales radica en la regla general de no suspensión de los recursos que se interponen en sede administrativa[107].

C) *Los principios generales son fuentes formales y materiales: su grado de prelación*

La clásica distinción entre fuentes formales y materiales[108] que efectuara la doctrina de este siglo dio origen a una clasificación que, según Cueto Rúa,

---

[102] Conf. Benoit Jeanneau, *Les principes généraux du droit dans la jurisprudence administrative*, Paris, 1954, págs. 99 y ss. Este principio reconocido por la doctrina y la jurisprudencia fue incorporado al derecho positivo por el art. 17 de la ley 19.549, reformada por la ley 21.686; al respecto véase: Juan Ramón de Estrada, "La primera reforma a la ley de procedimientos administrativos", en *Revista Legislación Argentina*, t. 1978, págs. 951-954.

[103] Vedel, *Derecho administrativo*, cit., pág. 232.

[104] Gordillo, *Tratado de derecho administrativo*, t. 2, Buenos Aires, Macchi, 1980, cap. XVII y ss.; Tomás Hutchinson, *Ley Nacional de Procedimientos Administrativos. Ley 19.549. Comentada, anotada y concordada con las normas provinciales*, t. 1, Buenos Aires, Astrea, 1985, págs. 27-29; José Roberto Dromi, *El procedimiento administrativo*, Madrid, 1986, pág. 78.

[105] Véase: Guillermo A. Muñoz, *Silencio de la administración y plazos de caducidad*, Buenos Aires, 1982, pág. 114; Carlos M. Grecco, "Sobre el silencio de la administración", La Ley 1980-C, 777; Manoel de Oliveira Franco Sobrinho, *Curso de direito administrativo*, São Pablo, 1967, págs. 157-158.

[106] Ley 19.549, art. 12; Rodolfo C. Barra, *Principios de derecho administrativo*, Buenos Aires, Ábaco, 1980, págs. 158-159.

[107] Fabián Omar Canda, "La suspensión del acto administrativo estable", en *Procedimiento Administrativo*, Jornadas organizadas por la Facultad de Derecho, Universidad Austral, Ciencias de la Administración, Buenos Aires, 1998, págs. 106 y ss.

[108] Julio Cueto Rúa, *Fuentes del derecho*, Buenos Aires, Abeledo Perrot, 1965, pág. 25, precisa que "el pensamiento rector parece haber sido el de considerar fuentes formales solo a las normas jurídicas generales mediante las que se establecen obligaciones emanadas de autoridad competente y en las que se puede subsumir lógicamente a las normas de inferior jerarquía normativa. En este sentido fuente formal es sinónimo de 'normatividad general' agregando que 'la ley sería fuente formal' porque ella expresa conceptualmente una imputación general elaborada por personas (los legisladores) a quienes el grupo social ha confiado tal tarea; y también lo sería la costumbre porque del comportamiento repetido por los integrantes de un determinado grupo social, se extraen por los órganos del grupo social, normas generales. Según la teoría tradicional, la jurisprudencia solo sería fuente formal en el caso que el ordenamiento jurídico vigente en la respectiva comunidad, le atribuyera el carácter de

ha creado y sigue creando graves dificultades teóricas en virtud de que las fuentes del derecho exhiben una estructura formal-material, cuya complejidad participa de la naturaleza del fenómeno jurídico[109].

De esa peculiaridad participan también los principios generales del derecho, los que, mientras no estén legislados formalmente, permanecen como fuentes materiales sin dejar de gravitar, no obstante, en todo el ordenamiento.

Pero su vigencia como fuentes no depende de su recepción formal por el ordenamiento positivo puesto que constituyen el fundamento de las demás fuentes del derecho. Por tanto, los principios generales del derecho, aun los no legislados, tienen primacía sobre las normas legales y reglamentarias, y también sobre la costumbre y la jurisprudencia. En el derecho civil, dado su desarrollo legislativo y la circunstancia de haberse convertido la mayor parte de los principios de derecho natural en derecho positivo, aquella consecuencia no aparece tan palmaria pero, en el derecho público, donde es común que el juez y el órgano administrativo apliquen principios no escritos para resolver un conflicto determinado, la cuestión se ve con mayor claridad.

En efecto, desde la separación de los poderes, hasta el principio de inderogabilidad singular de los reglamentos, la autotutela en materia de dominio público, la continuidad de los servicios públicos y la igualdad en la licitación pública, todos ellos constituyen principios generales del derecho administrativo y aunque no se encontraban expresamente incorporados en todos los casos al derecho positivo, han tenido plena acogida por la doctrina y la jurisprudencia.

5. El papel de los principios en el ordenamiento

A) *Distintas funciones que cumplen los principios generales*

Los principios generales del derecho cumplen funciones distintas, pero articuladas entre sí. Esas funciones se refieren a su esencia ontológica, a su

---

obligatoria. En este caso, los jueces, por delegación, pasarían a asumir una especie de facultad legislativa. En cuanto a la doctrina solo en muy raras ocasiones podría ser considerada como fuente formal del derecho. El ejemplo histórico más importante se encontraría en el derecho romano, respecto de los juristas a quienes el Emperador concedió el *ius respondendi ex autorictate principe*, es decir, el privilegio de hablar de manera obligatoria. Según lo sostienen distinguidos romanistas, las opiniones de esos juristas adquirían fuerza normativa, por virtud de la disposición imperial que les había reconocido dicha potestad".

[109] Cueto Rúa, *Fuentes del derecho,* cit., págs. 25-26. Por su parte, sostiene Linares que cuando los principios generales del derecho "son utilizados por órganos del Estado, en sus decisiones constituyen estándares incorporados como fuente formal a las sentencias, actos administrativos y leyes. Pero antes de que eso ocurra, siguen el proceso consistente en una primera etapa en la cual son solo opiniones doctrinarias individuales; y luego, en una segunda etapa —que puede o no darse— de materia de opinión pública jurídica, profesada por el jurista medio. Como tales esos principios son —en esta etapa— fuente material de derecho" (conf. Juan Francisco Linares, *Derecho administrativo*, Buenos Aires, Astrea, 1986, pág. 37).

valor preceptivo o a su alcance cognoscitivo[110], ya sea para dilucidar el sentido de una norma o para dar la razón de ella y hasta para integrar nuevas formulaciones jurídicas.

Esas funciones de los principios jurídicos generales, que no hay que confundir con los principios lógicos de la ciencia (los que poseen valor meramente instrumental y sirven para conocer la realidad jurídica)[111], se llevan a cabo según que se acuda a ellos como fundamento, interpretación o integración del orden jurídico.

En un sentido ontológico, los principios generales del derecho constituyen la causa y la base del ordenamiento porque son los soportes centrales de todo el sistema al cual prestan su sentido[112]. Por ese motivo, no puede concebirse que una norma legal los contravenga pues ellos existen con independencia de su reconocimiento legal o jurisprudencial[113], no obstante ser la jurisprudencia una de las fuentes más importantes de su manifestación[114] externa. Un supuesto de incompatibilidad entre una norma y los principios generales, es la disposición que prescribe la garantía de impugnación en los procesos licitatorios que conculca gravemente principios fundamentales del procedimiento administrativo como el debido proceso adjetivo, entre otros[115].

A su vez, funcionan como orientadores e informadores del ordenamiento permitiendo, mediante su interpretación, realizar una labor correctiva o extensiva de las normas[116]. De esta función de los principios jurídicos generales GONZÁLEZ PÉREZ[117], siguiendo a un sector de la doctrina española, extrae tres reglas fundamentales:

a) las indeterminaciones de las normas que surjan a raíz de las diferentes posibilidades que plantea la aplicación normativa han de resolverse de la manera más acorde con el principio[118];

[110] Vid. RODOLFO L. VIGO, "Los principios generales del Derecho", JA 1986-III, 860.

[111] Conf. GONZÁLEZ PÉREZ, *El principio general de la buena fe en el derecho administrativo*, cit., pág. 57.

[112] GARCÍA DE ENTERRÍA – FERNÁNDEZ, *Curso de derecho administrativo*, t. I, pág. 67.

[113] Conf. GONZÁLEZ PÉREZ, "El método en el derecho administrativo", RAP, núm. 22, pág. 55.

[114] GARCÍA DE ENTERRÍA – FERNÁNDEZ, *Curso de derecho administrativo*, cit., t. I, pág. 71.

[115] Ampliar en RICARDO T. DRUETTA, "Garantía de impugnación en los procesos de selección del cocontratante. Su incompatibilidad con los principios fundamentales del procedimiento administrativo", en *Procedimiento administrativo*, Jornadas organizadas por la Facultad de Derecho, Universidad Austral, RAP, Buenos Aires, 1998, págs. 23 y ss. Por ejemplo, el art. 99 de la ley 2095 de Compras y Contrataciones de la Ciudad de Buenos Aires prevé la mencionada garantía de impugnación.

[116] Véase: MIGUEL ANGEL SENDÍN GARCÍA, "Los principios generales del derecho en el derecho administrativo español", *Actas del VII Foro Iberoamericano...*, cit., págs. 435-437.

[117] GONZÁLEZ PÉREZ, *El principio general de la buena fe...*, cit., pág. 78.

[118] SÁNCHEZ DE LA TORRE, *Los principios clásicos del derecho*, Madrid, 1975, págs. 122 y ss., cit. por GONZÁLEZ PÉREZ, *El principio general de la buena fe...*, cit., pág. 78.

b) se impone la interpretación extensiva "si la disposición se expresa en términos excesivamente restringidos y ha de ampliarse la letra de la ley hasta contemplar todos los supuestos que el principio exige; mientras que la interpretación será restrictiva si la disposición se expresa en términos excesivamente amplios y es necesario reducir el alcance de la letra del texto hasta que comprenda solo los que sean coherentes con el principio[119];

c) debe rechazarse toda interpretación que conduzca a una consecuencia que contradiga directa o indirectamente al principio[120].

Finalmente, los principios cumplen la función de integrar el ordenamiento jurídico frente a la carencia de normas que rigen la cuestión. Así lo prescribía, entre nosotros, el ex artículo 16 del Código Civil, precepto este que resultaba directamente aplicable al derecho administrativo. En cambio, el nuevo Código Civil y de Comercio solo atribuye carácter de fuente a los principios positivos que están en la Constitución y en los tratados internacionales (art. 1°).

En el campo del derecho administrativo esas funciones de los principios no se limitan al ámbito de la interpretación e integración del derecho, sino que ellos obran muchas veces como verdaderas garantías que pueden invocar los particulares frente al Estado.

Y así como existen principios que se estatuyen siempre a favor de los particulares o administrados —tales como el informalismo o el silencio administrativo—, hay otros en que su núcleo central reside en la protección del interés público, en forma prevaleciente, como ocurre con la autotutela de los bienes del dominio público.

B) *Los principios generales como garantías jurídicas*

Ciertos principios cumplen no ya la forma de compensar la desigualdad que trasunta la posición jurídica del particular en relación al Estado, sino que implican medios de protección tendentes a impedir las arbitrariedades de los poderes públicos que suelen lamentablemente matizar y caracterizar el obrar estatal.

En ese sentido se encuentran, entre otros, el que traduce la instrumentación del debido proceso adjetivo, el principio por el que toda privación de la propiedad solo puede llevarse a cabo mediante ley declarativa de utilidad pública, junto a la protección de los demás derechos individuales (v. gr. la libertad y la igualdad) cuya vigencia se asegura por otros principios, como el de la separación e independencia de cada uno de los poderes que componen

---

[119] FEDERICO DE CASTRO, *Derecho civil de España*, t. I, págs. 473 y ss.; GONZÁLEZ PÉREZ, *El principio general de la buena fe...*, cit., pág. 78.

[120] GARCÍA DE ENTERRÍA, *La Constitución como norma y el Tribunal Constitucional*, Madrid, 1981, pág. 102; GONZÁLEZ PÉREZ, *El principio general de la buena fe...*, cit., pág. 78.

el poder estatal, técnicas que, en definitiva, configuran auténticas garantías de los particulares frente al Estado.

C) *Los principios generales como límites al ejercicio del poder reglamentario*

Los principios generales del derecho operan también como límites al poder reglamentario por parte de la Administración cuyo ejercicio debe ajustarse a ellos. La compatibilidad entre los reglamentos y los principios generales del derecho, obedece a que siendo éstos causa o fuente del ordenamiento su violación tornaría ilegítima cualquier norma general que emita la Administración, ya se tratare de reglamentos de ejecución, autónomos, delegados o de necesidad y urgencia, los cuales se hallarían en tales supuestos, viciados en su elemento objeto[121], pues, como ha sostenido el Consejo de Estado francés, un reglamento que conculca un principio configura el mismo tipo de invalidez que la violación de la ley[122].

Esto es así, por cuanto los principios integran el bloque de legitimidad que pertenece al orden público administrativo, cuyo apartamiento por la Administración provoca una nulidad absoluta, siendo esta, por otra parte, la solución que expresamente consagra la ley nacional de procedimientos administrativos, al sancionar las consecuencias de la violación de la ley[123].

Consideración aparte ha de hacerse de la potestad de emitir actos administrativos que no solo se encuentra limitada por las leyes y los principios generales del derecho sino por los propios actos de alcance general que produce la Administración en ejercicio de su poder reglamentario. Es lo que se denomina la inderogabilidad singular del reglamento.

La raigambre de este principio no escrito en el derecho europeo, anterior a la Revolución francesa, ha sido suficientemente demostrada por la doctrina administrativa contemporánea[124] y se contrapone con los criterios constitucionales que, fundados en la concepción de la soberanía del poder legislativo, admiten con amplitud la legalidad de las leyes especiales o particulares res-

---

[121] Sobre el vicio en el objeto nos remitimos a: MARIENHOFF, *Tratado de derecho administrativo,* t. II, pág. 300; CASSAGNE, *Derecho administrativo,* cit., t. II, 8ª ed., pág. 194; MANUEL MARÍA DIEZ, *Derecho administrativo,* t. II, Buenos Aires, Plus Ultra, 1976, pág. 317.

[122] Conf. RIVERO, "Los principios generales del derecho en el derecho francés contemporáneo", RAP, núm. 6, pág. 296.

[123] Ley 19.549, art. 14 inc. b); para HUTCHINSON "este vicio provoca la nulidad del respectivo acto" (*La Ley Nacional de Procedimientos Administrativos,* Buenos Aires, Astrea, 1985, pág. 332) por su parte, la jurisprudencia de la Corte Suprema ha aplicado también igual interpretación (véase el caso *Rodríguez Blanco de Serrao, I. C.,* La Ley 1982-D, 633).

[124] GARCÍA DE ENTERRÍA, *Legislación delegada, potestad reglamentaria y control judicial,* Madrid, 1970, págs. 271 y ss.

pecto de las que revisten mayor generalidad[125], aun respecto de leyes que no son tales en sentido material.

Su fundamento se conecta, sin duda, con el principio general de igualdad jurídica, que no se circunscribe solamente a la igualdad ante la ley que prescribe la Constitución (art. 16) sino que se proyecta ante la Administración, ya sea respecto a las normas generales y objetivas como a los actos administrativos concretos creadores de situaciones jurídicas subjetivas y, no obstante no hallarse incorporado al derecho positivo, su aceptación ha sido plena en sede administrativa por la gravitación que han tenido los dictámenes de la Procuración del Tesoro de la Nación que lo acogieron[126].

D) *La extensión del deber de resolver se extiende a la Administración*

La naturaleza eminentemente práctica del derecho y su adherencia a la vida se revelan por el hecho de que "no hay controversia posible, por muy complicada e imprevista que sea, que no admita y exija una solución jurídica cierta"[127].

Nuestro ordenamiento, al igual que muchos, capta el sentido de esa exigencia de la razón práctica al prescribir que "el juez debe resolver los asuntos que sean sometidos a su jurisdicción mediante una decisión razonablemente

---

[125] La jurisprudencia de la Corte Suprema ha admitido la subsistencia de leyes especiales anteriores y posteriores al dictado de una ley de mayor generalidad en tanto sus disposiciones no repugnen ni sean incompatibles con las de esta última (Fallos 202:48). Sin embargo, una ley especial que estableciera una excepción singular para una persona determinada o un grupo de personas alteraría el principio de igualdad ante la ley (Const. Nal., art. 16) por cuya causa sería inconstitucional.

La doctrina del derecho constitucional no ha avanzado mucho en la fundamentación de tal principio que altera las relaciones que deben existir en el derecho, entre lo general y lo particular en detrimento del principio de igualdad que más que igualdad ante la ley es una aplicación parcial de la igualdad jurídica. De aceptarse su legitimidad ello implicaría postular las concepciones más absolutistas en materia de soberanía (reemplazando solo a los titulares del poder) lo cual no solo conculcaría dicha igualdad sino la separación de los poderes, que es el eje de los sistemas constitucionales modernos.

[126] Procuración del Tesoro de la Nación, Dictámenes 34:201; 87:145; 97:241; 100:191; 102:213 y 114:495, este último publicado en la Revista Dictámenes de la Procuración del Tesoro de la Nación, núm. 4, pág. 84.

[127] Conf. DEL VECCHIO, *Los principios generales del derecho*, cit., pág. 41. Observa este autor (nota 1, pág. 41) que esto no acontece por "megalomanía jurídica" sino fundamentalmente "por necesidad práctica que cada uno siente de coordinar en cierto modo su actuación propia con la de los demás. En esto consiste esencialmente el Derecho; y un Derecho que resolviendo algunos casos de la vida, se mostrara incapaz de resolver los demás, se anularía *ipso facto* a sí mismo, puesto que resultaría inferior a su función, que consiste precisamente en establecer un orden entre los seres que viven juntos (*hominis ad hominem proportio*).

fundada"[128], señalando también que la interpretación de las leyes debe efectuarse "teniendo en cuenta sus palabras, sus finalidades, las leyes análogas, las disposiciones que surgen sobre tratados de derechos humanos, los principios y los valores jurídicos, de modo coherente con todo el ordenamiento"[129].

Este deber de resolver —que es un verdadero principio general aplicable a todas las ramas del derecho— se extiende, además de los jueces, a los funcionarios públicos frente a las peticiones, reclamos y recursos que interpongan los administrados. Aparte de la posibilidad de aplicar este principio inserto en el título preliminar del Código Civil y Comercial (cuyo alcance no se circunscribe al derecho privado), el legislador lo ha consagrado en dos oportunidades, ambas en la Ley Nacional de Procedimientos Administrativos. La primera, articulando dentro del debido proceso adjetivo el derecho a una decisión fundada, el cual presupone el deber de resolver[130], y la segunda, cuando tipifica el proceso de amparo por mora de la Administración que habilita al particular, en los casos en que "la autoridad administrativa hubiere dejado vencer los plazos fijados —y en caso de no existir estos, si hubiere transcurrido un plazo que excediera de lo razonable— sin emitir el dictamen o la resolución de mero trámite o de fondo que requiere el interesado" a demandar judicialmente a la Administración para que los jueces ordenen a esta que "despache las actuaciones en el plazo prudencial que se le establezca..."[131].

El cumplimiento del deber de resolver está íntimamente conectado con un principio general del derecho que constituye una fuente natural del derecho

---

[128] C. C. y Co., art. 3°.

[129] C. C. y Co., art. 2°.

[130] Ley 19.549, art. 1° inc. f), ap. 3°; entre nosotros, Muñoz considera, con razón, que el deber jurídico de resolver de la Administración, se funda en lo prescrito en el art. 7° inc. c) de la citada ley, conforme al cual se deben resolver todas las peticiones formuladas ("Silencio de la administración", Buenos Aires, 1982, pág. 66). En la misma línea cabe mencionar un trabajo anterior de Grecco que sostiene que el silencio administrativo se conecta con el derecho público de petición ("Sobre el silencio de la Administración", La Ley 1980-C, 1977).

[131] El art. 28 de la ley 19.549 (con las modificaciones introducidas por la ley 21.686) prescribe: "El que fuere parte en un expediente administrativo podrá solicitar judicialmente se libre orden de pronto despacho. Dicha orden será procedente cuando la autoridad administrativa hubiere dejado vencer los plazos fijados y en caso de no existir estos, si hubiere transcurrido un plazo que excediere de lo razonable sin emitir el dictamen o la resolución de mero trámite o de fondo que requiera el interesado. Presentado el petitorio, el juez se expedirá sobre su procedencia, teniendo en cuenta las circunstancias del caso, y si lo estimare pertinente requerirá a la autoridad administrativa interviniente que, en el plazo que le fije, informe sobre las causas de la demora aducida. La decisión del juez será inapelable. Contestado el requerimiento o vencido el plazo sin que se lo hubiere evacuado, se resolverá lo pertinente acerca de la mora, librando la orden, si correspondiere, para que la autoridad administrativa responsable despache las actuaciones en el plazo prudencial que se establezca según la naturaleza y complejidad del dictamen o trámites pendientes.

administrativo, y si bien, con relación al anterior texto del Código Civil (art. 16) se ha dicho que se trata de una fuente de naturaleza subsidiaria[132], la circunstancia de constituir una fuente residual, cuando se agotan las posibilidades de aplicación de las normas y principios del derecho positivo y la congruencia que debe haber con los principios[133], hace que estos constituyan una fuente autónoma —en algunas circunstancias separable del derecho escrito—, habida cuenta que son el fundamento de todo el ordenamiento.

6. LOS PRINCIPIOS GENERALES EN EL CAMPO DE LA INTERPRETACIÓN JURÍDICA

A) *Diferentes clases de interpretación*

Como la interpretación normativa es siempre dinámica, en el supuesto de que existan discrepancias entre el sentido gramatical y el lógico de las normas (que comprende el análisis de la télesis en virtud de los antecedentes, la ocasión y la función social que ellas desempeñan en la actualidad) se acude a la adaptación de aquellas mediante la sustitución o limitación de sus conceptos lingüísticos (interpretación restrictiva) o su ampliación (interpretación extensiva) con el objeto de realizar la adaptación de la letra al fin normativo.

Ahora bien, como es un hecho evidente que el ordenamiento positivo presenta lagunas, la idea ficticia de la plenitud del derecho puede cobrar vida sobre la base de la integración que, en definitiva, orientan los principios generales del derecho natural supliendo la carencia normativa. Lo cierto es que, si existe en el ordenamiento positivo otra norma similar que haga posible la auto integración, hay que acudir primero a la analogía[134].

---

[132] FERNANDO GARRIDO FALLA, *Tratado de derecho administrativo*, t. I, Madrid, 1980, pág. 330; JULIO I. ALTAMIRA GIGENA, *Los principios generales del derecho como fuente del derecho administrativo*, Buenos Aires, Astrea, 1972, pág. 76.

[133] Según BUSSO —por ejemplo— son los principios fundamentales de la legislación positiva, que aunque no se hallan escritos en ninguna parte, constituyen los presupuestos lógicos de la norma legislativa (conf. EDUARDO BUSSO, *Código Civil anotado*, t. I, Buenos Aires, Ediar, 1944, pág. 155). A su vez, BORDA considera que el espíritu de la legislación a que hace referencia la primera parte del art. 16 expresa la idea de los principios que informan la legislación y que al establecer la remisión final a los principios generales del Derecho el codificador "ha querido dar una solución para todo caso que pueda plantearse y previendo la posibilidad de que algunos de ellos no hallaren respuesta en la ley, ha remitido al juez una norma que abarcase todos, absolutamente todos, los casos posibles" (GUILLERMO A. BORDA, *Tratado de derecho civil*, Parte general, 3ª ed., Buenos Aires, Perrot, pág. 92) criterio que comparte también LLAMBÍAS (*Tratado de derecho civil*, Parte general, t. I, 6ª ed., Buenos Aires, Perrot, 1975, pág. 116).

[134] Conf. GOLDSCHMIDT, *Introducción filosófica al derecho*, págs. 254 y ss., especialmente pág. 299; en el derecho administrativo nacional: GUSTAVO A. REVIDATTI, *Derecho administrativo*, t. I, Buenos Aires, Fundación de Derecho Administrativo, 1984, pág. 227.

Hay dos formas diferentes de analogía según que se trate de integrar la ausencia de una fuente formal utilizando una norma destinada a regir otro supuesto similar (*analogia legis*) o bien, cuando se apliquen por entero o en bloque determinadas materias a otras no reguladas (*analogia iuris*)[135].

Las características propias del derecho administrativo, como rama no codificada con una incesante mutabilidad y falta de previsión de la ley para abarcar los problemas que plantea el obrar administrativo, conducen a asignarle a la analogía, como procedimiento de integración de las normas, un papel de mayor relevancia que en el derecho privado.

Sin embargo, es necesario distinguir la analogía de la denominada supletoriedad o subsidiariedad. La primera presupone una carencia histórica de norma aplicable al caso e implica la realización de un proceso previo de adaptación e integración con los principios que rigen cada materia o institución. En cambio, la aplicación subsidiaria o supletoria no supone propiamente una carencia normativa, ya que la falta aparente de una norma se cubre con la aplicación de otra por imperio de la ley.

A su vez, como la carencia normativa conduce casi siempre a cubrir el vacío legal con un principio general, no hay que perder de vista que la forma de aplicación de un principio (donde no cabe la posibilidad de un proceso de subsunción) es la ponderación[136].

B) *La analogía y los principios generales del derecho*

La analogía, como técnica de interpretación que es, se encuentra subordinada a los principios generales del derecho, dado que ni por un proceso de "generalización creciente" ni por una estricta aplicación analógica es posible construir verdades generales.

El método para descubrir los principios generales del derecho no puede consistir "en ascender, por vía de abstracción de las disposiciones particula-

---

[135] Conf. GOLDSCHMIDT, *Introducción filosófica al derecho*, cit., págs. 296-297; CASSAGNE, *Derecho administrativo*, cit., t. I, pág. 213, nota 172. El concepto de *analogia iuris* que se utiliza en el texto es distinto al adoptado por gran parte de la doctrina, cuya crítica hiciera DEL VECCHIO, ya que de la *analogia iuris* no pueden inducirse los principios generales, pues ella tiende siempre a lo particular yendo de lo particular a lo particular semejante o coordinado, pero nunca a lo general (conf. DEL VECCHIO, *Los principios generales del derecho*, cit., pág. 57; LUIS LEGAZ Y LACAMBRA, *Filosofía del derecho*, 2ª ed., Barcelona, Bosch, 1961, pág. 516).

[136] ZACAGNINO ("Teoría de la argumentación...", cit., pág. 735) con fundamento en la obra de ALEXY, apunta que los principios son "mandatos de optimización que se caracterizan por ser cumplidos en diversos grados" (aunque para nosotros hay algunos mandatos que son directamente exigibles sin opción para su inaplicabilidad, por ejemplo, los que derivan del derecho a la vida); véase también MANUEL ATIENZA, *Las razones del derecho. Teorías de la argumentación jurídica*, México, Instituto de Investigaciones Jurídicas, Universidad Nacional Autónoma de México, 2005, pág. 174.

res de la ley a determinaciones cada vez más amplias; continuando en esta 'generalización creciente' hasta llegar a comprender en la esfera del derecho positivo el caso dudoso"[137] pues, al proceder de ese modo, más que hallar los principios generales del derecho se corre el riesgo de elaborar principios sin conexión necesaria con la causa del derecho e, inclusive, contrarios al derecho positivo o a la solución analógica del caso.

Por lo demás, la imprecisión del método de la generalización creciente conduce al peligro de que se incurra en la llamada *aequitas cerebrina* esto es, el arbitrio judicial ejercido en forma contraria a la ley[138].

En cambio, la analogía, en su recto sentido y ante la ausencia de norma aplicable, es el método de interpretación al que hay que acudir primero para hallar la solución particular para el caso y ello no solo por imperio de lo dispuesto en el Código Civil y Comercial sino por un principio lógico y racional de interpretación jurídica que conduce a integrar el vacío que presenta la norma con lo prescrito para supuestos similares o afines siempre que la *ratio legis* pueda extenderse en función de la naturaleza de la materia o institución.

Pero esto es una cosa bien distinta que afirmar que los principios generales del derecho son los que derivan de la analogía[139] ya que este procedimiento no es idóneo para descubrir una verdad general pues —como se ha dicho— va de lo particular a lo particular coordinado, en sentido opuesto a la inducción[140].

De ese modo, no obstante el trascendente papel que cumple la analogía en el ámbito del derecho administrativo, ella debe ajustarse a los principios generales que rigen en el derecho público compatibilizando, en primer término, la aplicación de la norma similar o afín con los principios que rigen cada institución y culminando con los principios básicos o fundamentales del ordena-

---

[137] Conf. DEL VECCHIO, *Los principios generales...*, cit., pág. 51.

[138] Conf. DEL VECCHIO, *Los principios generales...*, cit., pág. 52. No comparto sin embargo, la interpretación que formula en este punto sobre el principio de la separación de los poderes en el sentido de que la función de los jueces se encuentra subordinada a la legislativa, porque cada poder es independiente y supremo en su esfera, sin perjuicio de las obvias relaciones de armonía y colaboración que deben reinar entre los poderes fundamentales del Estado. Con un alcance estricto, los jueces no crean derecho como los legisladores, pues ellos formulan el ordenamiento positivo pero tampoco su papel se limita al de meros órganos de aplicación e interpretación de las leyes, dado que están obligados a fallar, aun en los supuestos de carencia normativa. En estos casos, al acudir a los principios generales del derecho, la aplicación de éstos con fundamento primero en el derecho positivo y último, en el derecho natural, proceden como órganos que crean derecho.

[139] LEGAZ Y LACAMBRA, *Filosofía del derecho*, cit., pág. 516.

[140] Conf. DEL VECCHIO (*Los principios generales...*, cit., pág. 56) apunta que esta doctrina, común en lógica, tiene raíz aristotélica.

miento administrativo, ya sea que reconozcan su origen en el derecho administrativo, ya sea que provengan del derecho positivo o natural.

En tal sentido, el principio general del derecho civil, que prescribe que nadie puede alegar su propia torpeza, cede frente al más específico del derecho administrativo que permite a la Administración demandar la nulidad de sus propios actos[141].

Sin embargo, la incompatibilidad no implica desplazar la aplicación analógica de un principio general del derecho contenido en otra ley, tal como acontece con el principio general de la buena fe establecido en el Código Civil[142], el cual resulta aplicable también a los contratos que celebre la Administración y, a la materia administrativa, como lo ha demostrado la doctrina española[143], ya que la buena fe es exigible en todas las relaciones que vinculan a la autoridad con los particulares[144].

C) *El sometimiento de la Administración a la ley y al derecho*

El sometimiento de la Administración a la ley y al derecho es un postulado que deriva de la concepción de la separación de los poderes y del principio de legalidad propio del Estado de derecho o Estado de justicia.

Consagrado expresamente en dos constituciones europeas (como la alemana que se sancionó al culminar la segunda guerra mundial y la española de 1978), el postulado está lejos de someter absolutamente a la Administración al poder legislativo, como aconteció en las primeras constituciones francesas, sino que traduce el sometimiento a las leyes sancionadas por los representantes del pueblo pero también al derecho, es decir, a la justicia[145].

La mención al derecho no constituye una fórmula aislada que prescribe la vinculación a la ley positiva pues la Administración se encuentra también vinculada a los principios generales del derecho[146], si bien lo que se entiende

---

[141] MARIENHOFF, *Tratado de derecho administrativo*, t. II, Buenos Aires, Abeledo Perrot, 1966, pág. 183; BARTOLOMÉ A. FIORINI, *Manual de derecho administrativo*, t. I, Buenos Aires, La Ley, 1968, págs. 360-361.

[142] C. C. y Co., art. 9°.

[143] Conf. GONZÁLEZ PÉREZ, *El principio general de la buena fe...*, cit., págs. 34 y ss.

[144] GARCÍA DE ENTERRÍA, "La interdicción de la arbitrariedad en la potestad reglamentaria", RAP, núm. 30, págs. 164 y ss.

[145] TOMÁS RAMÓN FERNÁNDEZ (*De la arbitrariedad de la Administración*, Madrid, Civitas, 1994, págs. 148 y ss.) explica el origen y el sentido de la fórmula constitucional española.

[146] ALLAN R. BREWER-CARÍAS, "Los principios de legalidad y eficacia en las leyes de procedimientos administrativos en América Latina", en *La relación jurídico-administrativa y el procedimiento administrativo*, IV Jornadas Internacionales de Derecho Administrativo "Allan Randolph Brewer-Carías", Caracas, Funeda, 1999, pág. 34.

por tal concepto responde a muy variadas tendencias filosóficas y jurídicas. Pero, por un camino u otro, sea que los principios generales provengan del iusnaturalismo clásico o del racionalista, o de la justicia material, o en un proceso que acude a la tópica para integrarlo en la solución del caso, lo cierto es que ellos no pueden reducirse "a normas implícitas [...]" que surgen de prescripciones expresas y que "[...] se obtienen por un proceso lógico inductivo de las normas escritas"[147].

No obstante, como la mayoría de los principios generales que se vinculan con el principio de legalidad tienen su anclaje positivo, expreso o implícito en textos constitucionales, no puede plantearse duda alguna acerca de su prevalencia sobre las leyes y reglamentos, en atención a la jerarquía de ley suprema que posee la Constitución (Const. Nal., art. 31).

Por lo demás, el postulado del sometimiento de la Administración a la ley y al derecho guarda íntima conexión con otro principio fundamental del constitucionalismo moderno que es la interdicción de arbitrariedad de los poderes públicos[148], que rige tanto para el ejecutivo como para el legislativo y el judicial, actualmente prescrito por el artículo 9.3 *in fine* de la Constitución española[149].

Pero para que los principios generales funcionen de manera de guardar el equilibrio de poderes y beneficiar la libertad de los ciudadanos se precisa reconocer una amplia potestad a los jueces para ejercer un control judicial suficiente, con la mayor plenitud que admita el esquema divisorio, consecuentemente, sin zonas exentas o inmunes a dicho control. Se afirma, de ese modo, otro principio cardinal del Estado de derecho: el de la tutela judicial efectiva[150], reconocido en los artículos 8° y 25 de la Convención Americana de los Derechos Humanos[151] (por aplicación del art. 75 inc. 22 de la Const. Nal.) que complementa y amplía la garantía de la defensa prescrita en el artículo 18 de la Constitución.

---

[147] Cfr. Gustavo Silva Tamayo, *Desviación de poder y abuso de derecho*, Buenos Aires, Lexis Nexis, 2006, pág. 29.

[148] Vid: García de Enterría, "La interdicción de la arbitrariedad en la potestad reglamentaria", originalmente publicado en el núm. 30 de la *Revista de Administración Pública*, Madrid, 1959, reproducido en su libro *Legislación delegada, potestad reglamentaria...*, cit.

[149] Ver: Jaime Rodríguez-Arana, "Los principios generales en la jurisprudencia administrativa en el derecho administrativo español", en *Los principios en el derecho administrativo iberoamericano*, La Coruña, Netbilo, 2008, págs. 383-385.

[150] Pedro Aberastury (*La justicia administrativa*, Buenos Aires, LexisNexis, 2006, pág. 51) destaca su trascendencia en el acceso a la jurisdicción.

[151] En los arts. 2°, inc. 3° y 14 del Pacto Internacional de Derechos Civiles y Políticos y en el art. 10 de la Declaración Universal de Derechos Humanos.

D) *Las facultades discrecionales de la Administración y los principios generales del derecho*

Se ha dicho que las potestades discrecionales constituyen una exigencia insoslayable del gobierno humano, habida cuenta que este no puede reducirse a una aplicación automática, objetiva y neutral de las normas[152].

La discrecionalidad se configura cuando la norma atribuye un poder o facultad al órgano administrativo sin estatuir el criterio que debe orientar y servir de base a la respectiva decisión[153] pudiendo referirse tanto a la emisión del acto administrativo como a sus elementos[154].

En realidad, más que un margen privativo y excluyente de la libertad o arbitrio —como postulaba la doctrina clásica— implica un supuesto de remisión legal[155] que habilita a la Administración a escoger una solución entre varias soluciones igualmente justas.

Pero la discrecionalidad no implica un arbitrio ilimitado ni absoluto. Antes bien, se encuentra circunscrita tanto por los límites sustanciales y formales del ordenamiento positivo, tales como las reglas que prescriben la competencia de los órganos o entes y, fundamentalmente, por los principios generales del derecho.

Es así como los principios generales del derecho operan como garantías que impiden el abuso de las potestades discrecionales por la Administración, pues si aquellos son la causa o base del ordenamiento jurídico, no puede concebirse que el ejercicio de los poderes discrecionales pudiera llegar a controvertirlos. Por este motivo, los jueces o funcionarios públicos deben siempre confrontar la norma que habilita la potestad discrecional y su desencadenamiento con los principios generales del derecho.

De otra parte, si el poder discrecional constituye un caso de remisión legal, la respectiva facultad no puede fundarse en las lagunas del ordenamiento positivo[156], aunque para habilitar la actuación de un órgano este pueda basarse en un principio general del derecho como el principio de especialidad o los que

---

[152] García de Enterría – Fernández, *Curso de derecho administrativo*, t. i, Madrid, Civitas, 1977, pág. 269; Rafael Bielsa, *Derecho administrativo*, t. ii, 6ª ed., Buenos Aires, La Ley, 1964, pág. 6.

[153] Conf. Fernando Sáinz Moreno, *Conceptos jurídicos, interpretación y discrecionalidad administrativa*, Madrid, Civitas, 1976, pág. 347.

[154] Así lo sostiene Marienhoff, *Tratado de derecho administrativo*, cit., t. ii, pág. 422.

[155] García de Enterría – Fernández, *Curso de derecho administrativo*, cit., t. ii, pág. 268.

[156] Manuel Francisco Clavero Arévalo, "La doctrina de los principios generales del derecho", *Revista de la Administración Pública*, núm. 44, págs. 88 y ss., especialmente pág. 91. En el ejercicio del poder discrecional, no existe relación entre el contenido del acto y los principios generales del derecho al revés de lo que parece insinuar Clavero (*op. cit.,* pág. 92).

informan el dominio público. Tal es lo que acontece con el principio general de la autotutela en materia del dominio público, que no precisa de norma positiva para su vigencia como lo ha reconocido la doctrina[157] y la jurisprudencia de nuestros tribunales[158] aparte de que esta potestad es, por su propia naturaleza, esencialmente discrecional (aun cuando deba ejercerse por órgano competente, hallarse ajustada a una finalidad de interés público y cumplirse con todos los requisitos, sustanciales y formales que consagra el ordenamiento).

---

[157] MARIENHOFF, *Tratado del dominio público*, cit., págs. 271 y ss.; BIELSA, *Derecho administrativo*, cit., t. III, pág. 491; DE LAUBADÈRE, *Traité de droit administratif*, t. II, pág. 175; DIEZ, *Derecho administrativo*, t. II, págs. 441 y ss.; JUAN CARLOS CASSAGNE, *El acto administrativo*, 2ª ed., reimp., Buenos Aires, Abeledo Perrot, 1981, pág. 343 y en *La ejecutoriedad...*, cit., pág. 98.

[158] Diversos tribunales aceptaron la autotutela respecto de los bienes del dominio público: Cámara Federal de La Plata, -Sala II, *in re*, *Hijos de Isidoro Gorillo S. A.*, publicado en La Ley, t. 119, pág. 242, Cámara Nacional Criminal y Correccional de la Capital Federal –caso "Mariscal, Luis M. J.", en La Ley, t. 107, pág. 256.

CAPÍTULO III

EL PRINCIPIO DE SEPARACIÓN DE PODERES

1. ACERCA DEL ORIGEN DE LA DOCTRINA DE LA SEPARACIÓN DE PODERES:
LAS CARACTERÍSTICAS PRINCIPALES QUE ENTRAÑA LA CONCEPCIÓN
POLÍTICA DE MONTESQUIEU

La unidad del poder estatal no fue mayormente debatida en el campo de la filosofía política ni en el de la dogmática constitucional. En la Edad Moderna apareció en Francia un libro destinado a marcar más tarde el rumbo a todos los Estados democráticos de Europa y América, no obstante que su interpretación y consecuente aplicación en la dogmática constitucional no haya sido siempre la misma por el peso de las singularidades de cada país (historia, tradiciones, ideologías políticas, etc.).

La influencia de ese libro, que lleva por título *El espíritu de las leyes*, publicado en 1748 por CHARLES-LOUIS DE SECONDAT, barón de la Brède y de Montesquieu, sigue gravitando aún sobre los Estados modernos, si bien con las adaptaciones que va imponiendo la realidad política y social. Como se verá más adelante, la gravitación de la teoría de la separación de poderes no se ciñe al derecho constitucional sino que al abordar la cuestión de las funciones estatales y las relaciones entre la Administración (o el gobierno, según la terminología europea) y los otros poderes, se configura como uno de los principios fundamentales del derecho administrativo contemporáneo. Hasta podría decirse que, junto al principio de la supremacía constitucional, constituye uno de los grandes principios del derecho público (constitucional y administrativo).

La teoría de la separación de los poderes ha sido objeto de múltiples y variados desarrollos volcados en medulosos estudios e investigaciones, tanto en el derecho comparado como en nuestro país[1], y la mayor parte de sus autores han coincidido en afirmar que su paternidad corresponde a MONTESQUIEU[2], sin por ello negar las influencias de otros que la abordaron como LOCKE. Lo cierto

---

[1] JORGE TRISTÁN BOSCH, *Ensayo de interpretación de la doctrina de la separación de los poderes*, Buenos Aires, Universidad de Buenos Aires, Facultad de Derecho y Ciencias Sociales, 1944, págs. 35 y ss.

[2] RAFAEL BIELSA, en el "Prólogo" a la obra de BOSCH, *Ensayo...*, cit., pág. 9. Algunos han atribuido la paternidad de la teoría de la separación de poderes a LOCKE pero este no concibió al poder judicial como un órgano separado e independiente.

es que la originalidad de su concepción (sobre todo en lo concerniente al equilibrio entre los órganos que ejercen las funciones administrativas y legislativas con el órgano judicial) no puede ponerse en duda.

Sin analizar la totalidad del pensamiento expuesto por Montesquieu en distintos capítulos de dicha obra y en las *Lettres persanes* o en las *Considérations sur les causes de la grandeur des Romains et de leur décadence*[3], algunos han limitado el examen al Capítulo VI del Título XI, referido a la Constitución de Inglaterra.

Para desentrañar el pensamiento de Montesquieu sobre la separación de los poderes, cabe advertir que el escaso desarrollo de los conceptos utilizados por la ciencia política de la época provocó una serie de confusiones, muchas de las cuales han llegado hasta la actualidad, acerca de los conceptos de poder, órgano y función cuyo correcto sentido abordaremos en el punto siguiente. En realidad, más que la confusión conceptual que suele atribuirse a Montesquieu en *El espíritu de las leyes*, parece más lógico sostener que se trata de polisemias propias de la época. Sin embargo, si se reemplaza en cada lugar de la obra el término según el sentido técnico actual es posible descubrir la trama de la verdadera doctrina que expone, aunque muchas veces los conceptos aparecen entrelazados (v. gr. poder y función). De alguna manera, continúan utilizándose, aún hoy, por comodidad del lenguaje, los distintos conceptos que emplea Montesquieu sobre el poder.

Esta trama ha sido desenvuelta en forma notable por Jorge Tristán Bosch, piedra de toque de nuestra vocación por el derecho administrativo, a quien seguimos en la parte medular de sus opiniones sobre dicha teoría y las funciones del Estado[4].

¿Cuáles fueron las dos ideas que guiaron al constructor de la teoría de la separación de los poderes? Bielsa, en el "Prólogo" a la obra de su discípulo Bosch, lo explica con claridad meridiana al recordar que las ideas dominantes en la concepción de Montesquieu eran la prevención y defensa de la libertad natural del hombre para protegerlo "contra el despotismo de la autoridad"[5].

Si todo hombre que ostenta el poder está tentado a abusar de él (como pensaba de un modo realista Montesquieu siguiendo a David Hume)[6] es necesario que el poder encuentre sus límites y la fórmula más adecuada para ello es *le pouvoir arrête le pouvoir*. Esta fórmula significa que "la solución del problema que plantea el posible abuso de poder se encuentra [...]" en separar el

---

[3] Bosch, *Ensayo...*, cit., págs. 35-37, cuyo riguroso trabajo efectuado en 1941 en el Seminario dirigido por el Profesor Bielsa constituye uno de los más completos efectuados sobre la doctrina comparada.

[4] Véase: Bosch, *Ensayo...*, cit., págs. 45 y ss.

[5] Bielsa, en el "Prólogo" a la obra de Bosch, *Ensayo...*, cit., pág. 10.

[6] Bosch, *Ensayo...*, cit., pág. 50.

poder y lograr que las partes separadas "de ese poder se detengan entre sí, recíprocamente"[7].

Resulta indudable que ese freno recíproco conduce al equilibrio entre los distintos poderes del Estado[8], el cual se logra "distribuyendo las funciones estatales entre diferentes órganos, constituidos por personas en principio distintas, de manera tal que ninguno de ellos pueda imponer su voluntad a los otros ni quede sometido a una voluntad ajena a la propia. No se trata —agrega Bosch— de que los órganos estén aislados; por el contario, es preciso que puedan detenerse entre sí y nada obsta a que entre ellos se entablen relaciones de recíproca colaboración"[9].

En prieta síntesis, puede afirmarse que la doctrina de la separación de los poderes constituye uno de los pilares centrales del edificio constitucional que implica varios elementos que deben funcionar en forma armónica y equilibrada para que se realice el Estado de derecho. Además de consagrar el sometimiento de la Administración a la ley y al derecho (legalidad y justicia) supone una partición de funciones en órganos separados e independientes con especialización funcional relativa y poderes limitados. La separación es tanto orgánica como de las personas[10] y, en nuestro sistema, no es absoluta[11] siendo, en suma, una separación relativa de poderes limitados y coordinados entre sí[12].

A partir de esas premisas es posible concluir que el llamado régimen de la separación de poderes comprende no solo la partición del poder del Estado en funciones especializadas adjudicadas en forma predominante a cada órgano conforme a un criterio material[13] sino el cumplimiento de su finalidad básica que radica en consagrar un recíproco freno de atribuciones para evitar el despotismo[14] en beneficio de las libertades.

---

[7] Bosch, *Ensayo...*, cit., pág. 42. Para una mejor comprensión del pensamiento de Bosch utilizamos el término "separación o separar" en vez de "división o dividir".

[8] Germán J. Bidart Campos, *Derecho constitucional*, t. i, Buenos Aires, Ediar, 1968, págs. 698 y 703, nota 31.

[9] Jorge Tristán Bosch, *¿Tribunales judiciales o tribunales administrativos para juzgar a la Administración Pública?*, Buenos Aires, Zavalía, 1951, pág. 37.

[10] Maurice J C. Vile, *Constitucionalismo y separación de los poderes*, trad. del inglés, Madrid, Centro de Estudios Políticos y Constitucionales, 2007, págs. 17-18.

[11] Roberto Enrique Luqui, *Revisión judicial de la actividad administrativa*, t. i, Buenos Aires, Astrea, 2005, pág. 49.

[12] José Manuel Estrada, *Curso de derecho constitucional*, t. ii, Buenos Aires, Sudamericana de Billetes de Banco, 1902, págs. 37 y ss., especialmente pág. 52.

[13] Cassagne, *Curso de derecho administrativo*, t. i, 10ª ed., Buenos Aires, La Ley, 2011, págs. 32 y ss. Un antecedente valioso de esta interpretación constitucional se encuentra en Estrada, *Curso de derecho constitucional*, cit., t. ii, págs. 45-52.

[14] Se ha dicho que "es necesario dejar bien establecido, desde un principio, que la doctrina de la separación de los poderes consiste realmente en lo que su nombre indica; vale decir, que

En definitiva, aunque el principio de la separación de poderes ha sido recogido en la Constitución (escrita o no, rígida o flexible) de todos los Estados[15], sus dos consecuencias primordiales que son la independencia orgánica y la especialización nunca se han interpretado y aplicado en forma absoluta[16]. Esta interpretación se ha considerado demasiado simplista y elemental y no tiene en cuenta la complejidad de la estructura y funciones existentes en el Estado moderno, en el que aparecen además, como más adelante veremos, nuevos órganos y entes estatales dotados de independencia funcional.

---

consiste en sostener que la mayor garantía de la libertad está dada en un Estado donde, en vez de existir un solo *poder*, existen varios, que oponiéndose entre sí, se moderan recíprocamente, lo cual impide el abuso de cualquiera de ellos. Generalmente, cuando hemos abordado como estudiantes el examen de esta teoría, se nos ha enseñado que la misma consiste en que las *funciones* legislativa, ejecutiva y judicial se hallen distribuidas en *órganos* diferentes, independientes entre sí. No se puede sostener que esta definición simplista sea totalmente falsa; pero sí cabe señalar que la misma abre las puertas al error; estereotipada en la mente del que emprende una investigación más profunda sobre la teoría de Montesquieu, impide ver claro y desentrañar el sentido íntimo de la misma; es preciso, por último, desembarazarse de ella para seguir adelante. En efecto, esa tan divulgada definición se refiere a una cuestión de segundo plano (el de las funciones y los órganos), anteponiéndola a la fundamental (la de los poderes); no se ha dejado de recordarnos la fórmula célebre *il faut que le pouvoir...*, pero dando como evidente la existencia de varios poderes y su contraposición, sin ahondar en su contenido, sin pensar su significado, expresándolo todo en el lenguaje más concreto de las funciones y de los órganos. Hemos calificado de simplista la noción antes aludida; tendremos oportunidad de comprobar que esa especialización funcional que pretende (uno dicta la ley, otro la ejecuta, un tercero la aplica) es, en sus efectos, totalmente contraria al fin que se persigue: la libertad política. En resumen, y esto se irá reafirmando en las páginas que siguen, conviene advertir desde el comienzo que lo esencial aquí es la existencia de más de un poder dentro del Estado y de la posibilidad de detención recíproca. La cuestión funcional (clasificación de las funciones estatales, número de las mismas), vinculada a la estructuración de los órganos del Estado, es de segundo plano; pertenece al campo de la realización del principio de separación de poderes; pero no debe confundirse con el principio mismo; no es posible admitir que la definición del principio sea sustituida por la descripción del sistema que lo realiza, y menos aún si la descripción, por simplista, es falsa. Agréguese a esto la posibilidad de realizar el principio de muy diversas maneras (vale decir, de proveer a su aplicación distinguiendo y distribuyendo las funciones estatales en varias formas distintas), y ya no quedará duda alguna de la razón que nos asiste al rechazar una definición del mismo que alude a una determinada —y no única— forma de realización (ver *ibid.*, párr. 61 y sus notas)", Bosch, *Ensayo...*, cit., pág. 43, nota 16 bis.

[15] Paolo Biscaretti di Ruffia, *Derecho constitucional comparado*, Madrid, Tecnos, 1987, pág. 208.

[16] Bosch, *Ensayo...*, cit., págs. 68 y ss.

2. La separación de poderes y el Estado de derecho. La evolución
del Estado de derecho. El Estado subsidiario. Populismo y Estado

La concreción constitucional del principio de la separación de los poderes
aparece en el mundo occidental en las primeras cartas y declaraciones del
constitucionalismo moderno. En el derecho norteamericano, en la Constitución
de Filadelfia de 1787, y en el derecho francés en la Declaración de Derechos
del Hombre y del Ciudadano[17], y puede decirse que, en forma deliberada o
inconsciente, ella gravitó en la formulación de una categoría fundamental del
Estado moderno.

La categorización del Estado de Derecho fue utilizada por Robert von Mohl
para oponerla al sistema del absolutismo monárquico vigente en el siglo xviii
y en los anteriores, basado en el "Estado policía"[18], período en el que los
gobernantes se hallaban desligados de la obediencia a las normas jurídicas.

Sin embargo, tal afirmación, reiterada en la mayoría de las principales
obras del derecho constitucional argentino y comparado sería errónea, como
se desprende del lúcido trabajo de Martín Laclau, que no solo esclarece los
conceptos sino que apunta a desentrañar la filiación filosófica de las distintas
teorizaciones habidas en Alemania acerca del Estado de derecho (algo indispensable para captar el significado teórico e incluso el sentido práctico de
cada una de ellas).

Al respecto, señala que "parece ser que quien primero emplea el término
Rechtsstaat es Johann Wilhelm Placidus" en un libro aparecido en Estrasburgo en 1798, al concebir un modelo de Estado basado en los principios
jurídicos de la libertad y de la igualdad con el objeto de dar completa validez
a las pretensiones del derecho natural[19]. Resulta innegable el influjo kantiano
en dicha concepción y en los juristas que le precedieron (v. gr. Laband) que
consideraban al derecho "como el conjunto de las condiciones por medio de
las cuales el arbitrio de un individuo puede acordarse con el arbitrio de otro
según una ley universal de libertad [...]"[20].

A partir de allí, si bien derecho y libertad se presentan como dos nociones
inseparables, se abren en Alemania dos direcciones distintas sobre el Estado

---

[17] El art. 15 de la DUDH prescribe: "Toda sociedad en la cual la garantía de los derechos
no esté asegurada, ni determinada la separación de poderes, carece de Constitución".

[18] Georges Vedel et Pierre Delvolvé (*Droit administratif*, t. ii, 12ème éd., Paris, PUF, 1992)
apuntan que los antiguos autores oponían el "Estado policía" al "Estado de derecho" donde
el poder no puede actuar más que según las reglas que se le imponen (*op. cit.*, pág. 247). La
distinción hoy día solo reviste interés histórico dada la aparición del "Estado de Derecho" en
la mayor parte de los sistemas comparados de Europa y América. No obstante, algunos autores profundizan la distinción a efectos comparativos, cosa que nos parece sobreabundante
hacer en la actualidad.

[19] Martín Laclau, *Soberanía y Estado de derecho*, Buenos Aires, Astrea, 2014, pág. 76.

[20] Ibídem, pág. 77.

de derecho. Mientras la primera, representada por Rotteck y Welcker puede calificarse de iusnaturalista en el sentido que reconoce la existencia de derechos inalienables del hombre fuera del Estado; la otra corriente —que influyó decisivamente en la evolución posterior— adopta la tesis central del positivismo jurídico al propugnar que como todo el derecho es producto de la creencia estatal los derechos pertenecen a los ciudadanos de cada Estado determinado y que no es posible, por tanto, que existan derechos fuera del Estado. Esta es la doctrina de von Mohl que tanto gravitó en el desarrollo posterior del positivismo constitucional[21] cuyas raíces liberales terminaron siendo cortadas con las tesis de Laband (que postuló el reemplazo del derecho subjetivo por el derecho objetivo, algo similar a lo que hizo Duguit) y finalmente Jellinek, que con su teoría de la autolimitación solo reconocía los derechos de las personas dentro de los límites que establece el poder estatal.

En todas las concepciones positivistas, que luego perfeccionó Kelsen, la ley positiva es el eje del sistema jurídico del Estado de derecho y el principio democrático se apoya en la separación de poderes, fundamentalmente en la independencia del poder judicial. Es común a ellas la pretensión de purificar el derecho mediante la depuración del derecho natural al que consideran algo metafísico y extraño al derecho, al igual que la moral.

En cuanto al contenido del modelo que configura el Estado de derecho participa de la condición de categoría histórica que cabe atribuir a las principales instituciones del derecho público[22] y tiene, por tanto, carácter evolutivo[23]. En tal sentido, el modelo parte de una concepción formal basada en la protección de la libertad y demás derechos individuales para asumir en la segunda parte del siglo xix un contenido material que se proyecta en la realización efectiva de los derechos fundamentales o humanos, como se verá más adelante, y aunque las versiones clásicas del Estado de derecho encierran concepciones personalistas[24] que, en definitiva, procuran la protección del hombre, la filosofía que las preside no es la misma ya que mientras las teorías de raíz kantiana propugnan que el hombre es un fin en sí mismo, para las de origen cristiano representadas por el pensamiento que fluye de las Encíclicas Papales, el fin último está en Dios[25], es decir, es un fin sobrenatural que trasciende al ser humano aunque, al propio tiempo, esté presente en él[26].

---

[21] *Ibidem*, págs. 76-81.

[22] Cassagne, *Curso...*, cit., t. I, págs. 58 y 62.

[23] Laclau, *Soberanía...*, cit., pág. 96.

[24] Carlos José Laplacette, "Control de constitucionalidad de oficio y Estado constitucional de derecho", La Ley, diario del 27/10/2011, pág. 1.

[25] Especialmente en la Encíclica *Veritatis Splendor*, de Juan Pablo II, se alude al fin último del hombre: VS.72a y 73 b.

[26] En cambio, el eje de la filosofía kantiana se halla en que siendo el hombre un fin en sí mismo tiene plena autonomía personal y libertad sin otras limitaciones que las fijadas por

Sin profundizar sobre el curso de la evolución puede decirse que el actual "Estado de derecho" se nutre de un conjunto de principios generales que integran lo que podría llamarse —parafraseando a HAURIOU— el bloque de constitucionalidad de los respectivos sistemas jurídicos en los que, no obstante sus diversidades, existe una cierta unidad en torno a las notas comunes que lo caracterizan, sin perjuicio de los subprincipios que derivan de la noción básica.

Entre esas notas del Estado de derecho sobresalen: a) la afirmación de la separación de poderes en órganos estatales distintos y su consecuente limitación recíproca; b) el reconocimiento de los derechos de las personas exigibles frente al poder público con las correspondientes garantías; c) la vinculación positiva de la Administración al principio de legalidad (comprensivo de la legalidad en sentido estricto y de la razonabilidad o justicia)[27], y d) el funcionamiento efectivo de un control judicial independiente e imparcial, exigencia esta última que se extiende a los entes o autoridades regulatorias independientes.

En este último sentido resulta del caso destacar que la Ley Fundamental de Bonn prescribe que el poder ejecutivo y los tribunales están vinculados a la ley y al derecho (art. 20, párr. 3) mientras que la Constitución española se ubica también en similar dirección al establecer que "la Administración Pública sirve con objetividad los intereses generales y actúa [...] con sometimiento pleno a la ley y al Derecho"[28]. Ambos preceptos reflejan, sin duda, una tendencia ya insinuada por el Consejo de Estado francés al reconocer que los principios generales del derecho son fuente del ordenamiento, que concreta el abandono del positivismo legalista[29], particularmente de origen kelseniano.

En efecto, para KELSEN el sistema era otro. La principal diferencia radicaba en la pretensión kelseniana de identificar al Estado con el derecho y sostener que este es solo un producto normativo de los órganos estatales. Como es sabido, el eje del positivismo kelseniano (también del administrativista MERKL) se apoya en una construcción que concibe al ordenamiento normativo como una pirámide (en la que la validez de la norma inferior está dada por su adecuación y subordinación a la norma superior), considerando que las normas son juicios hipotéticos (esta afirmación fue finalmente desterrada de su teoría

---

las leyes. No obstante, siendo concepciones opuestas, ambas coinciden en la defensa de las libertades del hombre, aunque la Iglesia Católica no concibe la libertad fuera de la verdad y de la moral, que relaciona la libertad con el bien auténtico que es el fin último del hombre.

[27] GARCÍA DE ENTERRÍA – FERNÁNDEZ, *Curso de derecho administrativo*, t. I, 13ª ed., Madrid, Thomson-Civitas, 2006, págs. 444 y ss. Señalan la coincidencia entre la fórmula de la Constitución alemana (art. 20, párr. 3 de la Ley Fundamental de Bonn) y la española (art. 103.1).

[28] Art. 103.1 de la CE.

[29] GARCÍA DE ENTERRÍA – FERNÁNDEZ, *Curso...*, cit., t. I, pág. 445.

en los últimos trabajos)[30] y que las sentencias de los jueces constituyen normas individuales que crean derecho[31].

En definitiva, la identificación kelseniana entre Estado y derecho es la expresión del postulado que sustenta que todo poder es un poder jurídico lo que equivale a decir que "toda forma histórica de Estado es un Estado de derecho"[32], algo que hoy día (sin necesidad de remontarse al absolutismo pues basta con recordar lo ocurrido bajo la dictadura nazi y fascista) nadie se atrevería a compartir y sostener por el solo temor de ser calificado como totalitario[33].

Ahora bien, el Estado de derecho encierra, en sí mismo, algunos valores de carácter político-social como la democracia, el humanismo personalista y la tolerancia[34] que forman parte de su acervo natural los cuales, por vía de diversos principios y normas, resultan derechos exigibles ante el poder de turno.

Al propio tiempo, el Estado de derecho se integra por una serie de principios garantísticos de los derechos de los ciudadanos al frente de los cuales se encuentra el principio de la dignidad de la persona, siguiendo con los principios *pro homine, pro libertate* y *pro actione* junto a los que atañen a la tutela judicial y administrativa efectiva, responsabilidad del Estado y de los funcionarios, entre otros[35].

Se ha debatido, quizás demasiado, si cabe identificar al Estado de derecho con el Estado liberal (algunos agregan la connotación ideológica de burgués) y si no corresponde hablar más bien de Estado de bienestar o de Estado social de derecho para incorporar las transformaciones que ha habido en el campo de las políticas sociales y económicas seguidas en la mayor parte de los países en el siglo pasado[36].

Ante todo, calificar al Estado de derecho de liberal o burgués encierra un prejuicio político que no responde a la realidad ya que, durante ese período,

---

[30] Hans Kelsen, *Derogación* y *Derecho y Lógica*, traducidos al castellano por el Instituto de Investigaciones Jurídicas de la Universidad Nacional Autónoma de México, publicados en el *Boletín Mexicano de Derecho Comparado*, núm. 21, México, 1974, págs. 258 y ss.

[31] Véase: Goldschmidt, *Introducción filosófica al derecho*, 4ª ed., Buenos Aires, Depalma, 1974, págs. 28-29.

[32] García de Enterría – Fernández, *Curso...*, cit., t. i, pág. 437.

[33] El abandono de las tesis centrales de Kelsen tiene que ver con lo que decimos en el texto.

[34] Vid: Goldschmidt, *Introducción filosófica...*, cit., págs. 439 y ss.

[35] Roberto Gargarella ("El contenido igualitario del constitucionalismo", en *Teoría y crítica del derecho constitucional*, t. i, Buenos Aires, Abeledo Perrot, 2010, págs. 17-18, desde una visión progresista igualitaria [no populista]) reconoce el servicio que ha prestado el constitucionalismo individualista a la causa de la libertad y haber sido una barrera contra el autoritarismo.

[36] Véase: Gordillo, *Tratado de derecho administrativo*, t. i, 5ª ed., Buenos Aires, FDA, 1998, págs. III-38 y ss.

hubo muchos países que utilizaron fórmulas mixtas que incluían un grado de intervencionismo y de socialización de la economía compatible con los postulados del Estado de derecho. Así, para conjurar la crisis de 1929, tanto Estados Unidos (donde se acuñó la fórmula *Welfare Estate*) bajo la presidencia de Roosevelt, como en Brasil y Argentina[37], en la década del treinta del siglo pasado, fueron países que acudieron a políticas intervencionistas sin modificar, por esa dirección de su política, el sistema de garantías propio del Estado de derecho.

La crisis del Estado benefactor ha develado la incógnita pues la vuelta a otra política estatal, caracterizada por el abandono creciente del intervencionismo (principalmente del Estado empresario), la defensa de la competencia y los principios de la economía de mercado hacia finales del siglo en prácticamente la mayoría del mundo europeo y americano, lo que muestra bien a las claras que el Estado de derecho, con sus bases esenciales, se ha mantenido inconmovible a pesar de las transformaciones y poco o nada es lo que ha cambiado de su estructura fundamental[38].

Tampoco resulta totalmente correcto hablar de Estado constitucional de derecho ya que es una categoría, en cierto modo, redundante, cuya formulación representa una *contradictio* habida cuenta que no se concibe un Estado de derecho contrario a la Constitución ni, en nuestros países americanos, jamás se ha desconocido el principio de supremacía de la Constitución, tomado de la Carta Magna de Estados Unidos de América.

En rigor, con dicha expresión se pretende estratificar de un modo definitivo los principios y criterios de interpretación que propicia el llamado neoconstitucionalismo, no pudiéndose estimar a ciencia cierta cómo evolucionará en el futuro este movimiento jurídico que, además, alberga visiones opuestas sobre la naturaleza del derecho y sus fines.

El Estado de derecho implica la adopción de una forma única que no es susceptible de confundirse con las distintas formas del populismo democrático ya que, pese a la orientación política que le impriman los gobiernos de turno,

---

[37] ALBERTO B. BIANCHI, *La regulación económica*, Buenos Aires, Ábaco, 2001, págs. 205 y ss.

[38] Véase: LUCIANO PAREJO ALFONSO (*Lecciones de derecho administrativo*, Valencia, Tirant lo Blanch, 2007, págs. 34 y ss.) analiza las notas definitorias de la situación actual, recogiendo la opinión de SCHMIDT-ASMANN en cuanto señala que la crisis del Estado social (en su forma de Estado de bienestar) se proyecta sobre la Administración básicamente en tres formas: "1) la reducción de los medios personales, económicos y materiales disponibles y, paralelamente, la exigencia de productividad, economía y celeridad; 2) el replanteamiento crítico del número y características de las funciones y cometidos de la Administración, y 3) el cuestionamiento del concepto básico de dirección de la sociedad, que hasta ahora se reconocía sin problemas a favor del Estado y de la Administración, por entender que las técnicas administrativas clásicas (orden, prohibición, etc.) son insuficientes y emergen técnicas de actuación administrativa de carácter 'informal' o 'cooperativo'" (*op. cit.*, pág. 36).

con independencia del tipo que rija en el plano de la experiencia de cada país (representativa, participativa o delegativa) de acuerdo con las circunstancias reales que la conforman, dichos regímenes suelen no respetar sus postulados esenciales.

Hace tiempo que venimos propugnando —para la definición política del Estado— el empleo de la fórmula Estado subsidiario[39], que resulta plenamente compatible con los axiomas del sistema jurídico comúnmente denominado "Estado de derecho", cuya utilización con tal objeto, es decir, como sistema jurídico constitucional, hemos seguido sustentando, en línea con un sector de la doctrina española[40].

El principio de subsidiariedad —que está en la raíz de ese tipo de Estado[41]— tiene la ventaja sobre los esquemas intervencionistas del pasado, que fomenta la iniciativa individual y colectiva, sin limitar la intervención del Estado como gestor económico ante la insuficiencia de los particulares o el estado de necesidad que justifica una emergencia económica.

El Estado subsidiario condensa y combina las funciones de regulador y garante[42] con la de promotor de la actividad económica y gestor de prestaciones sociales básicas, en términos razonables en cuanto a las disponibilidades presupuestarias y las políticas fiscal y tributaria y el éxito del accionar de la Administración depende de la colaboración de los ciudadanos[43] y empresas[44].

Una deformación del Estado subsidiario es el denominado Estado populista, de vigencia actual en Venezuela y en menor medida en Argentina y Bolivia, los cuales se apartan del modelo de economía de mercado para adoptar un intervencionismo gradual que finalmente conduce a la estatización de toda la economía con la finalidad de eliminar las desigualdades naturales de los sectores sociales, suprimir o rebajar la independencia del poder judicial,

---

[39] Vid nuestro *Curso de derecho administrativo*, t. I, 10ª ed., Buenos Aires, La Ley, 2011, págs. 25-28 y Gustavo D. Spacarotel, "Aplicación del régimen de contratos administrativos a los contratos celebrados por los concesionarios de servicios públicos", en *Cuestiones de derecho administrativo*, Jornadas de la Universidad Austral, Buenos Aires, Rap, 2007, pág. 182.

[40] García de Enterría – Fernández, *Curso...*, cit., t. I, págs. 437 y ss.

[41] Carlos E. Guariglia, *El reto de la responsabilidad. Misión y visión del Estado contemporáneo*, Montevideo, Polo, 2003, págs. 105-115.

[42] Santiago Muñoz Machado, *Tratado de derecho administrativo y público general*, t. IV, Madrid, Iustel, 2011, págs. 497 y ss.

[43] Parejo Alfonso (*Lecciones...*, cit., pág. 40) hace un buen análisis de la evolución de las prestaciones sociales en relación con la crisis del Estado social, concluyendo que ello no impedirá que la Administración continúe haciéndose cargo de esas prestaciones. La función del mercado, en cualquier caso, será financiarlas.

[44] Muñoz Machado, *Tratado de derecho administrativo y público general,* t. I, 2ª ed., Madrid, Iustel, 2006, págs. 1021 y ss.

sustituyendo la soberanía nacional por una supuesta soberanía popular que aprueba las decisiones de un líder carismático que suele apoyar su poder en una política distributiva de ingresos y de subsidios a los productos de primera necesidad y servicios públicos.

Este modelo en el que se mezcla una dosis máxima de confrontación social y de eliminación del humanismo y la tolerancia está destinado al fracaso y al aumento de los déficits estatales porque es evidente que se desalienta la inversión, el ahorro y la capacidad creativa de los empresarios.

La salida no está, desde luego, en practicar a ultranza las recetas de un capitalismo salvaje como el que nos ha llevado a la última crisis financiera mundial sino en la justa armonía de todos los intereses en juego y en la necesaria regulación del mercado financiero que, lejos de servir a la inversión, está más preocupado por obtener grandes ganancias mediante la creación, sin límites, de moneda artificial lo que, ante cualquier proceso de desaceleración de la economía, produce una crisis en cadena en las empresas que se han financiado por encima de su capacidad para tomar crédito.

3. LA FINALIDAD BÁSICA DE LA TEORÍA DE LA SEPARACIÓN DE LOS PODERES

El equilibrio de poderes que se logra contrastando el poder de cada órgano con el poder de otro mediante un sistema de frenos y contrapesos basado en la independencia y especialización de las funciones estatales (nunca de un modo absoluto), persigue como finalidad esencial garantizar la libertad de los ciudadanos y evitar el despotismo.

Y si bien el objeto de la teoría de MONTESQUIEU parece concentrarse en el abordaje de la separación (mejor dicho, distribución) de las funciones del Estado y en los controles recíprocos que deben operar entre los diferentes órganos que lo componen, el verdadero centro de la concepción radica en la protección de las libertades, en línea con lo que modernamente se engloba en el conjunto de derechos y principios que protegen la dignidad de la persona humana.

En tal sentido, la teoría de la separación bien puede enrolarse en la concepción básica o punto de partida, de la defensa de los derechos humanos. Pues, aún cuando no se ocupe de los medios instrumentales para hacerlos efectivos ni de otros elementos interpretativos (ej. prevalencia y operatividad de los principios generales) sienta las bases para el futuro desarrollo teórico y práctico del llamado neoconstitucionalismo que no puede prescindir de sus postulados esenciales.

En efecto, hay que advertir, al respecto, que el pensamiento de MONTESQUIEU se encontraba más orientado a la protección de la libertad[45] que al imperio de la ley positiva.

---

[45] LÉON DUGUIT, *Traité de droit constitutionnel*, Paris, Broccard, 1923, pág. 23.

Para el gran bordelés, la libertad no radica en la voluntad del hombre (como lo sostuvo Rousseau) pues no consiste en hacer lo que uno quiere sino "en poder hacer lo que se debe querer y no estar obligado a hacer lo que no se debe querer [...] la libertad —continúa— es el derecho de hacer todo lo que las leyes permiten"[46].

En la concepción de Montesquieu, la preservación de la libertad se presenta como el principio fundamental del sistema político que hace al equilibrio del poder y a la necesidad de evitar el abuso de este último. Por eso sostiene que una Constitución sólo "puede ser tal que nadie esté obligado a hacer las cosas no preceptuadas por la ley y a no hacer las permitidas"[47].

Al recibir la Declaración de Derechos de 1789 también la influencia de Rousseau, su concepción política, como también la de la Constitución francesa de 1791, se torna muchas veces contradictoria. Puede decirse que la teoría *rousseauniana* fue la causa, en el plano histórico-filosófico, de los excesos en que incurrieron los revolucionarios al apartarse del modelo de la separación de poderes de Montesquieu y basarse en la primacía absoluta de la ley positiva emanada de la Asamblea y en la radicación de la soberanía en la Nación (la cual, según Sièyes, solo encarnaba el Tercer Estado).

Pero, en el aspecto relativo a la protección de la libertad, prevaleció, en la dogmática constitucional francesa, la tesis de Montesquieu quien, por lo demás, tenía un concepto de ley que rechazaba tanto la idea de que esta fuera el producto de una voluntad general soberana e infalible como las concepciones absolutistas fundadas en el origen divino del poder. Estas teorías contradecían la filosofía política de la neoescolástica, particularmente la obra de Suárez, quien basaba la legitimidad del gobernante no en la soberanía de la Nación sino en el consentimiento del pueblo, origen del principio de la soberanía del pueblo que más tarde adoptaron la Constitución norteamericana y la nuestra (expresamente en su art. 33).

En efecto, en la primera parte de su obra, luego de afirmar que "las leyes, en su más amplia significación, son las relaciones necesarias que se derivan de la naturaleza de las cosas" (Libro I, Cap. I), se refiere tanto a la ley natural (puntualizando algunos principios que hoy día son considerados principios de justicia o de derecho natural, según la concepción que se adopte) como a la ley positiva, en varios pasajes de su obra. Puntualiza precisamente que, "decir que solo lo que ordenan o prohíben las leyes positivas es como decir que antes de que se trazara círculo alguno no eran iguales todos sus radios"[48] y tal fue, en líneas generales, la filosofía en que se basó Alberdi al redactar el Proyecto que sirvió de base para la Constitución de 1853[49].

---

[46] Montesquieu, *El espíritu de las leyes*, Libro XI, Cap. III.

[47] Montesquieu, *El espíritu de las leyes*, cit., Libro XI, Cap. IV.

[48] Montesquieu, *El espíritu de las leyes*, cit., Libro XI, Cap. II.

[49] Alberdi recibió la influencia de Montesquieu al redactar las *Bases* y el Proyecto que sirvió de fuente a la Constitución de 1853. Sostiene Alberdi que "es una especie de sacrilegio

Esos antecedentes tienen, pues, una importancia capital para desentrañar el correcto sentido que corresponde atribuir al artículo 19 de la Constitución en el que el concepto de ley ha de interpretarse o integrarse combinando, según las circunstancias, la ley positiva con la ley natural o la justicia. Al respecto, cabe advertir que el Preámbulo de nuestra Constitución, si bien es casi similar al de la Constitución norteamericana, a diferencia de este, contempla el objetivo de afianzar la justicia, "como valor, la justicia como fin" como apunta VANOSSI[50], con un sentido que coadyuva y refuerza la posición institucional del juez argentino para controlar la arbitrariedad administrativa que, en una de sus principales acepciones, es todo acto contrario a la razonabilidad o justicia.

Conforme a la hermenéutica histórico-filosófica descrita, para que la norma cobre sentido razonable dentro del contexto constitucional, resulta evidente que si nadie está obligado a hacer lo que la ley o el derecho no mandan, la Administración no puede ordenar conductas contrarias a la ley ni al derecho ni privar de lo que la ley (en sentido amplio) no prohíbe. En otros términos, al estar la Administración sujeta a la ley y al derecho, el precepto contiene la regla de la prohibición de arbitrariedad que se configura así como un principio general de derecho público que tiene fundamento en otras normas constitucionales que completan la regla contenida en el artículo 19 de la Constitución Nacional[51].

La preocupación de MONTESQUIEU por evitar el despotismo constituye otro de los objetivos centrales de la teoría ya que si la dignidad humana puede afectarse en sistemas de poderes separados o independientes prácticamente carece de toda protección en los gobiernos despóticos, donde la ley, su aplicación y el juzgamiento de las causas civiles, penales y administrativas sean el producto de la voluntad y acción de una sola persona (o de un grupo reducido).

---

definir la ley, la voluntad general de un pueblo..." y se pregunta si "sería ley la voluntad general expresada por un Congreso Constituyente que obligase a todos los argentinos a pensar con sus rodillas y no con su cabeza?" para concluir citando una frase de RIVADAVIA que alude a la falsa ilusión que padece el legislador cuando pretende que por obra de su voluntad pueda cambiar "la naturaleza de las cosas" (JUAN BAUTISTA ALBERDI, *Bases*, 4ª ed., San Pablo, Plus Ultra, 1984, Cap. XVII). Más adelante, habla de las leyes naturales que debe observar el constituyente.

[50] JORGE REINALDO VANOSSI, *Teoría constitucional*, t. II, Buenos Aires, Depalma, 1976, pág. 80. Después de recordar que mientras el preámbulo de la Constitución de Filadelfia habla de "constituir la justicia" anota que "En cambio, nosotros decimos «afianzar la justicia» porque utilizamos en nuestro preámbulo la palabra «justicia» con un sentido totalmente distinto: no es la justicia como tribunal o como simple administración de justicia, tal como está en el preámbulo norteamericano, sino la justicia como valor, la justicia como fin" (*op. cit.*, págs. 79-80).

[51] Que prescribe que "Ningún habitante de la Nación será obligado a hacer lo que la ley no manda ni privado de lo que ella no prohíbe".

Algunos párrafos de *El espíritu de las leyes* definen el gobierno despótico (que entonces era común en Oriente) con términos que se asemejan a las modernas concepciones hegemónicas (el decisionismo del líder) en que se apoyaron las dictaduras nacionalsocialista y fascista, concepciones replicadas por los populismos de izquierda en América, bajo fórmulas aparentemente democráticas.

Al trazar los rasgos de los gobiernos MONTESQUIEU nos enseña que "en el gobierno despótico, el poder también está en uno solo (como en la monarquía) pero sin ley ni regla, pues gobierna el soberano según su voluntad y caprichos"[52] agregando más adelante que el principio que domina el gobierno despótico es el temor[53] y la obediencia extremada[54].

4. LAS CONFUSIONES TERMINOLÓGICAS: LOS CONCEPTOS DE PODER, ÓRGANO Y FUNCIÓN

No se hará aquí la reseña de las confusiones terminológicas que ha generado la utilización de los conceptos empleados por MONTESQUIEU en la construcción teórica de la separación de los poderes, confusión que principalmente se produjo por el uso promiscuo del término poder, que utilizó tanto en su sentido propio, como en el equivalente a órgano y también, a las respectivas funciones estatales en sentido material, conceptos distinguidos con bastante precisión por la doctrina del Estado en los siglos posteriores[55] así como en el campo de la filosofía en general, particularmente, en la filosofía del derecho.

Anota GUARDINI que, al no ser un fenómeno natural, el poder no se desliga de la persona ni de la responsabilidad. El efecto del poder es siempre una acción voluntaria o cuando menos un dejar hacer[56]. Constituye uno de los elementos del Estado —o, como se decía antiguamente, de la soberanía— que debe hallarse al servicio del bien común y no de la persona que lo ejerce. Y si bien el poder "es regido esencialmente por la libertad" solo adquiere sentido cuando respeta la dignidad de la persona humana y sus derechos. Siempre ha de estar limitado porque el peligro de su abuso (como lo advirtió MONTESQUIEU) "crece al aumentar el poder"[57].

---

[52] MONTESQUIEU, *El espíritu de las leyes*, Libro II, Cap. I.

[53] MONTESQUIEU, *El espíritu de las leyes*, Libro II, Cap. IX.

[54] MONTESQUIEU, *El espíritu de las leyes*, Libro II, Cap. X.

[55] Ver RAYMOND CARRÉ DE MALBERG, *Teoría general del Estado*, trad. del francés de José Lión Depetre, con prefacio de HÉCTOR GROS ESPIELL, México, Fondo de Cultura Económica, 2000, reimpresión de la edición de 1998, págs. 249 y ss., especialmente pág. 264.

[56] ROMANO GUARDINI, *El poder*, 2ª ed., Madrid, Cristiandad, 1977, págs. 16-17.

[57] GUARDINI, *El poder*, cit., pág. 19.

Las confusiones terminológicas en que se ha incurrido al interpretar la teoría de MONTESQUIEU provienen del hecho de haber empleado este "las expresiones genéricas 'poder legislativo', 'poder ejecutivo' y 'poder judicial', para denominar con ellas, sucesivamente, cada una de las tres series de poderes, de órganos y de funciones, respectivamente [...] Estas expresiones se han vuelto tradicionales y han adquirido, como ocurre en muchos casos, sobre todo en materia política, tal vigor y fuerza que hoy valen por sí mismas, desprendidas de la significación que sus palabras constituyentes encierran"[58].

Con todo, la depuración técnica de los conceptos ocurrida en la ciencia política y en el derecho constitucional no afecta a la médula de la tesis central de MONTESQUIEU en cuanto a la independencia orgánica y separación funcional en el complejo escenario de las actuales democracias. Más aun, al haberse ampliado la separación orgánica históricamente concebida (e incorporar al sistema otros órganos o entes independientes) se ha operado la ampliación de las bases de sustanciación de la teoría.

El concepto de órgano traduce siempre la configuración de un centro de competencias o, si se prefiere, de imputación normativa carente de personalidad jurídica, cuyos titulares son personas físicas individuales u organizaciones colectivas o colegiadas (órganos individuos) que encarnan la institución que integran (órganos institucionales). El órgano, dentro de la persona moral o jurídica, traduce algo así como la fusión de dos aptitudes; la propia de la persona física que encarna el órgano y la competencia objetiva que le atribuye la norma constitucional, legal o reglamentaria[59]. En principio, no corresponde definir al órgano por la naturaleza de las funciones que él ejerce, lo que se advierte claramente en el modelo norteamericano y aun en Europa y determinados países de Latinoamérica, a raíz del fenómeno de las autoridades regulatorias independientes que llevan a cabo las tres funciones estatales clásicas.

Sin embargo, del hecho de que cada uno de los tres clásicos órganos del poder del Estado cumpla una función predominante, bien que con una especialización funcional relativa, ha derivado la costumbre de designar al órgano con el nombre de la función y decir —vaya el caso— "Ejecutivo" en lugar de "Presidente de la República" o "Legislativo", en vez de "Parlamento" o "Congreso".

Como se verá seguidamente, la cuestión inherente a las funciones del Estado ha producido una serie inagotable de divergencias doctrinarias. Por ahora, nos quedamos con aquella frase de BOSCH que refleja el desarrollo de nuestro pensamiento en la materia: "la distinción por naturaleza es propia de las funciones, las cuales pueden calificarse, con toda propiedad, de legislativas,

---

[58] BOSCH, *Ensayo...*, cit., pág. 49.

[59] MARIENHOFF, *Tratado de derecho administrativo*, t. I, 4ª ed., act., Buenos Aires, Abeledo Perrot, 1990, págs. 519 y ss.

ejecutivas y judiciales [...]"[60] y tal parece haber sido la opinión de MONTES-QUIEU, al menos la que surge de algunos párrafos de *El espíritu de las leyes*[61]. Seguimos creyendo que el criterio material para definir las funciones del Estado es, en principio, el que mejor explica la naturaleza y el régimen de los actos que emite cada órgano del poder habiendo sido también el adoptado por la mayoría de nuestros grandes maestros[62] aún cuando no coincida con la distinción de funciones que hace cada Constitución en la que se advierte la combinación de elementos materiales y formales basada en la atribución de una función material predominante[63].

5. SOBRE LA FUNCIÓN ADMINISTRATIVA

La génesis de la Administración pública contemporánea (en sentido estrictamente orgánico o subjetivo) encuentra su ubicación histórica en la época napoleónica donde se opera una mutación fundamental del papel y de la gravitación que hasta entonces había tenido el poder administrador: se produce a partir de ese instante el fenómeno de ampliación progresiva de sus competencias, el cual ha continuado desarrollándose en forma incesante hasta nuestros días. Se opera de esta suerte el abandono, por la Administración, de la función abstracta de sostener la ley (LOCKE y MONTESQUIEU) para convertirse en un complejo orgánico que cumple múltiples actividades[64].

---

[60] BOSCH, *Ensayo...*, cit., pág. 50.

[61] MONTESQUIEU, *El espíritu de las leyes*, cit., Libro XI, Cap. VI, especialmente el párrafo en el que dice: "Todo se habría perdido si el mismo hombre, la misma corporación de próceres, la misma asamblea del pueblo ejerciera los tres poderes: el de dictar las leyes, el de ejecutar las resoluciones públicas y el de juzgar los delitos o los pleitos entre particulares". De la sola lectura de este párrafo se deduce que MONTESQUIEU adoptó un criterio sustancial para definir las funciones del Estado.

[62] BIELSA, *Derecho administrativo*, cit., t. I, págs. 206 y ss. y t. II, pág. 18, nota 4; MARIENHOFF, *Derecho administrativo*, cit., t. I, págs. 55 y ss.; BENJAMÍN VILLEGAS BASAVILBASO, *Derecho administrativo*, t. I, Buenos Aires, Tea, 1949, págs. 34 y ss.; BOSCH, *¿Tribunales judiciales...*, cit., págs. 95 y ss.; JUAN FRANCISCO LINARES, *Derecho administrativo*, Buenos Aires, Astrea, 1986, págs. 166 y ss. y nuestro *Curso...*, cit., t. I, págs. 35 y ss.

[63] LUQUI (*Revisión judicial...*, cit., t. I, págs. 20-21) aclarando que no es imposible definir las funciones conforme a un criterio exclusivamente material o formal. Lo que resulta imposible, al menos en nuestro sistema, es realizar una separación material absoluta y exclusiva para cada órgano.

[64] Para GARCÍA DE ENTERRÍA, la Administración es un sujeto de actividades generales y particulares, de hecho y de derecho, formales y materiales, actividades que en su multiplicidad interfieren las propias actividades de los particulares, con los cuales son ordinariamente intercambiables (GARCÍA DE ENTERRÍA, *Revolución francesa y administración contemporánea*, Madrid, Taurus, 1972, pág. 96).

Pero, aparte de la acepción estrictamente orgánica o subjetiva de la Administración pública, como el complejo de órganos y sujetos encuadrados en el poder ejecutivo[65] que servirá para el estudio de la organización y del proceso histórico de ampliación de las competencias de los órganos y sujetos administrativos, cabe referirse a aquélla también con un alcance y sentido funcional.

Este concepto técnico de la función administrativa considerada como "actividad" resulta útil para diferenciarla de las restantes funciones del Estado y para caracterizar una de sus manifestaciones: el acto administrativo, sometido a un régimen de derecho público, exorbitante del derecho privado.

Sin desconocer la importancia de un análisis integral de las diferentes y variadas nociones que se han formulado históricamente sobre la Administración pública[66] o sobre la función administrativa, examinaremos seguidamente las principales doctrinas que se han propugnado o se sostienen, actualmente, en la materia.

A) *Concepciones subjetivas u orgánicas*

Dentro de esta corriente se hallan las tendencias que consideran a la función administrativa como toda o la mayor parte de la actividad que realiza el poder ejecutivo y los órganos y sujetos que actúan en su esfera.

Si bien hubo quienes en un principio sostuvieron que Administración era toda la actividad que desarrollaba el poder ejecutivo[67], la doctrina actualmente partidaria de la concepción subjetiva considera que aquella constituye un sector o una zona de la actividad que despliega el poder ejecutivo[68]. En tal sentido, no faltan quienes incluyen dentro del concepto de Administración actividades que materialmente no son administrativas (actividad reglamentaria y actividad jurisdiccional), sin dejar de reconocer, al propio tiempo, que la

---

[65] José A. García Trevijano Fos, *Tratado de derecho administrativo*, t. I, Madrid, Editorial Revista de Derecho Privado, 1964, pág. 50; Marcel Waline (*Droit administratif*, 9ème éd., Paris, Sirey, 1963, pág. 4) quien define a la Administración como un conjunto de organismos que no tienen calidad de autoridad legislativa ni jurisdiccional.

[66] Véase al respecto: Marienhoff, *Tratado de derecho administrativo*, t. I, 5ª ed., Buenos Aires, Abeledo Perrot, 1995, págs. 48 y ss.; Villegas Basavilbaso, *Derecho administrativo*, t. I, cit., págs. 2 y ss.; Luqui, "Algunas consideraciones sobre el concepto de Administración Pública", Buenos Aires, La Ley, 151-1076 y ss.

[67] Esta orientación se advierte en la doctrina española de fines del siglo XIX, Vicente Santamaría de Paredes, *Curso de derecho administrativo*, 4ª ed., Madrid, Establecimiento Tipográfico de Ricardo Fe, 1890, págs. 36-37.

[68] Garrido Falla (*Tratado de derecho administrativo*, t. I, 4ª ed., Madrid, Instituto de Estudios Políticos, 1966, pág. 34) no obstante que califica a tal criterio como "objetivo"; Rafael Entrena Cuesta, *Curso de derecho administrativo*, Madrid, Tecnos, 1970, pág. 25; Diez, *Derecho administrativo*, t. I, Buenos Aires, Bibliográfica Omeba, 1963, págs. 99 y ss.

Administración no constituye la única actividad que ejerce el poder ejecutivo, pues también tiene atribuida la función de gobierno[69].

Se ha sostenido que el fenómeno de la personalidad jurídica del Estado solo se da en la Administración pública, que es como una constelación de entes personificados. Por consiguiente, esta categoría de persona jurídica separa y distingue a la Administración de otras actividades del Estado. Esta Administración pública (persona jurídica) aparece regulada así por un derecho propio de naturaleza estatutaria: el derecho administrativo, que nace así para explicar las relaciones "de las singulares clases de sujetos que se agrupan bajo el nombre de Administraciones Públicas, aislándolos de la regulación propia de los derechos generales"[70]. Esta concepción, inspirada en las ideas de GARCÍA DE ENTERRÍA, que imperó durante muchos años en España, ha sido objeto de la crítica de un sector doctrinario importante que reconoce la entidad jurídica y lógica del criterio material para definir la función administrativa[71].

B) *El criterio objetivo o material*

Las concepciones que fundan la noción de función administrativa en el criterio material tienen en común el reconocimiento de las actividades materialmente administrativas no solo del poder ejecutivo, sino también de los órganos legislativo y judicial[72].

Las notas que caracterizan a la Administración y que permiten diferenciarla de la legislación y de la jurisdicción son, principalmente, su carácter concreto, la inmediatez y la continuidad. Algunos autores añaden también

---

[69] GEORGES VEDEL, *Droit administratif*, Paris, Presses Universitaires de France, 1961, pág. 17. Esta tesis encuentra apoyo, actualmente, en el art. 99, inc. 1º, de la Const. Nal. (reformada en 1994).

[70] EDUARDO GARCÍA DE ENTERRÍA, "Verso un concetto di Diritto Amministrativo como diritto statutario", en *Rivista Trimestrale di Diritto Pubblico*, núm. 2/3, 1960, págs. 330-333 (cit. por JOSÉ M. BOQUERA OLIVER, *Derecho administrativo*, t. I, Instituto de Estudios de Administración Local, Madrid, 1972, págs. 54-55). Ver también GARCÍA DE ENTERRÍA – FERNÁNDEZ, *Curso de derecho administrativo*, t. I, 4ª ed., Madrid, Civitas, 1983, págs. 36 y ss. De todos modos, la tesis no sería enteramente aplicable en nuestro país donde ni el ordenamiento constitucional ni el legal (C. C., art. 146,) atribuyen personalidad a la Administración pública.

[71] Ver: SANTIAGO MUÑOZ MACHADO, *Tratado de derecho administrativo y derecho público general*, t. I, Madrid, Thomson-Civitas, 2004, págs. 56 y ss.

[72] Entre la doctrina que se afilia a la concepción objetiva o material, MARIENHOFF, *Tratado de derecho administrativo*, cit., t. I, pág. 66; ENRIQUE SAYAGUÉS LASO, *Tratado de derecho administrativo*, t. I, Montevideo, Talleres Gráficos Barreiro, 1963, pág. 46; RAFAEL BIELSA, *Derecho administrativo*, 6ª ed., Buenos Aires, La Ley, 1964, t. I, pág. 209, nota 64, *in fine*; JEAN RIVERO, *Droit administratif*, 3ème éd., Paris, Dalloz, 1968, págs. 11-13.

la característica de constituir una actividad práctica[73] y normalmente espontánea[74].

Los partidarios de la concepción objetiva completan la noción con la referencia al aspecto teleológico que debe perseguir la función administrativa: según algunos, la atención de los intereses públicos que asume en los propios fines[75] y, según otros, la satisfacción de las "necesidades" colectivas[76] o de interés público[77].

Es evidente que el aspecto finalista de la función administrativa ha de orientarse a la realización del bien común[78], satisfaciendo las exigencias tanto de la comunidad como de los individuos que la integran[79]. Pero, no obstante que el bien común también puede alcanzarse por medio de formas y regímenes jurídicos reglados por el derecho privado, deben excluirse de la noción de función administrativa en sentido material todas aquellas actividades típicamente privadas, especialmente la actividad industrial y la comercial. Ello no es óbice para admitir la existencia, en tales casos, de actos de régimen jurídico entremezclado, que no trasuntan plenamente el ejercicio de la función materialmente administrativa.

C) *Otras teorías*

Existen posturas que se apoyan en otras fundamentaciones para proporcionar el concepto de Administración. Dentro de este conjunto de teorías no puede dejar de hacerse una referencia sucinta a las concepciones expuestas en la doctrina alemana, vinculadas en gran parte al positivismo jurídico.

---

[73] MARIENHOFF (*Tratado de derecho administrativo*, cit., t. I, pág. 66) quien la define como "la actividad permanente, concreta y práctica del Estado, que tiende a la satisfacción inmediata de las necesidades del grupo social y de los individuos que lo integran".

[74] GARCÍA TREVIJANO FOS, *Tratado de derecho administrativo*, cit., t. I, pág. 50.

[75] GUIDO ZANOBINI, *Corso di Diritto Amministrativo*, t. I, Milán, Giuffrè, 1958, pág. 13.

[76] VILLEGAS BASAVILBASO, *Derecho administrativo*, cit., t. I, pág. 43.

[77] RIVERO, *Droit administratif*, cit., pág. 13.

[78] CASSAGNE, "Los contratos de la Administración Pública", ED 57-793 (nota 1); la función administrativa debe procurar el bien común, que es la causa final o el fin del Estado, aunque aceptamos que tal fin puede también cumplirse mediante otras actividades estaduales (v. gr., la gestión comercial del Estado, sometida en gran parte al derecho privado, con regímenes jurídicos diversos).

[79] Una visión teleológica del derecho administrativo (y por ende, de la función administrativa) conduce a reconocer que la principal finalidad del derecho administrativo consiste en la realización del bien común y en la protección de los derechos fundamentales de las personas; véase: LUIS JOSÉ BEJAR RIVERA, "El concepto de derecho administrativo", en el libro *Derecho administrativo*, México, Porrúa y Universidad Panamericana, 2010, págs. 107 y ss.

Para la concepción llamada "residual"[80], la Administración era toda aquella actividad que restaba luego de excluir a la legislación y a la función jurisdiccional.

Otra teoría, desarrollada por MERKL, partiendo de la misma sustentación de la teoría residual, considera como tal la actividad de los órganos ejecutivos vinculados por relaciones de jerarquía y de subordinación[81]. Para realizar las diferentes disecciones que permitirán arribar al concepto negativo, MERKL adopta un concepto formal de legislación, distinguiendo la de la Administración por la distancia en que se halla respecto de la Constitución. La primera será ejecución inmediata de la Constitución, mientras que la segunda será ejecución mediata, al igual que la función jurisdiccional. La Administración, como la justicia, devienen así en actividades sub-legales, pero en esta última hay relaciones de coordinación (función jurisdiccional) y en aquélla en cambio subsiste la subordinación (función administrativa).

Es también una definición negativa de Administración, inspirada en las concepciones precedentes, la que proporciona un sector de la doctrina vernácula al caracterizarla como todo lo que no es jurisdicción, dentro de la ejecución, por actos individuales, de la Constitución y de la ley, fuera de situaciones contenciosas[82].

Para cerrar el cuadro de este grupo de doctrinas se ha procurado también ensayar un criterio mixto, que en el fondo aparece basado en la antigua teoría residual de la Administración. Se sostiene que como la función administrativa no se realiza por ningún órgano en forma excluyente y dado que no se le reconoce un contenido propio que la tipifique, ella debe definirse como toda actividad que desarrollan los órganos administrativos y la actividad que realizan los órganos legislativos y jurisdiccionales, excluidos respectivamente los hechos y los actos materialmente legislativos y jurisdiccionales[83].

---

[80] Véase: OTTO MAYER, *Derecho administrativo alemán*, t. I, Buenos Aires, Depalma, 1949, pág. 10. Se ha dicho que el criterio residual constituye una posición negativa y, por tanto, es difícil que él pueda constituir una definición (LUQUI, "Algunas consideraciones...", cit., Buenos Aires, La Ley, 151-1082).

[81] ADOLFO MERKL, *Teoría general del derecho administrativo*, Madrid, Editorial Revista de Derecho Privado, 1935, págs. 15 y ss.

[82] JUAN FRANCISCO LINARES, *Fundamentos del derecho administrativo*, Buenos Aires, Astrea, 1975, págs. 58-59.

[83] AGUSTÍN A. GORDILLO, *Introducción al derecho administrativo*, 2ª ed., Buenos Aires, Abeledo Perrot, 1966, pág. 99, criterio que reitera en las últimas ediciones de su *Tratado de derecho administrativo*, t. III, 4ª ed., Buenos Aires, Fundación Derecho Administrativo, 1999, cap. I, pág. 9, nota 5.2. En realidad, este planteo resulta similar al de la teoría residual y aparece también en autores modernos como ADAMOVICH, quien define la Administración como "toda actividad de los órganos estatales o de entidades públicas que, considerados en sí mismos,

6. Continuación: las funciones normativa o legislativa y jurisdiccional de la Administración pública

Si se parte de la adopción del criterio material para realizar el deslinde de las funciones estatales y se abandona correlativamente el elemento orgánico o formal como nota distintiva de la pertinente actividad, el reconocimiento del ejercicio de las funciones legislativa y jurisdiccional (en sentido material) por órganos de la Administración pública resulta una obligada consecuencia.

A) *La actividad reglamentaria es de sustancia normativa o legislativa*

En efecto, aunque no hay respecto de la función normativa o legislativa una total uniformidad doctrinaria, el concepto de la actividad de legislación definida como aquella que traduce el dictado de normas jurídicas, que tienen como característica propia su alcance general y su obligatoriedad[84], constitutiva de una situación impersonal y objetiva para los administrados a quienes las normas van destinadas, es el que cuenta con una explicación más lógica y realista. En este sentido, los diversos reglamentos que se emiten en el ámbito del poder ejecutivo constituyen el ejercicio de funciones que, desde el punto de vista material, no se diferencian de las leyes generales que sanciona el Congreso[85] aun cuando estas poseen jerarquía normativa superior. Pero no solamente el poder ejecutivo tiene reconocida la potestad reglamentaria, pues esta es también una potestad que, en menor medida, también ejerce el poder judicial[86].

B) *Las funciones jurisdiccionales de la Administración*

A su vez, si se reducen las polémicas en torno al concepto de la función jurisdiccional, definiéndola como la actividad estatal que decide controversias con fuerza de verdad legal, se advierte que esta función puede ser cumplida por órganos que se hallan encuadrados en el poder ejecutivo (v. gr., el Tribunal Fiscal), por cuestiones de especialización y siempre que se cumplan determinados requisitos que impone el sistema constitucional.

---

no son actos legislativos ni jurisdiccionales" (Ludwing Adamovich, cit. por Garrido Falla, *Tratado de derecho administrativo*, cit., t. I, pág. 30, nota 17).

[84] Marienhoff, *Tratado de derecho administrativo*, cit., t. I, págs. 225-228.

[85] Autorizada doctrina sostiene que el reglamento es actividad de legislación (Linares, *Fundamentos...*, cit., pág. 205). En este sentido, se ha dicho que los reglamentos integran el concepto de ley material o sustancial (Marienhoff, *Tratado de derecho administrativo*, cit., t. I, págs. 252-253). Desde luego que ello no impide reconocer la supremacía de la ley formal y material sobre aquellos reglamentos que consistan en la ejecución de las leyes o en el ejercicio de una potestad reglamentaria delegada.

[86] Const. Nal., art. 113.

En la doctrina hubo autores que sostuvieron que habiendo abolido la Revolución francesa toda especie de "jurisdicción administrativa", al someter las contiendas administrativas a la decisión de agentes públicos de la misma Administración, las funciones materialmente jurisdiccionales que ejerce esta última son administrativas[87].

En nuestro país, otros juristas, por distintos argumentos llegaron a la misma conclusión; tal es el caso de LASCANO, quien sostuvo que lo esencial para caracterizar a la función jurisdiccional era la circunstancia de que el Estado obrara como tercero imparcial para dirimir un conflicto de interés entre dos partes con el objeto de aplicar la ley[88].

Para otro sector de la doctrina argentina, lo realmente decisivo para definir la función jurisdiccional es el carácter independiente del órgano que la ejerza, su ubicación dentro del poder judicial y, además, la circunstancia de que exista contienda entre las partes[89].

Cabe puntualizar que, con anterioridad, BOSCH había refutado el criterio que, al definir la función jurisdiccional, destaca el carácter imparcial e independiente del órgano que la ejerce, aceptando la posibilidad de que cuando la ley asigna al poder administrador la atribución para resolver contiendas, ello puede considerarse función jurisdiccional y sosteniendo, en definitiva, que los problemas relativos a la naturaleza de la función jurisdiccional y a los caracteres de que debe estar investido el órgano jurisdiccional, son cuestiones diferentes y sin relación de interdependencia entre ellas[90].

Aparte de que un análisis retrospectivo sobre la función jurisdiccional demostraría que ella existió con anterioridad a la distribución de las funciones del Estado en órganos diferenciados, es evidente que tal tesis denota un mero criterio orgánico, inutilizable para distinguir la actividad que se realiza en la

---

[87] Se ha sostenido que tal postura es inaceptable, por cuanto solo admitiendo un criterio orgánico puede llegarse a tal conclusión (cfr. BOSCH, *¿Tribunales judiciales...,* cit., pág. 94). En nuestro país cabe ubicar en esta posición a HUMBERTO H. LESTANI, *La jurisdicción contencioso administrativa o ejercicio de la jurisdicción conforme al régimen constitucional argentino,* Buenos Aires, Ariel, 1937, págs. 51 y ss.

[88] DAVID LASCANO, *Jurisdicción y competencia,* Buenos Aires, Guillermo Kraft, 1941, págs. 29-30; para España, cfr. JESÚS GONZÁLEZ PÉREZ, *Derecho procesal administrativo,* t. II, 2ª ed., Madrid, Instituto de Estudios Políticos, 1966, pág. 37.

[89] BARTOLOMÉ A. FIORINI, *Manual de derecho administrativo,* t. I, Buenos Aires, La Ley, 1968, pág. 35. Véase además del mismo autor "Inexistencia del acto administrativo jurisdiccional", La Ley, 101-1027 y ss. La posición de LASCANO y FIORINI es compartida en nuestro país por GORDILLO (*Introducción al derecho administrativo,* cit., pág. 97) en lo que hace al carácter de órgano imparcial e independiente que debe tener quien ejercite la función jurisdiccional; en el mismo sentido: JORGE J. DOCOBO, "El reglamento de procedimientos administrativos aprobado por el dec. 1759/1972", JA, núm. 4028, pág. 9.

[90] BOSCH, *¿Tribunales judiciales...,* cit., pág. 96, texto y nota III.

órbita de uno de los órganos que ejerce el poder estatal: el poder ejecutivo. En efecto, por más que se niegue en el plano teórico la posibilidad de que determinados entes o tribunales administrativos ejerzan funciones jurisdiccionales, lo cierto es que la realidad legislativa y jurisprudencial ha terminado imponiendo su reconocimiento (aunque en forma limitada y excepcional) y obliga a diferenciar el acto jurisdiccional de la Administración del acto administrativo, cuyo régimen jurídico es sustancialmente distinto.

La cuestión no estriba, entonces, en pretender una asimilación estricta entre el acto jurisdiccional de la Administración y el que emana de los jueces[91], pues aparte de que cabe aceptar diferencias entre dos especies de un mismo género sin violar el principio de no contradicción, lo esencial es distinguir, en este caso, si en el ámbito del poder ejecutivo coexisten funciones materialmente distintas, con regímenes jurídicos también diferentes.

Las dificultades a las que conduce el criterio expuesto no impiden que la doctrina afronte la tarea de distinguir el acto jurisdiccional del acto administrativo, apoyándose en un criterio que permita reconocer la posibilidad de que un ente u órgano administrativo ejerza funciones jurisdiccionales[92]. Así, BOSCH, siguiendo a LAMPUÉ[93] sostiene que, desde el punto de vista material, el acto jurisdiccional "es aquel que consiste en una comprobación sobre la conformidad o no conformidad de un acto, de una situación o de un hecho con el ordenamiento jurídico y una decisión que realiza sus consecuencias, y que desde el punto de vista formal se presenta como definitiva e inmutable en el sentido de que, salvo por el juego de las vías del recurso, no puede ser revocada o modificada, vale decir, que posee lo que se denomina en doctrina 'la autoridad formal de la cosa juzgada'"[94].

Ahora bien, entre las posturas que se oponen a su reconocimiento, el argumento por el cual no se acepta el ejercicio de funciones jurisdiccionales por la Administración sobre la base de la prohibición que emerge del artículo 109 de la Constitución Nacional, posee mayor entidad.

Frente a esa norma (ex art. 95, Const. Nal.), un sector de la doctrina intentó, en su momento, justificar el ejercicio de funciones jurisdiccionales por

[91] En contra, GORDILLO, *Introducción al derecho administrativo*, cit., págs. 126-135.

[92] LINO E. PALACIO, "Algunas consideraciones sobre los actos jurisdiccionales de la administración", en *120 años de la Procuración del Tesoro*, Buenos Aires, 1983, págs. 75 y ss., que caracteriza el acto jurisdiccional sobre la base de la existencia de un conflicto.

[93] PIERRE LAMPUÉ, "La notion d'acte jurisdictionel", en *Revue de Droit Public*, t. 62, 1946, págs. 5 y ss.

[94] BOSCH, *¿Tribunales judiciales...,* cit., pág. 95, criterio que también es seguido por VILLEGAS BASAVILBASO, *Derecho administrativo*, cit., t. I, págs. 34 y ss.; MANUEL M. DIEZ, *El acto administrativo,* Buenos Aires, Tea, pág. 38; ROBERTO E. LUQUI, "Nociones sobre la revisión jurisdiccional de los actos administrativos", Buenos Aires, La Ley, 144-1207.

la Administración, afirmando que lo que la Constitución Nacional veda es el ejercicio de funciones judiciales, no jurisdiccionales; de esta forma, lo jurisdiccional sería el género y lo judicial la especie[95].

Tal interpretación, aparte de contrariar las fuentes en que se nutre el mentado artículo 109[96], ha sido objeto de críticas por la doctrina[97].

Frente a una realidad que reconoce la posibilidad de habilitar a órganos o entes administrativos para el ejercicio de funciones jurisdiccionales, un sector de la doctrina apeló, para fundar su constitucionalidad, al procedimiento de la delegación de funciones jurisdiccionales en la Administración siempre que el órgano judicial conserve la decisión final de la controversia[98].

En líneas generales puede decirse que solo si se respeta el equilibrio que traduce la teoría de la separación de poderes, instrumentada en nuestra Constitución, es posible aceptar que existan entes o tribunales administrativos que realizan típicas funciones jurisdiccionales desde el punto de vista material, aun cuando deba conservarse la potestad de los jueces para controlar su ejercicio, mediante un control judicial suficiente, con amplitud de debate y prueba.

En este sentido, uno de nuestros más grandes constitucionalistas (JOAQUÍN V. GONZÁLEZ) señaló, refiriéndose a la división de funciones entre los órganos que ejercen el poder estatal (ejecutivo, legislativo y judicial), que "cada uno de ellos tiene su propia esfera de acción, pero no están enteramente separados, porque se combinan y se complementan entre sí: son coordinados. Los tres representan la soberanía de la Nación para sus objetos principales; sus facultades derivan directamente de la Constitución, y en su ejercicio, de la ley: y ambas han establecido poderes estrictamente legislativos, estrictamente ejecuti-

---

[95] RAFAEL BIELSA, *Derecho administrativo*, t. v, 6ª ed., Buenos Aires, La Ley, 1966, pág. 201, y del mismo autor, *Derecho administrativo. Legislación administrativa argentina*, t. III, 4ª ed., Buenos Aires, El Ateneo, 1947, pág. 255 (nota 79).

[96] Art. 108, Constitución de la República de Chile, y en nuestro país el art. 7º, Reglamento del 22 de octubre de 1811.

[97] BOSCH (*¿Tribunales judiciales...*, cit., págs. 100-101) indica que esta tesis que restringe la posibilidad de que el Estado ejerza funciones jurisdiccionales a la rama contencioso administrativa resulta insuficiente para justificar el ejercicio de funciones jurisdiccionales en otras materias (cuando las circunstancias lo tornan necesario). En realidad, dicha tesis no puede servir para justificar el ejercicio de funciones jurisdiccionales *iure proprio* por la Administración, pues aun aceptando que lo jurisdiccional judicial sea la especie, cuando el art. 109 de la Const., se refiere a la función judicial no puede interpretarse en el sentido de que excluye las causas contencioso administrativas. Además, tal distinción es esencialmente orgánica, no obstante que corresponde que las funciones se distingan conforme a la naturaleza y sustancia de ellas. En consecuencia, cuando el art. 109 prohíbe al poder ejecutivo el ejercicio de funciones judiciales, es obvio que se refiere a las que tienen ese carácter desde el punto de vista material.

[98] Cfr. BOSCH, *¿Tribunales judiciales...*, cit., págs. 101-103; ESTEBAN IMAZ, "Acerca de la interpretación constitucional", JA, 1949-III-8 y ss., secc. Doctrina.

vos y estrictamente judiciales; pero en el cumplimiento de sus funciones necesitan en muchos casos, unos y otros, ejercitar poderes de naturaleza distinta de los que le son exclusivos: la línea divisoria no se halla precisamente demarcada"[99].

La interpretación de GONZÁLEZ resulta acertada en la medida en que abre un ancho campo para que la actividad del Estado en su conjunto se desarrolle de acuerdo con las exigencias de la sociedad contemporánea y, también, porque ella se funda en destacados intérpretes de la Constitución estadounidense[100].

En cuanto a la objeción que parte de la interpretación del artículo 109 (ex art. 95) de la Constitución, el cual veda al poder ejecutivo el ejercicio de funciones judiciales, una valoración del problema a la luz de la sistemática y de la dinámica constitucionales, conduce a compartir la tesis que circunscribe la prohibición de ejercer funciones judiciales, al presidente de la República, o sea, al poder ejecutivo, habida cuenta del carácter unipersonal del órgano superior de la Administración[101].

Sin pronunciarse plenamente a favor del sistema de tribunales administrativos se ha dicho que la tacha de inconstitucionalidad es frágil, sosteniendo que lo que la Constitución persigue es no dejar librado a la voluntad del presidente la facultad de resolver cuestiones jurisdiccionales, en virtud de que es el gobernante supremo del Estado y el órgano de mayor potencialidad en el ejercicio del poder[102].

Por tal causa, el artículo 109 de la Constitución, que es producto de la raíz histórica y, por ende, de una realidad, no puede juzgarse a la luz de la versión absoluta y estricta de la doctrina de la separación de los poderes, en el sentido

---

[99] JOAQUÍN V. GONZÁLEZ, *Manual de la Constitución argentina*, Buenos Aires, Ángel Estrada, 1951, pág. 311 y en ESTRADA, *Curso de derecho constitucional*, cit., t. II, págs. 37 y ss., especialmente pág. 52.

[100] THOMAS M. COOLEY, *Principios del derecho constitucional en los Estados Unidos de América*, Buenos Aires, J. Peuser, 1898, pág. 44.

[101] BIDART CAMPOS, *Derecho constitucional*, cit., t. I, pág. 789. Véase también ENRIQUE AFTALIÓN, "Las faltas policiales, la garantía de legalidad y el formalismo", Buenos Aires, La Ley, 88-254.

[102] BIDART CAMPOS (*Derecho constitucional*, cit., t. I, pág. 789) puntualiza que cierta jurisprudencia ha creído resolver el problema por una vía sencilla, afirmando que como la Constitución veda al poder ejecutivo el ejercicio de funciones de índole judicial, no es posible sostener la naturaleza jurisdiccional de ciertas decisiones de órganos administrativos. Tal argumento, a juicio de este autor, nada prueba porque "aunque la Constitución escrita regla hoy determinadas situaciones, la realidad constitucional registra conductas en contrario, con lo que, no obstante la prohibición del art. 109, bien podría el orden existencial mostrar casos de ejercicio jurisdiccional por parte de la Administración" como en realidad acontece (pág. 790).

de que todo comportamiento de entes encuadrados en el poder ejecutivo sea siempre actividad administrativa y nunca jurisdiccional[103].

La facultad de ejercer funciones jurisdiccionales por la Administración Pública aparece condicionada en aquellos países —como el nuestro— que han acogido la doctrina de la división de los poderes, consagrando, como regla general, el sistema judicialista para juzgar la actividad administrativa (Const. Nal., arts. 109, 116 y 117). Pero ninguna duda cabe de que puede aceptarse el ejercicio excepcional de funciones jurisdiccionales por entes o tribunales administrativos independientes, siempre que se respeten los grandes lineamientos del sistema. A su vez, en el plano de la realidad, tampoco es posible desconocer que las actuales necesidades han llevado a la institución de tribunales administrativos por vía legislativa (que desde un punto de vista material o sustancial realizan funciones de verdaderos jueces)[104].

Si se parte entonces de este enfoque corresponde fijar los límites que rigen la actividad jurisdiccional de la Administración pública:

1) la atribución de funciones jurisdiccionales a entes o tribunales administrativos debe provenir de ley formal para no alterar a favor del poder ejecutivo el equilibrio en que reposa el sistema constitucional;

2) tanto la idoneidad del órgano como la especialización de las causas que se atribuyen a la Administración tienen que hallarse suficientemente justificadas, para tornar razonable el apartamiento excepcional del principio general de juzgamiento de la actividad administrativa por el poder judicial (v. gr., en materia fiscal);

3) si se atribuyen a órganos administrativos funciones de sustancia jurisdiccional en forma exclusiva, sus integrantes deben gozar de garantías para asegurar la independencia de su juicio frente a la Administración activa, tal como la relativa a la inamovilidad en sus cargos;

4) los respectivos actos jurisdiccionales no pueden ser controlados por el poder ejecutivo;

5) los tribunales que integran el poder judicial deben conservar la potestad de dirimir los conflictos que tengan por objeto el juzgamiento de decisiones de naturaleza jurisdiccional, ya sea mediante acciones ordinarias o recursos directos.

La Corte ha precisado que el pronunciamiento jurisdiccional emanado de órganos administrativos ha de quedar sujeto a "control judicial suficiente" y que el alcance de este control "no depende de reglas generales u omnicompren-

---

[103] GORDILLO, *Introducción al derecho administrativo*, cit., pág. 135. Al respecto, se ha puntualizado que este enfoque prescinde por completo de un dato jurídico esencial: la "situación contenciosa" (cfr. LINARES, *Fundamentos…*, cit., pág. 63).

[104] Cfr. ley 11.683 (t.o. 1978) y sus modificatorias que crea el Tribunal Fiscal de la Nación y las leyes de creación de los entes regulatorios de servicios públicos (leyes 24.065 y 24.076).

sivas sino que ha de ser más o menos extenso y profundo según las modalidades de cada situación jurídica". Al respecto, ha señalado que "control judicial suficiente significa: a) reconocimiento a los litigantes del derecho a interponer recurso ante los jueces ordinarios; b) negación a los tribunales administrativos de la potestad de dictar resoluciones finales en cuanto a los hechos y al derecho controvertidos, con excepción de los supuestos en que, existiendo opción legal, los interesados hubiesen elegido la vía administrativa, privándose voluntariamente de la judicial", y que "la mera facultad de deducir recurso extraordinario basado en inconstitucionalidad o arbitrariedad no satisface las exigencias que [...] han de tenerse por imperativas"[105]. Por no reunirse el requisito del control judicial suficiente la Corte declaró la inconstitucionalidad de las leyes que organizaron las Cámaras Paritarias de Arrendamientos y Aparcerías Rurales por violatorias de los artículos 18 y 109 (ex art. 95) de la Constitución Nacional, en atención a que no admitían la revisión judicial de las decisiones administrativas; también consideró —con relación a la Cámara de Apelaciones de la Justicia Municipal de Faltas de la Ciudad de Buenos Aires— que tratándose de la aplicación de sanciones de naturaleza penal que importaban privación de la libertad resultaba insuficiente el control cuando el recurso ante el poder judicial era admisible al solo efecto devolutivo[106].

Pero los requisitos apuntados no impiden aceptar excepcionalmente la procedencia del ejercicio de funciones jurisdiccionales por el poder ejecutivo o de sus órganos dependientes en aquellos supuestos en que tengan su fundamento directo en la Constitución Nacional[107]. Es el caso de la jurisdicción militar, que ha sido organizada no solo como consecuencia del poder atribuido al Congreso Nacional para establecer las fuerzas armadas en tiempos de paz y de guerra y dictar reglamentos para el gobierno de dichos ejércitos, sino esencialmente en virtud de las facultades que tiene el poder ejecutivo como Comandante en Jefe de las Fuerzas Armadas para aprobar o revocar las sentencias de los tribunales militares[108].

---

[105] *Fernández Arias, Elena v. Poggio, José*, Fallos 247:646 (1960); *Gerino Hnos. SRL*, Fallos 249:715 (1961); *Ceballos, Fernando*, Fallos 255:124 (1963). La jurisprudencia de la Corte aparece expuesta íntegramente en el primero de los fallos citados: *Fernández Arias, Elena v. Poggio, José*, resuelto en el año 1960.

[106] *In re, Fernández Arias*, cit. *ut supra* y *Di Salvo, Octavio s/ hábeas corpus*, Fallos 311:334 (1988) y en La Ley 1988-D-269, con nota de EKMEKDJIAN.

[107] Tal es el caso de las funciones jurisdiccionales que cumplen los entes reguladores cuando resuelven conflictos entre los usuarios y concesionarios o licenciatarios. En este punto, más que la denominación lo que interesa es la posibilidad de atribuir a un órgano o ente administrativo la potestad para juzgar una controversia entre particulares, el régimen que rige el procedimiento administrativo jurisdiccional y el alcance de la revisión judicial; véase HÉCTOR HUICI, "La potestad jurisdiccional en el control administrativo de los servicios públicos", Buenos Aires, La Ley, 1996-B, 981 y ss.

[108] En sentido concordante: CNCont. Adm. Fed., sala 2ª, 6/11/1974, *Sinardo, Javier v. Gobierno Nacional*, ED 61-518 y ss.

7. Continuidad de la jurisprudencia sentada por la Corte a partir del caso "Fernández Arias"

La solución adoptada por la Corte en el caso *Ángel Estrada*[109] tiene el mérito de sentar la unidad de las reglas que integran el sistema judicialista, reafirmando sus fuentes y características fundamentales.

El fallo confirma la tesis que hemos venido sosteniendo en dos puntos centrales que son: a) que la creación de tribunales administrativos, para ser compatible con la interdicción del artículo 109 y el sistema constitucional (Const. Nal., arts. 18, 116 y 117) debe hallarse justificada en el principio de especialización, interpretado razonablemente (es decir, nunca como competencia establecida en una cláusula general de jurisdicción), y b) que la competencia para dirimir conflictos entre particulares, regidos por el derecho común[110], no corresponde a los entes reguladores sino a los jueces, que son los únicos con competencia para dirimir controversias en las que se ventilen cuestiones reguladas por los códigos de fondo[111].

Es evidente que estos requisitos, más otros que los complementan (creación por ley, independencia de los órganos y control judicial suficiente) indican que, al menos mientras se mantenga esta jurisprudencia, se ha cerrado bastante el camino que algunos pretenden abrir para crear tribunales administrativos que entiendan, con competencia establecida como cláusula general, en los litigios administrativos (así como parece haberse cerrado totalmente la posibilidad de habilitar a estos tribunales el juzgamiento de controversias entre particulares, reguladas por el derecho común).

Otra cuestión es asignar funciones jurisdiccionales a entes administrativos por ley, no con competencia general en lo contencioso-administrativo, sino por razones de especialización (v. gr., entes reguladores independientes) para resolver conflictos regidos por el derecho administrativo o "estatutario", como lo ha denominado el Alto Tribunal. En este escenario, habrá que atender al estricto cumplimiento de los requisitos que exigen la doctrina y la jurisprudencia antes indicados, para no caer en transgresiones constitucionales violatorias de la separación de poderes. De lo contrario, no resulta aventurado

---

[109] *Ángel Estrada y Cía. SA v. Res. 71/1996 SEyP*, Fallos 328:651 (2005) y JA, 2005-III-74 a 87, número especial "El caso 'Ángel Estrada'", del 31/8/2005.

[110] Véase Alberto B. Bianchi, "Reflexiones sobre el caso 'Ángel Estrada' y sus efectos en la jurisdicción arbitral", EDA 2005-487, con alusión al principio que denomina de limitación material de la competencia.

[111] Ampliar en Pedro Aberastury, "La decisión de controversias del derecho común por parte de tribunales administrativos", JA, 2005-III-5 y ss., al analizar el voto de la minoría en el caso "Fernández Arias", con fundamento en el ex art. 67, inc. 11, de la Const. Nal. (actualmente Const. Nal., art. 75, inc. 12).

suponer que tales irregularidades motivarán la tacha de inconstitucionalidad por la Corte Suprema.

En esa línea, hace algún tiempo que Bosch definió un esquema negativo sobre la creación de tribunales administrativos en la Argentina, con impecable fundamentación constitucional, demostrando que en nuestro sistema no era posible: a) atribuir jurisdicción *iure proprio* al poder ejecutivo ni a sus órganos dependientes; b) crear tribunales administrativos separados del poder judicial (aunque independizados de la Administración activa) a los que se les adjudica una competencia como cláusula general para dirimir los conflictos regidos por el derecho administrativo, atribuyéndole jurisdicción para adoptar decisiones finales sin control judicial posterior (como el modelo francés), y c) que la función jurisdiccional sea ejercida en las causas contencioso administrativas por el poder legislativo, como aconteció en los comienzos de la evolución constitucional en Estados Unidos[112] y se interpretó en la Argentina[113].

Ahora bien, no obstante que la gran mayoría de la doctrina ha terminado coincidiendo en que la función jurisdiccional se define, sobre la base de un criterio sustancialmente material, como aquella actividad que resuelve conflictos con fuerza de verdad legal, y que la interdicción establecida en el artículo 109 de la Constitución (ex art. 95) no admite distinción entre funciones jurisdiccionales y judiciales (en contra de la opinión de Bielsa[114], en su momento debidamente refutada por la doctrina[115] y la jurisprudencia de la Corte[116]) se ha vuelto a insistir recientemente[117] en este punto de vista, intentando resucitar una teoría más que cincuentenaria que, al yacer olvidada, conservaba solo un interés histórico.

En primer término, cabe advertir que nadie supone, creemos, que la finalidad de la tesis sea, en la opinión objeto de la crítica, la de revivir la concepción del "administrador-juez" del antiguo derecho francés, aunque no se puede

[112] Cfr. Bosch, "Lo contencioso administrativo y la Constitución Nacional", Buenos Aires, La Ley, 81-834, secc. Doctrina.

[113] Ampliar en Fernando García Pullés, "Ángel Estrada. La Corte Suprema y el fundamento de la potestad jurisdiccional. Facultades del legislador y de los justiciables", JA 2005-III-41 a 42.

[114] Bielsa, *Derecho administrativo. Legislación...*, cit., t. III, pág. 255, nota 79 y del mismo autor "Acto jurisdiccional y acto judicial", Buenos Aires, La Ley, 104-825.

[115] Entre otros: Bosch, *¿Tribunales judiciales...*, cit., pág. 100; Gordillo, *Introducción al derecho administrativo...*, cit., págs. 132-134.

[116] Como lo ha señalado Luqui, *Revisión judicial...*, cit., t. I, pág. 57, nota 58.

[117] Luqui, *Revisión judicial...*, cit., t. I, págs. 56 y ss. Las críticas que formulamos acerca de las opiniones de este autor no desmerecen la calidad científica de su obra ni la seriedad de los planteamientos doctrinales que despliega con verdadero énfasis, aun cuando muchos de ellos —según nuestra visión— resulten equivocados y, en algunos casos, opuestos al principio de la tutela judicial efectiva.

soslayar la circunstancia de que ella sea tributaria de ese sistema[118]. Pero, aun con el buen abono que se le ponga a este injerto en el sistema judicialista, lo cierto es que termina matando al propio árbol que, en esta metáfora, no es otro que el sistema de separación de poderes que instituye nuestra Constitución.

No vamos a reiterar aquí la constructiva crítica que, lúcidamente, hizo Bosch[119] acerca de la tesis de su maestro Bielsa. El error de dicha tesis es notorio, y resulta de su punto de partida, en cuanto atribuye el adjetivo "judicial" solo a los actos dictados por ese poder[120], lo cual implica establecer un criterio orgánico para definir las funciones del poder judicial y un criterio también orgánico para definir la actividad administrativa (como el conjunto de las funciones ejecutivas, normativas y jurisdiccionales, ejercidas por el poder ejecutivo)[121].

Aparte de que en el centro de esta interpretación y otras semejantes se encuentra el equívoco de definir las funciones estatales por los órganos que las ejercen (lo cual solo sería posible en el sistema francés) ello resulta contrario al principio de separación de poderes plasmado en nuestra Constitución, el cual, como es sabido, postula la separación relativa entre órganos y funciones[122].

Resulta evidente que la clave para afirmar una interpretación armónica en esta materia pasa por el equilibrio del sistema. Pero no es el equilibrio que instituye cualquier modelo, sino el que se logra asentando los institutos en las verdaderas bases de nuestro sistema, que es el judicialista. Esta ha sido la fundamentación que inspiró tanto la jurisprudencia de la Corte[123] (al seguir, sustancialmente, la doctrina expuesta por Bosch) como los requisitos que sostuvimos en distintos trabajos y obras[124].

Pero como ese equilibrio no se mantiene solo, ni por la inercia del sistema, importa sobremanera que la atribución de funciones jurisdiccionales sea he-

---

[118] Bosch, *¿Tribunales judiciales...*, cit., págs. 177 y ss., y "Lo contencioso administrativo y la Constitución Nacional", Buenos Aires, La Ley, 81-834, secc. Doctrina.

[119] Bosch, *¿Tribunales judiciales...*, cit., esp., págs. 21 y ss.

[120] Luqui, *Revisión judicial...*, cit., t. I, pág. 53.

[121] La concepción de Luqui sobre el poder ejecutivo y la supremacía de poderes trasunta un criterio correcto para definir materialmente las funciones estatales (ejecutiva, normativa y jurisdiccional) pero luego incurre en el equívoco de definir la actividad administrativa según un criterio orgánico. Otros autores consideran que la función administrativa es toda la actividad del poder ejecutivo (criterio orgánico) más la actividad de los otros poderes, excluidas las funciones materialmente jurisdiccionales (criterio semi-mixto). Tal es la postura que adopta Gordillo, entre otros (cfr. Gordillo, *Introducción al derecho...*, cit., págs. 97 y ss.).

[122] Bosch, *Ensayo...*, cit., págs. 39 y ss.

[123] Fundamentos que la Corte ha venido afirmando a partir del caso *Fernández Arias* (Fallos, 247:646) y reafirmada de modo más terminante en *Ángel Estrada*.

[124] Cfr. Cassagne, *Derecho administrativo*, t. II, 7ª ed., Buenos Aires, LexisNexis, 2002, pág. 86.

cha por ley del Congreso[125], la que ha sido también definida como delegación legislativa[126], siguiendo la terminología estadounidense.

Finalmente, en lo que concierne al órgano o ente al que la ley le asigne competencia para ejercer funciones jurisdiccionales, a la luz de lo expuesto entendemos que este nunca puede ser el poder ejecutivo[127], sino un órgano inde-

[125] *In re, Ángel Estrada*, consid. 12.

[126] Bosch, *¿Tribunales judiciales...*, cit., págs. 88-120 y 195-196, criterio que la Corte utiliza en el caso *Ángel Estrada*, consid. 14. Aunque en distintas ediciones de nuestro *Derecho administrativo* criticamos la utilización de dicha terminología, una relectura sobre el pensamiento de Bosch nos lleva a la conclusión de que existe identidad sustancial entre su opinión y la nuestra que es, en definitiva, la adoptada por la Corte en el caso "Ángel Estrada". En efecto, cabe notar que el error de Bosch no estaba en haber utilizado una fórmula (delegación de funciones judiciales) existente en el derecho estadounidense sino en trasladarla, sin más, a nuestro modelo constitucional, donde el sentido del término resulta más estricto y se refiere a la transferencia a otra persona de facultades que le pertenecen al delegante. Con todo, la doctrina estadounidense ha seguido utilizando la figura de la delegación para referirse a la atribución de funciones jurisdiccionales a órganos administrativos así como a la creación de tribunales administrativos por el Congreso. En efecto, en los países anglosajones, el término delegación se utiliza (aparte del sentido clásico de origen rom ánico o canónico) como sinónimo de asignación y tal es el sentido que corresponde atribuir al concepto de "poder no delegado" que prescribe el art. 121 de la Const., dado que no son las provincias las que delegan los poderes sino la Constitución, como reza el principio constitucional (véase, por ejemplo, BERNARD SCHWARTZ, *Administrative Law*, 2ª ed., Little, Brown & Co., Boston, 1984, pág. 7). De esta manera, en el derecho constitucional estadounidense, la Constitución "delega" diferentes poderes en las ramas ejecutiva, legislativa y judicial del gobierno (cfr. *Black's Law Dictionnary*, 6ª ed., West Publishing Co., 1990). En el mismo sentido, la *Encyclopaedia Britannica* explica que en el derecho constitucional estadounidense, "delegación de poderes" se refiere a los diferentes poderes atribuidos, respectivamente, a cada una de las ramas del gobierno (cfr. www.britannica.com/eb/article9061134). En la doctrina del Derecho Público —no obstante el peso de algunas interpretaciones distintas— se ha interpretado el art. 109 en el sentido de que quien distribuye o delega los poderes es la Constitución y no las provincias (cfr. JORGE A. AJA ESPIL, *Constitución y poder. Historia y teoría de los poderes implícitos y de los poderes inherentes*, Buenos Aires, Tea, 1987, pág. 39, y NÉSTOR P. SAGÜÉS, *Elementos de derecho constitucional*, t. 2, 3ª ed. act. y ampl., Buenos Aires, Astrea, 1999, pág. 37).

[127] Ha sido BIDART CAMPOS quien ha sostenido esta interpretación que, en su momento, compartimos BIDART CAMPOS, *Derecho constitucional*, cit., t. I, pág. 789, y CASSAGNE, *Derecho administrativo*, cit., t. I, Buenos Aires, 1986, pág. 95), lo que ha motivado la crítica de LUQUI, quien afirma que dicha interpretación es equivocada. En síntesis, sostiene —con cita de BOSCH— que "no resulta razonable que se prohíba al Presidente lo que se permite a los subordinados" (LUQUI, *Revisión judicial...*, cit., t. I, págs. 57-58, nota 59). Con el respeto que nuestro colega nos merece, pensamos que una lectura detenida de nuestra obra es suficiente para refutar esta crítica, ya que nunca hemos sostenido que escapen de la interdicción constitucional los órganos dependientes o subordinados al poder ejecutivo, opinión que, en definitiva, es también la de BOSCH (BOSCH, "Lo contencioso administrativo...", cit., pág. 830).

pendiente, es decir, no sometido a su potestad jerárquica ni a la llamada tutela administrativa.

8. Resumen sobre la interpretación de la doctrina de la separación de los poderes en la Constitución argentina

Aparte de que en el centro de esta interpretación y otras semejantes se encuentra el equívoco de definir las funciones estatales por los órganos que las ejercen (lo cual solo sería posible en el sistema francés) ello resulta contrario al principio de separación de poderes plasmado en nuestra Constitución, el cual, como es sabido, postula la separación relativa entre órganos y funciones[128].

En efecto, la correcta interpretación del principio en nuestro sistema constitucional es que la idea de equilibrio que la nutre no es incompatible con una relativa separación orgánica ni funcional. Esta regla conduce, en definitiva, a interpretar que la Constitución distribuye funciones predominantes, según un criterio material, entre los tres poderes del Estado (ejecutivo, legislativo y judicial) sin identificar completamente las funciones con los órganos. Así, los tres poderes vienen a ejercer, en forma relativa y con las limitaciones constitucionales establecidas en forma expresa, implícita o inherente, las tres funciones en sentido material, aunque prevalezca la función predominante, en algunos poderes más que en otros (ya que, por ejemplo, el poder ejecutivo ejerce funciones materialmente normativas cuando pone en ejercicio su potestad reglamentaria, tanto privativa como delegada, atribución que para el poder judicial es implícita). De ese modo, mientras al poder ejecutivo se le ha adjudicado, principalmente, la función administrativa y al poder legislativo le corresponde materialmente la función de legislar (actividad normativa), el poder judicial tiene atribuida —tal vez de manera más absoluta que en los dos casos anteriores— el ejercicio de la función materialmente jurisdiccional (resolver litigios con fuerza de verdad legal)[129]. Esta es la explicación que nos parece más lógica y coherente para interpretar el sentido que tiene la separación de

---

Por el contrario, al igual que este último, nuestra opinión siempre ha sido la de aceptar el ejercicio de funciones jurisdiccionales por órganos o entes administrativos solo cuando son independientes del poder ejecutivo y existan causales razonables de especialización (por ej., Tribunal Fiscal de la Nación) además de los otros requisitos que se han expuesto. Cabe agregar, por lo demás, que Bosch acepta, aunque con reservas, que se atribuyan funciones jurisdiccionales a órganos administrativos independientes por parte del Congreso, lo cual confirma la interpretación que hacemos.

[128] Cfr. Bosch, *Ensayo...*, cit., págs. 39 y ss.

[129] Armando N. Canosa, *Procedimiento administrativo: recursos y reclamos*, Buenos Aires, Abeledo Perrot, 2008, pág. 5; José Roberto Dromi, *Introducción al derecho administrativo*, Madrid, Grouz, 1986, pág. 72, con relación al aspecto sustantivo de la función jurisdiccional; Tomás Hutchinson, (*Elementos de derecho administrativo*, Buenos Aires, La Ley, 2003) en el

poderes en nuestra Constitución, pues de lo contrario no se podría aceptar que algunos órganos o entes administrativos pudieran ejercer excepcionalmente funciones jurisdiccionales, bajo ciertos requisitos, fundamentalmente, de independencia y especialidad.

Es que el sentido de la interdicción constitucional del artículo 109, aunque referido al ejercicio de funciones jurisdiccionales por el poder ejecutivo, debe interpretarse de manera equilibrada: no de un modo absoluto ni rígido, sino relativo, aunque tampoco en forma tan flexible como para admitir la posibilidad de ejercer cualquier clase de jurisdicción por los órganos de la Administración.

9. La independencia del poder judicial: antecedentes hispánicos
de las prescripciones constitucionales

Entre los antecedentes hispánicos de nuestras prescripciones constitucionales cabe puntualizar que la Constitución de Cádiz creó un Tribunal Supremo de Justicia como verdadero poder de la Nación o Estado[130], afirmando así la independencia de los jueces frente a los otros poderes (ejecutivo y legislativo o Cortes).

Las raíces de este principio se encuentran en el antiguo derecho español, al que se remite el *Discurso Preliminar* cuando funda las respectivas prescripciones constitucionales en los principios de la llamada Constitución histórica de España[131].

Lo que realmente llama la atención a cualquier jurista que profundice el estudio de las instituciones del derecho hispanoamericano (también debería asombrar a quienes consideran que, en general, este es un producto derivado de las concepciones de la Revolución francesa) es el hecho de que trascendentes conquistas del derecho público occidental moderno encuentran su origen, más que en las ideas de los revolucionarios franceses, en el antiguo derecho español (anterior al absolutismo) y, en menor medida, en las concepciones del liberalismo ilustrado.

Al frente de ese catálogo de garantías y de derechos se encuentra la institución del *Justicia de Aragón*, magistrado independiente encargado de dirimir las controversias entre el Rey, la nobleza y posteriormente, los habitantes de las ciudades (la burguesía). Y aunque no haya precisión en cuanto a la fecha

---

trabajo de Patricia López Vergara, "Función administrativa del Poder Judicial", publicado en el mencionado libro, págs. 20 y ss. (aunque lo califica como un criterio mixto).

[130] La doctrina constitucionalista argentina considera que la Corte Suprema constituye un poder del Estado y que más que un tribunal es en realidad un tercio del gobierno. Ver al respecto: Jorge Reinaldo Vanossi, *Teoría constitucional,* t. II, cit., págs. 117 y 121.

[131] Vid: Santiago Muñoz Machado, *Tratado...,* cit., t. I, págs. 186 y ss.

en que se instauró la figura (desaparecida tras la muerte de Juan de Lanuza en 1591, durante el reinado de Felipe II) su prestigio traspasó las fronteras españolas muchos siglos después, ya que esa denominación (*Justice* y no *Judge*) es la que han tenido, y actualmente tienen, los jueces de la Suprema Corte de Estados Unidos.

A su vez, entre las instituciones más arraigadas en ese antiguo derecho español, aparte de una concepción embrionaria de la división de poderes[132], se encuentran desde el derecho de resistencia a la opresión (Victoria)[133], la declaración de nulidad *ipso foro*[134], el principio de legalidad e igualdad en materia tributaria[135], hasta nada menos que el juicio o recurso de manifestación que, según los antecedentes y estudios realizados[136], equivale al *habeas corpus* del derecho anglosajón[137], habiéndose instituido con anterioridad al nacimiento en Inglaterra de dicha institución similar. Otro antecedente está representado por el concepto mismo de "ciudadano", que aparece en los derechos de Aragón, Castilla y Navarra, todo lo cual demuestra que siglos de absolutismo no pueden borrar la historia ni el hecho de que la cultura jurídica de los pueblos españoles (en general, toda su cultura), durante la Edad Media, haya sido superior a la existente en Inglaterra.

Por último, si se mira al futuro, no se puede desconocer que el *Discurso Preliminar* hace referencia al paradigma moderno de la tutela judicial efectiva el cual, aunque sin las actuales proyecciones, fue enunciado por ARGÜELLES en los siguientes términos: "La justicia, Señor, ha de ser efectiva y para ello su curso ha de estar expedito"[138], habiendo dicho antes que "uno de los prin-

---

[132] Sobre la influencia de la neoescolástica en LOCKE y en la división de poderes, ALBERTO RODRÍGUEZ VARELA, "La neoescolástica y las raíces del constitucionalismo", Separata de la Academia Nacional de Ciencias Morales y Políticas de Buenos Aires, Buenos Aires, 2005, págs. 30 y ss. Con respecto a la gravitación en los fueros de ARAGÓN, véase: SEGUNDO V. LINARES QUINTANA, *Raíces hispánicas del constitucionalismo,* Separata de la Academia Nacional de Ciencias Morales y Políticas, Buenos Aires, 2007, pág. 17.

[133] RODRÍGUEZ VARELA, "La neoescolástica...", cit., pág. 12.

[134] Significa que ella surge del propio foro cumpliendo una función similar a la violación de derechos y garantías constitucionales por arbitrariedad o ilegalidad manifiesta, cuya formulación se encuentra en la regulación de los procesos de amparo de los países iberoamericanos (v. gr. Argentina y México).

[135] Cuyos orígenes se remontan a los ordenamientos de Castilla y Aragón; véase: *Constitución Política de la Monarquía española promulgada en Cádiz el 19 de marzo de 1812,* facsímil de la edición de la Imprenta Nacional de Madrid en 1820, Madrid, Civitas, 1999, cit., pág. 12.

[136] LINARES QUINTANA, *Raíces...,* cit., págs. 23 y ss.

[137] Cfr. GARCÍA DE ENTERRÍA – FERNÁNDEZ, *Curso de derecho administrativo,* t. II, 6ª ed., Madrid, Civitas, 1999, págs. 66-67.

[138] *Constitución Política...,* cit., pág. 65.

cipales objetos de la Constitución es fijar las bases de la potestad judicial, para que la administración de justicia sea en todos los casos efectiva, pronta e imparcial"[139]. Y, por si fuera poco, el principio de la imparcialidad se recoge en la fórmula del juramento de los jueces[140].

Como se verá a continuación, para garantizar la efectividad del dogma de la independencia del poder judicial, la Constitución de Cádiz incorporó a su texto: a) la interdicción de ejercer funciones judiciales por parte del rey o de las Cortes; b) la inamovilidad de los jueces, y c) la creación de un Tribunal Supremo.

A) *La prohibición de ejercer funciones judiciales por parte del Rey y las Cortes*

Al consagrar la Constitución de Cádiz la interdicción del ejercicio de funciones judiciales por parte del Rey y de las Cortes sentó un principio capital que trasunta la aplicación de la separación de los poderes mediante una versión original que continúa y perfecciona la tendencia reflejada en las instituciones del antiguo derecho español, que se singulariza en la figura del *Justicia de Aragón*[141].

En efecto, no puede argumentarse que el citado principio se hallaba contemplado en la Constitución francesa de 1791, en cuanto prohíbe al Rey y al Cuerpo Legislativo el ejercicio del poder judicial[142], ya que su contenido trasunta una interdicción orgánica y no material, como consecuencia del principio de la soberanía de la ley, cuya determinación competía a la Asamblea Legislativa. Así se desprende, además, del propio texto del articulado constitucional francés en cuanto prescribe, entre las facultades del cuerpo legislativo, la de *décréter la création ou la suppression des offices publics*[143].

En cambio, la *interdicción* de Cádiz se refiere a las funciones judiciales y es propio de su naturaleza concebirlas en sentido material[144], representando uno de los pocos principios rígidos, en el marco de la separación de poderes que admite —en la interpretación más flexible— la colaboración recíproca entre el legislativo y el ejecutivo en funciones que, desde el punto de vista material, son las preponderantes en cada órgano.

---

[139] *Constitución Política...*, cit., pág. 57.

[140] *Constitución Política*, art. 279.

[141] *Constitución Política...*, cit., Discurso Preliminar, págs. 12-13.

[142] Cap. V, art. 1° de la Constitución de 1791.

[143] Título Tercero, Cap. III, part. 1º, inc. 5º. Cabe acotar que, en la lengua francesa, el término oficio público comprende tanto la función como el cargo.

[144] Bosch, *Ensayo...*, cit., pág. 50.

La originalidad del principio establecido por la Constitución de Cádiz, proyectado a las Constituciones iberoamericanas[145], implica instaurar el sistema judicialista puro. Por esa razón, resultan incompatibles las concepciones elaboradas por el derecho norteamericano en materia de jurisdicción administrativa primaria[146], algo que no resulta concebible en Latinoamérica en cuanto afectaría el diseño, estructura y competencia de los sistemas judicialistas, sin olvidar los peligros que encierra el hecho de adoptar instituciones contrarias a nuestra idiosincrasia[147]. Si aún con la recepción del principio que tomamos de la Constitución de Cádiz resulta muchas veces conculcada la independencia del poder judicial, cabe suponer la situación de avasallamiento que podría llegar a producirse si los jueces de primera instancia (no otra cosa es la jurisdicción administrativa primaria) dependieran de la Administración.

B) *La inamovilidad de los jueces*

Suele creerse que la inamovilidad de los jueces proviene del derecho anglosajón de donde la habría tomado la Constitución de Estados Unidos de Norteamérica que, a su vez, ha sido la fuente directa de un precepto similar existente en la Constitución argentina[148]. Tal creencia es errónea, como lo han demostrado los propios autores norteamericanos desde el historiador WILLIAM PRESCOTT hasta el constitucionalista estadounidense JAMES KENT.

El antecedente del principio de inamovilidad de los jueces radica en un fuero de Alfonso V de Aragón de 1442 que dispuso que el *Justicia* "obtuviese su oficio por vida y que sólo se lo pudiera remover con causa bastante por el Rey y las Cortes reunidos"[149]. Al respecto, anota KENT que se trata de "[...]

---

[145] Entre otros, en las Constituciones de Argentina (art. 109), Paraguay (art. 248) y Perú (art. 139).

[146] BERNARD SCHWARTZ, *Administrative Law*, 3ª ed., Boston-Toronto-Londres, Little Brown and Company, 1991, págs. 481 y ss.

[147] Interesa poner de resalto que en el Preámbulo del Estatuto Provisional de Perú de 1821, San Martín declaró que en tanto se constituya el gobierno "... me abstendré de mezclarme jamás en el ejercicio de las funciones judiciarias, porque su independencia es la única y verdadera salvaguardia de la libertad del pueblo y nada importa que se ostenten máximas exquisitamente filantrópicas, cuando el que hace la ley o el que la ejecuta es también el que la aplica". En concordancia con este principio el Reglamento Provisional del Poder Ejecutivo de 15 de octubre de 1822, en su art. 3ª, prohibió a la Junta "... conocer en asunto alguno contencioso, civil o criminal" interdicción que se retoma en la Constitución de 1823 (art. 81 inc. 3º).

[148] Art. 110 de la Const. Nal. Sobre el principio en el derecho argentino, véase: GREGORIO BADENI, *Tratado de derecho constitucional*, t. III, Buenos Aires, La Ley, 2010, pág. 796.

[149] WILLIAM H. PRESCOTT, *Historia de los Reyes Católicos*, tomo primero, Junta de Castilla y León, reproducción facsímil de la primera edición de la obra en idioma español de 1845, Salamanca, 2004, pág. 84.

el más antiguo precedente a favor del establecimiento judicial independiente..." y que en Inglaterra recién se acogió un precepto semejante hacia 1641, bajo el reinado de Carlos I, consolidándose el principio tras la restauración de la dinastía real gobernante con Carlos II, pasando de allí a varias constituciones europeas[150].

En consecuencia, la Constitución de Cádiz[151] en este punto, al igual que las norteamericana y francesa[152], abreva en definitiva, en el antiguo derecho aragonés. El desconocimiento del citado antecedente por la historiografía ha sido bastante grande en el mundo hispánico pese a que la primera traducción al castellano que se publicó en España de la obra de Prescott se hizo en Madrid en 1845 y la de Kent, publicada en Buenos Aires, data del año 1865.

C) *La creación del Tribunal Supremo*

Uno de los cambios más profundos que introdujo la Constitución de Cádiz, con el objetivo de asegurar la separación de poderes y la independencia de los jueces, consistió en la creación de un Tribunal Supremo como cabeza, imparcial e independiente del poder judicial[153].

De ese modo, la reforma realizó la unificación del poder judicial en un órgano superior al que se le atribuyó una amplia competencia originaria para entender en materias administrativas (o gubernativas) y una competencia por apelación en los recursos de nulidad que se interpongan contra las sentencias dictadas en última instancia "[...] para el preciso efecto de reponer el proceso [...]"[154]. La sola lectura de la jurisdicción que se atribuyó al Tribunal Supremo indica a las claras que se trata de un sistema visceralmente opuesto al que se instauró en Francia a partir del proceso revolucionario, donde la función de juzgar a la Administración se consideró de naturaleza administrativa, exenta del juzgamiento por el poder judicial.

Entre las competencias materiales que componen la jurisdicción originaria del Tribunal Supremo, cabe resaltar las de:

a) juzgar a los secretarios de Estado y del Despacho cuando las Cortes den lugar a la formación de causa (art. 261, inc. 2º);

---

[150] James Kent, *Del gobierno constitucional de los Estados Unidos,* 10ª ed., trad. al castellano por A. Carrasco Albano, Buenos Aires, Imprenta de Buenos Aires, 1865, pág. 127 y notas a) y c).

[151] El art. 252 de la Constitución de Cádiz prescribe: "Los magistrados y jueces no podrán ser depuestos en sus destinos, sean temporales o perpetuos, sino por causa legalmente probada y sentenciada, u suspendidos sino por acusación legalmente intentada".

[152] Constitución francesa 1791, Título Tercero, Cap. V, art. 1°, inc. 2°.

[153] Arts. 259, 260 y 261 de la Constitución Política.

[154] Art. 261, especialmente, incs. 2º, 3º, 6º y 9º de la Const. Pol.

b) conocer en las causas de separación y suspensión de los Consejeros de Estado (art. 261, inc. 3º);

c) conocer en los juicios de residencia de todo empleado público (art. 261, inc. 6º);

d) conocer en todos los asuntos contenciosos del Real Patronato (art. 261, inc. 7º), y

e) entender en los recursos de nulidad antes señalados (art. 261, inc. 9º).

La competencia material que se asigna al Tribunal Supremo es algo así como la contra cara de la prohibición de ejercer funciones judiciales que el artículo 243 de la Constitución de Cádiz prescribe con relación al Rey y las Cortes.

En esa inteligencia, aunque suele creerse que el Tribunal Supremo no realizó actividad judicial digna de destacarse, hemos encontrado, al hurgar en la documentación histórica, la correcta interpretación que hizo dicho tribunal de sus facultades judiciales en el proceso segundo contra D. Pedro Acuña y otros, al reclamar al ejecutivo la remisión de los antecedentes de la causa promovida en La Coruña contra el citado Acuña, para poder resolver la apelación interpuesta.

En dicha causa, al reclamar los antecedentes, el Tribunal no solo marcó el límite de la separación de poderes a tenor del artículo 17 de la Constitución de Cádiz sino que también consideró que la decisión de juzgar era exclusiva de los tribunales conforme al precepto contenido en el artículo 243 de dicha Constitución[155].

10. La independencia del poder judicial como principio y garantía del régimen democrático y republicano

Ninguna duda puede caber en el sentido que la separación de los poderes constituye un principio común y generalizado en todos los sistemas republicanos y democráticos e inclusive en las monarquías parlamentarias.

En el sistema constitucional argentino es algo más que un mero principio o doctrina pues configura un principio general del derecho que, en el caso de los jueces, afirma su independencia con un alcance más absoluto que en los restantes sistemas comparados, conforme al modelo de la Constitución de Cádiz, que fue la fuente en la que abrevó la raíz del actual precepto constitucional que prescribe la interdicción del ejercicio de las funciones judiciales por parte

---

[155] Véase: Adolfo Castro, *Cortes de Cádiz. Complementos de las sesiones verificadas en la Isla de León y en Cádiz,* t. II, Analecta, reimpresión de la obra original de 1913, Pamplona, 2004, págs. 188 y ss.; interesa apuntar que las Cortes, en la sesión de 12 de julio de 1812 mandaron al ejecutivo (entonces la Regencia) que entregara al Tribunal Supremo la documentación aludida para seguir entendiendo en el proceso y dictar sentencia.

del ejecutivo (art. 109), norma esta última, que prescribe un mandato obligatorio que no podrían violar la Administración ni el Congreso so pena de incurrir en manifiesta inconstitucionalidad.

Al constituir un mandato vinculante y no solo un valor moral es forzoso reconocerle una operatividad propia y plena ya que de lo contrario carecería de toda eficacia si su observancia quedara librada al capricho o la discrecionalidad de los gobernantes de turno.

Precisamente, para garantizar su respeto, existen una serie de remedios procesales que van desde la acción de amparo regulada constitucionalmente en forma expresa hasta la procedencia de una acción genérica o autónoma declarativa de inconstitucionalidad que, sin caer en la acción popular, concede legitimación a los afectados por actos, reglamentos o leyes que sean violatorios de la independencia del poder judicial.

Los preceptos constitucionales que tienden a preservar la independencia del poder judicial son básicamente dos: a) la inamovilidad de los jueces y b) la intangibilidad de sus remuneraciones[156].

Al igual que en el antecedente norteamericano, nuestra Constitución garantizó la inamovilidad de los jueces en el artículo 110, primera parte, norma constitucional que, contrariamente a lo que suele creerse y afirmarse, tiene origen, como antes hemos señalado, en el antiguo derecho español del siglo XV de donde la tomó el derecho anglosajón, pasando de este último a la Constitución estadounidense.

Mientras los miembros de la Corte Suprema son designados por el ejecutivo con acuerdo del Senado (art. 99 inc. 4°) y removidos por el procedimiento del juicio político por parte del Congreso (art. 53), tras la reforma constitucional de 1994 la remoción de los jueces de los tribunales inferiores se efectúa por un nuevo órgano constitucional creado al efecto, el Consejo de la Magistratura, que "será integrado periódicamente de modo que se procure el equilibrio entre la representación de los órganos políticos resultantes de la elección popular, de los jueces de todas las instancias y de los abogados de la matrícula federal. Será integrado, asimismo, por otras personas del ámbito académico y científico, en el número y forma que indique la ley" (art. 114).

A la luz de la integración de los miembros del Consejo, prevista en la ley 26.080 (13 miembros, de los cuales seis son legisladores, tres representan a los jueces, dos a los abogados inscriptos en la matrícula federal, uno que representa al ejecutivo y otro al sector académico y científico) resulta evidente que su composición exhibe un notorio desequilibrio a favor del sector político (que tienen 7 miembros sobre 13) frustrando la finalidad tenida en cuenta por

---

[156] JUAN OCTAVIO GAUNA - JORGE A. S. BARBAGELATA, "Independencia del poder judicial" en, JUAN CARLOS CASSAGNE (Dir.), *Tratado general de derecho procesal administrativo*, t.I, Cap. IV, 2ª ed., Buenos Aires, La Ley, 2011, págs. 101 y ss.

los propios constituyentes que no era otra que "atenuar la influencia de los poderes políticos en los procesos de selección y remoción de los jueces"[157]. De modo directo o si se quiere indirecto, la ley 26.080 implica una afectación a la inamovilidad de los jueces que, al ser una de las garantías de su independencia, deviene en inconstitucional al trastocar el principio de separación de los poderes[158].

La otra garantía que prescribe la Constitución para asegurar la independencia del poder judicial es la llamada intangibilidad de las remuneraciones de los jueces (art. 100, 2ª parte) que ha sido considerada por la Corte Suprema como provista de operatividad frente al envilecimiento de las remuneraciones sin que sea necesario probar la repercusión sobre la independencia de los magistrados en razón de tratarse de una presunción *iure et de iure*[159].

11. Sentido actual de la separación de los poderes

La doctrina de la separación de los poderes, circunscrita a la tripartición de las actividades estatales en tres órganos distintos y diferentes en punto a su especialización funcional, no funciona conforme a los criterios del siglo XVIII que instauraron el modelo propugnado por Montesquieu[160], pues aunque continúe afirmándose la necesidad de evitar la concentración del poder y su consecuente abuso, lo cierto es que han aparecido nuevos órganos en el escenario del poder estatal que lo tornan más complejo y garantístico para asegurar las regulaciones y prestaciones tendientes a satisfacer las necesidades colectivas indispensables para la comunidad y la consecuente dignidad de la persona.

Esos nuevos órganos del Estado no ocasionan mutación material alguna de las funciones del poder estatal que podrían variar en su contenido o alcance sin alterar su sustancia (administrativa, normativa y jurisdiccional) por el hecho de concentrarlas en algún otro órgano (autoridad regulatoria independiente) o de separarlas del tronco común al que antes estaban atribuidas (v. gr. las funciones del Consejo de la Magistratura respecto al poder judicial e incluso el ministerio público).

Dado que nuestro sistema constitucional ha consagrado la interdicción del ejercicio de funciones judiciales por parte del ejecutivo (art. 109) todo desgajamiento, e incluso, atribución de funciones mixtas a otros órganos, no impide que el poder judicial continúe siendo el controlante final de los actos de los

---

[157] María Angélica Gelli, *Constitución de la Nación Argentina, comentada y concordada*, t. II, 4ª ed., Buenos Aires, La Ley, 2008, pág. 493.

[158] La ley 26.080 fue modificada por la ley 26.855, declarada inconstitucional por la Corte Suprema en el caso *Rizzo*, resuelto con fecha 18/06/2013.

[159] *In re, Bonorino Peró, Abel c/ Nación Argentina*, Fallos 307:966 (1985).

[160] Gauna - Barbagelata, "Independencia del poder judicial", cit., pág. 98.

nuevos órganos independientes conforme la fórmula que emplea la Corte Suprema para calificar dicha actividad como "control judicial suficiente con amplitud de debate y prueba".

Es cierto que cada escuela jurídica interpretó el principio de la separación de poderes a su manera (empezando por el positivismo) sin haberse advertido el cambio profundo operado en el mundo real que exhibe el derecho comparado a raíz del nuevo sentido que se le asigna al citado principio el cual, antes que una división del poder que, por naturaleza, es indivisible, entraña una distribución de las funciones estatales.

Al apartarse de la mentalidad positivista reinante en el siglo pasado, el mundo jurídico desplazó la prevalencia de la norma positiva afirmando, en su lugar, la primacía de los principios generales sobre las restantes fuentes del derecho (la idea básica de principalidad) en cuanto ellos se fundan en la dignidad de la persona y en la naturaleza de las cosas. En rigor, los principios generales constituyen la causa y la base del ordenamiento público (constitucional y administrativo), existiendo con independencia de su reconocimiento legal o jurisprudencial.

El hecho de que los principios generales constituyan mandatos y posean, por tanto, carácter imperativo, hace que prevalezcan, orienten e informen el ordenamiento facilitando la labor interpretativa de los jueces, con arreglo a las técnicas de la ponderación judicial y las reglas de la razonabilidad práctica (que ha descrito el gran iusfilósofo FINNIS).

En el escenario descrito, buena parte de los principios generales recibieron acogida constitucional o supranacional, en un proceso de positivización que ha llegado a confundir a más de una cabeza doctrinaria, que siguen sin aceptar que el derecho se basa en principios de justicia desconociendo al propio tiempo que los valores morales son ingredientes esenciales y complementarios del fenómeno jurídico, aun cuando no se encuentren incorporados al derecho positivo.

Ese proceso de decantación de los principios generales siempre existió en el derecho administrativo de Europa continental que, a partir de la ejemplar jurisprudencia elaborada por el Consejo del Estado francés, dio nacimiento y operatividad a los principios generales, tal como aconteció más tarde en la mayoría de los países europeos e hispanoamericanos que siguieron esas huellas de la jurisprudencia francesa y, actualmente, de la alemana y, en general, europea.

Al propio tiempo, muchos principios generales se incorporaron positivamente en los textos constitucionales (ej. la Convención Americana de los Derechos Humanos) lo cual vino a potenciar la función de los jueces como creadores del derecho que ya no se limita, como hemos visto, a la mera aplicación de la ley. Por el contrario, la indeterminación que es propia de los principios y la necesidad de resolver nuevas situaciones no regladas han acentuado el papel de los jueces en el proceso de creación del derecho que alcanza muchas veces a positivizarse por vía jurisprudencial. Resulta de alguna manera paradojal que el sistema descrito haya recibido la denominación de neo-constitucionalismo[161] cuando es, precisamente, la culminación de un proceso de signo inverso al positivismo constitucional y legalista.

En ese contexto, aun cuando se mantenga la esencia de un Estado de derecho basado en la separación de poderes y, sobre todo, en el funcionamiento independiente del poder judicial, es evidente que asistimos a una remodelación del sistema clásico de la separación de poderes para garantizar la imparcialidad de las decisiones que afectan a las personas.

En efecto, no se puede desconocer, la función del Estado ha evolucionado al compás de los cambios económicos y sociales y la necesidad de satisfacer necesidades colectivas que aparecen a raíz de las innovaciones tecnológicas. Si bien no es posible predicar que el Estado liberal se haya abstenido de cumplir funciones sociales básicas, en el campo de la salud y de la educación, ni tampoco que el intervencionismo del llamado Estado benefactor haya producido la estatización de la totalidad de las empresas privadas, lo cierto es que hoy, más que nunca, se ha impuesto la concepción de un Estado regulador y garante de prestaciones que están en cabeza de empresas privadas. La gestión estatal solo se justifica frente a la falta o insuficiencia de la gestión privada en la satisfacción de las necesidades colectivas.

La generalización de este modelo en la mayoría de las naciones democráticas de Latinoamérica, cuyas instituciones encuentran muchas de sus raíces (aparte de las vernáculas) en sus semejantes del derecho europeo continental o anglosajón, muestra una nueva concepción sobre el tipo de Estado que viene rigiendo en el mundo en esta era que bien puede calificarse como la del Estado subsidiario, que legitima y refuerza la intervención estatal en caso de auténticas carencias sociales y no como forma política de otorgar prebendas o beneficios propios del clientelismo populista.

Precisamente, el clásico principio constitucional de la separación de los poderes ejecutivo, legislativo y judicial, que tanto ha contribuido a la protección de las libertades, ha cobrado una nueva dimensión, ya que ahora coexisten en los gobiernos de los Estados democráticos múltiples y diversos poderes.

La adopción del sistema constitucional en poderes compartidos y separados, hecha por vez primera en la Constitución norteamericana de 1787 y luego en la francesa de 1791, lejos de limitarse al reparto de competencias entre los órganos de los clásicos poderes y a los controles recíprocos, ha visto ensanchado considerablemente su campo de acción con el surgimiento de nuevos poderes que, bajo el control de los jueces o de tribunales administrativos, van

---

[161] Expresión que, por comodidad de lenguaje, hemos y seguimos utilizando aunque con un sentido opuesto al que predica el positivismo constitucional.

ejerciendo funciones separadas y autónomas respecto de la Administración o del Congreso (v. gr. consejos de la magistratura o del poder judicial, defensores del pueblo, ministerio público, etc.). Entre esos nuevos poderes hay un fenómeno que no ha recibido mayor profundización por la doctrina vernácula del derecho público. Se trata de las autoridades regulatorias independientes las cuales, no obstante no haber tenido recepción en las diferentes constituciones, se han generalizado de modo sorprendente en casi todos los sistemas comparados. De tal modo, bien puede hablarse de un nuevo principio general que afirma instituciones que precisan contar con garantías de independencia, imparcialidad y especialización funcional, sacándolas de la órbita de los poderes políticos del gobierno para ponerlas en manos de funcionarios idóneos y técnicos que actúen con neutralidad política y eficacia indiferente.

Este nuevo principio ha desplazado la noción de autarquía ligada a un control de tutela a cargo del ejecutivo o de la administración central. En efecto, la mera autarquía junto a las facultades para designar a los miembros de los órganos directivos más los poderes de intervención del ejecutivo, tornan ilusoria, en muchos casos, la independencia o autonomía de los entes reguladores.

La tendencia actual en el campo de las autoridades regulatorias es atribuirles la más amplia independencia técnica y funcional al par que múltiples competencias, incluso de naturaleza jurisdiccional, con control amplio y suficiente de legitimidad (legalidad y razonabilidad) por parte de los jueces.

En fin, tanto en el desarrollo de los principios generales del derecho administrativo como en los principios y técnicas de interpretación, el nuevo constitucionalismo exhibe una confluencia de valores basada en la dignidad de la persona humana y en la defensa de sus libertades, que constituye algo así como el soporte de todos los mecanismos de protección de los derechos fundamentales de los ciudadanos y empresas frente al Estado. La función de regulación y garantía del Estado subsidiario, así como los fines de bien común que persigue, cobran de ese modo un nuevo sentido protectorio, alejado por cierto de las tendencias ideológicas de un populismo que predica el estatismo por medio de prácticas clientelistas que exigen una adhesión ciega a las normas sin garantizar a los habitantes las prestaciones mínimas e indispensables para la satisfacción de las necesidades colectivas ni para poder alcanzar razonables niveles de crecimiento económico-social.

Entre esos nuevos órganos independientes que aparecen en el escenario de la separación de los poderes cabe hacer mención al ministerio público (Const. Nal., art. 120), al Consejo de la Magistratura (Const. Nal., art. 114), a la Auditoría General de la Nación (Const. Nal., art. 85) (si bien con autonomía funcional goza —en los hechos— de cierta independencia en cuanto su presidente será designado por el Congreso a propuesta del partido de la oposición con mayor número de legisladores en el Congreso) y al defensor del pueblo (Const. Nal., art. 86).

Por la trascendencia que proyectan al campo del derecho administrativo analizaremos a continuación las denominadas agencias reguladoras, organismos de control o, como preferimos (siguiendo la doctrina europea) "autoridades regulatorias independientes", mencionadas de manera inorgánica y sin mayor precisión en punto a su naturaleza y funciones, en el artículo 42 de la Constitución.

12. El principio de independencia de las autoridades regulatorias

La circunstancia de que el término "autoridades" a que alude el artículo 42, segunda parte de la Constitución haya sido descrito en forma genérica e indefinida (pudiendo aplicarse indistintamente a la Administración pública o al Congreso) no es óbice para su utilización a efectos de calificar la figura de los entes reguladores de los servicios públicos y actividades de interés público[162] (v. gr. regulación bancaria y financiera por el Banco Central, las funciones de la Comisión Nacional de Valores y de la Autoridad Federal de Servicios de Comunicación Audiovisual [AFSCA], etc.).

Con anterioridad, para ubicar dichos entes en los esquemas clásicos, sostuvimos la postura que los situaba como especies de entidades autárquicas[163].

Sin embargo, tal afirmación debe modificarse a la luz del nuevo sentido que adquiere la separación de poderes en ciertos sectores de la regulación económica y social, pues si aceptamos que la independencia de esos nuevos organismos se erige como una condición necesaria para la preservación del Estado de Derecho (en sus diferentes versiones garantísticas: Estado social y democrático, Estado de justicia o Estado constitucional de derecho[164]), cuyo funcionamiento se garantiza asignándole operatividad al principio de separación de poderes, la consecuencia de este principio que impone la independencia orgánica y especialización funcional, se configura como principio general de derecho, en virtud de su universalidad y supremacía (o principalidad).

Es decir que ya sea que se trate de organismos de control de los servicios públicos (por extensión de las actividades de interés público) creados por el Congreso en virtud de la cláusula constitucional contenida en el artículo 42 o bien de entidades cuya creación emane de una norma como ente orgánicamente separado del ejecutivo y del legislativo para asegurar la imparcialidad de sus directivos caracterizados, en todos los casos, por su especialización funcional (v. gr. Banco Central de la República Argentina), esas entidades, denominadas en algunos ordenamientos "autoridades regulatorias independientes", gozan

---

[162] Cassagne, *Curso...*, cit., t. II, págs. 111 y ss.

[163] Cassagne, *Curso...*, cit., t. I, pág. 306.

[164] Patricio M. E. Sammartino, *Amparo y administración*, t. I, Buenos Aires, La Ley, 2012, págs. 150 y ss.

de plena independencia de los sectores políticos representativos precisamente para garantizar las libertades y derechos de todos los protagonistas del sector objeto de la regulación, así como la calidad y la eficiencia de los servicios públicos[165].

El principio de independencia de las autoridades regulatorias viene a coincidir con los objetivos de la doctrina de la separación de poderes, completando el cuadro tripartito de las funciones que de alguna manera aparecen concentradas en dichos entes, pero separadas de los clásicos órganos que ejercen la representación política. Los entes reguladores cumplen así las tres funciones estatales en sentido material (administrativas, legislativas y jurisdiccionales) dentro de los límites constitucionales (control final de las decisiones por el poder judicial y los límites que para las delegaciones legislativas prescribe el art. 76 de la Const. Nal.)[166].

La Corte Suprema de Justicia de la Nación ha reconocido el principio general de independencia de las autoridades regulatorias si bien en relación a la ley de creación de la Autoridad Federal de Servicios de Comunicación Audiovisual (AFSCA), en el caso "Grupo Clarín S. A." expresó: "Es de vital importancia recordar que tampoco se puede asegurar que se cumplan los fines de la ley si el encargado de aplicarla no es un órgano técnico e independiente, protegido contra indebidas interferencias, tanto del gobierno como de los grupos de presión"[167].

Es cierto que no se trata de un aspecto relacionado con la pretensión procesal articulada en el juicio "Grupo Clarín S. A." ni hace al objeto central de la controversia, pero también lo es que no se trata de un mero argumento u opinión sobre un tema jurídico. Más bien, lo que la Corte ha hecho —bajo la forma de un *obiter dictum*— es la enunciación o reconocimiento de un principio general del que cabe extraer múltiples consecuencias. Una de ellas es la procedencia de la impugnación de todo acto o norma que conculcase el principio de separación de los poderes y la independencia de las autoridades regulatorias creadas por el Congreso mediante una acción de amparo o autónoma de inconstitucionalidad, habida cuenta la textura abierta que cabe atribuir al

---

[165] Daniel M. Nallar, "La regulación económica del servicio público como factor de seguridad jurídica", en Cesare Mirabelli – Rodolfo C. Barra (Dirs.), *Primeras Jornadas italo-argentinas de servicio público*, organizadas por la Universidad Católica de Salta, 2006, RAP núm. 350, Buenos Aires, pág. 209.

[166] Los límites constitucionales de la delegación legislativa se reducen a dos: a) el establecimiento de las bases de la delegación y b) la fijación de un plazo para su ejercicio (Const. Nal., art. 76, primera parte).

[167] *In re, Grupo Clarín S. A. y otros c/ Poder Ejecutivo Nacional y otro s/ acción meramente declarativa*, de fecha 29 de octubre de 2013 (considerando 74 del voto de los Dres. Lorenzetti y Highton y considerando 39 del voto del Juez Petracchi).

concepto de "caso", como presupuesto básico de la intervención judicial[168] para efectuar una declaración de inconstitucionalidad.

13. CONSTITUCIONALIDAD DE LA CREACIÓN DE LAS AUTORIDADES REGULATORIAS INDEPENDIENTES

La creación de autoridades regulatorias independientes es producto de criterios de justicia fundados en la circunstancia histórica de cada país, lo que no impide reconocer que, de algún modo, se haya universalizado el fenómeno en Europa y en buena parte de América.

Esta extensión o globalización nos lleva a preguntarnos si al estar ante un proceso universal en culturas jurídicas afines no se ha operado la generación de un principio general del derecho público que afirma que frente a determinadas situaciones en las que se plantea la necesidad de una regulación imparcial se requiere también que los entes encargados de ella (que destaca por ser una suerte de actividad arbitral entre todos los intereses en juego) gozan de independencia o autonomía funcional[169]. A nuestro juicio, esto es evidente en muchos países pero resulta quizás más necesario en aquellos de Latinoamérica que enfrentan situaciones de despotismo que, bajo la máscara de una democracia formal populista destruyen la finalidad de la separación de poderes y, peor aún, la dignidad de las personas.

Es cierto que la Constitución no recoge el fenómeno pero tampoco hay en ella cláusula alguna de interdicción. Más aún, entre los antecedentes que abonan la constitucionalidad de la creación de esta clase de entidades se encuentra la primitiva ley de creación del Banco Central[170], que lo configuró como autoridad independiente[171] de la Administración.

Por otra parte, la creación de autoridades regulatorias independientes es compatible con la telesis de la separación de poderes que busca, en definitiva, preservar la dignidad humana y los derechos fundamentales[172] evitando la concentración del poder público en desmedro de las libertades de las personas.

Precisamente, el principio de la dignidad de la persona humana, que constituye la piedra angular de toda la construcción de los derechos fundamentales

---

[168] SAMMARTINO, *Amparo...*, cit., t. II, págs. 430 y ss.

[169] ISMAEL MATA, "La independencia funcional del Banco Central", en AA.VV., *El derecho administrativo hoy. 16 años después*, Jornadas de la Universidad Austral, Buenos Aires, RAP, 2013, pág. 25.

[170] Ley 12.155.

[171] MATA, "La independencia...", cit., pág. 25.

[172] ARTEMI RALLO LOMBARTE, *La constitucionalidad de las administraciones independientes*, Madrid, Tecnos, 2002, págs. 225 y ss.

y de los principios generales del derecho, posee supremacía constitucional, por hallarse expresamente contemplado en el Pacto de San José de Costa Rica[173].

Tanto en España[174] como en otros países de la Unión Europea[175] se ha debatido la conveniencia y constitucionalidad de la creación de autoridades regulatorias independientes.

Este nuevo fenómeno, que hoy se ha generalizado en la mayor parte del mundo occidental, es producto de una realidad imparable que ha impuesto el principio de imparcialidad en los órganos que resuelven conflictos y que regulan sectores de la economía, los cuales conviene apartar de la influencia de los sectores políticos, ya sea para garantizar la independencia de los jueces (Consejo de la Magistratura), el bien común y la legalidad de la Administración (a través del defensor del pueblo) o bien, para regular sectores claves de relevancia económica o hacerlo en defensa del valor de la moneda (Banco Central) y de la competencia (CNDC), así como de la libertad de expresión en sentido amplio (v. gr. AFSCA).

Los principales cuestionamientos que se esgrimen son el déficit democrático y la afectación del principio de separación de poderes al sustraerle al ejecutivo una porción del poder de dirigir la Administración.

El primer argumento nos recuerda aquel célebre artículo de ORTEGA titulado "La democracia morbosa"[176] y es de alguna manera una proyección de las tesis de ROUSSEAU sobre el origen del poder y la soberanía del pueblo las cuales, aparte de no traducir el pensamiento de MONTESQUIEU, hoy día no han sido

---

[173] Art. 11 de la CADH y normas concordantes de la Declaración Universal de los Derechos Humanos, el Pacto de los Derechos Civiles y Políticos y el Pacto de los Derechos Económicos, Sociales y Culturales; vid nuestro *Acto administrativo*, 3ª ed., Buenos Aires, La Ley, 2012, págs. 64 y ss. y Fallos 314:421 (1991).

[174] JOSÉ RAMÓN PARADA VÁZQUEZ, *Derecho administrativo*, t. II, 6ª ed., Madrid, Marcial Pons, 1992, págs. 249-283; ARTEMI RALLO LOMBARTE, *La constitucionalidad...*, cit., especialmente págs. 161 y ss.

[175] GUY BRAIBANT, "Les autorités administratives indépendantes", COLLIARD - TIMSIT (Dirs.), París, PUF, 1988, págs. 290-292.

[176] JOSÉ ORTEGA Y GASSET, "La democracia morbosa", en *Obras completas*, t. II, Madrid, Alianza Editorial, 1983, págs. 135 y ss. En el artículo, publicado en *El Espectador* en el año 1917, vincula la democracia exasperada y fuera de sí, con el resentimiento, la envidia, y el igualitarismo del credo socialista, llegando a decir que la pretensión de extender la democracia a todas las cosas ajenas a su estricta forma jurídica de derecho público "es el más peligroso morbo que puede padecer una sociedad". Si bien el tema que abordamos se encuentra en la zona propia del derecho público creemos que el pensamiento completo de ORTEGA, que debe integrarse con los distintos y numerosos trabajos que escribió, permite extender su opinión a otras instituciones de derecho público como las universidades y, actualmente, a las llamadas autoridades regulatorias independientes.

seguidas por ordenamiento comparado alguno, incluso por el ordenamiento comunitario europeo. Si se aplicara dicha tesis tendrían que desaparecer del escenario del derecho público desde la descentralización administrativa y el consecuente poder reglamentario hasta las figuras de la delegación, las autorregulaciones y las sociedades anónimas de titularidad estatal o bajo su control mayoritario y, por cierto, en Europa, las potestades de la Unión Europea.

Al igual que los jueces y los miembros del ministerio público, las autoridades regulatorias independientes son instituciones que sirven a los regímenes democráticos contribuyendo al equilibrio de poderes y, sin aún encarnar la idea democrática representativa, cumplen el papel de afianzar la dignidad humana y las libertades fundamentales.

Como bien se ha dicho, la teoría constitucional "ha quedado vieja"[177] y es hora de repensarla sobre las bases que proporciona la realidad, siendo vana la pretensión de encerrarla en los arcaicos dogmas que interpretan la Constitución como una institución estática, atada al pasado más que al futuro.

Esto no implica dar carta libre para la creación de toda clase de entidades que deben someterse a un escrutinio basado en el consenso social y político así como hallarse justificadas en un valor constitucionalmente relevante[178], cuya concreción institucional no implique una ruptura de los vínculos con el ejecutivo y el Parlamento (por ejemplo, en los mecanismos de selección de los funcionarios directivos).

En el ordenamiento constitucional argentino hay entes cuya existencia la Constitución reconoce en forma expresa asignando al Congreso la potestad de organizarlos (ej. Consejo de la Magistratura, Bancos y Universidades)[179] respecto de los cuales su independencia y especialización funcional no pueden cuestionarse, más aún, se vinculan positivamente en cumplimiento de un mandato implícito de su articulación constitucional.

Ahora bien, respecto de la neutralidad que exhibe la Constitución sobre la creación genérica de autoridades regulatorias independientes, distintas a las señaladas en forma expresa en su texto positivo, se impone una construcción constitucional dinámica y realista, en el marco de los objetivos que persigue la realización del principio de separación de poderes.

---

[177] TOMÁS RAMÓN FERNÁNDEZ, "Reflexiones sobre las llamadas autoridades administrativas Independientes", en *Administración instrumental*, libro en homenaje a Manuel Francisco Clavero Arévalo, vol. I, Madrid, Civitas, 1994, pág. 439.

[178] FERNÁNDEZ, "Reflexiones…", cit., págs. 438-439; vid asimismo, LUCIANO PAREJO ALFONSO ("La potestad normativa de las llamadas Administraciones independientes: apuntes para un estudio del fenómeno", en *Administración instrumental*, cit., pág. 650 advierte sobre el riesgo de una excesiva acumulación de supuestos de "independización" de entidades sustraídas a la dirección del ejecutivo.

[179] Arts. 75, incs. 6°, 18 y 19 y 114 de la Const. Nal.

En ese sentido, si bien no basta, por sí mismo, el precepto de la Constitución contenido en el artículo 42, que refiere a los organismos de control, a los derechos de los consumidores y usuarios cuya protección encomienda a las "autoridades", y prescribe que la legislación establecerá "procedimientos eficaces para la prevención de los conflictos y los marcos regulatorios de los servicios públicos de competencia nacional", dicho precepto es un punto de partida para determinar el valor constitucional relevante que implica la creación de entidades para cumplir con los fines que persigue la prescripción constitucional.

En definitiva, la creación de autoridades regulatorias independientes configura uno de los poderes implícitos del Congreso[180] y este es uno de los aspectos de esta problemática en que hay mayor coincidencia en la doctrina comparada, no obstante las posiciones (de cierto facilismo en la interpretación) que propugnan la reforma de las respectivas constituciones[181] para superar el escollo que representa la sustracción al ejecutivo de su competencia directiva genérica sobre la Administración.

Con todo, en nuestro sistema constitucional, aun cuando sea posible sostener que la operatividad del principio de independencia de las autoridades regulatorias no es directa sino derivada en el sentido de que su concreción efectiva demanda el dictado de una ley por el Congreso, que es el órgano habilitado para prescribir la independencia de los entes que cree en ejercicio de sus poderes implícitos[182], lo cierto es también que el principio encuentra su fundamento en el derecho supranacional (Const. Nal., art. 75 inc. 22) reconocido en el Pacto de San José de Costa Rica que ha extendido las garantías de imparcialidad e independencia que rigen respecto de los jueces (CADH, art. 8°) a los órganos administrativos que cumplen funciones de naturaleza jurisdiccional, tal como lo ha reconocido la Corte Interamericana de Derechos Humanos[183].

A diferencia del esquema clásico de la separación de poderes, basado en una distribución *ad intra* de atribuciones a órganos diferentes, lo que se busca con la creación de las autoridades regulatorias independientes es la configuración de "contrapoderes" que, con la finalidad de equilibrar el poder, actúen desde fuera del ejecutivo y del legislativo y, en definitiva, con independencia de los sectores políticos, con el objetivo de limitar el poder creciente de los gobernantes de turno y hacer posible el llamado "equilibrio constitucional"[184], siempre con control judicial suficiente.

---

[180] Art. 32 de la Const. Nal.

[181] Vid: RALLO LOMBARTE, *La constitucionalidad...*, cit., págs. 324 y ss.

[182] Art. 75, inc. 32 de la Const. Nal.

[183] *In re, Baena, Ricardo vs. Panamá*, sent.de 02/02/2001.

[184] RALLO LOMBARTE, *La constitucionalidad...*, cit., págs. 225-226.

Claro es que el Congreso, al declarar la vigencia del principio de independencia regulatoria con respecto a un ente creado por él no podría en el propio acto negarlo ya que, de lo contrario, estaría sancionando una ley carente de razonabilidad que va contra sus propios actos. En este caso, por un axioma de coherencia funcional, se impone la prevalencia del principio de independencia regulatoria y no su negación o restricción.

CAPÍTULO IV

LOS PRINCIPIOS DE LEGALIDAD Y DE RAZONABILIDAD. LA INTERDICCIÓN DE ARBITRARIEDAD

1. EL PRINCIPIO DE LEGALIDAD

A) *Precisiones conceptuales*

En el modelo de Estado que surgió de la Revolución francesa el principio de legalidad significaba, fundamentalmente, el monopolio atribuido al Parlamento para el dictado de normas generales y obligatorias (legicentrismo) que implicaba, además, el sometimiento del ejecutivo a la ley.

Este modelo alcanzó una proyección generalizada en el derecho constitucional europeo y, no obstante los inconvenientes teóricos que planteaba por la diversidad de sus fuentes doctrinarias, terminó afirmándose en la era del positivismo legalista.

Pero un problema no menor quedó planteado al constatarse la insuficiencia de la ley para regular todos los supuestos posibles originados en los cambios económicos, sociales y tecnológicos. De la mera función aplicativa de las normas que cumplía el ejecutivo mediante el ejercicio del poder reglamentario se pasó, inicialmente, al reconocimiento de atribuciones delegadas (lo que ocurrió también en el derecho norteamericano), luego a la admisión de potestades excepcionales de urgencia para regir supuestos que anteriormente eran sólo patrimonio de las leyes, hasta, finalmente, desembocar en el reconocimiento, en algunos ordenamientos constitucionales, de una zona reglamentaria independiente a favor del ejecutivo o de una función reglamentaria residual, cuando el Parlamento no legisla sobre una determinada institución o situación general (por ejemplo, el caso de Francia, a partir de la Constitución de 1958).

Este proceso de fragmentación del principio clásico de legalidad, que atribuía al legislativo el monopolio de la ley (legicentrismo), se ha acrecentado con la creación de normas por entidades no estatales de carácter público (v. gr. colegios profesionales) así como con autoregulaciones que emanan de personas privadas (v. gr. bolsas y mercados de valores) y en el campo laboral, con las llamadas convenciones colectivas de trabajo, que suelen contener normas de derecho público.

A su vez, el positivismo legalista, influido fuertemente por Kelsen, entró en crisis lo que provocó el retorno a la justicia material, mediante concepciones distintas a las sostenidas por el derecho natural racionalista, como la tópica[1] y la técnica de cubrir las lagunas legislativas con los principios generales del derecho. Se retorna, de alguna manera, a la concepción tradicional de la ley, basada en un dualismo que hace posible distinguir la positividad de la norma de la justicia (ley positiva y ley natural), lo cual conduce al sometimiento de la Administración tanto a la ley positiva como a los principios generales del derecho.

Así, no obstante que la Administración debe ejercer sus potestades sobre la base de una habilitación otorgada previamente por la ley (potestades que pueden surgir de normas expresas o implícitas o inherentes), la ley positiva ha dejado de ser el centro del sistema jurídico, ya que el clásico bloque de legalidad de que nos hablaba Hauriou (integrado por la ley y la costumbre) se integra principalmente también con los principios generales del derecho[2], que se expanden y desarrollan en forma extraordinaria[3], prevaleciendo sobre las leyes positivas[4].

El proceso que se ha descrito, caracterizado por la decadencia del legicentrismo y la necesidad de una vinculación con la justicia material[5], se completa, en los países de Europa continental, con el fenómeno de la llamada constitucionalización de la legalidad[6], al haberse incorporado a la Constitución numerosos principios y declaraciones de derechos que operan como garantías de las libertades y demás derechos de los ciudadanos. Para los ordenamientos latinoamericanos que han seguido, desde sus orígenes constitucionales, un sistema como el norteamericano, que consagra la primacía de la Constitución, este último tramo del proceso constitucional europeo no representa una novedad de peso, salvo en lo que respecta al derecho comunitario, cuyas instituciones, sin embargo, no resultan comparables con nuestro incipiente derecho de la integración.

---

[1] Véase: Gustavo Silva Tamayo, *Desviación de poder y abuso de derecho*, Buenos Aires, Lexis Nexis Abeledo-Perrot, 2006, págs. 25 y ss.

[2] Muñoz Machado, *Tratado de derecho administrativo,* t. I, 2ª ed., cit., pág. 420.

[3] Vid: Pedro J. J. Coviello, "Los principios generales del derecho frente a la ley y al reglamento en el derecho administrativo argentino", ReDA núm. 62, Buenos Aires, Lexis Nexis, 2007, págs. 1088 y ss.

[4] Como lo hemos sostenido en un trabajo anterior "Los principios generales del derecho en el derecho administrativo", *Separata de la Academia Nacional de Derecho y Ciencias Sociales de Buenos Aires*, 1988, pág. 34; véase también: Rafael Bielsa, *Metodología jurídica*, Santa Fe, Castellví, 1961, págs. 102 y ss.

[5] Eduardo García de Enterría, *Reflexiones sobre la ley y los principios generales del derecho*, Madrid, Civitas, 1984, pág. 39.

[6] Muñoz Machado, *Tratado de derecho administrativo,* t. I, 2ª ed., cit., págs. 403 y ss.

Consecuentemente, el panorama de las fuentes del derecho se caracteriza por una declinación de la ley positiva a la que se suma el hecho que, como consecuencia de la primacía de las normas comunitarias o de las emanadas de los tratados internacionales, la ley ha perdido la prevalencia jerárquica que antes tenía en los ordenamientos nacionales, resultando desplazada por el predominio de la norma internacional, que se considera de superior jerarquía, aunque el esquema monista de las fuentes se ha relativizado en algunas constituciones y el dualismo siga rigiendo en uno de los países más importantes del mundo (como Estados Unidos de Norteamérica).

Pese a que tales cambios han provocado la dilución del legicentrismo estatal o del reino de la ley, concebido como centro absoluto del sistema de las fuentes del derecho, la ley continúa siendo, en el derecho interno y, bajo la supremacía de la Constitución (así como de los tratados internacionales y los principios generales del derecho), la fuente jurígena jerárquicamente superior en determinadas materias que se declaran reservadas. Al propio tiempo, siempre existe la posibilidad del ejercicio de poderes de legislación residuales en aquellos campos en que se ha operado la fragmentación de la ley (v. gr. autorregulaciones público-privadas).

B) *Legalidad y legitimidad. Distintas formulaciones del principio de legalidad*

En cualquier caso, el principio de legalidad puede explicarse en dos planos, no necesariamente opuestos. El primero, es el de ley positiva, en sentido formal y material. Tal es el entendimiento que cabe atribuir a las normas constitucionales que consagran reservas legales (v. gr. en materia tributaria el art. 4° de la Const. Nal.). Concebida de esa manera, la legalidad integra el principio de legitimidad[7] (un sector de la doctrina utiliza, en el mismo sentido, el término juridicidad[8]), que comprende tanto la legalidad en sentido estricto como la razonabilidad o justicia. El otro sentido de la legalidad, con sus raíces en la escolástica, "que no repugnó la identificación de la ley con el derecho"[9], es el que utiliza el artículo 19 de la Constitución, como se verá más adelante.

---

[7] Luis Legaz y Lacambra, *Filosofía del derecho*, 5ª ed., Barcelona, Bosch, 1979, págs. 598 y ss., especialmente págs. 601 y ss.; Germán Bidart Campos, *Derecho constitucional*, t. II, Buenos Aires, Ediar, 1996, págs. 108 y ss., especialmente pág. 116 y nuestro *Derecho administrativo*, t. II, 8ª ed., Buenos Aires, LexisNexis, 2006, págs. 29-30.

[8] Utilizan el concepto de juridicidad con el contenido del principio de legitimidad o de legalidad en sentido amplio: Julio R. Comadira, *Derecho administrativo*, Buenos Aires, Abeledo Perrot, 1996, págs. 125-126; Domingo J. Sesín, *Administración pública, actividad reglada, discrecional y técnica*, 2ª ed., Buenos Aires, LexisNexis-Depalma, 2004, pág. 47; y Pedro J. J. Coviello, *La protección de la confianza del administrado*, Buenos Aires, Lexis-Nexis, Abeledo-Perrot, 2004, págs. 363-367.

[9] Coviello, *La protección de la confianza...*, cit., pág. 365.

Al respecto, pensamos que el concepto de juridicidad, de raíz positivista (KELSEN), no expresa la idea del contenido de justicia ni de los principios generales del derecho sino más bien la de un principio que basa la validez de un acto administrativo en la circunstancia que tenga fundamento en la norma superior, lo que resulta coherente en autores enrolados en esa tendencia (por ejemplo, FIORINI). No obstante, en la doctrina española la juridicidad suele ser utilizada también como comprensiva de la legalidad y de la justicia o razonabilidad[10].

C) *Legalidad y reserva de legalidad. La llamada preferencia de ley*

En el campo de la Administración pública, el principio de legalidad puede concebirse en varias acepciones. Por de pronto, toda actuación administrativa debe fundarse en ley material (ley formal, reglamento administrativo, ordenanzas, etc.) y este es el sentido que cabe atribuir al artículo 19 de la Constitución Nacional[11], que obra como una garantía a favor de las personas afianzando la separación de poderes. Precisamente en materia tributaria, el principio referido a que no puede imponerse tributo alguno sin ley con la clásica fórmula *nullo tributum sine lege*, constituye "una clara derivación del principio genérico de legalidad que consagra el art. 19 de la Constitución Nacional"[12]. Al propio tiempo, el principio de legalidad opera como una restricción al ejercicio del poder público y exige ley formal o ley formal-material para aquellas actuaciones que interfieran en la libertad jurídica de los particulares (v. gr. arts. 16, 17, 18, 19 y 28 de la Const. Nal.). Como ha dicho LINARES, ello puede acontecer "sea inmediatamente o sea mediatamente a través de normas intermedias de aplicación de una ley formal o material restrictivamente interpretadas"[13].

A su vez, la reserva de ley constituye la máxima expresión del principio de legalidad en sentido estricto, en cuanto prescribe una regla superior en el plano constitucional que consiste en que determinadas materias solo pueden ser reguladas por leyes del Congreso (v. gr. creación de tributos). Con todo, la estrictez de la regla se hace más fuerte y absoluta en materia penal en virtud del principio *nullun crimen sine lege* que consagra el artículo 18 de la Constitución, lo cual se proyecta sobre la determinación de los supuestos de hecho o de la conducta de las acciones humanas susceptibles de configurar delitos y

---

[10] Cfr. FRANCISCO GONZÁLEZ NAVARRO, *El Estado social y democrático de Derecho,* Pamplona, Editorial Universidad de Navarra, 1992, págs. 211 y ss.

[11] JOSÉ O. CASÁS, *Derechos y garantías constitucionales del contribuyente,* Buenos Aires, Ad Hoc, 2002, pág. 232.

[12] Véase: PABLO D. SANABRIA, "Las retenciones a la exportación. ¿Un impuesto inconstitucional?", Buenos Aires, La Ley, 2008-B, 1034.

[13] JUAN F. LINARES, *Términos para recurrir a la justicia administrativa fijados por analogía,* t. 54, Buenos Aires, La Ley, págs. 777-778.

las penas que los jueces pueden aplicar[14]. En otros ámbitos del ordenamiento, como en el derecho tributario y el derecho aduanero[15], la reserva de ley también constituye el principio "en cuanto a la configuración del hecho imponible y sus elementos integradores, a la atribución indelegable de la potestad tributaria a un sujeto activo determinado, a la elección de los sujetos pasivos, a la configuración de exenciones o liberaciones, a la tipificación de los ilícitos tributarios y sus sanciones y a todos aquellos elementos de la relación jurídica tributaria en que no sea conveniente o más eficaz delegar en el órgano administrativo, por razones de inmediatez o de mejor elaboración técnica o casuística, su fijación dentro de las previsiones contenidas expresamente en la ley"[16]. Esa interpretación más flexible del principio no implica conculcar la regla general de la legalidad formal en materia tributaria, tal como acontece cuando la ley delega en el ejecutivo, sobre la base de pautas predeterminadas, la determinación de ciertos elementos de la relación jurídica tributaria que no sean estructurales (v. gr. la determinación de las alícuotas del impuesto dentro de límites máximos y mínimos)[17].

Un tema no menor es el de distinguir la reserva de ley de la preferencia legislativa. En el primer caso, la determinación la establece la propia Constitución; en el segundo, es la propia ley del Congreso la que prescribe que ciertas regulaciones deban ser efectuadas por ley formal-material y no por reglamento[18]. Es una situación parecida a la denominada congelación de rango que se ha sostenido en la doctrina española[19], con referencia a su ordenamiento constitucional.

2. DISCRECIONALIDAD Y ARBITRARIEDAD

En muchas ocasiones, el lenguaje jurídico se presta a grandes equívocos por el hecho de su formación natural, máxime cuando los juristas no se ponen

---

[14] SEBASTIÁN SOLER, *Derecho penal argentino,* t. I, 3ª reimp., Buenos Aires, Tipográfica Editora Argentina, 1956, págs. 118 y ss.; EUGENIO R. ZAFFARONI, *Tratado de derecho penal,* t. I, 4ª reimp., Buenos Aires, Ediar, 2004, págs. 131 y ss. Vid, lo que decimos más adelante acerca de la degradación del principio de legalidad.

[15] Sobre el principio de legalidad en el derecho aduanero: HORACIO F. ALAIS, *Los principios del derecho aduanero,* Buenos Aires, Marcial Pons, 2008, págs. 215 y ss.

[16] HORACIO A. GARCÍA BELSUNCE, "La delegación legislativa", en *Estudios de derecho constitucional tributario,* obra colectiva en homenaje al Dr. Juan Carlos Luqui, Buenos Aires, Depalma, 1984, parágrafo VIII, págs. 1 y ss. Vid. también: HELENO TAVEIRA TORRES, *Derecho tributario y derecho privado. Autonomía privada, simulación y elusión tributaria,* Buenos Aires, Marcial Pons, 2008, págs. 55 y ss.

[17] JOSÉ O. CASÁS, *Derechos y garantías...,* cit., págs. 647-650.

[18] CASÁS, *Derechos y garantías...,* cit., págs. 234-237.

[19] GARCÍA DE ENTERRÍA - FERNÁNDEZ, *Curso de derecho administrativo,* t. I, 13ª ed., Madrid, Civitas, 2006, pág. 251.

de acuerdo acerca de la utilización de convenciones *ad hoc* para definir los conceptos.

Por ejemplo, si alguien afirma que el poder discrecional implica dictar un acto arbitrario está utilizando tan solo una de las acepciones del término lingüístico que consiste en la facultad de elegir una solución con preferencia a otra. Pero, al mismo tiempo, como se trata de conceptos análogos (en el sentido que no son necesariamente opuestos ni iguales) también se puede definir la arbitrariedad como el acto contrario a la razón, producto de la mera voluntad o capricho del funcionario, que es el sentido de mayor empleo convencional en el mundo jurídico.

El concepto de "arbitrariedad" (tal como lo define el Diccionario de la Real Academia) corresponde al de "acto o proceder contrario a la justicia, la razón o las leyes, dictado solo por la voluntad o capricho". En tal sentido, resulta evidente que la discrecionalidad no puede confundirse con la arbitrariedad[20], antaño conocida en España como "ley del encaje"[21], cuyo significado figura en antiguos diccionarios franceses[22], que la definen como "la resolución que el juez toma por lo que a él se le ha encajado en la cabeza"[23].

En suma, el concepto de arbitrariedad es amplio y comprende lo injusto, irrazonable e ilegal, fundado en la sola voluntad del funcionario[24], siendo uno de los límites sustantivos de la discrecionalidad[25].

[20] Aunque el proceder discrecional —en uno de los sentidos del término— pueda ser arbitrario.

[21] En España, la referencia más antigua que sepamos, se remonta al *Quijote* de Cervantes. Al respecto, en la edición que conmemoró el IV Centenario de *Don Quijote de la Mancha* de la Real Academia Española (Madrid, 2004) se alude dos veces a la expresión «ley del encaje» (Primera parte, Cap. XI y Segunda parte, Cap. XLII) como equivalente a la sentencia arbitraria (pág. 98, nota 17) o al hecho de juzgar con arbitrariedad (pág. 869, nota 29). A su vez, en el *Diccionario de la Lengua Española*, la ley del encaje se describe como una forma coloquial apareciendo referida al «dictamen o juicio que discrecionalmente forma el juez, sin atender a lo que las leyes disponen».

[22] En el *Nouveau Dictionnaire* de Sobrino, *Français, Espagnol et Latin*, por François Cormon, t. II, Paris, A Anvers, Aux Défens de Piestre & Delamolliere, 1789, pág. 512, se define "la ley del encaxe", como la "ley que un juez interpreta según su capricho, la resolución que toma él mismo, sin tener en cuenta lo que las leyes ordenan", indicando que su equivalente en latin era *lex ad arbitrium excogitato*, es decir, algo así como la ley imaginada u originada en la voluntad de uno mismo.

[23] Cfr. Julio S. J. Cejador y Franca, *La lengua de Cervantes: Gramática y Diccionario de la Lengua Castellana en el Ingenioso Hidalgo D. Quijote de la Mancha*, obra premiada en el certamen público abierto por el Ateneo de Madrid con ocasión del III Centenario de la publicación del "Quijote", t. 2, J. Madrid, Rates, 1906, pág. 441.

[24] Hay autores que consideran que la esencia de la arbitrariedad radica "en sustituir la voluntad de la ley por la personal del funcionario" (cfr. Roberto E. Luqui, *Revisión judicial de la actividad administrativa*, t. I, Buenos Aires, Astrea, 2005).

[25] Véase: Allan R. Brewer-Carías, "Sobre los límites al ejercicio del poder discrecional", en *Estudios Jurídicos en Homenaje al Profesor Mariano R. Brito*, Montevideo, Fundación de

Una situación similar se plantea acerca de lo que se entiende por irrazonabilidad[26] ya que es posible sostener que implica una actuación injusta (en el sentido de afectar al valor justicia o a los principios generales del derecho) o bien, una actividad contraria a la razón y, como tal, contradictoria o absurda, en el plano lógico. En uno u otro caso, la irrazonabilidad integra el contenido de la arbitrariedad y tal es el sentido que se desprende de algunos fallos de la Corte Suprema de Justicia de la Nación ya que, en otros, el Alto Tribunal utiliza ambos términos como sinónimos[27].

3. La interdicción de arbitrariedad en el derecho argentino

Una vez perfilado el concepto de arbitrariedad que, en el caso de la Administración, comprende toda actuación administrativa contraria a la justicia, la razón o la ley, veamos cuál es el fundamento de la regla que la prohíbe, concebida como un principio general derivado de los textos constitucionales.

Una primera regla de hermenéutica, que cuenta con aceptación general en la doctrina y en la jurisprudencia, enseña que las prescripciones constitucionales no deben interpretarse en forma literal sino, fundamentalmente, en atención a los fines que persiguen, máxime cuando se trata de principios generales o de garantías jurídicas. Así, por ejemplo, el principio que consagra la garantía del debido proceso (Const. Nal., art. 18) se ha extendido a la defensa de los derechos de los particulares frente a la Administración[28] y lo mismo ocurre con el principio de la tutela judicial efectiva[29], cuya proyección, en sede administrativa, ha sido destacada por la doctrina[30].

Cultura Universitaria, 2008, págs. 622 y ss., con otra terminología pero en la misma orientación doctrinaria que desarrollamos señala como límites a la discrecionalidad a los principios de proporcionalidad, racionalidad o razonabilidad y justicia.

[26] El *Diccionario de la Real Academia Española* no recoge los términos "razonabilidad" e "irrazonabilidad", aunque si define la racionalidad e irracionalidad. Los primeros son valores convencionales entendidos que utilizan comúnmente los juristas, como en otros casos (v. gr. el término "ejecutoriedad").

[27] La afirmación del texto no refleja, sin embargo, unanimidad doctrinaria ya que algunos piensan que la arbitrariedad configura un vicio diferente al de irrazonabilidad, más vinculado al objeto del acto administrativo que a sus fines; véase: Guido S. Tawil, "La desviación de poder. ¿Noción en crisis?", en *Estudios de derecho administrativo*, Buenos Aires, Abeledo Perrot, 2012, pág. 11.

[28] Miguel S. Marienhoff, *Tratado de derecho administrativo*, t. I, 4ª ed., Buenos Aires, Abeledo Perrot, 1990, págs. 673 y ss.

[29] Sesín, *Administración pública, actividad reglada,...,* cit., págs. 34-37, Pedro Aberastury, *La justicia administrativa*, Buenos Aires, LexisNexis, 2006, págs. 37 y ss.; Juan Carlos Cassagne, "Perspectivas de la justicia contencioso-administrativa argentina en el siglo xxi", en *Estudios de derecho administrativo*, t. x, Mendoza, Diké, 2004, págs. 39-42.

[30] Pablo E. Perrino, "El derecho a la tutela judicial efectiva y el acceso a la justicia contencioso-administrativa", en *Revista de Derecho Público, Proceso Administrativo I*, Santa

Si bien no hay en la nuestra un texto tan preciso como el que se encuentra en la Constitución española (art. 103.1 que prescribe que la Administración debe actuar "con sometimiento pleno a la ley y al Derecho") existe en el ordenamiento constitucional argentino un conjunto de preceptos que permiten afirmar que el principio de prohibición o interdicción de la arbitrariedad administrativa posee fundamento constitucional.

Por de pronto, el principio contenido en el artículo 19 de la Constitución contiene dos mandatos trascendentes. Mientras el primero prescribe que "Las acciones privadas de los hombres que de ningún modo ofendan al orden y a la moral pública ni perjudiquen a un tercero, están solo reservadas a Dios y exentas de la autoridad de los magistrados", el segundo dispone que "Ningún habitante de la Nación será obligado a hacer lo que no manda la ley ni privado de lo que ella no prohíbe". Como se verá seguidamente, el precepto contiene dos principios fundamentales: el de privacidad (comprensivo del derecho a la intimidad) y el de legalidad[31].

La génesis de la primera parte de la norma reconoce antecedentes preconstitucionales, entre los que se destaca el Estatuto Provisional de 1815 (Sección Séptima, Cap. I, arts. 1° y 2°)[32], cuyo principal redactor habría sido el presbítero y doctor ANTONIO SÁENZ[33], formado en la Universidad de Charcas, de cuya obra se desprende la influencia de TOMÁS DE AQUINO y de SUÁREZ, lo cual permite desentrañar el sentido filosófico del precepto.

Al respecto, se ha sostenido que la filosofía del artículo 19 de la Constitución no es otra que la de la justicia anclada en el derecho natural[34], habiéndose interpretado que —en su primera parte— la norma consagra la prohibición a cualquier magistrado de la República (ya sean autoridades legislativas, ejecutivas o judiciales) para dictar actos administrativos, regular conductas generales o juzgar a personas, para inmiscuirse en lo que el artículo denomina "acciones privadas de los hombres"[35]. Por otra parte, la Corte Suprema tiene

---

Fe, Rubinzal Culzoni, 2003, págs. 257 y ss.; ARMANDO N. CANOSA, "El debido proceso adjetivo en el procedimiento administrativo", en JUAN CARLOS CASSAGNE (dir.), *Procedimiento y proceso administrativo*, Buenos Aires, Lexis Nexis, 2007, págs. 50-51.

[31] Cfr. ALEJANDRO LAJE, *Derecho a la intimidad*, con prólogo de Marcos A. Córdoba, Buenos Aires, Astrea, 2014, págs. 26-27.

[32] Cfr. CARLOS SÁNCHEZ VIAMONTE, *Manual de derecho constitucional*, 3ª ed., Buenos Aires, Kapelusz, 1958, pág. 39.

[33] ARTURO E. SAMPAY, *La filosofía jurídica del artículo 19 de la Constitución Nacional*, Buenos Aires, Cooperadora de Derecho y Ciencias Sociales, 1975, págs. 11-12, con cita de EMILIO RAVIGNANI, *Antonio Sáenz. Fundador y organizador de la Universidad de Buenos Aires*, 1925, pág. 5.

[34] SAMPAY, *La filosofía jurídica...*, cit., págs. 13-17.

[35] MARÍA ANGÉLICA GELLI (*Constitución de la Nación Argentina. Anotada y comentada*, 2ª ed., Buenos Aires, La Ley, 2003, págs. 183 y ss.) destaca las diferencias con las cláusulas de

dicho que el artículo 19 establece el principio general que prohíbe perjudicar los derechos de terceros (*alterum non laedere*) y que la norma condensa un principio general aplicable a todo el derecho[36] y no solo al derecho privado.

A su vez, la segunda parte del artículo 19 de la Constitución, destinada a la esfera pública de las personas (en el sentido de acciones exteriores), al prescribir que "nadie está obligado a hacer lo que la ley no manda ni privado de lo que ella no prohíbe" contiene un mandato dirigido tanto a la Administración como al juez. Va de suyo que el precepto constitucional contiene un mandato implícito ya que si nadie se encuentra obligado a hacer lo que la ley no manda (en todos los aspectos en que se concibe la arbitrariedad) es porque los funcionarios (en su caso) de la Administración tienen prohibido dictar órdenes o emitir actos administrativos contrarios a las leyes positivas, a la razón o a la justicia. Este principio constitucional implícito (la prohibición de arbitrariedad), no suficientemente destacado en nuestro derecho, es, indudablemente, una pieza fundamental de la protección de las libertades y demás derechos que consagra la Constitución (el que también se extiende a la arbitrariedad judicial).

La fuente histórica mediata y positiva de esta segunda parte del artículo 19 de la Constitución se encuentra en el artículo 5 de la Declaración de los Derechos del Hombre y del Ciudadano que establece: "La ley solo tiene el derecho de prohibir las acciones perjudiciales a la sociedad. Todo aquello que no esté prohibido por la ley no puede ser impedido y nadie está obligado a hacer lo que la ley no ordene".

¿Cuál es el concepto de ley a que alude la segunda parte del artículo 19 de la Constitución? ¿Es la legalidad positiva? ¿Acoge acaso la concepción de Rousseau acerca de la norma legislativa como producto de la voluntad general soberana? ¿Qué principio consagra?

Por de pronto, cabe advertir que la filiación filosófica del precepto no constituye una creación original de los convencionales de la Francia revolucionaria ni del ginebrino sino que tiene su fuente doctrinaria en la obra de Montesquieu, concretamente en las concepciones que expuso en *El espíritu de las leyes*, como lo reconocieron, en su momento, autores franceses que defendían ideas tan opuestas como Hauriou y Duguit[37].

---

la Declaración del Hombre y del Ciudadano de 1789 (arts. 4 y 5) y afirma que "el desarrollo doctrinario jurisprudencial del art. 19 de la Constitución argentina amplió los horizontes de la libertad y del respeto a las opciones de las personas en la sociedad democrática" (*op. cit.*, pág. 184).

[36] *Aquino, Isacio c/ Cargo Servicios Industriales s/ accidentes ley 9688*, Fallos 327:3753 (2004); ver también: Fallos 308:118 (1986); *Diaz, Timoteo Filiberto c/ Vaspia S. A.*, Fallos 329:473 (2006); *Ramírez, Juan Carlos c/ E. B. Y. s/ daños y perjuicios*, Fallos 330:2548 (2007).

[37] Maurice Hauriou, *Précis de droit constitutionnel*, Paris, Sirey, 1923, pág. 91 y Léon Duguit, *Traité de droit constitutionnel*, Paris, Boccard, 1923, pág. 373.

Aquí cabe formular una digresión. Suele afirmarse que el artículo 19 de la Constitución encarna el principio de legalidad[38] lo cual si bien es cierto (con la debida interpretación en punto a sus alcances) no impide tener en cuenta, también, que el pensamiento de MONTESQUIEU se encontraba más orientado a la protección de la libertad[39] que al imperio de la ley positiva.

Para el gran bordelés, la libertad no radica en la voluntad del hombre (como lo sostuvo ROUSSEAU) pues no consiste en hacer lo que uno quiere sino "en poder hacer lo que se debe querer y no estar obligado a hacer lo que no se debe querer [...] La libertad —continúa— es el derecho de hacer todo lo que las leyes permiten"[40].

En la concepción de MONTESQUIEU, la preservación de la libertad se presenta como el principio fundamental del sistema político que hace al equilibrio del poder y a la necesidad de evitar el abuso de este último. Por eso sostiene que una Constitución solo "puede ser tal que nadie esté obligado a hacer las cosas no preceptuadas por la ley y a no hacer las permitidas"[41].

Al recibir la Declaración de Derechos de 1789 también la influencia de ROUSSEAU, su concepción política, como la de la Constitución de 1791 se torna muchas veces contradictoria. Puede decirse que la teoría rousseauniana fue la causa, en el plano histórico-filosófico, de los excesos en que incurrieron los revolucionarios al apartarse del modelo de la separación de poderes de MONTESQUIEU y basarse en la primacía absoluta de la ley positiva emanada de la Asamblea y en la radicación de la soberanía en la Nación (la cual, según SIÈYES, solo encarnaba el Tercer Estado).

Pero, en el aspecto relativo a la protección de la libertad, prevaleció, en la dogmática constitucional francesa, la tesis de MONTESQUIEU quien, por lo demás, tenía un concepto de ley que no encajaba en la idea de que esta fuera el producto de una voluntad general soberana e infalible ni menos aún en las concepciones absolutistas fundadas en el origen divino del poder. Estas teorías contradecían la filosofía política de la neoescolástica, particularmente la obra de SUÁREZ, quien basaba la legitimidad del gobernante no en la soberanía de la Nación sino en el consentimiento del pueblo, origen del principio de la soberanía del pueblo que más tarde adoptaron la Constitución norteamericana y la nuestra (expresamente en su art. 33).

Resulta claro que MONTESQUIEU, en la primera parte de su genial ensayo, luego de afirmar que "las leyes, en su más amplia significación, son las relaciones necesarias que se derivan de la naturaleza de las cosas" (Libro I, Cap. I), se refiere tanto a la ley natural (puntualizando algunos principios que hoy

---

[38] GELLI, *Constitución de la Nación Argentina...*, cit., págs. 183 y 208.

[39] DUGUIT, *Traité de droit constitutionnel*, cit., pág. 373.

[40] MONTESQUIEU, *El espíritu de las leyes*, Libro XI, Cap. III.

[41] MONTESQUIEU, *El espíritu de las leyes*, Libro XI, Cap. IV.

son considerados principios de justicia o de derecho natural, según la concepción que se adopte) como a la ley humana o positiva, en varios pasajes de su ensayo. Puntualiza precisamente que, "decir que solo lo que ordenan o prohíben las leyes positivas es como decir que antes de que se trazara círculo alguno no eran iguales todos sus radios"[42] y tal fue, en líneas generales, la filosofía en que se basó ALBERDI al redactar el Proyecto que sirvió de base para la Constitución de 1853[43].

Esos antecedentes tienen, pues, una importancia capital para desentrañar el correcto sentido que corresponde atribuir al artículo 19 de la Constitución en el que el concepto de ley ha de interpretarse o integrarse combinando, según las circunstancias, la ley positiva con el derecho o la justicia. Al respecto, cabe advertir que el Preámbulo de nuestra Constitución, muy similar al de la Constitución norteamericana, difiere en el objetivo de afianzar la justicia, "como valor, la justicia como fin", aspecto certeramente destacado por VANOSSI[44], marcando un principio que coadyuva y refuerza la posición institucional del juez argentino para controlar la arbitrariedad administrativa que, en una de sus principales acepciones, es todo acto contrario a la razonabilidad o justicia.

Para que la norma cobre sentido razonable dentro del contexto constitucional, conforme a la hermenéutica histórico-filosófica descrita, resulta evidente que si nadie está obligado a hacer lo que la ley o el derecho no mandan, la Administración no puede ordenar conductas contrarias a la ley ni al derecho ni privar de lo que la ley (en sentido amplio) no prohíbe. En otros términos, al estar la Administración sujeta a la ley y al derecho, el precepto contiene la regla de la prohibición de arbitrariedad que se configura así como un principio general de derecho público que, como se verá seguidamente, tiene fundamento en otras normas constitucionales que completan el sentido del precepto contenido en el artículo 19 de la Constitución.

[42] MONTESQUIEU, *El espíritu de las leyes*, Libro XI, Cap. II.

[43] ALBERDI recibió la influencia de MONTESQUIEU al redactar las *Bases* y el Proyecto que sirvió de fuente a la Constitución de 1853. Sostiene ALBERDI que "es una especie de sacrilegio definir la ley, la voluntad general de un pueblo..." y se pregunta si "sería ley la voluntad general expresada por un Congreso Constituyente que obligase a todos los argentinos a pensar con sus rodillas y no con su cabeza" para concluir citando una frase de RIVADAVIA que alude a la falsa ilusión que padece el legislador cuando pretende que por obra de su voluntad pueda cambiar "la naturaleza de las cosas" (JUAN BAUTISTA ALBERDI, *Bases*, 4ª ed., San Pablo, Plus Ultra, 1984, Cap. XVII). Más adelante, habla de las leyes naturales que debe observar el constituyente.

[44] JORGE REINALDO VANOSSI, *Teoría constitucional*, t. II, Buenos Aires, Depalma, 1976, pág. 80. Después de recordar que mientras el preámbulo de la Constitución de Filadelfia habla de "constituir la justicia" anota que "En cambio, nosotros decimos «afianzar la justicia» porque utilizamos en nuestro preámbulo la palabra "justicia" con un sentido totalmente distinto: no es la justicia como tribunal o como simple administración de justicia, tal como está en el preámbulo norteamericano, sino la justicia como valor, la justicia como fin" (*op. cit.*, págs. 79-80).

4. El principio de razonabilidad como fundamento de la prohibición de arbitrariedad

En la doctrina se ha sostenido, en forma pacífica, que el principio de razonabilidad se funda en el precepto contenido en el artículo 28 de la Constitución, fórmula original de la Constitución argentina[45], que estatuye que "Los principios, garantías y derechos reconocidos en los anteriores artículos no podrán ser alterados por las leyes que reglamenten su ejercicio".

Esta prescripción constitucional, que también fundamenta la prohibición de arbitrariedad, si bien aparece circunscrita a normas que dicta el legislativo, se ha juzgado extensiva a los actos de los órganos ejecutivo (particularmente[46] al procedimiento administrativo) y judicial[47]. Precisamente, Linares apunta que en la ciencia del derecho la cuestión de la razonabilidad aparece conectada a la búsqueda de la razón suficiente de la conducta estatal. "Esa razón puede ser de esencia, cuando la conducta se funda en una norma jurídica, de existencia, cuando el fundamento es el mero hecho de que el comportamiento jurídico se da, y de verdad cuando tiene fundamentos de justicia[48].

Si se proyecta el principio del artículo 28 de la Constitución a la actividad del ejecutivo, la cláusula opera, preceptivamente, sobre el conjunto de la actividad administrativa o reglamentaria, ya se trate de actos reglados o discrecionales, en cualquiera de sus elementos constitutivos, sin que puedan alterarse los principios, derechos y garantías consagrados en los artículos 14, 16, 17 y 18, entre otros.

Tal era el pensamiento de Alberdi[49], inspirador de la cláusula constitucional, que no tiene antecedentes en el modelo norteamericano, parcialmente seguido, en otros trascendentes aspectos, por nuestra Ley Suprema[50], lo que

---

[45] Juan Francisco Linares, *Razonabilidad de las leyes*, 2ª ed. act., Buenos Aires, Astrea, 1970, págs. 165-166.

[46] Ezequiel Cassagne ("El principio de razonabilidad en el procedimiento administrativo", en Héctor Pozo Gowland – David Andrés Halperin – Oscar Aguilar Valdez – Fernando Juan Lima – Armando Canosa (Dirs.), *Procedimiento administrativo*, t. I, Buenos Aires, La Ley, 2012, pág. 689) considera que se trata de un principio rector de todo el derecho que deriva del principio general de la dignidad de la persona.

[47] Gregorio Badeni, *Tratado de derecho constitucional*, t. I, 2ª ed., Buenos Aires, La Ley, 2006, pág. 121; Juan Francisco Linares, *Razonabilidad de las leyes*, cit., págs. 224-225 y Gelli, *Constitución de la Nación Argentina...*, cit., pág. 248.

[48] Linares, *Razonabilidad de las leyes*, cit., pág. 108.

[49] Alberdi (*Bases*, cit., pág. 247) escribió que "No basta que la Constitución contenga todas las libertades y garantías reconocidas. Es necesario, como se ha dicho antes, que contenga declaraciones formales de que no se dará ley que, con pretexto de organizar y reglamentar el ejercicio de esas libertades, las anule y falsee con disposiciones reglamentarias" (cap. XXXIII).

[50] Linares, *Razonabilidad de las leyes*, cit., pág. 160.

demuestra una vez más que la arquitectura de la Constitución ha sido diseñada sobre la base de una mixtura de fuentes (norteamericanas, europeas e hispanoamericanas)[51].

A) *Aspectos de la razonabilidad*

Cabe advertir, por otra parte, que la alteración de la Constitución implica, en principio, una irrazonabilidad de esencia, por cuanto el acto administrativo contradice o no guarda proporción con el texto o los fines que persiguen los principios y garantías constitucionales, lo mismo acontece cuando el acto administrativo exhibe una desproporción entre las medidas que involucra y la finalidad que persigue[52]. En definitiva, la proporcionalidad integra el concepto de razonabilidad que, como se ha visto, es más amplio[53]. La ausencia de proporción hace que el acto carezca de razón suficiente convirtiéndose en un acto afectado de irrazonabilidad (una de las formas de la arbitrariedad), siendo pasible de la tacha de inconstitucionalidad.

Ahora bien, la razonabilidad puede darse en forma parcial o total (en los aspectos que se relacionan con la existencia, esencia y justicia). En líneas generales, se alude a la razonabilidad, tanto en la doctrina[54] como en los fallos que exhibe la jurisprudencia de nuestra Corte Suprema y en la de Estados Unidos con referencia a las leyes, actos o sentencias que cuentan con un fundamento de justicia[55]. Otros autores entienden por "razonable" aquello que resulta aceptable por la comunidad[56].

---

[51] Cfr. JORGE R. DALLA VÍA ("La Constitución de Cádiz y los antecedentes de la Constitución de la Nación Argentina", EDC 2008-429) realiza un profundo trabajo de investigación y análisis sobre las fuentes hispánicas de nuestra Constitución.

[52] LNPA, art. 7° inc. f), primera parte, *in fine*. Sobre el principio de proporcionalidad véase el lúcido trabajo de CARLOS M. GRECCO – ANA P. GUGLIELMINETTI, "El principio de proporcionalidad en la Ley Nacional de Procedimientos Administrativos de la República Argentina (glosas preliminares)", *Documentación Administrativa,* núm. 267-268, Madrid, INAP, 2004, págs. 121 y ss.

[53] Véase: MARIANO BRITO, "De la razonabilidad del acto administrativo: la cuestión de su contralor jurisdiccional anulatorio", en *Derecho administrativo. Supremacía-contemporaneidad-prospectiva*, Montevideo, Universidad de Montevideo, Facultad de Derecho, 2004, págs. 457 y ss.

[54] LUQUI, *Revisión judicial de la actividad administrativa*, t. I, cit., págs. 221-224; LINARES, *Razonabilidad de las leyes*, cit., pág. 108; también nosotros hemos identificado la razonabilidad con la justicia en nuestro *Derecho administrativo*, t. II, 8ª ed., Buenos Aires, Lexis Nexis, 2006, págs. 28-29. Hay que reconocer, empero, que se trata de un concepto susceptible de ser empleado en diversos sentidos no necesariamente opuestos, aun cuando la "razón suficiente" constituye el núcleo más fuerte del concepto.

[55] LINARES, *Razonabilidad de las leyes*, cit., pág. 109.

[56] TOMÁS HUTCHINSON, "Principio de legalidad, discrecionalidad y arbitrariedad", en MARÍA GRACIELA REIRIZ (Coord.), *Derecho administrativo. Aportes para el rediseño institucional*

A su vez, en el plano de los hechos o conductas, nuestra Corte se maneja con los tres sentidos de irrazonabilidad que se han señalado para fundamentar la causal de apertura del recurso extraordinario fundado en la causal de arbitrariedad de las sentencias[57].

En cambio, a diferencia de lo que acontece en nuestro sistema, en Estados Unidos se aplica la regla de la deferencia, la cual, en principio, conduce a respetar el criterio de la Administración, en tanto sus decisiones no sean manifiestamente arbitrarias[58], lo que implica un control judicial limitado y, por tanto, no pleno, de la razonabilidad, particularmente en materia de reglamentos delegados, en una línea similar a la adoptada por algunos fallos de nuestra jurisprudencia que conculcan el principio general del control judicial suficiente, que exige amplitud de debate y prueba.

B) *Razonabilidad e igualdad. La razonabilidad ponderativa*

En el campo de los principios jurídicos no siempre se ha distinguido la razonabilidad de la igualdad con notas propias y lo mismo ha ocurrido en el plano de las garantías constitucionales que constituyen el soporte de los derechos y libertades cuya realización se pretende reclamar al Estado en una acción judicial o recurso administrativo. El tema se ha planteado en materia de control de constitucionalidad particularmente en los derechos comparados que sigue la doctrina (norteamericano, germánico, español e italiano).

La forma promiscua y discrecional en que la jurisprudencia norteamericana mezcla, indistintamente, la garantía del debido proceso sustantivo con la de igual protección frente a las leyes (Enmienda XIV)[59] constituye clara demos-

---

de la República, Buenos Aires, Lexis-Nexis-Abeledo Perrot, 2005, pág. 312, adopta la noción de STAMMLER que, en su momento recogió ESTEBAN IMAZ, *Arbitrariedad y recurso extraordinario*, Buenos Aires, Arayú, 1954, pág. 93.

[57] Véanse, por ejemplo, las causales de arbitrariedad en la jurisprudencia de la Corte que sistematiza la doctrina en: AUGUSTO M. MORELLO, *Recurso extraordinario*, Buenos Aires, Abeledo-Perrot y Librería Editora Platense, 1987, págs. 187 y ss.

[58] ALBERTO B. BIANCHI, "Las potestades administrativas del Presidente de la Nación" en AA.VV., *Organización administrativa, función pública y dominio público*, Jornadas organizadas por la Universidad Austral, Buenos Aires, Rap, 2005, págs. 55 y ss., especialmente pág. 70. Este trabajo de BIANCHI constituye un ejemplo de investigación y reflexión sobre el tema, hecho con seriedad y equilibrio.

[59] Véase: JUAN VICENTE SOLA (*Tratado de derecho constitucional*, t. II, Buenos Aires, La Ley, 2009, págs. 415 y ss., especialmente pág. 586) señala que no parece que sea posible en el derecho norteamericano establecer límites precisos entre la *equal protection* (la Enmienda XIV) y el debido proceso legal (Enmienda V) pues "esos conceptos se superponen, al menos parcialmente", transcribiendo un párrafo de una sentencia de la Corte Warren en el caso "Bolling vs Sharpe" en el que afirmó que "los conceptos de *equal protection* y *due process*, ambos originados en nuestro ideal norteamericano de justicia, no son mutuamente exclusivos.

tración de las dificultades que existen si se quiere trasladar, sin las debidas cautelas, el esquema jurisprudencial norteamericano a nuestro país. Existen dos especies de razonabilidad: la razonabilidad ponderativa y la razonabilidad de la igualdad.

Nuestra Constitución consagra la garantía de razonabilidad de todos los actos estatales en el artículo 28 (complementada con el principio del art. 33) denominada del 'debido proceso sustantivo' (para asimilarla a la fórmula norteamericana), innominada en la Constitución pero indudablemente prevista[60]. Esta garantía comprende lo que se llama la razonabilidad ponderativa en el sentido que toda ley, reglamentación o acto debe guardar una adecuada proporción entre antecedente y consecuente, es decir, observar una racionalidad que resulta en un equilibrio o balance de conveniencia[61].

La razonabilidad de la igualdad[62] se vincula con una comparación que exige que a antecedentes iguales se imputen consecuentes iguales, sin excepciones arbitrarias. Para determinar su violación se hace un análisis que tiene como eje los términos de comparación que se utilizan para aplicar un trato igual o desigual[63], fórmula básica que condensa el principio de igualdad ante la ley que prescribe el artículo 16 de la Constitución. En rigor, más que una igualdad formal, integra un principio general más amplio: el de igualdad jurídica[64].

C) *Debido proceso sustantivo y debido proceso adjetivo en el derecho norteamericano. La "equal protection"*

Este es, quizás, uno de los puntos cruciales en la interpretación de la garantía o principio de razonabilidad tanto por el uso promiscuo de los conceptos (favorecido por la libertad de estipulación) como por las confusiones en que se suele incurrir cuando se manejan concepciones provenientes de diferentes derechos y autores.

La *equal protection of the laws* es una salvaguardia más explícita frente a la discriminación (*unfairness*) prohibida que el debido proceso" (347 US 497-1954). Una crítica al derecho norteamericano sobre la falta de distinción entre el principio de igualdad (igual protección frente a las leyes) y el debido proceso sustantivo (o razonabilidad ponderativa) puede verse en la obra de JUAN FRANCISCO LINARES (*El 'debido proceso' como garantía innominada de la Constitución Nacional. La razonabilidad de las leyes*, Buenos Aires, Depalma, 1944) quien llegó a decir que "en Estados Unidos nunca se ha puesto en claro esa vinculación" (pág. 154).

[60] LINARES, *El 'debido proceso' como garantía...*, cit., págs. 157 y ss.

[61] LINARES, *El 'debido proceso' como garantía...*, cit., págs. 150-151.

[62] LINARES, *El 'debido proceso' como garantía...*, cit., pág. 152.

[63] Véase: MARÍA MARTA DIDIER, *El principio de igualdad de las normas jurídicas*, Buenos Aires, Marcial Pons, 2012, págs. 59 y ss.

[64] GERMÁN J. BIDART CAMPOS, *Derecho constitucional*, t. 2, Buenos Aires, Ediar, 1969, págs. 157 y ss.

La confusión es relativamente fácil de advertir y proviene del carácter abarcativo y amplio que posee el concepto de razonabilidad que abraza dos criterios que resultan sustantivos: la ponderación y la igualdad. La dificultad se acrecienta cuando la doctrina, para interpretar la fórmula norteamericana del *due process of law* la denomina debido proceso sustantivo[65] o debido proceso fundamental, como si el principio de igualdad (la garantía de la *equal protection*) tuviera carácter adjetivo y no material.

El debido proceso fundamental es distinto del 'debido proceso adjetivo' (en inglés: *procedural due process*). La diferencia entre el fundamental y el procesal procede del detalle de la frase *due process of law* ('debido proceso de ley')[66]. El objetivo del debido proceso adjetivo es proteger a los individuos del poder coercitivo del gobierno, asegurando que los procesos de decisión se rijan por leyes válidas imparciales y justas (por ejemplo, el derecho al anuncio suficiente, el derecho al árbitro imparcial, el derecho a dar testimonio y a admitir pruebas relevantes en las vistas, etc.)[67]. En cambio, el objetivo del debido proceso sustantivo es proteger a los individuos contra el dictado de políticas, la mayoría que traspasen el límite de lo que es la autoridad gubernamental. En tal sentido, los tribunales establecen que la promulgación de la mayoría no es ley, y no puede imponerse como tal, a pesar de lo justo que sea el proceso de imposición[68].

El término 'debido proceso fundamental', o su equivalente "debido proceso sustantivo" se usó por primera vez, explícitamente, en las compilaciones legales de la década del treinta como una distinción en la catalogación de casos de procesos debidos seleccionados, y ya en 1950 se había mencionado doce veces en las opiniones de la Corte Suprema[69]. El término debido proceso fundamental se usa comúnmente en dos sentidos: el primero para identificar la línea de un caso, y el segundo para indicar una actitud política particular hacia las revisiones judiciales por medio de las dos cláusulas del debido proceso[70].

Entre los casos donde se ha mencionado el *substantive due process*, cabe destacar:

• *Loving v. Virginia*, 388 US 1 (1967), derecho a casarse con una persona de otra raza.

---

[65] Sobre el origen de la fórmula del debido proceso en el derecho norteamericano véase: JUAN FRANCISCO LINARES, *El 'debido proceso' como garantía...*, cit., págs. 18 y ss.

[66] TIMOTHY SANDEFUR, *The Right to Earn a Living: Economic Freedom and the Law*, Washington D. C., Cato Institute, 2010, págs. 90-100.

[67] *Ibidem*.

[68] *Ibidem*.

[69] G. EDWARD WHITE, *The Constitution ant the New Deal*, Cambridge, MA, Harvard University Press, 2000, pág. 259.

[70] WHITE, *The Constitution ant the New Deal*, cit., págs. 244-246.

• *Skinner v. Oklahoma*, 316 US 535 (1942), derecho a no ser esterilizado como condena penal y poder tener hijos (aunque rechazado).

• *Meyer v. Nebraska*, 262 US 390 (1923), derecho de los padres de educar a su hijo en otro idioma hasta la secundaria (con disidencias de Holmes y Sutherland, cuyos fundamentos se explicitaron en el caso análogo Bartels *v. Iowa*, 262 US 404 (1923).

• *Rochin v. California*, 342 US 165 (1952), derecho de que no se le vacíe el estómago a un acusado.

• *O'Connor v. Donaldson*, 422 US 563 (1975), derecho de un retrasado mental no violento a no ser confinado en una institución mental y vivir libremente.

• *BMW v. Gore*, 517 US 559 (1996), daños punitivos excesivos son inconstitucionales (aunque hubo tres disidencias).

• *Cruzan v. Missouri*, 497 US 261 (1990), no hay violación del debido proceso sustantivo en desconectar a una persona en estado vegetativo persistente y diagnosticado como permanente.

El debido proceso sustantivo tuvo y ha tenido fuertes críticas, como las del *Justice* OLIVER WENDELL HOLMES (en *Baldwin v. Missouri*, 281 US 586, 595, de 1930, por ejemplo) y originalistas[71] como los *Justice* ANTONIN SCALIA y CLARENCE THOMAS, quienes han calificado al debido proceso sustantivo como 'oxímoron' y de 'usurpación judicial' en funciones de otros poderes'.

Por más arraigo que haya tenido en el *common law* y en el derecho norteamericano, extender la fórmula del debido proceso a los derechos continentales, e incluso a los latinoamericanos, resulta al menos carente de lógica en estos derechos ya que no se trata de garantías ni de principios que hacen al desarrollo del proceso (como cauce formal de la creatividad de los jueces) y su consecuente violación al no cumplirse las reglas que garantizan el derecho de defensa sino de la propia sustancia que constituye el objeto del proceso, esto es, de los derechos sustantivos cuyas respectivas pretensiones se protegen con la garantía de la razonabilidad.

En el derecho norteamericano, el principio de igual protección o igualdad ante la ley llegó a separarse del debido proceso legal (*due process of law*) sin que haya causado mayores preocupaciones doctrinarias, no obstante que el tema

---

[71] En el contexto de la interpretación constitucional en Estados Unidos, el originalismo es una familia de teorías que comparten un punto de partida. Este punto es que la Constitución (o el estatuto) tiene un sentido fijo y conocido, el cual se establece al momento de la ratificación y entrada en vigencia del texto en cuestión. El 'originalismo' es una teoría legal parecida al formalismo mezclado con el textualismo. En la actualidad esta teoría se está volviendo popular entre los políticos conservadores, siendo los más conocidos Antonin Scalia, Clarence Thomas y Robert Bork, pero algunos políticos liberales la han adoptado también como el *Justice* Hugo Black y Akhil Amar.

del derecho de igualdad (Enmienda XIV) sea tan sustantivo como los demás derechos protegidos por la Enmienda V de la Constitución norteamericana[72].

Otros ordenamientos han resuelto el esquema constitucional de diferente manera apelando, incluso, a un principio similar a la razonabilidad que se designa como principio de proporcionalidad y tal como ha sido desarrollado por la doctrina y jurisprudencia alemanas y *a posteriori* por el derecho español, su dogmática coincide parcialmente con los demás derechos (como el nuestro), lo que también es fuente de confusiones.

D) *El principio de proporcionalidad. Subprincipios que integran el principio de proporcionalidad en las doctrinas alemana y española*

Tanto desde un punto de vista sustantivo como procesal, el principio que manda que todos los actos estatales sean razonables y que los derechos de las personas no puedan ser afectados por leyes del Congreso (Const. Nal., arts. 17, 18, 19 y 28) configura una garantía constitucional[73] que pone a salvo a los particulares de los excesos o arbitrariedades estatales.

La ausencia de fórmulas dogmáticas o prescriptivas en el derecho norteamericano para interpretar judicialmente cuando una ley debe reputarse violatoria de la garantía de razonabilidad (denominado, como se ha visto, 'debido proceso sustantivo') obedece al riesgo que implica sentar un precedente, el cual, conforme a la regla del *stare decisis* constituya una regla obligatoria para los tribunales inferiores.

Nuestra Corte Suprema tampoco ha terminado de consagrar una formulación precisa de los pasos del razonamiento judicial que se deben recorrer para declarar la inconstitucionalidad de una norma por violación de la garantía de la razonabilidad señalando la iniquidad manifiesta de la ley[74], limitándose bien a la invocación genérica de la garantía del artículo 28 de la Constitución o al análisis de la proporcionalidad entre el medio empleado y el fin elegido para poner en práctica la norma[75], criterio que no resulta equivocado pero que puede, en algunos casos, resultar insuficiente. En cambio, la Corte ha sido más precisa en el juzgamiento de la afectación del principio de igualdad ante la ley (Const. Nal., art. 16) que, como antes hemos dicho, es también una especie que integra la razonabilidad.

---

[72] Ya en su obra de 1944, afirmaba LINARES, con cita de HOWARD J. GRAHAM (*The Conspiracy Theorie of the Fourteenth Amendment*, S. E. I. 283) que "solo hace muy pocos años se ha advertido que la interpretación exegética de la Enmienda XIV permite darle también un alcance sustantivo" (LINARES, *El 'debido proceso' como garantía...*, cit., pág. 31 y nota 20).

[73] Véase: LINARES, *El 'debido proceso' como garantía...*, cit., pág. 205 y ss.

[74] Fallos 306:1560 (1984), entre otros.

[75] Fallos 325:32 (2002), *in re, Smith*, especialmente considerando 15°.

Por las razones que se han expuesto, una parte de la doctrina, advertida de la ausencia de formulaciones que brinden mayor seguridad jurídica a los justiciables, propicia aplicar los subprincipios elaborados por la doctrina y la jurisprudencia alemanas acerca del principio de proporcionalidad[76].

Este principio, equivalente a nuestro principio de razonabilidad e incluso al debido proceso sustantivo del derecho norteamericano, que rige con diversa fundamentación, prácticamente en toda Europa continental y, por cierto, en el derecho supranacional de la Unión Europea[77], traduce la expresión de la justicia obrando como límite a todas las restricciones que alteran los derechos fundamentales. Se integra con tres subprincipios: a) adecuación, b) necesidad y c) proporcionalidad en sentido estricto. En España, donde el Tribunal Constitucional considera que el principio de proporcionalidad es inherente al Estado de derecho[78], los tres subprincipios se han aplicado en pocas ocasiones, reduciendo su contenido a la proporcionalidad en sentido estricto[79].

El juicio de adecuación supone valorar la idoneidad o aptitud para alcanzar la finalidad perseguida con su dictado, en la medida que la decisión judicial (*ex ante*)[80] sea razonable y conforme a la naturaleza de las cosas[81]. Sin embargo, la exigencia que el juicio de idoneidad sea el realizado al tiempo de dictarse la norma para que sea legítimo y no *ex post* ha sido pasible de objeciones[82] y resulta evidente que existen normas que siendo idóneas o útiles al momento de su dictado, no lo son en el momento en que se cuestionan judicialmente[83].

---

[76] En la doctrina constitucional se ha abordado el principio de proporcionalidad, ver: SOLA, *Tratado de derecho constitucional*, cit., t. II, págs. 598 y ss. y GELLI (*Constitución de la Nación Argentina. Comentada y concordada*, cit., pág. 430) respecto de la jurisprudencia del Tribunal Constitucional de España.

[77] JAVIER BARNÉS VÁZQUEZ, "Introducción al principio de proporcionalidad en el derecho comparado y comunitario", en *Revista de Administración Pública*, núm. 135, Madrid, 1994, págs. 495 y ss.

[78] STC 85/1992.

[79] BARNÉS VÁZQUEZ, "Introducción al principio...", cit., pág. 531.

[80] CARLOS BERNAL PULIDO, *El principio de proporcionalidad y los derechos fundamentales. El principio de proporcionalidad como criterio para determinar el contenido de los derechos fundamentales vinculante para el legislador*, Madrid, Centro de Estudios Políticos y Constitucionales, 2003, pág. 279.

[81] BARNÉS VÁZQUEZ, "Introducción al principio...", cit., pág. 503.

[82] JUAN CIANCIARDO, *El principio de razonabilidad. Del debido proceso sustantivo al moderno juicio de proporcionalidad*, Buenos Aires, Ábaco, 2006, pág. 73.

[83] Cfr. DIDIER, *El principio de igualdad...*, cit., con cita del voto del juez Carlos Fayt en Fallos 311:2272 (1984), en el que consideró irrazonable en la actualidad el requisito de la nacionalidad argentina para ejercer la docencia. Para nosotros, si el precepto era de 1980, la irrazonabilidad también existía al momento de dictarse la norma pues la integración de los inmigrantes ya se había operado en Argentina.

El fin elegido debe ser, en todos los casos, un fin que no colisione con la Constitución ni con los principios generales del derecho, sean de origen nacional o provenientes de los tratados internacionales de derechos humanos.

A su vez, el juicio acerca de la necesidad (segundo subprincipio) exige valorar "si la medida adoptada por el legislador es la menos restringente de las normas iusfundamentales de entre las igualmente eficaces"[84] y que "la restricción impuesta por la norma será necesaria si no hay otra que resulte menos gravosa sobre los derechos afectados y que sea al mismo tiempo susceptible de alcanzar la finalidad perseguida con igual eficacia"[85].

Como es sabido, la postura que ha asumido —en muchas ocasiones— la Corte Suprema argentina en materia de control de razonabilidad de las leyes es restrictiva en cuanto parte de un axioma dogmático que no encuentra su anclaje en la propia Constitución, amparándose en la fórmula genérica que entre sus facultades no se encuentra la de juzgar la oportunidad o conveniencia de las medidas adoptadas por el legislador[86], en la inteligencia de que tal proceder resulta violatorio del principio de separación de poderes.

Sin embargo, no se trata, en muchos casos, de emitir un juicio sobre la oportunidad o conveniencia de la medida en sí misma sino de juzgar, con fundamento en los principios de justicia, si la necesidad que conduce al dictado no resulta arbitraria y se ajusta a pautas mínimas de razonabilidad en punto a su eficacia. En otros términos, si existen otras medidas que resulten idóneas y sean menos gravosas de los derechos fundamentales, tal como aconteció en los pocos casos en los que el Alto Tribunal juzgó lo concerniente a la necesidad de la medida cuestionada[87].

El tercer subprincipio se centra en el análisis de la proporcionalidad estricta y supone un juicio de valoración acerca de "si los medios elegidos y el sacrificio que generan sobre los ciudadanos (costes) compensan o guardan una relación razonable o proporcional con los beneficios que de su aplicación resultarían para el interés general"[88].

Con buen criterio, se ha sostenido que el principio de proporcionalidad no debe limitarse a la realización de un balance entre costos y beneficios, sin antes valorar si la restricción afecta o no el contenido esencial de un derecho

---

[84] CIANCIARDO, *El principio de razonabilidad...*, cit., pág. 79.

[85] BARNÉS VÁZQUEZ, "Introducción al principio...", cit., pág. 505.

[86] Véase: LUQUI, *Revisión judicial...*, cit., t. I, págs. 238-241 y CIANCIARDO, *El principio de razonabilidad...*, cit., pág. 80 y los fallos de la Corte que cita.

[87] *In re, Gottschau, Evelyn Patricia c/ Consejo de la Magistratura de la Ciudad s/ amparo*, Fallos 329:2986 (2006); véase también DIDIER, *El principio de igualdad...*, cit., pág. 69.

[88] BARNÉS VÁZQUEZ, "Introducción al principio...", cit., pág. 507.

fundamental[89] que en España y Alemania configura una garantía constitucional[90].

Esta circunstancia aproxima el sistema de ambos países a la garantía de razonabilidad prescrita en el artículo 28 de la Constitución[91] cuya fuente (el Proyecto de ALBERDI) contenía la prohibición de que las leyes alterasen la esencia de los derechos fundamentales[92].

Por su parte, quizás por inadvertencia, la doctrina europea no se ha percatado de que la construcción alemana del principio de proporcionalidad es en gran parte una reproducción de teorías norteamericanas, aunque mejor sistematizadas.

Entre nosotros, LINARES ya había recogido en su primera obra una serie de fórmulas que se dieron en el derecho norteamericano con cita de KALES, POWELL y BROWN y proporciona los siguientes supuestos:

"a) Es la comparación y equilibrio de las ventajas que lleva a la comunidad un acto estatal, con las cargas que le causa;

"b) Es la adecuación entre el medio empleado por el acto y la finalidad que él persigue.

"c) Es la conformidad del acto con una serie de principios filosóficos, políticos, sociales, religiosos, a los cuales se considera ligadas la existencia de la sociedad y de la civilización en los Estados Unidos"[93].

Esta fórmula, propuesta por ALBERT M. KALES en base a las reflexiones del *Justice,* HOLMES en el *Lochner case* (1905, 198 US 45,76) es para LINARES "la más aceptable desde un punto de vista científico"[94].

---

[89] CIANCIARDO, *El principio de razonabilidad...,* cit., pág. 99.

[90] En Alemania existe como garantía constitucional la interdicción de afectar el contenido esencial de los derechos fundamentales por las leyes (art. 19.2 de la Ley Fundamental de Bonn) y lo mismo acontece en España (Const. Pol., art. 53.1).

[91] Cfr. CIANCIARDO, *El principio de razonabilidad...,* cit., pág. 41; PEDRO SERNA – FERNANDO TOLLER, *La interpretación constitucional de los derechos fundamentales. Una alternativa a los conflictos de derechos,* Buenos Aires, La Ley, 2000, págs. 44-45 y DIDIER, *El principio de igualdad...,* cit., pág. 73.

[92] El art. 20 del Proyecto de ALBERDI prescribía que "las leyes reglan el uso de estas garantías de derecho público; pero el Congreso no podrá dar ley que con ocasión de reglamentar u organizar su ejercicio, las disminuya, restrinja o adultere en su esencia". Aunque la redacción del art. 28 de la Const. Nal. utiliza una gramática correcta y en cierto modo de un estilo más sobrio, (quizás gracias a la pluma de Gorostiaga o de Gutiérrez) lo cierto es que el texto de ALBERDI al prohibirle al Congreso que disminuya o restrinja la 'esencia' de las garantías de derecho público es jurídicamente superior por cuanto precisa el límite que no pueden traspasar las leyes, en consonancia con la tesis europea que nació un siglo después.

[93] LINARES, *El 'debido proceso' como garantía...,* cit., pág. 30 y autores citados en nota 30.

[94] LINARES, *El 'debido proceso' como garantía...,* cit., pág. 30.

Finalmente, debemos decir que en la construcción germánica del principio de proporcionalidad queda afuera de ese marco conceptual que configura la garantía del contenido esencial de los derechos fundamentales (art. 19.2) cuyo fundamento se prefiere radicar en el Estado de derecho, a diferencia de lo que ocurre en nuestra experiencia judicial en la que, en algunas ocasiones, aparece vinculado a la garantía de la razonabilidad del artículo 28 de la Constitución, tal como lo ha destacado la doctrina vernácula, si bien se admite que se trata de dos pasos de hermenéutica distintos pues "una cosa es la razonabilidad de la medida como contrapeso de costos y beneficios y otra la razonabilidad entendida como no alteración de los derechos en juego"[95].

En efecto, en la Corte Suprema argentina se ha sustentado el criterio que vincula la razonabilidad con la garantía de inalterabilidad del contenido esencial de los derechos fundamentales al expresar que "[...] cuando la sustancia de un derecho constitucional se ve aniquilada por las normas que lo reglamentan ni la circunstancias de emergencia son atendibles, incluso en el terreno patrimonial"[96].

5. Hacia una respuesta iusnaturalista centrada en el bien humano: la directiva de interpretación preponderante que debería regir la hermenéutica del artículo 28 de la Constitución

Cuando se alude al derecho natural, se pretende aplicar el derecho de una perspectiva diferente a la que preconizaba el positivismo legalista que dominó la escena de la filosofía del derecho durante la primera mitad del siglo xx. Superado el horror *naturalis* del que hablaba Del Vecchio, la mayoría de los positivistas abandonaron las premisas básicas de esa escuela y empujados por las tremendas consecuencias del nazismo y, en menor medida, del comunismo, comenzaron a ver que el derecho no estaba solo en las normas legales sino en los principios generales que lo fundamentan y que la moral y los valores no pueden divorciarse del derecho positivo, como principal garantía para no caer en sistemas aberrantes que conculcan la dignidad de las personas y aniquilan sus libertades y demás derechos fundamentales. Todo este proceso, que se lleva a cabo en el marco de un modelo que algunos denominan Estado social y democrático de derecho, tiene un núcleo duro que fue también sustentado por el Estado liberal del siglo xix pero que, en rigor, quitadas sus deformaciones, tiene sus raíces en la filosofía clásica aristotélico-tomista, tal como lo ha demostrado Finnis.

---

[95] Cianciardo, *El principio de razonabilidad...*, cit., pág. 98; en el mismo sentido: Didier, *El principio de igualdad...*, cit., pág. 63.

[96] Fallos 318:1894 (1995), considerando 12 del voto de los ministros Fayt, Petracchi y Boggiano en el caso *Dessy*.

En este contexto, el derecho natural, lejos de suprimir el derecho positivo, lo tiene como uno de los principales componentes del modelo, en la tendencia representada por aquellos autores enrolados en la nueva escuela del derecho natural (NEDN) como GERMÁN GRISEZ y JOHN FINNIS o afines, y en nuestro país, CARLOS MASSINI CORREAS, RODOLFO VIGO y RENATO RABBI-BALDI CABANELLAS, entre otros.

Se parte del axioma que las normas jurídicas constituyen "ordenaciones o preceptos racionales imperativos y directivos de la acción humana hacia el bien común, en el marco de la comunidad completa y política"[97].

En cuanto al origen del derecho natural hay que tener en cuenta que las proposiciones de la ley natural acerca de los deberes humanos no se infieren directamente de la naturaleza ni tienen origen metafísico. No son inferidas de principios especulativos ni de hecho, y si bien son primarios o no derivados, no son innatos. Son indemostrables y aprehendidos por evidencia no bien se presenta una cuestión de carácter ético o jurídico, tal como acontece con el principio básico: *el bien ha de hacerse y el mal evitarse*[98]. Cualquier acto se considera desviado cuando está fuera del orden de la razonabilidad[99].

Al respecto, se ha dicho "que las normas más concretas de la ley natural, entre ellas las de la ley jurídica natural o derecho natural normativo, no son deducidas ni inferidas de ningún modo de meras proposiciones descriptivas del modo de ser humano"[100].

El punto de partida de todo análisis sobre la razonabilidad de una norma o un acto estatal en armonía con el primer principio de la ley natural y el artículo 28 de la Constitución consiste en determinar si se afecta o no la esencia de alguno de los derechos fundamentales o humanos reconocidos positivamente en la Constitución, entendiendo que ellos se degradan o alteran cuando se los priva de sus notas esenciales (v. gr. una regulación del derecho de propiedad que impida al propietario su goce y disposición).

A partir de ese análisis, debe considerarse la llamada razonabilidad ponderativa y la de la igualdad a que se ha aludido precedentemente, con la advertencia de que el escrutinio ha de hacerse mediante la interrelación y aplicación de los

---

[97] JOHN FINNIS, *Ley natural y derechos naturales*, Buenos Aires, Abeledo Perrot, 2000, págs. 284 y ss.

[98] FINNIS, *Ley natural...*, cit., pág. 67.

[99] TOMÁS DE AQUINO, *S. T.* I-II, q. 94, a 3 ad 3; q. 18, a 5, citas hechas por FINNIS en *Ley natural...*, cit., pág. 69, nota 41, cuyo correcto sentido hemos verificado.

[100] CARLOS I. MASSINI CORREAS, "La nueva escuela anglo-sajona de derecho natural", en RENATO RABBI-BALDI CABANELLAS, (Dir.), *Las razones del derecho natural. Perspectivas teóricas y metodológicas ante la crisis del positivismo jurídico*, 2ª ed., Buenos Aires, Ábaco, 2008, pág. 316.

principios generales del derecho[101], respetando los bienes humanos básicos —que tienen carácter premoral[102]— cuya realización se concreta mediante la aplicación de las reglas de la razonabilidad práctica[103].

En este esquema, también puede acudirse, en tanto resulten compatibles con los principios antes enunciados, a las fórmulas de razonabilidad que prescribe el derecho europeo sobre el principio de proporcionalidad, cuidando siempre que la positivización de normas y principios no caiga en un proceso de positivización *contra natura*[104], en el sentido antes expuesto.

La interpretación judicial es, como puede advertirse, una operación compleja y delicada que no puede saldarse con fórmulas genéricas huérfanas de fundamentación en principios éticos o morales, desprovistas de ellos o en análisis livianos que solo perseguirían escapar de la cuestión sometida a juzgamiento, máxime cuando la garantía de la razonabilidad del artículo 28 de la Constitución Nacioanl opera también como principio general del derecho que no se circunscribe solo a las leyes del Congreso sino a cualquier otro acto estatal (sea acto administrativo, reglamento o sentencia)[105] incluso los provenientes de los órganos 'extra poder'[106].

---

[101] Señala FINNIS (*Ley natural...*, cit., pág. 315) entre otros principios del derecho los siguientes: (i) la privación forzada de los derechos de propiedad ha de ser compensada, respecto del *damnum emergens* (pérdidas efectivas) y acaso también del *lucrum cessans* (pérdida de ganancias esperadas); (ii) no hay responsabilidad por daños no intencionados, sin culpa; (iii) no hay responsabilidad penal sin *mens rea*; (iv) la doctrina de los actos propios (*estoppel*) (*nemo contra factum proprium venire protest*); (v) no cabe asistencia judicial para quien alega en su favor su propio ilícito (quien busca equidad debe obrar con equidad); (vi) el abuso de los derechos no está protegido; (vii) el fraude lo anula todo; (viii) los beneficios recibidos sin justificación y a expensas de otro deben ser restituidos; (ix) *pacta sunt servanda* (se han de cumplir los contratos); (x) hay relativa libertad para cambiar mediante acuerdo los modelos de relaciones jurídicas existentes; (xi) al estimar los efectos jurídicos de supuestos actos jurídicos, los sujetos débiles han de ser protegidos de su debilidad; (xii) no han de resolverse las disputas sin dar a las dos partes la oportunidad de ser oídas; (xiii) a nadie se ha de permitir ser juez en su propia causa".

[102] RODOLFO L. VIGO, *El iusnaturalismo actual*, México, Fontamara, 2003, pág. 115.

[103] Según FINNIS, son bienes humanos básicos, entre otros, la vida, el conocimiento de la verdad, la sociabilidad, la razonabilidad práctica y la religión; ver también el análisis que hace JAVIER SALDAÑA SERRANO, en el trabajo "La falacia iusnaturalista", publicado en RABBI-BALDI CABANELLAS (Dir.), *Las razones del derecho natural...*, cit., págs. 340 y ss.

[104] Véase: ANDRÉS OLLERO, "España: límites del normativismo a la luz de la jurisprudencia sobre la igualdad", en RABBI-BALDI CABANELLAS (Dir.), *Las razones del derecho natural...*, cit., págs. 440 y ss.

[105] LINARES, *El 'debido proceso' como garantía...*, cit., pág. 204.

[106] GELLI, *Constitución de la Nación Argentina...*, cit., pág. 422.

En cualquier caso, la ponderación y la selección que hace el juez ha de basarse en una regla elemental que prescribe que "a toda norma jurídica se le debe atribuir un significado conforme a la finalidad (o el bien) que persigue la institución a la que pertenece la norma" y que "debe procurarse siempre aquella solución que conduzca a la solución más justa del caso jurídico de que se trate" que es "la que mejor procura el bien común y, por lo tanto, los bienes humanos básicos"[107], conforme las reglas de la razonabilidad práctica[108].

Para analizar una cuestión en la que se plantea la razonabilidad de un acto estatal no se trata entonces solo de hacer una mera ponderación basada en la proporción entre medios y fines ni tampoco solo en el balance de la conveniencia o eficacia o de la proporcionalidad sino que también, partiendo de la no afectación del contenido esencial de un derecho fundamental habrá que hacer el escrutinio de la razonabilidad y de los fines en si mismos y en forma separada para luego proceder a los juicios de adecuación, necesidad y proporcionalidad (si se opta por utilizar la técnica del principio de proporcionalidad), todo ello conforme a los principios generales del derecho y las reglas de la razonabilidad práctica.

6. L<small>A INTERDICCIÓN DE ARBITRARIEDAD</small>. L<small>A INCONSTITUCIONALIDAD DE OFICIO</small>

A) *El artículo 43 de la Constitución Nacional prescribe*
un mandato implícito

Va de suyo que, si un precepto constitucional como el artículo 43 regula la acción de amparo contra actos de autoridades públicas (e incluso de particulares) que lesionan con arbitrariedad manifiesta derechos reconocidos por la Constitución, un tratado o una ley, es porque el presupuesto de esa acción es un mandato constitucional que no es otro que la interdicción de arbitrariedad. Esta prohibición, que ha pasado desapercibida por la doctrina salvo excepciones[109], traduce un mandato implícito del constituyente que posee la entidad de un principio supremo del ordenamiento que, además faculta a los

---

[107] C<small>ARLOS</small> I. M<small>ASSINI</small> C<small>ORREAS</small>, "Iusnaturalismo e interpretación jurídica", en J<small>UAN</small> C<small>IAN</small>-C<small>IARDO</small> (Dir.), *La interpretación en la era del constitucionalismo*, Buenos Aires, Ábaco, 2006, pág. 72.

[108] Véase: F<small>INNIS</small>, *Ley natural...*, cit., págs. 165 y ss. Entre las reglas incluye ninguna preferencia arbitraria entre los valores, como tampoco entre las personas, eficiencia dentro de lo razonable, el bien común y la moral. *A posteriori*, F<small>INNIS</small> incluyó como derivación del amor al prójimo, la regla de la plenitud humana integral, véase: C<small>RISTÓBAL</small> S. O<small>RREGO</small>, "Estudio preliminar" al libro de F<small>INNIS</small>, *La ley natural...* cit., págs. 26-27 y sus citas.

[109] M<small>ARÍA</small> J<small>EANNERET</small> <small>DE</small> P<small>ÉREZ</small> C<small>ORTES</small>, *Acto administrativo y contrato administrativo*, Jornadas organizadas por la Universidad Austral de la Facultad de Derecho, Ciencias de la Administración, Buenos Aires, 2000, pág. 147.

jueces a "declarar la inconstitucionalidad de la norma o acto en que se funde la omisión lesiva".

En tales casos, la declaración de inconstitucionalidad de la norma o acto cuando fuere manifiesta la pueden hacer de oficio los jueces conforme a la actual jurisprudencia de la Corte Suprema ya que el juez posee potestad, sin alterar la pretensión procesal, de declarar la inconstitucionalidad, aún sin pedido de parte.

B) *La inconstitucionalidad de oficio*

Hasta mediados del siglo xx el derecho constitucional argentino era reacio a aceptar la posibilidad de que los jueces declarasen de oficio la inconstitucionalidad de las leyes con fundamento en tres argumentos básicos: a) la presunción de constitucionalidad de las leyes, b) el principio de separación de poderes y c) la violación del derecho de defensa o debido proceso adjetivo[110]. Una excepción fue, en su momento, la opinión de BIELSA cuando dijo "tanto la Corte Suprema como cualquier otro tribunal deben declarar de oficio la inconstitucionalidad de una ley (en caso concreto) por la misma razón de prevalecer el orden público"[111] tesis que, en lo sustancial, siguió buena parte de la doctrina posterior[112], al admitir esa posibilidad en la interpretación del sistema constitucional[113].

Pero si el juez está obligado siempre a fallar incluso pro aplicación del principio *iura novit curia* y si, además, la Constitución ejerce supremacía sobre las leyes (art. 31), los argumentos contrarios a que los jueces declaren de oficio la inconstitucionalidad de las leyes deben ceder por cuanto los principios señalados hacen a la arquitectura básica del control de constitucionalidad.

En primer lugar, en norma alguna de la Constitución se prescribe el principio de la presunción de constitucionalidad de las leyes. Al contrario, en el plano dogmático, hay dos preceptos de la Constitución argentina que no son compatibles con una presunción semejante. El artículo 31 prescribe en forma

---

[110] Ver: JUAN ANTONIO GONZÁLEZ CALDERÓN, *Curso de derecho constitucional*, Buenos Aires, Depalma, 1994, pág. 90; CARLOS MARÍA BIDEGAIN, *Curso de derecho constitucional*, t. I, Buenos Aires, Abeledo Perrot, 1994, págs. 131-132; en la actualidad: JORGE ALEJANDRO AMAYA, *Control de constitucionalidad*, Buenos Aires, Astrea, 2012, págs. 209-210.

[111] RAFAEL BIELSA, *Derecho constitucional*, Buenos Aires, Depalma, 1954, págs. 573-574.

[112] GERMÁN J. BIDART CAMPOS, *Tratado elemental de derecho constitucional argentino*, t. I, Buenos Aires, Ediar, 2001, pág. 97; NÉSTOR P. SAGÜÉS, *Derecho procesal constitucional. Recurso extraordinario*, t. 1, 4ª ed., Buenos Aires, Astrea, 2002, págs. 144-146; GREGORIO BADENI, *Tratado de derecho constitucional*, t. I, 3ª ed., Buenos Aires, La Ley, 2010, págs. 452 y ss.; ALBERTO B. BIANCHI, *Control de constitucionalidad*, Buenos Aires, Ábaco, 2002, pág. 182.

[113] CARLOS MANUEL GRECCO, *Impugnación de disposiciones reglamentarias,* Buenos Aires, Abeledo Perrot, 1988, pág. 197, nota 99.

expresa la supremacía de la Constitución sobre las leyes[114] y el artículo 28 dice, claramente, que las leyes no pueden alterar los "principios, derechos y garantías reconocidos en los anteriores artículos".

En segundo término, el equilibrio que impone el principio de separación de poderes no puede afectarse a favor del legislativo, máxime cuando el mismo está basado en la distinción entre poder constituyente y poder constituido. La idea de prohibir al poder judicial el ejercicio del control de inconstitucionalidad de oficio coloca a uno de los poderes constituidos (el Congreso) por encima de los jueces que son, precisamente, los órganos encargados de controlar su constitucionalidad o su legalidad, o ambas.

Por último, el derecho de defensa o principio del debido proceso adjetivo es el argumento de mayor peso en contra de la declaración de oficio. Pero esta eventual objeción queda compensada, a nuestro juicio, por el hecho que la declaración de oficio resulta excepcional y la circunstancia que debe existir siempre un caso o causa, operando solo en supuestos de una manifiesta inconstitucionalidad, es decir en forma notoria o patente, sin necesidad de debate y prueba. Con todo, parece razonable la postura de un sector de la doctrina que propicia que, en tales supuestos, los jueces concedan un breve traslado a las partes antes de declarar oficiosamente la inconstitucionalidad[115].

C) *La declaración judicial oficiosa de la inconstitucionalidad de las leyes en la jurisprudencia de la Corte*

Mientras en el caso "Mill de Pereyra" la Corte Suprema (con el voto de la mayoría de sus integrantes) sostuvo que la declaración de inconstitucionalidad de una ley provincial (23.928) no afecta el principio de la separación de los poderes en tanto ella sea manifiesta y no resulte posible acudir a otros argumentos planteados en la causa[116], lo cierto es que resolvió, en el caso, que no se configuraba la mentada inconstitucionalidad.

Recién en el caso "Banco Comercial de Finanzas S. A. (en liquidación por el Banco Central de la República Argentina) s/ quiebra" el Alto Tribunal, sin aludir al carácter manifiesto, recogió la postura favorable a la declaración oficiosa de la inconstitucionalidad de las leyes en los siguientes términos:

"[...] si bien es exacto que los tribunales judiciales no pueden efectuar declaraciones de inconstitucionalidad de las leyes en abstracto, es decir, fuera

---

[114] Es obvio que no resulta lógico fundar el principio de la supremacía constitucional en la concepción positivista kelseniana sobre la norma básica y la pirámide jurídica cuya teorización se articula *a posteriori*, más de media centuria después de la sanción de la Constitución de 1853.

[115] RICARDO HARO, *Constitución, poder y control*, México, Universidad Nacional Autónoma de México, 2002, pág. 237.

[116] Fallos 324:3219 (2001).

de una causa concreta en la cual deba o pueda efectuarse la aplicación de las normas supuestamente en pugna con la Constitución, no se sigue de ello la necesidad de petición expresa de la parte interesada pues, como el control de constitucionalidad versa sobre una cuestión de derecho y no de hecho, la potestad de los jueces de suplir el derecho que las partes no invocan o invocan erróneamente, transmutando el adagio *iura novit curia* incluye el deber de mantener la supremacía de la Constitución (art. 31 Carta Magna) aplicando, en caso de colisión de normas, la de mayor rango, vale decir, la constitucional, desechando la de rango inferior"[117].

Como puede verse, si bien no exige la Corte la configuración manifiesta de la inconstitucionalidad y si bien podría suponerse que arriba al mismo resultado al declarar que se trata de una cuestión de derecho y no de hecho (en la que la necesidad de pruebas se halla excluida) lo cierto es que la declaración de inconstitucionalidad de una norma puede exigir, aun como cuestión de derecho, que sea debatida por las partes del litigio.

---

[117] Fallos 327:3117 (2004).

CAPÍTULO V

EL PRINCIPIO DE IGUALDAD

Sección primera.— *Los sentidos de la igualdad*

1. LA GENERALIZACIÓN DEL PRINCIPIO CONSTITUCIONAL DE IGUALDAD
   Y LA NECESIDAD DE UNA TEORÍA INTEGRAL

Un dato no muy divulgado que proporciona la historia comparada de los derechos fundamentales revela que Jean-Antoine Nicolas Caritat, marqués de CONDORCET, una suerte de "filósofo universal" (según VOLTAIRE), que sirvió de enlace entre la Ilustración y la Revolución, fue el primero en elaborar un Proyecto de Constitución en el que la igualdad era la base de los demás derechos en el marco de un modelo constitucional republicano. En su proyecto de Declaración de los Derechos Naturales, Civiles y Políticos de los Hombres de 1792, que presentó a la Asamblea francesa, definió el principio en el artículo 1° de la siguiente forma: "una Constitución republicana que tenga como base la igualdad es la única conforme con la naturaleza, con la razón y la justicia, la única que puede conservar la igualdad de los ciudadanos y la dignidad de la especie humana"[1].

Las constituciones decimonónicas tomaron, como es sabido, otro camino, inclinándose por la fórmula de la "igualdad ante la ley" sin atribuirle la condición de base y fundamento del sistema republicano ni preferencia alguna sobre la libertad y demás derechos fundamentales. En rigor, fue la consagración de una igualdad jurídica y no la concepción de la igualdad material o sustancial que propugnaba el marqués de CONDORCET, la que, en definitiva, se impuso en el curso de la praxis constitucional a través de la legislación y la jurisprudencia, sin reconocer prevalencia absoluta ni aún relativa, a la igualdad sobre las libertades y demás derechos fundamentales.

De ese modo, con las debidas cautelas interpretativas para armonizarlo con la justicia y los derechos fundamentales, el principio constitucional de igualdad ante la ley se ha generalizado de tal manera que configura un princi-

---

[1] Véase: GREGORIO PECES-BARBA MARTÍNEZ – EUSEBIO FERNÁNDEZ GARCÍA – RAFAEL DE ASIS ROIG (Dirs.), *Historia de los derechos humanos*, t. II, vol. II, "La filosofía de los derechos humanos", Madrid, Dykinson, 2005, págs. 335 y ss., especialmente pág. 342.

pio general de derecho público, cuyo contenido formal y material se extendió a diferentes sectores y situaciones en el constitucionalismo moderno (v. gr. igualdad real de oportunidades, no discriminación, etc.).

El proceso descrito determina la necesidad de contar con una construcción integral del principio de igualdad que sirva como fundamento que sustente la interpretación del principio en las leyes, en las decisiones administrativas y en la jurisprudencia. Ese es el principal propósito que guía el método y la sistematización que proponemos para analizar la teoría general, con sus raíces y los diferentes elementos que integran el principio, separándola de la praxis jurisprudencial y de la proyección del principio a diferentes sectores específicamente determinados. En otros términos, evitar el peligro de hacer de la igualdad una teoría holística que no discrimine los diferentes elementos y situaciones que integran su realidad en el mundo del derecho.

Esa construcción integral no debe olvidar que si la igualdad tiene por fin proteger la dignidad del hombre, la desprotección que algunas legislaciones dejan a los seres humanos concebidos (que obviamente no pueden defenderse) al legalizar el aborto implica impedirles a las personas por nacer el derecho humano más fundamental de todos que es el derecho a la vida, dado que esos seres son personas humanas desde su concepción en el seno materno[2], como fue reconocido durante el siglo XIX y buena parte del XX por los antiguos liberales que (ya fueran ateos o agnósticos) tenían plena conciencia de los principios del derecho natural y de los derechos fundamentales del hombre.

2. LA IGUALDAD: UN TEMA CLÁSICO EN LA ERA DE LAS NIVELACIONES

Por de pronto, cabe advertir que la igualdad ha sido un objetivo perseguido, con distinta intensidad, en el curso de la historia. No hay que confundir el principio general de igualdad con lo que suele mentarse como "igualitarismo social", o sea, aquella tendencia política que propugnaba la desaparición o atenuación de las diferencias sociales cuya desmesurada aplicación en la Antigüedad provocó sucesivas crisis económicas y políticas que arrastraron a la ruina a grandes ciudades o imperios que, por cierto, encierra una raíz que poco tiene que ver con la solidaridad social que predica el cristianismo. Como apuntó ORTEGA, vivimos en plena era de las nivelaciones[3] y una de las principales consecuencias es la búsqueda de una igualdad social diseñada por el poder público.

---

[2] Véase: PEDRO SERNA, "El derecho a la vida en el horizonte europeo de fin de siglo", en CARLOS IGNACIO MASSINI – PEDRO SERNA, *El derecho a la vida*, Pamplona, Eunsa, 1998, págs. 25 y ss.

[3] JOSÉ ORTEGA Y GASSET, "La rebelión de las masas", en *Obras completas*, t. IV, Madrid, Alianza Editorial, Revista de Occidente, 1983, pág. 154.

El principio general de igualdad es parte del principio mayor de la dignidad humana y el carácter jurídico que se le atribuye tiene siempre por objeto el hombre, en forma directa (personas físicas) o indirecta (personas jurídicas). Desde luego que su contenido varía en función de la finalidad que cumple la igualdad en las diferentes formas de justicia de la filosofía clásica (conmutativa, distributiva y legal).

Como principio jurídico, la igualdad aparece como un derecho o garantía a favor de los particulares, frente al Estado, en la mayoría de las constituciones antiguas y contemporáneas, lo que no fue óbice para que la proyección del principio, mediante la interdicción legal de la discriminación, se haya extendido a las relaciones entre particulares[4]. Como todo derecho humano fundamental, su reconocimiento no proviene del Estado ni de la sociedad, sino de la propia naturaleza y dignidad del hombre.

En este sentido, el principio de igualdad ha sido consagrado en tratados internacionales que, en nuestro sistema, poseen jerarquía constitucional (Const. Nal., art. 75 inc. 22). Así, la Declaración Universal de Derechos Humanos proclama que "todos los hombres nacen libres e iguales en dignidad y derechos" mientras que la Convención Americana sobre Derechos Humanos prescribe que "Los Estados Parte en esta Convención se comprometen a respetar los derechos y libertades reconocidos en ella y a garantizar su libre y pleno ejercicio a toda persona que esté sujeta a su jurisdicción, sin discriminación alguna por motivos de raza, color, sexo, idioma, religión, opiniones políticas o de cualquier otra índole, origen nacional o social, posición económica, nacimiento o cualquier otra condición social"[5].

A su vez, la Corte Interamericana de Derechos Humanos ha puntualizado que "existe un vínculo indisoluble entre la obligación de respetar y garantizar los derechos humanos y el principio de igualdad y no discriminación" señalando que "El incumplimiento por el Estado, mediante cualquier tratamiento discriminatorio, de la obligación general de respetar y garantizar los derechos humanos, le genera responsabilidad internacional"[6].

3. JUSTICIA E IGUALDAD

La justicia supone una relación de igualdad cuyo objetivo final es siempre la realización del bien común en las distintas especies de justicia, aun en la llamada justicia particular[7].

---

[4] En Argentina, por ejemplo, la ley 23.592 (que regula la prohibición de discriminación).

[5] Art. 1.1 de la Convención Americana sobre Derechos Humanos.

[6] Opinión Consultiva 18/03, del 17/09/2003, Serie A, núm. 18, párrafos 85-86, en el caso "Condición jurídica de los migrantes indocumentados".

[7] FINNIS, *Ley natural y derecho fundamentales*, cit., pág. 203.

La noción de justicia se integra con tres elementos: a) es una relación de alteridad o sea inter-subjetiva, es decir que se orienta siempre a otra persona (solo en sentido figurado puede hablarse de hacerse justicia uno mismo); b) lo debido (el *debitum*) a otro y, correlativamente, el derecho que tiene esta persona a reclamar lo que considera suyo, y c) la igualdad que, por constituir un elemento analógico, puede presentarse en formas variadas[8].

La clasificación que brinda la escolástica, con TOMÁS DE AQUINO, se fundamenta básicamente en la doctrina de ARISTÓTELES y distingue dos grandes especies de justicia: general y particular.

La justicia general, también llamada legal, ordena todas las relaciones humanas (tanto las de las partes con la comunidad como las de las partes entre sí) así como las demás virtudes al bien común. Se parte del principio que reconoce que "la parte, en cuanto tal, es algo del todo, donde todo el bien de la parte es ordenable al todo". De ello se sigue que la materia común de esta clase de justicia es la esfera de actuación de las demás virtudes, pues todos los actos del hombre deben orientarse al bien común, "al menos de una manera negativa y mediata"[9].

Se desprende de esta doctrina que "no hay plenitud fuera de la sociedad, y la condición primordial de la existencia de la sociedad es la primacía del bien común. Se trata de la relación de reciprocidad entre lo individual y lo social"[10]. Por cierto que el bien común, aunque debe ser su objetivo primordial, no se identifica con el Estado ni con las concepciones populistas que deforman la raíz filosófica del principio de prevalencia del bien común que se encuentra regido por la regla de la subsidiariedad.

Subordinada a la justicia legal o general se encuentra la justicia particular, cuyas especies son las llamadas justicias conmutativa y distributiva. Al explicar estas formas de la justicia, TOMÁS DE AQUINO expresa que "la justicia particular se ordena, a una persona privada, que respecto a la comunidad es como la parte del todo. Ahora bien, toda parte puede ser considerada en un doble aspecto: en la relación de parte a parte, al que corresponde en la vida

---

[8] FINNIS, *Ley natural...*, cit., págs. 191-193.

[9] T. VII, pág. 264.

[10] TOMÁS D. CASARES, *La justicia y el derecho*, 2ª ed., Buenos Aires, Cursos de Cultura Católica, 1945, pág. 65, puntualiza: "Para nuestra plenitud personal es necesaria la vida en sociedad y cuanto más perfecta sea la vida social, mayores posibilidades de plenitud o perfección personal existirán para cuantos integran la comunidad. Y la medida de la perfección social la dará desde un cierto punto de vista nuestra perfección personal. Se desnaturaliza este movimiento circular del bien común y del bien individual sustituyendo la perfección personal por la libertad individual, con lo cual se desarticulan a un tiempo la persona y la sociedad, porque la libertad no es nunca un fin sino solo un medio; o atribuyendo toda la virtud a la acción de la comunidad por el órgano de gobierno".

social el orden de una persona privada a otra, y este orden es dirigido por la justicia conmutativa, consistente en los cambios que mutuamente se realizan entre dos personas. Otro es el del todo respecto a las partes, y a esta relación se asemeja el orden existente entre la comunidad y cada una de las personas individuales; este orden es dirigido por la justicia distributiva, que reparte proporcionalmente los bienes comunes"[11].

En la justicia conmutativa, la igualdad se establece de objeto a objeto (salvo que la condición personal sea causa de reales distinciones) mientras que en la justicia distributiva la igualdad que se realiza es proporcional a la condición de la persona y a las exigencias del medio social[12]. En cuanto al reparto que se opera en la justicia distributiva hay que tener presente que la medida de esas condiciones debe guardar proporción con la calidad, la aptitud o la función de cada uno de los miembros del cuerpo social[13].

Para resolver los problemas de distribución no hay una única fórmula universalmente aplicable[14] y habrá que estar a aquellos criterios que se desprenden de la razón práctica, o sea de las llamadas reglas de la razonabilidad práctica.

El equilibrio de la doctrina sobre la justicia descansa en la subordinación de lo político, social, económico y jurídico a la moral y, en definitiva, en la perfección del hombre, sin la cual no pueden imponerse el orden y la paz, por la sencilla razón de que la comunidad no puede proporcionar lo que las partes integrantes no hubieran puesto en ella[15].

Seguimos pensando que el desarrollo actual de los derechos público y privado no admite en absoluto la identificación del derecho público con la justicia legal y distributiva, ni del derecho privado con la justicia conmutativa[16].

---

[11] Cfr. *Suma Teológica*, t. VII, Madrid, Biblioteca de Autores Cristianos, págs. 350-351 (*S.T.* 2.2. q. 61 a. 1). Véase especialmente JOSEF PIEPER, *Justicia y fortaleza*, trad. del alemán, Madrid, 1968, págs. 78 y ss. y los fallos de la Corte Suprema, *Valdez, José Raquel c/ Nación*, Fallos 295:937 (1976) y *Vieytes de Fernández, Juana suc. c/ Prov. de Buenos Aires*, Fallos 295:973 (1976) sobre justicia conmutativa. Ver, también, para un ejemplo de justicia distributiva en las relaciones privadas, "SA Barbarella CIFI", Fallos 300:1087 (1978).

[12] PIEPER, *Justicia y fortaleza*, cit., págs. 111-112.

[13] "De ahí que en la justicia distributiva la comunidad deba a la persona en proporción a lo que merece —criterio moral— y en atención al beneficio que la distribución procura a la comunidad perfeccionando su estructura. A una persona puede deberle la comunidad una jerarquía del punto de vista moral, y sin embargo, no le deberá mando, porque puede no tener aptitud para ejercerlo" (cfr. CASARES, *La justicia y el derecho*, cit., págs. 63-64).

[14] FINNIS, *Ley natural...*, cit., pág. 203.

[15] CASARES, *La justicia y el derecho*, cit., pág. 66.

[16] La conclusión que sostenemos en el texto se ajusta plenamente a la doctrina tomista sobre la justicia (cit., t. VII, pág. 351 [2.2. q. 61 a. 1] y págs. 360-361 [2.2. q. 61 a. 4]), y, en esta parte, se hace referencia a una relación de servicio hacia la comunidad regida por la justicia conmutativa. Esta postura, que expusimos a partir de 1980, ha sido sostenida también por

Los numerosos ejemplos que ofrece la realidad actual del mundo jurídico confirman la conclusión que acabamos de sustentar, ya que puede advertirse que mientras el derecho privado incorpora normas y se ocupa de relaciones fundadas en la justicia distributiva (v. gr., en materia laboral y derecho de las asociaciones), el Estado acude, en el ámbito del derecho público, a la concertación de acuerdos con los particulares, cuyas prestaciones se determinan, equilibradamente, por un acto conmutativo, donde el débito y el crédito tienen una directa relación entre sí en función de la cosa debida y no de la persona o exigencia sociales (v. gr., el contrato de suministro)[17].

De otra parte, el Estado suele no tener muchas veces la administración del bien común en un sentido exclusivo e inmediato, ya que este puede realizarse por las llamadas asociaciones intermedias, las cuales pueden configurarse —en el plano jurídico— como personas públicas no estatales o como personas jurídicas privadas[18]. Corresponde señalar, por último, que en el marco de las transformaciones que se vienen operando en el mundo tras la caída del socialismo, Juan Pablo II, al promulgar la Encíclica *Centesimus Annus,* destacó la positividad del mercado y de la empresa, siempre que estén orientados a la realización del bien común[19].

Por influencia de la doctrina social de la Iglesia se ha introducido una nueva denominación de un tipo específico de justicia, frecuentemente utilizado a partir de la Encíclica *Quadragesimo anno* de León XIII, que aparece di-

---

JAVIER URRUTIGOITY, "El derecho subjetivo y la legitimación procesal administrativa", en JORGE H. SARMIENTO GARCÍA (dir.), *Estudios de derecho administrativo*, Buenos Aires, Depalma, 1995, págs. 219 y ss., esp. págs. 287-288.

[17] En contra: RODOLFO C. BARRA, *Principios de derecho administrativo*, Buenos Aires, Ábaco, 1980, págs. 89 y ss. Según este autor "no es circunstancial definir la relación jurídica determinada como regida por la justicia distributiva o bien por la conmutativa. Este es un criterio objetivo que se independiza de las circunstancias históricas en cuanto fundamento directo de la distinción...". En efecto, es evidente que las circunstancias históricas no son fuente de la distinción entre la justicia distributiva y la conmutativa, que obedece a su relación entre el bien común (en forma inmediata o mediata) y el bien individual y a la forma en que se establece la igualdad (en relación con la cosa o con la persona o medio social). Pero esas circunstancias históricas son, sin embargo, el fundamento real de la distinción entre derecho público y derecho privado, una prueba de lo cual la ofrece el derecho comparado (del mundo occidental) donde no reina uniformidad respecto de la ubicación de importantes instituciones. La conclusión formulada por dicha doctrina es una consecuencia forzosa de la identificación que postula entre derecho público y justicia distributiva y entre derecho privado y justicia conmutativa.

[18] PIEPER, *Justicia y fortaleza*, cit., pág. 115. Santo TOMÁS no acoge la clásica división entre derecho público y privado esbozada por ARISTÓTELES y recogida por ULPIANO (*Suma Teológica,* cit., t. VIII, pág. 227, en la *Introducción a la Cuestión 57*, que efectúa URDÁNOZ).

[19] Cfr. *Centesimus Annus*, cap. V, punto 43.

rectamente relacionada con las exigencias del bien común y los deberes del Estado y de las personas, en aplicación de los principios de solidaridad y de subsidiariedad, para subsanar las carencias sociales y para proteger los derechos de los trabajadores y operarios. Es la llamada justicia social que se ha considerado equivalente a la justicia legal o general[20].

Con fundamento en la clásica formulación tomista sobre las distintas especies de justicia, puede concebirse a la justicia social como aquella que comprende todo el movimiento circular del acto justo, es decir, tanto la justicia general como la justicia particular (distributiva y conmutativa)[21]. La circunstancia de incluir la justicia particular se explica por el hecho de que las obligaciones que se imponen a las personas no se orientan hacia la comunidad sino a las partes de la relación. Hay que advertir que el término "conmutación" no se circunscribe a los intercambios sino que se refiere a una expresión del latín clásico *commutatio* que equivale a cambio, con lo que al dejar de lado "los problemas de un patrimonio común y otros similares, el problema consiste en determinar qué tratos son adecuados entre las personas (incluyendo a los grupos)"[22].

4. SOBRE LAS ESPECIES DE IGUALDAD Y LA NOCIÓN POSITIVISTA. LOS CRITERIOS DE LA IGUALDAD DISTRIBUTIVA

Los caminos de la filosofía y los del derecho no siempre han confluido. Mientras desde el punto de vista filosófico clásico se concibe la igualdad como una proporcionalidad[23] que alude a un cierto equilibrio o contrapeso establecido conforme a la razón práctica, el derecho constitucional decimonónico y los ordenamientos subsiguientes acuñaron un concepto jurídico de la igualdad: la igualdad ante la ley.

Pero, al hacer el análisis de este último principio se advierte que la igualdad puede referirse tanto a una relación formal (v. gr. el procedimiento) como sustancial o material (ej. ventajas o beneficios que acuerda una ley, reglamento o acto administrativo).

A su vez, en el marco constitucional positivista en el que prevalecía la concepción formal que predicaba la igualdad ante la ley, la tendencia más

---

[20] FINNIS, *Ley natural...*, cit., pág. 225, nota VII-6, siguiendo la opinión de DEL VECCHIO, en *Justice*, Edimburgo, A. H. Campbell, 1952, págs. 35-36.

[21] En sucesivos trabajos expusimos una opinión más restrictiva sobre la justicia social que ahora, siguiendo a FINNIS, que consideramos necesario ampliar (véase nuestro *Curso de derecho administrativo*, t. 1, 10ª ed., Buenos Aires, La Ley, 2009, pág. 33).

[22] FINNIS, *Ley natural...*, cit., pág. 207.

[23] Véase: ARISTÓTELES, *Ética a Nicomaco*, Madrid, Centro de Estudios Constitucionales, 1985, V. 3: 1131a31 (cfr. cita de FINNIS, *Ley natural...*, cit., pág. 193, nota 3).

evolucionada llegó a propugnar una fórmula que pretendía cumplir con el dogma de la plenitud del ordenamiento y, sobre todo, con HART, difundió la idea de que la igualdad consiste en "tratar como semejantes los casos semejantes y de manera diferente los casos diferentes"[24] a la que considera un elemento central de la noción de justicia, si bien reconoce que en sí mismo es incompleto y que mientras no se lo complemente no puede utilizarse como guía de la conducta que se debe seguir. Para ello considera necesario que se establezca un criterio relevante para establecer las semejanzas y diferencias o lo que equivale a reconocer que la fórmula es, en sí misma, una fórmula vacía de contenido, como lo prueba el propio HART cuando se refiere a los distintos criterios que justifican el trato diferenciado en la justicia distributiva. FINNIS se ha dado cuenta de la deficiencia de la fórmula y la resuelve afirmando que lo que importa es cuáles son aquellos principios que le permiten "valorar cómo debe tratar una persona a otra (o qué derecho tiene una persona a ser tratada de determinada manera) prescindiendo de si otros están o no siendo tratados así"[25]. Pone como ejemplo el principio que prohíbe la tortura, el cual es incontrastable, pues se aplica a los desiguales del mismo modo que a los iguales, en todos los casos. El pensamiento de FINNIS sobre esta regla consiste en reconocer que todos los miembros de una comunidad gozan por igual del derecho a una consideración respetuosa, aunque para resolver problemas de justicia distributiva la igualdad sea un principio residual, que se aplica cuando otros criterios no son suficientes, no para realizar la igualdad sino el bien común que puede sintetizarse en la realización plena de la vida y de los bienes humanos básicos por todos los miembros de una comunidad.

Y aún reconociendo que no existen patrones precisos para valorar estas cuestiones acude —siguiendo en esto a HART[26]— a la necesidad, como criterio principal de distribución, el que completa con otros criterios, como (i) el de la función, referido no directamente al bien humano básico sino a los roles y responsabilidades de cada uno en el seno de la comunidad; (ii) a la capacidad para cumplir con los cometidos en las empresas comunes y respecto de las oportunidades para el progreso individual (v. gr. el acceso a la educación superior); (iii) los méritos y los aportes que derivan del sacrificio propio o del esfuerzo y habilidad de las personas, y (iv) en la distribución para compensar los costos y las pérdidas de una empresa donde lo equitativo dependerá de si las

---

[24] HERBERT L. A. HART, *El concepto de derecho*, trad. del inglés del *libro The Concept of Law*, por GENARO R. CARRIÓ, Buenos Aires, Abeledo Perrot, 1977, pág. 198. En realidad, la fórmula de HART se remonta a ARISTÓTELES (*Ética a Nicomaco*, cit., V. 6 [1131a] y *Política* III-9 [1280x]).

[25] FINNIS, *Ley natural...*, cit., págs. 193-194.

[26] HART, *El concepto de derecho*, cit., págs. 203 y ss.

personas han creado o al menos previsto y aceptado riesgos evitables mientras otras personas ni los han creado ni han tenido la oportunidad de preverlos, de evitarlos o de asegurarse contra dichos riesgos. De lo que se trata, en definitiva, no es de evaluar estados de cosas sino la exigencia de la razonabilidad práctica en cuanto a personas determinadas en sus tratos recíprocos[27].

Lo cierto es que la distinción entre justicia distributiva y conmutativa no constituye más que una forma tendiente a facilitar el análisis y que —como lo venimos sosteniendo desde nuestros primeros trabajos— muchas acciones del Estado, y aun de los particulares, son a la vez "distributiva y conmutativamente justas (o injustas)"[28].

En cualquier caso, la igualdad no constituye un principio absoluto sino relativo habida cuenta de que salvo el derecho a la vida y sus derivados (v. gr. prohibición de tortura) no existen principios ni derechos absolutos y estos se gozan conforme a las leyes que reglamentan su ejercicio (Const. Nal., art. 14). La jurisprudencia de la Corte ha sostenido en forma expresa[29] el carácter relativo del principio de igualdad.

5. La igualdad ante la ley y la razonabilidad

Si se acepta como válido el razonamiento que hace Finnis al sostener que la fórmula de Hart de la igualdad presenta un carácter residual en la justicia distributiva, hay que apuntar, en definitiva, a los criterios de razonabilidad práctica para justificar las desigualdades. En cualquier caso, la igualdad ante la ley que predica el artículo 16 de la Constitución presenta una serie de características que traducen pautas derivadas del principio de razonabilidad (Const. Nal., art. 28) para declarar tanto la inconstitucionalidad de una ley o reglamento como la de un acto administrativo, particularmente frente a supuestos de decisiones administrativas que apliquen la ley en forma desigual[30]. Por este motivo, como la igualdad no se limita a exigirla solo ante la ley for-

---

[27] Finnis, *Ley natural...*, cit., pág. 204.

[28] Finnis, *Ley natural...*, cit., pág. 208.

[29] Fallos 151:359 (1928), *in re* "Eugenio Díaz Vélez c/ Provincia de Buenos Aires".

[30] Alberto Garay (*La igualdad ante la ley*, Buenos Aires, Abeledo Perrot, 1989, págs. 25 y ss.) hace un ponderado análisis de los principales casos que exhibe la jurisprudencia de la Corte hasta el año de publicación del libro; véase la jurisprudencia de la Corte en Gelli, *Constitución de la Nación Argentina*, comentada y concordada, t. i, Buenos Aires, La Ley, 2001, págs. 232 y ss., Juan Vicente Sola, *Tratado de derecho constitucional*, t. ii, Buenos Aires, La Ley, 2009, págs. 257 y ss.; Daniel Sabsay (Dir.) – Pablo L. Manili (Coord.), *Constitución de la Nación Argentina*, comentario al artículo 16 de Roberto Saba, Buenos Aires, Hammurabi, 2009, págs. 599 y ss.

mal o material, al ser un principio de mayor amplitud, corresponde hablar de "igualdad jurídica"[31].

En nuestro país, la doctrina del derecho público no ha abordado la tarea de realizar una construcción dogmática completa sobre el principio de igualdad jurídica que es una exigencia de justicia y, por tanto, de razonabilidad[32] y, en general, acude a las categorías inorgánicas que se extraen de la jurisprudencia de la Corte Suprema de Estados Unidos, lo cual no deja de ser una paradoja puesto que en el gran país del norte, la igualdad racial, por ejemplo, recién se impuso en la segunda parte del siglo xx, mientras que en Europa llevaba más de un siglo de antigüedad siendo evidente, por lo demás, que allí otorgaron, durante muchos años, una fuerte preferencia a la libertad por sobre los otros derechos fundamentales[33]. La razón que justifica el rumbo adoptado por la generalidad de nuestro derecho constitucional probablemente obedezca a la inclinación histórica que lo lleva a seguir a rajatabla el modelo de la Constitución estadounidense y sus categorías jurisprudenciales junto al mayor desarrollo que allí ha tenido —con sus vaivenes— la doctrina de la razonabilidad. En cualquier caso, no es posible obviar que la construcción de nuestro artículo 16, que proviene del Proyecto de ALBERDI[34], basado en una mixtura entre antecedentes europeos y norteamericanos (la Constitución de Virginia de 1776 y el artículo 6° de la Declaración francesa de los derechos del hombre de 1789), sea mucho más sobria y precisa[35] no obstante predicar también una igualdad formal: la igualdad ante la ley.

Pero si el centro o vértice en que concurren los distintos grados de justicia en la igualdad se encuentra en el principio de razonabilidad de las leyes, reglamentos o actos administrativos (aplicable extensivamente también a relaciones entre particulares) la concepción de la igualdad no puede divorciarse de las diferentes especies de razonabilidad (tanto en la valoración como en los criterios de selección).

Como es imposible observar la igualdad de trato en todas las adjudicaciones jurídicas (ya sean prestacionales o sancionatorias), la determinación de la

---

[31] GERMÁN J. BIDART CAMPOS, *Derecho constitucional*, t. II, Buenos Aires, Ediar, 1966, págs. 158 y ss.; GREGORIO BADENI, *Tratado de derecho constitucional*, t. I, Buenos Aires, La Ley, 2004, págs. 690 y ss.

[32] JUAN FRANCISCO LINARES, *Poder discrecional administrativo*, Buenos Aires, Abeledo Perrot, 1958, pág. 136.

[33] Véase: ALBERTO B. BIANCHI, *Historia constitucional de los Estados Unidos*, Buenos Aires, Cathedra Jurídica, 2008, págs. 33 y ss. y especialmente págs. 135 y ss.

[34] SÁNCHEZ VIAMONTE, *Manual de derecho constitucional*, cit., págs. 144-145.

[35] El proyecto de Constitución de ALBERDI establece: "La Nación Argentina no admite prerrogativas de sangre ni de nacimiento: no hay en ella fueros personales ni títulos de nobleza. Todos los habitantes son iguales ante la ley y admisibles en los empleos sin otra condición que la idoneidad. La igualdad es la base del impuesto y de las cargas públicas" (art. 16).

desigualdad desemboca, finalmente, en el análisis de la valoración y contenido de las diferencias específicas tenidas en cuenta por las normas y actos para justificar las desigualdades formales y materiales que ellas exhiben.

Mientras la llamada razonabilidad ponderativa es una operación por la que se pondera o pesa (metafóricamente como en una balanza) el sentido axiológico o finalístico del antecedente y consecuente de la norma y la proporción que existe entre ellos[36] la otra especie de razonabilidad opera en la selección de las circunstancias del caso o propiedades (en sentido lógico) que integran el antecedente y el consecuente, sin acudir a un término de comparación[37] como acontece con el principio de igualdad ante la ley.

La primera (razonabilidad ponderativa) coincide con la teoría norteamericana del debido proceso sustantivo (institución jurídica donde la jurisprudencia estadounidense aloja esta peculiar violación del principio de los derechos fundamentales) y consiste en una operación de imputación normativa (*the balance of convenience rule*) mediante la cópula "deber ser"[38].

En la segunda (razonabilidad de elección o de igualdad) "se tiene en cuenta lo imputado al elegir las circunstancias o propiedades que componen el antecedente y el consecuente incurriéndose en irrazonabilidad cuando se formulan distinciones sin fundamento axiológico suficiente [...] lo que ocurre si los hechos o conductas erigidos en diferencia específica, fundamento de una diferencia de trato, son determinados arbitrariamente"[39], conclusión que también postula la doctrina germana y el Tribunal Constitucional alemán[40], con posterioridad a la formulación teórica que propuso LINARES.

6. LA LLAMADA PARADOJA DE LA IGUALDAD

Si se interpreta que el principio de igualdad jurídica del artículo 16 de nuestra Constitución Nacional (todos los habitantes son iguales ante las leyes y por extensión ante los reglamentos administrativos) excede su contenido formal y consagra una igualdad de hecho o material (asignándole un carácter omnicomprensivo), se incurre en una contradicción lógica insuperable toda vez que lo que según el principio omnicomprensivo de igualdad implica un trato igual, conforme al principio de igualdad de hecho, configura un trato desigual y viceversa.

---

[36] LINARES, *Poder discrecional...*, cit., pág. 137.

[37] MARÍA MARTA DIDIER, *El principio de igualdad en las normas jurídicas*, Buenos Aires, Marcial Pons, 2012, pág. 60.

[38] LINARES, *Poder discrecional...*, cit., pág. 136.

[39] LINARES, *Poder discrecional...*, cit., pág. 138.

[40] Véase: ROBERT ALEXY, *Teoría de los derechos fundamentales*, trad. de Carlos Bernal Pulido, 2ª ed., Madrid, Centro de Estudios Políticos y Constitucionales, 2007, págs. 354 y ss.

Esta situación que para ALEXY constituye la paradoja de la igualdad[41], se presenta generalmente como un complejo dilema que conduce a elegir entre dos principios opuestos. En nuestra opinión, el intento de articularlo en un principio unitario genera confusiones, hallándose fuertemente influido por las concepciones ideológicas de cada autor. Además, el reconocimiento del principio de igualdad de hecho y su puesta en práctica en forma imperativa por el Estado genera un conjunto de dificultades de envergadura[42] que aconsejan dejarlo dentro de la esfera de competencia del legislador, cuya libertad de configuración ha de prevalecer en el Estado de derecho.

Esto no implica que el legislador disponga de una libertad absoluta que justifique eludir la problemática que implica la realización de la igualdad material en los casos en que resulta necesario suplir o morigerar graves carencias sociales ni de evitar las graves distorsiones que pudiera haber en la distribución de la riqueza en la sociedad conforme a los recursos existentes en una determinada comunidad, porque los males de una distribución irrazonable y desproporcionada pueden ser mayores que los bienes que produzca la política distributiva.

Los principios del Estado de derecho (fundamentalmente el de separación de poderes) junto a la serie de dificultades que plantea la realización de un "igualitarismo social" y sus características impiden a los jueces transformarse en legisladores que resuelvan la política distributiva de un Estado. Entre esas características, FINNIS (basándose en el procedimiento de quiebra como ejemplo de justicia) anota las siguientes: "a) porque los criterios razonables para valorar la justicia distributiva no generan un único modelo de distribución (ni siquiera un conjunto determinable de modelos) en el que todos los hombres razonables estarían obligados a concordar [...]; b) porque asegurar y mantener un modelo de distribución sin referencia a ninguna de las liberalidades, responsabilidades y pretensiones conmutativamente justas que los individuos, las familias u otros grupos crean para sí mismos, solo sería posible si se sofocara toda iniciativa individual y se pasaran por alto los actos de injusticia

---

[41] ALEXY, *Teoría de los derechos fundamentales*, cit., pág. 368. La paradoja de la igualdad se presenta en la medida en que se conciba la igualdad como un principio omnicomprensivo. ALEXY señala, con razón, que desde el punto de vista constitucional "hay que excluir la posibilidad de renunciar al principio de igualdad jurídica porque no puede haber ninguna duda de que este principio es un elemento del derecho constitucional vigente (*op. cit.*, pág. 369). Esta conclusión, válida para el derecho alemán, se presenta más fuerte en el derecho constitucional argentino que contiene preceptos más precisos que permiten aplicar, indistintamente y en forma coordinada, los principios de razonabilidad y de igualdad.

[42] Mientras la igualación es estática (como una fotografía que refleja un momento) las desigualdades son constantes y dinámicas. El igualitarismo conduce a efectuar infinitas correcciones que no aseguran la realización de la competencia ni premian el esfuerzo o eficiencia de una parte de la sociedad con relación a quienes esperan que todo provenga del Estado.

de todo individuo. No puede sostenerse razonablemente, si no es en relación con proyectos muy limitados, una distinción recíprocamente excluyente entre «situaciones finales» que pueden ser valoradas como distributivamente justas y «procesos» que crean y satisfacen pretensiones y responsabilidades de justicia conmutativa. A escala de la comunidad completa, que busca el bien común de la plena realización de todos sus miembros, la distinción falla (i) porque la realización de las personas incluye entre sus aspectos intrínsecos (en cuanto distintos de los medios puramente extrínsecos) y la oportunidad de comprometerse en determinados procesos (tales como dar y recibir, elegir los propios compromisos y en qué invertir la habilidad o el esfuerzo, etc.), y (ii) porque la existencia de tal comunidad es de realización radicalmente ilimitada, con miembros que están continuamente naciendo en ella, marchándose y muriendo, de tal manera que ni un solo espacio de tiempo (por referencia al cual podría valorarse un modelo como justo en sentido puramente distributivo) tiene la condición privilegiada de una 'situación final'"[43].

Además de todo ello, las políticas distributivas fundadas en el "igualitarismo social" (que poco tienen que ver con el fundamento de la justicia social) más bien emparentado con tendencias socialistas totalitarias vinculadas al marxismo o con un jacobinismo insostenible en el mundo actual, suponen un enfoque omnicomprensivo de la igualdad que colisiona con el discutido problema de la relación entre la libertad y la igualdad[44].

Dijimos, al comenzar este punto, que la paradoja de la igualdad se presentaba generalmente como un dilema que implica una opción a favor del legislador para elegir entre la igualdad formal y la material o de hecho. Sin embargo, esta afirmación requiere formular algunas precisiones adicionales.

Si la igualdad ante la ley tiene un contenido que excede lo formal en cuanto adjudica ventajas o desventajas a las personas, es posible que el criterio de comparación en que se funda la política distributiva del Estado beneficie a algunos sectores sin perjudicar a otros (al menos en forma directa o inmediata). Esto acontece en el campo de la salud y, particularmente, en los regímenes de protección de la discapacidad o de promoción industrial así como en los sistemas que establecen subsidios sociales (ej. en los servicios públicos la denominada tarifa social) o subvenciones por razones de bien común (ej. a los establecimientos educativos).

Dice FINNIS, "el sueño de una justicia puramente distributiva comparte con el consecuencialismo utilitarista la ilusión de que el bien humano es adecuadamente justificable, la ilusión de que la búsqueda del bien común es la búsqueda de un objetivo alcanzable de una vez por todas, como hacer una *omelette* y la ilusión de que es razonable postular un punto o espacio de

---

[43] FINNIS, *Ley natural...*, cit., pág. 220.

[44] ALEXY, *Teoría de los derechos fundamentales*, cit., págs. 368-369 y nota 66 con sus citas.

tiempo privilegiado por referencia al cual las consecuencias de las acciones podrían teóricamente ser resumidas y evaluadas, asignadas y distribuidas"[45].

7. La igualdad real de oportunidades y la cláusula para el progreso, el bienestar y la justicia social (art. 75 inc. 23, primer párrafo e inc. 19 de la Const. Nal.). La discriminación racial

La reforma constitucional de 1994 y el nuevo *status* constitucional que en ella se asigna a determinados tratados internacionales (art. 75 inc. 22), más que la cuestión inherente a la opción entre igualdad de hecho o material y la igualdad jurídica que traduce el concepto de igualdad que prescribe el artículo 16 de la Constitución[46], plantea la de determinar el alcance de los preceptos constitucionales en lo que respecta a la posibilidad de que generen derechos subjetivos a favor de los particulares. En otros términos, si se trata o no de cláusulas programáticas o de operatividad derivada (en la terminología actual de la Corte Suprema) o si, en cambio, constituyen pautas o guías de acción legislativa que entran dentro de la libertad de configuración de los medios para alcanzar los fines constitucionales que corresponde al legislador, cuya responsabilidad, en este punto, es básicamente política (sin excluir el control judicial de razonabilidad sobre las medidas que adopte).

Mientras que el primer párrafo del artículo 75 inciso 23 de la Constitución dice que corresponde al Congreso: "Legislar y promover medidas de acción positiva que garanticen la igualdad de oportunidades y de trato y el pleno goce y ejercicio de los derechos reconocidos por esta Constitución y por los tratados internacionales de derechos humanos, en particular respecto de los niños, los ancianos y las personas con discapacidad", el artículo 75 inciso 19 (que, metodológicamente, debería ubicarse después) se refiere, de un modo especial, a la igualdad de oportunidades y posibilidades, sin discriminación, en el ámbito educativo.

Al incluir dichas normas entre las atribuciones del Congreso, resulta obvio que no se trata de la consagración de derechos constitucionales que sirven de base para hacer reclamos judiciales con fundamento en tales preceptos, los cuales poseen clara naturaleza programática[47] y no directamente operativa. Es evidente que la selección de las políticas legislativas en esas materias traduce el ejercicio de los poderes discrecionales del Congreso y que no es posible demandar al Estado para que dicte determinadas medidas[48], ello sin perjuicio

---

[45] Finnis, *Ley natural...*, cit., pág. 221.

[46] Ya que, en la práctica, muy pocas veces aparece la protección de una igualdad formal pura desconectada de la pretensión procesal, lo que se refleja en los casos jurisprudenciales.

[47] Cfr. Didier, *El principio de igualdad...*, cit., pág. 58.

[48] Gelli, *Constitución de la Nación Argentina*, t. II, 4ª ed., Buenos Aires, La Ley, 2008, pág. 200.

del control de razonabilidad que hagan los jueces sobre las leyes, reglamentos y actos administrativos).

Una situación diferente es la que genera el artículo 37 de la Constitución en cuanto prescribe que las acciones positivas tendientes a concretar la igualdad real de oportunidades entre varones y mujeres para acceder a cargos electivos y partidos no podrán ser inferiores a las que estaban vigentes al tiempo de la reforma de la Constitución. De ese modo, la Constitución reconoce un derecho fundamental al mantenimiento del cupo femenino que prescribe la ley 24.012, lo que supone una "discriminación inversa" que a primera vista luce irrazonable, dada la igualdad humana ontológica que existe entre el hombre y la mujer. Por ello, la llamada discriminación inversa contradice el artículo 16 de la Constitución.

Distinta sería la situación si alguna ley discriminase en contra de la mujer pero, en el mundo actual, ni a los constituyentes ni a los legisladores se les ocurriría sancionar semejante discriminación.

En lo que atañe a la discriminación racial, si bien no ha sido un problema que se haya planteado entre nosotros, cabe apuntar que tras la reforma de 1994, también adquirió *status* constitucional la Convención Internacional de Eliminación de todas las formas de Discriminación Racial. El artículo 1° de esta Convención —en el inciso 1°— define la discriminación racial como "toda distinción, exclusión, restricción o preferencia basada en motivos de raza, color, linaje u origen nacional o étnico, que tenga por objeto o por resultado anular o menoscabar el reconocimiento, goce o ejercicio, en condiciones de igualdad, de los derechos humanos y libertades fundamentales en las esferas política, económica, social, cultural o en cualquier otra esfera de la actividad pública", prescribiendo además la prohibición de discriminar entre ciudadanos y no ciudadanos (inc. 2°) y la interdicción de consagrar discriminaciones contra alguna nacionalidad en particular (inc. 3°)[49].

Interesa subrayar que dado el amplio alcance del artículo 20 de la Constitución la prohibición de discriminar en punto a la nacionalidad queda cubierta por el mencionado precepto constitucional, cuyo análisis haremos a continuación.

8. El derecho de igualdad de los extranjeros para gozar de los derechos civiles. Las discriminaciones en materia de ciudadanía

El artículo 20 de la Constitución equipara, en materia de derechos civiles, a los extranjeros con los ciudadanos argentinos en los siguientes términos:

"Los extranjeros gozan en el territorio de la Nación de todos los derechos civiles del ciudadano; pueden ejercer su industria, comercio y profesión; po-

---

[49] Aprobada por ley 17.722.

seer bienes raíces, comprarlos y enajenarlos; navegar los ríos y costas; ejercer libremente su culto; testar y casarse conforme a las leyes. No están obligados a admitir la ciudadanía, ni a pagar contribuciones forzosas extraordinarias. Obtienen nacionalización residiendo dos años continuos en la Nación; pero la autoridad puede reducir este término a favor del que lo solicite, alegando y probando servicios a la República".

Como es bien sabido, la fuente de la norma se encuentra en el Proyecto de ALBERDI cuya finalidad era promover la inmigración europea con la idea de poblar el país[50], tal como lo confirma el texto del artículo 25 de la Constitución que prescribe:

"El Gobierno federal fomentará la inmigración europea; y no podrá restringir, limitar ni gravar con impuesto alguno la entrada en el territorio argentino de los extranjeros que traigan por objeto labrar la tierra, mejorar las industrias, e introducir y enseñar las ciencias y las artes".

En consecuencia, la preceptiva constitucional, además de la equiparación de derechos civiles entre los extranjeros y los ciudadanos argentinos, consagra el derecho a obtener nacionalización junto a la interdicción de obligarlos a "admitir la ciudadanía ni a pagar contribuciones forzosas extraordinarias" (art. 20).

Pero esa equiparación no es absoluta y los extranjeros, como todos los habitantes, gozan de sus derechos con arreglo a las leyes que reglamentan su ejercicio (Const. Nal., art. 14). Esta regla se aplica, particularmente, en materia de admisión y expulsión de extranjeros, cuando el ingreso al país se haga en forma ilegal, sin perjuicio de que, en tales casos, todos los habitantes tienen garantizado el derecho de defensa que les reconoce el artículo 18 de la Constitución[51].

Además, en la propia Constitución se consagran requisitos para acceder a los cargos supremos del Estado, a los que no pueden aspirar los extranjeros (art. 89 que consagra el requisito de ser argentino nativo para ser elegido Presidente o Vicepresidente de la República), lo que se justifica en función de que tal calidad garantiza, de modo prevaleciente, la preservación de la iden-

---

[50] Cap. IV, nota al art. 21 del Proyecto de ALBERDI.

[51] GELLI (*Constitución...*, cit., t. I, pág. 373) critica la jurisprudencia de la Corte que rechazó un *habeas corpus* interpuesto por un ciudadano uruguayo detenido y expulsado del territorio nacional con el argumento de que al hallarse fuera del país (por haber sido expulsado) la cuestión se había tornado abstracta (*in re* "De la Torre Juan C.", Fallos 321: 3646 [1998]), cons. 5°, publicado en La Ley con nota de BIDART CAMPOS, "*Habeas corpus* y expulsión de extranjeros. Lo abstracto y lo concreto", La Ley, 1999-C, 62. Compartimos la crítica fundada que formula GELLI a la Corte, que no aplicó un propio precedente anterior ("Solari Yrigoyen"), dado que el razonamiento utilizado resulta contrario al art. 20 de la Const. Nal. y constituye un verdadero sarcasmo.

tidad de la Nación (que hace tanto a su historia y tradiciones, y a los demás elementos que configuran la nacionalidad como la cultura y el territorio).

Y si bien la igualdad que gozan los extranjeros impide que la legislación interna distinga entre los extranjeros, lo mismo acontece, aunque de manera indirecta, en los tratados que consagran preferencias a favor de países que integran una organización supranacional, tengan o no personalidad jurídica, tal como ocurre con el derecho a la libre circulación de bienes, servicios y factores productivos, derechos que pueden invocar todas las personas radicadas en aquellos países que integran el Mercosur, como lo prescribe el Tratado de Asunción[52].

Ahora bien, hay que tener presente que, como lo refleja la propia jurisprudencia de la Corte, la discriminación puede fundarse tanto en razones de nacionalidad como en la exigencia de adquirir la ciudadanía para acceder a determinados cargos públicos en las fuerzas que controlan la seguridad en las fronteras o en los órganos encargados de la policía inmigratoria.

En todos los casos en que se cuestione judicialmente alguna discriminación en esta materia se impone realizar un examen acerca de la razonabilidad de la exclusión o restricción a tenor del principio que emerge del artículo 28 de la Constitución.

Sección segunda.— *El control judicial de las discriminaciones arbitrarias*

9. LIMINAR SOBRE EL CONTROL DE RAZONABILIDAD EN LA JURISPRUDENCIA

La garantía de razonabilidad, con fundamento, principalmente, en los artículos 28 y 33 de la Constitución, completada con los derechos y garantías que emergen de los artículos 16 y 17 de la Constitución[53], ha sido invocada en diferentes fallos de nuestra Corte Suprema sin que pueda afirmarse que exista una elaboración sistemática[54], situación en cierto modo injustificable dado que la Corte podía haber seguido los grandes lineamientos de la cons-

---

[52] Tratado de Asunción, art. 1°.

[53] El primer estudio completo sobre esta garantía constitucional en el derecho argentino y comparado en nuestro país lo hizo JUAN FRANCISCO LINARES en el libro *El debido proceso como garantía innominada en la Constitución Argentina. Razonabilidad de las leyes*, Buenos Aires, Depalma, 1944, especialmente págs. 158 y ss.; ver asimismo, JUAN CIANCIARDO, *El principio de razonabilidad. Del debido proceso sustantivo al moderno juicio de proporcionalidad*, Buenos Aires, Ábaco, 2004, pág. 38.

[54] JUAN VICENTE SOLA, *Tratado de derecho constitucional*, t. II, Buenos Aires, La Ley, 2009, pág. 517.

trucción doctrinaria que en su momento formuló LINARES[55], inspirada en los antecedentes que entonces proporcionaba el derecho norteamericano sobre la base de una teorización coherente apoyada en la aplicación e interpretación de los textos constitucionales vernáculos.

En términos generales, puede decirse que los criterios que se extraen de la jurisprudencia de la Corte Suprema acerca del juicio de razonabilidad aluden a la proporción entre los medios y los fines que persiguen las leyes y a la ausencia de inequidad manifiesta[56], habiéndose vinculado también la irrazonabilidad con la alteración o afectación de los derechos fundamentales de las personas[57].

Varias han sido las razones que han conspirado para llevar a cabo una construcción jurídica aceptable en el plano de la lógica y de la justicia. Entre ellas, cabe anotar la falta de coherencia de la jurisprudencia de la Corte Suprema norteamericana y aun de buena parte de la doctrina, limitada por los temores de generalizar reglas a raíz del principio *stare decisis* que gobierna el sistema jurisprudencial de Estados Unidos[58]. A esas circunstancias corresponde adicionar la cantidad de casos que ha debido resolver nuestra Corte, los cambios frecuentes en su integración por circunstancias políticas y cierto desconocimiento de las operaciones lógicas y la aplicación de los principios generales del derecho a los casos sometidos a la decisión del Alto Tribunal. Esa situación genera una incertidumbre que afecta la seguridad jurídica, no obstante reconocer los esfuerzos que ha hecho un sector de la doctrina para articular pautas de razonabilidad aceptables[59].

El sistema de control constitucional difuso, aun con las ventajas que traduce, no ha contribuido a que el derecho constitucional argentino tuviera una construcción orgánica sobre el control judicial de razonabilidad de las leyes y actos administrativos que, en rigor, asegurase la primacía de la Constitución sobre los demás actos del Estado.

No obstante, la doctrina que ha elaborado la Corte sobre el concepto de arbitrariedad de las sentencias constituye un aspecto del control extraordinario de constitucionalidad que contribuyó a la función primordial de garantizar los derechos fundamentales de las personas.

No se puede desconocer que el centro de la construcción del control de la razonabilidad de las leyes y demás actos estatales se encuentra en el principio

---

[55] LINARES, en el libro *El debido proceso...*, cit., págs. 15 y ss.

[56] DIDIER, *El principio de igualdad...*, cit., pág. 63) con cita de varios precedentes: Fallos 263:460 (1965), 290:245 (1974) y 305:1560 (1984), entre otros.

[57] *Ibídem*, pág. 63; Fallos 266:299 (1966) y 318:1894 (1995), entre otros.

[58] LINARES, *El debido proceso...*, cit., págs. 28 y ss.

[59] GELLI, *Constitución de la Nación Argentina. Comentada y concordada*, 4ª ed., t. I, Buenos Aires, La Ley, 2008, págs. 425-431.

de interdicción de arbitrariedad cuyo fundamento más fuerte lo constituyen los artículos 19 y 28 de la Constitución[60]. Esta conclusión es obvia si se repara en que, conforme a los antecedentes del artículo 19, la exigencia de hacer lo que la ley no manda o de privar a alguna persona de lo que ella no prohíbe, constituye un mandato operativo referido tanto a la ley positiva como a la ley natural o, en términos actuales, a los principios generales del derecho. Al propio tiempo, debe tenerse en cuenta, como lo ha hecho la mayoría de la doctrina, que el precepto constitucional contenido en el artículo 28 de la Constitución (en la formulación original de ALBERDI), configura también un mandato operativo en cuanto veda al Congreso alterar, mediante la legislación, los derechos individuales reconocidos en los artículos anteriores de la Constitución, principalmente los que emergen del artículo 14 de la Constitución. Todo ello sin perjuicio de fundar la interdicción de arbitrariedad en el artículo 33, que acuerda protección constitucional a los derechos no enumerados que nacen de la soberanía del pueblo (entendida en el sentido del constituyente norteamericano y no en el que proviene del dogma rousseauniano —que aquél ignoró—) y de la forma republicana de gobierno.

La otra cuestión que dificulta la sistematización jurisprudencial es la relación de género a especie que existe entre la razonabilidad e igualdad. En este aspecto de hermenéutica constitucional la circunstancia de que al ser la igualdad ante la ley o jurídica una fórmula constitucional más precisa que la acuñada por el principio de razonabilidad hace que la jurisprudencia acerca del artículo 16 de la Constitución exhiba una mejor sistematización, aun con las falencias metodológicas que suelen mostrar los fallos.

Porque no hay que olvidar, en líneas generales, que así como hay una razonabilidad en la ponderación o valoración, también la hay en la igualdad, ni tampoco que las construcciones de base germánica sobre el principio de proporcionalidad (seguidas por la jurisprudencia del Tribunal Constitucional español) guardan gran analogía con las diversas construcciones originarias del derecho norteamericano.

10. CARÁCTER FORMAL Y MATERIAL DEL PRINCIPIO DE IGUALDAD

El principio de igualdad ante la ley que consagra el artículo 16 de la Constitución implica un mandato constitucional que prohíbe —como principio— que las normas otorguen trato desigual a quienes se encuentran en iguales circunstancias o cumplen las mismas condiciones y requisitos. En palabras que se extraen de los fallos del Alto Tribunal el principio de igualdad "no es otra cosa que el derecho a que no se establezcan excepciones o privilegios

---

[60] JUAN CARLOS CASSAGNE, *El principio de legalidad y el control judicial de la discrecionalidad administrativa*, Buenos Aires, Marcial Pons, 2009, págs. 197-201.

que excluyan a unos de lo que se concede a otros en iguales circunstancias, de donde se sigue forzosamente que la verdadera igualdad consiste en aplicar en los casos ocurrentes la ley según las diferencias constitutivas de ellos"[61], doctrina que se ha mantenido en la jurisprudencia aclarándose que ello es así en tanto las distinciones no se formulen con criterios arbitrarios[62].

Contrariamente a lo que se ha sostenido, el precepto constitucional no se ciñe a la igualdad formal pues puede albergar un contenido inherente a la realización material del derecho de cada persona, lo que, en definitiva, dependerá de la naturaleza de la pretensión procesal (que puede ser formal o material).

Ello no impide que exista la posibilidad de que el ordenamiento apodere a las personas, en ejercicio de sus derechos individuales y colectivos, a promover acciones positivas en las que se persiga la realización de la igualdad material (v. gr., el acceso a las facilidades de un plan oficial de viviendas).

Lo cierto es que el principio de igualdad ante la ley lleva ínsita la interdicción de discriminación arbitraria e irrazonable y se conecta, por tanto, con la garantía de razonabilidad de las leyes y decisiones administrativas (el denominado "debido proceso sustantivo" del derecho norteamericano) cuya jurisprudencia se examinará más adelante.

11. El principio de igualdad y las llamadas "categorías sospechosas" del derecho norteamericano

Diversos fallos de nuestra Corte Suprema han recogido el concepto de "categoría sospechosa" para referirse a un grupo de supuestos en los que existe una presunción de inconstitucionalidad en la discriminación efectuada.

El principal efecto de esta categoría consiste —a juicio de la jurisprudencia— en la circunstancia que, en tales casos, se invierte la carga de la prueba y quien debe demostrar que la discriminación resulta constitucional es la Administración demandada, además de que el análisis de los jueces acerca de la razonabilidad ha de ser más estricto[63].

Entre las categorías sospechosas se incluyen las relativas a a) la nacionalidad o la condición de extranjero, b) la raza y c) el sexo. Como la diversa condición racial de las personas no ha sido motivo de discriminaciones legislativas ni administrativas en nuestro país, a diferencia de lo acontecido en el derecho norteamericano, no hay jurisprudencia sobre el punto susceptible de mención.

---

[61] Fallos 16:118.

[62] Fallos 310:849; 330:855, entre otros.

[63] Caso *Hooft, Pedro c/ Provincia de Buenos Aires*, Fallos 327:5118 (2004). La doctrina constitucional y muchos fallos de la Corte emplean el término escrutinio para referirse al mero análisis o a la ponderación sin reparar que en castellano esa voz significa "análisis exacto e inteligente" que, por lo común, no se suele realizar.

En cambio, en materia de nacionalidad y condición de extranjero ha habido discriminaciones que nuestro Alto Tribunal ha juzgado inconstitucionales.

El criterio de "categoría sospechosa" no permite avanzar sobre la médula de la desigualdad ni tampoco considera necesario el juzgamiento sobre la irrazonabilidad del precepto cuestionado por lo que más bien resulta un recurso pragmático al que apelan los tribunales para resolver el entuerto judicial sin definir el fondo del asunto. La norma declarada inconstitucional puede entonces continuar vigente sin que a nadie se imponga el deber de analizar su constitucionalidad. Si bien ello ocurre casi siempre como consecuencia del carácter difuso de nuestro sistema de control de constitucionalidad de las leyes, una cosa muy distinta es que el fallo declare la inconstitucionalidad con fundamento en argumentos lógico-racionales y de justicia o a un juicio de adecuación, de necesidad y de proporcionalidad, y otra muy diferente es que se limite a declarar la inconstitucionalidad de una norma o de una decisión administrativa sobre la base de una mera presunción.

Frente a un juicio fundado en aquellos criterios lógico-racionales el administrador o el legislador, si actúan con la debida diligencia, están obligados a promover la derogación o revocación, en su caso, del precepto o disposición que se ha declarado inconstitucional.

La inutilidad de la "categoría sospechosa" se revela en los propios votos o fallos que la esgrimen toda vez que, aún cuando en forma incompleta o inorgánica, aluden también a los criterios lógico-racionales y de justicia como fundamentos que acompañan a las decisiones judiciales.

12. DOS CASOS EMBLEMÁTICOS SOBRE DISCRIMINACIÓN QUE AFECTARON A NACIONALES Y EXTRANJEROS

De la compulsa de los fallos de la Corte Suprema hemos seleccionado dos fallos que, a nuestro juicio, reflejan de mejor manera el criterio del Alto Tribunal para considerar configurada, en materia de discriminación entre nacionales y, a su vez, entre nacionales y extranjeros, una discriminación contraria al principio de igualdad ante la ley.

A) *El caso "Hofft, Pedro c/Provincia de Buenos Aires" (2004)*

En este precedente de la Corte, citado en la nota anterior, el actor promovió una acción tendiente a que se declare la inconstitucionalidad del artículo 177 de la Constitución de la Provincia de Buenos Aires en cuanto prescribía, como requisito para ser Juez de Cámara el de "haber nacido en territorio argentino o ser hijo de ciudadano nativo, si hubiese nacido en país extranjero".

Entre las circunstancias del caso cabe anotar que el actor, nacido en Holanda, había arribado a nuestro país a los seis años y que aquí cursó sus estudios primarios, secundarios y universitarios y de posgrado, obteniendo la nacionalidad argentina e iniciado la carrera judicial en la que llegó a ser titular de un Juzgado en la Provincia de Buenos Aires.

Toda la construcción técnica del fallo se apoya en la presunción de inconstitucionalidad que reviste el hecho de que el precepto constitucional cuestionado distinga entre ciudadanos de primera (argentinos nativos o por opción) y de segunda clase (argentinos naturalizados) y, si bien señala que ello encuadra en los motivos de discriminación a que aluden el Pacto de San José de Costa Rica (art. 1.1) y el Pacto Interamericano de Derechos Civiles y Políticos (art. 26), la Corte declara la inconstitucionalidad del artículo 177 de la Constitución de la Provincia de Buenos Aires, con el argumento de que por tratarse de una "categoría sospechosa" que lleva consigo la presunción de inconstitucionalidad era necesario que la Provincia demandada levantase dicha presunción con una "cuidadosa prueba" acerca de los fines que intentaban resguardar el precepto y los medios que había utilizado al efecto[64]. En realidad, como es advertible, sin acudir a la excéntrica categoría norteamericana (que puede servir de guía) el caso brindaba todos los elementos —sobre todo la violación de la igualdad con fundamento en los juicios de adecuación, necesidad y proporcionalidad— para declarar la inconstitucionalidad del precepto violatorio de las garantías nacional y supranacional.

B) *El caso "Gottschau, Evelyn Patrizia c/ Consejo de la Magistratura de la Ciudad de Buenos Aires" (2006)*

La discriminación que motivó la promoción de un juicio de amparo por parte de la actora era de distinta naturaleza que la resuelta en el caso "Hooft" pues aquí no se trataba de distinguir entre diferentes categorías de ciudadanos sino de discriminar entre argentinos y extranjeros, en contra de lo estatuido en el artículo 20 de la Constitución.

En lo que concierne a los antecedentes de la causa, cabe consignar que la demandante, de nacionalidad alemana, estuvo radicada en forma permanente en la República Argentina, donde cursó estudios secundarios y universitarios y obtuvo su título de Abogada. Fundamentó su pretensión en la circunstancia de que el Consejo de la Magistratura de la Ciudad de Buenos Aires le había denegado la solicitud hecha para presentarse al concurso convocado para la provisión del cargo de Secretario de Primera Instancia del Poder Judicial de dicha Ciudad, en virtud de lo previsto en el Reglamento de Concursos que imponía el requisito de la nacionalidad argentina para concursar dicho cargo. La Corte declaró, por unanimidad, la inconstitucionalidad del precepto local cuestionado, con diferente fundamentación en los votos de los magistrados intervinientes.

---

[64] Fallos 327:5118 (2004), considerandos 4° y 5°.

La mayoría apeló a la consabida fórmula de la presunción de inconstitucionalidad por considerar que se trataba, en el caso, de una "categoría sospechosa" trasladándole a la demandada la carga de demostrar que no existían otras exigencias menos gravosas (juicio de necesidad). Considera, asimismo, en una suerte de juicio de adecuación (usual en las jurisprudencias de Alemania y España) que las funciones de Secretario no implicaban el ejercicio de funciones de jurisdicción que pusieran en juego los "fines sustanciales" que menciona el test de "Hooft" que, salvo lo concerniente al arraigo en el país, no puede ni siquiera vislumbrarse a qué se refiere habida cuenta que termina sin declararse, en forma terminante, la irrazonabilidad o la desigualdad de la discriminación. Sin embargo, en la parte resolutiva del fallo se declara la inconstitucionalidad de la norma[65] por la insuficiencia probatoria en que incurrió la demandada más que por cualquier otro argumento sustantivo.

La disidencia de los jueces Highton de Nolasco y Maqueda arriba a una conclusión semejante pero sin compartir que se trate en el caso de una "categoría sospechosa", que lleva ínsita la presunción de constitucionalidad, lo que resulta correcto dado que no se trata de una situación similar a la resuelta en el caso "Hooft".

En definitiva, la disidencia sigue el mismo razonamiento desarrollado en el voto de la mayoría al sostener que la demandada debió acreditar que "la exigencia de nacionalidad argentina para ejercer el cargo de secretario de primera instancia es razonable o aun conveniente para la Ciudad de Buenos Aires y que, por esa única apreciación, resulta adecuada al fin perseguido y evidencia una justificación suficiente en el marco del art. 16 de la Constitución Nacional"[66].

Esta aserción implica tanto como decir que la norma cuestionada se presume inconstitucional salvo que el Consejo de la Magistratura demuestre que es razonable o conveniente, lo que hace pasible a este voto de la crítica que hicimos a la decisión mayoritaria en cuanto se declara la inconstitucionalidad con fundamento en una presunción cuando se había planteado su inconstitucionalidad sobre base de la notoria y manifiesta violación de un precepto constitucional sobre el acceso a la función pública (Const. Nal., art. 16) que no exige otra condición que la idoneidad, máxime cuando entra en juego el principio de igualdad entre nacionales y extranjeros (Const. Nal., art. 20) que, aun cuando se refiere a los derechos civiles, sienta un principio general que no puede alterarse con excepciones irrazonables como la aplicación de los requisitos del reglamento de autos a una persona que contaba con suficiente arraigo en el país.

---

[65] Fallos 329:2986 (2006), considerando 11.
[66] Fallos 329:2986 (2006), considerando 8°.

13. La discriminación por edad

Otro aspecto en el que los tribunales han considerado que no se altera el principio de igualdad es el de la fijación del límite de años para el acceso a la docencia universitaria. El principal argumento a que se apela consiste en sostener que dicho límite es el comúnmente utilizado en los sistemas jubilatorios en todo el país[67].

La objeción que merece este fundamento, que pretende justificar la discriminación por edad, estriba en que no resiste el juicio de adaptación puesto que los fines que persigue la norma carecen de aptitud para alcanzar esa finalidad ya que el artículo 16 de la Constitución prescribe, en forma clara y precisa, que el único requisito para el acceso a la función pública es la idoneidad sin que pueda una ley alterar ese principio con fundamento una norma que presume la falta de idoneidad.

La falta de idoneidad, en razón de la edad avanzada, es algo que debe probarse sometiendo a quienes ejercen la docencia o deseen continuar después de determinado límite, a exámenes médicos periódicos para demostrar la aptitud psico-física que exige el concepto de idoneidad, máxime cuando gracias a los avances de la medicina moderna una persona, a los setenta años, se encuentra en condiciones de impartir enseñanza. Al respecto, hay que tener en cuenta que en muchos países, el promedio de vida se ha extendido hasta llegar a los ochenta años. Lo que debe interesar para cumplir con la manda constitucional no es la edad sino la idoneidad que, por razones de salud, puede inclusive perderse antes del alcanzar el límite que fija la ley en un modo arbitrario.

Por otra parte, si la jurisprudencia de la Corte ha admitido que un juez del Alto Tribunal[68] pueda continuar en el ejercicio de su función cuando ha excedido el tope de los setenta y cinco años que prescribe la reforma de la Constitución (en su art. 99 inc. 4 y disposición transitoria undécima), resulta irrazonable y violatorio de la igualdad que no esté habilitado para continuar en la titularidad de una cátedra de enseñanza universitaria, más aun cuando se ha admitido que los profesores titulares que no son reemplazados (por demoras en la realización de los concursos) continúan durante varios años como titulares de cátedra.

El hecho de que los profesores titulares puedan impartir la enseñanza universitaria como eméritos o consultos[69] no modifica aquella injusticia habida cuenta que, en los hechos, su habilitación para enseñar se encuentra vinculada

---

[67] *In re, Fernández, Emilio Manuel c/ UBA y otro s/ amparo*, CNCAF, Sala I, sent. de 09/05/2000.

[68] En el conocido caso *Fayt*, Fallos 322:1616.

[69] GELLI, *Constitución de la Nación Argentina*, 4ª ed., t. I, cit., pág. 244.

a la buena voluntad de los titulares[70] y de la organización burocrática de la respectiva facultad, cercenándoles el derecho a enseñar.

14. LA PROHIBICIÓN CONSTITUCIONAL DE DISCRIMINAR CONTRA LA MUJER.
EL LLAMADO MATRIMONIO IGUALITARIO

El principio de igualdad, en el ordenamiento argentino, obliga al Estado a eliminar cualquier forma de discriminación contra la mujer conforme a la Convención aprobada por una ley del Congreso[71] a la que la reforma constitucional de 1994 le atribuyó jerarquía constitucional en el artículo 75 inciso 22 de la Constitución Nacional.

En consecuencia, cualquier distinción que se haga en las leyes o actos públicos o privados, que otorgue un tratamiento desigual a las mujeres respecto de los hombres, resulta pasible de tacha de inconstitucionalidad en tanto no se demuestre la razonabilidad del criterio empleado (v. gr. los obreros del puerto que deben cargar con pesadas mercaderías).

El tema de la igualdad también se ha pretendido llevar al seno de las instituciones del derecho de familia y ahora se pretende legalizar el llamado matrimonio igualitario (unión de dos personas del mismo sexo) con el consiguiente derecho a la adopción de hijos, lo que resulta contrario a la ley natural y al propio concepto de igualdad ya que asignarles un trato igual para los desiguales altera dicho principio[72]. Para este tipo de relaciones lo más adecuado sería el reconocimiento de una suerte de vínculo o unión civil, con efectos patrimoniales, particularmente respecto al régimen hereditario.

Interesa señalar que el igualitarismo absoluto entre los sexos que actualmente se propicia nunca fue sostenido por los liberales filosóficos de antaño que proclamaban el agnosticismo sin buscar cambiar la naturaleza de las cosas o de las personas ni buscar soluciones legales que pretenden igualar instituciones jurídicas arraigadas, como el matrimonio[73], que la humanidad reconoce

---

[70] En épocas anteriores, en la Facultad de Derecho de la UBA, en variadas ocasiones, los nuevos titulares de cátedra invitaban a sus clases a quienes fueron sus maestros, costumbre que parece haberse perdido.

[71] Ley 23.179.

[72] El matrimonio igualitario había sido legalizado por la ley 26.618, habiéndose incorporado al nuevo Código Civil y Comercial de la Nación, aprobado por la ley 26.994 (y promulgado por decreto 1795 de 2014).

[73] Véase: ROBERTO GARGARELLA, "Razones para el matrimonio igualitario: la igualdad", en MARCELO ALEGRE – ROBERTO GARGARELLA (Coords.), *El derecho a la igualdad. Aportes para un constitucionalismo moderno*, 2ª ed. ampliada, Buenos Aires, Abeledo Perrot, 2012, págs. 655 y ss. El autor acude a una serie de argumentos lógico-racionales tendientes a refutar las opiniones de quienes se oponen al matrimonio igualitario, algunas de las cuales se basan en premisas difíciles de aceptar por los que reconocemos el valor y vigencia de la tradición, que lejos de

como tal desde hace muchos siglos. La admisión del matrimonio entre iguales discrimina tanto al hombre como a la mujer al igualar una institución que persigue la procreación o, al menos, la promueve o hace posible, con una unión de dos seres del mismo sexo que no persiguen esa finalidad, como fruto de esa unión.

Ahora bien, la aplicación del principio de igualdad a las mujeres encuentra también apoyo en el artículo 1° de la ley 23.592. Esta ley prohíbe una serie de actos administrativos (se refiere a quien arbitrariamente impida, obstruya, restrinja o de algún modo menoscabe el pleno ejercicio sobre bases igualitarias de los derechos y garantías fundamentales reconocidos en la Constitución Nacional) y, de ocurrir alguno de estos actos, el sujeto que viola dicha prohibición "será obligado, a pedido del damnificado, a dejar sin efecto el acto discriminatorio o cesar en su realización y reparar el daño moral y material ocasionado"[74].

Un tema vinculado con la discriminación de la mujer consiste en el establecimiento de cupos para la elección de los representantes del pueblo en los Parlamentos[75] y su extensión al ámbito laboral, lo que ha originado una interesante jurisprudencia.

---

ser sinónimo de obsolescencia es capaz de resurgir de un modo inesperado, como aconteció en la actual Rusia (por ejemplo, el cambio de nombre de Leningrado por el tradicional de San Petersburgo) siendo muchas las instituciones que resurgieron (v. gr. el derecho de propiedad).

El matrimonio tiene su raíz y naturaleza en la creación de una institución que vincula al hombre y a la mujer para generar seres humanos y es como la protección a la matriz en común que une a dos seres de diferente sexo. El hecho que se admita el matrimonio entre ancianos implica solo una extensión de la idea fundacional que no altera las bases de la institución aunque los fines de los cónyuges difieran de los que persiguen los matrimonios entre personas con posibilidad de procrear, pero siempre se da entre seres con sexo desigual. Dar un trato igual a quienes se encuentran en situación desigual (paradójicamente con igualdad de sexo) es violatorio del principio de igualdad. Si se mira bien la fundamentación de GARGARELLA en favor del matrimonio igualitario puede verse que ella gira alrededor de un círculo argumentativo que parte de la igual dignidad de todas las personas aunque al final termina reconociendo que el matrimonio entre personas del mismo sexo constituye una situación diferente que merece un trato mejor que el matrimonio entre hombre y mujer. La verdad es que no hay razones para igualar una situación a otra y no se comprenden las ventajas de la igualación ante la ley que bien puede resolver la cuestión bajo otro esquema, como el de la unión civil, que no abra paso a la adopción indiscriminada pues lo natural es que un hijo tenga un padre y una madre.

[74] Ley 23.592, art. 1°.

[75] En el derecho comparado, el debate permanece abierto. En efecto, una ley sancionada por la Asamblea Nacional francesa en 2006 prescribió la progresiva igualdad de representación de ambos sexos en los consejos de administración y vigilancia de las personas públicas y privadas, fijando cupos diversos con el objeto de que las mujeres accedan a esos cargos. El Consejo Constitucional francés declaró inconstitucional dicha ley dándole prevalencia a la

Así, en el caso "Fundación de Mujeres en Igualdad y otro c/ Freddo S. A."[76] se hizo lugar a un amparo colectivo promovido por una organización no gubernamental defensora del derecho de igualdad de las mujeres a fin de que la empresa cesara en su política discriminatoria de acceso al empleo, dado que la proporción de hombres de su personal era de 681 varones y solo contaba con 35 mujeres. Al hacer lugar al amparo, el Tribunal condenó a la empresa demandada a que en lo sucesivo contrate solo mujeres hasta equilibrar la proporción con los empleados varones y a que la misma informe a la organización no gubernamental accionante, en forma anual, el grado de cumplimiento de la orden judicial ínsita en la sentencia, bajo apercibimiento de aplicarle multas por incumplimiento del fallo.

La doctrina, con buen criterio a nuestro juicio, se ha pronunciado en el sentido de que los cargos en que se exigen "capacidades específicas" deben prevalecer sobre el sexo de las personas[77], lo que coincide con el criterio del Consejo Constitucional francés.

Pero el agregado que se hizo en 2008 al artículo 1° de la Constitución francesa al prescribir que "la ley promueve la igualdad de acceso de las mujeres y de los hombres a mandatos electorales y funciones así como profesionales y de responsabilidades sociales" abre una serie de interrogantes a la legislación futura que se dicte sobre esta materia[78].

Un caso interesante sobre el sexo como causal de discriminación es el que registra el repertorio jurisprudencial de la Corte Suprema[79] en los autos *González de Delgado Cristina y otros c/ Universidad Nacional de Córdoba*.

Se trataba de una acción de amparo interpuesta por un grupo de padres de alumnos del Colegio Nacional de Montserrat, dependiente de la Universidad Nacional de Córdoba, que cuestionaron la constitucionalidad de una ordenanza que había dispuesto que las inscripciones se realizaran sin distinción de sexo, cuando con anterioridad estaba prohibida la inscripción de mujeres.

El fallo de la Corte en este caso se pronunció por la constitucionalidad de la ordenanza del Consejo Superior de la Universidad Nacional de Córdoba por considerar que, dado que las mujeres no tenían acceso a la enseñanza en el Colegio Montserrat perteneciente a la universidad pública y que este era el único bachillerato con orientación humanista dentro de la citada Universidad,

---

igualdad entre hombres y mujeres que reconocen la Declaración de los Derechos del Hombre y el Ciudadano, el Preámbulo de la Constitución y el art. 1° de la Constitución de 1958.

[76] La Ley 2003-B, 970, sentencia de la CNCiv., Sala H (2002).

[77] Augusto C. Belluscio, "Equiparación de sexos en los órganos de las personas jurídicas", La Ley 2006-C, 1457.

[78] Gelli, *Constitución de la Nación...*, cit., t. i, págs. 252-253.

[79] Fallos 323:2659.

la restricción que impedía el acceso de las mujeres a dicha enseñanza era incompatible con el principio de igualdad.

Si bien esa fue la decisión que la Corte adoptó por unanimidad, los votos de los jueces FAYT, PETRACCHI y BOSSERT sostuvieron la tesis de que la enseñanza mixta constituía un imperativo constitucional por imperio del inciso c) del artículo 10 de la Convención sobre la Eliminación de todas las formas de Discriminación contra la Mujer.

En cambio, el juez BOGGIANO consideró que lo que garantiza el artículo 10 de la Convención "[...] es el acceso pleno de la misma enseñanza que a los varones" sin imponer que esta sea impartida "en el mismo establecimiento y por los mismos docentes" y que el referido texto no impone la educación mixta sino que emplea la expresión estímulo, contemplando otros tipos de educación para alcanzar la finalidad que persigue el Tratado[80]. En adición a ese argumento principal, dicho voto puntualizó también que dicho precepto debe armonizar con el derecho preferente de los padres a elegir el tipo de educación que desean para sus hijos (art. 2.6.3 de la Declaración Universal de Derechos Humanos) por lo que imponer una educación exclusivamente diferenciada o exclusivamente mixta lesionaría ese derecho preferente de los padres[81].

Aunque pensamos que esta cuestión nada tiene que ver con la necesidad de garantizar el pluralismo democrático que argumenta el juez BOGGIANO[82] ni con los derechos de una eventual mayoría o minoría, ni con razones religiosas, es evidente que cuando está en juego la igualdad frente a la Administración Pública, la enseñanza mixta solo se impone cuando no se pueda impartir en establecimientos separados. Esta última parece ser la solución más adecuada de acuerdo con los recientes estudios llevados a cabo que propugnan una enseñanza separada y diversa "para superar los estereotipos sexuales"[83].

En definitiva, en el fallo se advierte un empleo implícito del juicio de adecuación en cuanto a la aptitud de la ordenanza para alcanzar la finalidad perseguida que no era otra que los hombres y mujeres reciban la misma calidad educativa, y la medida adoptada era la menos restrictiva (juicio de necesidad). Por su parte, la interpretación que postula la imposición exclusiva de la enseñanza mixta en todos los establecimientos debe descartarse por ser contraria a la letra y al sentido del precepto y a los postulados de la razonabilidad práctica que ordenan no juzgar de acuerdo con preferencias subjetivas. En el fondo de este razonamiento hay una falla en la razonabilidad ponderativa.

[80] Considerandos 6, 8 y 10 del voto del juez BOGGIANO.

[81] Considerandos 9 y 11 del voto del juez BOGGIANO.

[82] Ibídem.

[83] Cfr. DIDIER (El principio de igualdad..., cit., págs. 272-274) aporta y comenta una serie nutrida de estudios e investigaciones para refutar la opinión del juez BOGGIANO.

15. Las discriminaciones que afectan el derecho a la vida: el aborto

El artículo 4 de la Convención Americana de Derechos Humanos prescribe que toda persona tiene derecho a que se respete su vida y que este derecho estará protegido, en general, a partir del momento de la concepción. Aunque no hubiera sido reconocido como derecho positivo expreso, él se desprende del bloque de constitucionalidad ya sea como "el primero de los bienes de la personalidad"[84] que, como tal debe gozar de la protección del derecho, ya fuere como un derecho implícito derivado de los principios y textos constitucionales (Const. Nal., arts. 18, 29 y 33)[85].

En la actualidad, su vigencia como principio del ordenamiento constitucional emerge de un tratado internacional que no solo resulta de la jerarquía genérica de todo tratado sobre las leyes (Const. Nal., art. 75 inc. 22, primer párrafo) sino que al incorporarse expresamente la Convención Americana de Derechos Humanos a la Constitución (art. 75 inc. 22), ella posee valor constitucional en sí misma, dado que sería irrazonable argumentar que la protección del derecho a la vida vulnera alguno de los derechos y garantías reconocidos en la primera parte de la Constitución. La evidencia de este aserto hace innecesario recurrir a la tesis de la Corte en el sentido de que el juicio de compatibilidad constitucional o de convencionalidad lo hizo el constituyente al incorporar en la Constitución los Pactos Internacionales de Derechos Humanos[86] porque es imposible que los constituyentes hicieran tal análisis en el tiempo en que ocurrieron las deliberaciones (no hay constancias de ese análisis en el debate, al menos de la mayor parte de los llamados conflictos de derechos). De otro modo, la cláusula constitucional, que impide que los principios de la primera parte sean afectados por el derecho que emerge de los pactos internacionales que poseen jerarquía constitucional, carece de sentido, pues el constituyente ha prescrito que esos tratados no derogan artículo alguno de la primera parte de la Constitución y que "deben entenderse complementarios de los derechos y garantías por ella reconocidos"[87].

En lo que respecta al comienzo de la existencia de la persona, queda muy claro que el derecho positivo está en línea con el derecho natural básico a la vida y que el ser humano existe desde la concepción en el seno materno[88]. Las dudas que se han expuesto sobre esta cuestión, acuden a pseudo argumentos

---

[84] González Pérez, *La dignidad de la persona*, Madrid, Civitas, 1986, pág. 99.

[85] Gregorio Badeni, *Tratado de derecho constitucional*, 3ª ed., t. I, Buenos Aires, La Ley, 2010, pág. 735.

[86] Fallos 319:3241 (1996), en el caso *Chocobar*, doctrina reiterada más tarde en el fallo *Arancibia Clavel* de 2004 (Fallos 322:3312), con disidencia del Ministro Fayt (considerando 28).

[87] Const. Nal., art. 75 inc. 22.

[88] Fallos 310:112; 323:1339 y 325:292, entre otros.

científicos (ej. el tiempo a partir de la concepción) para negar condición de persona al ser engendrado en el seno materno pues no se trata de un tema "que concierne a la biología. Estamos frente a una cuestión antropológica de vital significación" ya que —como se ha señalado— la fusión del espermatozoide con el óvulo implica "el comienzo de la existencia de esa sustancia individual que denominamos persona humana, cuya definición concierne tanto a la filosofía antropológica como al mundo jurídico"[89].

De otra parte, Argentina, al ratificar la Convención sobre Derechos del Niño —en relación al art. 1°— declara que, para nuestro país, "se entiende por niño todo ser humano desde el momento de su concepción". Si bien se ha discutido en doctrina la distinción entre las reservas hechas a los tratados de las declaraciones interpretativas como manifestación estatal de un acto complejo (la ratificación del Tratado), el principio posee valor, al menos, como ley del Congreso.

En cualquier caso, siempre prevalecerá el artículo 4.1. de la Convención Americana sobre Derechos Humanos. La interpretación que realiza un sector de la doctrina para admitir la legalización del aborto basándose en la frase del precepto que dice que el derecho a la vida se protege, *en general*, a partir de la concepción y que, en consecuencia cabe admitir excepciones[90], implica una falacia lógica de interpretación. En efecto, la legalización del aborto (sin referirnos a la despenalización cuando peligra la vida de la madre conforme al art. 86, segundo párrafo, inc. 1 del C. P.) implicaría legalizar el derecho a dar muerte a un ser humano, por cuya causa y no solo por sus creencias religiosas, muchos médicos se niegan a practicarlo. Esa expresión, sacada de contexto conceptual, carece de sentido por cuanto si se interpretase que significa la "casi totalidad" o la "generalidad", sin describir las pautas de excepción, no es posible determinar en qué supuestos algún sistema puede negar protección legal a la persona por nacer desde el comienzo de la concepción. Como la norma no describe supuesto de hecho alguno ni implica un mandato positivo o negativo no es lógico interpretar que consagra un principio opuesto al derecho a la vida. La única hermenéutica idónea consiste en suponer que se ha querido decir "en común" (porque decir general equivale también a decir en común) o sea, que se refiere al común de la legislación americana.

Si la indeterminación de la supuesta excepción es absoluta y total, mal puede configurar un principio válido; en todo caso, sería como un precepto inexisten-

---

[89] Rodríguez Varela, "La persona por nacer al comenzar el siglo veintiuno", en el libro *El derecho humano a la vida*, Buenos Aires, Academia Nacional de Ciencias Morales y Políticas, 2006, pág. 43, con cita de Olsen A. Ghirardi.

[90] Marcela V. Rodríguez, "Entre la justicia y la justicia formal: la discriminación por género en la jurisprudencia de la Corte Suprema de la Nación Argentina", en Marcelo Alegre – Roberto Gargarella (Coords.), *El derecho a la igualdad...*, cit., pág. 536.

te y una de las reglas de la hermenéutica conduce a interpretar los principios y las normas en el sentido más favorable a su validez. El derecho a la vida es prácticamente uno de los derechos más absolutos que existe y el derecho solo justifica la muerte del prójimo en supuestos de legítima defensa, precisamente para preservar la propia vida de quien sufre la agresión.

La persona por nacer carece de capacidad para defender su vida, la que no puede quedar librada a la decisión discrecional de la madre o del padre que no están autorizados por la ley natural ni, en nuestro país, por el derecho positivo, a privar de la vida a un ser humano indefenso.

De esa manera lo ha entendido la jurisprudencia de la Corte Suprema de Justicia de la Nación en tres casos, entre otros, que pasamos sumariamente a describir en su doctrina esencial.

A) Caso "T.S. c/ Gobierno de la Ciudad de Buenos Aires"[91]

Hallándose en avanzado estado de embarazo, la actora interpuso una acción de amparo contra el Hospital Ramón Sardá de la Ciudad de Buenos Aires con el objeto que la justicia, ante el diagnóstico de un feto anencefálico y la negativa del Hospital a practicar la inducción al parto, la autorizara a que se llevase a cabo.

La sentencia de la Corte Suprema, al confirmar el fallo del Tribunal Superior de la Ciudad de Buenos Aires, con distinta fundamentación en lós votos de la mayoría y de la minoría disidente, resolvió ordenar la inducción del parto, considerando que la pretensión de la amparista no implicaba la autorización para efectuar un aborto y que el pronunciamiento dictado por el Tribunal Superior de la Ciudad de Buenos Aires ordena preservar especialmente la vida del feto en la medida de lo posible y que desde el punto de vista científico corresponde calificar como prematuro no constituyendo un medio con aptitud para causar la muerte de la persona por nacer. El Alto Tribunal consideró que adelantar o postergar el parto en el avanzado estado de embarazo de la amparista (que llevaba ocho meses en esa situación) no beneficiaba ni empeoraba la suerte de la persona por nacer dado que su eventual fallecimiento no sería consecuencia normal de su nacimiento sino de la grave patología que afectaba al feto.

La parte medular del voto de la mayoría consideró que "el alumbramiento solo pondrá en evidencia que [...]" la persona por nacer [...] "no puede sobrevivir en forma autónoma, sin que la solución que aquí se adopta afecte la protección de su vida desde la concepción, tal como lo establecen el art. 2 de la ley 23.849 —aprobatoria de la Convención sobre los Derechos del Niño— y el art. 4 de la Convención Americana sobre los Derechos Humanos".

---

[91] Fallos 324:5 (2001).

B) *Caso "Portal de Belén c/ Ministerio de Salud y Acción Social"*[92]

La asociación civil sin fines de lucro "Portal de Belén" había promovido en la Provincia de Córdoba una acción de amparo contra el Estado Nacional con el objeto de que se revocara la autorización y se prohibiera la fabricación, distribución y comercialización del fármaco "Imediat" por considerar que se trataba de una píldora con efectos abortivos cuyo expendio afectaba el derecho de las personas por nacer.

La Corte, al revocar el fallo de la Cámara Federal de Apelaciones de Córdoba, que había rechazado el amparo por entender que se trataba de una cuestión que merecía mayor debate y prueba, consideró, por mayoría de votos, siguiendo la opinión vertida por el Procurador General de la Nación, admisible el recurso extraordinario deducido por la actora en razón de que "en el caso se encuentra en juego el derecho a la vida previsto en la Constitución Nacional, en diversos tratados internacionales y en la ley civil (art. 75 inc. 22 de la Ley Fundamental; 4.1. del Pacto de San José de Costa Rica; 6° de la Convención sobre los Derechos del Niño; 2° de la ley 23.849 y Títulos III y IV de la Sección Primera del Libro I del Código Civil)".

La mayoría destacó, de acuerdo con la opinión de varios científicos de renombre internacional, entre los cuales se encontraba Jean Rostand —Premio Nobel de Biología— que la vida humana comienza con la fecundación. En consecuencia, sostuvo que si el uso de la píldora podía provocar la muerte de una persona por nacer no se podía permitir su uso dado que ello sería violatorio del derecho a la vida que es "el primer derecho natural de la persona humana preexistente a toda legislación positiva que resulta garantizado por la Constitución Nacional".

C) *Caso "Sánchez, Elvira Berta c/ Ministerio de Justicia y Derechos Humanos"*[93]

En este caso, la Corte revocó la sentencia de la Cámara que, por mayoría, había rechazado la pretensión de indemnización solicitada por una madre cuya hija fue muerta —hallándose en estado de embarazo a término— reclamando la reparación patrimonial correspondiente por la muerte de la hija y de su nieta (la persona por nacer).

El Alto Tribunal, en línea con la disidencia formulada en el fallo de Cámara que hizo la Dra. MARÍA JEANNERET DE PÉREZ CORTÉS, reiteró en el voto concurrente de los ministros ZAFFARONI y HIGHTON DE NOLASCO la opinión vertida en fallos anteriores[94], de acuerdo con el dictamen del Procurador General de

---

[92] Fallos 325:292 (2002).

[93] Fallos 330:2304 (2007).

[94] Fallos 323:1339, entre otros.

la Nación, señalando que "el derecho a la vida es el primer derecho natural de la persona humana, preexistente a toda legislación positiva y resulta garantizado por la Constitución Nacional, derecho presente desde el momento de la concepción, reafirmada en los tratados internacionales con jerarquía constitucional"[95].

La definición que hace la Corte sobre el derecho a la vida, como el primer derecho natural que preexiste a toda legislación positiva, implica atribuirle la condición de un principio general que encierra un mandato operativo —en una escala superior a cualquier norma— y es, quizás, uno de los reconocimientos más fuertes hechos por su jurisprudencia en este tema acerca del abandono de la teoría del positivismo legalista, que afirmaba que el derecho vigente era solo el emanado de las normas positivas y que al limitarlo a las normas lo desprendía de la moral y de la justicia. El contenido del derecho natural, según la Nueva Escuela del Derecho Natural (NEDN), liderada por JOHN FINNIS se produce, de un modo principal, por la captación de los bienes humanos básicos y del primer principio de la ley natural que predica que "el bien ha de hacerse y el mal evitarse"[96]. La evidencia muestra que al ser el derecho a la vida un bien humano básico no puede anteponerse el derecho de la madre al derecho de su hijo por nacer. La tesis opuesta que afirma el derecho irrestricto al aborto implica recurrir a la denominada falacia categorial en la que se opera (aun sin intención retórica) una trasposición de argumentos aplicables a realidades y situaciones distintas que no son, por lo demás, comparables aunque la dimensión de peso del derecho a la vida es muy superior a cualquier otro derecho (salvo la causal justificante en la defensa de la propia vida), cosa que no se ha rebatido ni puesto en duda.

Los ataques que han hecho algunos sectores que postulan el igualitarismo a ultranza[97] giran en torno de la prevalencia del derecho de la mujer a decidir sobre su cuerpo sobre la base de un principio de autonomía de la persona que nunca puede proyectarse al derecho a la vida que tiene otra persona, que los tratados internacionales han calificado como derecho primordial. Aparte de la interpretación tendenciosa que ello supone en aras de la ideología igualitaria extrema —una suerte de decisionismo intelectual *a priori*— la argumentación que esgrimen no deja de ser circular no animándose a sostener que su interpretación implica legalizar el derecho a dar muerte a una persona, derecho

---

[95] Fallos 330.2304 (2007).

[96] CARLOS I. MASSINI CORREA, "Iusnaturalismo e interpretación jurídica", en CARLOS ALARCÓN CABRERA – RODOLFO LUIS VIGO (Coords.), *Interpretación y argumentación jurídica*, Buenos Aires, Marcial Pons, 2001, pág. 328; WERNER GOLDSCHMIDT (*Introducción filosófica al derecho*, 4ª ed., Buenos Aires, Depalma, 1973) señala que el derecho natural de raíz aristotélica-tomista es idéntico a la justicia y que no consiste en reglas abstractas o derivadas de deducciones sino en soluciones justas a problemas de repartos de bienes y males (*op. cit.*, pág. 382).

[97] RODRÍGUEZ, "Entre la justicia...", cit. págs. 515 y ss.

este que se disfraza tras la falacia de que el feto no reúne los caracteres del ser humano, en contradicción con las afirmaciones rotundas de la ciencia. Desde el punto de vista lógico no puede concebirse que una cosa sea y no sea a la vez y nadie ha demostrado aun que la vida humana no comienza con la concepción (ni van a poder hacerlo) con lo que para legitimar el aborto o ignorar que se mata a un ser humano deberían fundar la tesis pro aborto en que la vida humana comienza a partir del alumbramiento de la persona por nacer, lo cual resulta una afirmación tan absurda que nadie se ha animado a sostenerla.

En general, la línea jurisprudencial de la Corte se considera compatible con los principios y normas establecidos en la Constitución y en los tratados internacionales que protegen y preservan el derecho de las personas por nacer[98].

16. Continuación: dictamen de la Academia Nacional de Ciencias Morales y Políticas

Por la trascendencia institucional que reviste, los antecedentes que trae a colación, así como por la doctrina y argumentos que desarrolla, cabe destacar el dictamen producido con fecha 26 de noviembre de 2008 por la Academia Nacional de Ciencias Morales y Políticas con relación a la preservación del derecho a la vida, concebido en los siguientes términos:

"Las excusas absolutorias previstas en el art. 86 del Código Penal, que se intenta reglamentar y ampliar en el proyecto de 'aborto no punible' que se encuentra en trámite en las comisiones de Derecho Penal, Familia y Salud Pública de la Cámara de Diputados de la Nación (expt. 5212-D-2008 y complementario elaborado por los asesores de dichas comisiones) fueron incorporadas al mencionado ordenamiento punitivo a propuesta de la Comisión de Códigos del H. Senado de la Nación, formulada en el dictamen expedido el 26 de septiembre de 1919.

"En dicho dictamen, la Comisión fundó su propuesta en doctrinas eugenésicas y racistas que se encontraban en boga, sin advertir sus adherentes que las mismas condujeron y sirvieron de sustento al régimen nacional socialista instaurado en Alemania a partir de 1933.

"Al auspiciar la no punibilidad de la interrupción provocada por la gestación practicada en una mujer 'idiota o demente' que hubiera sido violada, la Comisión expresó que 'era la primera vez que una legislación va a atreverse a legitimar el aborto con un fin eugenésico, para evitar que de una mujer idiota o enajenada..., nazca un ser anormal o degenerado'. Argumentó seguidamente

---

[98] Porque otros valores (como evitar una sanción social) por más legítimos que sean no alcanzan la jerarquía suficiente para justificar el cercenamiento de una vida inocente; cfr. Alberto Rodríguez Varela, "El valor de la vida inocente", ED 191-424; véase asimismo: Badeni, *Tratado...*, cit., t. i, págs. 749 y ss.; y Gelli, *Constitución...*, cit., t. ii, págs. 236-237.

sobre el 'interés de la raza' y se preguntó, citando doctrina española, '¿qué puede resultar de bueno de una mujer cretina o demente?'. En definitiva, la Comisión consideró que 'es indiscutible que la ley debe consentir el aborto cuando es practicado, con intervención facultativa, a los fines del perfeccionamiento de la raza'.

"Con esos argumentos racistas, que pocos años después contribuyeron al establecimiento de un régimen demencial que empujó al mundo a la segunda guerra mundial, y que no vaciló en inmolar a minusválidos, judíos, cristianos y gitanos, y que persiguió a todos los que se opusieron a sus designios totalitarios, se introdujeron en el Código Penal las excusas absolutorias que ahora se intenta ampliar en el Congreso de la Nación.

"Las excusas absolutorias del art. 86 del Código Penal resultan manifiestamente inconstitucionales ante textos explícitos que amparan de modo irrestricto a la persona por nacer desde el instante de su concepción. Por eso, en un fallo reciente la Corte Suprema de Justicia de la Nación ha recordado que 'el derecho a la vida es el primer derecho natural de la persona humana, preexistente a toda legislación positiva, y que resulta garantizado por la Constitución Nacional (doctrina de Fallos 323:1339, entre muchos), derecho presente desde el momento de la concepción, reafirmado con la incorporación de tratados internacionales con jerarquía constitucional' (CSJN, "Sánchez, Elvira Berta c/ Ministerio de Justicia y Derechos Humanos", dictamen de la Procuración General del 28/02/2006 y votos de los Ministros Highton de Nolasco y Eugenio Zaffaroni).

"Además de esa normativa con jerarquía constitucional debemos destacar algunos preceptos que ponen de manifiesto la imposibilidad jurídica de sancionar el proyecto sobre 'abortos no punibles':

"1º) La ley 23.849 cuyo art. 2º, al aprobar la Convención sobre los Derechos del Niño declaró que el art. 1º de ese instrumento internacional 'debe interpretarse en el sentido que se entiende por niño a todo ser humano desde el momento de su concepción y hasta los 18 años de edad'. Con esta reserva, 'en las condiciones de su vigencia', la Convención adquirió jerarquía constitucional (art. 75 inc. 22 CN).

"2º) El artículo 3 de dicha Convención que textualmente expresa:

"«En todas las medidas concernientes a los niños que tomen las instituciones públicas o privadas de bienestar social, los tribunales, las autoridades administrativas o los órganos legislativos, una consideración primordial a que se atenderá será el interés superior del niño».

"3º) El art. 6 de la misma Convención que textualmente expresa:

"«1. Los Estados Parte reconocen que todo niño tiene derecho intrínseco a la vida.

"»2. Los Estados Parte garantizarán en la máxima medida posible la supervivencia y el desarrollo del niño».

"4º) La ley 26.061, sancionada por unanimidad el 28 de septiembre de 2005, reglamentaria de la Convención sobre los Derechos del Niño, ratifica y amplía la salvaguarda integral de la vida inocente. Su artículo 2º declara que la Convención sobre Derechos del Niño es de aplicación obligatoria en las condiciones de su vigencia (es decir, desde la concepción), en todo acto, decisión o medida que se adopte respecto de las personas hasta los 18 años de edad. El mismo artículo cubre la defensa en juicio de los menores, reconociendo que tienen derecho a ser oídos, obviamente por intermedio de quien los represente, que deberá ser un curador, máxime cuando los padres pretendan de modo directo poner fin a su vida por medio del aborto.

"El art. 3º de la ley 26.061 puntualiza que se entiende por interés superior del niño 'la máxima satisfacción, integral y simultánea de los derechos y garantías reconocidos en esta ley'. El primero de esos derechos es, de acuerdo con el art. 8º, el derecho a la vida.

"El citado art. 3 declara que se debe respetar la 'condición de sujeto de derecho' que tiene todo niño, agregando en su parte final que cuando exista conflicto entre los derechos e intereses del niño 'frente a otros derechos e intereses igualmente legítimos, prevalecerán los primeros'.

"5º) El art. 75 inc. 23 de la Constitución Nacional atribuye al Congreso la facultad de 'legislar y promover medidas de acción positiva que garanticen la igualdad real de oportunidades y de trato, y el pleno goce y ejercicio de los derechos reconocidos por esta Constitución y por los tratados internacionales vigentes sobre derechos humanos, en particular respecto de los niños, la mujeres, los ancianos y las personas con discapacidad'.

"«Dictar un régimen de seguridad social especial e integral del niño en situación de desamparo, desde el embarazo hasta la finalización del período de enseñanza elemental, y de la madre durante el embarazo y el tiempo de lactancia».

"Pensamos que estas normas, que podrían ser ampliadas con otras también de nivel constitucional, son suficientes para enmarcar las obligaciones asumidas por el Estado Argentino en la Convención sobre los Derechos del Niño, en su reglamentaria nº 26.061 y en el art. 75 inc. 23 de la Constitución con relación a los derechos a la vida y a la salud de la persona por nacer.

"Por imperio de esa normativa de jerarquía constitucional han quedado tácitamente derogadas todas las normas de nivel nacional, provincial o municipal que las contradigan. En el derecho argentino no es posible excusar y menos justificar ningún atentado directo, contra la vida de un niño desde la concepción. En consecuencia, las excusas absolutorias del art. 86 del Código Penal, introducidas en su texto a propuesta de la Comisión de Códigos del Senado de la Nación en el informe expedido el 26 de septiembre de 1919, han quedado sin efecto a partir de la vigencia de las normas de jerarquía constitucional ya citadas.

"La derogación implícita o tácita constituye un principio elemental de la lógica jurídica en cuya virtud no pueden ser simultáneamente válidas dos normas contradictorias sobre la misma conducta. En el caso de las excusas absolutorias del art. 86, aprobadas por la ley 11.179 que sancionó el Código Penal, y restablecidas en su texto original por la ley 23.077, es evidente que han perdido vigencia a partir de la fecha en que entraron en vigor las normas de la Convención sobre Derechos del Niño, con jerarquía constitucional desde la reforma de 1994.

"A partir de tales normas, queda constitucionalmente desautorizada la pretensión de considerar a la persona antes de su nacimiento como *pars viscerum matris*, es decir, como una simple víscera u órgano de la madre, equiparable a los riñones, el estómago, o la vesícula. Así como estas partes del cuerpo humano no son sujetos de derecho, tampoco lo sería la persona humana en la etapa más temprana de su vida si fuera solo una parte del organismo materno.

"Porque, en definitiva, como acertadamente lo señala ABELARDO ROSSI, el núcleo del problema radica en determinar si el embrión o feto en el seno materno, e incluso el concebido en forma extracorpórea, es o no persona humana.

"La respuesta afirmativa ya la había dado el Código Civil desde los comienzos de su vigencia. Pero ahora la dan en forma enfática las normas que hemos citado, especialmente las de jerarquía constitucional.

"A la luz de los criterios fijados en ellas, no puede controvertirse hoy, en términos jurídicos, que el derecho a la vida se extiende desde la concepción hasta la muerte natural. Cualquier discriminación que se intente, como las incorporadas al proyecto sobre «abortos no punibles», fundadas en el tiempo de gestación del niño por nacer, resultará violatoria de los preceptos de garantía constitucional y de la igualdad consagrada en el art. 16 de la Ley Fundamental. Las normas de cualquier nivel que sancione el Congreso y que autoricen la muerte provocada de modo directo de una persona inocente, carecen de validez constitucional, resultando irrelevante que los afectados tengan una semana o tres meses de gestación, un año u ochenta años de vida. Todos tienen el mismo derecho a la vida.

"A lo expuesto debemos agregar que el proyecto sobre «abortos no punibles» empeora el texto del art. 86 del Código Penal por varias razones que sintéticamente reseñaremos en este dictamen:

"1º) Transforma las primitivas excusas absolutorias en un supuesto derecho a la interrupción del embarazo, eufemismo que encubre la discrecional atribución de matar de modo directo al niño concebido, acentuando así la incompatibilidad del proyecto con las normas constitucionales que amparan la vida inocente.

"2º) Al referirse al peligro para la vida o la salud de la madre, modifica el texto del art. 86 inc. 1º del Código Penal y suprime el requisito de que tal peligro no pueda ser evitado por otros medios. El proyecto prescinde de que el avance de la medicina ofrece amplísimas posibilidades que permiten preservar la vida tanto de la madre como la del niño, conforme lo ha señalado la Academia Nacional de Medicina en su declaración del 4 de agosto de 1994. Esa es la obligación del médico y en ningún caso puede sostenerse, como indicación terapéutica, que deba matarse al niño o a la madre en forma directa. El médico debe procurar, con los medios a su alcance, salvar la vida de ambos. Por otra parte, las estadísticas del Ministerio de Salud indican —contra lo que se sostiene en los fundamentos del proyecto— que desde hace varias décadas la mortalidad materna por abortos se encuentra en franco descenso.

"3º) Extiende la impunidad a todos los casos en que el embarazo se haya producido por una supuesta violación. Se hace pagar así al niño la falta de su padre, configurándose de esta forma una segunda inequidad que agrava las consecuencias de la violación. Además, se prescinde de lo expresado por los senadores que en 1919 introdujeron en el Código Penal las excusas absolutorias del art. 86, quienes se refirieron en el dictamen de la Comisión de Códigos solo a la violación de una mujer 'idiota o demente' y no a toda violación.

"4º) El proyecto complementario extiende también la impunidad a los casos en que «existieran malformaciones fetales incompatibles con la vida extrauterina». Esta disposición tiene reminiscencias del Plan T.4 establecido por el régimen nacional socialista para la eliminación obligatoria de recién nacidos minusválidos.

"5º) Amplía el ámbito del «aborto terapéutico» al campo de la salud física, «mental y social», eufemismo a través de los cuales se generalizó la despenalización del aborto en el continente europeo, sobre todo en España, considerada hoy la meca del «aborto turístico», es decir, practicado en mujeres no residentes. La ampliación a una supuesta «salud social» demuestra que el propósito del proyecto apunta a una legalización sin límites del aborto provocado.

"6º) No le provee al niño no nacido de una representación que pueda ser oída en defensa de su derecho a nacer y a vivir, contrariándose así las normas de la ley 26.061 que reglamentó la Convención sobre Derechos del Niño.

"7º) El proyecto impone a los titulares de todos los establecimientos asistenciales del Sistema de Salud Pública, incluso los privados, la obligación de practicar todo «aborto no punible» que se les requiera, negándoles el derecho constitucional a la objeción de conciencia. Obliga asimismo, a los titulares de tales establecimientos a promocionar la ejecución del aborto a través de carteles cuyo texto redactado por los autores del proyecto, constituye una invitación a que se efectúe la interrupción del embarazo, y en el que se amplía —como ya se ha expresado— el concepto de «salud de la madre», el que deberá entenderse como «un estado de completo bienestar físico, mental y social, y no como la mera ausencia de enfermedad o discapacidad».

"En anteriores dictámenes dirigidos a las autoridades nacionales y de la Ciudad de Buenos Aires, esta Academia Nacional de Ciencias Morales y Políticas ha destacado la raigambre constitucional de la objeción de conciencia, subrayando que constituía un derecho que ninguna ley puede desconocer ni soslayar. Porque ese derecho consiste, precisamente, en que nadie debe ser forzado a contrariar las propias convicciones morales y científicas, ejecutando o haciendo ejecutar actos incompatibles con ellas. En otras palabras, estamos frente al derecho a negarse a observar determinadas conductas cuando ellas violentan la propia conciencia.

"La Academia Nacional de Medicina, en su declaración del 28 de septiembre de 2000, ratificó su rechazo a «todo método que interrumpa el embarazo» y reclamó que no se niegue a los médicos «la libertad de actuar según el criterio de su conciencia ante situaciones que consideren reñidas con la ética».

"La Corte Suprema de Justicia de la Nación, al reconocer en Fallos 312:496 la objeción de conciencia, como derecho de jerarquía constitucional, ha precisado que es nuestra propia Ley Fundamental «la que reconoce los límites del Estado frente a la autonomía individual. El art. 19 establece la esfera en la que el Estado no puede intervenir» (considerando 16, *in fine*).

"El Alto Tribunal, al reconocer la objeción de conciencia, que resulta aplicable a diversos campos, entre ellos al de los temas bioéticos, actuó con extremo cuidado exegético, porque como lo destaca en el considerando 15 «la disyuntiva de seguir los dictados de las creencias y de la conciencia o renunciar a estos y obrar en su contra, es cosa grave».

"Agreguemos que el derecho a la objeción de conciencia —que obviamente asiste a los profesionales médicos y también a las autoridades de los establecimientos a las que se pretende obligar que actúen contra los dictados de su propia conciencia—, deriva de modo directo de los arts. 14 y 33 de la Constitución Nacional y de las convenciones internacionales que amparan la libertad de conciencia. Nos referimos concretamente a los arts. 18 de la Declaración Universal de los Derechos Humanos, 18 del Pacto Internacional de Derechos Civiles y Políticos, y 12 de la Convención Americana sobre Derechos Humanos. Todos estos instrumentos tienen jerarquía constitucional (Const. Nal., art. 75 inc. 22).

"Frente a tan clara preceptiva, la Academia resuelve dirigirse a las autoridades de la Cámara Nacional de Diputados y del H. Senado solicitando el rechazo del proyecto".

CAPÍTULO VI

EL PRINCIPIO DE LIBERTAD

1. SOBRE EL CONCEPTO DE LIBERTAD Y LAS RAÍCES DE LA CONCEPCIÓN CONSTITUCIONAL ARGENTINA

El tema de la libertad no solo plantea una cuestión metafísica sino que atañe también al derecho y a su filosofía, a la economía y, en general, a la ciencia política, disciplinas todas ellas en las que ha sido objeto de numerosos estudios que han dado lugar a las más diversas concepciones teóricas[1].

En el cuadro de las teorías políticas sobresalen, por la influencia que han tenido en el plano de las acciones perseguidas por los diferentes tipos de Estado, tres orientaciones básicas, a saber: a) la tesis individualista de la libertad que la concibe como el poder de realizar lo que cada persona quiere[2], sin otro límite que el respeto por la libertad de los demás, b) las doctrinas negatorias de la libertad desarrolladas a partir del idealismo dialéctico de HEGEL y el posterior materialismo también dialéctico de MARX, ENGELS y LENIN[3] y, de un modo diferente, las llamadas teorías de la desesperación (HEIDEGGER y SARTRE) o las que desarrollan posturas nihilistas (SCHOPENHAUER) que postulan la negación de la libertad humana[4] y, finalmente, c) la dirección filosófico-cristiana que vincula la libertad con el bien último del hombre, con la responsabilidad y la verdad, considerando que se trata de la posibilidad de escoger libremente decisiones acordes con la dignidad de la persona humana, sin otro límite que el bien común[5]. La filosofía cristiana no concibe la libertad para hacer el mal siendo que este es un principio básico de la ley natural. La libertad del hombre,

---

[1] Véase: SEGUNDO V. LINARES QUINTANA, *Tratado de la ciencia del derecho constitucional argentino y comparado*, t. III, Buenos Aires, Alfa, 1956, págs. 37 y ss.

[2] En el campo de la filosofía y de la ciencia política no se han desarrollado, en general, concepciones que preconicen el individualismo absoluto en materia de libertad. Ha sido más bien en el campo económico en el que el liberalismo absoluto alcanzó su mayor auge.

[3] Vid: MANUEL RÍO, *Estudio sobre la libertad humana*, Buenos Aires, Guillermo Kraft, 1955, págs. 193 y ss.

[4] Río, *Estudio ...*, cit., págs. 211 y ss.

[5] La doctrina social de la Iglesia ha seguido una línea uniforme y coherente. En tal sentido, cabe destacar lo expresado por Juan Pablo II en las Encíclicas *Centesimus Annus* (punto 17) y *Veritatis Splendor* (puntos 31 y ss.), entre otras.

según el cristianismo, está orientada siempre al bien último que es Dios y en su concepción no cabe la presencia de una autonomía personal absoluta del hombre como postularon KANT y sus acólitos. Desde luego que, menos aún, la perspectiva cristiana puede aceptar las ideas que anidan en el fondo del materialismo histórico que implican la negación absoluta de la libertad humana.

Esta es, precisamente, la doctrina que recoge el artículo 19 de nuestra Constitución en cuanto consagra el ámbito de reserva de las libertades al prescribir que "las acciones privadas de los hombres que de ningún modo ofendan al orden y a la moral pública están solo reservadas a Dios y exentas de la autoridad de los magistrados", fórmula que ha sido atribuida al Presbítero SÁENZ[6], formado en la Universidad de Charcas, en la que prevalecía la orientación marcada por la neoescolástica salmantina.

La segunda parte del artículo 19 de la Constitución cuando estatuye que "ningún habitante de la Nación está obligado a hacer lo que no manda la ley ni privado de lo que ella no prohíbe", acoge la concepción libertaria sustentada por MONTESQUIEU en *El espíritu de las leyes*, tal como lo hemos destacado con anterioridad[7] conforme a la interpretación que, en su momento, hicieron autores ideológicamente tan opuestos como DUGUIT y HAURIOU[8].

En efecto, el artículo 5° de la Declaración de los Derechos del Hombre y del Ciudadano, que se reconoce como fuente del artículo 19 de la nuestra Constitución[9], no se funda en la doctrina rousseauniana de la ley como voluntad general infalible, sino en la doctrina humanista cristiana de MONTESQUIEU cuya concepción de la ley comprende tanto la ley positiva como la ley natural. Para el gran bordelés, la libertad no consiste en hacer lo que se quiere sino en el derecho de hacer lo que las leyes permiten.

En dicho precepto constitucional radica, precisamente, el fundamento constitucional positivo del principio de la interdicción de arbitrariedad que encierra el mandato negativo de dictar leyes o actos administrativos injustos (contrarios a la ley natural y al ordenamiento positivo).

---

[6] ARTURO E. SAMPAY, *La filosofía jurídica del artículo 19 de la Constitución Nacional*, Buenos Aires, Cooperadora de Derecho y Ciencias Sociales, 1975, págs. 11-12.

[7] En nuestro libro: *El principio de legalidad y el control judicial de la discrecionalidad administrativa*, Buenos Aires-Madrid, Marcial Pons, 2009, págs. 198-201.

[8] MAURICE HAURIOU, *Précis de droit constitutionnel*, París, Sirey, 1923, pág. 91 y LÉON DUGUIT, *Traité de droit constitutionnel*, Paris, Boccard, 1923, pág. 373.

[9] Al respecto, es de sumo interés el análisis que hace GELLI, en su obra *Constitución de la Nación Argentina. Anotada y comentada*, 2ª ed., Buenos Aires, La Ley, 2003, págs. 183 y ss., donde destaca las diferencias entre las cláusulas de la Declaración de los Derechos del Hombre y del Ciudadano (arts. 4 y 5) con el art. 19 de nuestra Constitución y el desarrollo doctrinario y jurisprudencial del precepto.

2. LA DOBLE FAZ DE LA LIBERTAD: DERECHO Y PRINCIPIO. LAS GARANTÍAS
   DE LA LIBERTAD

Mientras la libertad como derecho traduce el empoderamiento de una facultad de exigir su realización efectiva al Estado o a una persona privada (derecho subjetivo en el lenguaje moderno) es posible también concebir la libertad como un principio general del derecho[10], es decir, como un mandato positivo tendiente a realizarla y, también, como un mandato negativo que permite desencadenar acciones que impidan su violación de modo preventivo o reaccional.

Así, por ejemplo, la libertad de ejercer comercio o industria puede verse afectada en el caso que a una empresa la Administración no le otorgue una autorización para funcionar cuando tiene derecho a que se le conceda conforme al ordenamiento o bien resultar dicha libertad violada en el supuesto que la Administración resuelva revocar sin causa justificada la autorización para realizar determinada actividad industrial o comercial. En ambos ejemplos, se estaría afectando el principio de la libertad integral[11] habida cuenta que el sistema constitucional argentino está diseñado como un conjunto de principios y normas favorables a la libertad[12] (y así lo confirma el Preámbulo al asegurar los beneficios de la libertad para todos los habitantes) sin perjuicio de que, al propio tiempo, las personas afectadas puedan reclamar al Estado el ejercicio de sus derechos y el restablecimiento de las libertades conculcadas.

De otra parte, no hay que confundir derechos y principios con garantías que son los remedios instrumentales (de carácter procesal) para hacer efectivos los derechos, en sentido estricto o estrictísimo[13], tal como acontece con la acción de amparo que consagra el artículo 43 de la Constitución tanto con respecto a los derechos individuales (primera parte) como a los derechos de incidencia colectiva (segunda parte). Esta última legitimación, llamada anómala o extraordinaria que el precepto constitucional estatuye a favor de los afectados, el defensor del pueblo y las asociaciones constituidas con la finalidad de propender a la protección del ambiente, la competencia, los derechos de usuarios y consumidores así como, en general, los derechos de incidencia colectiva ha abierto, por analogía, el cauce procesal de las acciones declarativas

---

[10] MARIENHOFF, *Tratado de derecho administrativo*, t. I, 4ª ed., Buenos Aires, Abeledo Perrot, 1990, pág. 290 y "El derecho a la libertad integral del ciudadano", publicado en Anales de la Facultad de Derecho y Ciencias Sociales de Buenos Aires, Serie I, núm. 9, págs. 81-85.

[11] MARIENHOFF, *Tratado...*, cit., t. I, pág. 290 y su trabajo "El principio de la libertad ...", cit., págs. 81 y ss.

[12] GERMÁN J. BIDART CAMPOS, *Tratado elemental del derecho constitucional argentino*, t. I, Buenos Aires, Ediar, 1989, págs. 251 y ss.

[13] La terminología pertenece a JUAN FRANCISCO LINARES y ha sido recogida por BIDART CAMPOS, *Tratado elemental...*, cit., t. I, pág. 440.

de inconstitucionalidad[14]. Otras garantías procesales protegen directamente la libertad personal como el *habeas corpus* o los derechos personales a través del *habeas data*.

3. Naturaleza política o civil de las libertades. Derechos sociales y nuevos derechos

Los autores clásicos del derecho constitucional clasificaron las libertades según su objeto fuera político o civil[15]. Se atribuía carácter político a los derechos de los ciudadanos a participar en la elección periódica de los gobernantes. Este derecho, también calificado como libertad electoral, se distinguía de la libertad civil en cuanto esta abarca una categoría de mayor magnitud y densidad, que comprende toda la vida de una persona dentro de la sociedad y frente al Estado. La mayoría de estas libertades se encuentran expresamente consagradas en el artículo 14 de la Constitución, sin perjuicio de los derechos no enumerados o implícitos a que hace referencia el artículo 33 de la Constitución.

La clásica libertad civil incluye, entre otros, el derecho constitucional concerniente al ejercicio de toda industria lícita así como el de trabajar, de navegar y comerciar, de entrar, permanecer, transitar y salir del territorio argentino, de publicar sus ideas por la prensa sin censura previa, de usar y disponer de la propiedad, de asociarse con fines útiles, de profesar libremente su culto y de enseñar y aprender.

No se puede desconocer que muchas de las libertades civiles persiguen finalidades políticas por lo que el deslinde entre derechos civiles y políticos dista de ser preciso. Por ejemplo, el ejercicio de los derechos de reunión y de petición puede estar guiado por el objetivo de determinadas fuerzas políticas de influir sobre los órganos del poder[16] y lo mismo acontece con el derecho de asociación o con la libertad de prensa.

En consecuencia, la libertad política rebasa el contenido de la libertad electoral[17] y esta imprecisión ha debido influir para que la doctrina argentina abandonase prácticamente la clasificación clásica, no obstante haber sido

---

[14] Fallos 320:691; 332:111 y en el caso *Padec c/ Swiss Medical* de fecha 21/08/2013. La analogía que postulan dichos fallos es entre la acción del art. 322 del CPCCN y la prevista en el art. 43 de la Const. Nal.

[15] José Manuel Estrada, *Curso de derecho constitucional*, t. I, Buenos Aires, Científica y Literaria Argentina, 1927, págs. 1 y ss.; Rodolfo Rivarola, *La Constitución Argentina y sus principios de ética política*, Rosario, Rosario Sociedad Anónima, 1944, págs. 126 y ss.

[16] Bidart Campos, *Tratado elemental…*, cit., t. II, pág. 34.

[17] Rivarola, *La Constitución Argentina y sus principios …*, cit., pág. 127.

recogida en el Pacto de los Derechos Civiles y Políticos de Nueva York y su Protocolo Facultativo del año 1966, que posee jerarquía constitucional conforme al artículo 75 inciso 22 de la Constitución.

Los derechos políticos se circunscriben a los ciudadanos y a los partidos y no pueden tener una finalidad distinta a la que persigue su objeto central que es la política, con lo que se estrecha el campo de los derechos políticos a cambio de lograr una caracterización más precisa[18].

En materia de derechos políticos no se puede obviar la incorporación en nuestro ordenamiento constitucional de los tratados internacionales de derechos humanos, cuyas cláusulas deben considerarse complementarias de los derechos y garantías establecidos en la primera parte de la Constitución (art. 75 inc. 22). De ello se sigue la aplicación en el plexo constitucional argentino del artículo 23 de la Convención Americana de Derechos Humanos (Pacto de San José de Costa Rica) que prescribe: "Todos los ciudadanos deben gozar de los siguientes derechos y oportunidades: a) de participar en la dirección de los asuntos públicos, directamente o por medio de representantes libremente elegidos, b) de votar y ser elegidos en elecciones periódicas auténticas realizadas por sufragio universal e igual y por voto secreto que garantice la libre expresión de la voluntad de los electores; y c) de tener acceso en condiciones de igualdad a las funciones públicas de su país"[19].

En lo que concierne al derecho de participación cabe advertir que el precepto convencional de la CADH no impone la llamada participación directa sino que deja a los Estados la opción de escoger la participación pública conforme a mecanismos propios del sistema representativo que es, por otra parte, el que acoge nuestra Constitución en su artículo 1, como forma de gobierno.

A las libertades civiles clásicas se añaden los denominados derechos sociales o de segunda generación (prescrito en el art. 14 bis de la Const. Nal. en la Convención Constituyente de 1957) y los nuevos derechos constitucionales incorporados tras la reforma constitucional de 1994, principalmente el derecho al ambiente sano y equilibrado y apto para el desarrollo humano (Const. Nal., art. 41), los derechos de usuarios y consumidores en la relación de consumo, el derecho a la defensa de la competencia contra toda forma de distorsión de los mercados, el de exigir calidad y eficiencia en los servicios públicos, y los derechos a constituir asociaciones de consumidores y usuarios y de participar estas en los organismos de control (Const. Nal., art. 42), a los que suman los derechos de incidencia colectiva a los que la Constitución enuncia genéricamente sin definir acordándoles, no obstante, protección constitucional mediante la acción de amparo prevista en el artículo 43 de la Constitución. La recepción constitucional de estos nuevos derechos implica una ampliación del ámbito

---

[18] BIDART CAMPOS, *Tratado elemental...*, cit., t. II, pág. 34.
[19] CADH, art. 23.

de las libertades de los ciudadanos[20] que se protegen mediante las garantías judiciales que la propia Constitución reformada consagra en su artículo 43.

En concreto y como resumen puede decirse que el cuadro de los derechos constitucionales (vinculados a la libertad y a la propiedad) se compone ahora de tres clases de derechos fundamentales o humanos: a) los derechos individuales previstos en el artículo 14 de la Constitución; b) los derechos sociales y económicos contemplados en el artículo 14 bis y, particularmente, en el Pacto Internacional de los Derechos Sociales y Económicos (Const. Nal., art. 75 inc. 22) y c) los derechos de incidencia colectiva a que aluden los artículos 41, 42 y 43 de la Constitución.

La vinculación de las libertades con el derecho de propiedad resulta clara y por demás evidente desde que uno de los principales elementos de este último es el derecho de usar y disponer de la propiedad (Const. Nal., art. 14), derecho que en el fondo implica el ejercicio de una de las libertades fundamentales de la persona humana, de la que solo puede ser privada mediante sentencia fundada en ley y siempre que medie declaración legislativa de utilidad pública y previa indemnización (Const. Nal., art. 17).

4. LAS DECLARACIONES DE DERECHOS QUE CONSAGRAN LIBERTADES:
SU CARACTERIZACIÓN

Luego de describir el cuadro general de las libertades y consiguientes derechos constitucionales interesa precisar su caracterización por lo cual partiremos de la regla constitucional que prescribe que los derechos se gozan conforme a las leyes que reglamentan su ejercicio (Const. Nal., art. 14). Esta regla parece consagrar, en principio, el carácter relativo de los derechos constitucionales, siguiendo las líneas de la doctrina[21] y jurisprudencia de la Corte Suprema[22].

Pero, si bien en la mayoría de los casos los derechos constitucionales se disfrutan conforme a las leyes que los reglamentan, ello no siempre es así ya que, por de pronto, hay algunos derechos fundamentales (v. gr. el derecho a la vida o a no ser objeto de torturas) que revisten carácter absoluto. Otro tanto ocurre con el ámbito de las acciones privadas de los hombres que no afecten el orden o la moral pública ni perjudiquen a un tercero (Const. Nal., art. 19) y con la libertad de prensa (y, en forma extensiva, la genérica libertad de

---

[20] Ampliar en ALBERTO R. DALLA VÍA, *Derecho constitucional económico*, Buenos Aires, Abeledo Perrot, 1999, págs. 297-299.

[21] BENJAMÍN VILLEGAS BASAVILBASO, *Derecho administrativo*, t. V, Buenos Aires, 1954, págs. 103-105; MARIENHOFF, *Tratado de derecho administrativo*, t. IV, 4ª ed., Buenos Aires, Abeledo Perrot, 1987, pág. 531.

[22] Fallos 136:161 (*Ercolano*), entre otros.

expresión) cuya restricción por las leyes está vedada por imperio del artículo 32 de la Constitución Nacional.

Hay que advertir que la Constitución no condiciona el ejercicio del derecho a la necesidad de que sea reglamentado, lo que ha dado pie a que la doctrina considere que aun a falta de reglamentación los preceptos constitucionales que declaran derechos son operativos y que si se precisa la actividad de la Administración para hacer efectivo el respectivo derecho (operatividad derivada) su omisión prolongada resulta inconstitucional y hace nacer el derecho del particular de exigir su cumplimiento en sede judicial[23]. En cualquier caso, la reglamentación de los derechos constitucionales debe hacerse mediante ley formal o material[24], con los límites que marcan los principios de interdicción de arbitrariedad (Const. Nal., art. 19) y de razonabilidad (Const. Nal., art. 28), lo cual exige que las restricciones no degraden ni aniquilen el respectivo derecho y se ajusten a las exigencias del bien común o principio de justicia.

La limitación de los derechos constitucionales por la ley puede revertir carácter normal y permanente o bien ser transitoria y excepcional, siempre que se den las condiciones para que se configure una emergencia constitucional[25].

5. Continuación: límites constitucionales al ejercicio del poder reglamentario

Si bien uno de los pilares primordiales que persigue el derecho administrativo se orienta a la protección de las libertades de los ciudadanos y empresas, y en general de todos los derechos reconocidos tanto en los artículos 14 y 14 bis de la Constitución, como en los nuevos preceptos constitucionales (arts. 41, 42 y 43, entre otros), cabe advertir que el sistema de nuestra Carta Magna se encuentra montado en una serie de principios fundamentales, a saber:

Los derechos se ejercen conforme a las leyes que reglamentan su ejercicio (Const. Nal., art. 14). Esto implica que, como lo ha reconocido la jurisprudencia de la Corte Suprema[26], no hay derechos absolutos en la medida en que

---

[23] Bidart Campos, *Tratado elemental…*, cit., t. I, pág. 217.

[24] Gelli, *Constitución de la Nación Argentina. Anotada y comentada*, t. I, 4ª ed., Buenos Aires, La Ley, 2008, pág. 87 con cita de la Opinión Consultiva 6/86 de la Corte Interamericana de Derechos Humanos.

[25] Bidart Campos, *Tratado elemental…*, cit., t. I, pág. 508.

[26] Fallos, 136:164; *Hogg, David y Cía. S. A.*, Fallos, 242:353 (1958); *Beneduce, Carmen Julia y otras c/ Casa Auguste*, Fallos, 251:472 (1961), entre otros; ver también: Segundo V. Linares Quintana ("El derecho constitucional de huelga", en AA.VV., *La huelga*, t. I, Santa Fe, Instituto de Derecho del Trabajo, Universidad Nacional del Litoral, El Instituto, 1951, pág. 131) apunta que en el sistema republicano de gobierno no se conciben derechos absolutos a excepción de la libertad de conciencia o de pensamiento.

su contenido y alcance debe ser establecido por el Congreso, salvo que se encuentren determinados expresamente en la Constitución o bien se trate de derechos naturales fundamentales, cuya existencia es anterior a esta (v. gr., derecho a la vida).

a) como consecuencia, en principio, si los derechos son relativos y si su ejercicio se encuentra limitado por la ley, su operatividad queda limitada a aquellos supuestos en que la cláusula constitucional que reconozca un derecho posea un grado de determinación y precisión en su contenido y alcance de manera que torne posible su aplicación directa sin afectar otros derechos constitucionales. En este sentido, no obstante las tendencias llamadas progresistas que propugnan una judicialización de las medidas legislativas y administrativas que corresponde dictar al Congreso y al poder ejecutivo, en su caso, el principio de separación de poderes lo impide, no pudiendo los jueces convertirse en legisladores o administradores, máxime cuando la Constitución no contiene precepto alguno expreso, implícito ni inherente que lo autorice. Más bien, establece el principio opuesto al precisar en el artículo 19 de la Constitución, que nadie "está obligado a hacer lo que no manda la ley ni privado de lo que ella no prohíbe".

b) La reglamentación de los derechos no puede incidir en el campo de las acciones privadas ni afectar los derechos de terceros, a tenor del principio prescrito en el artículo 19 (que resulta una originalidad de nuestro derecho público) el cual entraña la prohibición de legislar o controlar las denominadas acciones interiores y el mandato de proceder conforme a la justicia que ordena no quebrantar la moral pública y no perjudicar los derechos de los terceros. Este último principio (*alterum non leadere*) condensa la clásica fórmula aristotélica que define la acción justa, recogida por Ulpiano en su definición del derecho[27].

c) El fundamento de las limitaciones legales a los derechos de las personas (también calificado como poder de policía) radica en la necesidad de hacerlos compatibles con el interés general o bien común. Aunque dicho fundamento se desprende —*a contrario sensu*— del artículo 19 de la Constitución (en cuanto alude al orden y a la moral pública como factores habilitantes de la reglamentación legislativa) en la actualidad, a raíz de la jerarquía constitucional que ha adquirido la Declaración Americana de los Derechos y Deberes del Hombre, conforme al artículo 75, inciso 22 de la Constitución, se puede echar mano a un precepto explícito que contiene el fundamento de la potestad estatal para reglamentar los derechos, la cual, referida específicamente a los derechos del hombre, posee una fuerza expansiva que, en conjunción con el artículo 19 de la Constitución, permite interpretar que, en nuestro sistema constitucional, existe un principio general en el sentido antes indicado.

---

[27] Ampliar en: Sampay, *La filosofía jurídica...*, cit., págs. 38 y ss.

En efecto, el artículo XXVIII de la citada Declaración, prescribe: "Los derechos de cada hombre están limitados por los derechos de los demás, por la seguridad de todos y por las justas exigencias del bienestar general y del desenvolvimiento democrático".

Este precepto de la Declaración Americana de los Derechos y Deberes del Hombre debe interpretarse a la luz del artículo 19 de la Constitución. La Convención Americana sobre Derechos Humanos, que admite la posibilidad de limitar los derechos de las personas, no puede entenderse en el sentido de "permitir a alguno de los Estados Parte, grupo o persona, suprimir el goce y ejercicio de los derechos y libertades reconocidos en la Convención o limitarlos en mayor medida que la prevista en ella"[28].

d) Las reglamentaciones de derechos, para tener validez constitucional, deben ser razonables, conforme surge del principio consagrado en el artículo 28 de la Constitución. Este es el límite principal al ejercicio de la potestad legislativa que exige armonizar, como regla general, los fines perseguidos por la política legislativa con los medios utilizados (ecuación que debe respetar el principio de proporcionalidad), habiendo distintas variantes en que se proyecta la razonabilidad (ponderación y selección, etc...)[29] y los criterios de justicia que hacen a la valoración de las normas limitativas de derechos, particularmente, en materia de igualdad[30].

6. LAS LIBERTADES Y EL PRINCIPIO DE SUBSIDIARIEDAD

De nada valdría el reconocimiento constitucional de las libertades si los ciudadanos no tienen posibilidades reales y concretas de ejercerlas porque el Estado ha decidido suplantarlos en el desarrollo de sus actividades en el ámbito político, económico, social, educativo, etc.[31], lo cual implica absorber la fuerza espontánea de la sociedad y la libre iniciativa de los particulares.

---

[28] Cabe señalar que al ratificar la Convención por ley 23.054, el instrumento de ratificación introdujo varias declaraciones y reservas, entre las que se encuentran: a) el carácter no retroactivo de los efectos de las obligaciones establecidas en la Convención; b) que su interpretación se llevará a cabo en concordancia con los principios y cláusulas de la Constitución Nacional vigente o con los que resultaren de reformas hechas en virtud de ella y c) que no quedan sujetas a la competencia de tribunales internacionales las cuestiones inherentes a la política económica del gobierno ni lo que los tribunales nacionales determinen como causas de utilidad pública o interés social ni lo que entiendan por "indemnización justa".

[29] Ampliar en JUAN F. LINARES, *La razonabilidad de las leyes*, 2ª ed., Buenos Aires, Astrea, 1970, págs. 111 y ss.

[30] GELLI, *Constitución de la Nación argentina. Comentada y concordada*, cit., pág. 257.

[31] ALBERTO RODRÍGUEZ VARELA, *Historia de las ideas políticas*, Buenos Aires, A-Z Editora, 1989, págs. 378 y ss.

En términos generales, el principio de subsidiariedad presenta dos facetas. Mientras su faz pasiva traduce la no injerencia estatal en actividades que pueden llevar a cabo personas privadas (o en el plano político, que las comunidades mayores no hagan lo que pueden llevar a cabo las menores) su faceta activa obliga al Estado a actuar sobre todo en el ámbito económico, social y educativo, frente a la insuficiencia de la actividad privada[32].

Este principio, acuñado tempranamente por la Doctrina Social de la Iglesia[33], se ha ido extendiendo en forma progresiva en la mayoría de los Estados occidentales dando lugar a un modelo de Estado que se despoja de su carga ideológica tanto proveniente del socialismo como del liberalismo individualista absoluto para poner énfasis en el carácter social de su intervención y, por ende, en la dignidad de la persona humana.

El nuevo Estado subsidiario[34] (en el sentido histórico de su concreción real) se ha impuesto prácticamente en la civilización occidental y en los países que han seguido sus huellas (v. gr. Japón) y guarda coincidencia con los postulados de la economía social de mercado[35] en la medida que esta, en el plano económico, procura armonizar las libertades económicas con el bien común promoviendo la defensa de la competencia y garantizando la calidad y eficiencia de los servicios públicos. Cabe advertir, sin embargo, que hay concepciones (seguidas en algunos Estados) que consideran que la economía social de mercado persigue como objetivo principal la realización efectiva y real del principio de igualdad sobre la base de un diseño del Estado (igualitarismo social) lo que resulta contrario al principio de libertad.

La quiebra del modelo que caracterizó al denominado "Estado benefactor" está a la vista de todos. La sociedad ya no acepta que el Estado intervenga activa y directamente en el campo económico-social asumiendo actividades que corresponde realizar a los particulares *iure proprio*. El pretexto de la soberanía, la defensa nacional, la justicia social o la independencia económica, no sirven más como títulos que legitiman la injerencia estatal en las actividades industriales o comerciales y, aun, en los servicios públicos que pueden ser prestados por particulares.

---

[32] RODOLFO CARLOS BARRA, *Principios de derecho administrativo*, Buenos Aires, Ábaco, 1980, págs. 35 y ss.; NÉSTOR PEDRO SAGÜÉS, "Principio de subsidiariedad y principio de antisubsidiariedad", en *Revista de Derecho Público,* núms. 39-40, Santiago de Chile, págs. 59 y ss.; CARLOS I. MASSINI, "Acerca del fundamento del principio de subsidiariedad", en *Revista de Derecho Público,* núms. 39-40, Santiago de Chile, págs. 51 y ss.

[33] La Doctrina Social de la Iglesia que afirma el principio de subsidiariedad se ha mantenido invariable: RN, 26; RA, 79; MM, 53 y CA, 15 e, 48 cd.

[34] CASSAGNE, *Curso de derecho administrativo*, cit., págs. 25-28.

[35] DALLA VÍA, *Derecho constitucional económico*, cit., pág. 56.

La sociedad de este tiempo histórico, que cuenta con una masiva información, ha sabido descorrer de pronto el velo que cubría a los verdaderos responsables de las crisis, y ya no admite la presencia de esos falsos gerentes del bien común que persiguen beneficios personales o de grupo mientras crece el déficit y la ineficiencia.

Los reclamos que pujan por una mayor libertad económica, susceptibles de permitir el desarrollo espontáneo de la iniciativa privada, son canalizados en las políticas oficiales de los gobiernos por medio de diferentes medidas como las desregulaciones y la eliminación de privilegios y monopolios.

Paralelamente, se desencadena un proceso de transferencia de empresas y bienes del Estado hacia los particulares, privatizándose importantes sectores de la actividad estatal, inclusive aquellas prestaciones que se engloban bajo la figura del servicio público, lo cual acentúa la colaboración de los administrados en la gestión pública, que no pierde este carácter por el hecho de ser gestionada por personas privadas.

Corresponde advertir, sin embargo, que aun con ser profundos y radicales los cambios descritos, ellos no implican la eliminación de ciertas funciones que cumplía el "Estado de bienestar", ni tampoco un retorno a la época dorada y romántica del Estado liberal del siglo xix. Es, quizás, la síntesis de ambos o, mejor aún, un nuevo modelo de Estado donde la realidad predomina sobre la ideología. En definitiva, es un modelo tan distinto y opuesto a los anteriores como estos lo fueron entre sí.

Sus rasgos predominantes lo tipifican como una organización binaria que se integra con una unidad de superior jerarquía que ejerce las funciones indelegables (justicia, defensa, seguridad, relaciones exteriores, legislación) pertenecientes al Estado como comunidad perfecta y soberana, unidad que se completa al propio tiempo con otra, mediante funciones desarrolladas por un conjunto de organizaciones menores que cumplen una misión supletoria de la actividad privada (educación, salud, servicios públicos). En ese contexto se canaliza la realización del bien común, con predominio del derecho público en las estructuras y procedimientos de las funciones indelegables, y con recurrencia a formas privadas o mixtas para la actividad supletoria, conforme al objeto perseguido en cada caso (si la actividad es industrial o comercial la actuación de la empresa aparece regulada por el derecho privado).

Hay que advertir que este "Estado subsidiario", al haber nacido en el marco de un proceso de transformación de las estructuras socio-económicas y jurídicas existentes, no implica una ruptura total con los modelos anteriores. Así, se produce el abandono por parte del Estado de aquellos ámbitos reservados a la iniciativa privada, en forma gradual o acelerada (según las circunstancias nacionales), con lo que mientras se aumenta el grado de participación de los particulares en la economía, se dictan las normas requeridas para desregular y desmonopolizar actividades, eliminando los privilegios existentes que traban el libre ejercicio de las diferentes actividades humanas, sean estas de naturaleza individual o colectiva. En el campo económico se observa un mayor énfasis aun en la legislación, con el propósito declarado de asegurar el funcionamiento libre de los mercados, al tiempo que se potencia la potestad interventora para corregir los abusos y las prácticas monopólicas.

Pero el Estado no puede renunciar a su función supletoria, exclusiva o concurrente con la actuación privada, en materia de previsión social, salud, educación, etcétera, cuando estas actividades no resultan cubiertas suficientemente por los particulares. Se opera de este modo la separación entre la titularidad de la regulación de los servicios públicos —cuya potestad indelegable es retenida por el Estado— y la gestión privada a través de las distintas figuras concesionales. En este último sentido, interesa recalcar, frente a las confusiones en que alguna doctrina incurre y los consecuentes excesos interpretativos (bien para negar la noción de servicio público o para llevarla a un grado superlativo en punto a las prerrogativas del poder público, v. gr., el rescate de la concesión) que dicha titularidad estatal no implica asumir la posición de dueño del servicio público sino que se encuentra acotada a la potestad regulatoria que surge del ordenamiento. A su vez, en el marco de la gestión privada, cualquiera fuera la figura jurídica al uso, los portadores son titulares de los bienes afectados al servicio público o, al menos, administradores de los bienes que el Estado les facilite o provee para el cumplimiento de las prestaciones.

A su turno, han aparecido movimientos y tendencias hacia la descentralización y la autonomía, cuya fuerza centrífuga es necesario canalizar para que las mutaciones del proceso transformador no ocasionen el desequilibrio del conjunto y la paralización de ciertos sectores a expensas de otros.

7. LAS LIBERTADES NO PATRIMONIALES: LA LIBERTAD DE EXPRESIÓN.
ALCANCE Y FUNDAMENTO

En sus orígenes, la libertad de expresión nació estrechamente conectada con el derecho de publicar las ideas por la prensa escrita sin censura previa. En el lenguaje moderno adquiere un alcance mucho mayor pues comprende toda forma de exteriorización de pensamiento (radio, televisión, internet, etc.). La protección constitucional que deviene del reconocimiento de este trascendente derecho subjetivo recae, más que sobre el pensamiento en sí mismo, sobre su exteriorización[36].

Esa mayor amplitud que asume actualmente la libertad de expresión permite concebirla como el derecho a exteriorizar ideas, opiniones, noticias, imágenes, etc., mediante su publicación o difusión pública por cualquier medio[37], sea

---

[36] BIDART CAMPOS, *Tratado elemental...*, cit., t. I, pág. 269.

[37] ADRIÁN VENTURA, "El derecho a la libertad de expresión", en la obra colectiva de DANIEL A. SABSAY (Dir.) – PABLO L. MANILI (Coord.), *Constitución de la Nación Argentina y*

este escrito, radial, televisivo, digital, para citar las actividades más conocidas cuyo objeto es la exteriorización de pensamiento, informaciones e imágenes.

Interesa destacar que la CADH (aplicable en virtud de lo establecido en el art. 75 inc.12 de la Const. Nal.) prescribe que dicho derecho "[...] comprende la libertad de buscar, recibir y difundir informaciones e ideas de toda índole, sin consideración de fronteras, ya sea oralmente, por escrito o en forma impresa o artística o por cualquier otro procedimiento de su elección"[38].

En lo que concierne a su fundamento, las diferentes posturas que exhiben la doctrina y la jurisprudencia latinoamericanas muestran una concatenación de argumentos.

Desde señalar que la libertad de expresión posee una dimensión individual y otra social[39] (algo bastante obvio), hasta la fundamentación política, o la que atribuye más relevancia al aspecto sustantivo del derecho de la persona (como derecho natural) y su fundamentación sociológica en cuanto a que la libre expresión de las ideas contribuye a alcanzar la verdad[40], son numerosas las opiniones que han sustentado juristas y politólogos[41].

En el plano de la lógica política no pueden caber dudas acerca de la trascendencia que reviste la libertad de expresión para la democracia[42] ni para el régimen republicano tan ligado al principio que predica la publicidad de los actos de gobierno.

Un fundamento constitucional positivo concreto (sin olvidar que, en el fondo, anida el derecho natural de toda persona a la información) se encuentra en el derecho de todo ciudadano a ser informado por medios independientes e imparciales. Este derecho encuentra apoyo en el artículo 13.1 de la CADH en cuanto consagra el derecho de toda persona a recibir información y que esta provenga de organismos independientes e imparciales, es decir, primordialmente de titularidad privada. Lo último se desprende del propio artículo 13.1 de la CADH ya que al prohibir la censura indirecta a través del "[...] *abuso de controles oficiales* [...]", va de suyo que presupone la existencia de medios privados independientes no sometidos al control estatal. De otra manera, la cláusula carecería de sentido.

En definitiva, la libertad de expresión configura un derecho fundamental o humano individual y, al propio tiempo, un derecho colectivo susceptible de

---

normas complementarias. Análisis doctrinal y jurisprudencial, t. 1, Buenos Aires, Hammurabi, 2009, pág. 408; Bidart Campos, *Tratado elemental...*, cit., t. I, pág. 269.

[38] Art. 13.1, 2° parte, de la CADH.

[39] Opinión Consultiva 5/85.

[40] Gelli, *Constitución de la Nación Argentina...*, cit., t. I, pág. 128.

[41] Una síntesis puede verse en Ventura, "El derecho...", cit., pág. 409.

[42] CSJN, Fallos 248:291; 311:2559.

ser invocado por las asociaciones que propendan su protección (Const. Nal., art. 43) sin llegar a convertirse en un derecho absoluto[43] lo que no excluye que goce de una valoración constitucional preferente que disminuye su grado de relatividad.

Si se repara en que la principal garantía que rodea a su ejercicio radica en la interdicción de censura previa (Const. Nal., art. 14) y en la prohibición de que el Congreso federal imponga restricciones a su realización efectiva (Const. Nal., art. 32) el *status* de la libertad de expresión es el de un derecho con una protección constitucional preferente. En esa línea, la jurisprudencia de la Corte Suprema ha sostenido que la garantía contra la censura previa constituye un derecho absoluto[44] de la persona afectada.

A) *La prohibición de censura previa*

Los constituyentes de 1853, de conformidad con el Proyecto de ALBERDI[45], incorporaron a la Constitución Argentina la prohibición de censurar las ideas o informaciones por la prensa (Const. Nal., art. 14) antes de su publicación. Si bien la referida interdicción constitucional tenía por objeto la prensa escrita, la CADH la amplió en dos sentidos: a) mediante la extensión de la prohibición de censura previa a otros medios de comunicación (tales como radio, cine, televisión, publicidad e internet y cualquier otro que surja a raíz del desarrollo tecnológico[46]) y b) mediante la adopción del concepto jurídico de censura previa indirecta, que permite incluir en la protección las medidas que restringen arbitrariamente la libertad de expresión, entre las que enuncia los controles oficiales de papel para periódicos, la regulación de las frecuencias radioeléctricas y los controles sobre la importación de aparatos destinados a difundir informaciones[47].

A todo ello cabe adicionar, en nuestro país, la protección que a los medios de comunicación otorgan determinados regímenes en materia tributaria que consagran el derecho a gozar de beneficios fiscales diferenciados (v. gr. disminución del impuesto al valor agregado —IVA— o compensación con otros tributos) con el objeto de amparar la subsistencia de medios gráficos, radiales y televisivos y proteger —como última *ratio*— la competencia, la libertad de

---

[43] JOHN FINNIS, *Ley natural y derechos naturales,* trad. de Cristóbal Orrego S., Buenos Aires, Abeledo Perrot, 2000, págs. 248-249. Se ha sostenido también que la libertad de expresión sin censura previa es un derecho que, como todos los derechos es relativo porque se admite la existencia de responsabilidades ulteriores; cfr. VENTURA, "El derecho...", cit., págs. 410 y 423.

[44] CSJN, Fallos 308:709, *in re, Campillay c/ La Razón, Crónica y Diario Popular.*

[45] El art. 16 del Proyecto de ALBERDI garantiza a todos los habitantes el derecho de "publicar por la prensa sin censura previa".

[46] CADH, art. 13.1.

[47] CADH, art. 13.3.

expresión[48] y el acceso a la información independiente e imparcial por los ciudadanos.

La prohibición de censura previa, de acuerdo con la Constitución y las convenciones internacionales, si bien no puede afirmarse que revista en plenitud carácter absoluto, no está sometida a la discrecionalidad del legislador ni a la del ejecutivo. Solo cede en circunstancias excepcionales como son la posibilidad de revisar los espectáculos públicos para regular el acceso de niños y adolescentes[49], la difusión de propaganda a favor de la guerra, odio racial o religioso que constituyan incitaciones a la violencia[50], y la publicidad de sucesos referentes a menores de dieciocho años en situación de peligro moral o material[51], prohibición esta última que guarda armonía con lo preceptuado en la Convención sobre los Derechos del Niño[52].

No podemos dejar de mencionar, por la trascendencia que tienen para nuestro derecho constitucional, dos precedentes que provienen de organismos internacionales. El primero es un informe de la Comisión Americana de Derechos Humanos (en el caso *Martorell vs. Chile*) en el que consideró que el Estado chileno, al prohibir la circulación de un libro por decisión de su Corte Suprema, violó el artículo 13 de la CADH[53] mientras que el segundo fue una sentencia de la Corte Interamericana de Derechos Humanos (*in re, La última tentación de Cristo*) que resolvió que Chile había violado el artículo 13 de la CADH al prohibir la exhibición de la respectiva obra cinematográfica instando al gobierno de ese país a que modificara su derecho interno con el objeto de suprimir la censura previa en un plazo razonable[54].

B) *El principio protectorio innominado de la libertad de expresión y las responsabilidades ulteriores*

La protección constitucional de la libertad de expresión se presenta como un principio rígido en el sentido que no admite gradaciones en más o en menos, hallándose regido el ejercicio del correspondiente derecho por un conjunto de subprincipios y reglas especiales.

Se trata de una protección que además de su rigidez y carácter no discrecional exhibe un tratamiento constitucional preferente (que algunos refieren

[48] *In re, Asociación de Diarios de Buenos Aires (AEDBA) y otros c/ EN –dto 746/03-AFIP s/ medida cautelar (autónoma)*, de fecha 28/10/2014.

[49] CADH, art. 13, inc. 4.

[50] CADH, art. 13, inc. 5.

[51] Ley 20.056.

[52] CDN, arts. 2 y 16.

[53] Informe CADDHH 11/96.

[54] CIDH, *La última tentación de Cristo vs. Chile*, sent. de 5/2/2001.

con el concepto de libertad estratégica)[55] que tiene su anclaje en dos interdicciones constitucionales precisas y determinadas como son la prohibición de censura previa (Const. Nal., art. 14) y la de que el Congreso federal imponga restricciones legales a su ejercicio (Const. Nal., art. 32). Este bloque constitucional se complementa con el reconocimiento del principio protectorio en la Convención Americana de Derechos Humanos (art. 13).

Estamos pues en presencia de un mandato (como todo principio) de preferente jerarquía constitucional que por los fines comunes y sociales que persigue pertenece al derecho público, en la medida que constituye la herramienta fundamental que asegura la libre información en el sistema democrático y el pluralismo político que exige el respeto de los derechos de las minorías en una democracia.

Al no haberse advertido la configuración de este verdadero principio general innominado del derecho público, la doctrina se enredó en discusiones bizantinas que la jurisprudencia ha tratado, en los últimos tiempos, de paliar aplicando la teoría de la "real malicia" proveniente del derecho norteamericano la cual, si bien representa un paso positivo en la defensa de la libertad de expresión, ha sido motivo de debates doctrinarios carentes de sentido, aparte de que su aplicación al derecho interno no ha sido explicada en su verdadera esencia.

En efecto, el problema que se plantea en esta materia radica en la respuesta a dos aspectos básicos que hacen a la responsabilidad por los daños provocados a las personas a raíz de la difusión de noticias periodísticas, radiales o televisivas (o cualquier otro medio de comunicación social) falsas o agraviantes que lesionan los derechos de las personas. Esos aspectos básicos consisten en: a) determinar si el campo de la responsabilidad debe regirse por principios del derecho público o del derecho privado (civil en la especie) y, al propio tiempo, qué papel cumple el principio protectorio en el ámbito del derecho penal y b) cuál es el factor de atribución de la responsabilidad (real malicia, incluyendo dolo eventual) o bien, los básicos factores del derecho civil (dolo o culpa)[56].

El carácter inorgánico y contradictorio de la jurisprudencia de nuestros tribunales condujo en su momento a la Corte Suprema[57] a buscar una solución que brindara mayor seguridad mediante la adopción de un criterio basado en la

---

[55] Postura sustentada, entre otros, por GREGORIO BADENI, *Tratado de derecho constitucional*, t. II, 3ª ed., Buenos Aires, La Ley, 2010, págs. 50 y ss., concepto que juzgamos impreciso y ambiguo, siendo preferible acudir, como fundamento constitucional, a un principio general del derecho público como es el principio general protectorio innominado de la libertad de expresión que obra, a la vez, como derecho y garantía según lo hemos explicado antes (*supra*, núm. 2).

[56] Constituiría un absurdo (aunque no hay que descartar se incurra en él) que, entre las teorías favorables a la responsabilidad objetiva, se pretenda aplicar la teoría del riesgo la cual es abiertamente incompatible con el principio protectorio innominado de la libertad de expresión que, de ese modo, carecería de vigencia efectiva.

[57] CSJN, Fallos 308:709, *in re, Campillay c/ La Razón, Crónica y Diario Popular*.

veracidad objetiva de las noticias (doctrina "Campillay"), que se suponía configurada y, por tanto, cumplía la función de eximente de responsabilidad siempre que se escogiera alguna de estas opciones:

(a) que la información se difundiera individualizando la fuente de la cual proviene, siendo insuficiente una mención genérica de la fuente;

(b) que se utilizara un tiempo verbal potencial;

(c) que no se informe la identidad de los implicados en la noticia.

En definitiva, la doctrina *Campillay* afirma la responsabilidad de los periodistas o medios de comunicación social frente a la difusión de noticias inexactas, aun cuando no se haya obrado con dolo (real o eventual) quedando la prueba de la inexactitud de la noticia y de la culpa o dolo a cargo del demandante[58].

Aunque a primera vista puede parecer una doctrina aplicable para las responsabilidades regidas por el derecho privado o por el derecho penal en el caso de injurias, en este tipo de relaciones, en el que no está directamente en juego el interés público, resulta evidente que aun cuando se limitase la citada concepción a esos supuestos como se ha propiciado[59], se produciría una violación del principio protectorio de la libertad de expresión ya que la celeridad y la amplitud de la información que los medios suministran a los ciudadanos se restringiría en función de la tutela de intereses individuales, dificultando el ejercicio efectivo de la libertad de informar y de recibir información.

Por otra parte, la adopción de la doctrina *Campillay* al precisar como regla eximente de responsabilidad la revelación de la fuente informativa choca abiertamente con el subprincipio constitucional que manda preservar las fuentes de información, cuya aplicabilidad no se restringe al recurso o acción de *habeas data* (aunque se encuentre mencionado en la última parte del párrafo 3, *in fine*, del art. 43) toda vez que constituye una derivación lógica del principio protectorio innominado que tutela la libertad de expresión.

Lo cierto es que donde cobra total plenitud el principio protectorio es en el ámbito del derecho público y resulta perfectamente coherente con la estructura de nuestro sistema constitucional la adopción de la teoría de la "real malicia" derivada de la jurisprudencia de la Corte Suprema de Estados Unidos[60], cuando la noticia versa sobre funcionarios públicos, figuras públicas o particulares involucrados en cuestiones de interés institucional o de relevante interés público, tal como lo ha reconocido nuestro Alto Tribunal[61].

---

[58] Véase: JORGE BUSTAMANTE ALSINA, "El marco normativo dentro del cual debe ejercerse la libertad de prensa", La Ley, 1992-B, 848 y "Nuestro derecho común interno frente a la doctrina jurisprudencial norteamericana de la *actual malice*", La Ley, 1997-A, 936.

[59] BADENI, *Tratado ...*, cit., t. II, pág. 251.

[60] En el caso *New York Times Co. vs. Sullivan*, 376 U.S. 255 (1964).

[61] A partir de los casos *Morales Solá* (Fallos 319:2741) y *Gesualdi* (Fallos 319:3085), véase: GELLI, *Constitución de la Nación Argentina...*, cit., t. I, págs. 144 y ss.

En estos casos, el principio protectorio de la libertad de expresión, propio del derecho público, viene a perforar la estructura del derecho privado, hecho que no representa novedad constitucional alguna ya que acontece con otras instituciones (v. gr. la expropiación frente al derecho de propiedad privada). A nuestro juicio, nada impide que, en el futuro, la doctrina de la "real malicia"[62] sea adoptada para resolver la problemática de la responsabilidad en las relaciones entre personas privadas por la difusión de noticias inexactas.

La coherencia institucional de la doctrina de la "real malicia" que la Suprema Corte de Estados Unidos siguió a partir del caso *New York Times Co. vs. Sullivan* reposa en una singular construcción perfectamente compatible con la estructura de nuestro ordenamiento constitucional.

Quienes criticaron la adopción de esta doctrina por nuestra Corte Suprema no advirtieron que la diferenciación que hizo la Corte norteamericana entre las reglas del *common law* y los principios de las Enmiendas I y XIV equivale, en nuestro sistema, con las salvedades del caso, a la opción entre aplicar las reglas de nuestro Código Civil y los principios constitucionales, ya que, por un lado, la fuente del artículo 32 de nuestro Constitución fue precisamente la Enmienda I y, por el otro, el *common law* se aproxima, en buena parte, al derecho civil de raíz continental europea.

Lo que la Suprema Corte de Estados Unidos no hizo (ni tampoco la nuestra) fue fundar la doctrina de la "real malicia" en un principio general de derecho público innominado, como es el principio protectorio al que antes hemos hecho referencia.

La principal diferencia entre aplicar las reglas privadas de la responsabilidad y la doctrina de la "real malicia" no estriba en invertir la carga de la prueba (dado que la culpa y el dolo no se presumen en el derecho civil) sino en el factor de atribución pues en la concepción publicística de la "real malicia" no es posible imputar responsabilidad por culpa o negligencia de los periodistas, directores de diarios o editores. El factor de atribución que configura la "real malicia" es, exclusivamente, el dolo real o eventual, entendiendo este concepto como el despliegue de una conducta temeraria que revela una notoria despreocupación por la falsedad o exactitud de la noticia[63].

---

[62] La jurisprudencia de la Corte ha seguido los precedentes de la Corte Suprema norteamericana, sobre todo en el caso *Costa* de 1987 (Fallos 310:508); véase: ALEJANDRO LAJE, *Derecho a la intimidad. Su protección en la sociedad del espectáculo*, Buenos Aires, Astrea, 2014, págs. 148-149, (aunque se trataba más bien de un caso en que se debatió, principalmente, la libertad de expresión y el derecho al honor).

[63] *In re, Pandolfi c/ Rajneri*, Fallos 320:1273 (1997), voto de los ministros FAYT y BOGGIANO.

C) *La interdicción constitucional de imponer, por el Congreso,*
restricciones a la libertad de expresión y la prohibición
de establecer la jurisdicción federal en esa materia

En los acápites 4 y 5 abordamos, en general, lo atinente a la reglamentación
de las leyes y a los límites constitucionales que conciernen al ejercicio del poder
reglamentario. Corresponde ahora referirnos al sentido que actualmente cabe
atribuir al artículo 32 de la Constitución en cuanto prescribe que "El Congreso
federal no dictará leyes que restrinjan la libertad de imprenta o establezcan
sobre ella la jurisdicción federal". Consideramos que este precepto —siguiendo
a un sector de la doctrina[64]— encuentra su fuente en la Enmienda I de la Constitución norteamericana la cual dice: "que el Congreso no menoscabará la
libertad de palabra o de imprenta" ya que el sentido de prohibir la imposición
de restricciones a la libertad de imprenta guarda analogía con la prohibición de
menoscabarla toda vez que toda restricción supone ceñir o reducir a sus menores límites un derecho[65].

La interpretación acerca del alcance que corresponde atribuir al artículo
32 de la Constitución ha dado lugar a distintas posturas doctrinarias y jurisprudenciales cuya historia completa carece de sentido que hagamos aquí por
lo que optamos por las interpretaciones que encierran mayor significación,
especialmente la doctrina que acoge la Corte Suprema de Justicia de la Nación.

La primera cuestión que se debe dilucidar es si el artículo 32 de la Constitución (y también, desde luego, el artículo 14 en cuanto consagra la prohibición de censura previa) comprende solo la libertad de prensa o de imprenta
o si, en cambio, cabe interpretar que abarca un ámbito mayor de aplicación
que protege genéricamente la libertad de expresión, que incluye no solo a la
libertad de prensa gráfica o de imprenta, sino a cualquier manifestación de
pensamiento que sea objeto de divulgación en la sociedad.

En contra de alguna opinión[66], cabe interpretar que si el texto literal de la
Constitución de 1853 solo se refiere a la libertad de prensa o de imprenta, se
produjo *a posteriori* una carencia histórica de norma con relación a la protección de la libertad de expresión que deben gozar otros medios de comunicación
social como las radios y televisoras o cualquier otro que surja en el futuro[67].

---

[64] Cfr. BADENI, *Tratado...*, cit., t. II, pág. 276, entre otras citas y trabajos. Asimismo, para
la Corte Suprema, la fuente de la primera parte del art. 32 de la Const. Nal., es la Enmienda
I de la Constitución de Estados Unidos: Fallos, 167:121 (1932) en el caso *Procurador Fiscal
c/ Diario La Provincia*. En contra: GELLI, *Constitución de la Nación Argentina...*, cit., t. I,
págs. 481-482.

[65] Conforme al Diccionario de la Real Academia Española.

[66] BADENI, *Tratado...*, cit., t. II, pág. 23.

[67] BIDART CAMPOS, *Tratado elemental...*, cit., t. I, pág. 270.

Esta es también la inteligencia que le ha asignado nuestra Corte Suprema[68], en línea con la aplicación de la protección constitucional, a otros medios de comunicación distintos a la prensa gráfica.

Con posterioridad, y como consecuencia de la jerarquía constitucional de diversos tratados internacionales (art. 75 inc. 22) aquella laguna ha sido cubierta por la regulación de la Convención Americana de Derechos Humanos (art. 13) que se refiere, genéricamente, a la libertad de expresión, comprensiva de todas las manifestaciones de difusión social de pensamiento (radio, televisión, etc.)[69] por lo que en la actualidad no puede mentarse una carencia histórica de normas habida cuenta que el cambio radical de circunstancias ha sido recepcionado por el derecho positivo internacional incorporado a nuestra Constitución.

La primera parte del artículo 32 de la Constitución configura uno de los subprincipios generales que derivan del principio protectorio de la libertad de expresión al consagrar la interdicción —dirigida al Congreso— de dictar leyes que establezcan restricciones a la libertad de imprenta que, como se ha señalado precedentemente, debe considerarse referida a la libertad de expresión.

Sobre las diferentes interpretaciones que se han hecho acerca del alcance de la prohibición constitucional de imponer restricciones a la libertad de expresión nos inclinamos por aquella que entiende que el legislativo, y menos aún el ejecutivo, pueden dictar normas que menoscaben dicha libertad, restringiendo la facultad de las personas, periodistas y empresas gráficas, radiales o televisivas de difundir noticias u opiniones[70]. El precepto apunta, sin duda, a impedir que se dicten normas que tengan por objeto exclusivo limitar o restringir la libertad de expresión pero no impide que la actividad —por ejemplo, de las empresas periodísticas— esté comprendida en la legislación general impositiva y laboral, en la medida que no cercene aquella libertad básica y fundamental.

En esa línea, no estamos de acuerdo con las posturas que han sostenido la posibilidad de una reglamentación de la libertad de expresión[71] ni con aquella interpretación que postula que lo prohibido por el artículo 32 es la restricción arbitraria[72] de esa libertad puesto que si fuera así ese precepto constitucional sería redundante a la luz de lo prescrito en el artículo 28 de la Constitución.

Va de suyo que no siempre la reglamentación legislativa importa una restricción[73] habida cuenta la proliferación de leyes que regulan actos favorables

---

[68] En el caso *Servini de Cubría*, Fallos 315:1943 (1992).

[69] Cfr. GELLI, *Constitución de la Nación Argentina...*, cit., t. I, págs. 133-134.

[70] Véase: BADENI, *Tratado...*, cit., t. II, págs. 50-54.

[71] Véase: GELLI, *Constitución de la Nación Argentina...*, cit., t. I, pág. 481, aclarando que se refiere a la reglamentación razonable.

[72] BIDART CAMPOS, *Tratado elemental...*, cit., t. I, pág. 278.

[73] En contra: BADENI, *Tratado...*, cit., t. II, pág. 53.

que reconocen o amplían los derechos de las personas o establecen requisitos necesarios para su ejercicio efectivo.

Tampoco el Congreso tiene vedado, por imperio del artículo 32 de la Constitución, la configuración de delitos penales cometidos a través de los medios de comunicación (calumnias, injurias, apología de delitos, etc.) porque para ese objeto se encuentra facultado por el artículo 75 inciso 12 de la Constitución y no puede confundirse la prohibición de establecer restricciones a la libertad de expresión con la facultad legislativa de configurar tipos delictuales no referidos específicamente a la prensa, pues las leyes no pueden crear los llamados delitos de opinión o de imprenta[74].

Cuadra preguntarse si es posible, en nuestro sistema constitucional, admitir la reglamentación de la libertad de expresión con fundamento en el precepto del Pacto Internacional de Derechos Civiles y Políticos que autoriza restricciones a la libertad de expresión para asegurar los derechos o la reputación de las personas y por motivos de seguridad nacional, orden público, salud o moral públicas[75].

En nuestra opinión, tal precepto convencional no tiene cabida alguna en nuestro bloque de constitucionalidad en mérito a que aun luego del reconocimiento en la Constitución de la jerarquía constitucional de dicho Tratado, prevalece el principio más favorable a la libertad de expresión que prohíbe toda restricción legislativa. Este es, sin duda, un principio general de interpretación de los tratados internacionales acogido expresamente por la Convención Americana de Derechos Humanos[76] aparte de que, según nuestra Constitución, los tratados internacionales de jerarquía constitucional no derogan artículo alguno de la primera parte de la Constitución (entre los que se encuentra el art. 32) y deben ser considerados complementarios de los derechos y garantías allí reconocidos (Const. Nal., art. 75 inc. 22).

La interpretación de la segunda parte del artículo 32 de la Constitución ha quedado resuelta tras la evolución operada en la jurisprudencia de la Corte Suprema. Mientras en los comienzos la jurisprudencia del Alto Tribunal se inclinó por declarar la incompetencia de la justicia federal para entender en el juzgamiento de delitos comunes cometidos por medio de la prensa[77], a partir de 1932 se asienta una línea que se afirma en el caso "Ramos c/ Batalla" de 1970, estableciendo el principio que rige la distribución de la competencia para

---

[74] Al respecto, la literatura jurídica ha sido abundante y actualmente se reconoce que tales delitos no se conciben en el Estado de derecho: véase: BADENI, *Tratado* ..., cit., t. II, págs. 119 y ss.

[75] Art. 19 inc. 3 del Pacto Internacional de los Derechos Civiles y Políticos.

[76] Art. 29 de la CADH que prescribe que las disposiciones de la Convención no pueden restringir los derechos reconocidos con mayor amplitud por el derecho interno.

[77] En el caso *Argerich*, Fallos 1:131.

decidir las causas vinculadas a los citados delitos, la que resulta finalmente atribuida a los tribunales federales, según que las cosas y las personas caigan sobre sus respectivas jurisdicciones[78], en función del artículo 75 inciso 12 de la Constitución.

De acuerdo con esa corriente jurisprudencial, la doctrina propugna una distinción: a) si los delitos que se cometen por medio de la prensa (o de otros medios de comunicación social) no lesionan bien alguno (nosotros agregamos o personas) de naturaleza federal, la competencia para juzgarlos corresponde a los tribunales provinciales y b) si los delitos producen lesión a bienes o personas de naturaleza federal compete su juzgamiento la justicia federal, todo conforme a la regla del artículo 75 inciso 12 de la Constitución[79].

D) *El derecho de rectificación o respuesta*

La defensa de los derechos inherentes a la personalidad como el honor y la dignidad humana ha dado origen, en algunos sistemas comparados y, en lo que a nuestro país compete, en el sistema interamericano de derecho humanos, al derecho de rectificación o respuesta frente a la difusión por la prensa de informaciones falsas o agraviantes.

Las vicisitudes que han acompañado la evolución de este derecho, que adquiere trascendencia en la última década del siglo XVIII (en pleno auge de la Revolución francesa) indican que, respecto de la crítica y ataques a la prensa opositora e independiente, ha prevalecido la finalidad política de preservar la imagen de los gobernantes y funcionarios públicos sobre la defensa del honor de las personas y demás derechos inherentes a la personalidad (v. gr. derecho a la intimidad).

El derecho de rectificación o respuesta no se encuentra legislado en los textos de la Constitución ni siquiera como uno de los nuevos derechos constitucionales incorporados expresamente a ella tras la reforma de 1994. Su reconocimiento se operó por vía pretoriana en la jurisprudencia de la Corte a partir del caso *Ekmekdjian* del año 1992[80] con apoyo en lo prescrito en el artículo 14 de la CADH (Pacto de San José de Costa Rica), norma que declaró operativa en base a una construcción jurídica discutible, como se verá seguidamente.

Más tarde, la Corte reiteró la doctrina en el caso "Petric"[81] de 1998 con el mismo fundamento positivo, aunque en esta oportunidad basado en la jerarquía constitucional del Pacto de San José de Costa Rica. En ambos precedentes

---

[78] *In re, Ramos c/ Batalla*, Fallos 278:73 (1990) y *Acuña c/Gainza*, Fallos 312: 1114 (1989).

[79] BIDART CAMPOS, *Tratado elemental...*, cit., t. I, págs. 283-285.

[80] CSJN, Fallos 315: 1492 (1992).

[81] Fallos 321:885.

destaca la disidencia del juez Belluscio, quien se inclinó por la inaplicación e inconstitucionalidad del derecho de rectificación o respuesta en el sistema constitucional argentino, cuya postura, en lo fundamental, compartimos no solo porque el artículo 14 de la CADH debe ser objeto de reglamentación legal (pues prescribe que el derecho se ejerce en las condiciones que establezca la ley) y la referida legislación no ha sido dictada, sino porque el derecho de rectificación o respuesta, en su alcance más amplio, choca abiertamente con el principio protectorio de la libertad de expresión consagrado por los artículos 14 y 32 de la Constitución.

En efecto, si la libertad de expresión constituye un derecho que goza de preferencia constitucional en cuanto a que está amparado por dos prohibiciones absolutas (la de censura previa e imponer restricciones por parte del Congreso), atribuir carácter preceptivo y automático al derecho de rectificación y respuesta, para no someterse al riesgo de convertirse en órganos de difusión de las respuestas o rectificaciones en cadena de los presuntamente afectados, conduce a que los medios no tengan otra opción que la de practicar una suerte de autocensura[82] que, en sí misma, resulta lesiva de la libertad de expresión como pilar insustituible de la democracia.

Porque una cosa es un derecho de rectificación o respuesta sujeto a un régimen de reconocimiento obligatorio por parte de los medios de prensa (en el sentido amplio de este concepto) y otra muy diferente es subordinar su ejercicio a la intervención judicial previa, tal como se reconoce en el orden civil (art. 1770, CCyCN) frente a expresiones agraviantes que no configuren delitos según el Código Penal. A su vez, si bien no se trata, técnicamente, del derecho de rectificación o respuesta, el régimen que preceptúa el Código Penal para la protección del honor de las personas contempla la posibilidad de que el juez ordene la publicación de la sentencia condenatoria, si lo pidiere el ofendido[83].

Se ha pretendido también[84] insertar el derecho de rectificación o respuesta dentro de las "responsabilidades ulteriores" a que alude el artículo 13 inciso 2º de la Convención Americana de Derechos Humanos[85], lo que implica confundir el nuevo derecho que instituye este Pacto internacional con las responsabilidades ulteriores a que alude el precepto que no pueden ser otras que las civiles o penales que precisan, en todos los casos, ser declaradas por los jueces.

---

[82] Badeni, *Tratado...*, cit., t. II, pág. 204.

[83] C. P., art. 114.

[84] Opinión consultiva Nº 7 de la Corte Interamericana de Derechos Humanos de fecha 29/8/1986 y considerando 13º del voto del juez Vázquez en el caso "Petric" antes citado.

[85] El inc. 2º del art. 13 prescribe que la libertad de pensamiento o de expresión no puede estar sujeta "a censura previa sino a responsabilidades ulteriores fijadas por la ley y ser necesarias para asegurar: a) el respeto a los derechos o a la reputación de los demás, o b) la protección de la seguridad nacional, el orden público o la salud o la moral pública".

Por lo demás, la dosis de consenso doctrinario que se ha dado en torno a la interpretación del artículo 14 de la Convención Americana de Derechos Humanos en el sentido que el derecho de rectificación o respuesta rige solo para informaciones inexactas o agraviantes y no corresponde a las opiniones vertidas por la prensa[86], no alcanzan para superar los obstáculos que plantea su vigencia en el orden interno en función del principio protectorio de la libertad de expresión.

En resumidas cuentas, como el derecho de rectificación o respuesta surge de un Pacto Internacional y de un precepto contenido en este que, si bien posee jerarquía constitucional, no deroga artículo alguno de la primera parte de la Constitución y debe considerarse complementario de los derechos y garantías por ella reconocidos (conforme al propio art. 75 inc. 22 de la Const. Nal.)[87] no puede concebirse su vigencia obligatoria y automática (sin intervención oficial) ya que de otro modo se lesionaría la libertad de expresión que nuestro sistema constitucional protege de un modo preferente (Const. Nal., arts. 14 y 32) y, por tanto, no puede ser sometida a restricciones.

Lo expuesto no implica afirmar que la libertad de expresión, en sí misma, tenga carácter absoluto y no reconozca límites en el sentido que la difusión de noticias, imágenes o frases falsas y agraviantes deje a sus autores exentos de responsabilidad en el plano civil o penal. Empero, esos límites nada tienen que ver para justificar la procedencia de la censura previa ni la habilitación para establecer restricciones impuestas por sendos mandatos constitucionales que traducen prohibiciones absolutas.

E) *Los medios indirectos restrictivos de la libertad de expresión: la distribución de la publicidad oficial*

Entre los medios indirectos a que acuden algunos Estados para silenciar la crítica de los medios de comunicación o lograr su adhesión incondicional, se encuentra la distribución de la publicidad oficial que, en los últimos tiempos, ha adquirido una magnitud mayor que los otros a que apelaron, en su momento, muchos de los gobiernos despóticos y dictatoriales que hubo en Latinoamérica (por ejemplo, los cupos a la importación de papel) con la finalidad de presionar o ahogar a la prensa independiente. Como antes señalamos, el artículo 13 inciso 3 de la Convención Americana de Derechos Humanos prescribe una enunciación de los diferentes medios indirectos restrictivos de la libertad de expresión, formulación que debe entenderse como meramente enunciativa[88], es decir, que no excluye la posibilidad de cuestionar otros cursos de acción es-

---

[86] GELLI, *Constitución de la Nación Argentina...*, cit., t. I, pág. 154.

[87] Argumento utilizado por el juez BELLUSCIO en el voto que emitió en el caso *Petric*, Fallos 321: 885.

[88] GELLI, *Constitución de la Nación Argentina...*, cit., t. I, pág. 164.

tatal que vulneren dicha libertad. Al respecto, la Corte Suprema ha dicho que "[...] la política fiscal no puede ser utilizada como instrumento para excluir a un grupo de los beneficiarios que se otorgan a todos los demás sectores de la economía y de ese modo indirecto afectar la libertad de expresión"[89], habiendo señalado en sus precedentes que "[...] no solo debe evitar el gobierno acciones intencional o exclusivamente orientadas a limitar el ejercicio de la libertad de prensa, sino también aquellas que llegan a idéntico resultado de manera indirecta" y que "los actos indirectos son, en particular, aquellos que se valen de medios económicos para limitar la expresión de las ideas"[90].

Desde luego que no existe un derecho subjetivo de los medios a que se distribuya la publicidad oficial[91], pero de allí a sostener que la selección de los criterios de distribución sea discrecional[92], media una diferencia lógica jurídica considerable puesto que se trata de categorías jurídicas distintas. El derecho subjetivo es el poder que se reconoce, en este caso, a una persona para reclamar la prestación supuestamente debida por el Estado mientras que el poder discrecional constituye un haz de opciones que tiene el Estado para emitir un acto administrativo o reglamento, o bien, para convocar a una licitación o concurso para contratar con un particular la prestación de bienes o servicios.

En materia de distribución de la publicidad oficial una vez que la Administración ha resuelto —en ejercicio de su poder discrecional— disponer la difusión en medios privados de noticias o información vinculada a la actividad del gobierno, los actos que concretan esa decisión pasan a ser reglados, regidos sustancialmente por el principio de igualdad y, consecuentemente, de no discriminación.

Cuando el Estado adopta la decisión genérica de contratar publicidad en los medios privados, nace en cabeza de la empresa periodística gráfica, radial o televisiva, el correspondiente derecho subjetivo a reclamar que las pautas publicitarias sean distribuidas conforme a un criterio equitativo y no discriminatorio, lo que configura un principio reconocido en la jurisprudencia de la Corte Suprema[93].

En línea con la vigencia del principio de no discriminación en la distribución de la publicidad oficial, la Declaración de Chapultepec, aprobada por

---

[89] *In re, Asociación de Editores de Diarios de Buenos Aires...*, cit., (considerando 9º) de fecha 28/10/2014.

[90] Fallos 330:3908 y 334:109.

[91] GELLI, *Constitución de la Nación Argentina...*, cit., t. I, pág. 166 y considerando 6º del voto del juez Maqueda en la causa *Editorial Río Negro*, Fallos 330:3908 (2007).

[92] BADENI, *Tratado ...*, cit., t. II, pág. 141.

[93] *Editorial Río Negro*, Fallos 330:3908 (2007), *Editorial Perfil*, Fallos 334:109 (2011) y *Arte Radiotelevisivo Argentino S. A. c/Estado Nacional-JGM-SMC s/ amparo ley 16.986*, del 11/02/2014.

la Conferencia Hemisférica sobre Libertad de Expresión, que se celebró en México en 1994, señaló que "la concesión o supresión de publicidad estatal no deben aplicarse para premiar o castigar a medios periodísticos" y un criterio similar pero más preciso adoptó la Relatoría para la Libertad de Expresión de la Comisión Interamericana de Derechos Humanos en la Declaración de Principios sobre la Libertad de Expresión aprobada por dicho organismo internacional, al sostener que "[...] la asignación arbitraria y discriminatoria de publicidad oficial y créditos fiscales [...] con el objeto de presionar y castigar o premiar y privilegiar las comunicaciones sociales y los medios de comunicación en función de sus líneas informativas, atenta contra la libertad de expresión..."[94].

·Otros fundamentos que lucen en la jurisprudencia de la Corte Suprema expuesta en los votos de la minoría en el caso "Editorial Río Negro" aluden a la necesidad de que el medio que invoca el trato discriminatorio debe probar el perjuicio económico y acreditar la relación de causalidad entre el obrar estatal y el daño, lo que nos parece una exigencia innecesaria que dificulta la tutela judicial efectiva del derecho a que el Estado no discrimine en la asignación de la pauta publicitaria.

A su vez, en la doctrina se ha negado la posibilidad que los medios invoquen razones que hagan a su subsistencia para requerir el auxilio de la publicidad oficial[95] lo que resulta un argumento riguroso que, si bien puede tener vigencia en épocas de estabilidad económica, podría perfectamente invocarse, en virtud del bloque de principios que rigen la materia. Porque si se tiene en cuenta el principio de publicidad de los actos de gobierno y el derecho a la información de todos los ciudadanos junto a los valores democráticos que persigue nuestro régimen constitucional, el principio de subsidiariedad obligaría al Estado a mantener una pauta constante de publicidad oficial a fin de que subsista la prensa independiente en circunstancias críticas de la economía. No hay que olvidar tampoco la función del Estado como garante de la libertad de expresión[96].

8. La libertad religiosa

Si bien la Constitución Argentina no adoptó religión alguna como religión de Estado y reconoció el derecho de todos los habitantes a profesar libremente su culto (Const. Nal., art. 14) el texto del Preámbulo constitucional no es neutral ni agnóstico en cuanto invoca la "protección de Dios, fuente de toda

---

[94] Dichas Declaraciones fueron citadas en el dictamen que produjo el Procurador General de la Nación en el caso *Editorial Río Negro c/ Neuquén, Provincia del s/ acción de amparo*, registrado en Fallos 330:3908.

[95] Badeni, *Tratado ...*, cit., t. II, pág. 141.

[96] Causa G439, XLIX, *Grupo Clarín S. A. y otros c/ Poder Ejecutivo Nacional y otros/ acción meramente declarativa*, sent. de 29/10/2013.

razón y justicia". Además, si el gobierno federal sostiene el culto católico apostólico romano (Const. Nal., art. 2°) no se puede desconocer la existencia de una regulación constitucional preferente. En sintonía con estos preceptos, el Código Civil le confiere a la Iglesia Católica el *status* de persona jurídica de derecho público (art. 33, del C. C. de Vélez Sarsfield y art. 146 inc. c) del C. C. y C.). Hay pues una preeminencia constitucional[97] hacia la religión católica, por razones vinculadas a la tradición histórica y a nadie molesta que, en los días en que se festeja el aniversario del primer gobierno patrio, se celebre un *Tedeum* en la Catedral de Buenos Aires con asistencia de los principales funcionarios del gobierno nacional.

La consecuencia fundamental que se desprende del derecho a profesar libremente el culto de cada ciudadano consiste en la libertad de creencias que impone la Constitución como un principio prácticamente absoluto que solo puede ceder en circunstancias excepcionales, cuando está en juego la moral y la salud públicas, la defensa del propio Estado o los derechos y libertades de los demás ciudadanos[98].

De ese modo, la libertad religiosa se complementa con la libertad de conciencia que forma parte del principio de privacidad personal (Const. Nal., art. 19) que menta que el Estado carece de derecho a interferir o a restringir con reglamentaciones irrazonables ese ámbito personalísimo del hombre.

Es cierto que la religión —como apunta HABERMAS— no es más el centro de la vida política como en el Medioevo y que se ha generalizado en buena parte del mundo el reconocimiento de la importancia y trascendencia que tiene para la sociedad la libertad de cultos y la práctica auténtica de la tolerancia entre las distintas religiones en un proceso que se originó tras la secularización del Estado. Pero también es verdad que el auténtico pluralismo necesita no solo del respeto entre creyentes de distintos cultos sino de la misma actitud de los que no creen en su trato con los creyentes[99].

En principio, las creencias religiosas no deben ser motivo para restringir el ejercicio de los derechos y así lo ha declarado la Corte Suprema al afirmar que la manifestación de pertenencia a un culto determinado (en el caso, los

---

[97] Cfr. BIDART CAMPOS, *Tratado elemental…*, cit., t. I, pág. 182. Dicha preeminencia no implica que el sistema constitucional adopte la religión católica como religión oficial o de Estado (ni el Estado sacral), sino que dentro de la secularidad el Estado reconoce la realidad de una determinada religión cuya existencia institucionaliza mediante un trato favorable que no viola la libertad de profesar otros cultos (*op. cit.,* t. I, pág. 181). En cambio, el Estado laico propugna una postura indiferente, agnóstica pero compulsiva, que suele asimilarse y confundirse con la neutralidad.

[98] Pacto Internacional de Derechos Económicos, Sociales y Culturales, art. 18, ap. 3 y CADH, art. 12 ap. 3.

[99] JÜRGEN HABERMAS – JOSEPH RATZINGER, *Entre religión y razón*, México, Fondo de Cultura Económica, 2013, págs. 30-32.

Testigos de Jehová) consignada en un formulario no puede ser tenida en cuenta para denegar la radicación definitiva de una persona en el país y disponer su expulsión (el afectado era extranjero) ya que dicha pertenencia configura una acción privada[100] que, como tal, se encuentra exenta de "la autoridad de los magistrados", conforme al artículo 19 de la Constitución.

La Convención Americana de Derechos Humanos prescribe que "toda persona tiene derecho a la libertad de conciencia y de religión"[101] y que este derecho comprende tanto la libertad de conservar la religión o creencias como la libertad de profesar y divulgarlas, en forma individual o colectiva, ya sea en privado como en lugares públicos[102].

A) *El caso de la Virgen en tribunales*

Una cuestión conectada con la libertad de cultos es la que concierne a la colocación de imágenes religiosas en los edificios públicos, aspecto sobre el cual la doctrina jurisprudencial no ha establecido aún criterios estables ni definitivos. El caso que en su momento suscitó mayores controversias tuvo por objeto el cuestionamiento de la entronización de una imagen de la Virgen en el Palacio de Tribunales y fue promovido por una Asociación por los Derechos Civiles, habiendo también intervenido a favor de su mantenimiento en la sede tribunalicia distintos abogados del foro (que invocaron su condición de católicos) y la Corporación de Abogados Católicos.

El amparo que planteó la Asociación por los Derechos Civiles se dirigía a obtener la declaración de inconstitucionalidad de la resolución de tres Ministros de la Corte Suprema que había autorizado la colocación de una imagen de la Virgen en el Palacio de Tribunales debajo de la estatua de la justicia, considerando que ello era violatorio de la Constitución, de la Convención Americana de Derechos Humanos y del Pacto Internacional de Derechos Civiles y Políticos.

En primera instancia se hizo lugar al amparo con el argumento que no había acto administrativo previo, que se conculcaba el artículo 2º de la Constitución Nacional[103] y que aceptar la entronización de la Virgen implicaba un compromiso peligroso, semejante a adoptar una religión de Estado.

A raíz del fallo de primera instancia, que tuvo una gran difusión en la prensa, la Corte, en ejercicio de sus facultades de superintendencia, dispuso la guarda

---

[100] Fallos 302:604 (1980).

[101] CADH, art. 12, ap. 1.

[102] *Ibidem.*

[103] Argumento por demás erróneo pues este precepto se circunscribe al deber que asume el Estado en cuanto al sostenimiento del culto católico y de allí solo puede inferirse que existe una preferencia institucional.

de la imagen, lo que implicaba en los hechos, acatar la sentencia de primera instancia que lejos de quedar firme, fue apelada por un grupo de abogados y por la Corporación antes mencionada.

La apelación fue resuelta por la Cámara Nacional en lo Contencioso Administrativo, la cual consideró que la cuestión no se había tornado abstracta y resolvió, por mayoría, con apoyo en el Preámbulo y en los artículos 2º, 14, 20 y 93 de la Constitución y artículos 12.3 de la Convención Americana de Derechos Humanos y 18.3 del Pacto Internacional de Derechos Civiles y Políticos, que la colocación de un símbolo religioso en un edificio del poder judicial, no implicaba un acto discriminatorio susceptible de afectar la libertad de cultos sobre bases igualitarias[104]. Interesa señalar que en el voto de la mayoría de la Cámara se dejó sentado que la decisión adoptada "no implicaba un juicio sobre la conveniencia del modo y lugar del emplazamiento".

Al llegar los autos a la Corte Suprema, como consecuencia de un recurso de queja deducido por los amparistas, el Alto Tribunal, si bien declaró abstracta la cuestión, considerándola inoficiosa por haberse cumplido la pretensión articulada por los amparistas (aunque fue por vía de superintendencia), resolvió, por el voto de la mayoría, "revocar la sentencia apelada", señalando que ello no implicaba emitir opinión acerca de la cuestión que había sido objeto de la acción de amparo promovida. Para reforzar esta argumentación se dejó sentado "que lo resuelto no importa abrir juicio respecto de la legitimidad o ilegitimidad de los hechos y situaciones puestos en tela de juicio, vinculados con la existencia de la imagen religiosa en el sitio señalado"[105]. En cambio, el voto de la minoría[106], se circunscribió a declarar inoficioso el pronunciamiento, sosteniendo que la Corte debe atender a las circunstancias existentes al momento de la decisión. Esta hubiera sido —a nuestro juicio— la solución correcta porque la doctrina de la mayoría, bajo la apariencia de adoptar una postura neutral en la materia, encierra la tesis que el acto de colocación de la imagen era inconstitucional, pues es evidente que al revocar la sentencia de la Cámara que declaró la constitucionalidad de la situación cuestionada en el pleito deja subsistente el contenido de la sentencia de primera instancia que se había inclinado por la inconstitucionalidad[107].

---

[104] In re, *Asociación por los Derechos Civiles —ADC- y otros c/ EN-PJN s/ amparo*, CNACAF, Sala II, sent. de 20/4/2004, votos de los doctores María del Carmen Jeanneret de Pérez Cortés y Guillermo P. Galli.

[105] Fallos 329:5261 (2006). La mayoría se formó con el Juez Lorenzetti y cuatro jueces subrogantes.

[106] *Ibidem*, la minoría estuvo integrada por las doctoras Argibay y Highton de Nolasco y dos jueces subrogantes.

[107] La doctrina constitucionalista ha puntualizado una serie de dudas interpretativas que plantea el fallo; ver: GELLI, *Constitución de la Nación Argentina...*, cit., t. I, pág. 183.

B) *Los crucifijos en las escuelas públicas*

El mantenimiento o la colocación de crucifijos en edificios públicos, particularmente en las escuelas estatales, ha venido planteando, en el derecho comparado, una serie de conflictos generados por particulares o asociaciones que agrupan a defensores de los derechos civiles quienes, con el argumento de que se viola, fundamentalmente, la libertad de cultos y el principio de no discriminación, han promovido recursos administrativos y acciones judiciales tendientes a que se ordene la inconstitucionalidad de las normas que dispusieron su colocación, o bien, el retiro de los crucifijos de las dependencias públicas.

En el derecho europeo se discutió si la presencia del crucifijo en la aulas de las escuelas públicas implicaba una violación de las prescripciones del Primer Protocolo (art. 2º) y del Convenio para la Protección de los Derechos Humanos y de las Libertades Fundamentales (que consagraban, respectivamente, el derecho de los padres a que la educación de sus hijos sea hecha bajo los principios de laicidad y el derecho a la libertad de pensamiento, conciencia y religión).

La cuestión fue promovida por la Sra. Lautsi, contra el Estado italiano, asumiendo la representación de dos niños menores de edad, los cuales, al asumir la mayoría de edad, expresaron su voluntad de constituirse en partes del pleito, como demandantes, en una acción promovida por la "Unione degli Atei et degli Agnostici Razionalisti". El caso adquirió una repercusión extraordinaria y luego de atravesar varias instancias, con sentencias adversas en el Estado italiano y una favorable de la Segunda Sección de la Corte Europea de Derechos Humanos, esta última fue finalmente apelada ante la Gran Sala (*Grande Chambre*) de la Corte Europea de Derechos Humanos, integrada por diecisiete miembros.

Esta Gran Sala de la Corte Europea de Derechos Humanos se expidió, finalmente, revocó la sentencia de la Segunda Sección de la Corte y declaró que la instalación de crucifijos en las aulas de las escuelas públicas no conculcaba los derechos reconocidos en el artículo 2º del Primer Protocolo y en el artículo 9º de la Convención para la Protección de los Derechos Humanos y de las Libertades Fundamentales por considerar, además, que toda decisión al respecto formaba parte del margen discrecional de cada Estado.

No abordaremos aquí todas las vicisitudes de la causa comentadas, con profusión, por la doctrina que adhirió a las conclusiones de ese histórico fallo de la Corte Europea[108], tratando de concentrarnos en los grandes principios

---

[108] Vid: Gabriel Fernando Limodio, "El crucifijo y la reforma del Código Civil a partir del caso *Lautsi*", ED 242-579; Norberto Padilla, "El respeto a la legítima diversidad. El caso *Lautsi* II", ED 242-584; Débora Ranieri de Cechini, "El viraje producido por la CEDH en el caso del crucifijo en las escuelas públicas de Italia: la puesta en escena de dos modelos jurídico-políticos irreconciliables", ED 242-590; Octavio Lo Prete, "La Corte Europea y el

que fluyen del mismo, en paralelo con el *status* que tiene la Iglesia Católica según la Constitución que nos rige y los tratados internacionales que poseen jerarquía constitucional.

Si el primer precedente de la Segunda Sección de la Corte Europea fue calificado con justicia y propiedad como un caso de "intolerancia laica"[109], este fallo de la *Grande Chambre* es difícil de encuadrar con una doctrina determinada en razón de que, por su amplitud conceptual, no se identifica con la condena al laicisimo del Estado ni tampoco defiende a ultranza, como principio, el llamado Estado sacral o la religión de Estado.

Por el contrario, si se mira más bien el contenido de este fallo, puede decirse que constituye una doctrina flexible, fundada en la tradición y en los valores históricos de cada país, con arreglo al principio de secularidad o neutralidad del Estado el cual, aunque a veces se ha confundido con el de laicidad, no se identifica con ella.

En efecto, mientras el laicismo es coercitivo e impuesto como principio universal en cuanto exponente filosófico del nihilismo que niega a Dios[110], la secularidad del Estado es comparable con una preferencia o preeminencia de un determinado culto por razones históricas, condensadas en las fórmulas constitucionales de cada Estado nación.

El nihilismo filosófico, con la negación de Dios y la afirmación de que fuera de la nada no existe nada, ha sido el fundamento de las políticas más atroces de la historia (las llevadas a cabo por Hitler, Mussolini y Stalin)[111] e implica la desvalorización o destrucción de los valores supremos[112], como surge del pensamiento de NIETZSCHE, considerado uno de sus apóstoles más radicales, aun cuando existen varias versiones del nihilismo y se discuta su paternidad y proyección en las distintas corrientes de la filosofía moderna[113]. Lo cierto es que la afinidad entre nihilismo y laicismo y el carácter coercitivo que los caracteriza indican que la laicidad, lejos de ser un fenómeno neutral, toma partido por esa corriente de pensamiento filosófico. La ideología nietzscheana, en lugar de ver en Dios la plenitud del bien, ve su propia limitación y la causa de su

---

crucifijo: laicidad bien comprendida en un caso emblemático", ED 242-609 y JUAN G. NAVARRO FLORIA, "Brevísimas apostillas a la sentencia del caso *Lautsi*. En memoria de Pedro J. Frías, maestro y amigo, estadista y cristiano cabal", ED 242-597.

[109] NORBERTO PADILLA, "Un caso de intolerancia laica", *ElDial*, Suplemento de Derecho Constitucional, 7/12/2009; http://www.calir.org.ar/docs.

[110] Véase: FRANCO VOLPI, *El nihilismo*, 2ª ed., trad. del italiano, Buenos Aires, Biblos, 2011, págs. 49 y ss.

[111] ALBERT CAMUS, *El hombre rebelde*, trad. del francés, 14ª ed., Buenos Aires, Losada, 2003, pág. 166; FRANCO VOLPI, *El nihilismo*, cit., pág. 99.

[112] VOLPI, *El nihilismo*, cit., págs. 16 y 109.

[113] VOLPI, *El nihilismo*, cit., págs. 19 y ss.

radical alienación "como si el hombre fuera expropiado de su humanidad". De ahí el rechazo y odio hacia Dios llegando incluso hasta la declaración de su muerte[114].

Ahora bien, la Gran Sala de la Corte Europea de Derechos Humanos, aún reconociendo los valores religiosos que encarna el crucifijo, sostiene que su colocación en las escuelas públicas no interfiere en el ejercicio de las libertades de culto y de conciencia, en cuanto no traduce la imposición o coerción sobre las personas ni representa, por si mismo, la realización de un acto de adoctrinamiento religioso.

Además, dicho Tribunal Europeo consideró que el crucifijo representa también —aparte del valor religioso— un sistema de valores que expresan la libertad, igualdad, dignidad de la persona humana y tolerancia[115].

9. Las libertades económicas

La libertad, como principio, plantea una relación estrecha entre las personas y la economía, constituyendo, al propio tiempo, uno de los derechos humanos fundamentales que reconoce y garantiza nuestra Constitución.

A través de sus distintas manifestaciones, la protección de la libertad económica a favor, indistintamente, de nacionales y extranjeros, constituyó uno de los fines centrales del constituyente originario así como de las posteriores reformas constitucionales, siguiendo la tendencia adoptada por el derecho constitucional comparado.

Entre las principales proyecciones de la libertad económica figuran la libertad de ejercer industria, la de navegar, la de usar y disponer de la propiedad, junto a la libertad de contratar que, aunque no se encuentra enumerada en forma explícita en el texto constitucional, ha sido considerada implícitamente comprendida[116]. Sin embargo, si bien todas esas libertades se vinculan con la economía, algunas de ellas no demandan, en quien la ejerce, la persecución de una finalidad de lucro (por ejemplo, la navegación deportiva por placer o la actividad de una cooperativa o asociación). A su vez, no se requiere tampoco que la respectiva actividad sea habitual o permanente sino que también resulta comprendida por el principio protectorio de la libertad el ejercicio ocasional de la respectiva libertad.

---

[114] D.V. 386.

[115] Punto 11.9 de la sentencia de la Gran Sala de la Corte Europea de Derechos Humanos, de fecha 18/3/2011, en el caso *Lautsi II*.

[116] Bidart Campos, *Tratado elemental...*, cit., t. i, pág. 298. En nuestra opinión, es un derecho que deriva necesariamente del principio de la libertad de ejercer industria y comercio, aunque su alcance resulte más amplio ya que incluye, entre otros, los acuerdos gratuitos como las donaciones y otros.

Puesto que el principio de libertad no tiene carácter absoluto sino relativo, todos los derechos se ejercen conforme a las leyes que los reglamentan en función del bien común (Const. Nal., art. 14) y su principal límite se halla en la moral pública y en la prohibición de perjudicar los derechos de terceros (Const. Nal., art. 19), aparte de que toda restricción debe superar el test de legitimidad (legalidad y razonabilidad) conforme al artículo 28 de la Constitución.

Las libertades económicas —en punto a la atribución de reglamentarlas o de crear condiciones para su nacimiento— han sido contempladas por la regulación constitucional en un conjunto de cláusulas que hacen a la distribución de la competencia de los gobiernos nacional y provinciales y también al de la Ciudad de Buenos Aires. De ese conjunto de cláusulas se destacan:

a) La competencia del Congreso Nacional para proveer a la promoción de las industrias y a la introducción y el establecimiento de otras nuevas (Const. Nal., art. 75 inc. 18) en concurrencia con las provincias (Const. Nal., art. 125).

b) La atribución del Congreso para dictar la legislación comercial de fondo para todo el país (Const. Nal., art. 75 inc. 12).

c) La de reglar el comercio con las naciones extranjeras y de las provincias entre sí (Const. Nal., art. 75 inc. 13).

d) La interdicción de afectar la libre circulación territorial de bienes, productos, vehículos, etc. (Const. Nal., arts. 9 a 12).

e) La competencia para reglamentar la libre navegación de los ríos interiores y para autorizar la instalación y funcionamiento de los puertos (Const. Nal., art. 75 inc. 10).

f) La protección constitucional de la propiedad privada que solo puede ser expropiada por razones de interés público calificada por ley del Congreso y con previa indemnización (Const. Nal., art. 17).

La protección de las libertades económicas no ha sido genéricamente acuñada por la mayoría de las convenciones internacionales de derechos humanos que ha suscrito nuestro país, al circunscribirse al derecho de propiedad[117] y al derecho de toda persona "al uso y goce de sus bienes", con la prohibición consecuente de privar a las personas de su propiedad, lo que solo puede hacerse por razones de utilidad pública o interés social en los casos y según los procedimientos que establezcan las leyes mediante el pago de una justa indemnización[118]. Como puede advertirse, estas cláusulas convencionales, aplicables en virtud de lo prescrito por el artículo 75 inciso 22 de la Constitución, nada agregan al sistema constitucional protectorio del derecho de propiedad que consagra el artículo 17; más aún, la Constitución vernácula

[117] Art. 17 de la Declaración Universal de Derechos del Hombre, aprobada por la Asamblea General de las Naciones Unidas en 1948.

[118] Art. 21 de la Convención Americana de Derechos Humanos.

contiene una fórmula más garantísta al prescribir que la indemnización al propietario debe ser previa.

A) *Subsistencia de la libertad económica en el nuevo constitucionalismo*

Así como no pueden fragmentarse las diferentes ideologías y tendencias políticas acuñadas por el Estado constitucional vigente a partir del siglo XVIII, dejándolas ancladas en el tiempo histórico en que se formularon y adquirieron vigencia, separándolas de las transformaciones posteriores, que no fueron producto de procesos revolucionarios sino de la evolución producida sobre todo por la fuerza de acontecimientos mundiales, tampoco puede hablarse de un nuevo constitucionalismo como algo que encarna principios radicalmente distintos a los sostenidos por el constitucionalismo clásico.

Lo que ha sucedido muestra más bien la evolución de las instituciones constitucionales en un sentido opuesto a su cambio revolucionario como algunos han propugnado basándose en premisas ideológicas, pretendiendo amputar las libertades económicas en aras de una igualdad absoluta impracticable.

Por tanto, no puede suponerse que la evolución que se advierte en el nuevo constitucionalismo (caracterizado sustancialmente por la pérdida de la centralidad de la ley, el auge de los principios generales, la protección de los derechos humanos y la potenciación del papel del juez en el sistema de separación de poderes) implique la declinación de los principios que nutren el Estado de derecho y sus libertades fundamentales.

La libertad económica es uno de los derechos fundamentales o humanos del hombre y no es posible concebir que ella pueda ser sustituida por otros derechos (v. gr. como los derechos colectivos) puesto que, en definitiva, darle primacía abstracta a un principio o derecho sobre otro vulnera el principio de no contradicción toda vez que resulta lógico sostener que un derecho afirme su supremacía sobre la negación de otro. El aparente conflicto de derecho no es tal (puesto que las que se contraponen son las pretensiones), y corresponde siempre lograr, en primer término, su armonización y compatibilidad así como la búsqueda del contenido esencial de cada derecho en la ponderación o balance que realizan los jueces al resolver un conflicto jurídico[119]. Solo de un modo excepcional y a texto expreso es posible sostener la preferencia constitucional de un derecho sobre otro.

B) *Libertad de contratar y control de precios*

En algunos países, sobre todo en los que padecen regímenes populistas, la libertad de contratar se encuentra asediada por regímenes autoritarios de

---

[119] Véase: PEDRO SERNA – FERNANDO TOLLER, *La interpretación constitucional de los derechos fundamentales. Una alternativa a los conflictos de derechos*, Buenos Aires, La Ley, 2000, págs. 24 y ss.

control de precios cuya constitucionalidad ha sido cuestionada desde diferentes visiones jurídicas. La raíz de esta política es evidente en la medida en que se pretende que los empresarios y comerciantes absorban el costo de la inflación sin aumentar los precios de sus productos como acontece en toda economía normal, aún en la llamada economía social de mercado.

Va de suyo que, siendo la libertad de contratar un principio relativo, no se puede negar el derecho del Estado a sancionar, en casos de emergencia pública (v. gr. situación de guerra), un régimen de control de precios que, como tal, ha de ser siempre excepcional y transitorio. Tal es la justificación que adujo inicialmente la Corte Suprema[120] frente a acontecimientos de características excepcionales en los que resultan aplicables las reglas extraordinarias que fundan el "Estado de necesidad".

Pero de ahí a justificar el control de precios como política ordinaria y permanente del Estado media un abismo jurídico porque las propias características de un control estatal innecesario y abusivo introduce elementos y criterios autoritarios (generalmente como producto de la arbitrariedad de los funcionarios), que resultan incompatibles con el principio de libertad de contratación que pretenden reglamentar para adecuar la respectiva actividad al bien, lo cual no deja de ser una falacia técnico-jurídica. De otro lado, se afecta un derecho natural básico de toda persona o empresa a participar en el mercado de venta y producción de bienes y servicios a la par que se destroza el mecanismo espontáneo y libre de la formación de precios de los bienes y servicios.

Los objetivos declarados de tales regímenes son siempre engañosos pues, en lugar de reconocer que procuran resolver los problemas que provoca la inflación, la baja del empleo y el desabastecimiento, desatados a raíz de políticas económicas erróneas o contingencias internacionales que afectan el comercio exterior, tienden a refugiarse en dogmas indemostrables (como el cambio de las estructuras económicas para lograr la liberación nacional)[121], o bien, en falsedades notorias como la defensa de la competencia y el control de las concentraciones económicas[122], que constituyen desviaciones de la economía social de mercado que no se corrigen por los mecanismos propios del régimen de control de precios sino con las leyes de defensa de la competencia y con tribunales especializados e independientes.

Lamentablemente, aunque los antecedentes nacionales del control de precios indican que el régimen dictado en el contexto de la segunda guerra mundial[123] tenía carácter transitorio, el camino recorrido a partir de 1974, tras la sanción de la ley 20.680 y las posteriores, se ha basado en sancionar un régi-

---

[120] Fallos 200:450, *in re* "Vicente Mattini e hijos" (1944).

[121] Tal fue el principal fundamento en que se pretendió apoyar la sanción de la ley 20.680.

[122] Esas razones se esgrimieron para justificar el dictado de la ley 26.991.

[123] Ley 12.591.

men inquisitorial permanente que desplaza el imperio de la norma objetiva y el respeto de las libertades económicas por la voluntad discrecional del funcionario de turno en abierta trasgresión de los principios nucleares del Estado de derecho.

La mala experiencia de esa ley, denominada de Abastecimiento, y la contradicción con el principio de defensa de la competencia prescrito en los artículos 42 y 43 de la Constitución Nacional no impidió que, no obstante que el decreto 2284 de 1991, ratificado por la ley 24.307, había suspendido su aplicación, el poder ejecutivo, por intermedio de la Secretaría de Comercio, continuara aplicándola. Hasta se llegó a modificar, a pedido de dicha Secretaría, la jurisprudencia administrativa de la Procuración del Tesoro de la Nación que había sostenido que la ley 20.680 se encontraba suspendida[124].

En ese contexto, se sancionó la ley 26.991 (en 2014) originada en un proyecto del ejecutivo que prácticamente reprodujo el andamiaje y la estructura interior de la ley 20.680, con solo algunos retoques que no implican reducir los graves vicios que contiene (v. gr. la eliminación de las penas corporales de la ley anterior que, por lo demás, eran francamente inconstitucionales por la clarísima violación de las garantías constitucionales en materia penal).

Ante todo, lo más grave es que la ley 26.991 pretende sacar del ámbito del derecho penal administrativo el procedimiento y el régimen sancionatorio para llevarlo a regirse enteramente por el derecho administrativo. Consecuentemente, para resolver los recursos contra las sanciones se desplaza la competencia que tenía asignada con anterioridad el fuero federal en lo penal económico atribuyéndosela al fuero contencioso administrativo (dentro del breve plazo de diez días que vulnera el principio de la tutela judicial efectiva)[125].

Mediante un golpe de timón legislativo se ha consolidado el carácter administrativo del sistema de control de precios y, si bien ello puede generar determinadas ventajas a las personas físicas o empresas que son sujetos pasivos de la ley (por la mayor especialización), ello se habría justificado en la medida en que la nueva legislación hubiera abandonado el carácter oficioso e inquisitivo del proceso penal rodeando a los actos administrativos de aplicación de las debidas garantías constitucionales. Las nuevas normas de control de precios implican la resurrección de la ley 20.680 y esto es tan notorio que la nueva regulación conserva el nombre y hasta el número de la ley vieja y

---

[124] Dictámenes de la Procuración del Tesoro de la Nación, t. 263:064. El parecer jurídico de la PTN se emitió en el mes de octubre de 2007 a pedido del Secretario de Comercio alzándose contra la suspensión dispuesta por decreto 2284 de 1991 y ratificada por la ley 24.037, no obstante que conforme a la normativa legal vigente para levantar la suspensión de la ley 20.680 era imprescindible el dictado de una ley que declarase la emergencia, condición que no sucedió.

[125] Ley 26.991, art. 13 que sustituye el art. 16 de la ley 20.680.

de los respectivos artículos, lo que obligó a confeccionar un texto ordenado (algo innecesario de haberse procedido con adecuada técnica legislativa).

El sistema regulatorio de la ley 26.991 no se ciñe solo al dictado de normas que regulen el abastecimiento. En sus grandes rasgos comprende facultades que colisionan abiertamente con los principios de competencia y de libertad económica y, por ende, el de libertad de contratación, en cuanto la normativa pretende legitimar un régimen ordinario y permanente.

Hay tres atribuciones genéricas incompatibles con la vigencia de tales principios, por cuanto la ley faculta a la autoridad de aplicación a disponer: a) la congelación o el establecimiento de precios máximos, b) la producción o venta forzosa de bienes y servicios, y c) la intervención (apoderamiento o confiscación) de mercaderías y la consecuente venta sin indemnización cuando el abastecimiento sea insuficiente[126].

C) *Principales cuestiones que suscita la ley 26.991*

Como a la ley de abastecimiento no se le atribuyó el carácter de legislación de emergencia, la finalidad del legislador fue la de consagrar un régimen ordinario y permanente. En rigor, si las prescripciones de la nueva ley poco difieren de la ley anterior, cabe suponer que el verdadero objetivo fue dejar sin efecto la suspensión condicionada que prescribía la legislación antecedente y aprovechar para hacer más riguroso el mecanismo que rige la apelación de las sanciones, trasladando en bloque todas las cuestiones que se pudieran suscitar al derecho administrativo y a su fuero especializado.

Al proceder de ese modo, los defectos que exhibe la ley se hacen más notorios en razón de que, si rigiera solo frente a una emergencia se podría llegar a justificar un mayor rigorismo en función siempre de la razonabilidad de las medidas que compriman o suspenden el ejercicio pleno de los derechos constitucionales. No obstante, como se verá más adelante, ni siquiera el estado de emergencia puede llegar a justificar las tachas de inconstitucionalidad de su contenido formal y sustancial ya que, en principio, si bien es posible comprimir, diferir o suspender derechos, la emergencia no autoriza ni justifica su degradación o aniquilamiento.

Las principales cuestiones, fuera de las trasgresiones clásicas vinculadas a la violación de los artículos 14 (libertad de ejercer industria y comercio) y 17 (garantía de la propiedad) de la Constitución Nacional, que suscita se centran en los siguientes aspectos:

a) *Delegación de facultades*. Al superarse la doctrina del caso "Delfino"[127] que en la letra restringía el poder de delegar (no así en la médula del fallo que

---

[126] Ley 26.991 art. 2° incs. a) y c) y arts. 12 y 14, que sustituyeron sucesivamente los arts. 2°, 3°, 12 inc. d) y 17 de la ley 20.680.

[127] Fallos 148:434 (1927).

declaró constitucional la creación de una multa administrativa con fundamento en una habilitación genérica)[128], la reforma constitucional de 1994 plasmó el abandono del dogma lockeano *delegata potestas non potest delegari* en una norma de deficiente técnica legislativa, pues estableció primero la interdicción de delegar para consagrar acto seguido una excepción amplísima en materia de derecho privado, penal, tributario y demás materias comprendidas en el artículo 99 inciso 3 de la Constitución. En efecto, el artículo 76 permite al Congreso delegar en el Ejecutivo "en materias determinadas de administración o de emergencia pública".

Sucede que el artículo 76 de la Constitución impone dos requisitos insoslayables: a) que la ley que delega fije un plazo para el ejercicio de la delegación, y b) que el Congreso establezca las bases de la delegación, lo que, en otros términos, significa tanto como prescribir la interdicción de una delegación genérica.

Si se observan objetivamente las disposiciones de la ley 26.991 resulta fácil, por su evidencia, concluir que las delegaciones prescritas no cumplen con los recaudos constitucionales toda vez que: 1) la ley no puede delegar en el Ejecutivo la designación de la autoridad de aplicación[129] sin establecer las bases (criterios o el procedimiento) con las suficientes garantías teniendo en cuenta que será la encargada de aplicar sanciones de naturaleza penal-administrativa; 2) tampoco puede habilitar la ley al poder ejecutivo ni a la autoridad de aplicación a determinar discrecionalmente los elementos de los tipos penales o conductas administrativas que serán objeto de las sanciones punitivas[130].

b) *La creación de tipos penales genéricos y procedimientos sancionatorios draconianos, violatorios de los nuevos principios constitucionales* (*tutela judicial efectiva y principio pro libertate*). Para aplicar las sanciones punitivas prescritas en la ley[131] se otorga a la autoridad de aplicación facultades que conciernen la creación de figuras penales indeterminadas y abiertas, algo así como los delitos penales en blanco. Unos ejemplos bastan para captar la dimensión de este grave atentado a los principios más elementales que prevalecen en materia penal, aún cuando, en el caso, se trata de infracciones o faltas de naturaleza penal-administrativa[132]. Repárese en las conductas punibles que prescribe el artículo 4° de la nueva ley 26.991 cuando prescribe que serán pasibles de sanciones penales administrativas quienes elevaren injustifica-

---

[128] Circunstancia no advertida mayormente por la doctrina del derecho constitucional.

[129] Ley 26.991, art. 12, que sustituye el art. 15 de la ley 20.680.

[130] Ley 26.991, art. 3°, que sustituye el art. 4° de la ley 20.680.

[131] Ley 26.991, art. 4°, que sustituye el art. 5° de la ley 20.680.

[132] Sobre la aplicación de los principios del derecho penal a las infracciones administrativas nos remitimos a lo expuesto en nuestro *Curso de derecho administrativo*, t. II, 10ª ed., Buenos Aires, La Ley, 2011, pág. 255 y ss.

damente los precios, revalúen existencias, acaparen mercaderías (es decir, formen *stock*) o intermediaran innecesariamente. Salta a la vista que se trata de conceptos jurídicos indeterminados cuyos vacíos o indeterminaciones la autoridad de aplicación puede llenar discrecionalmente no con arreglo a normas operativas sino conforme a su sola voluntad, lo que se opone al llamado imperio de la ley, uno de los postulados básicos del Estado de derecho[133].

De otra parte, la creación de figuras penales genéricas y su consecuente complementación en forma discrecional por la autoridad administrativa conculca los principios de legalidad y tipicidad propios del derecho penal, que se sustentan en los artículos 18 y 19 de la Constitución. Al respecto, la Corte Interamericana de Derechos Humanos ha dicho que "las leyes que prevean restricciones deben utilizar criterios precisos y no conferir una discrecionalidad sin trabas a los órganos encargados de su aplicación"[134].

Por último, las atribuciones que la ley le reconoce en cabeza de la autoridad de aplicación en el procedimiento sancionatorio que implican ejecución directa sobre bienes de los particulares (secuestrar libros, intervenir mercaderías, etc.) chocan con la prohibición inherente al ejercicio de facultades judiciales (Const. Nal., art. 109). Como puede apreciarse a la luz del contexto de la ley, la intervención judicial es mínima siendo evidente que contradice abiertamente la sistemática constitucional y sus mandatos.

10. Inaplicabilidad de la jurisprudencia de la Corte en materia
de control de precios

Con anterioridad a la reforma constitucional de 1994, la jurisprudencia de la Corte registra casos en que aplicó la ley 20.680[135].

No obstante la tendencia favorable a su constitucionalidad que podría llegar a inferirse de esos pronunciamientos, lo cierto es que se trata de una jurisprudencia inorgánica y antifuncional que repugna con los principios que informan la Constitución, soslayando, en una postura estatista inconcebible, el análisis circunstanciado de los defectos de inconstitucionalidad, ya sea por la remisión a dictámenes insustanciales de la Procuración General de la Nación[136], o bien, en casos de una injustificada política de deferencia hacia el poder ejecutivo de turno. En esa tesitura la Corte llegó a convalidar verdaderas delegaciones y subdelegaciones en blanco en el Secretario de Comercio[137] y

---

[133] Véase Carlos José Laplacette, "El olvidado imperio de la ley", *La Nación*, 16/12/2014.

[134] Caso *Ricardo Canese vs. Paraguay*, sent. de 31 agosto 2004.

[135] Fallos 310:2069 (*T.I.M.*) y 311.1633 (*Fernacutti*), entre otros.

[136] Fallos 311:499 (*Alpargatas*).

[137] Fallos 311:2339 (*Verónica SRL*) y 311:2453 (*Cerámica San Lorenzo*). Miguel M. Padilla ("Inconstitucionalidad de la ley 20.680", ED 112-901) interpreta que la ley 20.680

hasta sostuvo, con cierto fariseísmo jurídico que "no se ha avasallado el derecho de propiedad de la sancionada pues no se encuentra en discusión su legítimo derecho de fabricar y vender sus productos logrando por ello una rentabilidad sino que la cuestión planteada se refería sencillamente a que los valores de venta sean objeto de apropiada verificación y acuerdo por parte de la Secretaría de Comercio Interior"[138].

Pero lo sustancial, con todo, es que la jurisprudencia de la Corte sobre la ley de abastecimiento resulta actualmente inaplicable no solo por su indeterminación y falta de profundidad en punto a la argumentación desplegada sino por una circunstancia de mayor envergadura jurídica como el principio de supremacía constitucional (Const. Nal., art. 31). Si la nueva ley de abastecimiento ha de juzgarse conforme a los principios que emanan de la Constitución, el escrutinio acerca de su constitucionalidad debe efectuarse, básicamente y, entre otros, con arreglo a dos principios que ha incorporado la reforma de 1994. El primero, ya señalado, es la admisión de la delegación solo cuando se dan estos tres requisitos simultáneos: a) que se trate de materias de administración pública o de emergencia económica; b) que la ley fije las bases de la delegación (el llamado *standard* inteligible de la jurisprudencia norteamericana), y c) que el ejercicio de la delegación esté sometido a un plazo por la ley (Const. Nal., art. 76). El segundo principio que debe respetar cualquier ley que regule la materia del denominado control de precios radica en la observancia del principio de la tutela judicial y administrativa efectiva[139] que confiere una mayor protección a los derechos fundamentales que se hallan en juego.

A la luz de lo que hemos descrito es evidente que la ley no resiste el mínimo escrutinio acerca de su razonabilidad, sino que altera de modo notorio los dos principios que, en forma sucinta, se han señalado.

11. LIBERTAD ECONÓMICA Y PROPIEDAD. EL ESTADO DE EMERGENCIA

La conexión entre libertad económica y propiedad como derecho humano fundamental opera en diferentes contextos constitucionales y planos jurídicos.

El clásico concepto de propiedad que comprende el derecho al uso, goce y disposición no puede concebirse como un derecho absoluto en un cuádruple

---

conculca el criterio de delegación impropia que había acogido la Corte en el caso *Delfino* que solo admitía la delegación de los detalles y pormenores necesarios para la ejecución de la ley. En realidad, como antes dijimos, la doctrina de ese fallo fue mal interpretada ya que en ese caso se convalidó la creación de una infracción penal fundada en una delegación genérica. Actualmente, la cuestión carece de interés práctico a la luz del nuevo precepto constitucional sobre delegación legislativa.

[138] En el caso *Roemmers*, Fallos 313:1594.

[139] Arts. 8 y 25 de la CADH.

sentido: a) porque es un derecho que se ejerce conforme a las leyes que lo reglamentan por lo que se encuentra sujeto, por principio, a las restricciones administrativas (en materia de urbanismo, vecindad, etc.); b) por hallarse la propiedad sometida al poder tributario del Congreso (art. 75 inc. 2°) quien puede crear contribuciones con arreglo a los principios de legalidad, igualdad (que incluye la razonabilidad) y no confiscatoriedad (Const. Nal., arts. 4°, 16 y 17); c) por ser un derecho susceptible de ser comprimido, en sus alcances, por razones de emergencia pública, si bien de un modo excepcional y transitorio, y d) porque la privación del derecho solo puede tener lugar conforme a la ley en dos casos: 1) con motivo de una sentencia judicial que concreta y confiere ejecución al principio según el cual el patrimonio es la prenda común de los acreedores, y 2) por causa de utilidad pública calificada por ley y con previa indemnización (Const. Nal., art. 17).

La propiedad, según las enseñanzas cristianas[140] y determinadas filosofías del gajo del iusnaturalismo racionalista, configura un derecho natural[141] básico del hombre que hace a su dignidad, derecho que se legitima en tanto su titularidad y ejercicio sean compatibles con el bien común. Por lo tanto, al no derivar su configuración de la ley positiva (como pretendía J. BENTHAM) por ser anterior a ella e innato a la persona en cuanto contribuye a los fines de desarrollo y subsistencia y, en definitiva, al objetivo de su creación, la potestad estatal sobre los derechos de propiedad no es ilimitada y debe ajustarse a los principios de libertad, legalidad, razonabilidad y utilidad pública.

En ese entramado de principios y potestades cobra trascendencia el contexto constitucional que define el modelo de Estado de derecho que adopte cada país según que tenga prevalencia en el mismo un enfoque marcadamente liberal (al estilo del propugnado modernamente por HAYEK), una opción intervencionista y estatista (que han seguido tanto regímenes de derecha como de izquierda), o el modelo del Estado subsidiario o Estado social de derecho[142],

---

[140] Encíclica *Rerum Novarum* de León XIII, 99-107; 131-133 y C. A. de Juan Pablo II, 30-43, señalan que "el uso de los bienes, confiados a la propia libertad, está subordinado al destino común y primigenio de los bienes creados" (C. A. 30 b).

[141] Véase GELLI, *Constitución de la Nación Argentina...*, cit., t. II, pág. 103 y la opinión de dicha autora en JONATHAN MILLER – MARÍA ANGÉLICA GELLI – SUSANA CAYUSO, *Constitución y derechos humanos*, t. 2, Buenos Aires, Astrea, 1991, págs. 1225-1227.

[142] Véase: MIGUEL HERRERO y RODRÍGUEZ DE MIÑON, "¿Unión Europea versus Estado Social?", Separata de la Real Academia de Ciencias Morales y Políticas, año LXV, núm. 90, Madrid, 2013, págs. 387 y ss. Afirma que el Estado social no supone una ortodoxa economía de mercado ni una economía dirigida o controlada por el Estado. Más bien se trata de una economía que, basada en el principio de la libertad de empresa, "no solo organiza el mercado, sino que corrige su dinámica y distribuye sus beneficios atendiendo a criterios que son ajenos al propio mercado". En ese sentido, "supone la negación del Estado liberal" (*op. cit.*, pág. 388) lo que no implica desde luego abdicar de todas las conquistas políticas de la democracia

caracterizado por postular la denominada "economía social de mercado" (en el que el Estado actúa como regulador y garante, con las prestaciones sociales que le permitan las disponibilidades financieras y sean compatibles con el principio de subsidiariedad).

Según sea el modelo de Estado que acoja el respectivo sistema constitucional así será también el contenido y alcance del derecho de propiedad y aunque es difícil que una Constitución sea totalmente neutra en ese sentido, lo cierto es que en los ordenamientos constitucionales puede llegar a configurarse, en forma entremezclada, principios y formulaciones de los diferentes modelos económico-sociales, lo que ha confundido a más de una cabeza doctrinaria.

Con esas salvedades, de nuestra propia Carta Magna se desprende que el modelo que prevalece es el de un Estado regido conjuntamente por el principio de subsidiariedad y el de economía social de mercado. Al respecto, este modelo se desprende de la propia Constitución en cuanto:

A) Estatuye que los derechos individuales, como es el derecho de propiedad, se reconoce a favor de los habitantes y no del Estado (argumento derivado del art. 14 de la Const. Nal.) el que se encuentra limitado por los principios de legalidad (art. 19) y de razonabilidad (art. 28)[143].

B) Prescribe el derecho de usar y disponer de la propiedad (Const. Nal., art. 14) al igual que la Convención Americana de Derechos Humanos (art. 21.1) aplicable en virtud de lo prescrito en el artículo 75 inciso 22 de la Constitución, a favor tanto de nacionales como de extranjeros (Const. Nal., art. 20).

C) Establece el principio de la inviolabilidad del derecho de propiedad y la regla que ninguna persona puede ser privada de ella sino en virtud de sentencia fundada en ley que califique la utilidad pública y que previamente el expropiado debe recibir una indemnización (Const. Nal., art. 17).

D) Afirma el principio de defensa de la competencia (Const. Nal., arts. 42 y 43) que presupone la propiedad privada de los medios de producción y de las empresas comerciales.

E) Reconoce una serie de derechos sociales, en particular, la promoción del desarrollo humano, el progreso económico con justicia social y la igualdad de oportunidades, la investigación y el desarrollo tecnológico (Const. Nal., arts. 14 bis y 75 inc. 19). Y

---

ni del régimen de garantías jurídicas que protegen la libertad, la igualdad y la propiedad. En nuestra visión, el Estado social es no tanto la figura opuesta al Estado liberal sino más bien su continuador en un proceso histórico evolutivo, aunque sea cierto que sus caracteres peculiares y rasgos distintivos permiten también sostener la tesis que se trata de modelos opuestos. En cambio, el modelo de Estado intervencionista (actualmente devenido en populista) resulta radicalmente distinto porque destruye la libertad de empresa y la espontaneidad e iniciativa de los operadores económicos del mercado.

[143] Vid nuestro *Curso...*, cit., t. I, pág. 27 y nota 87.

F) Promueve la industria y otras actividades económicas, especialmente el establecimiento de nuevas industrias mediante leyes de promoción (Const. Nal., art. 75 inc. 18).

Ese concepto de competencia y poderes implica la configuración del modelo de Estado subsidiario, como versión moderna del Estado social de derecho, el cual no se caracteriza por una intervención total del poder público sino por una interrelación armónica entre la Administración Pública y los agentes privados. La función del Estado en el campo económico es, fundamentalmente, la de regulador y garante de actividades privadas y, en subsidio, la de prestador de servicios públicos o sociales.

Montado en esas bases es como debería funcionar el sistema constitucional apoyado en el principio de inviolabilidad del derecho de propiedad que proclama la Constitución y de las libertades económicas que forman con él un todo inescindible. Sin embargo, a causa de las sucesivas crisis económicas, el Estado ha adoptado medidas de excepción que, con fundamento en el estado de necesidad, han dado pie a la construcción de la llamada doctrina de la emergencia, la que solo resulta legítima en la medida que sea compatible con los principios constitucionales y el Estado de derecho. Por ello, la emergencia, como "estado de excepción" solo se concibe en forma transitoria para suspender o comprimir el ejercicio de derechos y nunca en forma permanente[144].

Como se verá seguidamente, la emergencia constitucional se configura cuando se hallan en riesgo la subsistencia de la sociedad y de las instituciones del Estado, sin que ello implique subordinar el derecho ni sus fines a la necesidad ni a la voluntad discrecional de los gobernantes.

A) *Estado de derecho y estado de necesidad*

Cuando nos referimos al estado de necesidad mentamos una situación en que se encuentra una realidad dada, que nos obliga a actuar de determinada manera o nos dispensa de hacerlo según las reglas ordinarias que rigen el curso de nuestras conductas.

En tal sentido, la jurisprudencia de la Corte Suprema ha señalado que la situación de emergencia origina un estado de necesidad[145].

Esta afirmación lleva de la mano otra: que en el orden jurídico constitucional así como en el derecho administrativo no cabe concebir un Estado de

---

[144] En contra: Giorgio Agamben (*El estado de excepción*, trad. del italiano, Buenos Aires, Adrián Hidalgo Editora, 2007, pág. 23) sostiene la tesis que afirma que el 'estado de excepción', en la actualidad, se ha transformado, en forma permanente, en un paradigma de gobierno.

[145] *Peralta, Luis A. y otro v. Estado nacional - Ministerio de Economía - BCRA s/amparo*, Fallos 313:1513 (1990); *Videla Cuello, Marcelo sucesión de v. La Rioja, Provincia de s/ daños y perjuicios*, Fallos 313:1638 (1990), voto de los Dres. Fayt y Barra.

Necesidad con mayúsculas (a no ser por la costumbre de recalcar la trascendencia de ciertas instituciones) ya que si el Estado es la comunidad perfecta y soberana por excelencia no cabe que se funde en una situación de necesidad que lo justifique y absorba. Lo fáctico no puede prevalecer sobre lo jurídico pues es lo jurídico lo que permite la vida en sociedad.

Menos aún puede el Estado de derecho —que es la fórmula que condensa la distribución de los poderes y las garantías debidas a los particulares— llegar a traducirse en un derecho de emergencia, entendido este como el conjunto de normas que autorizan la suspensión transitoria de los derechos constitucionales o la dispensa de determinadas cláusulas de la Constitución, por la carencia de los supuestos de hecho reales previstos en las respectivas normas.

Esto último, que siempre se ha considerado como un remedio extraordinario al que acuden los Estados para defender la subsistencia de la sociedad o la propia conservación institucional, no constituye una suerte de *bill* de indemnidad apto para justificar el aumento de los poderes de los gobernantes sino que requiere ajustarse a la doctrina que Sagüés califica como "ética de mínima"[146]. Esta doctrina, que se funda en que la necesidad puede generar derecho (*necessitas jus constituit*) admite su funcionamiento como remedio extraordinario y restrictivo dentro de la Constitución, oponiéndose a la llamada "ética de máxima", que subordina el derecho y sus fines a la propia necesidad, como producto del poder de los gobernantes. Esta necesidad de Estado, solo justificada en el poder, contraría los principios del derecho natural y constituye la negación del Estado de derecho que es el principal basamento del orden constitucional en los países occidentales.

La suerte de los derechos de propiedad y, consecuentemente, la estabilidad de los contratos, no pueden quedar sometidos a la decisión de los gobernantes de turno, sin respetarse los límites constitucionales y legales.

Se impone entonces la denominada "ética de mínima" cuyo fundamento puede ubicarse —como se dijo antes— en el principio de subsistencia de la sociedad y del Estado, o bien, como contrapartida, el derecho de la sociedad a poseer un Estado en el que anida un poder inherente a la defensa de la comunidad, sobre la base de una interpretación extensiva de los derechos no enumerados que prescribe el artículo 33 de la Constitución Nacional[147].

---

[146] Néstor P. Sagüés ("Derecho constitucional y derecho de emergencia", en *Separata de la Academia Nacional de Derecho y Ciencias Sociales de Buenos Aires, Anales XXXV*, segunda época, núm. 28, Buenos Aires, 1990, págs. 11-12) anota como antecedente de esta doctrina a Francisco Suárez, citado en el clásico trabajo de Rafael Bielsa, "El estado de necesidad con particular referencia al derecho constitucional y administrativo", que se publicó originariamente en el *Anuario del Instituto de Derecho Público*, t. III, Rosario, 1940, pág. 85.

[147] Conf. Sagüés, "Derecho constitucional...", cit., págs. 36 y ss.

B) *Los límites constitucionales de la emergencia. Los decretos de necesidad y urgencia*

Situándonos en el plano de la emergencia como opción constitucional o, si se quiere, en el terreno de la denominada dispensa constitucional[148], debe entenderse que ni siquiera en tal supuesto anormal y extremo se podrían afectar elementales principios del derecho natural y positivo como son, por ejemplo, los principios de igualdad y de razonabilidad en sus distintas facetas aplicativas.

En cualquier caso, la configuración de la emergencia en el ámbito del derecho público, y fundamentalmente en los aspectos sustantivos y procesales del derecho administrativo, condensa un conjunto de fórmulas preceptivas que justifican su inserción en el orden constitucional, tal cual ha sido ella concebida en el modelo de la Constitución argentina y en su fuente norteamericana, las cuales han sido desarrolladas por medio de los precedentes de la Corte Suprema de Justicia de la Nación.

El contenido de esas reglas —que emergen de los precedentes jurisprudenciales— constituye un repertorio de principios que deben respetarse para asegurar la constitucionalidad de la legislación de emergencia, y tiene como punto de partida el reconocimiento de los hechos que configuran el estado de necesidad que origina la situación excepcional de emergencia, la cual puede justificar la delegación de facultades en el poder ejecutivo conforme al artículo 76 de la Constitución Nacional. A partir de allí, la jurisprudencia de la Corte Suprema ha sentado una serie de exigencias que se constituyen en presupuestos para determinar la constitucionalidad de cualquier legislación de emergencia[149].

En algunos precedentes la Corte se ocupó, específicamente, de señalar las pautas que permiten definir una situación de grave perturbación social y económica a los efectos de justificar el empleo de remedios extraordinarios y excepcionales[150]. Entre los principales requisitos establecidos por la Corte se cuentan:

En primer lugar, la emergencia no puede consistir en la supresión o aniquilamiento de los derechos constitucionales habida cuenta que las leyes que la consagran no pueden escapar a las garantías y normas señaladas por la Constitución Nacional. A su vez, la Constitución es un estatuto para regular y garantizar las relaciones y los derechos de los hombres que viven en la República,

---

[148] Linares, *La razonabilidad de las leyes*, cit.

[149] Así lo hizo en oportunidad de pronunciarse sobre la constitucionalidad de las leyes 23.696 y 23.697.

[150] *Peralta, Luis Arcenio y otro v. Estado nacional - Ministerio de Economía - BCRA s/amparo*, Fallos 313:1513 (1990); *Videla Cuello, Marcelo sucesión de v. La Rioja, Provincia de s/daños y perjuicios*, Fallos 313:1638 (1990).

tanto en tiempo de paz como en tiempo de guerra y sus previsiones no podrían suspenderse en ninguna de las grandes emergencias de carácter financiero o de otro orden que los gobiernos pudieran encontrarse[151]. Así, la sanción de una ley, aun de emergencia, presupondrá su sometimiento a la Constitución y al derecho público y administrativo del Estado en cuanto este no habrá sido derogado.

Por ende, la emergencia no habilita para frustrar un derecho adquirido por una ley o un contrato; tan solo permite suspender su goce de un modo razonable entendiéndose que la suspensión no implica desnaturalizar el derecho constitucional regulado[152]. Ello pues la emergencia está sujeta en un Estado de derecho a los mismos principios que amparan la propiedad en épocas normales[153].

En resumidas cuentas, y tal como se desprende de la doctrina judicial norteamericana, la emergencia no origina poderes inconstitucionales a favor de los gobernantes "ni suprime ni disminuye las restricciones impuestas sobre el poder otorgado o reservado"[154] y mucho menos justifica el debilitamiento de los controles, que "desaceleran la improvisación que sacrifica la libertad en aras de la urgencia"[155].

En segundo lugar, la nueva regulación, de emergencia, no debe destruir o frustrar definitivamente el derecho reglamentado, privándolo de eficacia práctica[156]. Se exige que la restricción o suspensión que prescribe la norma de emergencia sea esencialmente transitoria[157]. Caso contrario, una situación fáctica fagocitaría el derecho.

En este aspecto, el artículo 1º de la ley 25.561, al declarar la emergencia pública en materia social, económica, administrativa, financiera y cambiaria, delegó una serie de facultades en el poder ejecutivo hasta el 10 de diciembre

---

[151] *Compañía Azucarera Tucumana v. Provincia de Tucumán*, Fallos 150:150 (1927).

[152] *Russo, Ángel, y otra v. C. de Delle Donne, E.*, Fallos 243:467 (1959).

[153] *Nación v. Lahusen, Valdemar Düring*, Fallos 237:38 (1957).

[154] Segundo V. Linares Quintana, "La legislación de emergencia en el Derecho argentino y comparado", La Ley 30-908 y ss.

[155] Véase: Alejandro Pérez Hualde, *Decretos de necesidad y urgencia*, Buenos Aires, Depalma, 1995, pág. 83, y la coincidencia destacada por Vítolo entre esta apreciación y el precedente de la Corte Suprema norteamericana *US v. Brown*, 381 US 437 (1965); véase Alfredo M. Vítolo, "La crisis del sistema constitucional de control del poder", en ReDA, núm. 47, Buenos Aires, LexisNexis - Depalma, 2004, págs. 35-45, esp. pág. 43, núm. 35.

[156] *Roger Balet, José v. Alonso, Gregorio*, Fallos 209:405 (1947).

[157] La jurisprudencia de la Corte sobre el punto ha sido reiterada en numerosos precedentes, véase: *Ercolano v. Ranteri de Renshaw*, Fallos 136:171 (1922); *Vicente Matini e hijos*, Fallos 200:450 (1944); *Ghiraldo, Héctor v. Pacho, Samuel*, Fallos 202:456 (1945).

de 2003[158], habiendo sido extendido tal plazo hasta fines de 2004 por la ley 25.820[159], así como durante 2005 por la ley 25.972.

En tercer lugar, la ley de emergencia ha de soportar una suerte de *test* de razonabilidad que demanda, aparte de la acreditación de las circunstancias justificantes, que se verifiquen, por un lado, la existencia de una finalidad pública que consulte los intereses generales de la comunidad[160], sin imponer sacrificios especiales que recaigan sobre determinadas personas y excluyan arbitrariamente a otras; por el otro, una adecuada proporción entre los medios que prescribe la emergencia y los fines de bien común[161] que persigue la legislación.

En conclusión, el marco constitucional de la emergencia requiere que no se conculque de un modo definitivo el núcleo de derechos básicos de la Constitución, particularmente los derechos de propiedad de los particulares (art. 17), el principio de igualdad ante la ley (art. 16) y la garantía de la razonabilidad o justicia consagrada en el artículo 28 de la Constitución Nacional.

A su vez, cuando la legislación de emergencia delega en el poder ejecutivo facultades para dictar las medidas de excepción o de limitación de los derechos constitucionales, resulta preceptivo el cumplimiento de los recaudos del artículo 76 de la Constitución, a saber:

a) declaración legislativa de la emergencia;

b) fijación de un plazo para el ejercicio de las facultades delegadas, y

c) determinación de las bases de la delegación, esto es, determinación de la política legislativa o establecimiento del estándar inteligible.

Tal es el caso de la ley 25.561 que, en este punto, se ajusta al referido precepto constitucional. Por ende, es una norma delegante, de emergencia, válida.

Finalmente, no hay que confundir el ejercicio de las facultades delegadas que el poder ejecutivo ejerce mediante los respectivos reglamentos conforme al artículo 76, con la figura del reglamento de necesidad y urgencia que autoriza,

---

[158] "Declárase, con arreglo a lo dispuesto en el art. 76, la emergencia pública en materia social, económica, administrativa, financiera y cambiaria, delegando al poder ejecutivo nacional las facultades comprendidas en la presente ley, hasta el 10/12/2003, con arreglo a las bases que se especifican seguidamente...".

[159] "Modifícase el texto del párr. 1º del art. 1º, ley 25.561, por el siguiente: Art. 1º: Declárase con arreglo a lo dispuesto en el art. 76 CN, la emergencia pública en materia social, económica, administrativa, financiera y cambiaria, delegando al poder ejecutivo nacional las facultades comprendidas en la presente ley, hasta el 31/12/2004, con arreglo a las bases que se especifican seguidamente...".

[160] *Ghiraldo, Héctor v. Pacho, Samuel*, Fallos 202:456 (1945); *Perón, Juan Domingo*, Fallos 238:76 (1957), entre otros.

[161] *Vicente Martini e hijos*, Fallos 200:450 (1944); *Ghiraldo, Héctor v. Pacho, Samuel*, Fallos 202:456 (1945); entre otros.

a partir de la reforma constitucional de 1994, el nuevo artículo 99, inciso 3º de la Constitución Nacional[162].

Como apunta PERRINO, la emergencia aparece tanto en una como en la otra disposición citada[163]. En esta perspectiva, si se interpretara que ambas causales —emergencia, necesidad y urgencia— son equivalentes, se llegaría a la conclusión de que existirían dos vías que autorizarían el dictado de ambas clases de reglamentos. Incluso el razonamiento de la Corte Suprema en el fallo "San Luis"[164] parecería haberse hecho eco de esta posibilidad interpretativa. En efecto, por un lado, declara la inconstitucionalidad de la delegación por exceso en la misma, esto es, por hallarse el decreto delegado impugnado fuera del estándar inteligible de la ley delegante. Mas, por el otro, el alto tribunal llega a aseverar que, si el reglamento analizado fuera concebido como decreto de necesidad y urgencia, cabría razonar en el sentido de que el poder ejecutivo nacional no puede emitir un decreto de necesidad y urgencia para regular la misma emergencia que ya fue declarada y regulada por el Congreso[165].

Lo cierto es que tanto el reglamento delegado como el decreto de necesidad y urgencia se hallan fundados en el estado de necesidad. Mas un decreto de necesidad y urgencia —que puede o no comprender la limitación de los derechos constitucionales que es propia de la doctrina de la emergencia— puede establecer, por razones de urgencia imperiosa, normas relativas a materias que, de ordinario, pertenecen a la competencia del Congreso (considérense materias tales como migraciones o contratos del Estado). En otras palabras, el poder ejecutivo nacional, mediante un decreto de necesidad y urgencia, puede legislar en cualquier materia del Congreso en la medida en que no sean de las prohibidas en el artículo 99.3 de la Constitución Nacional. Y, a su vez, esos reglamentos de necesidad y urgencia se hallan sujetos a la aprobación del Congreso[166], extremo procedimental clave a efectos de encarar la determinación

---

[162] Ampliar en PABLO E. PERRINO, "Algunas reflexiones sobre los reglamentos delegados en la reforma constitucional", en JUAN CARLOS CASSAGNE (dir.), *Derecho administrativo*, obra colectiva en homenaje al profesor Dr. Miguel S. Marienhoff, Buenos Aires, Abeledo-Perrot, 1998, págs. 971-992, quien hace la salvedad de que la cuestión tenía que ser objeto de interpretación jurisprudencial. Véase, a tal fin, nota 32 y texto correspondiente.

[163] Sobre las diferencias entre ambos conceptos —emergencia, necesidad y urgencia— puede verse JULIO R. COMADIRA, "Los reglamentos de necesidad y urgencia (Fundamento. Su posible regulación legislativa)", La Ley, 1193-D-750 y ss.; así como PERRINO, "Algunas reflexiones...", cit., pág. 980.

[164] *San Luis, provincia de v. Estado nacional s/acción de amparo*, Fallos 326:417 (2003), esp. consids. 32 y 30.

[165] ALBERTO B. BIANCHI, "El caso San Luis o de cómo la emergencia fue encararda desde la delegación legislativa", en ReDA núm. 45, Buenos Aires, Abeledo Perrot, 2003, págs. 611 y ss.

[166] Sobre este punto véase la doctrina que expusimos en nuestro *Curso de derecho administrativo*, 10ª ed., t. I, Buenos Aires, La Ley, 2011, págs. 159-160.

de la naturaleza de los reglamentos que adoptan la inadecuada práctica de ser dictados con invocación simultánea tanto del artículo 99 inciso 3°, como del artículo 76 de la Constitución.

Desde esta perspectiva, una correcta interpretación debería apuntar a que el Congreso no puede delegar en el poder ejecutivo nacional, por razones de emergencia, las materias que están prohibidas en el artículo 99 inciso 3° de la Constitución Nacional (electoral, tributaria, penal, partidos políticos), y sí puede delegar materias como las previstas en la ley 25.561. Y, a su vez, el poder ejecutivo nacional no podría dictar decretos de necesidad y urgencia en las precitadas materias, que le han sido prohibidas en aquella norma constitucional[167]. En lo que nos interesa, mediante un decreto de necesidad y urgencia sí podría legislar autónomamente en materias como las legisladas por el Congreso en la ley 25.561 pues no hacen a aquellas prohibiciones. Ello, sin perjuicio de aquellas materias que pudieran haber sufrido una deslegalización.

12. Emergencia y derechos adquiridos

En íntima conexión con la doctrina de la emergencia se encuentra el principio que menta la protección de los derechos adquiridos como derivado del sistema constitucional que garantiza la inviolabilidad del derecho de propiedad (Const. Nal., art. 17). En este punto, la praxis constitucional podría, erróneamente, llevar a suponer que el concepto de emergencia resulta similar en los hechos, al de utilidad pública, previsto en la Constitución. Pero si bien puede haber, en situaciones excepcionales, cierta analogía entra ambos conceptos, lo cierto es que mientras las causas de utilidad pública deben ser concretas, precisas y claras[168], el estado de emergencia apunta a resolver una situación genérica y relativamente indeterminada que hace a la subsistencia de la sociedad y del Estado.

Cabe preguntarse: ¿en qué medida una situación de emergencia, declarada por el legislador, puede afectar los derechos adquiridos? La respuesta a este interrogante, relativamente fácil desde el punto de vista teórico, es que solo ello sería posible en tanto no se degraden o frustren los derechos que forman parte del patrimonio de las personas y solo se trate de una suspensión o limi-

---

[167] Ahora bien, según señala Bianchi, el poder ejecutivo nacional podría evadir la mentada prohibición relativa a las materias acudiendo a la invocación del art. 99 inc. 2° de la Const. Nal., Así, mediante un reglamento ejecutivo podría saltar aquella veda, y la jurisprudencia en materia de convalidación de reglamentos ejecutivos parecería haber sido sumamente benevolente bajo la doctrina de la deferencia. Ampliar en Alberto B. Bianchi, "Dimensión actual de la delegación legislativa", en ReDA, núm. 42, Buenos Aires, Depalma, pág. 723 y en, del mismo autor, "El control judicial bajo la doctrina de la deferencia", en *Control de la administración pública*, Buenos Aires, Ediciones Rap, 2003, págs. 523-569.

[168] Marienhoff, *Tratado...*, cit., t. IV, pág. 186.

tación transitoria de su ejercicio por razones de bien común, a condición de superarse el test de razonabilidad que impone el artículo 28 de la Constitución.

Es decir que, desde esa perspectiva, la decisión que adoptó en su momento la Corte Suprema[169] al declarar inconstitucional el sistema de bancarización compulsiva (denominado "corralito financiero") con fundamento en que se operaba una afectación de los derechos adquiridos (si bien expuso una serie de argumentos tendientes a justificar la inconstitucionalidad) resulta, al menos en este punto, contraria a una correcta hermenéutica constitucional.

Esta doctrina fue más tarde rectificada en dos ocasiones por la nueva integración de la Corte (a raíz de la renuncia de los ministros Nazareno, López y Vázquez y la remoción por juicio político del ministro Moliné O'Connor) en el caso *Bustos*[170]. En esa oportunidad, declaró constitucional la pesificación de los depósitos a través de una sentencia en que uno de los votos concurrentes que formó la mayoría (el ministro Zaffaroni) consideró que era irrazonable pesificar los depósitos inferiores a setenta mil dólares estadounidenses.

La incertidumbre que provocó ese fallo, sumada a las críticas de la doctrina[171] y las que provocó entre los ahorristas, llevaron a la Corte, finalmente, a una solución de equidad que implicó reconocer una tasa de interés a los depósitos que fueron pesificados para compensar el detrimento patrimonial de los derechos de propiedad de los ahorristas, derechos que, conforme a la tradicional postura del Alto Tribunal, no se consideraron derechos absolutos en el voto de la mayoría[172].

13. La libertad de asociación

Al igual que las demás libertades, la de asociación puede concebirse en el campo del derecho de diversas maneras, es decir, tanto como derecho fundamental que habilita a las personas a reclamar del poder público su reconocimiento y efectividad, o bien, como principio, en cuanto constituye un mandato tácito de no conculcar las libertades ciudadanas dirigido a las autoridades públicas, cualquiera fuera la función que estas desempeñan. Asimismo, el ordenamiento constitucional provee de un sistema de garantías, básicamente procesales, que tienden a proteger las libertades en sede judicial a través de acciones de amparo o declarativas de inconstitucionalidad (Const. Nal., art. 43). Se trata de un derecho natural, propio e inalienable, de la persona humana[173].

---

[169] *In re, Smith*, Fallos 325:28 (2002).

[170] Fallos 327:4495 (2004).

[171] Alberto B. Bianchi, "El caso 'Bustos' y sus efectos, por ahora", Suplemento especial La Ley "Pesificación de los depósitos bancarios", de 28/10/2004, pág. 11.

[172] En el caso *Massa*, Fallos 329:5913 (2006).

[173] C. A. 7b.

La Constitución y la Convención Americana de Derechos Humanos han regulado la libertad de asociación mediante una serie de preceptos de rango constitucional (Const. Nal., art. 75 inc. 22). En tal sentido, se reconoce a) el derecho "de asociarse con fines útiles" (Const. Nal., art. 14) el cual se ha interpretado como una finalidad no dañina al bien común[174] o comprensiva de este último concepto jurídico indeterminado, como nos parece más correcto; b) el derecho a la organización sindical libre y democrática reconocida por la simple inscripción en un registro especial (Const. Nal., art. 14 bis); y c) el derecho de las asociaciones que propenden a los fines de incidencia colectiva que gozan de protección constitucional (v. gr. en defensa de los derechos que protegen el ambiente o la competencia) a los efectos de interponer acciones de amparo (Const. Nal., art. 43) e, incluso, acciones declarativas de constitucionalidad[175].

Existen diversas clases de asociaciones como las gobernadas por el derecho civil desde las que cuentan con personalidad jurídica reconocida por el Estado hasta las meras o simples asociaciones[176], las reguladas por el derecho del trabajo o sindical y las que pertenecen al derecho público, que pueden ser estatales o no estatales[177].

Por otra parte, la CADH (Pacto de San José de Costa Rica) prescribe la libertad de asociación en su art. 16 en los siguientes términos: "1. Todas las personas tienen derecho a asociarse libremente con fines ideológicos, religiosos, políticos, económicos, laborales, sociales, culturales, deportivos o de cualquier otra índole. 2. El ejercicio de tal derecho solo puede estar sujeto a las restricciones previstas por la ley que sean necesarias en una sociedad democrática, en interés de la seguridad o del orden públicos, o para proteger la salud o la moral públicas o los derechos y libertades de los demás. 3. Lo dispuesto en este artículo no impide la imposición de restricciones legales y aún la privación del ejercicio del derecho de asociación a los miembros de las fuerzas armadas y de la policía".

La libertad de asociación, ya fuera un derecho individual o colectivo, exhibe una faz positiva y otra negativa. Mientras el aspecto positivo traduce el derecho a asociarse como núcleo primario de este poder jurídico (que comprende el derecho a constituir una asociación y el derecho a ingresar a una asociación existente), el aspecto negativo refiere a la facultad de toda persona a no ser compelido a ser parte de una asociación, o bien, a la posibilidad de renunciar a la misma.

---

[174] BIDART CAMPOS, *Tratado elemental...*, cit., t. I, pág. 292.

[175] Fallos 310:2342 (1987), en el caso *Colombo Murúa*.

[176] Art. 148 del nuevo Código Civil y Comercial de la Nación.

[177] La categoría de la persona pública no estatal, que no regula el nuevo Código Civil y Comercial ha sido reconocida, sin embargo, por la Corte Suprema, bajo la vigencia del Código de Vélez Sarsfield.

El derecho de no asociarse ha suscitado la promoción de conflictos no siempre resueltos en forma armónica por la Corte Suprema. En efecto, pese a que, en principio, merecen reproche constitucional las leyes o decretos que prescriban la obligatoriedad de la pertenencia a una determinada asociación y que así ha sido decidido por la Corte Suprema en algunos casos[178], en otros adoptó una postura favorable al reconocimiento de su constitucionalidad[179].

La doctrina que emana de los fallos en que se declaró la constitucionalidad de la afiliación obligatoria a una asociación ya sea esta de derecho público o de derecho privado, puede resumirse en los siguientes puntos: a) exige la presencia de razón de bien común suficiente para imponer la asociación compulsiva (v. gr. promoción o protección industrial, bienestar económico, etc.) cuyas finalidades se encuentren reconocidas en la Constitución, en forma expresa o implícita; b) la contribución que se imponga a las personas deben tener relación con los beneficios que se procuran, o bien, con el fondo o entidad a los que se destina el aporte; c) la condición de socios o afiliados no cercena el derecho de trabajar y comerciar libremente y ellos participan de la administración de la entidad, y d) la contribución legal que se imponga no ha de ser, objetivamente, de gran significación económica. Si se cumplen dichos requisitos, la obligación legal que ordena la afiliación obligatoria se reputa razonable desde el plano constitucional por considerar que no conculca la libertad de asociación[180]. En esta materia, la colegiación obligatoria en entidades que agrupan a profesionales liberales ha sido reconocida por una invariable jurisprudencia de la Corte a partir de 1957[181] y la opinión de la doctrina constitucional[182], habiéndose reafirmado esa línea con motivo de la creación del Colegio Público de Abogados de la Capital Federal en el caso *Ferrari*[183].

El principio que rige la actuación de las asociaciones en el mundo del derecho es el de especialidad que entraña el poder de disposición para realizar toda clase de actos jurídicos en la medida que no contradigan los fines propios que persigue la entidad. En definitiva, en el marco de la regla de la especialidad, las asociaciones tienen permitido hacer todo lo no prohibido dentro del fin propio que informa su constitución.

---

[178] En el caso *Outon*, Fallos 267:215 (1967); en este fallo la Corte declaró inconstitucional el decr. 280 de 1964, en cuanto estimó que la agremiación coactiva limitaba irrazonablemente la libertad de trabajo.

[179] En los casos *Inchauspe*, Fallos 199:483 (1944); *Cavia*, Fallos 277:147 (1970); *Guzmán*, Fallos 289:238 (1974).

[180] BIDART CAMPOS, *Tratado elemental...*, cit., t. I, pág. 295.

[181] Fallos 237:397, *Colegio de Médicos c/ Sialle*.

[182] JORGE R. VANOSSI, *El Estado de derecho en el constitucionalismo social*, Buenos Aires, Eudeba, 1982, págs. 383 y ss.

[183] Fallos 308:987 (1986).

El otorgamiento de la personería jurídica de las asociaciones por el Estado ha suscitado una serie de conflictos a la hora de definir, la autoridad administrativa, si los fines que persiguen se deben considerar fines útiles o de bien común a la luz del precepto contenido en el artículo 14 de la Constitución Nacional. Entre los conflictos, se destacan los relativos a los que persiguen las entidades defensoras de los derechos de los homosexuales, habiéndose sostenido que el concepto de finalidad útil, en el marco del artículo 19 de la Constitución es dinámico y que lo que la sociedad y los individuos consideran nocivo e ilegítimo en un momento determinado "puede dejar de serlo si cambia la idea social dominante"[184]. Este criterio peca de un excesivo relativismo puesto que nos llevaría al extremo de legitimar una asociación creada para impedir —por ejemplo— la discriminación de ladrones e, incluso, autores de delitos sexuales, si cambiase el criterio social dominante, cuestión esta que con el exagerado mal llamado progresismo que algunos sectores propician, podría ser posible si la sociedad llegara a degradarse a ese extremo. Pero, la degradación de la sociedad y de los individuos no pueden cambiar la valoración del núcleo central del derecho humano que es el derecho a la vida, derecho al que estas asociaciones se oponen al promover la homosexualidad. Porque una cosa es asociarse para combatir la discriminación basada en la condición sexual de las personas y otra muy distinta es el objetivo de promover la defensa de la homosexualidad que, por la razón antes dicha, no puede considerarse un objetivo de bien común.

En esa línea se encontraba la jurisprudencia de la Corte que no reconoció el derecho de la "Comunidad Homosexual Argentina"[185] al otorgamiento de personería, sin perjuicio de destacar que ello no impedía que los miembros de la entidad desarrollaran actividades lícitas dentro de los límites que establece el artículo 19 de la Constitución.

Sin embargo, la Corte Suprema, en su actual composición, dio un giro copernicano con respecto a la jurisprudencia anterior, al admitir que los objetivos que persigue la "Asociación Travesti-Transexual"[186] constituyen fines de bien común en la inteligencia que no cabe negar esa calificación de bien común a las metas fijadas debido a la orientación sexual de los componentes de la asociación. Aunque no lo diga en forma expresa, de su construcción se desprende que la promoción de la homosexualidad queda comprendida entre los fines de bien común que reconoce la Constitución.

En resumidas cuentas, reiteramos que, mientras la situación de los homosexuales es digna de protección constitucional en cuanto ella no debe ser objeto de discriminación, el ordenamiento, en cambio, no puede tutelar acciones

[184] Badeni *Tratado...*, cit., t. i, pág. 818.
[185] Fallos 314:1534 (1991).
[186] Fallos 329:5266 (2006).

que promuevan la homosexualidad como parte de una política social reconocida por el Estado.

14. El derecho de enseñar y aprender (el derecho a la educación)

Con fundamento en el Proyecto de Alberdi[187], el artículo 14 de la Constitución consagra, entre los derechos que gozan los habitantes, el de enseñar y aprender. Modernamente, se habla de derecho a la educación[188] pero tanto en significado lingüístico como en su sentido jurídico las expresiones "educación", "enseñanza" e "institución" aluden a una misma realidad cuya dimensión ha sido descrita por la doctrina como el derecho de toda persona humana "a su pleno desarrollo, por medio de la educación, a la adquisición de los conocimientos científicos de la época en que se vive y al desarrollo de las aptitudes vocacionales para lograr de cada individuo el máximo rendimiento posible en beneficio de la sociedad"[189] y —agregamos— a su propia formación intelectual y moral.

Aparte del artículo 14 de la Constitución Nacional, hay otros preceptos constitucionales referidos a la libertad de enseñanza: a) el artículo 5° que impone a las provincias el aseguramiento de la instrucción primaria con una obligación esencial a su cargo, atribución que concurre con las facultades de la Nación en la materia[190]; b) el artículo 25 al prescribir que el fomento de la inmigración extranjera tenga por fin "introducir y enseñar las ciencias y las artes", y c) el artículo 75 inciso 18 en cuanto faculta al Congreso "al progreso de la ilustración, dictando planes de instrucción general[191] y universitaria".

Ahora bien, tras la reforma constitucional de 1994 el derecho de los ciudadanos y el deber del Estado proyectan el derecho a la educación a una serie de ámbitos como la educación ambiental (Const. Nal., art. 41); la del consumidor (Const. Nal., art. 42); de los pueblos originarios (Const. Nal., art. 75 inc. 17), y el desarrollo humano (Const. Nal., art. 75 inc. 19)[192]. Al propio tiempo, los tratados internacionales acrecientan el derecho a la educación, como la

---

[187] Cap. II, art. 16 del Proyecto de Constitución de Alberdi.

[188] Véase: Daniel A. Sabsay (Dir.) – Pablo L. Manili (Coord.), *Constitución de la Nación Argentina...*, cit., t. 1, págs. 545 y ss.

[189] Sánchez Viamonte, *Manual de derecho constitucional*, cit., pág. 156 (cap. XXIX).

[190] José Manuel Estrada, *Curso de derecho constitucional*, t. i, Buenos Aires, Compañía Sudamericana de Billetes de Banco, 1901, págs. 296-297.

[191] Instrucción general equivale a instrucción primaria, cfr. Estrada, *Curso...*, cit., t. i, pág. 295.

[192] Ampliar en Sabsay (Dir.) – Manili (Coord.), *Constitución de la Nación Argentina...*, cit., t. 1, págs. 548-556.

Convención sobre los Derechos del Niño (art. 12), el Pacto Internacional de Derechos Económicos, Sociales y Culturales (art. 13), la Convención Internacional sobre la eliminación de todas las formas de discriminación racial (art. 5° inc. d) y la Convención sobre todas las formas de discriminación contra la mujer (art. 10).

El derecho a la educación envuelve una serie de intereses que hacen a los padres, a los niños, los alumnos, la sociedad y el Estado, dando lugar a una variada gama de sujetos activos y pasivos. Las pautas fundamentales del derecho de enseñar y aprender previsto en el artículo 14 de la Constitución pueden resumirse así: a) los padres poseen el derecho de elegir la clase de enseñanza y doctrinas[193] que prefieren para la educación de los hijos menores, los maestros y el lugar en que prefieren sea recibida la enseñanza; b) el Estado no puede imponer un tipo único de enseñanza obligatoria —ni religiosa ni laica[194]—; c) la enseñanza no constituye un servicio público sino una actividad de interés público[195] que no se encuentra monopolizada por el Estado ni sometida a la *publicatio* pues, en principio, es un derecho reconocido a las personas privadas según el artículo 14 de la Constitución; d) conforme al principio de subsidiariedad o suplencia, el Estado no puede coartar la iniciativa privada en orden a la apertura y funcionamiento de establecimientos educativos, ni negar el reconocimiento de los títulos que ellos expidan[196] y e) no resulta legítimo el otorgamiento de privilegios a favor de los establecimientos oficiales de enseñanza en la medida que lesionen el principio de igualdad[197].

Desde luego que la libertad de enseñanza no configura un principio absoluto encontrándose sometida a las leyes que reglamentan su ejercicio sin que pueda desconocerse la facultad del Estado para reglamentar las condiciones inherentes al reconocimiento de la enseñanza privada y a la aprobación de los planes de enseñanza, sin intervenir en la orientación espiritual o ideológica del establecimiento educativo. Pero, como se ha dicho, el poder reglamentario del legislador sobre el derecho de enseñanza debe interpretarse con carácter restrictivo habida cuenta que la incidencia del Estado ha de ser la estrictamente necesaria para garantizar políticas de educación que tiendan al desarrollo humano y social de las personas[198].

---

[193] ESTRADA, *Curso...*, cit., t. I, pág. 277 y CADH, art. 12.4.

[194] CAMPOS, *Tratado elemental...*, cit., t. I, pág. 288.

[195] JUAN RAMÓN DE ESTRADA, "Enseñanza privada y servicio público", ED 119-955 y RODOLFO C. BARRA, "Hacia una interpretación restrictiva del concepto jurídico de servicio público", La Ley, 1983-B, 363.

[196] BIDART CAMPOS, *Tratado elemental...*, cit., t. I, pág. 288.

[197] *Ibidem.*

[198] SABSAY (Dir.) – MANILI (Coord.), *Constitución de la Nación Argentina...*, cit., t. 1, pág. 553.

A raíz de la reforma constitucional de 1994 se han establecido dos principios en relación con la educación pública estatal: el de gratuidad y equidad en la enseñanza y el de autonomía de las universidades nacionales (art. 75 inc. 19, ap. 3).

El principio de equidad tiende a corregir la falta de justicia social y de igualdad de oportunidades buscando suplir las desigualdades en el acceso y mantenimiento en los establecimientos educativos a través de políticas asistenciales que pueden consistir en diversos medios (ej. becas, salario escolar, la copa de leche en las escuelas, etc.), en tanto, el principio de gratuidad en la enseñanza parece excesivo ya que implica que sectores de la población de bajos o medianos recursos financien a quienes se encuentran en condiciones económicas de contribuir al costo de la enseñanza, especialmente de la enseñanza universitaria. Por tal razón, en la práctica, el principio ha caído en desuso en la enseñanza que se imparte en los cursos y seminarios de postgrado universitarios en el ámbito oficial, los cuales son costeados por los cursantes.

El otro principio es el de autonomía universitaria (que incluye el de autarquía) según el cual las universidades se autogobiernan y se dictan sus propias reglamentaciones, si bien con arreglo a una ley general común. Es un principio de antiguo arraigo defendido en la más clásica tradición de nuestro derecho constitucional[199].

15. Otros derechos y libertades. Los derechos de petición y de libre circulación

En lo que sigue pasamos a ocuparnos, en forma somera, de otros derechos y libertades reconocidos expresamente en la Constitución y tratados con jerarquía constitucional, tales como: a) el derecho de peticionar a las autoridades y b) la libertad de circulación.

A) *El derecho de elevar peticiones a las autoridades*

La Constitución, en el artículo 14, consagra el derecho de formular peticiones a las autoridades de manera amplia. Al ser un derecho, va de suyo que la administración no puede enervarlo sino que debe hacerlo efectivo dentro del margen que establecen los principios constitucionales aplicables.

Una antigua doctrina sostenía que era un derecho carente de exigibilidad[200] por entender que solo consiste en pedir y en que el particular o asociación que

---

[199] José Manuel Estrada, *Curso...*, cit., t. i, págs. 289-291.

[200] Sánchez Viamonte (*Manual...*, cit., pág. 147; Bidart Campos, *Tratado elemental...*, cit., t. i, pág. 303) parece inclinarse por esta posición, salvo que la petición se canalice "en el curso regular de un procedimiento administrativo". En contra: Gelli, *Constitución de la*

peticiona no tiene derecho a obtener respuesta. Sin embargo, suponer que existe un derecho carente de efectividad implica un contrasentido jurídico ya que la posibilidad de exigir su cumplimiento hace al núcleo central del derecho.

Tras la reforma constitucional de 1994, cuyo artículo 75 inciso 22 prescribe que determinados tratados internacionales poseen jerarquía constitucional, como la Declaración Americana de Derechos y Deberes del Hombre, el derecho a obtener una respuesta acerca de la petición formulada se impone de manera indubitable al prescribir que "toda persona tiene derecho a presentar peticiones respetuosas a cualquier autoridad competente ya sea por motivo de interés general, ya de interés particular y de obtener pronta respuesta"[201].

El precepto debe interpretarse en el sentido que el objeto de la petición puede consistir tanto en que se dicten o elaboren medidas de carácter general (leyes y reglamentos) o en la oposición a textos que se proyectan sancionar o dictar como a la emisión de actos administrativos de carácter particular.

Se ha dicho que el derecho se circunscribe a que el particular obtenga una respuesta y no a que se haga lugar a lo peticionado[202] lo que requiere una matización pues las situaciones jurídicas de la relación del peticionario con la autoridad pública suelen ser diferentes. Si lo requerido en la petición es el dictado de una norma o acto de alcance general el peticionario carece, en principio, del derecho a obtener lo que solicita. En cambio, si, por ejemplo, peticiona el otorgamiento de un beneficio reconocido en una ley, reglamento o incluso contrato, al que tiene legítimo derecho (v. gr. la jubilación) la administración debe otorgárselo y cualquier negativa de esta abre paso a la interposición de una demanda judicial. En estos casos, la omisión desencadena la posibilidad de plantear la configuración del silencio administrativo, previo pedido de pronto despacho[203], el cual, de persistir, da derecho al particular a promover la acción judicial de amparo por mora de la Administración[204].

De ese modo, el sistema procesal administrativo encuentra la forma de conectar el derecho de petición con el deber de resolver que constituye un principio general del derecho[205] que comprende a los jueces y funcionarios públicos. Precisamente, el fundamento del deber de resolver radica en el

---

Nación Argentina..., cit., t. I, pág. 119, postura que compartimos conforme a lo que exponemos en el texto.

[201] DADDH, art. XXIV.

[202] GELLI, *Constitución de la Nación Argentina...*, cit., t. I, pág. 119.

[203] LNPA, art. 10.

[204] LPNA, art. 28.

[205] Así lo sostuvimos en *Los principios generales del derecho en el derecho administrativo*, reimp., Buenos Aires, Abeledo Perrot, 1992, pág. 56.

derecho de petición a las autoridades establecido en el artículo 14 de la Constitución Nacional[206] y en el caso de silencio, entraña una clarísima violación de la garantía de la defensa (Const. Nal., art. 18) y, particularmente, al derecho a una decisión fundada prescrito en el artículo 1º inciso f) apartado 1º de la Ley Nacional de Procedimientos Administrativos[207], derechos todos ellos comprendidos en el principio de la tutela administrativa y judicial efectiva[208] que reconocen los artículos 8° y 25 de la Convención Americana de Derechos Humanos.

El principio general inherente al deber de resolver había sido reconocido tanto en la jurisprudencia de la Corte Suprema[209] como en la doctrina de la Procuración del Tesoro de la Nación[210].

B) *La libertad de tránsito o derecho a la libre circulación*

Bajo la formulación genérica de libertad de tránsito se engloban varios derechos consagrados en el artículo 14 de la Constitución Nacional (de entrar, permanecer, transitar y salir del territorio argentino). El principio general que está en juego en todas estas hipótesis es el de libre circulación, reconocido expresamente en el Pacto Internacional de Derechos Civiles y Políticos que prescribe que "toda persona que se halle legalmente en el territorio de un Estado, tendrá derecho a circular libremente por él y a escoger libremente en él su residencia"[211], que tendrá también "derecho a salir libremente de cualquier país, inclusive el propio"[212] y que "nadie podrá ser privado arbitrariamente del derecho a entrar en su propio país"[213].

No obstante, el Pacto Internacional de Derechos Civiles y Políticos admite la posibilidad que los Estados impongan restricciones a la libre circulación cuando ellas sean necesarias por razones concernientes a la seguridad nacional, el orden público, la salud o la moral públicas o los derechos y libertades de

---

[206] AGUSTÍN GORDILLO – MABEL DANIELE, *Procedimiento administrativo*, Buenos Aires, LexisNexis, 2006.

[207] Cfr. nuestra *Ley Nacional de Procedimientos Administrativos. Comentada y anotada*, Buenos Aires, La Ley, 2009, pág. 267.

[208] Vid ARMANDO N. CANOSA, "Principio de la tutela administrativa efectiva", en HÉCTOR POZO GOWLAND *et alters* (Dirs.), *Procedimiento administrativo*, t. I, Buenos Aires, La Ley, 2012, págs. 645 y ss.

[209] *In re, Villareal*, Fallos 324:1405 (2001).

[210] Dictámenes 192:198 y 210:355, entre otros.

[211] PIDCP, art. 12.1.

[212] PIDCP, art. 12.2.

[213] PIDCP, art. 12.4.

terceros, a condición de que estén previstas en la ley y sean compatibles con los demás derechos reconocidos en el Pacto[214].

En sentido similar, la Convención Americana de Derechos Humanos admite restricciones en la medida indispensable para una sociedad democrática[215]. Desde luego que, conforme a nuestro ordenamiento constitucional, tales restricciones deben respetar los principios de legalidad, razonabilidad e igualdad (no discriminación) evitando caer en decisiones arbitrarias fundadas en el mero capricho de los gobernantes de turno.

La faz negativa del derecho a la libre circulación de las personas se encuentra en la admisión del llamado derecho de protesta que algunos propician con olvido de este derecho natural humano básico para la vida en sociedad, en cuanto nos permite trabajar y ejercer el comercio conforme al ejercicio de las libertades que puede ejercer cada persona para transitar o trasladarse de un lugar a otro. La interrupción del tránsito en puentes y caminos puede dar lugar, incluso, a conflictos internacionales susceptibles de generar la responsabilidad del Estado, por la omisión en impedir la obstrucción de las rutas o puentes que permiten que las personas se trasladen de un lugar a otro.

Los que toleran estas actividades, que hasta pueden infringir preceptos del Código Penal[216], lo hacen en defensa de una errónea concepción de la soberanía popular, de la democracia y del derecho a la participación ciudadana, cuyos contenidos exprimen para sacar el jugo teórico que justifica la protesta desordenada y caótica, que se adelanta mediante piquetes, cortes de rutas y puentes, aglomeraciones no autorizadas, etc.

En definitiva, sin llegar a reconocer el derecho a la protesta, todo es cuestión de grado y medida y, en tanto una reunión de personas se canalice por las vías de una reglamentación razonable, equilibrando los distintos intereses en juego, no debería ser prohibida por las autoridades. Diferentes son los supuestos de cortes de ruta o puentes que exceden la finalidad de una reunión y cuyo ejercicio provoca graves perjuicios a la población y a terceros países, practicados generalmente mediante violencia e intimidación.

En estos casos, el Estado suele ejercer, en algunos países como el nuestro, una actitud pasiva que afecta, no solo los derechos que antes hemos descrito, sino, principalmente, el principio de seguridad jurídica y de orden que resultan fundamentales para la convivencia social y para la democracia ya que ningún grupo armado ni reunión de personas puede atribuirse los derechos que derivan de la representación popular (Const. Nal., art. 22). Al respecto,

---

[214] PIDCP, art. 12.3.

[215] CADH, arts. 22,1, 2°, 3°, 4° y 5°.

[216] Arts. 190 al 196 del C. P., previstos bajo el título "Delitos contra la seguridad del tránsito y de los medios de transporte y comunicación".

se ha señalado que "si el Estado se resiste a ejercer su autoridad para aplicar las consecuencias que prevé el derecho cuando son infringidas sus normas, no solo ignorará la ley, sino que además preparará el camino para la anarquía" y que "la autoridad legalmente ejercida, lejos de ser enemiga de la libertad, constituye la mejor garantía para su ejercicio"[217].

---

[217] Roberto E. Luqui, "El orden y la seguridad como valores del derecho", Buenos Aires, Academia Nacional de Derecho y Ciencias Sociales de Buenos Aires, La Ley, 2008, pág. 27.

CAPÍTULO VII

LOS NUEVOS DERECHOS Y GARANTÍAS

1. La incorporación de nuevos derechos a la Constitución

El bloque de constitucionalidad de la primera parte de la Constitución de 1853-1860 —denominado parte dogmática— ha sido ampliado a tenor de una serie de cláusulas incorporadas tras la reforma constitucional de 1994.

Esta ampliación de la parte dogmática del bloque de constitucionalidad se produjo no obstante que la ley 24.309, que declaró la necesidad de la reforma, había prohibido, en forma expresa, que se introdujeran modificaciones a la primera parte de la Constitución. En una suerte de interpretación constitucional —no objetada mayormente por la doctrina— la Convención reformadora entendió que la ampliación de los derechos expresamente reconocidos no implicaba violar la interdicción señalada, probablemente por considerar que ampliar los derechos no entraña modificar lo que ya tenían *status constitucional*, que constituían "cláusulas de eternidad"[1] o pétreas, aparte de que ellos siempre podrían considerarse dentro de los derechos implícitos del artículo 33 de la Constitución Nacional por lo que no cabe hablar de mutación constitucional. De ello se sigue la imposibilidad de interpretar, como sostiene alguna doctrina, que los nuevos derechos prevalecen sobre los derechos fundamentales reconocidos en la primera parte de la Constitución, tema que será objeto de nuestro análisis en este punto.

En la doctrina se habla de derechos de tercera generación para diferenciarlos de los de primera (los derechos fundamentales del art. 14 de la Const. Nal.) y de los de segunda generación (los derechos incorporados a la Constitución en 1957 en el artículo 14 bis, también denominados derechos sociales y económicos. En cambio, este nuevo grupo de derechos respondería más a una política constitucional que pone el acento en la solidaridad[2], mientras que los anteriores derechos protegen fundamentalmente los principios de libertad, igualdad y propiedad (Const. Nal., art. 14) y justicia social (Const. Nal., art. 14 bis).

---

[1] Peter Häberle, *El Estado constitucional*, trad. del alemán, Buenos Aires, Astrea, 2007, págs. 258 y ss.

[2] Alberto R. Dalla Vía, *Derecho constitucional económico*, Buenos Aires, Abeledo Perrot, 1999, pág. 298.

Esa afirmación es parcialmente cierta porque hay que tener en cuenta que los nuevos derechos hacen también a la realización más plena de la justicia social y que no se puede desconocer tampoco que buena parte de los derechos fundamentales prescritos en el artículo 14 de la Constitución son de contenido económico e incluso social (v. gr. asociarse con fines útiles).

La reforma constitucional de 1994 introdujo, en los artículos 41 y 42 una serie de derechos calificados como derechos de incidencia colectiva (así los designa el art. 43) o derechos de tercera generación, que tienen por objeto la protección del medio ambiente, la competencia, a usuarios de los servicios públicos y a los consumidores, en este último supuesto, en lo concerniente a la relación de consumo[3].

De ese modo, el nuevo escenario constitucional ha ampliado no solo el ámbito de protección de los derechos individuales sino que ha dado carta de nacionalidad a una nueva categoría de derechos *supra* individuales de titularidad indivisible (el derecho a un ambiente sano)[4] y a otros derechos que representan titularidades individuales homogéneas (v. gr. los de los usuarios que reclaman la ilegalidad de una tarifa)[5]. Al respecto, se han propugnado diferentes categorías de derechos protegidos[6].

[3] Sobre la tutela de los consumidores (que comprende a los usuarios de servicios públicos) véase: JORGE ISMAEL MURATORIO, "La regulación constitucional de los servicios públicos en la reforma de 1994", en *Estudios sobre la reforma constitucional*, Buenos Aires, Depalma, 1995, págs. 97 y ss., especialmente págs. 116-118.

[4] EDUARDO MERTEHIKIAN, "La protección jurisdiccional del derecho de incidencia colectiva a gozar de un ambiente sano (Breves comentarios a los procesos colectivos a propósito del fallo de la Corte Suprema de Justicia de la Nación recaído en la causa "Mendoza, Beatriz Silvia y otros c/ Estado Nacional y otros s/ daños y perjuicios", el 20 de junio de 2006)", en *Primeras Jornadas Italo-Argentinas de Derecho Público*, Buenos Aires, RAP, Año XXX-350, 2007, págs. 239 y ss.

[5] ANDRÉS GIL DOMÍNGUEZ, "Los derechos de incidencia colectiva individuales homogéneos", La Ley 2008-E, 1021; NÉSTOR A. CAFFERATA, "Los derechos de incidencia colectiva", La Ley 2006-A, 1196, vid además: RICARDO L. LORENZETTI, "Daños masivos, acciones de clase y pretensiones de operatividad", JA 2002-II, págs. 237-238; OSVALDO A. GOZAÍNI, "Tutela de los derechos de incidencia colectiva. Conflictos de interpretación en las cuestiones de legitimación procesal", La Ley, 2005-B, 1393; a su vez, sobre la necesidad de reglamentar el proceso colectivo: EDUARDO OTEIZA, "La constitucionalización de los derechos colectivos y la ausencia de un proceso que los ampare", en EDUARDO OTEIZA (Dir.), *Procesos colectivos*, Santa Fe, Rubinzal-Culzoni, 2006, págs. 21 y ss.

[6] ENRIQUE M. FALCÓN, *Tratado de derecho procesal civil y comercial*, t. I, Buenos Aires, Rubinzal-Culzoni, 2006, págs. 359 y ss. Señala que, en Brasil, el art. 81 de la LDC prescribe, para la defensa de los derechos de los consumidores y de las víctimas, tres situaciones jurídicas: a) derechos difusos, cuando se trata de derechos transindividuales, de naturaleza indivisible, cuya titularidad corresponda a personas indeterminadas y ligadas por circunstancias de hecho; b) derechos colectivos, también de naturaleza transindividual, de naturaleza indivisible, cuya

Los problemas que plantean los nuevos derechos, complejos y de distinta naturaleza, se ven agravados por la imprecisión o falta de definición de los textos constitucionales que han dado lugar a interpretaciones opuestas en punto a los mecanismos de protección constitucional[7]. A ello se añade la cuestionable interpretación que ha hecho la Corte Suprema en punto a asignarle prevalencia absoluta a los tratados internacionales de derechos humanos sobre la Constitución pues, por más que se hayan incorporado o reconocido constitucionalmente "no derogan artículo alguno de la primera parte", siendo complementarios (entiéndase no opuestos) "a los derechos y garantías por ella reconocidos"[8]. La fuerza constitucional de dicho precepto no puede enervarse a tenor de criterios subjetivos y precisa ser aplicada sin discriminaciones, cualquiera fuera el reproche moral, social o político de la persona enjuiciada.

La instauración de estas nuevas categorías jurídicas, si bien responden a la realización de la dignidad de la persona humana, no pueden considerarse opuestas a los derechos individuales reconocidos en el artículo 14 de la Constitución Nacional que también son fundamentales. Porque dos de los objetivos principales que prescribe el Preámbulo constitucional consisten en afianzar la justicia y asegurar la paz interior, lo que conduce a interpretar que el sistema, en comparación con otros preceptos y en su conjunto, debe procurar el equilibrio y armonía de los derechos antes que una lucha o confrontación que oponga lo público a lo privado, lo colectivo a lo individual. No creemos, por tanto, que el eje del derecho administrativo pase ahora por dejar de lado la defensa de las libertades y demás derechos de los ciudadanos frente a la autoridad ni tampoco la declinación de la clásica ecuación entre prerrogativas y garantías, sino que los nuevos derechos deben integrarse armónicamente en el sistema, buscando el justo equilibrio entre los distintos intereses que ellos representan.

---

titularidad corresponda a un grupo, categoría o clase de personas vinculadas por una relación jurídica base, y c) derechos individuales homogéneos, entendiéndose por tales los provenientes de origen común. Al comentar dicha normativa, anota FALCÓN que "Si observamos las tres categorías, hallamos en la primera la categoría difusa de la indeterminación; en el segundo caso, nos hallamos frente a las acciones de clase o grupo y, en el tercero, encontramos que se halla originado en causas de origen común, que pueden ser mediatas o inmediatas, pero a medida que se alejan en el tiempo [...] se hacen más remotas, menos homogéneos serán los derechos, limitándose a la acción de responsabilidad civil por los daños efectivamente causados" (*op. cit.,* págs. 360-361).

[7] ALBERTO R. DALLA VÍA, "Comentario al artículo 43 de la Constitución Nacional" en ALBERTO R. DALLA VÍA (Dir.) – ALBERTO M. GARCÍA LEMA (Colab.), *Nuevos derechos y garantías*, Buenos Aires, Rubinzal-Culzoni, 2008, págs. 283-284; una opinión restrictiva sobre el concepto de la legitimación del afectado sostiene RODOLFO C. BARRA, "La legitimación para accionar. Una cuestión constitucional", en *Temas de derecho público*, Buenos Aires, Rap, 2008, págs. 43 y ss.

[8] Vid. HORACIO A. GARCÍA BELSUNCE, "Los tratados internacionales de derechos humanos y la Constitución Nacional", Buenos Aires, Separata de la Academia Nacional de Ciencias Morales y Políticas, 2006, págs. 5 y ss.

La ecuación no pasa por oponer los derechos colectivos a los derechos individuales como se ha propiciado[9] pues, en el fondo, se potenciaría una lucha entre ciertos grupos sociales organizados contra las empresas o los ciudadanos individualmente considerados cuando la función del Estado es la de afianzar la justicia sin discriminaciones ni supremacías de un sector sobre otro.

En otro sentido, se habla de una "mudanza paradigmática" en cuanto hay que tener en cuenta la separación de las clásicas funciones de la Administración —en lo que respecta a la restricción de los derechos individuales y al mantenimiento del orden público— con las acciones positivas que demandan un papel más activo de la Administración como prestadora de servicios ya sea en forma directa o mediante la gestión de particulares que colaboran en las distintas prestaciones públicas[10]. Este proceso suscita un conjunto variado de problemas que van desde el tipo de derecho aplicable a la relación jurídica hasta la determinación de la jurisdicción competente para entender en los conflictos que se susciten.

Un problema adicional está representado por la transformación de la justicia administrativa en un proceso objetivo con responsabilidades, a cargo de particulares, basadas en el riesgo o incluso en la actividad lícita, tal como se ha legislado en materia ambiental (ley 25.675, art. 27)[11].

Otro problema no menor, que no ha sido previsto en la Constitución ni en las leyes, radica en los efectos *erga omnes* que algunos precedentes atribuyen a las sentencias en procesos colectivos en los que no ha habido intervención de terceros. En tal sentido, una parte de la doctrina ha postulado (para supuestos en que existan numerosos actores con pretensiones de objeto similar y coincidentes) la instrumentación de las *class actions* del derecho norteamericano[12], figura que, aparte de englobar necesariamente derechos que no son de incidencia colectiva (por ejemplo, una acción de resarcimiento de las víctimas de un siniestro donde múltiples actores pretenden la satisfacción de sus derechos patrimoniales) requiere la adopción de un proceso adaptado a la realidad vernácula para evitar eventuales abusos que podrían generarse. A su vez, corresponde diferenciar —como hace FALCÓN[13]— el *litis consorcio* de una

---

[9] Sintetizada en la fórmula "derechos vs. derechos", véase: CARLOS BALBÍN, *Curso de derecho administrativo*, Buenos Aires, La Ley, 2007, págs. 95-98.

[10] ROMEU FELIPE BACELLAR FILHO, "Direito público e direito privado: panorama actual da doctrina e establecimiento de pontos de contacto", en XXXIII Jornadas Nacionales de Derecho Administrativo, Buenos Aires, RAP, año XXIX-348, 2007, págs. 345-346.

[11] Norma que, en cuanto impone un sacrificio especial sin indemnización, conculca el principio contenido en el art. 17 de la Const. Nal.

[12] JUAN VICENTE SOLA, *Los derechos de incidencia colectiva*, Buenos Aires, Separata de la Academia Nacional de Ciencias Morales y Políticas, 2007, págs. 5 y ss.

[13] FALCÓN (*Tratado de derecho procesal civil y comercial*, t. I, cit., págs. 345-347) advierte acerca de la necesidad de "encontrar equilibrio y de ejercer mesura en el tratamiento de

eventual acción de clase en el sentido de que mientras en el primero se trata de un proceso cerrado, la segunda constituye un proceso abierto a un número indeterminado de actores que se unifican *ope legis* (aunque la iniciativa tenga origen voluntario) en virtud de un procedimiento estatal preestablecido.

En rigor, la metodología que se ha empleado es bastante defectuosa pues después de una extensa enunciación de principios y derechos de distinta gama (v. gr. la preservación del patrimonio cultural prevista en el art. 42 de la Const. Nal.) termina circunscribiéndolos, fundamentalmente, a tres derechos determinados (el derecho al ambiente sano, a la defensa de la competencia y a los derechos de consumidores y usuarios) conforme al artículo 43 de la Constitución.

La confusión que existe en esta materia viene dada por la circunstancia de que dicho precepto, al incluir esos derechos determinados en la acción judicial de amparo o declaratoria de inconstitucionalidad, extiende la misma protección constitucional, en forma genérica, a los derechos de incidencia colectiva en general (Cont. Nal., art. 43).

Se trata, obviamente, de una técnica constitucional defectuosa ya que mezcla los derechos fundamentales sustantivos de tercera generación con los derechos de incidencia colectiva en general, cuya titularidad puede corresponder —por ejemplo— a un conjunto de propietarios afectados por una medida de policía administrativa.

No es que esté mal la solución que brinda el artículo 43 de la Constitución sino la técnica empleada ya que habría bastado con prescribir que podrán interponer acción de amparo los titulares de derechos de incidencia colectiva en general, cuando se afecten con arbitrariedad e ilegalidad manifiesta los principios, derechos y garantías reconocidas en la Constitución, particularmente en lo relativo a los derechos que protegen el ambiente, a la competencia y a consumidores y usuarios.

2. LA PROTECCIÓN AMBIENTAL Y EL DERECHO A UN AMBIENTE SANO

La cuestión ambiental ha nacido envuelta en una de las grandes paradojas de nuestro tiempo en la que subyace la pretensión del hombre de transformar la naturaleza en aras de un determinado crecimiento económico-social. Es así que cuando los progresos operados en el campo de la ciencia y de las tecnologías aplicadas han alcanzado un nivel tan extraordinario de progreso (en relación con el estado de la ciencia a comienzos de siglo) resulta paradojal, que simultáneamente, se haya gestado y desarrollado el más grande proceso de degradación del ambiente.

---

casos en los que la parte, representante de la clase, se atribuye por sí misma esa calidad al margen de los procedimientos clásicos de apoderamiento para actuar en juicio" (*op. cit.,* t. I, pág. 359).

No se trata de suponer que antes de ahora no hayan ocurrido degradaciones ambientales y, en este sentido, las ciudades antiguas no fueron un modelo en la materia, al no existir políticas tendientes a proteger los bienes y recursos naturales. Pero es evidente que la magnitud de los daños era entonces mucho menor ante la ausencia de industrias de gran escala contaminantes del ambiente.

El actual proceso de deterioro obedece a varios factores, que, al combinarse, han generado la situación que padecen, con mayor o menor magnitud, todos los países del mundo. Uno de ellos radica en el hecho de que si todo desarrollo industrial provoca siempre algún daño al ambiente la disyuntiva política (desarrollo económico vs. preservación ambiental) resulta difícil de resolver y generalmente se inclinó por la opción desarrollista, afectando la calidad de vida de la futura población. En segundo lugar, hay que tener en cuenta la propia naturaleza de los bienes y recursos naturales (muchos de ellos no renovables) que sufren daño a raíz, principalmente, de las actividades industriales o de una masiva utilización, por los particulares, de los instrumentos y productos que fabrican las empresas. El problema que aquí se plantea es la complejidad y el alto costo de las operaciones de recuperación o saneamiento, a lo que se une, todavía, el tiempo que a veces ello demanda (v. gr. limpieza y saneamiento de un curso de agua). Y, por último, otro de los factores significativos que han conducido al actual deterioro del ambiente es, indudablemente, la inexistencia de una política ambiental en los Estados y, en algunos casos, la ausencia de medidas administrativas de aplicación y ejecución de las normas vigentes. Este vacío, que fue reemplazado por una anarquía sin precedentes, donde cada individuo se convirtió en un sujeto impune del daño a la naturaleza, es el que vino a cubrir el moderno derecho ambiental, disciplina especial del derecho cuyos principales ingredientes lo proporcionan diversas instituciones del derecho público (principalmente el derecho administrativo y el derecho penal) y el derecho civil (en materia de responsabilidad ambiental).

Para complicar aún más el análisis de este panorama irrumpió, en el centro del debate, la cuestión ideológica, ya que no faltaron sectores que atribuyeron (y aún hoy lo hacen) la responsabilidad por la degradación del ambiente al sistema capitalista. Sin embargo, el deterioro ambiental ha corrido parejo y en ciertos casos ha sido más intenso en aquellos países donde gobernó el socialismo (v. gr. el accidente de Chernobyl) lo cual demuestra que la agresión al ambiente no es el efecto de un sistema determinado sino de la imprevisión, impericia y falta de solidaridad. En suma, el Estado, como comunidad superior que es, no supo ver ni advertir la magnitud del problema que se estaba generando en el ambiente.

El proceso de deterioro descrito, después de alcanzar su punto culminante, ha comenzado a detenerse dando origen a un proceso de signo inverso que procura el saneamiento del ambiente, tanto con medidas positivas tendientes a restablecer la situación de los bienes y recursos dañados como mediante políticas preventivas que estimulan la realización de actividades de conservación de los recursos naturales. Hoy, vinculando la protección del ambiente al crecimiento económico, se habla de un nuevo concepto: el desarrollo sostenible[14].

Al convocarse a los juristas se abre paso, con algunas reservas en el inicio y una aceptación bastante generalizada después, a una nueva disciplina jurídica: el derecho ambiental. Su existencia puede ser discutida, a la luz de la conocida concepción de la autonomía científica, en tanto, si bien posee un objeto y un fin propios, carece de una metodología y sustantividad de principios verdaderamente diferenciados de los existentes en las distintas ramas del derecho de las que se nutre (constitucional, administrativo, penal y civil). Pero, es evidente que hasta el propio concepto de autonomía es acientífico y relativo, no pudiendo desconocerse que el derecho ambiental constituye una nueva realidad. En tal sentido, el derecho ambiental se configura como un derecho especial[15] con una relativa autonomía en el campo de la interpretación, cuya especificidad requiere llevar a cabo una tarea de armonización entre los fines y objetivos ambientales con las técnicas y principios propios de cada disciplina jurídica.

Hay quienes creen que una de las características singulares que posee el derecho ambiental es su naturaleza multidisciplinaria[16] (en lo que excede al derecho). Esta opinión implica confundir la ciencia jurídica que se ocupa del ambiente con el fenómeno o problemática ambiental, que siempre demanda la estrecha colaboración entre técnicos y juristas para modelar el sistema normativo. Una consecuencia extrema que deriva de esa creencia ha llevado muchas veces a los técnicos a prescindir de los juristas en la elaboración de las recetas normativas, lo que entraña grave peligro para la seguridad jurídica.

A) *Las nuevas cláusulas constitucionales*

Se ha dicho que la protección del medio ambiente tiene dos sentidos[17]. De una parte, la configuración de la política ambiental con sus contenidos sectoriales y diferentes técnicas; de otra, traduce un sentido más general y teleológico

---

[14] Sobre el punto, ver CARLOS ALFREDO BOTASSI, *Derecho administrativo ambiental*, La Plata, Librería Editora Platense, 1997, págs. 33-36.

[15] Cfr. EDUARDO PIGRETTI (*Derecho ambiental*, Buenos Aires, Depalma, 1993, pág. 52) afirma que "el nuevo derecho ambiental constituye una especialidad que se nutre de diversas ramas del conocimiento jurídico", A su vez, BUSTAMANTE ALSINA sostiene que se trata de una nueva rama que forma parte del conjunto del derecho pero cuya unidad de problemática y características específicas permiten hablar de una identidad propia dentro de los sistemas jurídicos ("Responsabilidad civil por daño ambiental", La Ley, 1994-C, 1052).

[16] SILVIA JAQUENOD DE ZSOGON, *El derecho ambiental y sus principios rectores*, Madrid, Dykinson, 1991, pág. 350.

[17] RAMÓN FERNANDO LÓPEZ, en el *Tratado de derecho comunitario*, dirigido por GARCIA DE ENTERRIA, GONZÁLEZ CAMPOS y MUÑOZ MACHADO, t. III, Madrid, Civitas, 1986, pág. 503.

que hace que la finalidad tuitiva del ambiente se infiltre en todas las actividades públicas o privadas, lo cual plantea una serie de problemas interpretativos, como es el relativo a la jerarquía y dimensión de peso de otros valores y principios frente a los que informan la protección ambiental.

En Argentina, a partir de la reforma constitucional de 1994, el análisis de la problemática jurídica ambiental tiene su punto de partida en el artículo 41 de la Constitución Nacional, sin perjuicio de la legislación que complementa dicha norma básica, la cual prescribe:

"Todos los habitantes gozan del derecho a un ambiente sano, equilibrado, apto para el desarrollo humano y para que las actividades productivas satisfagan las necesidades presentes sin comprometer las de las generaciones futuras; y tienen el deber de preservarlo. El daño ambiental generará prioritariamente la obligación de recomponer, según lo establezca la ley. Las autoridades proveerán a la protección de este derecho, a la utilización racional de los recursos naturales, a la preservación del patrimonio natural y cultural y de la diversidad biológica, y a la información y educación ambientales. Corresponde a la Nación dictar las normas que contengan los presupuestos mínimos de protección, y a las provincias, las necesarias para complementarlas, sin que aquellas alteren las jurisdicciones locales. Se prohíbe el ingreso al territorio nacional de residuos actual o potencialmente peligrosos, y de los radiactivos".

Al efectuar la disección constitucional lo primero que se advierte es la configuración de un derecho ambiental (derecho a un ambiente sano, equilibrado, etc.) a favor de todos los habitantes. Es obvio que este derecho, al igual que los consagrados en el artículo 14 de la Constitución, se encuentra sometido a las leyes que reglamentan un ejercicio (salvo que tuviera operatividad *per se*) y si bien, conforme a una reiterada doctrina y a la jurisprudencia de nuestro más alto tribunal, no se conciben los derechos absolutos, la ley, al reglamentar los derechos constitucionales, no puede degradarlos ni alterar su esencia (Const. Nal., art. 28).

Con todo, no puede hablarse de una fórmula meramente declarativa, carente de efectos en el plano de la realidad jurídica, ya que su eficacia opera y se proyecta desde diversos ángulos al centro de la problemática jurídica en cuanto:

a) Informa el ordenamiento jurídico al cual penetra como factor determinante en materia interpretativa respecto de la legislación, reglamentos y actos administrativos.

b) Su violación habilita la impugnación de aquellas leyes o actos de la Administración (de contenido general o individual) que cercenen el derecho al ambiente sano, equilibrado, etcétera.

c) Genera la responsabilidad estatal por las conductas lesivas del derecho ambiental que ocasionen daños a las personas.

d) Amplía el círculo de los legitimados para promover la acción de amparo, al incluir al defensor del pueblo y a las asociaciones de defensa ambiental registradas conforme a la ley (la cual determina los requisitos y las formas de su organización)[18].

B) *El núcleo del derecho ambiental*

Del análisis del precepto constitucional se desprende que el núcleo del derecho ambiental se configura por dos circunstancias:

a) El derecho a un ambiente sano, equilibrado, apto para el desarrollo humano. Mientras la primera parte se asemeja a la fórmula existente en la Constitución de Portugal (art. 66.1) la última guarda similitud con el precepto contenido en el artículo 45 de la Constitución Española de 1978.

b) Que las actividades productivas satisfagan las necesidades presentes sin comprometer las de las generaciones futuras. Se trata de una cláusula excesivamente genérica ya que el criterio rector para regir la trascendencia de una actividad productiva en el futuro no puede ser otro que la configuración del daño ambiental, el cual requiere de una doble valoración: incidencia actual y proyección futura.

C) *El deber legal de preservación del ambiente. Prohibiciones*

La norma constitucional también prescribe el deber de preservar el medio ambiente a cargo de todos los habitantes. Si bien esta cláusula no permite determinar por sí misma los sujetos obligados —pues como todo deber, en sentido estricto, opera en dirección genérica[19]— el precepto constituye la norma de habilitación de la competencia del Congreso para reglamentar dicho deber.

Correlativamente, el citado artículo 41 de la Constitución impone a las autoridades una serie de deberes: 1) la utilización racional de los recursos naturales (al igual que la Constitución Española, art. 45); 2) la preservación del patrimonio natural, cultural y de la diversidad biológica; 3) la información[20], lo que contribuye a favorecer la participación ciudadana[21], y 4) la educación ambiental.

---

[18] Const. Nal., art. 43, parte 2ª.

[19] GARCÍA DE ENTERRIA - FERNÁNDEZ, *Curso de derecho administrativo*, t. II, 10ª ed., cit., págs. 31-32.

[20] Para RAMÓN MARTIN MATEO el derecho a la información supone la previa adopción del principio de la transparencia y la paulatina eliminación de los secretos públicos (*Nuevos instrumentos para la tutela ambiental*, Madrid, Trivium, 1994, pág. 163).

[21] Ampliar en GUY BRAIBANT y otros, *Le contrôle de la Administration et le protection des citoyens*, París, 1977.

El incumplimiento de estos deberes puede generar la responsabilidad del Estado y de los funcionarios (en la medida que haya daño) aun cuando las respectivas conductas no fueran directamente exigibles pues, de admitirse la exigibilidad, el particular tendría a su cargo la determinación del contenido del deber, convirtiéndose en legislador.

Al propio tiempo la norma constitucional establece la interdicción de ingresar "al territorio nacional de residuos actual o potencialmente peligrosos y de los radiactivos", cuyas respectivas definiciones corresponden a la legislación ambiental[22].

D) *El daño ambiental y la obligación de recomponer*

En lo que concierne al daño ambiental es advertible que se trata de una fórmula dual[23], comprensiva no solo de los perjuicios que alteran el patrimonio ambiental de la comunidad sino de aquellos daños que afectan los derechos de las personas. Vamos a ver, al abordar específicamente el tema de la legitimación procesal, cómo la protección de los intereses públicos se halla atribuida a sujetos que no ejercen la representación o defensa de intereses privados de carácter personal sino de los intereses de la comunidad, en su conjunto, en aquellas ocasiones en que los daños recaen sobre el patrimonio ambiental común.

El criterio para determinar cuándo se está en presencia de un daño ambiental es eminentemente técnico y no puede ser cubierto con interpretaciones subjetivas ni discrecionales[24].

Como se ha visto, el artículo 41 de la Constitución Nacional reformada en 1994 introduce un precepto que, si bien consagra, prioritariamente, la obligación de recomponer el daño ambiental, reserva a la ley el contenido y las formas que configura dicha obligación, dirigida fundamentalmente a los particulares causantes del daño[25], sin desplazar la responsabilidad que pudiera caberle al Estado por aplicación de los principios generales que fundamentan la reparación patrimonial.

Hay que advertir, asimismo, que la cláusula constitucional asigna un rango de prioridad a la recomposición del ambiente por sobre la indemnización

---

[22] Ley 24.051 (Adla, LII-A, 52).

[23] Cfr. Bustamante Alsina, *Responsabilidad civil...*, cit., pág. 3.

[24] La jurisprudencia ha señalado que no todo daño a la naturaleza comporta un daño antijurídico y que resulta necesario compatibilizar o acomodar la protección del ambiente con otros bienes igualmente valiosos (v. gr. necesidades de comunicación) para la comunidad (en el caso "Louzan, Carlos c/Ministerio de Economía s/acción de amparo", resuelto por la sala I de la Cámara Federal de San Martín, con fecha 26/7/93, publicado en ED 156-59).

[25] Guido Santiago Tawil, "La cláusula ambiental en la Constitución Nacional", ED diario del 15/5/95, pág. 8.

pecuniaria[26], la que no se encuentra referida de modo expreso en el citado artículo 41 de la Constitución.

En este sentido, el criterio de la ley que reglamente la obligación de recomponer no comprende, necesariamente, la restitución de las cosas al estado anterior (como lo prescribe el art. 1740 del CCyCN), sino aquellas medidas razonablemente sustitutivas o equivalentes que tiendan a la recomposición, aunque al menos sea progresiva, del daño ambiental común (v. gr. plantación de árboles en nuevas autopistas) o en acciones antipolutorias que hagan que los daños anormales que sufren los habitantes se transformen en molestias consideradas normales, dentro de los límites de contaminación que determine la legislación.

Ahora bien, partiendo de la metodología esbozada al comienzo de este punto acerca del alcance del precepto constitucional, hay que distinguir entre la responsabilidad por daños ambientales comunes o colectivos y la proveniente de los daños que afectan los derechos individuales de las personas, para poder después determinar el grado de legitimación para accionar que poseen los diferentes sujetos involucrados.

Mientras la responsabilidad por daño ambiental común —que genera prioritariamente la obligación de recomponer— queda subordinada a la ley especial que se dicte en el futuro, la emergente de los perjuicios que recaen sobre el patrimonio de las personas individualmente afectadas se rige por las reglas de responsabilidad prescritas en el Código Civil (salvo que se dictase una ley especial para regular la materia).

En este ámbito de la responsabilidad se ha reconocido la insuficiencia del precepto contenido en el artículo 1973 del Código Civil y Comercio de la Nación para resolver los problemas que derivan del impacto ambiental, al circunscribirse a los vecinos contiguos a los inmuebles causantes del daño[27], por cuya causa la tutela se encuentra regulada por las normas generales que reglamentan la responsabilidad civil[28].

En correspondencia con esa línea que, en lo sustancial, compartimos, la cuestión de la responsabilidad por los daños ambientales causados (de rebote o *par ricochet*) al patrimonio privado se rige por las reglas inherentes a la responsabilidad por riesgo o vicio de la cosa (art. 1113 del Cód. Civil de VÉLEZ SARSFIELD y art. 1757 del nuevo CCyCN)[29], conforme al cual el dueño de la cosa solo se libera probando la inexistencia o interrupción del nexo causal

---

[26] BELTRÁN GAMBIER - DANIEL LAGO, "El medio ambiente y su reciente recepción constitucional", Separata Rev. ED, "Temas de Derecho Constitucional", Buenos Aires, 1995, pág. 27.

[27] BUSTAMANTE ALSINA, *Responsabilidad civil...*, cit., pág. 3.

[28] STIGLITZ, *Responsabilidad civil por contaminación del medio ambiente*, La Ley, 1983-A, 783.

[29] Cfr. BUSTAMANTE ALSINA, *Responsabilidad civil...*, cit., pág. 3.

entre el daño y el riesgo. A nuestro juicio, quedan fuera del ámbito de la responsabilidad por daño ambiental aquellos perjuicios que ocasionan diversos
elementos (humo, calor, olores, luminosidad, ruidos, etc.) que la legislación
o autoridad administrativa competente consideren normales, o bien, que no
excedan la "normal tolerancia"[30].

E) *El amparo ambiental*

La acción de amparo, después de la reforma constitucional, ha quedado
configurada como una alternativa[31] para restablecer los derechos y garantías
constitucionales violados con arbitrariedad o ilegalidad manifiesta, que solo
puede ser desplazada por otros remedios más rápidos y expeditos y no por el
juicio ordinario, dado que este último no es idóneo para alcanzar la celeridad
que precisa este proceso y hacer que la tutela judicial sea realmente efectiva.

El nuevo artículo 43 de la Constitución amplía, por una parte, la legitimación pasiva, al instituir el amparo constitucional contra actos y omisiones
provenientes de los particulares y, por la otra, también la legitimación activa,
al prescribir la figura del amparo colectivo acordando, en tales supuestos,
capacidad para ser parte en los procesos a las asociaciones que persiguen fines de interés público (registradas conforme a la ley)[32] y al defensor del pueblo.

Y si bien la cláusula constitucional permite interponer esta acción a toda
persona (Const. Nal., art. 43, parte 1ª), el segundo apartado de dicho precepto
exige como requisito, para el acceso al proceso de amparo individual, que se
trate de un afectado, es decir, de una persona[33] que haya sufrido una lesión
sobre sus intereses personales y directos, por lo que no cabe interpretar que la
norma ha consagrado una suerte de acción popular ni que, salvo los supuestos
de excepción contemplados (defensor del pueblo y asociaciones de interés público) la cláusula permita la legitimación de los intereses difusos o colectivos
en cabeza de los particulares[34].

---

[30] CCyCN, art. 1973.

[31] LINO ENRIQUE PALACIO, "La pretensión de amparo en la reforma constitucional de 1994",
en Separata de Anales de la Academia Nacional de Derecho y Ciencias Sociales de Buenos
Aires, Buenos Aires, 1995, págs. 11-12; AUGUSTO M. MORELLO, "El amparo después de la
reforma constitucional", en Separata de Anales de la Academia, cit., págs. 11-12; un criterio
más restringido han sostenido: NÉSTOR P. SAGÜÉS, "Amparo, *hábeas data* y *hábeas corpus* en
la reforma constitucional", La Ley, 1994-D, 1151 y RODOLFO C. BARRA, "La acción de amparo
en la Constitución reformada: la legitimación para accionar", La Ley, 1994-E, 1087.

[32] Es la solución que propicia MARTIN MATEO, para el derecho español (*op. cit.*, pág. 31).

[33] Véase: BARRA, "La acción de amparo en la Constitución reformada", cit., esp. pág.
1043 y ss.

[34] La doctrina ha señalado, con acierto, que de la configuración de un deber genérico no
resulta posible deducir la existencia "de un derecho subjetivo a favor de cualquier habitan-

A lo que tiende el amparo individual, aun tratándose de daños ambientales, no es precisamente a la tutela de los derechos colectivos sino de los derechos subjetivos de las personas y de sus intereses siempre que impliquen un grado de afectación personal y directa.

En una tendencia compatible con nuestra interpretación se ha entendido[35], siguiendo a un sector de la doctrina española[36], que la legitimación que acuerda el artículo 43 de la Constitución Nacional a los afectados por daños ambientales se configura cuando se lesiona el llamado "ámbito o círculo vital" de las personas, el cual "viene determinado por una relación de proximidad física, esto es, por una vinculación derivada de la localización especial y no de la pertenencia a una jurisdicción política"[37].

La jurisprudencia existente antes de la reforma constitucional venía exigiendo que, para poner en marcha el control judicial a través de la acción de amparo, resultaba necesario que el obrar administrativo provocase la lesión de un interés individualizado a quien se encuentra personal y directamente perjudicado[38].

Con posterioridad a la reforma, la sala III de la Cámara Nacional de Apelaciones en lo Contencioso Administrativo Federal, en el caso *Schroder*[39], reconoció legitimación para promover el amparo, en su calidad de afectado, al titular de un interés personal, emergente de su calidad de vecino de una localidad de la Provincia de Buenos Aires, a fin de que se decretase la nulidad de un concurso público a que se había llamado para la selección de proyectos de plantas de tratamiento de residuos peligrosos. En tal sentido si bien el fallo no circunscribe el concepto de vecino a unos límites geográficos determinados, lo cierto es que, como lo expresa el decisorio, esa calidad no había sido controvertida por la autoridad administrativa demandada, circunstancia, esta última, que permitió extender la protección constitucional a una pretensión anulatoria tendiente a paralizar un mero proceso de selección sin localización predeterminada.

---

te". Cfr. CARLOS M. GRECCO, "Ensayo preliminar sobre los denominados intereses difusos o colectivos", La Ley, 1984-B, 877.

[35] GAMBIER y LAGO, *El medio ambiente...*, cit., pág. 32.

[36] GARCIA DE ENTERRIA - FERNÁNDEZ, *Curso de derecho administrativo*, t. II, Madrid, 1991, págs. 52 y ss.; y BARRA, *op. cit.*, pág. 805.

[37] GAMBIER y LAGO, *El medio ambiente...*, cit. pág. 32.

[38] Cfr. sala I de la Cámara Nacional de Apelaciones en lo Contencioso Administrativo Federal, *in re*: Pardo, Cecilia c/ Poder Ejecutivo Nacional s/ amparo" de fecha 2 de abril de 1993; "González Gass, Gabriela y otros c./ Estado nacional s/ amparo" de fecha 29 de septiembre de 1992, entre otros.

[39] *Schroder, Juan c. Estado nacional (Sec. de Recursos Naturales y Ambiente Humano) s/ amparo*, sent. de 8 septiembre 1994, La Ley, 1994-E, 449.

Con independencia de las circunstancias del caso, relativas a las motivaciones que perseguía el actor como dirigente político, lo cierto es que no puede extraerse de dicho fallo la conclusión que admitió una amplia legitimación ni menos que incluya dentro del círculo de los afectados a los titulares de intereses simples o difusos.

El amparo ambiental constituye una vía procesal de excepción lo cual no implica que se exija —para su promoción— el agotamiento de las instancias administrativas[40] como ha sido propugnado en la doctrina[41] y en la jurisprudencia[42]. Ello es así por cuanto frente a una ley o un acto que adolecen de arbitrariedad e ilegalidad manifiestas y la necesidad de restablecer rápidamente los derechos o garantías constitucionales conculcados, pierde trascendencia el requisito de la idoneidad de la vía administrativa previo a la acción judicial[43], máxime cuando del texto artículo 43 de la Constitución no se desprende dicha exigencia que, por lo demás, es siempre difícil de acreditar pese a que la Administración, prácticamente, no suele resolver favorablemente los recursos o reclamos administrativos.

F) *Competencia en materia ambiental*

El artículo 41 de la Constitución estatuye que "corresponde a la Nación dictar las normas que contengan los presupuestos mínimos de protección y a las provincias, las necesarias para complementarlas, sin que aquéllas alteren las jurisdicciones locales"[44].

Con anterioridad a la reforma constitucional, la doctrina[45] había interpretado que en lo concerniente a la jurisdicción en materia ambiental las facultades ente la Nación y las provincias eran concurrentes, con fundamento en lo preceptuado en la cláusula de bienestar que contenía la Constitución (inc. 16, art. 67).

Pero, a partir de la reforma constitucional de 1994, el artículo 41 consagra un nuevo principio[46], al asignar competencia específica y privativa al Congre-

---

[40] GELLI, *Constitución de la Nación Argentina. Anotada y comentada*, t. II, 4ª ed., cit., pág. 611 y ALFONSO BUTELER (*El amparo contra actos administrativos*, Buenos Aires, Abeledo Perrot, 2012, págs. 203-211) apunta, con razón, que el requisito del agotamiento de las instancias administrativas no se requirió en el caso *Siri*, que abrió el camino a este remedio excepcional.

[41] JORGE H. SARMIENTO GARCÍA – JAVIER URRUTIGOITY, "Cuestiones sobre el amparo", en JUAN CARLOS CASSAGNE (Dir.), *Tratado general de derecho procesal administrativo*, t. II, Buenos Aires, La Ley, 2011, págs. 497-499.

[42] Fallos 326:1614 (2003*), in re, Algodonera San Nicolás*, entre otros.

[43] Fallos 328:1708 (2005); 328:4846 (2005) y 330:4647 (2007).

[44] Const. Nal., art. 41.

[45] MIGUEL S. MARIENHOFF, *Expropiación y urbanismo*, La Ley, 1981-C, 910 y ss.

[46] GAMBIER y LAGO, *El medio ambiente...*, cit., pág. 28.

so Nacional para regular los presupuestos mínimos de protección ambiental, dejando a las provincias el dictado de la legislación complementaria.

Esta norma, teniendo en cuenta la supremacía constitucional que impone el artículo 31, atribuye una superior jerarquía a la legislación básica que dicte la Nación sobre la legislación complementaria que sancionen las provincias, lo cual configura una típica reserva legal. Lo novedoso del precepto a la luz de nuestro sistema constitucional, es la atribución de una suerte de poder legislativo complementario a las provincias para reglamentar la legislación básica nacional, cuyo marco normativo y principios no pueden ser alterados por las leyes provinciales.

De otra parte, la cláusula estatuye que la competencia de la Nación debe ejercerse sin alterar "las jurisdicciones locales", es decir, sin que la legislación básica avance sobre las facultades de los órganos provinciales para fiscalizar y aplicar la legislación ambiental que dictan las provincias.

3. EL PRINCIPIO PROTECTORIO DE LA COMPETENCIA

El análisis sobre este principio, llevado a cabo por la doctrina, resulta parcial, como consecuencia de que el enfoque se hace desde la perspectiva de la protección de los derechos de los consumidores y usuarios, a los que se considera en condiciones de debilidad económica frente a las empresas comerciales e industriales. Es obvio que el alcance de este principio es mucho mayor en cuanto comprende las relaciones entre las diferentes personas y empresas que participen en el circuito económico de la producción y distribución de bienes y servicios e, incluso, las relaciones con el Estado cuando este conculca el principio de la competencia mediante leyes, reglamentos o actos administrativos.

Lo que se protege con este principio es la libre competencia en el mercado, lo que tiene estrecha relación con los intercambios de bienes y servicios que se llevan a cabo en el plano nacional e internacional. El mercado es el lugar en el que se produce naturalmente el juego de la oferta y la demanda que determina el precio de los bienes y servicios y, al determinar la rentabilidad de los productores y prestatarios, contribuye al crecimiento económico de cualquier país y a la sustentabilidad del Estado, cuyos principales contribuyentes se sitúan en el campo de la producción industrial, comercial, agropecuaria o minera.

Hay, pues, una razón de bien común para defender el principio de la libre competencia que es la base sobre la que se asienta la economía social de mercado, propia del Estado subsidiario.

Cuando la economía es auténticamente libre no debería haber, como práctica generalizada, confrontaciones permanentes entre el interés de los productores con el de los consumidores y cualquier sistema basado en el capitalismo buscaría el equilibrio y la armonía social, evitando los conflictos colectivos. Esto no es algo utópico sino lo que acontece en las democracias bien organizadas cuyos gobiernos no abdican de la misión de impedir las distorsiones, excesos y abusos que se producen marginalmente en el mercado, mediante la aplicación de instrumentos legales que sancionan conductas distorsivas de la competencia o los abusos de las posiciones dominantes[47].

La función del Estado varía cuando el mercado se encuentra regulado, sea por tratarse de un monopolio estatal, de un mercado imperfecto con privilegios de exclusividad que, fundamentalmente, satisfacen necesidades básicas de la población (los servicios públicos), o bien, cuando las características singulares de la producción hacen necesaria la regulación por la excesiva o deficiente oferta que se genera, en forma permanente, en determinados mercados en los que el equilibrio resultante de la oferta y demanda es difícil de alcanzar por las características económicas de tiempo y lugar, el diferente rendimiento zonal y las fluctuaciones del comercio internacional (el caso más típico se encuentra en el mercado azucarero). La política regulatoria, para ser eficiente, debe inclinar las prestaciones hacia la competencia efectiva, incluso mediante su simulación o creación por el Estado cuando la competencia no existe[48].

Mientras los precios o tarifas en un mercado regulado los fija, en principio, el Estado, en el sistema de libre mercado no tienen cabida los controles de precios por cuanto ellos afectan las bases de la competencia y terminan dando señales artificiales a la economía que distorsionan los mercados, produciendo efectos nocivos para los consumidores y usuarios que resultan siempre los mayores perjudicados en los procesos inflacionarios y recesivos a que conducen las medidas e instrumentos de aplicación cargados, por lo común, de arbitrariedad y procedimientos contrarios a los principios que informan el Estado de derecho.

La Ley de Defensa de la Competencia[49] prohíbe el abuso de posición dominante, habiéndose entendido por la jurisprudencia de la Corte Suprema que la exportación de una parte significativa de la producción de gas licuado a un precio sensiblemente menor al que se vendía en el mercado interno implicaba una conducta que encajaba en la figura de abuso de posición dominante, máxime cuando existía una cláusula que prohibía la reimportación del producto. Según el Alto Tribunal, la conducta enjuiciada tenía la finalidad de mantener deprimida la oferta nacional, asegurando el mantenimiento de un nivel determinado de precios en perjuicio de los consumidores locales[50].

---

[47] En nuestro país se encuentra vigente la ley 25.156 que tipifica conductas lesivas del principio de libre competencia.

[48] DANIEL M. NALLAR, *Regulación y control de los servicios públicos*, Marcial Pons, Buenos Aires, 2010, págs. 435-437.

[49] Ley 26.156, arts. 1°, 4° y 5°.

[50] CSJN, *YPF SA*, Fallos, 325:1702, sent. de 2/7/2002.

4. LOS DERECHOS DE CONSUMIDORES Y USUARIOS

Del juego de los artículos 42 y 43 se desprende, con una técnica defectuosa, un conjunto de derechos que hacen a la protección de consumidores y usuarios. Ante todo, corresponde deslindar ambas categorías dado que si bien tienen aspectos protectorios comunes, los usuarios, en tanto integran el sector que recibe prestaciones que satisfacen sus necesidades básicas tienen mayor protección de sus derechos e intereses.

Interesa precisar que los derechos de los consumidores se circunscriben a la relación de consumo, limitándose, por tanto, al vínculo jurídico entre el fabricante o proveedor y el consumidor[51] y por esa razón, el artículo 43 de la Constitución acuerda acción al "afectado" en la relación de consumo como titular de un derecho subjetivo divisible y determinado. En cambio, cuando se trata de derechos e intereses colectivos la protección judicial de los consumidores debe llevarse a cabo por medio de una legitimación anómala o extraordinaria que la Constitución pone en cabeza del defensor del pueblo o de las asociaciones que propendan a la defensa del principio de no discriminación, el medio ambiente, la competencia y los derechos de los consumidores y usuarios (Const. Nal., art. 43).

El usuario es el titular de una relación de servicio público que se singulariza en el vínculo jurídico que lo une al prestador del servicio cuyo objeto son derechos y obligaciones recíprocas. La característica de esta relación, cuando el servicio público es gestionado por una empresa privada, por medio de una concesión o de una figura similar o análoga exhibe algunas peculiaridades. En rigor, hay dos planos de relaciones jurídicas, en ambos casos de naturaleza contractual. En el primero, la vinculación que une al concesionario con el concedente es de derecho público, administrativo en la especie. En el segundo plano, la relación se encuentra, primordialmente, regida por el derecho privado[52] sin perjuicio de la aplicación directa, subsidiaria o analógica de las normas y principios del derecho administrativo (por ejemplo, si el particular cuestiona la procedencia o ejercicio de alguna prerrogativa de poder público). Cabe advertir que esta clase de relaciones se caracteriza por la constante interferencia

---

[51] Ley 26.361, art. 3º que, en forma incorrecta, denomina relación de consumo al vínculo jurídico que se entabla en una relación de servicio público que, aunque contractual, se rige por otro régimen (v. gr. caracterizado por los poderes exorbitantes).

[52] MARIENHOFF (*Tratado de derecho administrativo*, t. II, cit., págs. 108 y 168-173, considera que las relaciones jurídicas entre el concesionario y los usuarios se rigen, cuando el servicio público es de utilización facultativa y la relación es contractual, por el derecho privado. En cambio, si la relación es reglamentaria (p. e. la enseñanza primaria a cargo del Estado), ella se rige por el derecho administrativo; vid también una opinión en el mismo sentido en nuestro *Curso de derecho administrativo*, t. II, 10ª ed., Buenos Aires, La Ley, 2011, pág. 125.

del poder reglamentario sobre la relación jurídica entre el concesionario y los usuarios del servicio público. A su vez, el concepto de usuario no puede limitarse al usuario actual sino que el concepto protectorio debe comprender al usuario potencial o futuro sobre la base de criterios de equidad intergeneracional[53].

Los usuarios gozan de todos los derechos que prescriben los artículos 42 y 43 de la Constitución a favor de los consumidores pero su *status* constitucional se amplía a raíz del reconocimiento de nuevos derechos como son el derecho a la calidad y eficiencia del servicio público, el de contar con un marco regulatorio adecuado y el de participación en los organismos de control por medio de asociaciones que los representan (Const. Nal., art. 42). Si bien el precepto constitucional hace referencia al derecho de los usuarios y consumidores a constituir asociaciones que los representen, esta disposición constitucional es redundante por cuanto se trata del mismo derecho de asociación reconocido a favor de todos los habitantes de la república.

Corresponde puntualizar que los derechos comunes de los consumidores y usuarios no se limitan a los aspectos patrimoniales de la relación de consumo o de servicio público que los une con el proveedor o prestatario en cada caso sino que comprenden otros derechos que integran el círculo de intereses protegidos, a saber: a) la protección de la salud y de la seguridad; b) la información adecuada y veraz; c) la libertad de elección, y d) la equidad y dignidad en las condiciones de trato (Const. Nal., art. 42).

Del precepto contenido en el artículo 42 de la Constitución se desprende el deber de las autoridades de proveer a la educación del consumidor sin determinar, empero, cuáles son las autoridades competentes ni el alcance de las acciones que se deben cumplir que, si bien puede parecer que entraña algún beneficio para los consumidores, en un gobierno autoritario y populista, se convierte en un instrumento tendiente muchas veces a ejercer presiones indebidas sobre los fabricantes, proveedores y prestadores, respectivamente, de bienes y servicios. Esas presiones sobre el mercado son susceptibles de afectar principios y derechos fundamentales como la libertad económica, la competitividad y por tales motivos, la doctrina ha señalado que la educación del consumidor debería propender a: 1) preservar su salud, mediante la difusión acerca de aquellos productos cuya venta se halla prohibida por ser nocivos a la población; 2) controlar la veracidad de la publicidad que realicen los fabricantes, proveedores o prestadores sobre los productos o servicios ofrecidos al mercado a fin de prevenir los eventuales riesgos para la salud; 3) fomentar usos alimentarios que favorezcan la adecuada nutrición y salud de las personas[54]; 4) llevar a cabo programas educacionales —en los diferentes niveles de ense-

---

[53] ESTELA B. SACRISTÁN, *Régimen de las tarifas de los servicios públicos. Aspectos regulatorios, constitucionales y procesales*, Buenos Aires, Ábaco, 2007, págs. 570-572.

[54] Criterio recogido por el art. 60 de la ley 24.240, reformado por la ley 26.361.

ñanza— en los medios de comunicación de la prensa gráfica, de la radio y la televisión, que contribuyan a que los consumidores desarrollen la libertad de elegir, sin favorecer a determinados fabricantes, comerciantes o prestadores[55].

A) *La falsa oposición entre el interés público y el interés particular o privado*

En la doctrina se vienen alzando voces que predican, a propósito de la relación de los usuarios con los prestadores de servicios públicos, una suerte de supremacía absoluta del interés público sobre el interés particular o privado. La sesgada visión que se describe pretende demostrar que los intereses individuales y colectivos de los usuarios que, en su conjunto, representarían el interés social público se hallan en oposición a los intereses de los concesionarios o licenciatarios, e incluso, extraer de este supuesto dogma reglas y técnicas de confrontación, algo que ni siquiera el jurista mayor del régimen nazi (cuya ideología del decisionismo está basada en la confrontación), se hubiera imaginado que iba a proyectarse en este siglo al impulso de colectivismo populista desenfrenado.

A la pregunta de qué es el interés público suele responderse afirmando que es la suma de una mayoría de concretos intereses individuales coincidentes[56] como si fuera una cuestión de suma y resta que pueda desligarse del bien común que constituye el verdadero interés público, es decir, el interés de todos[57] (usuarios actuales y futuros) y no el interés de un grupo por mayoritario que sea. Supongamos, por ejemplo, que una determinada mayoría de usuarios o una asociación que se arroga la representación de un universo de usuarios o incluso, el defensor del pueblo, se opusieran a un aumento (razonable y, por ende, proporcionado) de la tarifa que resulta necesario para hacer inversiones de saneamiento en el servicio de agua potable[58]. De aplicar aquel concepto el supuesto interés público de los usuarios debería prevalecer y las obras —que beneficiarían especialmente a las generaciones futuras— no podrían llevarse a cabo.

En cualquier caso, lo que debe prevalecer es el bien común, en el que encuentran cabida todos los intereses individuales y colectivos y los eventuales conflictos que se produzcan con los usuarios han de resolverse, ya sea por las

---

[55] Cfr. GELLI, *Constitución de la Nación Argentina...*, cit., t. I, págs. 592-593.

[56] GORDILLO, *Tratado de derecho administrativo*, t. 2, 4ª ed., cit., pág. VI-30.

[57] GOLDSCHMIDT, *Introducción filosófica al derecho*, 4ª ed., cit., pág. 385 y GERMÁN J. BIDART CAMPOS, *Derecho político*, 2ª ed., Buenos Aires, Ediar, 1972, pág. 295 y nuestro *Curso de derecho administrativo*, t. I, 10ª ed., Buenos Aires, La Ley, 2011, pág. 12.

[58] El ejemplo del texto no es teórico sino real pues ello ocurrió con el cargo denominado SUMA en la concesión de Aguas Argentinas que pese a ser de poca magnitud motivó la intervención del defensor del pueblo logrando paralizar las obras de saneamiento.

autoridades administrativas o los jueces, dentro de la justicia e incluso con equidad[59].

Al respecto, la doctrina social de la Iglesia en forma invariable, ha sostenido la primacía del bien común como un principio que, lejos de ser opuesto al interés de los particulares, no lo concibe como "la simple suma de los intereses particulares, sino que implica su valorización y armonización, hecha según una jerarquía de valores y, en última instancia, según una exacta comprensión de la dignidad y los derechos de la persona"[60].

B) *La regla de la interpretación restrictiva de los privilegios y su extensión a las concesiones y licencias*

Tras el proceso de privatizaciones y la posterior reforma constitucional de 1994, surgió el interés de un sector de la doctrina administrativista para revivir las antiguas reglas y principios que regían en el país sobre las concesiones de servicios públicos, antes de que estos fueran estatizados. De ese modo, se exhumaron concepciones que respondían a un pasado bastante remoto (algo así como un retroceso de más de cincuenta años) que, desde luego, no eran compatibles con las transformaciones operadas en los sistemas de economía libre vigentes en el mundo occidental.

Uno de los dogmas preferidos que se escogió fue el referido a la interpretación restrictiva de los privilegios de las concesiones de servicios públicos, cuestión que había sido objeto de estudio por la doctrina y la jurisprudencia, particularmente, en la década del treinta.

De esa regla interpretativa se pasó a una generalización basada en el superado método deductivo, no obstante su conocido fracaso en el campo de los principios generales del derecho (al punto que provocaron el descrédito entre los juristas que los llevó a abrazar la dogmática positivista). Para extender la regla de la interpretación restrictiva a todas las concesiones y licencias de servicios públicos se sostuvo que por constituir dichos servicios una excepción a la regla de la libre competencia prevista en la Constitución, los derechos emergentes de las concesiones y licencias debían interpretarse en forma restrictiva[61].

Ante todo, esa deducción no tuvo en cuenta que la regla referida a la interpretación restrictiva no se aplicaba a las concesiones en general sino particularmente a los privilegios, no rigiendo para las prerrogativas de poder público que son típicas y comunes a todas las concesiones y licencias (por ejemplo, el corte unilateral del servicio en caso de falta de pago de la tarifa o precio).

---

[59] ALEJANDRO USLENGHI, "Procedimientos en la ley de defensa del consumidor", en HÉCTOR POZO GOWLAND *et alters* (Dirs.), *Procedimiento administrativo*, t. IV, cit., pág. 265.

[60] Cfr. C. A. 47b. de Juan Pablo II.

[61] GORDILLO, *Tratado...*, cit., t. 2, pág. VII-17.

En tal sentido, la jurisprudencia de la Corte sostuvo, a lo sumo, que "las cláusulas que confieren exclusividad o monopolio para la prestación de un servicio público deben interpretarse con un criterio restrictivo"[62]. Pero una cosa es concebir que el privilegio es de interpretación restrictiva en cuanto a su alcance y extensión y que no hay privilegios implícitos[63] y otra diferente es pretender que dicha regla interpretativa se aplica a todo el ámbito jurídico de una concesión de servicio público (por ejemplo, a la tarifa) llegando a vincular la interpretación restrictiva de los privilegios con un axioma jurisprudencial que nadie ha explicado de donde se ha extraído ni en qué se fundamenta cuando se afirma, en forma tajante, que "el derecho de los usuarios a la tarifa más baja [...] debería prevalecer sobre el derecho de la concesionaria a obtener mayores ganancias"[64]. En rigor, el principio que rige en materia de tarifas es el de que ellas deben ser justas y razonables y no se advierte por qué razón si el régimen permite aumentarlas temporalmente, con un sistema de *price cap* para favorecer determinadas inversiones, el derecho del concesionario a una mayor ganancia, siempre que encuadre dentro de la justicia y razonabilidad, deba ceder en favor del derecho del usuario a una tarifa más baja. Desde luego que, en esta materia, la prudencia y el equilibrio del sistema que aplique el regulador serán la clave de la gestión exitosa del servicio, en condiciones "de calidad y eficiencia" (Const. Nal., art. 42).

Veamos, a continuación, qué se entiende por privilegio, cuáles son sus notas sobresalientes y sus distintas variantes, así como los requisitos constitucionales para su otorgamiento.

De acuerdo con MARIENHOFF, los privilegios consisten en ventajas excepcionales atribuidas a una persona, que suelen otorgarse en una concesión o licencia, tales como exención de impuestos, monopolio y exclusividad[65]. Dada su naturaleza, su otorgamiento debe serlo por ley del Congreso y deben ser temporales (Const. Nal., art. 75, inc. 18). A su vez, el monopolio se distingue de la exclusividad en el sentido que el primero consiste en la supresión de la concurrencia para reservar la respectiva actividad a una sola persona pública o privada, mientras que la exclusividad implica la obligación de la administración de no otorgar nuevas concesiones por el mismo servicio o actividad[66].

---

[62] Fallos 105:26 (1906).

[63] MIGUEL S. MARIENHOFF, *Tratado de derecho administrativo*, t. III-B, 3ª ed., Buenos Aires, Abeledo Perrot, 1983, pág. 626.

[64] GORDILLO, *Tratado...*, cit., t. 2, pág. VII-27, haciendo suya la doctrina de la Sala IV de la CNACAF, en la sentencia del caso *Telintar*, La Ley, diario de fecha 14/2/1995.

[65] MARIENHOFF, *Tratado...*, cit., t. III-B, pág. 624.

[66] Este punto lo aclara muy bien MARIENHOFF (*Tratado...*, cit., t. III-B, págs. 627-628) con el ejemplo del privilegio de exclusividad zonal en una concesión o licencia para generar o distribuir energía eléctrica que no impide que otras empresas generen energía para su propio consumo.

La cuestión se complica cuando se argumenta que todo monopolio o privilegio de exclusividad constituye un servicio público al que se le extendería la mencionada regla restrictiva de interpretación de los privilegios, sin importar qué tipo de actividad material constituye servicio público. Una generalización semejante no tiene en cuenta que gran parte de las actividades de interés público o de servicio público impropio (v. gr. la actividad aeronáutica, el servicio de taxis) actúan en concurrencia y sin privilegios de exclusividad[67]. Por supuesto que hay otras actividades reguladas en semejantes condiciones pero las citadas, por su magnitud económica y trascendencia para los usuarios del servicio, bastan para demostrar el error en que incurren quienes pretenden deformar la realidad para tratar que esta se amolde a las ideas subjetivas y dogmáticas que no compaginan bien con datos que brinda la experiencia real.

En cualquier caso, repárese en la circunstancia que la interpretación restrictiva de los privilegios en las concesiones o licencias, solo es susceptible de llevarse a cabo en supuestos de duda razonable y no cuando la solución contractual o legislativa resulta clara y precisa.

5. La participación pública en el control de los servicios públicos

La segunda mitad del siglo xx ha visto aparecer una institución ciertamente compleja que pretende lograr, tanto en el ámbito político como administrativo[68], la mayor participación de los ciudadanos en los asuntos públicos, mediante el reconocimiento, en los ordenamientos constitucionales, del derecho subjetivo de participación pública[69].

Si bien nuestra Constitución Nacional, antes y después de la reforma de 1994, no proclama ese derecho, han surgido interpretaciones[70] que la fundan

---

[67] El caso de la concesión minera es paradigmático porque si bien las actividades de exploración y extracción se prestan con exclusividad, el producido de la misma se vende al mercado libremente y en concurrencia con otros concesionarios mineros.

[68] Ver, por todos, Santiago Muñoz Machado "Las concepciones del derecho administrativo y la idea de participación en la Administración", RAP, núm. 84, Madrid, Centro de Estudios Constitucionales, 1977, págs. 519 y ss.; José Bermejo Vera, "La participación de los administrados en los órganos de la Administración Pública", en Lorenzo Martín-Retortillo Baquer (coord.), *La protección jurídica del ciudadano. Estudios en homenaje al profesor Jesús González Pérez*, t. i, Madrid, Civitas, 1993, págs. 639 y ss.; Juan J. Lavilla Rubira, *La participación pública en el procedimiento de elaboración de los reglamentos en los Estados Unidos de América*, Madrid, Servicio de Publicaciones de la Facultad de Derecho, Universidad Complutense, 1991, págs. 98 y ss.

[69] Art. 23, ap. 1, Constitución española.

[70] Gordillo, *Tratado de derecho administrativo*, t. ii, 2ª ed., Buenos Aires, Fundación de Derecho Administrativo, 1998, cap. XI y Mario Rejtman Farah, "El procedimiento de audiencias públicas", en Héctor Pozo Gowland *et alters* (Dirs.), *Procedimiento administrativo*, cit., t. iv, pág. 383.

en su artículo 42 y en lo prescrito en una serie de tratados internacionales[71] incorporados al texto constitucional con el alcance previsto en el artículo 75, inciso 22 de la Constitución.

Fuera de la circunstancia, por demás obvia, que permite advertir que ese derecho en los pactos internacionales ha sido descrito bajo la forma de un enunciado genérico, cuyo carácter operativo depende de las prescripciones que se establezcan en cada ordenamiento estatal, la cuestión no puede resolverse solo a partir de los ordenamientos supranacionales citados, en la medida en que la primera regla de hermenéutica constitucional dispone expresamente que esos pactos "no derogan artículo alguno de la primera parte de esta Constitución y deben considerarse como complementarios de los derechos y garantías por ella reconocidos" (Const. Nal., art. 75, inc. 22).

Esa regla reconduce la interpretación al punto de partida del sistema constitucional argentino que —como es sabido— adopta la forma representativa de gobierno (Const. Nal., art. 1º), lo que implica excluir, en principio, es decir, salvo los supuestos previstos en la Constitución (v. gr., iniciativa privada —art. 39— y consulta popular vinculante —art. 40, primer párrafo, entre otros—)[72], al sistema directo de participación pública en las decisiones estatales (legislativas o administrativas).

De otro modo, carecería de sentido el precepto constitucional que consagra una terminante y expresa interdicción al prescribir que "el pueblo no delibera ni gobierna, sino por medio de sus representantes y autoridades creadas por esta Constitución" (Const. Nal., art. 22).

Ello no es óbice para que las leyes instrumenten sistemas de participación de las asociaciones y ciudadanos, en la medida en que se respete la médula del sistema representativo de gobierno y siempre que ello no implique cercenar las potestades del presidente como jefe de gobierno que ejerce la jefatura de la Administración, a título propio, o bien, por intermedio del jefe de gabinete (Const. Nal., arts. 99 y 100). Así acontece con la institución de la "audiencia pública" que, proveniente del derecho estadounidense[73], introduce en nuestro sistema jurídico los marcos regulatorios de los servicios públicos de gas y

---

[71] Cfr. arts. 23.1, Pacto de San José de Costa Rica; 21.1, Declaración Universal de Derechos Humanos; 25, Pacto Internacional de Derechos Civiles y Políticos, y XIX y XX, Declaración Americana de los Derechos y Deberes del Hombre.

[72] ISMAEL MATA ("Administración servicial y procedimiento administrativo. El rediseño de la organización a través del procedimiento", en HÉCTOR POZO GOWLAND *et alters.* (Dirs.), *Procedimiento administrativo*, cit., t. I, pág. 440) agrega la participación de la familia y de la sociedad en las leyes de educación (Const. Nal., art. 75, inc. 19) y la participación que prevén los tratados internacionales.

[73] JUAN B. CINCUNEGUI, "El procedimiento de audiencia pública en el sistema de control de los servicios públicos", en RAP, núm. 189, Buenos Aires, Ciencias de la Administración, 1994, págs. 10 y ss.

electricidad[74], así como el reciente Estatuto Organizativo de la Ciudad de Buenos Aires[75].

A su vez, en ninguna parte del artículo 42 de la Constitución, se menciona, ni siquiera en forma implícita, el derecho de participación pública de los ciudadanos. Antes bien, la referida norma constitucional circunscribe el alcance de la participación en dos sentidos: en el plano subjetivo, en cuanto acota el derecho a las asociaciones que representan los intereses de los usuarios de los servicios públicos, y en forma objetiva, al precisar que tal participación se encauza en los organismos de control de los servicios públicos (o de otros órganos de control de los intereses de los consumidores).

En cualquier caso, ya se trate de la reglamentación constitucional del derecho de participación pública de las asociaciones de usuarios en los órganos de control de los servicios públicos (art. 42), como de las distintas tipologías que prevén la participación de los ciudadanos individualmente considerados, el papel de la ley, como basamento del respectivo derecho, posee una relevancia indiscutible.

En el primer caso, habida cuenta de las distintas posibilidades que tiene el legislador para reglar lo atinente a un precepto constitucional que se caracteriza por una textura abierta a distintas variantes o tipologías de participación, como más adelante se verá.

El otro supuesto se vincula, en general, con el derecho de participación pública (que incluye la determinación normativa de los procedimientos) que, en principio, corresponde a los poderes implícitos e inherentes del Congreso (art. 75, inc. 32), no obstante que nada impediría que el poder ejecutivo o los propios entes reguladores, en ejercicio de sus competencias propias, reglamenten los diferentes procedimientos de participación pública, los cuales, en la medida en que no alteren la médula representativa del sistema constitucional de gobierno, resultarían válidos (incluso podría sostenerse que se trata de mecanismos de autolimitación de sus potestades).

En esa línea, existen leyes que han establecido el procedimiento de audiencia pública[76], así como decretos del poder ejecutivo[77] y distintas reglamentaciones provenientes de los órganos superiores de los entes reguladores que han hecho lo propio[78].

---

[74] Leyes 24.076 y 24.065.

[75] Cfr. art. 63, Estatuto Organizativo de la Ciudad de Buenos Aires.

[76] Cfr. arts. 11, 32, 46, 73 y 74, ley 24.065, y 6º, 16, 18, 29, 46, 47, 67 y 68, ley 24.076.

[77] Cfr. arts. 7º y 30, decr. 1185 de 1990, y sus modificaciones.

[78] Res. 39 de 1994 ENRE (BO, del 9/5/1994), que aprobó el Reglamento de Audiencias Públicas del ENRE. Se debe tener en cuenta que para el ENRE existe un procedimiento específico de audiencias públicas que resulta aplicable en materia de imposición de sanciones, que se encuentra regulado en el Reglamento para la Aplicación de Sanciones, aprobado por res. 23

Las ideas que se han esbozado como fundamento de la participación pública en la organización y función de la Administración son muy variadas, aunque no necesariamente opuestas entre sí. Ello depende del énfasis ideológico o alcance de la concepción democrática pero también de un análisis que apunta más a la ciencia administrativa que a la política.

Mientras para algunos la participación pública acrecienta y fortalece la democracia[79], otros consideramos que se trata más bien de una fórmula que, mediante la colaboración y participación ciudadana[80], puede contribuir a mejorar y dar transparencia[81] a las decisiones de los entes reguladores en los diferentes procedimientos de control de los servicios públicos.

Entre las ventajas que se le reconocen al modelo participativo se cuentan las relativas a la mayor flexibilización de los aparatos técnicos de la función pública, imbuidos por acentuadas dosis de autoritarismo que se frenan con la participación de los administrados en los procedimientos que culminan con la adopción de decisiones que afectan intereses colectivos o comunitarios.

Sin embargo, los inconvenientes que surgen de su implantación conducen a preguntarnos si esas ventajas justifican el desmesurado desarrollo de dicho modelo que, a impulsos de la moda jurídica, viene alentando el derecho positivo.

A la natural confusión entre los intereses individuales y los de un sector determinado con aquellos que poseen mayor generalidad o se vinculan con el interés comunitario, la insuficiencia de los mecanismos de representación para reflejar la opinión democrática de los usuarios de un determinado sector, la captura de los entes reguladores por grupos de activistas movidos por intereses de neto corte político e incluso, por los sectores empresarios, se le añaden otras desventajas no menos significativas como las concernientes al aumento de los costos económicos que conllevan los mecanismos participativos y, sobre todo, la dilución de la responsabilidad que asumen los órganos encargados de tomar las decisiones y su contracara, que es la inexistencia de responsabilidades personales (patrimoniales o económicas) de los participantes cuando actúan en representación de intereses colectivos o difusos[82].

---

de 1994 ENRE. Asimismo, véase la res. 57 de 1996 (BO, del 3/9/1996) que contiene el Reglamento General de Audiencias Públicas y Documentos de Consulta para las Comunicaciones.

[79] Bermejo Vera, "La participación de los administrados en los órganos de la Administración Pública", cit., pág. 639.

[80] Máximo J. Fonrouge, "Las audiencias públicas", punto 1, ReDA, núms. 24-26, Buenos Aires, Depalma, 1997, pág. 183.

[81] Ver: Agustín A. Gordillo, *Tratado de derecho administrativo*, cit., t. II, pág. X-10.

[82] Una síntesis de las ventajas y desventajas ha hecho Bermejo Vera ("La participación de los administrados en los órganos de la Administración Pública", cit., págs. 641-642) que reproducimos parcialmente en el texto. En un trabajo de Estela B. Sacristán se citan opiniones contrarias acerca del procedimiento de las sesiones abiertas en el derecho estadounidense que

A) *Tipologías de la participación pública en los entes reguladores*

Sin pretender realizar el examen pormenorizado de las diversas formas que puede asumir la participación de los usuarios y sus organizaciones en las funciones ejecutivas o normativas que lleva a cabo la Administración, las que —como anota Bermejo Vera— han sido expuestas de modo magistral por García de Enterría[83], no pueden dejar de señalarse las variadas tipologías existentes en lo que constituye una suerte de teoría general de la participación pública, cuya "euforia" o "proliferación"[84] contribuyen a lo que gráficamente Nieto ha denominado "organización del desgobierno"[85].

De todas ellas, habida cuenta la exclusión de las formas directas de participación en las funciones de gobierno y administración que impone el sistema representativo constitucional y su consecuente interdicción (Const. Nal., art. 22), las que atañen principalmente a nuestro tema (aunque la clasificación no es taxativa) se circunscriben a las siguientes:

• Funcional u organizativa.

• Consultiva o vinculante (decisoria).

• En cuanto al ámbito territorial la participación puede ser calificada como federal o local (provincial o municipal), sin perjuicio de las fórmulas mixtas de coparticipación.

• Individual o colectiva.

• Prescrita como procedimiento de realización obligatoria o discrecional y en los diferentes niveles del procedimiento de decisión.

---

conducen a abrigar serias dudas sobre su conveniencia y eficacia. En tal sentido, se ha dicho (Dikson - Clancy, *The Congress Dictionary*, Nueva York, 1993, pág. 344) que "en el marco de una sesión abierta al público los miembros de una agencia se sentirían reticentes a exponer sus puntos de vista en la creencia de que estarán exponiendo ante el público su ignorancia o incertidumbre respecto del tema debatido, los lineamientos políticos o el Derecho". Por su parte Davis - Pierce (*Administrative Law Teatrise*, t. i, nota 117) observa que los miembros de las agencias "tratan de disfrazar su incertidumbre con esquivas discusiones que impiden el intercambio franco, efectivo e informado de opiniones, esencial en punto a la toma de decisión por parte de un cuerpo colegiado" (cfr. Estela B. Sacristán, "Las sesiones abiertas *[open meetings]* en el derecho administrativo norteamericano como forma de publicidad de los actos estatales", tesina presentada en la Carrera de Especialización en Derecho Administrativo Económico de la Pontificia Universidad Católica Argentina, Buenos Aires, 1998, pág. 33).

[83] Eduardo García de Enterría, "La participación de los administrados en las funciones administrativas", en Manuel Alonso Olea (dir.), *Homenaje a Segismundo Royo Villanova*, Madrid, Moneda y Crédito, 1977.

[84] Bermejo Vera, "La participación de los administrados en los órganos de la Administración Pública", cit., pág. 645.

[85] Alejandro Nieto, *La organización del desgobierno*, Barcelona, Ariel, 1994.

• Establecida en función a la representación de intereses o como alternativa institucional[86].

Veamos, seguidamente, la proyección de algunas de esas formas en dos aspectos que plantea el derecho administrativo argentino a raíz del proceso de privatizaciones llevado a cabo, que ha producido una de las más extraordinarias transformaciones en la estructura del Estado.

a) *Derechos individuales y colectivos. La participación de las asociaciones defensoras de usuarios.* La categoría de los usuarios, a los que las empresas concesionarias (impulsadas por la necesidad de crear vínculos más personales y efectivos) comunmente denominan *clientes*, ha adquirido, gracias a la reforma de 1994, carta de ciudadanía constitucional. En tal sentido, el artículo 42 de la Constitución, consagra dos órdenes de derechos.

a') *Derechos individuales.* La referida norma constitucional estatuye que, en la relación de consumo, los usuarios tienen derecho "a la protección de su salud, seguridad e intereses económicos; a una información adecuada y veraz, a la libertad de elección y a condiciones de trato equitativo y digno" (Const. Nal., art. 42, 1ª parte).

Se trata del reconocimiento constitucional de derechos humanos, cuya protección judicial prescribe el artículo 43, al instituir la acción de amparo, en la que el sujeto legitimado para proveerla es el *afectado*, es decir, la persona física o jurídica que ha sufrido la lesión o el daño a sus intereses personales y directos.

Sin perjuicio de ello, las personas afectadas disponen de toda la amplia gama de recursos administrativos y acciones judiciales para obtener la tutela efectiva de sus derechos lesionados por actos de los poderes públicos, en la relación de consumo que los vincula, en cada caso, con los concesionarios o licenciatarios.

b') *Derechos colectivos.* La última parte del artículo 42 de la Constitución, prescribe que la legislación establecerá procedimientos eficaces para prever la "necesaria participación de las asociaciones de consumidores y usuarios y de las provincias interesadas en los organismos de control".

Del debate habido en el seno de la Convención Constituyente de 1994 se desprende claramente la existencia de un consenso para establecer en la Constitución una fórmula abierta que librase a la reglamentación legal el alcance de este derecho. Ese fue, precisamente, el sentido que tuvo la conciliación entre las diferentes posiciones sostenidas por los constituyentes, que motivó que la mayoría retirase la exigencia de que esa participación fuera consultiva,

---

[86] El contenido de estas formas de participación se expone en el estudio de BERMEJO VERA, "La participación de los administrados en los órganos de la Administración Pública", cit., págs. 642 y ss.

con el objeto de unificar los criterios existentes, necesarios para la aprobación de la norma constitucional[87].

De otra parte, quienes apoyaron el proyecto no pretendieron (según surge también de los debates) que la participación de los usuarios fuera establecida como una representación que integrase el directorio de los respectivos entes reguladores, ni tampoco nada hay en el precepto constitucional que establezca, en forma preceptiva, una forma organizativa de participación, como lo sostiene equivocadamente a nuestro juicio, un sector de la doctrina nacional[88].

En consecuencia, la ley que reglamenta el artículo 42 de la Constitución, permite que la regulación opte por cualquiera de las tipologías de participación de las asociaciones de usuarios que surgen tanto de la doctrina como de la legislación comparada (y, desde luego, podría establecer nuevas formas no conocidas), con una doble limitación que emerge del sistema constitucional, pues mientras el artículo 42, acota la participación a las asociaciones de usuarios (lo que excluye las formas políticas o asociaciones vinculadas a los partidos políticos), cualquier participación que consagre la ley no puede alterar, como se ha visto, la médula del sistema representativo de gobierno ni la prohibición contenida en el artículo 22 de la Constitución.

De lo contrario, puede incurrirse en el debilitamiento del papel de los reguladores, aparte de la dilución de la responsabilidad de los miembros del directorio y de una gravitación excesiva de los intereses sectoriales directamente afectados sobre los intereses más generales o comunitarios, que muchas veces se encuentran representados por el usuario potencial o futuro, al que no es justo cargarle el peso económico de decisiones cuyo costo deben soportar las actuales generaciones de usuarios. A este respecto, hay que tener presente la necesidad de articular esa participación de las asociaciones de usuarios de modo de no afectar el derecho humano primordial que proclama el artículo 42, que surge del principio que impone a las autoridades el deber de proveer a la protección del derecho "a la calidad y eficiencia de los servicios públicos".

Esta norma, no suficientemente destacada hasta ahora por la doctrina que se ha ocupado del tema, hace a la modernización y mejora tecnológica de las prestaciones de los concesionarios, a la regulación tarifaria con el menor costo posible vinculado con determinados "estándares" de calidad técnica y a una razonable rentabilidad, dado que los prestatarios actúan impulsados por el legítimo objetivo de maximizar sus ganancias en la medida compatible con los fines de los servicios que prestan como colaboradores del Estado.

---

[87] Véase: *Obra de la Convención Nacional Constituyente 1994*, t. VI, Buenos Aires, Centro de Estudios Jurídicos y Sociales del Ministerio de Justicia de la Nación, 1997, págs. 6010 y ss., esp. pág. 6028.

[88] GORDILLO, *Tratado de derecho administrativo*, cit., t. II, págs. VI-31-32.

b) *El régimen de audiencias públicas de los entes reguladores.* Si bien no existe constitucionalmente norma alguna que lo recepcione, el procedimiento de audiencia pública[89] fue instaurado en nuestro país en el ámbito de los entes reguladores del gas[90], electricidad[91] y telecomunicaciones[92].

Se trata de un procedimiento administrativo *strictu sensu* y los principios que lo rigen pueden resumirse en la publicidad, transparencia[93] y participación. A su vez, estos principios se proyectan al régimen que requiere de la oralidad y la inmediación, del informalismo, la contradicción, la imparcialidad y un adecuado reconocimiento de la legitimación de los participantes (concesionarios o licenciatarios, usuarios, contratistas, funcionarios públicos, etc.).

Las audiencias públicas pueden ser previas a un acto de alcance particular (y, en algunos casos, de naturaleza cuasi jurisdiccional)[94], o bien integrar el procedimiento para dictar o modificar normas reglamentarias[95].

En la doctrina administrativa se ha postulado la obligatoriedad de observar este procedimiento en todos aquellos casos en que fuera necesario conferir oportunidad de defensa a los afectados por el acto o proyecto que se trate[96].

Por otra parte, la jurisprudencia[97] ha considerado que con la nueva redacción del artículo 42 de la Constitución, el artículo 30 del decreto 1185 de 1990

---

[89] Se ha sostenido que la expresión "audiencia pública" es equívoca en lo que hace a su significado ya que en unos casos designa las formalidades a través de las cuales las partes de un procedimiento acceden a la actuación de la garantía constitucional de la inviolabilidad de la defensa en juicio (Const. Nal., art. 18), mientras que en otros se refiere a ciertas formalidades de participación de los interesados en el proceso de ejercicio de la potestad reglamentaria por parte de los órganos investidos en esta. Solamente en este último caso cabría considerarla estrictamente como técnica participativa (TOMÁS HUTCHINSON, "Algunas consideraciones sobre las audiencias públicas [una forma de participación ciudadana]", en *Jornadas Jurídicas sobre Servicio Público de Electricidad*, Buenos Aires, 1995, págs. 333 y ss.).

[90] Arts. 6º, 16, 18, 29, 46, 47, 67 y 68, ley 24.076.

[91] Arts. 11, 32, 46, 73 y 74, ley 24.065.

[92] SC res. 57 de 1996, BO, 3/9/1996.

[93] Ver: BRUNO LASSERRE - NOËLLE LENOIR - BERNARD STIRN, *La transparence administrative*, París, Presses Universitaires de France, 1987.

[94] Arts. 11, 32, 73 y 74, ley 24.065, y 6º, 16, 18, 29, 67 y 68, ley 24.076.

[95] Arts. 46 y 48, ley 24.065, y 46 y 47, ley 24.076. JULIO R. COMADIRA, "Reflexiones sobre la regulación de los servicios privatizados (con especial referencia al Enargas, ENRE, CNT y ETOSS)", en *Derecho administrativo*, Buenos Aires, Abeledo-Perrot, 1996, pág. 249.

[96] GORDILLO, *Tratado de derecho administrativo*, cit., t. II, pág. X-12. Sin embargo, en el derecho estadounidense, la jurisprudencia de la Corte Suprema ha sentado la doctrina según la cual el derecho de participación activa de los ciudadanos no deriva de la Constitución (por ejemplo, en "City of Madison, Joint School District v. Wisconsin Employment Relations Commission", 429 v.s., 167, esp. pág. 178 [1976] citado por SACRISTÁN, *Las sesiones abiertas...*, cit., pág. 19).

[97] C. Nac. Cont. Adm. Fed., Sala, IV, *in re* "Youssefian, Martín v. Secretaría de Comunicaciones", de 23/6/1998.

—en tanto confería a la Comisión Nacional de Telecomunicaciones *la facultad* de celebrar una audiencia pública sobre aspectos de grave repercusión social— debía ser interpretado como *obligatorio* para la administración, ya que "la realización de una audiencia pública no solo importa una garantía de razonabilidad para el usuario y un instrumento idóneo para la defensa de sus derechos, un mecanismo para la formación de consenso de la opinión pública, una garantía de transparencia de los procedimientos y un elemento de democratización del poder, sino —en lo que hace al *sub examine*— resultaría una vía con la que podrían contar los usuarios para ejercer su derecho de participación en los términos previstos en el invocado artículo 42 de la Constitución, antes de una decisión trascendente".

Sin perjuicio de valorar la importancia que representa para los derechos de los usuarios el artículo 42, consideramos que no es posible extender la obligatoriedad de la celebración de audiencias públicas a los supuestos en los que la norma de carácter legal o reglamentaria no lo disponga con carácter expreso[98].

De adoptarse la tesis contraria se produciría una inseguridad jurídica respecto de las decisiones que adopte el ente regulador en materia de servicios públicos ya que podrían invalidarse todas las resoluciones que fueron tomadas soslayando este procedimiento.

Ahora bien, si la Administración omite llevar a cabo una audiencia pública cuando esta ha sido expresamente exigida por el ordenamiento, el acto o reglamento que se emita bajo esas circunstancias será nulo de nulidad absoluta, por violación al elemento forma del acto administrativo, que requiere cumplimiento de los procedimientos esenciales previstos para su emisión[99].

Idéntica solución corresponderá en el supuesto de que el acto que se dicte con posterioridad a la celebración de la audiencia carezca de una motivación adecuada, no valore la prueba producida o no trate expresamente todos los hechos llevados a su conocimiento[100].

6. EL DERECHO DE REUNIÓN

Consustancial a la democracia, el derecho de reunión se conecta con otros derechos constitucionales (v. gr. de petición, de asociarse con fines útiles, de expresar las ideas, de transitar, etc.) de los cuales constituye una derivación necesaria aunque, en rigor, se vincula estrechamente con el principio de soberanía del pueblo y la forma republicana de gobierno[101].

---

[98] En este mismo sentido FONROUGE, *Las audiencias públicas*, cit., págs. 185-186.

[99] Cfr. art. 7º, inc. d), y 14, inc. b), LNPA. En este punto se debe tener en cuenta que la forma del acto participa no solo con las formas de integración de la voluntad, sino también con las referidas al procedimiento de formación de dicha voluntad y con las formas de publicidad.

[100] Cfr. art. 41 de la SC, res. 57 de 1996.

[101] Fallos 207:251 (1947).

Si bien la doctrina lo consideró como un derecho constitucional no enumerado o implícito[102] que surgía del artículo 33 de la Constitución, a partir de la reforma de la Constitución de 1994, que atribuye jerarquía constitucional a la Convención Americana sobre Derechos Humanos, corresponde incluirlo entre los nuevos derechos.

En efecto, el respectivo precepto de la Convención Americana de Derechos Humanos reconoce el derecho de reunión bajo la única condición que se ejerza en forma pacífica y sin armas y, al propio tiempo, prescribe que solo puede estar sujeto a las condiciones previstas por la ley "que sean necesarias en una sociedad democrática, en interés de la seguridad nacional, de la seguridad o el orden públicos, o para proteger la salud o la moral públicas o los derechos o libertades de los demás"[103].

No cabe sostener, pues, el reconocimiento de un derecho constitucional indiscriminado e irrestricto a la protesta sino del derecho a reunirse en forma privada o pública. Va de suyo que, para realizar reuniones privadas, no se exige autorización por las autoridades. En cambio, la realización de reuniones públicas requieren de una autorización previa de la autoridad policial que debe efectuarse con ocho días de anticipación[104].

El principio que rige en la materia es el de no afectación de los derechos de terceros (Const. Nal., art. 19) y aunque el sistema de la Constitución resulta favorable, en principio, al ejercicio de las libertades, estas no deben realizarse en oposición a las libertades de los demás ciudadanos. Se impone pues, la teoría de la armonización de los derechos que venimos preconizando desde los primeros ensayos, habida cuenta que, en principio, los derechos constitucionales no son absolutos (excepto el derecho a la vida y sus derivados) y se hallan sujetos a reglamentaciones razonables.

Con todo, el ejercicio del derecho de reunión no debe confundirse con los medios violentos de acción directa (cortes de ruta, piquetes, etc.) que afectan el transporte o el simple desplazamiento de los ciudadanos, los cuales configuran delitos contra la seguridad del tránsito y de los medios de transporte y de comunicación, reprimidos por el Código Penal[105].

7. El derecho a la salud

Derivado del derecho a la vida y del principio de la dignidad de la persona humana[106], el derecho a la salud se abrió paso como emanación de la justicia

---

[102] Germán J. Bidart Campos, *Tratado elemental de derecho constitucional argentino*, t. 1, Buenos Aires, Ediar, 2001, pág. 304.

[103] CADH, art. 15.

[104] Ley 20.120.

[105] Arts. 190 a 196 del Código Penal.

[106] Augusto M. Morello, "El derecho fundamental a la vida digna", ED de 24/11/2000.

distributiva, como parte de la concepción más moderna (aunque tiene más de un siglo de vigencia) de la justicia social[107]. Un primer reconocimiento implícito se reflejó en el artículo 14 bis de la Constitución (reformada en 1957) al consagrar la obligatoriedad del seguro social como exigencia constitucional.

Más tarde, y a raíz de la recepción del Pacto Internacional de los Derechos Económicos, Sociales y Culturales de Nueva York (1966) en nuestro ordenamiento constitucional tras la reforma de la Constitución en 1994, el derecho a la salud adquirió supremacía constitucional sobre las leyes y los diversos actos que emanan de la Administración pública.

Dicho Pacto reconoce el derecho de toda persona a disfrutar "del más alto nivel posible de salud física y mental", hallándose obligados, los Estados parte de la Convención, a adoptar una serie de medidas (v. gr. prevención y tratamiento de toda clase de enfermedades y creación de condiciones que garanticen asistencia y servicios médicos) tendientes a asegurar "la plena efectividad de este derecho"[108]. El precepto del Pacto se traduce en el deber que impone en cabeza de los Estados de garantizar la efectividad de las políticas estatales, incluso mediante acciones positivas.

En un caso resuelto por la Corte Suprema se planteó, como objeto de una acción de amparo, la pretensión, de la madre de un menor que padecía una grave enfermedad, de requerir determinadas dosis de un medicamento que la obra social se negaba a suministrarle.

La decisión de la Corte, pese a declarar que la responsabilidad del Estado era subsidiaria de la de la obra social, consideró que la misma era primaria y principal, tanto en la coordinación de las políticas sanitarias como en la supervisión y fiscalización de las prestaciones de las obras sociales. En definitiva, sostuvo que el Estado, por medio del Ministerio de Seguridad y Acción Social, se hallaba obligado a suministrar el remedio, dada la urgencia del caso, cuando las obras sociales no cumplían la prestación tendiente a preservar la salud de una persona[109].

No se nos escapan las dificultades que entraña la maximización del derecho a la salud en relación con las disponibilidades financieras de los Estados y de las obras sociales. En cualquier caso, el artículo 2°, primer párrafo del Pacto Internacional de Derechos Económicos, Sociales y Culturales, prescribe el principio de "realización progresiva" de todos los derechos reconocidos en dicho tratado internacional, destinando "el máximo de los recursos de que disponga" para alcanzar su plena efectividad, mediante medidas legislativas y administrativas susceptibles del control judicial de razonabilidad, el que

---

[107] Véase: BERNARDINO MONTEJANO (h.) – SUSANA M. R. LIMA, "Bien común, formas de justicia y solidaridad", ED 80-575.

[108] Art. 12 del Pacto Internacional de Derechos Económicos, Sociales y Culturales.

[109] *In re, Campodónico de Bevilacqua*, Fallos 323:3229 (2000).

debe ponderar la existencia o no de opciones posibles para cumplir con las prestaciones de salud[110].

En ese sentido, el derecho de huelga irrestricto y absoluto en los hospitales públicos se encuentra en pugna con el derecho a la salud[111] ya que impide al Estado cumplir con las prestaciones que hacen a la vida y dignidad de las personas, y en una situación similar se encuentran los hospitales y clínicas privadas. Aún cuando, técnicamente, no constituyan servicios públicos de naturaleza económica sino servicios sociales, se impone igualmente el principio de continuidad que caracteriza a los primeros. En tales casos, el ejercicio del derecho de huelga se encuentra subordinado al bien común y las políticas estatales de todos los países lo someten a una fuerte regulación la cual, al hallarse en juego la salud de la población, suele prescribir que los servicios mínimos equivalgan a los máximos posibles, conforme a las circunstancias de cada establecimiento y las necesidades que satisface; sin dejar de agotar los medios para coordinar[112] y armonizar los distintos intereses en juego.

8. PROBLEMÁTICA DE LA LEGITIMACIÓN EN LOS PROCESOS ADMINISTRATIVOS

La gran conquista del derecho administrativo del siglo XX, en el plano procesal, ha sido la de haber montado un sistema (a cargo de jueces o tribunales administrativos independientes) de control de los actos de la Administración pública y otros órganos del Estado que realizan actividades de naturaleza administrativa o normativa.

Sin la organización efectiva de ese control la teoría de la separación de poderes habría quedado relegada a una mera división de funciones y la libertad de las personas, junto con los demás derechos fundamentales, no habrían pasado del rango de las declaraciones de derechos no operativas.

En tal sentido, existe una última conexión entre legitimación y política —en el concepto pleno de esta última— habida cuenta que el sistema procesal, que consagra las reglas de acceso a la justicia, constituye una suerte de receptáculo que alberga las más variadas motivaciones e ideas respecto de las relaciones entre el Estado y las personas privadas, en medio de una dialéctica que plantea una tensión en gran parte irreductible.

---

[110] JUAN GUSTAVO CORVALÁN, "Amparo y salud pública en la Ciudad de Buenos Aires", en RAMSIS GHAZZANOUI (Coord.), *Constitución, derecho administrativo y proceso: vigencia, reforma e innovación*, XVII Jornadas Centenarias del Colegio de Abogados de Carabobo, Caracas, Fundación de Estudios de Derecho Administrativo (FUNEDA), 2014, págs. 610-611.

[111] JUAN CARLOS CASSAGNE, "El derecho a la salud y la huelga en los hospitales públicos", en *El derecho a la salud*, Buenos Aires, Academia Nacional de Derecho y Ciencias Sociales, Serie II, Obras número 31, 2007, págs. 65 y ss.

[112] C A, párrafo 25.

Esa tensión, que subyace, no solo se produce entre autoridad y libertad sino, fundamentalmente en el campo de lo subjetivo y de lo objetivo, como formas de protección de los derechos y de realización de la justicia material.

La solución de este intrincado problema no parece estar destinada a ilustrar solo una discusión teórica y abstracta. Por el contrario, tiene que ver con las reales posibilidades de protección tanto de los derechos privados como del interés público porque la legitimación constituye una de las principales válvulas de apertura del proceso contencioso administrativo.

Pero esa válvula puede convertirse en un arma de defensa para la protección de los derechos o bien, en un obstáculo para impedir el ejercicio de los derechos. Este es, precisamente, el gran dilema que plantea la legitimación[113] y, como en muchas otras cuestiones, la principal dificultad radica en mantener el equilibrio entre una postura abierta al acceso a la jurisdicción y los medios humanos y materiales con que cuenta cada sistema para realizar la justicia.

Porque ninguna duda puede caber en cuanto a que lo ideal sería que cualquier habitante se encuentre legitimado *ab initio* para promover un proceso contra el Estado, como asimismo que si no tiene derecho tutelable por los jueces, estos se lo reconozcan o nieguen al momento de dictar la sentencia, sin bloquearle el acceso a la jurisdicción.

Sin embargo, como lo ha puesto de relieve MAIRAL[114], se trata de "racionar un producto escaso" dado que mientras la cantidad de tribunales es limitada, el número de ciudadanos y, sobre todo, de acciones deducibles, es infinitamente superior a las posibilidades de cualquier sistema para administrar ese recurso escaso.

A su vez, en nuestro sistema, por un imperativo constitucional, el poder judicial solo está habilitado para resolver casos[115], lo cual requiere la presencia de una real controversia entre partes que afirmen y contesten sus pretensiones sobre derechos que consideran protegidos por el ordenamiento y la configuración de un agravio concreto que recaiga sobre el pretensor[116], siendo indiscutible que este principio se proyecta, tanto al derecho federal como al provincial o local.

Se ha dicho también que en esta cuestión incide la visión que preferimos tener del poder judicial según una postura que nos lleva a optar entre un sistema

---

[113] JUAN CARLOS CASSAGNE, *La legitimación activa de los particulares en el proceso contencioso administrativo*, ED 120-979.

[114] HÉCTOR A. MAIRAL ("La legitimación en el proceso contencioso administrativo" en *Control de la Administración Pública*, Buenos Aires, RAP, 2003, págs. 111 y ss.) quien reproduce una frase bastante gráfica que expuso un tribunal norteamericano "[...] cada expediente que está en un juzgado es análogo a una cama ocupada en el hospital: hay un número de camas que se pueden ocupar y no más y hay un número de expedientes que se pueden manejar y no más" (*op. cit.*, pág. 112).

[115] Const. Nal., art. 116.

[116] Fallos 302:1666.

en el que los jueces deciden solo mediante sentencias con efectos inter-partes y otro, donde el poder judicial actúa como órgano político, desplegando su actividad mediante sentencias con efectos *erga omnes* cuyos alcances no se limitan a las partes en la causa sino que se proyectan a terceros.

En realidad, no obstante coincidir en las consecuencias disvaliosas que provoca la falta de regulación de los procesos colectivos y de los efectos de las sentencias que suspenden o invalidan actos de alcance general, la incidencia que provoca la ampliación del acceso a la justicia, generando la sobrecarga de la labor tribunalicia, resulta mayor que las consecuencias de aceptar el criterio que limita los efectos de las sentencias de invalidación de un acto general solo a las partes de la controversia[117]. Esto es así por cuanto aquellos que no fueron parte en el proceso deben promover un juicio separado, con el consiguiente aumento de la litigiosidad, atiborrando los tribunales de causas idénticas o con similares pretensiones procesales.

Esto indica, a las claras, que la solución hay que buscarla por otro lado, fundamentalmente en la organización de los procesos colectivos, sin resentir el acceso a la justicia pero, al propio tiempo, sin caer en los inconvenientes constitucionales y prácticos que plantea la generalización de una suerte de acción popular, como está ocurriendo, en muchos casos, con los procesos de amparo.

A) *Tendencias actuales en materia de legitimación*

La necesidad de que todos los intereses de las personas tuvieran mecanismos adecuados de acceso a la justicia a raíz de la consolidación del principio de la tutela judicial efectiva, amplió el campo de la legitimación procesal aceptándose que otras situaciones jurídicas, aparte del derecho subjetivo y del interés legítimo, pudieran invocarse —por las personas afectadas— para ser parte en un proceso concreto. A modo de ejemplo, considérese que, en el ámbito nacional, se ha establecido el derecho a solicitar, acceder y recibir información, no siendo necesario acreditar derecho subjetivo ni interés legítimo alguno[118].

En algunos casos esta ampliación puede brindar resultados saludables. Pero su adopción ilimitada puede terminar quebrando —como ocurrió, en ocasiones, en algunos sistemas como el español y el argentino— los vínculos que atan los mecanismos de legitimación procesal a la configuración de determinadas situaciones subjetivas desplazando, de esa manera, el eje en el que descansaba el criterio central de la categorización clásica.

---

[117] En sentido contrario: MAIRAL, *La legitimación en el proceso contencioso administrativo*, cit., pág. 116.

[118] Decr. 1172 de 2003, Anexo VII, art. 6°.

Así, el centro de la teoría del derecho subjetivo ha pasado de la protección de los poderes jurídicos sustanciales y aun reaccionales[119] a la tutela de las situaciones de ventaja así como a la reparación de las lesiones provocadas por el Estado, en los derechos de las personas.

Desde otro ángulo, un sector de la doctrina nacional ha propiciado la eliminación de la distinción entre derecho subjetivo e interés legítimo, sosteniendo que siempre que el administrado pueda invocar el quebrantamiento en su perjuicio de las reglas de la justicia distributiva se encontrará legitimado para recurrir en sede administrativa o promover una demanda judicial, sin que corresponda distinguir entre derecho subjetivo e interés legítimo[120].

La distinción existe no tanto en el plano de la valoración de la *cosa justa* donde la pretensión procesal puede llegar incluso a ser equivalente (v. gr., anulación del acto o contrato) en ambas situaciones jurídicas, sino en la aptitud (legitimación) que amplía la posibilidad de ser parte de un proceso concreto[121]. La distinción puede hacerse, aun cuando ella puede ser explicada por concepciones diferentes[122] si bien las tendencias actuales apuntan a eliminarla considerando que, en definitiva, toda situación que reporta utilidad, provecho o ventaja a favor de una persona constituye en el fondo, un verdadero derecho subjetivo[123].

En suma, a los efectos de la legitimación para accionar judicialmente, lo que importa es la titularidad de un derecho o interés reconocido y tutelado por

[119] La tesis de los derechos reaccionales, elaborada en España por García de Enterría y Fernández, representó, en su momento, el embate más serio que se planteó frente a la noción clásica al postular, en definitiva, la unidad de la concepción del derecho subjetivo, superando las antiguas fragmentaciones (derecho subjetivo, interés legítimo, interés personal y directo, derechos debilitados, etc.); véase: García de Enterría – Fernández, *Curso de derecho administrativo*, 10ª ed., Madrid, Thomsom Civitas, 2006, págs. 44 y ss.

[120] Cfr. Barra, *Principios de derecho administrativo*, Buenos Aires, Ábaco, 1980, págs. 273 y ss. Aun cuando no compartimos los fundamentos de la crítica del autor a la concepción bipartita no puede dejar de reconocerse que ella responde también a la realización de lo "justo objetivo", en cuanto, lejos de restringirlo, amplía el campo de la legitimación procesal. En nuestro concepto, la legitimación provendrá tanto del quebrantamiento por la administración de las reglas de la justicia distributiva como de la justicia conmutativa.

[121] Jesús González Pérez, *Derecho procesal administrativo*, t. II, Madrid, Civitas, 1966, págs. 267 y ss.

[122] Para una reseña bastante completa de las diversas teorías véase: Urrutigoity, "El derecho subjetivo y la legitimación procesal administrativa", en AAVV, *Estudios de derecho público*, Buenos Aires, Depalma, 1995, págs. 219 y ss. Este autor, al igual que Barra —entre otros— es partidario de unificar ambas categorías en una sola.

[123] Véase: Jesús González Pérez, "Las partes en el proceso administrativo", en *Anales de la Real Academia de Ciencias Morales y Políticas*, Madrid, publicación de la Real Academia de Ciencias Morales y Políticas, 1997, págs. 24-25; Eduardo García de Enterría, *Problemas del derecho público al comienzo del siglo*, Madrid, Civitas, 2001, págs. 65 y ss.

el ordenamiento jurídico[124], lo cual no implica instituir una legitimación objetiva basada exclusivamente en la mera legalidad ni menos aún, una acción popular a favor de cualquier ciudadano que invoque la sola ilegalidad sin demostrar la afectación o lesión de un derecho propio del mismo o de un determinado círculo o sector de intereses protegidos expresamente por el ordenamiento. La legitimación, más que una aptitud o capacidad, constituye la situación en que se encuentra el demandante en relación con el objeto de la pretensión[125] y el tipo de proceso.

Las dificultades que presentaba, en el plano de la realidad, la utilización promiscua de diferentes concepciones para calificar el derecho subjetivo y el interés legítimo, así como las otras situaciones jurídicas subjetivas u objetivas, generaron la necesidad de superar las categorías tradicionales simplificando la técnica de legitimación procesal[126].

De esa manera, el concepto de legitimación no se transforma en el eje de una carrera de obstáculos para acceder a la justicia sino que constituye un elemento que contribuye a la realización del principio de *tutela judicial efectiva* ampliando el círculo de la legitimación activa y pasiva al titular de cualquier clase de interés que le proporcione alguna ventaja o beneficio[127] o la compensación o reparación de un perjuicio.

---

[124] Como se prescribe en el Código Contencioso-Administrativo de la Provincia de Buenos Aires (art. 13, CPCA).

[125] JUAN PABLO MARTINI, "El alcance de los conceptos de «interés», «derechos de incidencia colectiva» y «legitimación»", en ReDA, núm. 61, Buenos Aires, Depalma, 2007, pág. 731.

[126] CARLOS MANUEL GRECCO (*Impugnación de disposiciones reglamentarias,* Buenos Aires, Abeledo Perrot, 1988, págs. 63 y ss.) subrayó, en su momento, la conveniencia técnica de eliminar "un dualismo que sólo confusión aporta", sosteniendo que debía hablarse de "interés tutelado", postura seguida en el Código Procesal Contencioso Administrativo de la Provincia de Buenos Aires (art. 12).

[127] Cfr. MARÍA JEANNERET DE PÉREZ CORTÉS, "La legitimación del afectado, del defensor del pueblo y de las asociaciones. La reforma constitucional de 1994 y la jurisprudencia", ED, Suplemento de Derecho Administrativo de 29/4/04. Cfr., asimismo, MARÍA JEANNERET DE PÉREZ CORTÉS, "La legitimación del afectado, del defensor del pueblo y de las asociaciones. La reforma constitucional de 1994 y la jurisprudencia", en La Ley, 2003-B, 1333-1355 y en Suplemento La Ley de la *Revista del Colegio Público de Abogados de la Capital Federal*, julio 2003, núm. 26; de la misma autora "Legitimación en el proceso contencioso administrativo", su exposición en las Jornadas sobre derecho procesal administrativo. Universidad Católica Argentina, 1999, en *RAP* Ciencias de la Administración, Buenos Aires, 2000, núm. 267, págs. 9-22; "Las partes y la legitimación procesal en el proceso administrativo", en JUAN CARLOS CASSAGNE (dir.), *Derecho procesal administrativo*. Obra en homenaje a Jesús González Pérez, Buenos Aires, Hammurabi, 2004, págs. 461-511; "La legitimación y el control judicial. El alcance del control judicial del ejercicio de las funciones administrativas públicas", en *Documentación administrativa*, núms. 269-270, Madrid, Instituto Nacional de Administración Pública, 2004, págs. 7-27.

Así, una persona será portadora del derecho que le abre el acceso a un proceso concreto para la satisfacción de una pretensión sustantiva o adjetiva, ya fuere el derecho puramente subjetivo u objetivo-subjetivo, a condición de que concurran los requisitos de ilegitimidad y perjuicio o lesión.

B) *Los elementos que configuran la legitimación procesal activa (ordinaria y anómala o extraordinaria)*

El punto de equilibrio de la legitimación procesal se encuentra en las condiciones que permiten configurar la existencia de la situación que alega una persona para ser parte en un proceso concreto pues, como es obvio, en la medida en que esas condiciones no resulten exigibles para acceder a la justicia, o simplemente no existan como presupuestos de la legitimación, el sistema se transforma en una suerte de justicia objetiva, generalizándose la acción procesal (que es básicamente subjetiva) como una acción pública, que cualquier ciudadano puede interponer invocando la defensa de la legalidad.

El análisis de los textos constitucionales revela que esa no ha sido la finalidad del constituyente ni existe cláusula alguna que establezca, en forma preceptiva, la acción popular. Tampoco la recoge el artículo 43 de la Constitución, el cual, al reglar el proceso de amparo, acuerda legitimación procesal al afectado, sin perjuicio de la legitimación extraordinaria que se le reconoce al defensor del pueblo y a las organizaciones de usuarios y consumidores.

El andamiaje de la legitimación activa se arma a partir del reconocimiento de un derecho propio, inmediato y concreto del litigante[128], tal como lo ha reconocido la jurisprudencia de la Corte Suprema[129]. Es decir que, salvo los supuestos de legitimación anómala[130] (que más adelante analizamos) el derecho que invoque el litigante activo no puede ser ajeno, mediato ni abstracto sino perteneciente a su círculo de intereses, a su zona vital, como alguna vez ha resuelto la jurisprudencia[131].

Este primer requisito se completa con un segundo, representado por la exigencia de que se alegue, sobre la base de fundamentos de hecho y de derecho, con suficiente fuerza de convicción, la configuración de una lesión o perjuicio en cabeza del titular o titulares del derecho o del grupo de personas, en su caso.

---

[128] Véase FERNANDO R. GARCÍA PULLÉS, *Tratado de lo contencioso-administrativo*, t. II, Buenos Aires, Hammurabi, 2004, págs. 556-557, y jurisprudencia allí citada.

[129] *Zaratiegui, Horacio y otros c/ Estado Nacional s/ nulidad de acto legislativo*, Fallos, 311:2580 (1988), cons. 3°; *Lorenzo, Constantino c/ Nación Argentina*, Fallos, 307:2384 (1985), cons. 4°, recopilados por ESTELA B. SACRISTÁN.

[130] Supuestos reconocidos en el art. 43 de la Const. Nal.

[131] Véase CNACAF, Sala III, *Schoeder J. c/ EN* del 08/9/94, La Ley, 1994-E, 449.

El tercer elemento de la legitimación activa está constituido por la ilegalidad, o mejor dicho, ilegitimidad de la conducta estatal o pública que se cuestiona en el proceso[132].

En definitiva, para justificar la legitimación activa ordinaria se requiere la presencia de un derecho propio, inmediato y concreto atado a un "cordón umbilical" representado por una unión o vínculo entre ilegalidad (o ilegitimidad) y perjuicio[133].

De otra parte, a raíz de la última reforma constitucional (arts. 43 y 120), se admiten una serie de sujetos legitimados que pertenecen a la figura que, en el derecho procesal civil, se conoce con el nombre de "legitimación anómala o extraordinaria"[134] en el sentido de que el ordenamiento reconoce la aptitud de determinados sujetos para ser parte en los procesos judiciales en los que invoquen la defensa de intereses ajenos, como son las organizaciones de usuarios y consumidores[135] (aunque también puedan representar un interés propio y común), el defensor del pueblo[136] y el ministerio público[137].

---

[132] La sistematización de estos requisitos la hemos hecho a la luz del excelente artículo de ESTELA B. SACRISTÁN, titulado "Notas sobre legitimación procesal en la jurisprudencia norteamericana y argentina", en VICTOR BAZÁN (coord.), *Defensa de la Constitución. Garantismo y controles. Libro en reconocimiento al Dr. Germán J. Bidart Campos,* Buenos Aires, Ediar, 2003, págs. 381 y ss.

[133] CNACF, sala V *in re, Consumidores Libres Coop. Ltda. c/ Estado Nacional* del 20/10/95, en La Ley, 1995-E, 469 con nuestra nota, JUAN CARLOS CASSAGNE, "De nuevo sobre la legitimación para accionar en el amparo", La Ley, 1995-E, 469-471.

[134] LINO E. PALACIO, *Derecho procesal civil*, t. I, 2ª ed. reimp., Buenos Aires, Abeledo Perrot, 1986, pág. 407.

[135] El art. 43 de la Const. Nal., establece que podrán interponer acción de amparo, contra cualquier forma de discriminación y en lo relativo a los derechos que protegen al ambiente, a la competencia, al usuario y al consumidor, así como a los derechos de incidencia colectiva en general, "las asociaciones que propendan a esos fines, registradas conforme a la ley, la que determinará los requisitos y formas de su organización"

[136] El art. 86 de la Const. Nal., dice que el defensor del pueblo tiene legitimación procesal, al tiempo que el art. 43 establece que dicho organismo podrá interponer acción de amparo contra "cualquier forma de discriminación y en lo relativo a los derechos que protegen al ambiente, a la competencia, al usuario y al consumidor, así como a los derechos de incidencia colectiva en general [...]".

[137] Según la ley 24.946, art. 25, inc. 1°, corresponde al ministerio público "velar por la defensa de los derechos humanos en los establecimientos carcelarios, judiciales, de policía y de internación psiquiátrica, a fin de que los reclusos e internados sean tratados con el respeto debido a su persona, no sean sometidos a torturas, tratos crueles, inhumanos o degradantes y tengan oportuna asistencia jurídica, médica, hospitalaria y las demás que resulten necesarias para el cumplimiento de dicho objeto, promoviendo las acciones correspondientes cuando se verifique violación", por lo que podría actuar invocando la defensa de dichos derechos.

En tales casos, para justificar la legitimación anómala debe acreditarse la configuración del interés ajeno por el que se actúa (con todos sus requisitos como el carácter inmediato y concreto del interés, así como el concreto perjuicio o la específica lesión)[138] y no la mera ilegalidad o ilegitimidad del obrar administrativo, salvo que el ordenamiento así lo prescriba en los supuestos en que se configure una acción pública, como acontece en el derecho español en materia urbanística y de protección del patrimonio histórico y, entre nosotros, en la legislación protectora del medio ambiente[139].

Pero fuera de tales supuestos y de otros que la Constitución o las leyes consideren que sean dignos de esta clase de protección, los legitimados anómalos no están facultados para promover acciones públicas y deben acreditar la legitimación que invocan para ser parte en un proceso concreto, en una causa o controversia, como lo requiere el artículo 116 de la Constitución, cuando determina la competencia de la justicia federal.

De lo contrario, se introduce un elemento de bloqueo en el sistema de separación de poderes[140], susceptible de entorpecer o impedir la acción de los órganos ejecutivo y legislativo dentro del cauce del equilibrio constitucional, con la consiguiente "judicialización" de la política que los gobiernos realizan, especialmente en el campo de los servicios públicos.

9. Los derechos de incidencia colectiva y el amparo constitucional

La Constitución reformada de 1994 consagra, como una novedad de nuestro ordenamiento jurídico, la ampliación del amparo judicial para los llamados derechos de incidencia colectiva (art. 43). Esta ampliación de la figura del amparo se inscribe en una corriente mundial que se caracteriza por su fuerza expansiva global constituyendo el mecanismo que ha tenido el "mayor protagonismo" en la tutela de los derechos fundamentales[141].

---

[138] En punto a la legitimación del defensor del pueblo pueden consultarse: Gerónimo Rocha Pereyra, "La interpretación judicial sobre la legitimación del defensor del pueblo", EDA 2004, págs. 404-425, esp. págs. 418-420; Javier Guiridlian Larosa, "La legitimación del defensor del pueblo y el carácter expansivo de los efectos de la sentencia en un reciente caso jurisprudencial", RAP, núm. 290, Buenos Aires, 2002, págs. 47 y ss.; Sergio Napoli, "La legitimación procesal del defensor del pueblo", REDA, núm. 44, Buenos Aires, Depalma.

[139] Ley 25.675, art. 30 *in fine*.

[140] Véase Rodolfo C. Barra, "La Corte Suprema de Justicia de la Nación y la separación de poderes", en La Ley, 1993-E, págs. 796-805, esp. 800; Barra, "La legitimación para accionar. Una cuestión constitucional", en Juan Carlos Cassagne (dir.), *Derecho procesal administrativo*, obra en homenaje a Jesús González Pérez, t. I, Buenos Aires, Hammurabi, 2004, págs. 543-635. En las mismas aguas se ubica la doctrina norteamericana emanada de un actual juez de la Corte Suprema de Estados Unidos: Antonin Scalia, "The Doctrine of Standing as an Essential Element of the Separation of Powers", en *Suffolk Law Review*, 1983, vol. 17. págs. 881 y ss.

[141] Corvalán, *Amparo y salud pública...*, cit., pág. 605.

La fórmula constitucional abarca tanto a los titulares de derechos subjetivos (v. gr., la persona que sufre un daño ambiental concreto y determinado) como a los derechos subjetivos no patrimoniales[142] o bien, a los derechos de incidencia colectiva, variando el reconocimiento de la legitimación en cada caso.

Cuando se trata de la violación de un derecho subjetivo (incluso del llamado interés legítimo), la calidad para promover el proceso corresponde al "afectado" (Const. Nal., art. 43, 2ª parte) que es la persona que sufre, concretamente, la lesión o amenaza de perjuicio la cual, a su vez, precisa acreditar la ilegalidad o arbitrariedad manifiesta del acto lesivo (Const. Nal., art. 43, 1ª parte).

En cambio, y en ello radica la principal innovación constitucional, la protección de los derechos de incidencia colectiva se opera mediante una ampliación de la base de legitimación a favor de personas que no se encuentran personalmente afectadas por el acto lesivo como el defensor del pueblo y las asociaciones que propendan a la defensa de esa clase de derechos (de incidencia colectiva) lo que no implica consagrar una acción estrictamente objetiva, ya que, en todos los supuestos, se tendrá que acreditar tanto la arbitrariedad o ilegalidad manifiestas como la lesión o amenaza de lesión a esos derechos concretos de las personas, en el marco de un caso o controversia a fin de evitar que se pueda incurrir, en determinados casos, en situaciones afines al sistema corporativista, opuesto al modelo del Estado de derecho republicano, representativo y democrático, diseñado por la Constitución[143].

10. LA TUTELA DE LA LEGALIDAD Y LA ACCIÓN POPULAR

La tutela de la legalidad ha pasado por distintas fases en la evolución de los mecanismos procesales de protección en el derecho comparado. El sistema más clásico arranca en el derecho francés con el recurso por exceso de poder que exigía, como un requisito de seriedad para su apertura, la configuración de un interés personal y directo, lo que condujo a discusiones interminables acerca del carácter objetivo o subjetivo de este tipo de proceso contencioso-administrativo. Entre los antecedentes que pueden mencionarse, no sin olvidar el ridículo proceso sin partes que promovió el nazismo, cabe mencionar el proceso de impugnación judicial de reglamentos del derecho español e incluso nuestro inorgánico régimen previsto en el artículo 24 de la Ley Nacional de Procedimientos Administrativos hasta los procesos de amparo en Latinoamérica que son los que encarnaron con mayor eficacia y amplitud la

---

[142] Véase: BELTRÁN GAMBIER - DANIEL LAGO, "El medio ambiente y su reciente recepción constitucional", en JUAN CARLOS CASSAGNE (dir.), *Estudios sobre la reforma constitucional*, Buenos Aires, Depalma, 1995, págs. 1-19.

[143] Como señala GUIDO S. TAWIL, *Administración y justicia. Alcance del control judicial de la actividad administrativa*, t. II, Buenos Aires, Depalma, 1993, pág. 81.

defensa de la legalidad y el cuestionamiento de la arbitrariedad, sobre todo de la Administración pública.

Como consecuencia de las nuevas ideas acerca de la trasposición de una democracia representativa a una de tipo participativo o semi-directa[144], se confió la tutela genérica de la legalidad a ciertos órganos independientes ya sea que pertenezcan al Estado *lato sensu* (v. gr. defensor del pueblo) o bien, que sean ajenos al mismo cuando, por ejemplo, tengan por objeto la defensa de intereses públicos generales o sectoriales (v. gr. organismos no gubernamentales).

En el sistema representativo que instauró la Constitución de 1853 la tutela de la legalidad, en el ámbito administrativo, correspondía, en principio, al Estado a través de diversos órganos (v. gr. procurador del tesoro, cuando promovía denuncias o acciones de lesividad o al ministerio público, en materia penal)[145].

En cuanto hace a la vigencia de ese esquema constitucional, la reforma de 1994 y el ordenamiento legislativo han ampliado la tutela de la legalidad en dos sentidos: a) con el reconocimiento de la legitimación del defensor del pueblo para promover acciones de amparo conforme al artículo 43 de la Constitución y b) por medio de la recepción en nuestro ordenamiento de la figura de la acción popular en materia de cesación de actividades generadoras de daño ambiental colectivo, que consagra el artículo 30 *in fine* de la ley 25.675[146].

La diferencia entre la acción popular o acción pública (como se denomina en España a la existente en materia urbanística) y los procesos colectivos es que la figura del legitimado prácticamente no existe (al no haber una especial relación entre el sujeto procesal y el objeto del proceso) pues la acción la puede deducir cualquier persona[147] en el mero interés de la ley. A nuestro juicio, la acción de cese de actividades nocivas al medio ambiente configura un claro supuesto de acción popular.

Este tipo de acciones se inscriben en un escenario favorable a la socialización de los mecanismos de derecho procesal y, consecuentemente, de la defensa de derechos colectivos[148], si bien puede resultar, en ciertos casos, una

---

[144] Lo cual si bien resulta contrario al sistema representativo puro de nuestra forma de gobierno, nada menos que en el art. 1° de la Const., no se puede desconocer que la reforma constitucional de 1994 introduce muchas instituciones y principios que reconocen el derecho de participación.

[145] En el ordenamiento constitucional y legal de la Ciudad de Buenos Aires la defensa de la legalidad se asigna al ministerio público, véase: DANIELA UGOLINI, "El ministerio público en la Ciudad de Buenos Aires", en JUAN CARLOS CASSAGNE (Dir.), *Tratado de derecho procesal administrativo*, t. I, Buenos Aires, La Ley, 2007, págs. 291 y ss.

[146] AUGUSTO MARIO MORELLO – CLAUDIA B. SBDAR, *Acción popular y procesos colectivos*, Buenos Aires, Lajouane, 2007, págs. 129 y ss.

[147] JUAN CARLOS MORÓN URBINA, *El control jurídico de los reglamentos de la administración pública*, Lima, Gaceta Jurídica, 2014, págs. 13 y ss. En Perú, el control de los reglamentos ilegales puede canalizarse por medio de la acción popular.

[148] Vid: AUGUSTO MARIO MORELLO, "Legitimaciones plenas y semiplenas en el renovado proceso civil. Su importancia", en AA.VV., *La legitimación*, obra en homenaje al Profesor

herramienta para tutelar situaciones jurídicas dignas de esta clase de protección, puede conducir, no obstante las buenas intenciones de quienes lo predican, a una litigiosidad mayúscula, que obture la marcha de los procesos judiciales ordinarios y aún extraordinarios, ya que los jueces no podrán dar abasto a las demandas tendientes a satisfacer las pretensiones generalizadas de los ciudadanos. Pero lo más preocupante sea, quizás, el hecho de que la utilización de esta clase de acciones supone una mínima cultura jurídica del pueblo y sobre todo, que los niveles de corrupción sean bajos para evitar que estas acciones sean utilizadas por abogados sin escrúpulos que, mediante demandas sin fundamento, logren que se rechace o acepten pretensiones que transformen la ilegalidad en legalidad, mediante la extensión de la cosa juzgada *erga omnes*.

Precisamente, el peligro que podría generar una extensión desmesurada del instrumento procesal de la acción popular radica en que los legitimados pasivos también se han ampliado como consecuencia de la atracción que ejerce, ya sea por la ley o la jurisprudencia, el fuero contencioso administrativo federal o provincial con respecto a las causas en que son parte empresas privadas prestadoras de servicios públicos, lo cual, en el escenario actual, podría generar todo tipo de abusos y batallas judiciales interminables. Esto no es óbice a que, bien reglamentadas y circunscritas, puedan servir, como cualquier proceso colectivo, al interés general y a la realización de los derechos fundamentales de la persona humana. Desde luego, que las atendibles finalidades sociales que persiguen tanto las acciones populares como los procesos colectivos en general, no debieran funcionar como instrumentos de aniquilación de los derechos individuales (o derechos de primera generación) ni de la seguridad jurídica basada en los postulados del Estado de derecho, en el que la justicia debe ser la principal garante del equilibrio y armonía social.

Como se ha dicho con acierto, "las anheladas reformas de nuestros sistemas de justicia —que obviamente comprende al crucial tema de la legitimación— dependen, en grado prevalente, de la adecuada preparación y aprovechamiento de los recursos humanos y la consecuente promoción de los cambios culturales necesarios para instalar las transformaciones"[149].

11. La globalización: su influencia sobre el principio de legalidad

La generalización del comercio entre los países así como los cambios tecnológicos que se producen —en estos tiempos— con extraordinaria aceleración, influyen sobre los sistemas jurídicos nacionales, los cuales conllevan la necesidad a adaptarse a las reglas propias del mercado internacional.

Lino Enrique Palacio, coordinada por el autor, Buenos Aires, Abeledo Perrot, 1996, pág. 67.

[149] ROBERTO O. BERIZONCE, "La legitimación, los códigos uniformes y la enseñanza del derecho procesal", en AA.VV., *La legitimación*, obra en homenaje al Profesor Lino Enrique Palacio, cit., págs. 522-523.

Este proceso, iniciado primero en el seno del derecho mercantil de raíz romano-germánica, ha forzado los cauces del derecho privado y amenaza con socavar los fundamentos en que se asienta el derecho público de Europa continental, sobre cuyas bases se han configurado los derechos de los Estados latinoamericanos. Algo similar ha ocurrido en el campo de la protección de los derechos humanos, con la peculiaridad del carácter vinculante que tienen determinados principios y derechos consagrados en diversos tratados internacionales a raíz de la jerarquía constitucional que les reconoce la Constitución (art. 75 inc. 22).

El quiebre del clásico principio de la legalidad, concebido sobre los principios de soberanía y estatalidad de la ley, fue consecuencia de la caída del positivismo legalista en Europa tras la segunda guerra mundial, provocada por la insuficiencia de los esquemas formales para resolver los requerimientos de la comunidad, en un mundo jurídico integrado con normas legales provenientes de fuentes distintas a las leyes en sentido formal y material.

A su turno, la fragmentación del principio de legalidad se incrementó merced al desarrollo del derecho comunitario europeo, que modificó el sistema de las fuentes normativas. La evolución de variados sistemas internacionales también contribuyó a dicha fragmentación al crear reglas, sin base democrática, con la finalidad de ordenar y fomentar el equilibrio de las finanzas de los países y el intercambio comercial (v. gr. Banco Mundial, FMI, OMC, etc.) a las que se sumaron otros organismos creados por convenciones internacionales, cuyas decisiones, en algunos casos, tienen carácter preceptivo, mientras que en otros, carecen de obligatoriedad y efectos vinculantes.

En este escenario complejo se encuentra hoy el derecho público iberoamericano que, en menor medida que el europeo, resulta influenciado por la fuerza de un derecho internacional que pretende imponer un monismo a ultranza, aunque el primer país del mundo (Estados Unidos de Norteamérica) no lo acepta, excepto en determinadas instituciones.

El problema que se plantea, a la luz del principio de legalidad, estriba en la unidad que caracteriza cualquier proceso de globalización de los intercambios internacionales. Porque esa unidad solo puede concebirse en determinados sectores, sin que pueda predicarse respecto de las instituciones configuradas en torno a una concepción diversa del derecho aplicable. Así, el derecho continental europeo, que se apoya en un sistema de reglas escritas que persigue la realización del interés general o bien común, en el que el derecho interno, pese a las vicisitudes y cambios, sigue manteniendo una base democrática en su proceso de formación, se diferencia del derecho que rige en los países anglo-sajones, en los que el papel del juez y de los precedentes constituyen el eje del sistema jurídico[150]. Con todo, no se puede desconocer que la construcción del derecho comunitario europeo refleja una tendencia hacia la unidad

---

[150] Vid: MARCEL POCHARD, "Sobre la influencia del derecho continental europeo en los derechos latinoamericanos", REDA núm. 62, Buenos Aires, LexisNexis, 2007, págs. 997 y ss.

de los sistemas nacionales, los cuales, no obstante, mantienen su diversidad y peculiaridades, sin arribar aun a la fusión total de los distintos ordenamientos jurídicos.

En el caso de los países de Iberoamérica, cuyos derechos administrativos han seguido las aguas de los derechos continentales europeos (configurados entre otros aspectos, sobre el reconocimiento de potestades o prerrogativas de poder público), la idea de un derecho administrativo global se torna aún más problemática. La globalización del derecho administrativo en Iberoamérica se presenta como un proceso parcial, muchas veces de carácter regional (Mercosur y Pacto Andino) que solo puede concebirse y tener sentido si se apoya en los principios que nutren al Estado de derecho.

Esta última afirmación no implica, desde luego, que no pueda sostenerse la existencia de un derecho administrativo internacional (como antes se decía) limitado a determinadas instituciones internacionales o (como se dice ahora) de un espacio administrativo global[151] en el que rigen normas aplicables a un determinado sector de la economía internacional.

Resulta indudable que la globalización, aún cuando limitada y sectorial puede originar una fuente de legalidad de carácter transnacional susceptible de incidir en distintos aspectos de las relaciones entre los particulares, las instituciones internacionales y los Estados adheridos a esas nuevas formas de producción normativa. Tal es la situación que generan los llamados acuerdos de integración comercial y económica.

En otros casos, la influencia de la globalización se proyecta por medio de directivas que, si bien carecen de eficacia obligatoria, son adoptadas por las administraciones públicas que las incorporan en sus regulaciones o en sus contratos (*soft law*)[152].

No creemos, sin embargo, que esas directivas o lineamientos impliquen, en la actualidad, la configuración de un derecho común similar a la *Lex Pública Mercatoria* porque al no ser obligatorias y, por tanto, vinculantes, su recepción en el marco de cada país queda librada al arbitrio de los diferentes Estados.

En suma, el fenómeno de la globalización que, en principio, debiera ser neutro[153], no permite establecer, por el momento, un derecho administrativo

---

[151] BENEDICT KINGSBURY - NICO KRISCH - RICHARD B. STEWART, "El surgimiento del derecho administrativo global", *Res Pública Argentina 2007-3*, Buenos Aires, RAP, págs. 25 y ss.

[152] OSCAR AGUILAR VALDEZ, "Sobre las fuentes y principios del derecho global de las contrataciones públicas" (en prensa) texto correspondiente a la disertación del autor en las Jornadas de Derecho Administrativo, organizadas por el Departamento de Posgrado especialización en Derecho Administrativo y Económico de la Universidad Católica Argentina, Buenos Aires, agosto 2008.

[153] ALBERTO M. SÁNCHEZ ("Influencia del derecho de la integración en el proceso de internacionalización del derecho administrativo argentino", RAP año XXIX-348, XXXII Jornadas Nacionales de Derecho Administrativo, págs. 55 y ss.) afirma que "[...] la globalización es un

global, dotado de principios y reglas comunes, que se apliquen a todos las instituciones estatales. Es cierto que actualmente hay una mayor influencia de las institucionales internacionales, sean o no públicas, sobre los Estados y los particulares, que la que ejercen los Estados sobre dichas organizaciones internacionales.

Pero la falta de sistematización de los diferentes sistemas internacionales vigentes dificultan la unidad que precisan los ordenamientos jurídicos basados, preponderantemente, en un derecho escrito y codificado, como son los ordenamientos de los países iberoamericanos que adoptaron, en sus derechos administrativos, instituciones y principios de origen romano-germánico.

Lo cierto es que, a raíz de la globalización se ha producido un paralelo crecimiento del proceso de fragmentación de la legalidad basada en la soberanía del Parlamento, y consecuentemente, en la estatización del derecho, lo cual plantea el gran problema de compatibilizar el derecho trasnacional con el derecho interno, así como la necesidad de establecer procedimientos y órganos que solucionen los conflictos en supuestos de colisión de los respectivos ordenamientos. Sin embargo, a tenor de lo prescrito en el artículo 75 inciso 22 de la Constitución, el principio de convencionalidad o derecho de los tratados integra el bloque de constitucionalidad pero cede frente a los derechos y garantías fundamentales de la primera parte de la Constitución Nacional y deben armonizar, además, con los principios de derecho público que prescribe nuestra Carta Magna (art. 27).

A su vez, los tratados de integración que deleguen competencias y jurisdicción a organizaciones *supra* estatales están limitados en su validez constitucional, a que se celebren en condiciones de igualdad y reciprocidad y respeten el orden democrático y los derechos humanos (Const. Nal., art. 75 inc. 23).

En definitiva, el desafío que enfrentan nuestros países en un mundo cada vez más globalizado no es otro que la compatibilización entre la unidad y la diversidad, manteniendo el fondo común de los principios que integran el Estado de derecho y el orden democrático[154], en un escenario en el que la legalidad, con sus nuevas fuentes de producción normativa y de costumbres, tendrá que seguir desempeñando papel decisivo como garantía de los derechos de los ciudadanos y de las personas jurídicas.

---

fenómeno neutro que, de suyo no es ni positivo ni negativo: será negativo en la medida que contribuya a la implementación de lo que denomina el pensamiento único, de las hegemonías, del unilateralismo; pero va a ser muy positivo si lo convertimos en una herramienta fundamental para fortalecer la hermandad universal del género humano, para acentuar el regionalismo, para fomentar el multiculturalismo" (*op. cit.,* pág. 56).

[154] Cfr. Fausto de Quadros, "A europeização do Contencioso Administrativo", en *Separata de Estudios en Homenaje al Doctor Marcello Caetano,* Faculdade de Direito de Universidade de Lisboa, Lisboa, Coimbra Editora, 2006, pág. 403.

CAPÍTULO VIII

LOS PRINCIPIOS INSTITUCIONALES Y SECTORIALES DEL DERECHO ADMINISTRATIVO

1. LIMINAR

El derecho administrativo nació como un derecho no codificado y se fue formando como una disciplina integrada básicamente por principios forjados desde afuera de los ordenamientos positivos. Con un alto componente de equidad, se gestó sobre la base de un conjunto de principios generales creados por la labor conjunta de la jurisprudencia del Consejo de Estado francés y de la doctrina, las que supieron forjar una sólida amalgama que constituyó el soporte fundamental de su posterior desarrollo.

Constituye una verdadera paradoja que este proceso de creación pretoriana de una rama del derecho ocurriera prácticamente sin intervención del legislador en un país que contaba con una tradición tan favorable a la soberanía de la ley, de mayor peso que la existente en el resto de Europa continental.

Es cierto también que la mayor parte de las instituciones francesas consiguieron perdurar y supieron adaptarse a los principios del Estado de derecho republicano y democrático, aspecto que merecería reflexiones más profundas que las efectuadas hasta ahora en el campo de la historia del derecho francés.

Porque al aceptarse la creación pretoriana del derecho por el Consejo de Estado francés, hasta el jurista menos avisado puede captar el valor que adquieren los principios generales que dimanan de esa jurisprudencia que, ante la ausencia de regulación legislativa, adquieren generalidad y cuando tienen su fuente en los precedentes del Consejo Constitucional se hallan por encima de la ley por el valor constitucional que se les atribuye (al inspirarse en el Preámbulo de la Constitución). En cualquier caso, prevalecen siempre sobre los reglamentos[1].

En otras palabras, salvo el caso de Alemania, en el que prevaleció la influencia de la llamada Escuela de Viena (KELSEN, OTTO MAYER y MERKL), en el derecho administrativo francés y con él en todos los que siguieron sus huellas, no prendió tanto el positivismo legalista como en el resto de Europa.

---

[1] JACQUELINE MORAND-DEVILLER, *Cours de droit administratif*, 7ème éd., Paris, Montchrestien, 2001, págs. 251 y ss., esp. pág. 254.

Este singular proceso de creación de un derecho *in fieri* (o en formación) cambia también la perspectiva del principio de legalidad al que debe ajustarse la Administración pasándose a integrar, además de la ley positiva, por la justicia y los principios generales que se van desarrollando sucesivamente mediante la creación pretoriana del Consejo de Estado francés y de la doctrina iusadministrativista.

Otro recurso de no menor trascendencia radicó en la utilización de la técnica de la analogía con las instituciones del derecho civil para cubrir las lagunas que presentaba el derecho administrativo, mediante una hermenéutica que contribuyó a dotar de relativa autonomía a la ciencia del derecho administrativo que pasó, de ese modo, a contar con un sistema y un método propio del derecho público.

Ahora bien, el estudio de los principios generales del derecho administrativo (sean institucionales o sectoriales) hace necesario analizar previamente la cuestión de las fronteras entre el derecho público y el derecho privado, habida cuenta que hay principios —como la buena fe— que siendo comunes a esas grandes divisiones del derecho, constituyen un requisito que hace a la configuración de un principio general del derecho administrativo (v. gr. el de confianza legítima).

2. DIFICULTADES DE UNA SISTEMATIZACIÓN DE LOS PRINCIPIOS GENERALES

Tal como ocurre con las ciencias en general[2] un rasgo común de todas las clasificaciones acerca de los principios generales es el de su caducidad ya que muchos de ellos van buscando la compatibilización con nuevos principios generales emergentes con los que precisan lograr su integración o, al menos, su armonización.

Veamos lo que ocurre con el principio de la competencia de los órganos y entes administrativos cuya rigidez ha ido cediendo hasta pasar del principio de la permisión expresa al de la permisión implícita y finalmente, al principio de especialidad, de un modo similar a lo que acontece con las personas jurídicas privadas.

Sin embargo, el principio de competencia de los órganos y entes administrativos requiere la compatibilización con otros principios medulares del nuevo derecho público. Tal es lo que resulta de aplicar a la competencia el principio *in dubio pro libertate* que impide que se configure una competencia implícita o fundada en el principio de la especialidad cuando los órganos o entes administrativos emitan actos de gravamen en los que la norma atributiva de competencia debe ser expresa.

---

[2] JOSÉ FERRATER MORA, *Diccionario de filosofía*, t. I, bajo la dirección de JOSEP-MARÍA TERRICABRAS, Barcelona, Ariel Filosofía, 1999, pág. 556.

Mientras hay principios generales que poseen un carácter institucional que se refieren fundamentalmente a la organización administrativa y como tales se vinculan con todas las categorías de la disciplina, hay otros que siendo tan trascendentes como ellos se vinculan a un determinado sector como es el principio de la tutela judicial efectiva en el ámbito del denominado "contencioso-administrativo".

No obstante, esta clase de principios sectoriales se conectan con los principios institucionales en la medida en que todos ellos forman parte de un sistema vivo y complejo[3] que tiene como eje el principio de la dignidad de la persona, cuyo funcionamiento efectivo depende, más que de los textos positivos, de principios enraizados en la historia e idiosincrasia de cada país.

Por esas razones, antes que ubicarlos en una u otra categoría hemos optado por exponer un catálogo de aquellos principios generales, de naturaleza institucional o sectorial, propios del derecho administrativo, que juzgamos más trascendentes para la protección de los derechos fundamentales o humanos de las personas.

3. EL PRINCIPIO DE LA COMPETENCIA

Si bien el fundamento de la competencia puede hallarse tanto en la idea de eficacia (que conlleva la necesidad de distribuir las tareas entre órganos y entes diferenciados) como en una garantía para los derechos individuales[4], cierto es que esta institución se encuentra erigida fundamentalmente para preservar y proteger —de una manera objetiva y muchas veces genérica— el cumplimiento de las finalidades públicas o de bien común que la Administración persigue[5].

La competencia puede considerarse desde muchos puntos de vista y su significado ha originado grandes desacuerdos doctrinarios[6]. Ella puede analizarse en su condición de principio jurídico fundamental de toda organización pública del Estado y, también, en su faz dinámica y concreta, como uno de los elementos esenciales del acto administrativo.

---

[3] JAVIER BARNÉS VÁZQUEZ, "El procedimiento administrativo en el tiempo y en el espacio. Una perspectiva histórica comparada", en HÉCTOR POZO GOWLAND – DAVID ANDRÉS HALPERIN – OSCAR AGUILAR VALDEZ – FERNANDO JUAN LIMA – ARMANDO CANOSA (Dirs.), *Procedimiento administrativo*, t. I, cit., págs. 240-241.

[4] RAFAEL ENTRENA CUESTA, *Curso de derecho administrativo*, Madrid, Tecnos, 1970, pág. 178.

[5] RENATO ALESSI, *Sistema istituzionale del diritto amministrativo italiano*, 2ª ed., Milán, Giuffrè, 1958, págs. 179-183.

[6] RAFAEL A. ARNANZ, *De la competencia administrativa (con especial alusión a la municipal)*, Madrid, Montecorvo, 1967, págs. 21 y ss.

En el plano de las organizaciones públicas estatales constituye el principio que predetermina, articula y delimita[7] la función administrativa que desarrollan los órganos y las entidades públicas del Estado con personalidad jurídica.

Desde otra perspectiva, la competencia puede ser definida como el conjunto o círculo de atribuciones que corresponden a los órganos y sujetos públicos estatales[8] o bien con un alcance jurídico más preciso, como la aptitud de obrar o legal de un órgano o ente del Estado[9].

En la doctrina italiana predomina, en cambio, un criterio similar al que utiliza la ciencia procesalista para circunscribir la competencia del juez, habiéndose sostenido que la idea de competencia se define como aquella medida de la potestad de un oficio[10].

Al propio tiempo, otro sector doctrinario ha intentado distinguir entre competencia y atribución, sosteniendo que, mientras la primera se refiere a la emanación de los actos como una derivación directa del principio de articulación, la segunda se relaciona con el poder genéricamente considerado e implica el otorgamiento con carácter necesario y único de una determinada facultad a un órgano[11].

En lo que puede considerarse la antípoda doctrinaria se ubican algunos autores españoles que propician exactamente el criterio opuesto, caracterizando a la competencia por su sentido genérico y objetivo y por ser predicada en

---

[7] FORSTHOFF entiende que la competencia traduce al mismo tiempo una autorización y una delimitación (ERNEST FORSTHOFF *Tratado de derecho administrativo*, trad. del alemán, Madrid, Centro de Estudios Constitucionales, 1958, pág. 573).

[8] JUAN CARLOS CASSAGNE, *El acto administrativo*, Buenos Aires, Abeledo-Perrot, 1974, pág. 189; HÉCTOR J. ESCOLA, *Tratado general de procedimiento administrativo*, Buenos Aires, Depalma, 1973, pág. 44, *in fine*. La mayoría de la doctrina limita los alcances del principio a los órganos, excluyendo a los sujetos; JOSÉ A. GARCÍA TREVIJANO FOS, *Tratado de derecho administrativo*, t. II, Madrid, Editorial Revista de Derecho Privado, 1967, págs. 380 y ss.; BARTOLOMÉ A. FIORINI, *Manual de derecho administrativo*, t. I, Buenos Aires, La Ley, 1968, pág. 230; MANUEL M. DIEZ, *Derecho administrativo*, t. II, Buenos Aires, Bibliográfica Omeba, 1963, pág. 29.

[9] ENRIQUE SAYAGUÉS LASO, *Tratado de derecho administrativo*, t. I, Montevideo, Talleres Gráficos Barreiro, 1963, pág. 191; RAFAEL A. ARNANZ, *De la competencia administrativa (con especial alusión a la municipal)*, cit., pág. 26, en el mismo sentido: HUTCHINSON, *Ley Nacional de Procedimientos Administrativos*, t. I, Buenos Aires, Astrea, 1985, pág. 87.

[10] FRANCESCO D'ALESSIO, *Istituzioni di diritto amministrativo*, t. I, Turín, Unione Tipografica Editrice Torinense, 1939, pág. 230; RENATO ALESSI, *Istituzioni di diritto amministrativo*, cit., ed. italiana, pág. 99; MASSIMO S. GIANNINI, *Diritto amministrativo*, t. I, Milán, Giuffrè, 1970, págs. 219 y ss.

[11] MASSIMO S. GIANNINI, *Lezione di diritto amministrativo*, t. I, Milán, Giuffrè, 1950, pág. 96, y del mismo autor, *Diritto amministrativo*, cit., t. I, págs. 220-221, postura que entre nosotros ha seguido FIORINI (*Manual de derecho administrativo*, cit., t. I, pág. 125).

las diversas administraciones como figura opuesta a la atribución, resultando esta última de las manifestaciones específicas y concretas de los propios órganos que la ejercen[12].

En la doctrina uruguaya hay quienes, siguiendo a BONNARD, piensan que las atribuciones que configuran la materia constituyen las "tareas o prestaciones" que desarrollan los órganos[13], mientras que para otro sector la idea de atribución se vincula más bien a las facultades que derivan del cargo público, tratándose de un concepto cercano al de poderes o potestades de los órganos administrativos, considerando que es preferible reservar el término "cometidos" para designar las tareas estatales[14].

El panorama doctrinario expuesto demuestra hasta qué punto la búsqueda de una distinción convencional entre competencia y atribución puede conducir a resultados radicalmente opuestos, ante la inexistencia de algún mecanismo que permita diferenciar —con una precisión tan siquiera elemental— dos etapas de un mismo proceso: el reconocimiento de la atribución y su ejercicio, cualquiera fuere la nominación que convencionalmente se les asigne.

El error en que incurren los partidarios de la distinción deriva de definir la competencia como la medida de la potestad de un órgano, siguiendo un criterio similar a la doctrina procesalista que caracteriza a la competencia como la medida de la jurisdicción[15], mientras que la competencia consiste en la aptitud legal para ejercer dichas potestades y ser titular de ellas.

Esa competencia tiene, ante todo, una raíz objetiva, en el sentido de que a partir de la formulación del régimen administrativo napoleónico, ella no surge más de la sola voluntad del monarca o funcionario, sino que se hallará predeterminada por la norma. Este principio de objetivación de la competencia no implica, empero, la eliminación de la actuación discrecional en la elección del criterio o de la oportunidad para dictar el pertinente acto administrativo, pero exige que la aptitud legal del ente o del órgano de la Administración se base en una norma objetiva.

En la doctrina del derecho administrativo suele afirmarse que la competencia se distingue de la capacidad del derecho privado (donde esta constituye la regla o principio general) por constituir la excepción a la regla, que es la

---

[12] ARCE MORÓN, cit. por GALLEGO ANABITARTE, *Derecho general de organización*, Madrid, Instituto de Estudios Administrativos, 1971, pág. 117.

[13] APARICIO MÉNDEZ, *La teoría del órgano*, Montevideo, Amalio M. Fernández, 1971, pág. 128; SAYAGUÉS LASO (*Tratado de derecho administrativo*, cit., t. I, pág. 49) considera más exacta la palabra cometidos, que significa "comisión", "encargo", y "expresa bien el concepto de tarea o actividad asignada a la entidad estatal", cit., t. I, pág. 49, nota 1.

[14] SAYAGUÉS LASO, *Tratado de derecho administrativo*, cit., t. I, pág. 49.

[15] ALESSI, *Istituzioni di diritto amministrativo*, cit., t. I, pág. 99.

incompetencia[16]. Es lo que se ha denominado el postulado de la permisión expresa[17].

Pero la comparación no puede realizarse —tratándose de entidades— con la capacidad de las personas físicas sino con la correspondiente a las personas jurídicas y, en tal sentido, existe cierta semejanza entre ambas instituciones, en la medida en que sus criterios rectores se encuentran regulados por el principio de la especialidad[18]. La aplicación del principio de la especialidad para la interpretación de los alcances de la competencia de entes y órganos no debe entenderse como un retorno al criterio de la competencia subjetiva. Ello es así, porque la especialidad del órgano de que se trate no va a surgir de su propia voluntad sino de la norma objetiva que establezca las finalidades para las cuales el órgano fue creado, o bien, de su objeto institucional.

De ese modo, el ámbito de libertad del órgano administrativo va a estar acotado por el fin que emana de la norma y no por el que surja de la voluntad del funcionario.

Una vez determinada la especialidad, y dentro de sus límites, la competencia es la regla. Fuera de aquella, la competencia es la excepción.

Este principio de la especialidad, que supera la necesidad de que la competencia esté expresa o razonablemente implícita en una norma, no se verifica con relación a los actos de gravamen ni respecto de la materia sancionatoria, habida cuenta de la prevalencia, en su caso, de los principios del derecho penal (*nullum crimen nulla poena sine lege*, la tipicidad y las garantías sustantivas y adjetivas), no rigiendo, en esos casos, la analogía ni la interpretación extensiva. El fundamento para limitar la extensión de la competencia expresa en materia de actos de gravamen se encuentra en el principio contenido en el artículo 19 de la Constitución.

Sin embargo, el principio de la especialidad no desplaza la posibilidad de que la aptitud del órgano o ente surja, en forma expresa o implícita[19], de una norma completa atributiva de competencia y ello es conveniente en cuanto reduce el margen de actuación discrecional de la Administración, brindando mayores garantías a los administrados.

---

[16] MIGUEL S. MARIENHOFF, *Tratado de derecho administrativo*, t. I, 5ª ed., act., Buenos Aires, Abeledo Perrot, 1995, pág. 592; MANUEL M. DIEZ, *Derecho administrativo*, 2ª ed., t. II, Buenos Aires, Plus Ultra, 1976, pág. 40; MARCEL WALINE, *Droit administratif*, 9ème éd., Paris, Sirey, 1963, pág. 452.

[17] JUAN F. LINARES, "La competencia y los postulados de la permisión", RADA, núm. 2, Buenos Aires, Universidad del Museo Social Argentino, 1971, págs. 14 y ss.

[18] CASSAGNE, *El acto administrativo*, cit., pág. 191.

[19] Sup. Corte Bs. As., "Sciammarella Alfredo v. Prov. de Buenos Aires", ED, 99-214.

Pero la especialidad sigue siendo siempre la regla, ya que la finalidad puede surgir no solo de una norma completa sino también de un principio de normación o de un principio general del derecho.

En definitiva, el principio de la especialidad se vincula con el fin de la competencia de cada órgano o ente, el cual surge no solo de las atribuciones expresas o implícitas (que suponen siempre un desarrollo o interpretación extensiva de las facultades expresas) sino, fundamentalmente, de la enunciación de objetivos, principios de normación (como las atribuciones genéricas) y de las facultades inherentes, que son aquellas que, por su naturaleza, fundamentan la creación y la subsistencia del órgano, y sin las cuales estas carecen de sentido[20].

Con todo, existe una diferencia fundamental entre capacidad y competencia, pues mientras el ejercicio de la primera cae dentro del arbitrio de su titular, el ejercicio de la competencia es, por principio, obligatorio[21].

La competencia configura jurídicamente un deber-facultad, no existiendo realmente un derecho subjetivo a su ejercicio cuando ella es desarrollada por órganos; excepcionalmente tal derecho existirá si ella es invocada por sujetos o personas jurídicas públicas estatales[22], con las limitaciones propias de las normas que resuelven los llamados conflictos inter-administrativos[23].

El análisis de la institución en la doctrina y en el Derecho positivo permite deducir sus caracteres fundamentales, que son los siguientes:

a) Es objetiva, en cuanto surge de una norma que determina la aptitud legal sobre la base del principio de la especialidad[24].

b) En principio, resulta obligatoria, cuando el órgano no tenga atribuida la libertad de escoger el contenido de la decisión o el momento para dictarla.

---

[20] Se ha dicho que el principio de especialidad sirve para definir el contenido de lo implícito (cfr. Julio R. Comadira, *Acto administrativo municipal*, Buenos Aires, Depalma, 1992, pág. 24). En un trabajo posterior, recogiendo la crítica que en su momento formulamos, dicho autor acepta que el principio de la especialidad también define el contenido de lo inherente (cfr. Julio R. Comadira, "Reflexiones sobre la regulación de los servicios públicos privatizados y los entes reguladores", ED, 162-1134), con lo que su postura en ese aspecto no puede considerarse totalmente como una tercera posición entre las dos corrientes fundamentales (permisión y especialidad), ni tan opuesta a nuestra tesis. En el mismo sentido véase: Julio R. Comadira, *Procedimientos administrativos (Ley Nacional de Procedimientos Administrativos, anotada y comentada)*, con la colaboración de Laura Monti, Buenos Aires, La Ley, 2002, pág. 156.

[21] Cfr. Marienhoff, *Tratado de derecho administrativo*, cit., t. i, pág. 592.

[22] Ernst Forsthoff, *Tratado de derecho administrativo*, cit., pág. 575.

[23] Ley 19.983, art. 1º.

[24] Tomás Hutchinson, *Ley Nacional de Procedimientos Administrativos*, cit., págs. 92 y ss., quien postula en definitiva la tesis de que la competencia debe surgir del ordenamiento expreso o en forma razonablemente implícita (nota 27).

c) Es improrrogable, lo cual se funda en la circunstancia de hallarse establecida en interés público por una norma estatal[25].

d) Es irrenunciable, perteneciendo al órgano y no a la persona física que lo integra[26].

Los principios de obligatoriedad e improrrogabilidad han sido recogidos en nuestro país por la Ley Nacional de Procedimientos Administrativos[27].

4. El principio de la delegación administrativa

Como excepción al principio de la improrrogabilidad de la competencia aparece la figura jurídica denominada "delegación". Se trata, en sustancia, de una técnica que traduce la posibilidad de producir el desprendimiento de una facultad por un órgano que transfiere su ejercicio a otro[28].

No obstante no habérselas distinguido debidamente por la doctrina, si nos atenemos a la realidad, hay que discriminar dos especies fundamentales: a) delegación legislativa, y b) delegación administrativa[29].

La primera es totalmente extraña a la relación jerárquica. Se opera cuando el órgano legislativo delega, dentro de los límites que le marca la correcta interpretación constitucional, el ejercicio de facultades en el ejecutivo[30]. En tal sentido, la Corte Suprema de Justicia de la Nación ha expresado que "es jurisprudencia conocida de esta Corte la que admite tal delegación de las facultades del Congreso para que las ejerza más allá de las ordinarias de

---

[25] Benjamín Villegas Basavilbaso, *Derecho administrativo*, cit., t. II, pág. 259; Renato Alessi, *Istituzioni di diritto amministrativo*, cit., t. I, págs. 100-101.

[26] Marienhoff, *Tratado de derecho administrativo*, cit., t. I, págs. 594-595; ley 5350, art. 3º, de la Provincia de Córdoba.

[27] LNPA, art. 3º, que expresa "Su ejercicio constituye una obligación de la autoridad o del órgano correspondiente y es improrrogable".

[28] Flaminio Franchini, *La delegazione amministrativa*, Milán, Giuffrè, 1950, pág. 12; Giuseppe Fazio, *La delega amministrativa e i rapporti de delegazione*, Milán, Giuffrè, 1964, págs. 7-9; Juan Luis de la Vallina y Velarde, *Transferencia de funciones administrativas*, Madrid, Instituto de Estudios de Administración Local, 1964, págs. 14 y ss.; Luis Morell Ocaña, *La delegación entre entes en el derecho español*, Madrid, 1972, págs. 39-41.

[29] Fazio, *La delega amministrativa e i rapporti...*, cit., págs. 9-10. La clasificación, si bien responde a un criterio orgánico, se justifica por la diversidad casi total de sus regímenes jurídicos. Así, por ejemplo, la llamada delegación legislativa no requiere norma que la autorice, siempre que se acepte, desde luego, su constitucionalidad. El sistema de responsabilidad también difiere.

[30] Sobre el particular, puede consultarse el exhaustivo estudio de Alfonso Santiago (h.) - Valentín Thury Cornejo, *Tratado sobre la delegación legislativa*, Buenos Aires, Ábaco, 2003.

reglamentación que le otorga el art. 99 (ex art. 86, inc. 2º), ley fundamental, aunque dentro de los límites previstos en su art. 28"[31].

La segunda especie de delegación, que puede o no darse en el terreno de la relación jerárquica, admite a su vez dos subespecies: 1) delegación inter-orgánica, y 2) delegación inter-subjetiva.

A) Delegación inter-orgánica

La delegación inter-orgánica consiste en la transferencia de facultades, por parte del órgano superior al órgano inferior, que pertenecen a la competencia del primero. Se trata de una técnica transitoria de distribución de atribuciones, en cuanto no produce una creación orgánica ni impide el dictado del acto por el delegante, sin que sea necesario acudir por ello a la avocación, pues la competencia le sigue perteneciendo al delegante, pero en concurrencia con el delegado.

Como la delegación es un instituto de excepción[32] que crea una competencia nueva[33] en el delegado, ella requiere el dictado de una norma que la autorice, principio que recoge el artículo 3º de la Ley Nacional de Procedimientos Administrativos[34].

¿Cuál debe ser la naturaleza de la norma que autoriza la delegación? Si bien con anterioridad al dictado de la ley 19.549 se había sostenido que la norma autorizativa debía ser una ley (en sentido formal)[35], tal postura ya no puede sostenerse si se tiene en cuenta que el reglamento también es fuente de la competencia, como se ha visto. Por ello, la norma que autoriza la delegación puede revestir naturaleza legal o reglamentaria. En concordancia con esta interpretación, el propio RLNPA autoriza a los ministros y a los órganos directivos de entes descentralizados a delegar facultades en los inferiores jerárquicos[36].

En el sistema nacional, al no hallarse prevista la facultad de delegar respecto de los superiores de los órganos descentralizados, estos se encuentran sometidos al nivel de delegación que estatuyan los ministros[37].

---

[31] *Roisman, Miguel Ángel c/ Nuevo Banco Italiano*, Fallos 283:443 (1972).

[32] Marienhoff, *Tratado de derecho administrativo*, t. I, cit., pág. 599; Villegas Basavilbaso, *Derecho administrativo*, t. II, cit., pág. 263; Guido Zanobini, *Curso de derecho administrativo*, t. I, trad. del italiano, Buenos Aires, Arayú, 1954, pág. 187.

[33] Cfr. De la Vallina y Velarde, *Transferencia de funciones administrativas*, cit., pág. 101.

[34] Rafael M. González Arzac, "La competencia de los órganos administrativos", ED 49-886.

[35] Fiorini, *Manual de derecho administrativo*, cit., t. I, pág. 131.

[36] Art. 2º, decr. 1759 de 1972 (t.o. por dec. 1883/1991).

[37] Cfr. González Arzac, "La competencia de los órganos administrativos", cit., pág. 886.

B) *Delegación entre entes públicos*

Partiendo de la idea de que la separación absoluta entre el Estado y los entes locales ha sido totalmente superada[38], la doctrina española contemporánea[39] postula su procedencia y efectiva existencia como figura propia, reconociendo no obstante la escasa aplicación que de ella se hace en aquellos países que han seguido los lineamientos del régimen local vigente en Francia[40].

En Italia, esta modalidad de delegación, que en un principio había sido rechazada por la doctrina[41], ha sido expresamente reconocida en el artículo 118 de la Constitución de 1947, que la consagra en forma amplia, lo cual ha operado el cambio de criterios que se advierte en las obras de autores que con posterioridad se han ocupado de analizar esta institución[42].

Aunque todavía esta figura no ha sido recogida orgánicamente por el derecho público argentino en el orden nacional, creemos que, si bien debería ser objeto de regulación legislativa a los efectos de una determinación precisa de su régimen jurídico, nada se opone a su aceptación en nuestro sistema constitucional[43]. En tal caso, la norma que autorice la delegación debe tener igual rango que la norma que atribuya al ente la competencia[44].

C) *Las figuras de la suplencia y sustitución*

La diferenciación entre la suplencia y la delegación viene caracterizada por la circunstancia de que en la primera no existe propiamente una transferencia de competencia de un órgano a otro sino que consiste en una modificación de la titularidad del órgano, en razón de que el titular de este se halla en la imposibilidad de ejercer la competencia. La suplencia, en principio, no repercute en la competencia del órgano cuyo titular no pueda ejercerla (v. gr., en caso de

---

[38] José A. García Trevijano-Fos, "Titularidad y afectación en el ordenamiento jurídico español", en *Revista de la Administración Pública*, núm. 29, Madrid, Instituto de Estudios Políticos, 1959, pág. 57.

[39] Morell Ocaña, *La delegación entre entes...*, cit., pág. 121.

[40] Eduardo García de Enterría, "Administración local y administración periférica del Estado: problemas de articulación", en *La administración española. Estudios de ciencia administrativa*, Madrid, Instituto de Estudios Políticos, 1961, pág. 121.

[41] Santi Romano, "Il Comune", en *Primo trattato completo di diritto amministrativo italiano*, t. II-I, Milán, 1932, p. 602 y ss.

[42] Fazio, *La delega amministrativa e i rapporti...*, cit., págs. 219 y ss.

[43] Sobre la delegación en las constituciones provinciales, Hutchinson, *Ley Nacional de Procedimientos Administrativos*, t. I, cit., págs. 102 y ss.

[44] V. gr., si la entidad descentralizada ha sido creada por el Congreso, en ejercicio de sus propias facultades constitucionales, la norma autorizativa ha de ser una ley formal.

enfermedad)[45]. Ella se efectúa *ope legis*, en forma automática, siendo total, a diferencia de la delegación, que solo puede referirse a funciones concretas[46] y requiere una declaración de voluntad del delegante.

La sustitución se funda, en cambio, en las prerrogativas de control que tiene el órgano superior sobre el inferior, y procede en supuestos de deficiente administración o abandono de funciones en que incurra el órgano que es sustituido[47]. La sustitución configura una excepción al principio de la improrrogabilidad de la competencia, siendo necesario que una norma expresa la autorice[48].

D) *La intervención*

El control represivo que ejercen los superiores jerárquicos, como consecuencia del poder de vigilancia, puede acarrear que aquellos dispongan la intervención administrativa de un órgano o de una entidad jurídicamente descentralizada. Este tipo de intervención, que no siempre implica la sustitución o reemplazo del órgano intervenido, se distingue de la llamada intervención política (v. gr., intervención federal a las provincias), de la que más adelante nos ocuparemos.

Su procedencia no requiere de norma expresa, aun cuando se trate de un poder que emana de la zona de reserva del poder ejecutivo (Const. Nal., art. 99, inc. 1º). Empero, la decisión de intervenir un órgano o entidad no puede ser arbitraria ni discrecional, debiendo obedecer a causas graves[49] que originen una situación anormal que no sea posible corregir con el empleo de los medios ordinarios y propios del poder jerárquico.

E) *La delegación de firma y la sub-delegación*

La llamada delegación de firma no importa una verdadera delegación, en sentido jurídico, en virtud de que no opera una real transferencia de competencia, sino que tan solo tiende a descargar una porción de la tarea material del delegante. En este caso, el órgano delegado carece de atribuciones para dictar actos administrativos por sí, limitándose sus facultades a la firma de los

---

[45] Marienhoff, *Tratado de derecho administrativo*, cit., t. i, págs. 602-603; García Trevijano-Fos, *Tratado de derecho administrativo*, cit., t. ii, págs. 388-389.

[46] Franchini, *La delegazione amministrativa*, cit., pág. 21.

[47] La doctrina ha distinguido dos posibles modalidades que puede exhibir la técnica de la sustitución, a saber: la sustitución por subrogación y la sustitución por disolución (cfr. Miriam M. Ivanega, "Los principios de la organización administrativa", en *Documentación Administrativa*, núms. 267-268, Madrid, Instituto Nacional de Administración Pública, 2004, pág. 198).

[48] Principio que recoge el art. 3º de la LNPA.

[49] Marienhoff, *Tratado de derecho administrativo*, cit., t. i, pág. 686.

actos que le ordene el delegante, quien en definitiva asume la responsabilidad por su contenido.

La delegación de firma constituye un instituto de excepción que requiere para su justificación y procedencia el cumplimiento conjunto de dos condiciones: a) debe tratarse de actos producidos en serie o en cantidad considerable; b) el objeto del acto ha de estar predominantemente reglado, sin perjuicio de que reviste carácter discrecional la oportunidad de emitirlo y la elección de la alternativa escogida.

En España, la delegación de firma se halla regulada en la Ley de Procedimiento Administrativo, donde se distingue la delegación de la firma para competencias decisorias de aquellas delegaciones referidas a simples trámites de naturaleza interna[50].

En lo que concierne a la sub-delegación hay que advertir que —constituyendo el instituto de la delegación una excepción al principio de la improrrogabilidad de la competencia— no resulta lógico aceptar que la transferencia de funciones pueda ser nuevamente objeto de una segunda delegación por parte del delegado, lo cual, extendiendo el proceso, podría llegar hasta el órgano de inferior jerarquía de la organización administrativa. Por esa causa, la sub-delegación es, en principio, improcedente, salvo autorización expresa de la norma o del delegante originario[51].

F) *La avocación*

La avocación, que funciona en un plano opuesto a la delegación[52], es una técnica que hace a la dinámica de toda organización y que, por tanto, asume un carácter transitorio y para actuaciones determinadas. Ella consiste en la asunción por el órgano superior de la competencia para conocer y decidir en un acto o asunto que correspondía a las facultades atribuidas al órgano inferior[53].

---

[50] Art. 41, aps. 2º y 3º, Ley de Procedimiento Administrativo de España.

[51] La jurisprudencia de la Corte ha declarado que no existe óbice constitucional para que el poder ejecutivo pueda subdelegar en organismos inferiores de la Administración las facultades atribuidas por el Congreso para integrar la ley en aquellos supuestos en que la propia ley atribuye al poder ejecutivo la posibilidad de transferir la función delegada por el Congreso ("Verónica SRL s/ apelación ley 20.680", Fallos, 311:2339 [1988]). Similar posición adoptó en "Cerámica San Lorenzo ICSA s/ apelación multa 20.680", Fallos, 311:2453 (1988), donde rechazó objeciones sustentadas en el argumento de que la ley 20.680 delegaba facultades solo en el Presidente de la Nación, pero no en sus secretarios de Estado.

[52] JOSÉ A. GARCÍA TREVIJANO-FOS, *Principios jurídicos de la organización administrativa*, Madrid, Instituto de Estudios Políticos, 1957, pág. 203.

[53] En este sentido, la C. Nac. Cont. Adm. Fed., sala 1ª, en el caso *Gamboa, Manuel v. Secretaría de Transporte*, fallado el 8/6/2000, ha señalado que "la avocación implica tomar una sola decisión del inferior, con la que se agota" (cfr. La Ley 2000-F, 633).

Su razón de ser radica en la conveniencia de armonizar el principio de la improrrogabilidad con la eficacia y celeridad que debe caracterizar en ciertos casos a la acción administrativa.

En cuanto a su fundamento jurídico, cabe considerar que se trata de una institución que proviene de la potestad jerárquica[54]. Resulta, a nuestro juicio, una obligada consecuencia de dicha fundamentación jurídica la imposibilidad de admitir la avocación en las relaciones entre las entidades descentralizadas y el jefe de la Administración, por cuanto allí no hay técnicamente una completa jerarquía sino tan solo control administrativo o de tutela[55]. Debe tratarse, entonces, de una relación entre órganos de una misma persona pública estatal, cuya procedencia, si bien no requiere norma que expresamente la autorice —como la delegación—, posee un indudable carácter excepcional[56].

¿En qué casos no procede la avocación? Al respecto, el artículo 3º de la LNPA, prescribe que ella procede salvo que exista norma expresa que disponga lo contrario.

En doctrina se ha planteado además otro supuesto en que la avocación no procede: cuando la competencia hubiera sido atribuida al órgano inferior en virtud de una idoneidad especial[57], ya que en tal caso esta figura no puede justificar la emisión de actos por quienes carecen precisamente de esa idoneidad específicamente reconocida (v. gr., si un ministro se avoca a la emisión del dictamen del servicio jurídico permanente). El propio reglamento de la

---

[54] MARIENHOFF, *Tratado de derecho administrativo*, cit., t. I, pág. 595; MANUEL M. DIEZ, *Derecho administrativo*, 2ª ed., t. II, Buenos Aires, Bibliográfica Omeba, 1963, pág. 45.

[55] Aunque, en el fondo, pueda sostenerse que la tutela administrativa constituye sustancialmente una relación jerárquica atenuada.

[56] MARIENHOFF, *Tratado de derecho administrativo*, cit., t. I, págs. 595 y ss., la jurisprudencia ha señalado (C. Nac. Apels. Cont. Adm. Fed., sala 3ª, causa núm. 11.374 *Pastor, Ana María v. Universidad de Buenos Aires s/nulidad de resolución* del 17/6/1986) que "En principio, el nombramiento anticipado para funciones y empleos cuya vacante no se ha producido, ni es inminente, resulta inválido por carecer de competencia *ratione temporis* (VILLEGAS BASAVILBASO, *Derecho administrativo*, cit., t. III, pág. 310; MARIENHOFF, *Tratado de derecho administrativo*, cit., t. III-B, núm. 877; SAYAGUÉS LASO, *Tratado de derecho administrativo*, t. I, cit., núm. 159; JOSÉ CANASI, *Derecho administrativo*, t. I, Buenos Aires, Depalma, 1972-1977, pág. 581) [...] La competencia de los órganos administrativos debe ser ejercida en tiempo propio, sin que ningún funcionario pueda sustraer atribuciones correspondientes a quien lo haya de suceder en el cargo... La competencia para revocar designaciones inválidas corresponde en principio a la autoridad que lo dispuso, pero sin perjuicio del *derecho de avocación* del superior (art. 9º, ley 22.140, y su reglamentación decr. 1797 de 1980, de aplicación supletoria conforme al art. 1º de dicha ley). Esta facultad de avocación procede siempre a menos que una norma expresa disponga lo contrario (art. 3º, ley 19.549)".

[57] VILLEGAS BASAVILBASO, *Derecho administrativo*, cit., t. II, pág. 262; CASSAGNE, "La Ley Nacional de Procedimientos Administrativos", ED 42-839.

LNPA prohíbe a los ministros y órganos directivos de los entes descentralizados avocarse al conocimiento y decisión de un asunto cuando una norma le
hubiera atribuido una competencia exclusiva al inferior[58].

Se ha sostenido[59] que el dictado de una norma general posterior que estatuye
la competencia de los ministros del poder ejecutivo nacional para resolver en
última instancia los recursos jerárquicos y de alzada[60] conduce a interpretar que
ha desaparecido la limitación, para los ministros y órganos directivos de los
entes descentralizados, que respecto de la avocación establece el Reglamento
de la Ley Nacional de Procedimientos Administrativos.

Nos parece que se trata de cosas diferentes, no debiendo confundirse la competencia para resolver un recurso administrativo en último grado con la prohibición o limitación para el ejercicio de la facultad de avocarse que tiene
todo superior, en principio. Por otra parte, los fundamentos que inspiran las limitaciones en la avocación responden a garantías sustanciales, tanto expresas
como implícitas (por ej.: competencia atribuida en función a una idoneidad
especial) del ordenamiento jurídico[61].

5. La delegación legislativa

A raíz del nuevo diseño constitucional[62] no hay más anomia normativa y sin
caer en el sincretismo filosófico extremo, es posible reconocer que el respectivo
precepto no conculca la doctrina de la separación de poderes, ni siquiera en su
versión flexible y no absoluta[63], ni tampoco los demás principios y normas de
la Constitución histórica de 1853-1860, que si bien siguió las grandes líneas
del federalismo y otras instituciones del derecho norteamericano, estructuró

---

[58] Decr. 1759 de 1972, art. 2º (t. o. por decr. 1883 de 1991), v. gr., cuando la competencia
hubiese sido atribuida exclusivamente a un órgano desconcentrado.

[59] Rafael M. González Arzac, "La competencia de los órganos administrativos", en
Estudios de derecho administrativo, t. I, Buenos Aires, 1975, pág. 92, nota 20 c).

[60] Decr. 1774 de 1973.

[61] RLNPA, art. 7º, inc. d).

[62] Const. Nal., art. 76: "Se prohíbe la delegación legislativa en el poder ejecutivo, salvo
en materias determinadas de administración o de emergencia pública, con plazo fijado para
su ejercicio y dentro de las bases de la delegación que el Congreso establezca.

"La caducidad resultante del transcurso del plazo previsto en el párrafo anterior no
importará revisión de las relaciones jurídicas nacidas al amparo de las normas dictadas en
consecuencia de la delegación legislativa".

[63] Véase: Jorge Tristán Bosch, ¿*Tribunales judiciales o tribunales administrativos para
juzgar a la administración pública?*, Buenos Aires, Zavalía, 1951, págs. 37 y ss.; Roberto
Enrique Luqui, *Revisión judicial de la actividad administrativa*, t. I, Buenos Aires, Astrea,
2005, págs. 49-52.

un modelo propio y original basado en la yuxtaposición de otras fuentes (europeas y vernáculas) y fundamentalmente en la realidad histórica, política y geográfica de Argentina, como lo reconoció ALBERDI en las *Bases y en el Proyecto de Constitución*[64]. Sin embargo, el criterio de las "bases de la delegación" resulta compatible con el límite del *intelligible standard* elaborado por la jurisprudencia norteamericana al abandonar el dogma lockeano (*delegata potestas non potest delegari*), no obstante fundarse en fuentes vernáculas y europeo-continentales distintas y estructurar un sistema más restrictivo y limitado.

El artículo 76 de la Constitución no solo ha otorgado carta de ciudadanía constitucional a la delegación legislativa y a los reglamentos delegados con fundamento en un nuevo criterio dogmático sino que, además, permite llevar a cabo el deslinde de estos con los reglamentos de ejecución, antes envueltos en una interpretación tan ambigua como contradictoria que impedía precisar sus contornos constitucionales.

Dentro de los variados interrogantes que plantea la delegación legislativa tras la reforma, veamos primero si dicho precepto constituye o no un nuevo criterio constitucional, y cuál es la finalidad y alcance de la fórmula recogida en la DT8ª, al prescribir la caducidad de la "legislación delegada preexistente". En otras palabras, si la figura "legislación delegada" que emplea la Constitución resulta equivalente o no, al concepto de reglamentación delegada (o reglamento delegado) pues, según se escoja una u otra interpretación, cambia radicalmente el sentido de la DT8ª y la proyección de sus efectos.

La producción jurídica de nuestro derecho público sobre la delegación de facultades legislativas antes de la reforma de 1994 ha sido vasta y valiosa[65], aun cuando, por diferentes motivos, no llegó a alcanzar un suficiente consenso doctrinal que hiciera posible que los tribunales establecieran una línea jurisprudencial uniforme. Tampoco hubo entonces —como no lo hay ahora—

---

[64] Sobre el punto nos remitimos a nuestro trabajo: "Las fuentes de la Constitución Nacional y el Derecho Administrativo", La Ley, 2007-E, 993 y ss.

[65] RAFAEL BIELSA, *Estudios de derecho público*, Buenos Aires, Arayú-Depalma, 1952, págs. 255 y ss.; las sucesivas ediciones de su *Derecho administrativo* (la última es la 6ª, Buenos Aires, Depalma, 1964) y otros trabajos, particularmente el que lleva por título: "Reglamentos delegados", La Ley, t. 102, pág. 1061; MARIENHOFF, *Tratado de derecho administrativo*, t. I, en ediciones anteriores sostuvo la procedencia de la delegación legislativa que reitera en la 4ª ed., Buenos Aires, Abeledo Perrot, 1990, págs. 256 y ss.; SEGUNDO V. LINARES QUINTANA, *Tratado de la ciencia del derecho constitucional*, t. 8, Buenos Aires, Alfa, 1953-1963, págs. 129 y ss., quien postuló la tesis contraria; GERMÁN J. BIDART CAMPOS, *Derecho constitucional*, t. I, Buenos Aires, Ediar, 1968, págs. 762 y ss.; BENJAMÍN VILLEGAS BASAVILBASO, *Derecho administrativo*, t. I, Buenos Aires, Tea, 1949, págs. 273-280. Entre las monografías dedicadas al tema se destaca la de ALBERTO B. BIANCHI, *La delegación legislativa*, Buenos Aires, Ábaco, 1990, págs. 31 y ss., con estudio preliminar de RODOLFO CARLOS BARRA.

acuerdo en la doctrina para utilizar una terminología uniforme[66] y, por eso al igual que acontece en Inglaterra y Estados Unidos, las denominaciones utilizadas presentan una "sorprendente variedad"[67].

Con posterioridad a la reforma constitucional, la delegación legislativa ha cobrado notoria trascendencia y han sido muchos los autores que, desde el atalaya de distintas ramas o especialidades del derecho público[68], se han ocupado de esta nueva figura constitucional.

En ese contexto surgieron, como es natural en nuestro medio jurídico, diversas opiniones alrededor del sentido y alcance del nuevo artículo 76 y de la DT8ª de la Constitución Nacional, que generaron no pocas dudas interpretativas. Con todo, muchos de los interrogantes que inicialmente se formularon han quedado despejados gracias al acertado fallo de la Corte Suprema dictado

---

[66] ISMAEL FARRANDO (h), *Manual de derecho administrativo,* Buenos Aires, Depalma, 1996, págs. 263-264, utiliza la denominación de "reglamentos autorizados o de integración".

[67] Véase: HERMANN PÜNDER, "Legitimación democrática de la legislación delegada. Análisis comparativo en el derecho de los EE. UU., Gran Bretaña y Alemania", ED Suplemento de Derecho Administrativo, de 30 de abril de 2009, pág. 2, notas 3 y 4 y sus citas.

[68] GREGORIO BADENI, *Tratado de derecho constitucional,* t. III, 3ª ed., Buenos Aires, La Ley, 2010, págs. 375 y ss.; GELLI, *Constitución de la Nación Argentina. Comentada y concordada,* t. II, cit., págs. 260 y ss.; NÉSTOR PEDRO SAGÜÉS, *Elementos de derecho constitucional,* 3ª ed., Buenos Aires, Astrea, 2009, págs. 601 y ss.; AGUSTÍN GORDILLO, *Tratado de derecho administrativo,* t. I, Parte general, 4ª ed., Buenos Aires, Fundación de Derecho Administrativo, 1997, págs. VII-56 y ss.; GERMÁN J. BIDART CAMPOS, *Tratado elemental de derecho constitucional argentino,* t. VI, *La reforma constitucional de 1994,* Buenos Aires, Ediar, 1995; BARRA, *Tratado de derecho administrativo,* t. I, cit., págs. 465 y ss.; ALBERTO RICARDO DALLA VÍA, *Derecho constitucional económico,* Buenos Aires, Abeledo Perrot, 1999, págs. 543 y ss.; HUMBERTO QUIROGA LAVIÉ - MIGUEL ANGEL BENEDETTI - MARÍA DE LAS NIEVES CENICA CELAYA, *Derecho constitucional argentino,* t. II, Santa Fe, Rubinzal Culzoni, 2001, págs. 1110 y ss.; CARLOS F. BALBÍN, *Curso de derecho administrativo,* t. I, Buenos Aires, La Ley, 2007, págs. 326 y ss. y JAVIER INDALECIO BARRAZA - FABIANA HAYDÉE SHAFRIK, *El Jefe de Gabinete,* Buenos Aires, Abeledo-Perrot, 1999, págs. 258-264. La doctrina ha producido valiosos libros y trabajos, de carácter monográfico, dedicados al tema: ALBERTO B. BIANCHI, "Horizontes de la delegación legislativa luego de la reforma constitucional", ReDA, Año 6, Buenos Aires, Depalma, 1994, págs. 379 y ss.; ALBERTO GARCÍA LEMA, "La delegación legislativa y la cláusula transitoria octava", ED 182-1286; ARMANDO N. CANOSA, "La delegación legislativa en la nueva Constitución", en JUAN CARLOS CASSAGNE (Dir.), *Estudios sobre la reforma constitucional,* Buenos Aires, Depalma, 1995, págs. 163 y ss.; JULIO RODOLFO COMADIRA, "Los reglamentos delegados", en *Acto administrativo y reglamento,* Jornadas organizadas por la Universidad Austral, Buenos Aires, RAP, 2001, págs. 679 y ss.; ALFONSO SANTIAGO (h) - VALENTÍN THURY CORNEJO, *Tratado sobre la delegación legislativa,* Buenos Aires, Ábaco, 2003 y PABLO ESTEBAN PERRINO, "El crecimiento de la potestad normativa de la Administración en los Estados contemporáneos", en *Cuestiones de derecho administrativo. Reglamento y otras fuentes del derecho administrativo,* Jornadas de la Universidad Austral, Buenos Aires, RAP, 2009, págs. 91 y ss.

en el caso *Colegio Público de Abogados de la Capital Federal*, de 4 de noviembre de 2008[69].

Para facilitar la interpretación del sistema montado por los constituyentes de Santa Fe, pensamos que si bien la doctrina ha hecho un considerable esfuerzo para analizar las motivaciones de lo que García Lema ha denominado la "reforma por dentro", corresponde sopesar el valor relativo de los debates, muchas veces contradictorios, complementándolos con el aporte de otros antecedentes que conducen a esclarecer los fundamentos o ideas que presiden la estructuración dogmática de la nueva categoría sobre la base de las fuentes de las cláusulas constitucionales que desarrollan el precepto.

Gran parte de las divergencias doctrinales surgidas se generaron, quizás, por el silencio que hasta ahora guardaron los juristas que intervinieron en la redacción de las cláusulas sobre delegación legislativa insertas en los acuerdos previos a la reforma de la Constitución[70], reproducidas después en el Núcleo de Coincidencias Básicas y en la ley declarativa de la necesidad de la reforma constitucional[71].

Dada la índole de este trabajo resulta imposible abordar en su integridad la delegación de facultades legislativas, cuyo alto grado de complejidad exhibe también el derecho comparado. Por ello, este ensayo se orientará, básicamente, a despejar las dudas interpretativas y a desentrañar la correcta hermenéutica del artículo 76 y de la DT8ª de la Constitución Nacional.

El punto de partida se centra en el análisis de dos cuestiones: a) si los principales preceptos constitucionales en juego en materia de delegación legislativa constituyen la continuación de la antiguas doctrinas elaboradas por la Corte, algunas con fundamento en el derecho norteamericano, y b) si dichos conceptos constitucionales configuran un nuevo criterio basado en una matriz distinta, cuyos elementos, si bien se ajustan al marco del principio de separación de poderes, no guardan total correspondencia con la delegación que concibe el modelo norteamericano (que, por lo demás, no fue la única fuente en que abrevó el Proyecto de Alberdi ni la obra capital del insigne tucumano, en la que se inspiraron la mayoría de las cláusulas de la Constitución de 1853).

---

[69] *In re, Colegio Público de Abogados de la Capital Federal,* Fallos 331:2406 (2008).

[70] Hacia fines de 1993 el Dr. Ricardo Gil Lavedra requirió nuestra colaboración —con conocimiento del entonces Presidente de la Unión Cívica Radical Dr. Raúl Ricardo Alfonsín— para completar la redacción de las cláusulas constitucionales que se proyectaban en materia de delegación legislativa incorporadas luego a los documentos aludidos, circunstancia que hacemos pública en esta oportunidad, sin la pretensión de adjudicarnos su autoría, habida cuenta que la Constitución es, en definitiva, una obra plasmada por los constituyentes que la sancionaron.

[71] Ley 24.039.

A) *Fuentes y objetivos del precepto constitucional (art. 76)*

Si nuestra Constitución se forjó como un producto histórico y racional[72] que, sin desmerecer el valioso aporte que recibió del modelo norteamericano, se nutre también de fuentes europeas, adaptadas a nuestra realidad vernácula mediante un sistema original y propio, la interpretación constitucional tiene que seguir forzosamente ese camino.

Este punto de partida es, quizás, la clave para poder desentrañar el alcance que tiene la delegación legislativa tras la reforma constitucional de 1994, y para ello nada mejor que reconocer que hace ya mucho tiempo que cayó tanto la rigidez de la máxima lockeana[73] (*delegata potestas non potest delegari*) como la tesis de la indelegabilidad de los poderes que sustentaban los representantes del pueblo para configurar una voluntad general infalible (ROUSSEAU) pues, pese a la resurrección que tuvo en la Constitución francesa de 1946[74],

---

[72] Véase: GERMÁN J. BIDART CAMPOS, *La tipología de la Constitución Argentina*, Anales de la Academia Nacional de Derecho y Ciencias Sociales de Buenos Aires, Año XVI, segunda época, núm. 13, y su *Tratado elemental de derecho constitucional*, t. I, 2ª ed., Buenos Aires, Ediar, 1995, págs. 101-102.

[73] En Estados Unidos se ha considerado que la delegación legislativa es inevitable en el gobierno moderno; véase: BERNARD SCHWARTZ, *Administrative Law*, 2ª ed., Boston, Little Brown and Company, 1984, pág. 34 y la 4ª ed., *Administrative Law, a casebook*, Boston, 1994, pág. 118; conocimos a éste gran jurista norteamericano en oportunidad de la visita que hizo a la Facultad de Derecho y Ciencias Políticas de la UCA a comienzos de la década del ochenta. Nos impresionó la profundidad de sus conocimientos de derecho comparado, particularmente del francés, al confesarnos su admiración por la tarea del Consejo de Estado y la doctrina de ese país, en punto a la construcción de los principios cardinales del derecho administrativo. En la conversación que mantuvimos hablamos sobre Argentina y las diferencias que existían con la Constitución norteamericana, sobre todo en materia de reglamentos de ejecución. Por lo que había leído y escuchado en los días que duró su permanencia en el país, advertía que la doctrina vernácula era muy creativa en sus construcciones teóricas, preguntándonos acerca de su grado de influencia en la jurisprudencia de la Corte Suprema. Nuestra respuesta fue que, en algunos casos, esa influencia era notoria, pese a que la Corte no hacía citas, en sus fallos, de ningún autor nacional vivo (en esa época, pues después retomó la costumbre de hacerlas).

[74] Art. 13 de la Constitución de 1946. La doctrina francesa sostiene que en un país de constitución escrita y separación de poderes el poder legislativo no se delega, vid: MAURICE HAURIOU, *Précis de droit administratif et de droit public*, 9ème éd., Paris, Sirey, 1919, pág. 85 (texto y nota 2, con cita de ESMEIN). En Francia, para superar la prohibición de delegar se acudió primero a las leyes de plenos poderes, de dudosa constitucionalidad, y a los llamados reglamentos de administración pública que no podían regular materias que, por su naturaleza, correspondían al legislador. La Constitución de 1958 introdujo una sustancial reforma en las relaciones entre la ley y el reglamento, al establecer que, salvo las materias reservadas a la ley (art. 34) "las materias que no forman parte de la ley tienen carácter reglamentario" (art. 37). De ese modo, la competencia reglamentaria pasó a ser el principio y la competencia legislativa la

el principio prohibitivo pronto fue sepultado por la realidad de los hechos, que llevaron a justificar la procedencia de la delegación legislativa como un recurso de técnica jurídica imprescindible en el mundo actual, sin perjuicio del establecimiento de límites materiales.

Porque en la batalla que se libró entre el legalismo positivista y el principio de eficacia que imponen la justicia y la realidad, la interdicción de la delegación legislativa ha quedado limitada y condicionada, en líneas generales, al respeto de la reserva legal, así como a la observancia de la separación de los poderes, la independencia del poder judicial y de otros principios constitucionales y generales del derecho que integran la legalidad, mejor dicho, proyectando la fórmula de HAURIOU, el "bloque de constitucionalidad".

En el contexto histórico comparado, la caída del dogma de la primacía de la ley y, consecuentemente, de la interdicción absoluta para delegar atribuciones o facultades a través de diferentes vertientes de la filosofía política, dio lugar a la aparición de dos concepciones antagónicas, una permisiva y otra prohibitiva, desarrolladas sobre la base de ideas distintas.

Interesa detenernos brevemente en la tendencia prohibitiva más absoluta, cuyos más conspicuos y genuinos representantes fueron TRIPPEL y ESMEIN, sobre todo en la fórmula elaborada por este último que, como se advierte de la lectura de la frase que se transcribe al pie de página[75], resulta similar a la primera definición que, sobre el concepto de delegación, hizo suya nuestra Corte en el conocido caso *Delfino*[76] y que, a nuestro juicio, fue la antesala de las confu-

---

excepción, véase: GEORGES VEDEL - PIERRE DELVOLVÉ, *Droit administratif*, t. I, 12ème éd., París, PUF, 1992, págs. 48 y ss.

[75] ADEMAR ESMEIN, *Éléments de droit constitutionnel français et comparé*, 8ème éd., París, Sirey, 1927, págs. 85-86; señaló que "no hay verdadera delegación más que cuando una autoridad investida de un poder determinado hace pasar su ejercicio a otra autoridad o persona por un acto particular o voluntario, descargando sobre el delegado el ejercicio de este poder". Este concepto de delegación concebido como una transferencia de facultades figura también en anteriores ediciones (aunque no pueda saberse cuál de ellas fue utilizada por la Corte en el caso *Delfino*) y fue objeto de reiteradas críticas de BIELSA; véase, entre otros trabajos, el antes citado "Reglamentos delegados", en el que dice: "no se delega para que un poder tenga más fuerza que otro (pues no hay —como erróneamente se ha dicho— transferencia de poder), sino para que el poder legislativo en este caso logre mayor eficacia en un área determinada con la integración de otra actividad que 'prosigue' la de él y con los límites que este traza".

[76] Fallos: 148:434 (1927). En este precedente la Corte se fundó en otro similar de la Suprema Corte norteamericana (*Unión Bridge Co.*-204-U.S. 364 de 1907) que había resuelto un caso en el que consideró constitucional una delegación que le permitía a una agencia del gobierno a fijar el monto de una multa por una contravención de policía de naturaleza penal.

En esa oportunidad, el Alto Tribunal estadounidense no define el concepto de delegación y en forma contraria a la tesis prohibitiva la admite con gran amplitud. Lo que ha sido motivo de confusión ha sido el hecho de que nuestra Corte, al par que adopta la doctrina de ESMEIN al

siones e interpretaciones contrarias sobre un mismo fallo que enfrentaron, en su momento, a los administrativistas (que postulaban la validez constitucional de los reglamentos delegados) con un sector de los constitucionalistas (que negaban su constitucionalidad)[77].

El principio prohibitivo más absoluto del derecho constitucional de la mayor parte de Europa Continental, influenciado por la prédica de la doctrina ante citada, sufrió luego gran transformación —en países como Alemania, Italia y España, y finalmente en el derecho comunitario europeo[78]— al relativizarse la prohibición, sin perjuicio de reafirmar que las reservas legales o las atribuciones privativas del legislador no podían ser objeto de delegación en el poder ejecutivo. En esa línea se inscribe Argentina con el nuevo artículo 76 de la Constitución, que, de todos modos ha implantado una fórmula que resulta ciertamente original.

La tendencia permisiva surgió bastante antes en el derecho norteamericano[79] que en Europa, al admitirse que, en principio, la delegación legislativa no alteraba la doctrina de la separación de poderes, estableciéndose diferentes formulaciones jurisprudenciales con un criterio más amplio que el europeo para terminar aceptando, ampliamente, la procedencia de la delegación legislativa. Como es sabido, ellas culminaron con la adaptación del criterio basado en el denominado estándar inteligible (*intelligible standard*).

Este breve excurso busca mostrar que la delegación legislativa, en su actual sentido en el derecho norteamericano, nació como producto de un sistema presidencialista carente del poder reglamentario de ejecución, en el que, por necesidades prácticas del gobierno, el Congreso hizo abandono del dogma prohibitivo y abrió el ancho cauce de la delegación legislativa en Estados

---

pie de la letra, la combina con la postura de la jurisprudencia norteamericana que admite la delegación con gran amplitud, además de fundar la constitucionalidad de la delegación en un precepto que se refiere a la potestad del presidente para dictar reglamentos ejecutivos (Const. Nal., *ex* art. 86 inc. 2°) lo que impide distinguir claramente este tipo de actos generales de los reglamentos delegados.

[77] Véase: ALBERTO B. BIANCHI ("La potestad reglamentaria de los entes reguladores", en *Acto y reglamento administrativo,* Jornadas organizadas por la Universidad Austral, Buenos Aires, RAP, 2001, págs. 589 y ss.) quien objeta el criterio seguido por la Corte en *Delfino* y apunta que ha sido una permanente fuente de confusión dado que "[...] mezcló unos reglamentos con otros y sostuvo que las facultades delegadas por el Congreso (reglamentos delegados) se ejercen dentro de los límites del art. 86.2 (reglamentos ejecutivos) y además, justificó todo ello con citas de la jurisprudencia de la Corte Suprema norteamericana donde aquél artículo no existe" (*op. cit.,* pág. 596).

[78] SANTIAGO MUÑOZ MACHADO, *Tratado de derecho administrativo y derecho público general,* t. II, Madrid, Iustel, 2006, págs. 598 y ss.

[79] Vid: BIANCHI (*La delegación legislativa,* cit., pág. 78) quien señala que el primer caso en que se aplicó la doctrina de la delegación fue *United States v. Brig. Aurora* del año 1813.

Unidos, con gran amplitud[80], o incluso, para algunos, prácticamente en forma ilimitada[81].

En medio de ese escenario nuestra doctrina del derecho público —tanto la partidaria como la adversaria de la delegación— comenzó a utilizar como concepto de delegación una parte de la definición adoptada por la Corte en el caso *Delfino*. La interpretación se complicó a raíz de que nuestro más Alto Tribunal, además de enrolarse en la postura que consideraba a la delegación como una transferencia o descarga de poderes interdicta constitucionalmente (tesis de ESMEIN, como se ha visto), comenzó a emplear, paralelamente, algunos criterios de la jurisprudencia norteamericana elaborados en un escenario constitucional distinto (caracterizado, como dijimos por la ausencia en la Constitución de un poder reglamentario a favor del Ejecutivo[82]). Lo notable era que el escenario estadounidense desde hacía bastante tiempo había abandonado la tesis prohibitiva absoluta[83] que, al propio tiempo, según un sector de la doctrina nacional, había sido fijada como criterio por nuestra Corte Suprema, lo cual era un error claramente advertible si se compara lo afirmado por la Suprema Corte norteamericana en el caso *Waymau vs. Southard* que citamos en la nota precedente.

Cabe reconocer que uno de los pocos juristas que escaparon de aquella *contradictio* fue el maestro BIELSA, quien sostuvo que el concepto de delegación era incompatible con la idea de transferencia o descarga de poderes legislativos en el ejecutivo (en sentido similar a la tesis que, años más tarde, desarrolló en la doctrina española GARCÍA DE ENTERRÍA)[84]. Al aceptar la validez constitucional de la delegación legislativa y de los reglamentos delegados en el marco de la

---

[80] Sobre la evolución de la delegación legislativa en el derecho norteamericano, véase: BIANCHI, *La delegación...,* cit., págs. 76 y ss.; su amplitud ha sido destacada por el *Justice* ANTONIN SCALIA, al enfatizar que "la delegación amplia[...] es el sello distintivo del Estado administrativo moderno" (Judicial deference to administrative interpretations of law, 1989, *Duke Law Journal* 511, 516, opinión transcrita por BIANCHI, en "Horizontes...", cit., pág. 380, nota 7).

[81] HERMANN PÜNDER, *Legitimación democrática de la legislación delegada,* cit., pág. 1 y ss., esp. págs. 4 y 6.

[82] EDUARDO MERTEHIKIAN, "Delegación legislativa. Vencimiento del plazo legal", La Ley, diario del 13/7/2010, pág. 1 y ss., afirma, con razón, que "la cuestión se torna más compleja tan pronto como se advierte que, en punto a la identificación del poder reglamentario del poder ejecutivo, las referencias al derecho norteamericano no siempre son una adecuada fuente de interpretación '[...] por cuanto en dicho país [...]' a más de desconocerse —como se dijo— la categoría del reglamento ejecutivo, la delegación directa del Congreso en órganos administrativos inferiores es una práctica constante".

[83] A partir del caso *Waymau v. Southard* (10, Wheaton, 1, 43) del año 1825.

[84] EDUARDO GARCÍA DE ENTERRÍA, *Legislación delegada, potestad reglamentaria y control judicial,* 3ª ed., reimp., Madrid, Thomson-Civitas, 2006, págs. 120 y ss.

Constitución de 1853-1860, el gran maestro rosarino sostenía que el concepto de delegación legislativa se define como una misión, encargo o comisión que el Congreso le hace al ejecutivo para que integre la ley y complete sus prescripciones[85].

La concepción amplia de la delegación que postulaba Bielsa, aunque no es idéntica, viene a coincidir con el criterio que estableció la Corte norteamericana en el caso *Union Bridge Co. vs. United States*[86] en cuanto a que "negar al Congreso el derecho, según la Constitución, de delegar el poder de determinar algún hecho o estado de cosas sobre las que depende la aplicación de sus promulgaciones sería 'detener las ruedas del gobierno' y provocaría confusión, si no la parálisis, en la conducción de los asuntos públicos".

Con posterioridad, el derecho constitucional argentino acuñó una tesis bastante ambigua que, en los hechos, pretendía retornar a la concepción prohibitiva absoluta de Esmein, al distinguir entre delegación propia (la delegación que transfiere competencia o el poder de hacer la ley del legislador al ejecutivo) y la llamada delegación impropia, considerada constitucionalmente válida, en cuanto se ceñía a regular los detalles o pormenores de la ley. Se trató de una teoría imprecisa que contenía, al igual que las anteriores, el germen de sus contradicciones e inconsistencias no solo por las dificultades que evidenciaba para distinguir la delegación impropia de la potestad reglamentaria de ejecución (ex art. 86 inc. 2 de la Const. de 1853 y actual art. 99 inc 2º) sino porque no se puede negar que, al delegar al ejecutivo la regulación de los detalles de la ley, con un grado de mayor o menor amplitud, se le está atribuyendo parcialmente a dicho órgano el poder de hacerla.

El nuevo criterio establecido en el primer párrafo del artículo 76 de la Constitución Nacional intenta superar esas antinomias mediante un concepto de delegación que apunta al deslinde de las materias que pueden ser su objeto, antes que a su naturaleza, a la par que consagra ciertos límites formales, cuya racionalidad nadie —que sepamos— ha puesto en duda.

Ante todo, la fórmula constitucional configura, como vamos a ver, una prohibición genérica de naturaleza relativa pues, aunque pudiera llegar a suponerse que la prohibición de la delegación legislativa (que encabeza el primer párrafo) tuviera mayor alcance, ella constituye un principio general que funciona como una suerte de válvula de cierre del sistema, que se integra con la excepción que enuncia. De ese modo, la prohibición no es absoluta y se completa con el deslinde positivo de las materias que pueden ser objeto de delegación legislativa y el deslinde negativo producto de la reserva legal, la separación de poderes

[85] Bielsa, *Estudios de derecho público,* t. III, Derecho constitucional, Buenos Aires, Arayú, Librería Editorial Depalma, 1952, págs. 255-256.

[86] 204 US p. 364, citado en el Considerando 13º del fallo *Delfino.* Agradezco especialmente la traducción del texto en inglés que realizó el Dr. Carlos José Laplacette.

y los demás principios constitucionales, sin perjuicio de los límites formales establecidos expresamente en el propio precepto constitucional.

Cabe apuntar también que las excepciones que admiten la delegación de facultades legislativas están dirigidas al presidente y no a otros entes de la Administración, como los entes reguladores[87], que carecen de potestades normativas originarias[88], porque no se puede concebir que estos ejerzan las facultades legislativas sin control alguno por parte del Congreso ni del ejecutivo, pues en tales casos tendrían más poder que el propio presidente como jefe de la Administración. Tampoco resulta razonable interpretar que el Congreso pueda delegar en el poder judicial facultades exclusivamente legislativas, como la facultad de fijar aranceles que le atribuye a la Corte Suprema el artículo 8° de la ley 23.853[89], porque se trata de facultades reservadas con exclusividad al legislativo.

La idea que presidió la fórmula de la prohibición relativa fue la conveniencia de frenar el abuso de las delegaciones generalizadas, sin límites ni plazo para su ejercicio, producto de la genuflexión y comodidad de los legisladores, que generaba la necesidad de acotar el margen de la delegación (ampliado por la Corte en el caso *Cochia*)[90], con el objeto de atenuar el poder presidencial y reafirmar la separación de los poderes, sin afectar la eficacia en el funcionamiento del gobierno federal.

Veamos ahora el nuevo criterio que preside la delegación legislativa, recogido hace poco en la jurisprudencia de la Corte[91], y cuáles fueron sus fuentes vernáculas y comparadas.

Es algo así como un trípode que, para configurar el deslinde positivo (material y formal) del objeto de la delegación legislativa requiere, como condición esencial de su validez constitucional, el cumplimiento simultáneo de tres requisitos de fondo y uno de procedimiento.

El primer aspecto sobre el cual hay que prestar atención es que la delegación legislativa es limitada y condicionada a que su ejercicio recaiga sobre materias

---

[87] En contra: AGUSTÍN GORDILLO, "Las facultades normativas de los entes reguladores", RAP 212-120.

[88] Cfr. PERRINO, "El crecimiento de la potestad normativa...", cit., págs. 99-107; así lo interpreta también, en definitiva, NALLAR, en la tesis doctoral que tuvimos el honor de dirigir en la Universidad Austral, al sostener que en el ejercicio de las potestades de reglamentación los entes reguladores no pueden acumular ni reemplazar las potestades que la Constitución prevé a favor del ejecutivo (DANIEL M. NALLAR, *Regulación y control de los servicios públicos,* con prólogo nuestro, Buenos Aires-Madrid-Barcelona, Marcial Pons, 2010, pág. 385, texto y nota 24, en la que especialmente alude a los art. 76 y 99 inc. 2º de la Const. Nal.).

[89] Cfr. CARLOS JOSÉ LAPLACETTE, "La Corte Suprema como sujeto pasivo de la delegación legislativa", La Ley, 2010-B, 1199.

[90] Fallos: 316:2624 (1993).

[91] Fallos 331:2406 (2008), en el caso *Colegio Público de Abogados de la Capital.*

determinadas. Esta idea, como muchas otras que recoge la Constitución de 1994, tiene arraigo doctrinario vernáculo[92], no siempre advertido por los autores que se han ocupado de la delegación legislativa tras la reforma constitucional. No se trata de la consagración de una figura abierta o acotada solo en sentido formal (como sería, por ejemplo, el haber establecido solamente la prohibición de delegar el poder de hacer la ley) sino de una categoría constitucional subordinada a límites materiales y formales que son precisos y determinados. En el caso de emergencia la delegación de facultades legislativas debe estar determinada con apoyo en razones fundadas, así como incluir las bases y el plazo para su ejercicio.

No hay que olvidar tampoco que otra de las finalidades que persiguió la reforma constitucional en este punto ha sido, indudablemente, el objetivo de armonizar el peso de la prohibición constitucional genérica con el principio de "mayor eficacia en el funcionamiento del gobierno federal", destacado por la Corte, en el caso *Colegio Público de Abogados de la Capital Federal*[93]. Este principio conduce a que, en la medida que la delegación legislativa quede enmarcada en los contornos de sus límites materiales y formales (positivos o negativos), se admita que pueden tener cabida en la figura constitucional adoptada cualquiera de las conocidas formas o especies que caracterizan a la delegación legislativa (recepticia, remisión normativa y deslegalización[94]), en tanto se respeten los límites constitucionales que se exponen a continuación.

B) *Límites materiales y formales*

Los requisitos de fondo contenidos en el precepto constitucional que marcan el contorno de los límites materiales y formales de la delegación legislativa: son tres

a) La materia susceptible de ser delegada por el Congreso: debe tratarse de materias de Administración o de emergencia pública. La exigencia de que las

---

[92] BIELSA (*Estudios*..., cit,, t. III, págs. 255 y ss.) afirma que "regular una parte de la ley integrándola con preceptos *limitados* por la propia ley, es realizar una tarea de carácter materialmente legislativo, mediante un acto formalmente administrativo" (*op. cit.*, pág. 258). En el trabajo posterior sobre "Reglamentos delegados...", es más terminante aún al señalar que "... por la delegación no se transfiere un poder sino que se encarga a una autoridad dictar normas que prosiguen la actividad legislativa dentro de una materia y de límites determinados. En consecuencia, el poder legislativo puede derogar las normas en cualquier momento" (La Ley 102-1071).

[93] Fallos 331:2406 (2008), Considerando 9º, párrafo tercero.

[94] Vid: nuestro *Derecho administrativo*, 9ª ed., Buenos Aires, Abeledo Perrot, 2010, págs. 190-191, y ediciones anteriores en las que adoptamos la clasificación efectuada por GARCÍA DE ENTERRÍA - FERNÁNDEZ en las sucesivas ediciones del *Curso de derecho administrativo* (cuya primera edición de Civitas se publicó en Madrid en 1974).

materias deben determinarse está tomada de la cláusula respectiva de la Constitución Española de 1978[95], pero tanto el concepto de materias de Administración —o de materias administrativas— como el de emergencia pública, tienen su fuente en la obra de BIELSA[96].

La cuestión que concierne al ámbito material de la delegación legislativa resulta una de las claves de su validez constitucional. En tal sentido, además de la doctrina del derecho público que se ha ocupado de definir las materias[97] que son propias de la Administración o inherentes al ejercicio de la función administrativa (v. gr. el funcionamiento de los servicios públicos y la recaudación fiscal, entre otras) la legislación[98] ha prescrito una lista de dichas materias que, aun cuando no sea completa, representa, al menos, una guía hermenéutica con que cuentan los jueces para decidir acerca de la constitucionalidad de la delegación legislativa.

Distinto es el caso de la emergencia pues, excepto los límites que han fijado la jurisprudencia de la Corte y la doctrina (v. gr. que se trate de una compresión transitoria de derechos individuales que no implique degradarlos ni modificarlos en forma permanente) y sus conocidos abusos[99], el ámbito material es de mayor amplitud, aunque sea mayor también la carga de probar su configuración a través de una motivación fundada razonablemente en los hechos y en el derecho, y sujeta a un control judicial amplio, no siendo la declaración legislativa de emergencia el producto de la actividad discrecional sino un concepto jurídico indeterminado susceptible de ser verificado por los jueces[100]. La categoría de la emergencia tampoco constituye una novedad que provenga, exclusivamente, del derecho norteamericano, pues reconoce una tradición constitucional arraigada en Europa Continental[101].

[95] Art. 82 CE.

[96] BIELSA, *Estudios...*, cit., t. III, pág. 274; uno de los pocos autores que advirtió esta fuente fue JULIO RODOLFO COMADIRA, "Reglamentos...", cit., pág. 686, respecto del concepto "*materias determinadas de administración*", como lo ha destacado PABLO ESTEBAN PERRINO, "Algunas reflexiones sobre los reglamentos delegados en la reforma constitucional", en CASSAGNE, *Derecho administrativo,* Obra colectiva en homenaje al Profesor MIGUEL S. MARIENHOFF, Buenos Aires, Abeledo Perrot, 1998, pág. 979.

[97] Un buen análisis sobre el contenido de este límite material del art. 76 de la Const. Nal. hace ALBERTO GARCÍA LEMA, en "La delegación legislativa y la cláusula transitoria octava", ED-182, especialmente págs. 1292-1294.

[98] Ley 25.418 (art. 2º) formulación reiterada en la ley 25.645.

[99] JAVIER URRUTIGOITY, "Del derecho de emergencia al derecho de la decadencia", en *Estudios de derecho administrativo*, vol. VIII, Mendoza, IEDA, Diké, Foro de Cuyo, 2001.

[100] Sobre la técnica de los conceptos jurídicos indeterminados nos remitimos a nuestro ensayo *El principio de legalidad y el control judicial de la discrecionalidad administrativa,* Buenos Aires-Madrid, Marcial Pons, 2009, págs. 184 y ss.

[101] Vid: ALEJANDRO PÉREZ HUALDE, "Las facultades legislativas del Poder Ejecutivo y su impacto en el régimen federal", Bogotá, VI Foro Iberoamericano de Derecho Administrativo, Universidad Externado de Colombia, 2007, pág. 561.

En ambos supuestos (materias determinadas de administración o de emergencia pública) los límites son negativos en el sentido de que, fuera de dichas materias, la delegación legislativa se encuentra constitucionalmente prohibida. Esto hace al carácter restrictivo y de excepción que tiene la delegación legislativa en nuestro sistema constitucional[102], en cuanto a las materias a las que puede referirse la delegación.

b) El segundo requisito del artículo 76 de la Constitución Nacional (que configura un límite formal) concierne a que la delegación legislativa debe otorgarse "con plazo fijado para su ejercicio", y está tomado casi literalmente de la Constitución Española[103], siendo esta otra diferencia con el derecho norteamericano, el cual exhibe una mayor amplitud en los mecanismos y criterios que presiden la delegación[104].

c) En tercer lugar, el precepto constitucional prescribe la exigencia de que la delegación legislativa se lleve a cabo "dentro de las bases que el Congreso establezca". Si bien la expresión *bases* esta inspirada en el artículo 82.3 de la CE (aunque referida a una especie de delegación destinada a formar textos articulados o la refundición de varios textos por una ley ordinaria) la fórmula que implica fijar "la política legislativa" o las directrices básicas respecto a la materia que se delega es perfectamente compatible con la del estándar inteligible (*intelligible standard*) del derecho norteamericano[105], como lo puso de relieve la Corte en el caso *Colegio Público de Abogados de la Capital Federal*[106]. Esta fue la opinión vertida por el convencional GARCÍA LEMA[107], durante el debate de la Convención Reformadora de Santa Fe.

La Corte, en uno de los considerandos del fallo antes citado, señaló con acierto que "a partir del sentido que se buscó asignar al texto constitucional y de las características del modelo seguido se desprende que:

"1ª) la delegación sin bases está prohibida y 2ª) cuando las bases estén formuladas en un lenguaje demasiado genérico e indeterminado, la actividad delegada será convalidada por los tribunales si el interesado supera la carga

---

[102] PABLO ESTEBAN PERRINO, "Algunas reflexiones...", cit., pág. 977.

[103] Art. 82, 3. C E.

[104] BIANCHI, *La delegación legislativa...*, cit., pág. 76 y ss.

[105] Ver GARCÍA DE ENTERRÍA - FERNÁNDEZ, *Curso de derecho administrativo,* 13ª ed., t. I, Madrid, Thomson-Civitas, 2006, pág. 259; BIANCHI ("Horizontes...", cit., págs. 388 y ss.) sostiene que el concepto de estándar o patrón inteligible ha sido considerado con bastante amplitud y que podría asemejarse a lo que la doctrina administrativa conoce como concepto jurídico indeterminado (*op. cit.,* pág. 390).

[106] Fallos 331:2406 (2008), considerando 10.

[107] Véase: GARCÍA LEMA, en su exposición en la Convención Constituyente (Obra de la Convención Constituyente 1994, Buenos Aires, Centro de Estudios Constitucionales y Políticos del Ministerio de Justicia de la Nación, 1995, t. IV, págs. 4887 y ss.).

de demostrar que la disposición dictada por el presidente es una concreción de la específica política legislativa que tuvo en miras el Congreso al aprobar la cláusula delegatoria de que se trate"[108].

Como se ha señalado, la Constitución estatuye también un requisito de procedimiento, que implica adicionar otro límite para determinar la procedencia y validez constitucional de la delegación legislativa. El requisito apunta al poder ejecutivo y consiste en la exigencia del refrendo del jefe de gabinete para el dictado de aquellos decretos que contengan el ejercicio de facultades delegadas por el Congreso Nacional, los cuales se hallan sometidos al control de la "Comisión Bicameral Permanente" conformada con arreglo a lo dispuesto en el artículo 99 inciso 3º de la Constitución, cuya ley constitutiva tardó más de 12 años en dictarse[109]. Este recaudo procedimental se encontraba incluido en la cláusula proyectada originalmente sobre la delegación legislativa, y fue incorporado *a posteriori* al texto de la Constitución, en el inciso 12 del artículo 100, dentro de las atribuciones y deberes del jefe de gabinete.

C) *Vinculación negativa derivada de las reservas legales para el ejercicio de la delegación legislativa*

El legislador se encuentra casi siempre vinculado negativamente con la Constitución, no obstante la existencia simultánea de vinculaciones positivas (particularmente referidas a los denominados derechos de prestación) que en los últimos tiempos, han proliferado en diferentes sistemas comparados, como consecuencia de la evolución operada en los derechos constitucionales europeos[110], cuya tendencia ha sido seguida por la reforma constitucional de 1994. A su vez, existe una vinculación positiva de la Administración con la ley en tanto la actuación administrativa precisa siempre de una habilitación previa del legislador[111] sin perjuicio de los límites que este fije a dicha actuación (vinculación negativa).

---

[108] Considerando 12, primer párrafo.

[109] Ley 26.122 sancionada el 20 de julio de 2006; vid la crítica a la situación imperante con antelación a su dictado en IGNACIO M. DE LA RIVA, "Los decretos sujetos al control del legislador en el marco de la ley Nº 26.133", en GUSTAVO BOULLADE (Dir.), *Fuentes del derecho administrativo,* Buenos Aires, Lexis-Nexis, IEDA, 2007, pág. 149.

[110] SANTIAGO MUÑOZ MACHADO, *Tratado de derecho administrativo...,* cit., t. II, págs. 902 y ss.

[111] Véase: PEDRO J. J. COVIELLO, "La denominada zona de reserva de la Administración y el principio de la legalidad administrativa", en CASSAGNE, (Dir.), *Derecho administrativo,* Obra colectiva en homenaje al profesor MIGUEL S. MARIENHOFF, cit., pág. 208; y GARCÍA DE ENTERRÍA - FERNÁNDEZ (*Curso...,* cit., t. I, 13ª ed., pág. 444) quienes explican cómo el sistema constitucional español actual hace aplicación de dicho principio (en sus arts. 91 y 103.1 de la CE entre otros preceptos), al igual que la Ley Fundamental de Bonn (art. 20 párr. 3) al prescribir que el poder ejecutivo y los tribunales están vinculados a la ley y al derecho (*op. cit.,*

En lo que concierne al objeto de este trabajo interesa destacar la vinculación negativa del legislador con la Constitución, no solo para reafirmar el sentido relativo que caracteriza a la prohibición de la delegación legislativa sino para que su ejercicio, dentro de los límites materiales permitidos por el artículo 76 de la Constitución Nacional, no altere el principio de separación de poderes y, fundamentalmente no avance sobre las atribuciones privativas del Congreso que integran la zona reservada exclusivamente a la ley.

La teoría de la "reserva legal", originada en el derecho público de Europa continental para limitar la posibilidad de que el ejecutivo reglamente el contenido de los derechos individuales de propiedad y libertad, no ha sido objeto de recepción generalizada en el derecho constitucional vernáculo. Este último, aún tras la reforma constitucional de 1994, ha seguido orientándose en materia de la delegación legislativa por las formulaciones teóricas y jurisprudenciales del derecho norteamericano, las cuales, como se ha visto, aunque son en algún aspecto compatibles con el nuevo artículo 76 de la Constitución Nacional difieren en cuanto a los principios y requisitos sustanciales que determinan el ámbito material de esa delegación. En otros términos, que lo que el Congreso puede delegar en Estados Unidos, según la práctica seguida por la legislación y jurisprudencia de dicho país[112], constituye una franja de atribuciones mucho más amplia, prácticamente ilimitada, habida cuenta la inexistencia de límites materiales determinados en la Constitución norteamericana. Por lo demás, corresponde subrayar que la laxitud de los requisitos establecidos para la delegación "han conducido a los EEUU a una «crisis de legitimidad» y son objeto de fuertes críticas como «legicidio» (legiscide)"[113].

No es nuestro propósito analizar *in extenso* la teoría de la reserva legal en el derecho continental europeo, cuya tendencia, contrariamente a lo que pudiera

---

pág. 445). Entre nosotros, la vinculación de la Administración con el principio de legalidad (concebido como principio general) se desprende una interpretación dinámica del art. 19 de la Const. Nal., que sujeta la Administración a la ley, en tanto no puede disponer ni ordenar lo que no mandan las normas legales ni privar a los ciudadanos de lo que ellas no prohíben (Cfr. nuestro libro *El principio de legalidad...*, cit., págs. 197 y ss.).

[112] BIANCHI ("Horizontes...", cit., págs. 393 y ss.) recuerda que en la historia de la jurisprudencia norteamericana existen solo dos casos significativos (*Panama Refining Co. V. Ryan y A.L.A. Sechechter Poultry Corp. V. United States*) en los que la Corte declaró la inconstitucionalidad de las leyes que delegaron en el ejecutivo facultades legislativas (*op. cit.*, pág. 393), a los que cabe adicionar, dice "*un tercer caso de menor trascendencia en el que se declaró la inconstitucionalidad de leyes que integraban el llamado New Deal de Roosevelt (Carter v. Carter Coal Co.) (op. cit.*, págs. 394-395). Entre nosotros, hay autores que han generalizado, impropiamente, la doctrina de la Corte norteamericana antes citada, dejada pronto de lado por dicho Tribunal en base a una interpretación más flexible del principio de separación de poderes (298 U.S. 238 (1936)).

[113] Cfr. HERMANN PÜNDER, *Legitimación democrática...*, cit., pág. 6, texto y nota 57.

suponerse, ha alcanzado una expansión general considerable, alcanzando a compensar "otras regulaciones de contenido político y económico general, así como a la organización del estado y sus instituciones"[114].

Cabe apuntar, no obstante, que la reserva legal se rige, en su densidad mínima, por la doctrina de la esencialidad[115], que implica adoptar un concepto evolutivo que tiene en cuenta tanto la naturaleza rígida o flexible como el carácter absoluto o relativo de la regulación. Y si bien el problema pasa siempre por establecer el alcance de esa densidad, hay materias, como la penal, en las que el umbral de delegación resulta inexistente dado que las garantías individuales en juego prohíben, de modo estricto y rígido, recurrir a la delegación legislativa (ej. para la definición del tipo penal).

Toda reserva legal debe surgir en forma expresa, implícita o inherente[116] de la Constitución, pero no toda facultad atribuida al Congreso necesariamente la configura. Aquí es donde la doctrina de la esencialidad y el juego de los principios constitucionales reconocidos en la Constitución, principalmente la separación de poderes y la independencia del poder judicial, desempeñan un papel fundamental para establecer el contenido material de cada reserva legal, como parte esencial del sistema de frenos y contrapesos que hace el equilibrio de los poderes.

En nuestro sistema constitucional no sería factible —por ejemplo— que el Congreso delegase en el ejecutivo el ejercicio de funciones judiciales[117], no solo porque es técnicamente improcedente delegar facultades que no son propias y que pertenecen exclusivamente a otro poder, sino porque se conculcaría la interdicción del ejercicio de esas funciones por parte del ejecutivo consagrada en el artículo 109 de la Constitución Nacional (*ex* art. 95), alterándose un principio constitucional rígido, de naturaleza material, tendiente a proteger la independencia del poder judicial argentino.

Al ámbito de la reserva legal pertenecen varias materias[118], desde la reglamentación de los derechos individuales de propiedad y libertad (Const. Nal.,

---

[114] SANTIAGO MUÑOZ MACHADO, *Tratado de derecho administrativo...,* cit., t. II, pág. 903.

[115] MUÑOZ MACHADO, *Tratado...,* cit., t. II, págs. 892 y ss. y págs. 902 y ss.

[116] Véase: JORGE A. AJA ESPIL, *Constitución y poder. Historia de los poderes implícitos y de los poderes inherentes,* Buenos Aires, Tea, 1987, págs. 140 y ss., al interpretar el alcance del art. 75 inc. 32 de la Const. Nal.; y nuestro *Derecho administrativo,* 9ª ed., Buenos Aires, Abeledo Perrot, 2010, págs. 476-477.

[117] Véase: ROBERTO ENRIQUE LUQUI, *Revisión judicial de la actividad administrativa,* t. I, Buenos Aires, Astrea, 2005, págs. 52-53 y 56-57; GUIDO SANTIAGO TAWIL, *Administración y justicia,* t. I, Buenos Aires, Depalma, 1993, págs. 115 y ss.; PEDRO ABERASTURY, *La justicia administrativa,* Buenos Aires, LexisNexis, 2006, págs. 3 y ss.

[118] Un buen análisis sobre las materias que componen la reserva legal ha hecho: PABLO ESTEBAN PERRINO, "Algunas reflexiones...", cit., págs. 984-988 y en "El crecimiento...", cit., págs. 96-98.

arts. 14 y 75 inc. 12) la declaración de utilidad pública de un bien objeto de una expropiación (Const. Nal., art. 17) hasta también —conforme al art. 99 inc. 3º de la Const. Nal.— aquellas materias que, por analogía, no pueden ser objeto de la potestad reglamentaria de necesidad y urgencia[119] (penal, tributaria[120], electoral o régimen de los partidos políticos[121]). Desde luego que la densidad de la reserva depende de la jerarquía y del peso de la garantía constitucional comprometida, admitiéndose, en algunas materias, como la tributaria, el carácter relativo y flexible de la reserva. En este sentido, se acepta que pueda delegarse la fijación de las alícuotas de un tributo con fundamento en un criterio determinado en la ley (por ejemplo, cuando el Congreso delega la atribución de establecer la tasa de un tributo con un tope máximo[122]) sin afectar la esencialidad de la reserva legislativa que se integra con los elementos sustanciales y constitutivos del hecho imponible[123] o de la obligación tributaria[124], habiéndose sostenido también la posibilidad de delegar aquellos aspectos puramente administrativos de dicha obligación (modalidades, plazos etc.)[125].

En síntesis, la delegación legislativa en materia tributaria "solo puede comprender los aspectos cuantitativos de la obligación…" es decir, "[...] los montos fijos y las alícuotas, y en el caso de los gravámenes *ad valorem*, el establecimiento o ajuste de sus bases imponibles"[126].

[119] NÉSTOR PEDRO SAGÜÉS (*Elementos...*, cit., pág. 604) ha considerado convincente nuestra argumentación basada en el principio interpretativo *a fortiori*.

[120] Sobre la reserva legal en materia tributaria: JOSÉ OSVALDO CASÁS, *Derechos y garantías constitucionales del contribuyente*, Buenos Aires, Ad-Hoc, 2002, págs. 213 y ss.; obra que fue la tesis doctoral del autor, calificada con sobresaliente y recomendada al Premio Facultad por el Jurado integrado por los Doctores HORACIO A. GARCÍA BELSUNCE, HÉCTOR A. MAIRAL y JUAN CARLOS CASSAGNE.

[121] GORDILLO, *Tratado de derecho administrativo*, t. I, 3ª ed., Buenos Aires, Macchi, 1995, págs. VII-58-59.

[122] Fallos 230:28 y 237:656

[123] HORACIO A. GARCÍA BELSUNCE, en la obra colectiva en homenaje al Profesor JUAN CARLOS LUQUI (coord. José Osvaldo CASÁS), Buenos Aires, Depalma, 1994, en especial págs. 39-40.

[124] BIELSA, *Estudios...*, cit., t. III, pág. 259.

[125] BIELSA, *Estudios...*, cit., t. III, págs. 258-259.

[126] Cfr. JOSÉ OSVALDO CASÁS, *Derechos y garantías...*, cit., pág. 366. Un criterio amplio, en materia aduanera de naturaleza tributaria (v. gr. Derechos de exportación) ha sido propiciado por ARÍSTIDES HORACIO M. CORTI, en su trabajo "Decretos de necesidad y urgencia y de promulgación parcial de leyes. Legislación delegante. Reglamentos delegados", publicado en ED, diario de 7 de septiembre de 2010, pág. 3, texto y nota 12, al sostener que cabe excluir del art. 76 de la Const. Nal., "los reglamentos permanentes de coyuntura para proteger los intereses inmediatos del país, especialmente en materias vinculadas con la evolución del mercado internacional y del mercado interno". Con el respeto que siempre hemos tenido por el autor nos parece que su tesis no encuentra apoyo en el sistema de la Constitución, tal como

D) *El caso "Camaronera Patagónica"*

En este precedente, la Corte ha considerado la inconstitucionalidad de las denominadas retenciones fijadas por el poder ejecutivo en ejercicio de la facultad que le confiere el artículo 755 del Código aduanero. Con buen criterio la Corte considera que dichas retenciones constituyen tributos que se encuentran sujetos a los principios constitucionales que rigen su creación (lo que surge tanto del voto de la mayoría como de la disidencia de los Drs. PETRACCHI y ARGIBAY). Coincidimos con el Alto Tribunal en el sentido de que la facultad para la creación de tributos constituye un principio esencial del sistema representativo y republicano del gobierno que le pertenece al Congreso de la Nación en forma exclusiva.

El voto de la mayoría sostiene que no es admisible la delegación en el poder ejecutivo de la facultad de fijar los elementos esenciales de los tributos pero admite que determinados aspectos como la facultad de fijar sus alícuotas dentro de una escala mínima y máxima determinada por la ley, sea susceptible de delegación y concluye que las leyes 22.415 y 25.551 que declararon en emergencia diferentes sectores de la economía no pueden considerarse, por su generalidad y latitud como fundamento válido para la creación por la Administración Nacional de Derechos de Exportación (las llamadas retenciones).

Por tanto, la decisión de la mayoría sostuvo que existió un vicio de inconstitucionalidad en la resolución 11.202 del Ministerio de Economía y que ella adolece de nulidad absoluta e insanable. No obstante, pasó a considerar los alcances de nulidad y estimó que ella rige hasta el momento que dicha resolución fue convalidada por la ley 26.135 que ratificó en bloque todas las leyes que habían delegado facultades en el poder ejecutivo.

Esta interpretación resulta equivocada por cuanto si la nulidad es absoluta e insanable no puede la ley convertir en legal un acto que contiene semejante vicio (violatorio de la Constitución) mediante una ratificación legislativa posterior, máxime cuando, por su generalidad, no ha podido contemplar el caso concreto ni el contenido, finalidad y límites constitucionales de la resolución que la propia Corte declaró nula.

En cambio, la disidencia del Dr. PETRACCHI y de la Dra. ARGIBAY que, en líneas generales, coincide con la decisión mayoritaria, no considera que la ley 26.135 pueda tener alcance de sanear los vicios de la resolución que la Corte declara inconstitucional, siendo esta, a nuestro juicio, la correcta interpretación de los preceptos de la Carta Magna.

---

se describe e interpreta en el presente ensayo. Pensamos que por más flexibilidad que se atribuya a la reserva legal en materia tributaria la ley que habita al ejecutivo a ejercer facultades legislativas debe preceptivamente contener las bases o el criterio básico que le permita a este último completarla a integrarla.

E) *Reflexiones conclusivas sobre la delegación legislativa*

Como conclusiones sobre los diferentes aspectos que presenta la delegación legislativa en Argentina, tras la reforma constitucional de 1994, pueden señalarse:

1. El principio de interdicción de la actividad legislativa del ejecutivo (art. 99, inc. 3, 2° párr.) corre en forma paralela con la prohibición de la delegación legislativa (Const. Nal., art. 76, primera parte) en cuanto constituye su proyección dogmática pues, de otro modo, bastaría con que el Congreso delegara sus atribuciones sin límite alguno al presidente para que se operase la conculcación de aquel principio, cuya finalidad fue atenuar el presidencialismo y reafirmar la separación de poderes, objetivos que junto a la independencia del poder judicial, constituyeron el núcleo esencial de la reforma de 1994. Una larga historia de delegaciones mal efectuadas en las que el ejecutivo de turno se había convertido en una suerte de legislador básico, sin límite jurídico alguno en las normas ni en la realidad, consagró, de hecho[127], una cadena continua de delegaciones de facultades legislativas en las que el Congreso abdicó de sus facultades constitucionales.

2. En relación con este problema, la reforma constitucional de 1994 diseñó una técnica constitucional tendiente a superar la defectuosa práctica imperante que, cualquiera fuera la doctrina que se escogiera, resultaba notoriamente inconstitucional. El diseño constitucional del sistema que se implantó, no siempre bien captado en el mundo de nuestro derecho público, antes que a prescribir el carácter absoluto de la interdicción de la delegación legislativa (lo que habría implicado un serio retroceso institucional si se tiene en cuenta la evolución operada en el derecho comparado), apuntó a la matización del carácter relativo de dicho principio con el de eficacia, centrando su construcción dogmática en la imposición de límites materiales y formales al ejercicio de los mecanismos mediante los cuales el Congreso delega, parcialmente, sus facultades y atribuciones en el poder ejecutivo, manteniendo la vinculación negativa con la Constitución (lo que exige respetar las reservas legales).

3. La clave que permite abrir la puerta de la delegación legislativa en el sistema constitucional argentino responde a nuestra idiosincrasia y realidad (lo cual se aprecia al incorporar la emergencia como causal de habilitación), antes que a una total inspiración en el derecho comparado, en el que también —como se ha señalado— abreva su fundamentación teórica y dogmática que, al tener en cuenta dicha realidad junto a las normas y valores en juego, integran una estructura trialista[128]. El diseño parte del principio que afirma que toda

---

[127] Bianchi, "Horizontes...", cit., pág. 401.

[128] A la tesis que sostiene la estructura trialista del mundo jurídico ha adherido Jorge H. Sarmiento García, "Introducción", en *Estudios de derecho administrativo,* vol. ix, Mendoza, Diké, Foro de Cuyo, 2003, págs. 41-43, que hemos propugnado en las diferentes ediciones

delegación constitucionalmente permitida del legislativo en el ejecutivo ha de estar limitada, determinada y condicionada al cumplimiento de los requisitos que marcan sus límites materiales y formales (materias determinadas de administración o de emergencia pública, estableciendo las bases y el plazo para su ejercicio).

4. De ese modo, el cauce de la delegación legislativa resulta en nuestro país bastante más estrecho que el establecido en la jurisprudencia norteamericana, que solo exige límites formales basados en la doctrina del estándar inteligible, siendo prácticamente ilimitada en su objeto material. Aunque la doctrina del *intelligible standard* sea perfectamente compatible con la exigencia del límite formal que consagra el artículo 76 de la Constitución al exigir que la delegación, para ser constitucionalmente válida, precisa siempre establecer las bases en las que se encuadra su ejercicio, la delegación legislativa en nuestra Constitución y, en general, en el derecho europeo, poco tiene que ver con la institución homónima del derecho norteamericano, aparte de que, como se ha visto, su recepción constitucional no se basó en dicho sistema.

5. A su vez, contrariamente a lo que alguna doctrina supone, la delegación legislativa no es producto exclusivo de los regímenes parlamentarios ni presidencialistas, ni incompatible con estos últimos[129]. Basta tener presente que la prohibición de la delegación de los poderes de la Asamblea aparece, por primera vez, en el derecho constitucional de Europa continental, con la

---

de nuestro *Derecho administrativo* (hasta la 9ª ed. inclusive, Buenos Aires, Abeledo Perrot, 2010, págs. 125-126) siguiendo al maestro Werner Golschmidt, *Introducción filosófica al derecho*, cit., págs. 18 y ss.

[129] Juan Vicente Sola (*Derecho constitucional,* Buenos Aires, LexisNexis, Abeledo-Perrot, 2006, pág. 726) sostiene que "la delegación propia, característica de los sistemas parlamentarios estaría prohibida en nuestro sistema de división de poderes", opinión que juzgamos equivocada (ya que esta clasificación nunca tuvo vigencia constitucional). Dicha afirmación nos parece que contradice lo que el propio autor dice en la nota que puso al pie de la misma página donde afirma que "la clasificación entre delegación impropia y propia es puramente didáctica ya que no determina claramente la diferencia entre ambas" (nota 2). Recordamos que autores como Bidart Campos han llegado a sostener que la delegación legislativa se refiere a delegaciones propias (que serían las genéricamente prohibidas y permitidas por excepción en el art. 76 de la Const.) así como Barra (*Tratado...,* cit., t. I, págs. 471 y ss.). En realidad, lo que estos autores entienden por delegación impropia son las facultades propias que posee el presidente para reglamentar las leyes mediante reglamentos de ejecución (Const. Nal., art. 99 inc. 2º). La confusión nos parece que obedece a la circunstancia de adoptar un ceñido concepto de la delegación como transferencia de facultades en bloque de un poder hacia otro que, nuestra Constitución, así como la norteamericana, no admiten dentro del concepto de delegación como sostenemos en el texto siguiendo a Bielsa y a García de Enterría. La delegación constituye una encomienda o encargo del Congreso al ejecutivo, dentro de los límites formales y materiales establecidos en la Constitución, en cuyo marco las reservas legales deben rigurosamente respetarse.

Revolución francesa. A su vez, Estados Unidos, que cuentan con un régimen presidencialista, fueron precursores en materia de delegación (entre otras razones por no haber regulado en su Constitución los reglamentos ejecutivos), dejando pronto de lado el principio lockeano. Por otra parte, en línea con el estado actual que presenta la evolución del derecho constitucional europeo, se ha regulado la delegación en forma más estricta que en el derecho norteamericano, evolución que demuestra cómo, en los regímenes parlamentarios puros o mixtos (v. gr. el francés de la Constitución de 1958), se han fijado límites severos al ejercicio del poder de delegar atribuciones por los Parlamentos en los ejecutivos de turno.

6. Como conclusión final cabe puntualizar que la delegación que admite el artículo 76 de la Constitución traduce siempre un encargo o comisión[130] que hace el Congreso al ejecutivo para que, dentro de los límites materiales y formales establecidos por la Constitución, complete o integre la ley pudiendo, en cualquier momento, reasumir el legislador la facultad de dictar las normas[131] que fueron objeto de la delegación.

7. La doctrina que sentó la mayoría de la Corte en el caso *Camaronera,* si bien resguarda el interés fiscal, en cuanto acepta que una resolución administrativa en materia aduanera, que fija el porcentaje gravado en concepto de derechos de exportación para consumo (vulgarmente denominadas retenciones), tenga efectos válidos a partir de su ratificación legislativa, no resulta conforme a la Constitución. En efecto, al considerar que se trata de una materia tributaria que pertenece a la reserva legal del legislativo, no puede convalidarse una delegación violatoria del artículo 76 (en razón de la materia y por no fijar las bases ni el plazo para el ejercicio de la delegación) mediante una ley que prorrogó, en forma genérica, las delegaciones pre-existentes. Esta ley, no contempló, como es obvio, ninguno de los límites o requisitos establecidos en el precepto constitucional (Const. Nal., art. 76).

6. EL PRINCIPIO DE JERARQUÍA

La jerarquía fue definida en el siglo XIX como "el conjunto de órganos armónicamente subordinados y coordinados"[132], aunque en realidad se trata

---

[130] BARRAZA - SHAFRIK (*El Jefe de gabinete,* cit., pág. 18) recuerdan nuestra adhesión a este concepto de nuestro *Derecho administrativo,* en las distintas ediciones, últimamente en la 9ª ed., cit., t. I, pág. 186.

[131] Cfr. nuestro *Derecho administrativo,* cit., t. I. pág, 185.

[132] VICENTE SANTAMARÍA DE PAREDES, *Curso de derecho administrativo,* 4ª ed., Madrid, 1894, pág. 91; MANUEL COLMEIRO, *Derecho administrativo español,* 3ª ed., Madrid, Imprenta de José Rodríguez, 1865, pág. 62.

del principio que los reduce a unidad y la recíproca situación en que están los órganos en una entidad[133].

Su noción difiere de las de autarquía y autonomía, pues mientras estas implican una relación entre sujetos, la jerarquía constituye una relación entre órganos de una misma persona jurídica[134].

Si bien la jerarquía implica siempre una relación, ella se basa en la preexistencia de una serie de órganos, caracterizados por dos figuras típicas de toda organización: la línea y el grado. La línea jerárquica se forma por el conjunto de órganos en sentido vertical, mientras que el grado es la posición o situación jurídica que cada uno de los órganos ocupa en dicha línea. Sin embargo, existen también en la organización administrativa órganos fuera de las líneas jerárquicas, que por lo común desarrollan actividades de asesoramiento en el planeamiento general[135]. Este tipo de órganos constituye una institución que en la ciencia administrativa se denomina *staff and line*[136].

Los principales efectos que se derivan de la relación jerárquica trasuntan para los órganos superiores el reconocimiento de importantes facultades, como:

1) Dirigir e impulsar la actividad del órgano inferior, dictando normas de carácter interno, de organización o de actuación y órdenes particulares.

---

[133] Luis Jordana de Pozas, cit. por Gallego Anabitarte, *Derecho general*..., cit., pág. 95. En sentido similar, Villegas Basavilbaso (*Derecho administrativo*, t. II, cit., pág. 265) quien la define como una relación de superioridad de los órganos superiores respecto de los inferiores; Miguel S. Marienhoff, *Tratado de derecho administrativo*, t. I, 5ª ed. act., Buenos Aires, Abeledo Perrot, 1995, págs. 611 y ss.; Diez, *Derecho administrativo*, t. II, cit., pág. 52; Aparicio Méndez, *La jerarquía*, Montevideo, 1950, págs. 19 y ss.

[134] García Trevijano Fos, *Tratado de derecho administrativo*, cit., t. II, pág. 416. Dice Hutchinson: "El vínculo jerárquico se da solo en la actividad administrativa. En la legislativa y en la judicial no existe la relación jerárquica. Los órganos que forman el poder legislativo en sus múltiples relaciones, se vinculan por procedimientos distintos en los que no media la subordinación. Lo mismo ocurre en el orden judicial. Los jueces actuando como tales no se vinculan jerárquicamente. La revisión de un proceso por un órgano de instancia superior es un examen técnico completamente ajeno a una primacía de naturaleza jerárquica; es solo una garantía de justicia" (Hutchinson, *Ley Nacional de Procedimientos Administrativos*, cit., pág. 107, nota 58).

[135] Entre nosotros, en el orden nacional, tal sería la actividad de los asesores de gabinete de los ministerios.

[136] Sobre la articulación de los órganos activos con el *staff and line*, José R. Dromi, "El dictamen y la formación de la voluntad administrativa", en RADA, núm. 2, Buenos Aires, Universidad del Museo Social Argentino, 1971, pág. 48.

2) Vigilar y controlar la actividad de los órganos inferiores por medio de diversos actos[137] (por ej.: pedidos de informes, rendición de cuentas, inventarios, investigaciones, etc.) y del sistema de recursos administrativos.

3) Avocarse al dictado de los actos que corresponden a la competencia del órgano inferior.

4) Delegar la facultad de emitir determinados actos que correspondan a su competencia.

5) Resolver los conflictos inter-orgánicos de competencia que se suscitan entre órganos inferiores.

6) Designar los funcionarios que ejerzan la titularidad de los órganos inferiores.

Uno de los problemas más importantes que plantea la relación jerárquica es el relativo al deber de obediencia que tienen los órganos inferiores, que se origina precisamente en el vínculo de subordinación que los une con los órganos superiores de la Administración pública.

El deber de obediencia reconoce sus limitaciones y varias son las teorías que se han ocupado de precisar sus cotos. Por de pronto, y sin perjuicio de abordar el tema con mayor detenimiento al estudiar la función pública, habida cuenta de la responsabilidad que emerge para el subordinado, puede señalarse que existen tres orientaciones distintas[138]: a) la doctrina de la reiteración, por cuyo mérito el inferior tiene la obligación de efectuar una observación si considera que el acto es ilegal, quedando desligado de responsabilidad si el superior reitera el acto frente a su observación; b) la doctrina que reconoce al inferior la facultad de ejercer un control formal de la orden que recibe (es decir, la legalidad de sus aspectos extrínsecos) y, c) la doctrina que afirma el derecho del subordinado a controlar, también, la validez material de la orden (violación evidente de la ley)[139]. Si bien las dos primeras teorías han sido expresamente adoptadas por nuestro derecho positivo en alguna etapa de su

---

[137] PIERRE DI MALTA (*Essai sur la notion du pouvoir hiérarchique*, Paris, LGDJ, 1961, págs. 143 y ss.) sostiene que el control comprende todas las prerrogativas necesarias para corregir el acto del subordinado desde la simple modificación parcial hasta la invalidación total.

[138] MARIENHOFF, *Tratado de derecho administrativo*, t. III-B, 2ª ed. act., Buenos Aires, Abeledo-Perrot, 1978, págs. 231-236.

[139] MIGUEL S. MARIENHOFF, *Tratado de derecho administrativo*, cit., t. I, págs. 616-618; VILLEGAS BASAVILBASO, *Derecho administrativo*, cit., t. II, págs. 270-272. Se ha señalado que el órgano subordinado tiene el deber de controlar la legitimidad de la orden que se le imparta a los efectos de verificar si adolece de vicios jurídicos muy graves. Comprobada la concurrencia de tales vicios, el inferior queda exceptuado de la obediencia debida. El cumplimiento de la orden jurídicamente inexistente hace pasible de responsabilidad al órgano ejecutante.

evolución[140], el régimen actual consagra la tesis que habilita al control formal de la orden[141].

7. LA INDEROGABILIDAD SINGULAR DEL REGLAMENTO

Uno de los principios más importantes del derecho público del antiguo régimen (anterior a la Revolución francesa) era el denominado de la "inderogabilidad singular del reglamento"[142]. Durante el derecho regio, el acto que instrumentaba normas de alcance general que emitía el monarca o príncipe, no podía derogarse para los casos particulares por medio de excepciones o derogaciones singulares.

Esta regla halla su fundamento en el principio de igualdad ante la ley[143], que proclama el artículo 16 de la Constitución, de estricta aplicación en materia reglamentaria.

Ahora bien, dada la prelación jerárquica que tiene el reglamento sobre el acto administrativo, que por su naturaleza es concreto y de alcance individual, este precisa adaptarse a las normas generales que prescriba aquel[144].

De este principio se desprenden consecuencias que hacen al régimen jurídico del reglamento, a saber:

(i) la Administración no puede derogar singularmente, por un acto administrativo, un reglamento, ya fuere este de ejecución, delegado, autónomo o de necesidad o urgencia;

(ii) el órgano administrativo superior puede derogar el reglamento del órgano inferior o modificarlo mediante otro acto de alcance general, si posee competencia y potestad reglamentaria[145];

(iii) el órgano administrativo superior que carece de potestad reglamentaria puede derogar un reglamento del órgano inferior, de oficio o al resolver el recurso jerárquico[146], donde se cuestione el reglamento. Pero nunca puede

---

[140] Ver, al respecto, FERNANDO GARCÍA PULLÉS, *Régimen de empleo público en la Administración nacional*, Buenos Aires, Lexis Nexis, 2005, pág. 225.

[141] Art. 23, inc. e), ley 25.164, y el mismo precepto del decr. 1421 de 2002 que la reglamenta.

[142] EDUARDO GARCÍA DE ENTERRÍA, *Legislación delegada, potestad reglamentaria y control judicial*, Madrid, Tecnos, 1970, págs. 271 y ss. Para el sistema español, conf. también: JUAN A. SANTAMARÍA PASTOR, *Fundamentos de derecho administrativo*, t. I, Madrid, Centro de Estudios Ramón Areces, 1988, págs. 320 y ss.; JOSÉ R. PARADA VÁZQUEZ, *Derecho administrativo*, t. I, Madrid, Marcial Pons, 1989, pág. 71.

[143] JEAN M. RAINAUD, *La distinction de l'acte réglementaire et de l'acte individuel*, R. Pichon et R. Durand-Auzias, París, 1966, págs. 83 y ss.

[144] CASSAGNE, *El acto administrativo*, cit., pág. 105.

[145] RAINAUD, *La distinction...*, cit., pág. 90.

[146] RAINAUD, *La distinction...*, cit., págs. 90-91.

dictar un acto administrativo de excepción que no se ajuste al reglamento, ya que ello violaría la garantía de la igualdad ante la ley[147].

Por otra parte, no resulta necesario, como principio general, el dictado de reglamentos previos por la Administración para que esta pueda emitir actos administrativos de alcance individual[148], ya que muchas veces para que la ley se cumpla no se precisa el dictado de reglamentos.

La prohibición de alterar o violar un reglamento mediante el dictado de un acto administrativo ha sido reiteradamente señalada por la Procuración del Tesoro de la Nación, con fundamento en la necesidad de observar el principio de legalidad[149].

8. El principio de ejecutoriedad de los actos administrativos

La ejecutoriedad consiste en la facultad de los órganos estatales que ejercen la función administrativa para disponer la realización o cumplimiento del acto, sin intervención judicial, dentro de los límites impuestos por el ordenamiento jurídico[150], sin apelar, salvo supuestos excepcionales, a la coacción directa contra personas o bienes, la que solo puede hacerse por medio de los jueces.

Tal facultad —que algunos autores denominan autoejecutoriedad[151]— es característica de aquellos países como el nuestro, cuyas instituciones y regímenes jurídicos se han modelado —en un proceso natural— bajo la influencia del derecho continental europeo (pese a que la normativa constitucional sea también de inspiración norteamericana). Su ejercicio se desarrolla en un marco donde caben ideas tan opuestas como autoridad y libertad, prerrogativa y garantía, generando entre individuo y Estado una tensión casi permanente —en mérito a la naturaleza y gravitación de la actividad administrativa— que re-

---

[147] La Corte Suprema de Justicia de la Nación ha reconocido que el principio de la igualdad ante la ley rige en materia reglamentaria, si bien lo vinculó a la exigencia de publicidad (*Ganadera Los Lagos S. A. v. Nación Argentina*, Fallos 190:142 [1941]).

[148] RAINAUD (*La distinction...*, cit., págs. 97 y ss.) analiza el principio opuesto en la doctrina y jurisprudencia francesa, aun cuando admite excepciones (págs. 102-103) cuando la ley no se pronuncia acerca de la necesidad de un reglamento previo. Según RAINAUD, el reglamento previo contribuye a dotar de automatismo a las decisiones que deben adoptar los diversos escalones administrativos.

[149] Dictámenes 4:84, y 34:201; 87:145; 97:241; 100:191; 102:213; 114:495; 154:473; 206:159; 221:161; 228:152; 239:196 y 249:347.

[150] En sentido similar, José R. PARADA VÁZQUEZ, *Derecho administrativo*, t. I, Madrid, Pons, 1989, págs. 145-146.

[151] José CRETELLA JUNIOR, "Principios fundamentales del derecho administrativo", en *Estudios en homenaje al profesor López Rodó*, t. I, Madrid, Universidad Complutense, 1972, pág. 57.

quiere una realización constante y continua orientada hacia la satisfacción de los intereses públicos.

La propia flexibilidad de los principios que informan al derecho administrativo hace posible integrar de manera equilibrada ideas tan adversas como autoridad y libertad, dentro de una dinámica política, económica y social, que exige una adecuación constante a la realidad influenciando los criterios de justicia de las soluciones que deben adoptarse.

Con anterioridad a la sanción de la Ley Nacional de Procedimientos Administrativos se había negado que la ejecutoriedad constituya un principio del acto administrativo[152] afirmando que "este es meramente inductivo y contingente. Vale en tanto el derecho positivo del país lo autoriza y con la extensión y medida que lo consagra"[153].

La situación cambió tras la sanción de las leyes de procedimientos administrativos en el orden nacional y en las provincias que reconocieron la ejecutoriedad como característica propia del acto administrativo[154] por cuya causa lo que interesa es, fundamentalmente, la interpretación del sistema que preceptúa la ley.

Tratándose de una potestad que integra el contenido de la función materialmente administrativa (en el sentido con que se ha entendido esta función en nuestro sistema), la ejecutoriedad halla su fundamento en el artículo 99, inciso 1º de la Constitución, donde se le adjudica la responsabilidad política de la Administración y la jefatura del gobierno, primordialmente, al poder ejecutivo[155].

El hecho de que también los actos administrativos emitidos por los órganos judicial y legislativo posean ejecutoriedad obedece a una particular significación histórica. En efecto, cuando se produjo la transferencia o la aparición de ciertas y limitadas funciones administrativas en los órganos judicial y legislativo —al fraccionarse el ejercicio de la función estatal— los mismos asumieron dichas funciones administrativas con las facultades mínimas indispensables para poderlas ejercitar. Sin embargo, en el proceso de traspaso o aparición de las funciones administrativas hacia o en los órganos legislativo y judicial,

---

[152] JUAN F. LINARES, "Efectos suspensivos de los recursos ante la Administración", La Ley, 85-906 y ss.; AGUSTÍN GORDILLO, El acto administrativo, 2ª ed., Buenos Aires, Abeledo Perrot, 1969, pág. 131.

[153] JUAN F. LINARES, "Efectos...", cit., pág. 909. Cuadra apuntar que LINARES se refiere a la ejecutoriedad coactiva (que la doctrina denomina también ejecutoriedad propia) y que en su obra posterior acepta que constituye una facultad exorbitante cuando lo permite la ley, apoyándose en el art. 12, LNPA, para concluir que no es un principio absoluto (conf. LINARES, Derecho administrativo, cit., págs. 148-149).

[154] Ley 19.549, art. 12.

[155] Véase JUAN CARLOS CASSAGNE, La ejecutoriedad del acto administrativo, Buenos Aires, Abeledo Perrot, 1970, págs. 68 y ss.

el ejecutivo se ha reservado el uso de la coacción como facultad exclusiva o, al menos, predominante.

La dinámica constitucional también impone el reconocimiento de la ejecutoriedad dentro de una interpretación razonable adaptada a la realidad contemporánea caracterizada por la realización de actividades administrativas de singular gravitación en el orden social y económico, que exigen ser desarrolladas en forma intermitente sin obstáculos formales que la paralicen, dentro de los límites constitucionales que no autorizan la ejecución coactiva por la Administración sobre la persona y bienes del particular.

A) *La ejecutoriedad en el derecho comparado*

Una de las dificultades que plantea el estudio de la ejecutoriedad, a la vista de la doctrina existente en otros países, radica en el empleo de diferentes terminologías que, aunque traducen muchas veces idénticos contenidos conceptuales, suelen originar discrepancias meramente semánticas.

En Argentina existe uniformidad, al menos en el plano terminológico ya que, salvo excepciones[156], la doctrina vernácula emplea el término ejecutoriedad[157] así como es también de uso generalizado en la doctrina comparada[158].

No ocurre lo mismo en Francia donde las nociones del *privilège du préalable* y de la *action d'office* o *exécution forcée* no se han perfilado con nitidez. Así, entre los autores franceses clásicos, tanto RIVERO como LAUBADÈRE, coincidieron, en líneas generales, en que el privilegio del *préalable* significaba la prerrogativa de atenerse a su decisión sin acudir previamente al juez para obtener la comprobación judicial de su derecho[159], habiéndose sostenido, en un sentido más particular, que implica que el acto tiene a su favor una presunción

---

[156] MANUEL M. DIEZ - TOMÁS HUTCHINSON (colab.), *Manual de derecho administrativo*, t. II, Buenos Aires, Plus Ultra, 1980, págs. 257 y ss., quien emplea el término "ejecutividad".

[157] BARTOLOMÉ A. FIORINI, *Teoría jurídica del acto administrativo*, Buenos Aires, Abeledo Perrot, 1969, págs. 139 y ss.; MARIENHOFF, *Tratado...*, cit., t. II, págs. 378 y ss.; BIELSA, *Derecho administrativo*, cit., t. II, págs. 89 y ss.; CASSAGNE, *La ejecutoriedad del acto administrativo*, cit., págs. 41 y ss.; GERMÁN J. BIDART CAMPOS, *El derecho constitucional del poder*, t. II, Buenos Aires, Ediar, 1967, pág. 86; DROMI, *Acto administrativo...*, cit., págs. 37 y ss.

[158] DIOGO DE FIGUEIREDO MOREIRA NETO, *Curso de direito administrativo,* 14ª ed., Río de Janeiro, Forense, 2007, págs. 143-145; otro sector de la doctrina brasileña utiliza el término auto ejecutoriedad, incluyendo el empleo de la coacción en un sentido distinto al que sostenemos; véase: ODETE MEDAUAR, *Direito administrativo moderno*, 15ª ed., São Pablo, Revista dos Tribunais, 2011, págs. 138-139.

[159] ANDRÉ DE LAUBADÈRE, *Traité de droit administratif*, 9ème éd. act. por JEAN-CLAUDE VENEZIA e YVES GAUDEMET, t. I, Paris, LGDJ, 1984, págs. 282 y ss.; JEAN RIVERO, *Droit administratif*, Paris, Dalloz, 1977, págs. 88 y ss. La distinción también fue recogida por CHINOT quien diferencia la decisión administrativa (*privilège du préalable*) del procedimiento por medio del

de conformidad al derecho[160]. La ejecución de oficio consiste, en cambio, en la facultad de hacer cumplir un acto administrativo por la fuerza[161]. Tal ha sido y es también el significado atribuido al término en el derecho colombiano[162].

Por otra parte, se ha designado a la acción de oficio bajo la denominación de *action d'office ou préalable* confundiendo ambas situaciones. En realidad, la confusión proviene de HAURIOU, quien pretendió destacar que, en tales supuestos, la Administración prescinde de la intervención previa del juez[163].

A su vez, VEDEL se apartó de la doctrina y jurisprudencia francesas dominantes ya que considera que la acción de oficio es la prerrogativa de la Administración de dictar decisiones ejecutorias que en forma unilateral crean derechos y obligaciones respecto de los administrados, designando *exécution forcée* a la ejecución por la fuerza de una decisión ejecutoria[164].

El panorama existente en la doctrina italiana revela que existe en general acuerdo acerca del concepto y su terminología considerando que la ejecutoriedad constituye una particular manifestación de la eficacia del acto administrativo, por cuyo mérito, cuando impone deberes y restricciones a los particulares puede ser realizado aun contra su voluntad, sin que sea necesaria la intervención previa de los órganos judiciales, es decir, "la posibilidad para la Administración de realizar el contenido del acto con el uso inmediato de los medios coercitivos"[165].

---

cual dicha decisión se cumple materialmente (conf. RENÉ CHINOT, *Le privilège d'exécution d'office de l'Administration*, París, Maurice Lavergne, 1945, pág. 35).

[160] RIVERO, *Droit administratif*, cit., pág. 88.

[161] LAUBADÈRE, *Traité de droit...*, cit., t. I, pág. 284. A su vez, BENOIT y RIVERO se refieren a la ejecución de oficio cuando la ejecución del acto no recae sobre la persona del administrado y la Administración puede sustituirlo en caso de desobediencia (ej.: retiro de un vehículo irregularmente estacionado en la vía pública), mientras que cuando se utiliza la fuerza material sobre el administrado que no cumple el acto prefieren hablar de *exécution forcée* (conf. FRANCIS P. BENOIT, *Le droit administratif français*, Paris, Dalloz, 1968, págs. 553 y ss.; RIVERO, *Droit administratif*, cit., pág. 91).

[162] JAIME VIDAL PERDOMO, *Derecho administrativo*, 5ª ed., Serie Textos Universitarios, Bogotá, Biblioteca Banco Popular, 1977, pág. 355; últimamente, JAIME ORLANDO SANTOFIMIO GAMBOA, *Tratado de derecho administrativo*, t. II, 4ª ed., Bogotá, Universidad Externado de Colombia, 2007, págs. 321 y ss.

[163] MARCEL WALINE, *Droit administratif*, cit., pág. 349.

[164] GEORGES VEDEL, *Droit administratif*, París, Presses Universitaires de France, 1961, págs. 140 y 161.

[165] Conf. ZANOBINI, *Curso de derecho administrativo*, t. I, cit., págs. 373-374. Esta postura se encuentra actualmente sostenida por la doctrina italiana, véase: VINCENZO CERULLI IRELLI, *Corso di diritto amministrativo*, Turín, 1999, págs. 589-590; PIETRO VIRGA, *Diritto amministrativo*, 5ª ed., t. 2, Milán, Giuffrè, 1999, págs. 101-102; DOMENICO SORACE, *Diritto delle amministrazioni pubbliche*, Bolonia, Il Mulino, 2000, págs. 74-76; ver además: MASSIMO S.

En cuanto al escenario español, mientras un sector de autores (en forma correlativa a las nociones del privilegio del *préalable* y de la acción de oficio de la doctrina francesa), designaron dichas prerrogativas con los nombres de decisión unilateral y decisión ejecutiva, respectivamente[166], otros juristas adoptaron, en su momento, el término acción de oficio de la doctrina francesa[167], algunos prefirieron hablar de ejecutividad[168], como también de privilegio de la decisión ejecutoria[169], y no han faltado tampoco quienes optaron por hacer mención al privilegio de ejecutoriedad de los actos administrativos[170] aunque parece haberse impuesto la distinción entre autotutela declarativa (la presunción de validez o de legitimidad) y autotutela ejecutiva (o ejecutoriedad)[171].

En el sistema español, la autotutela declarativa, también llamada ejecutividad (a nuestro juicio impropiamente) implica que el acto administrativo goza de presunción de validez[172] o de legitimidad y, en consecuencia, pesa sobre el particular la carga de impugnarlo ya que, de lo contrario, el acto adquirirá firmeza. Mientras que la otra especie de autotutela, denominada también ejecutoriedad[173], implica que la Administración puede ejecutar, incluso con el uso de la coacción, sus propios actos, sin necesidad de recurrir a la justicia[174].

GIANNINI, *Lezioni di diritto amministrativo*, Milán, Giuffrè, 1950, pág. 422; ORESTE RANELLETTI, *Teoria degli atti amministrativi speciali*, Milán, Giuffrè, 1945, pág. 127; CINO VITTA, *Diritto amministrativo*, 5ª ed., vol. I, Turín, Utet, 1962, págs. 439 y ss.; GUIDO LANDI - GIUSEPPE POTENZA, *Manuale di diritto amministrativo*, Milán, Giuffrè, 1971, págs. 250-251; ALDO M. SANDULLI, *Manuale di diritto amministrativo*, 10ª ed., Nápoles, Jovene, 1970, pág. 355; RENATO ALESSI, *Sistema istituzionale del diritto amministrativo italiano*, 2ª ed., Milán, Giuffrè, 1958, pág. 206; DARÍO FOLIGNO, *L'attività amministrativa*, Milán, 1966.

[166] GARCÍA TREVIJANO FOS, *Tratado...*, cit., t. I, págs. 398-400.

[167] GONZÁLEZ PÉREZ, *Derecho procesal administrativo*, 2ª ed., t. I, Madrid, Instituto de Estudios Políticos, 1964, págs. 104-105.

[168] FERNANDO GARRIDO FALLA, *Tratado de derecho administrativo*, t. I, 10ª ed., Madrid, Tecnos, 1987, págs. 533 y ss., excluyendo de la noción a la ejecución forzada o acción de oficio.

[169] JOSÉ R. PARADA VÁZQUEZ, "Privilegio de decisión ejecutoria y proceso contencioso", en RAP, núm. 55, Madrid, Instituto de Estudios Políticos, 1958, pág. 109.

[170] RAFAEL ENTRENA CUESTA, *Curso de derecho administrativo*, 3ª ed. (reimp.), t. I, Madrid, Tecnos, 1970, pág. 509.

[171] GARCÍA DE ENTERRÍA - FERNÁNDEZ, *Curso de derecho administrativo*, cit., t. I, págs. 512 y ss.

[172] Art. 57, ley 30 de 1992 (modificada por la ley 4 de 1999).

[173] GABRIELA SEIJAS, "La ejecutoriedad del acto administrativo", en *Derecho administrativo, homenaje al Prof. Julio R. Comadira*, Buenos Aires, Ad Hoc, 2009, pág. 206.

[174] JOSÉ BERMEJO VERA, *Derecho administrativo básico*, 6ª ed., Madrid, Thomson Civitas, 2005, pág. 225; MARTÍN GALLI BASUALDO, "La autotutela del dominio público", JA número especial, 2010-III, 46-48.

Al igual que en el derecho argentino, como la presunción de validez es relativa y *juris tantum*, cuando el acto administrativo sea manifiesta o flagrantemente ilegal cede la presunción y los tribunales tienen el deber de suspender el acto viciado para restablecer el imperio de la legalidad, máxime cuando se trata de una invalidez manifiesta[175]. La diferencia es que, en principio, el derecho argentino no admite la ejecución coactiva, salvo casos excepcionales tasados por la ley[176] o reconocidos por la jurisprudencia y los principios de determinadas instituciones (ej. demolición de edificios que amenazan ruina, autotutela del dominio público, incautación de sustancias peligrosas para la salud y ocupación temporánea anormal) justificados por la trascendencia de los bienes y la celeridad que se requiere para tutelarlos.

Lo cierto es que la solución vernácula es la que proporciona mayores garantías al guardar armonía y compatibilidad con el principio de la tutela judicial efectiva prescrito por los artículos 8 y 25 de la Convención Americana de Derechos Humanos.

B) *La ejecutoriedad y el uso de la coacción*

No siempre se ha diferenciado en forma clara la potestad que tiene el poder ejecutivo (en todos los países del mundo) para hacer cumplir el acto, de la que tiene para disponer su ejecución coactiva sin intervención judicial, comúnmente denominada ejecutoriedad del acto administrativo en la doctrina italiana.

Tampoco se ha advertido que la coacción no constituye la única manera de cumplir el acto administrativo, aunque sea la especie de mayor trascendencia y gravitación en la esfera jurídica de los administrados. En tal situación se hallan los siguientes supuestos:

(i) actos cuya realización se opera por su propia virtualidad, como determinadas declaraciones de conocimiento o de juicio que producen efectos jurídicos directos (v. gr., actos de registro y certificaciones);

(ii) actos cuyos efectos se cumplen sin necesidad de proceder a la ejecución coactiva (v. gr. denegatoria de personería jurídica de una sociedad);

(iii) ejecución directa del acto administrativo por la Administración con obligación para el particular de soportar los gastos que ello demande (ej.: reparación de cercos y veredas).

---

[175] David Andrés Halperin, "Procedimiento administrativo en materia de seguros", en Héctor Pozo Gowland et alters (Dirs.), *Procedimiento administrativo*, t. IV, cit., págs. 65 y ss., admite la procedencia de medidas cautelares autónomas, en los procedimientos de la Ley de Seguros (20.091), en los supuestos que la Administración no hiciera lugar al pedido de suspensión (*op. cit.*, pág. 93).

[176] Art. 12 Ley de Procedimientos Administrativos de la Ciudad Autónoma de Buenos Aires que ha seguido la concepción que habíamos desarrollado acerca del principio.

Los supuestos indicados, que no agotan todos los casos en que el acto administrativo se cumple sin apelar al uso de la coacción material o ejecución coactiva[177], demuestran la conveniencia y necesidad de utilizar una noción amplia de ejecutoriedad, que englobe todas las formas de cumplimiento del acto por parte del órgano que ejerce la función administrativa, sin intervención judicial[178].

9. SOBRE LOS PRINCIPIOS QUE ESTÁN EN JUEGO EN LA CONTRATACIÓN ADMINISTRATIVA

La Administración, al seleccionar a sus contratistas, lo hace según un procedimiento *preestablecido* en las leyes y reglamentos administrativos. Se ha ido construyendo, en tal sentido, un principio de interpretación conforme al cual "los contratos públicos están sujetos a formalidades preestablecidas y contenidos impuestos por normas que prevalecen sobre lo dispuesto en los pliegos, lo que desplaza la plena vigencia de la regla de la autonomía de la voluntad de las partes"[179].

La determinación del grado de libertad que tiene la Administración para optar por un cauce formal u otro constituye, de tal suerte, una cuestión asaz debatida, en la que confluyen posturas doctrinarias y jurisprudenciales no siempre coincidentes.

Es así que la interpretación acerca de si existe o no el principio de libre elección o contratación[180] en esta materia ha sufrido variaciones, pues aun cuando no se puede desconocer que, en los orígenes del derecho administrativo, ella fue la idea dominante, tampoco hay que ignorar que en la posterior evolución de la disciplina, surgió la regla según la cual la licitación, específicamente la denominada "pública", pasó a constituir un principio inherente a toda contratación administrativa[181].

En un principio, el Alto Tribunal sostuvo, con apoyo en MARIENHOFF, la postura que restringe la aplicación de dicha regla a los supuestos en que el ordenamiento positivo lo prescriba en forma taxativa[182], al declarar que, "a falta de

---

[177] GARCÍA DE ENTERRÍA - FERNÁNDEZ, *Curso...*, cit., t. I, pág. 315; estos autores denominan a esta especie de ejecutoriedad "autotutela declarativa".

[178] Ampliar en nuestro trabajo "La ejecutoriedad del acto administrativo: la suspensión de sus efectos en el procedimiento administrativo", EDA 2009-703.

[179] *Espacio S. A. v. Ferrocarriles Argentinos s/cobro de pesos*, Fallos 316:3157 (1993).

[180] Este principio se ha sostenido en nuestro país, a partir de la obra del maestro MARIENHOFF, *Tratado de derecho administrativo*, t. III-A, 4ª ed. actualizada, Buenos Aires, Abeledo-Perrot, 1994, núm. 627 A, págs. 627 y ss.; véase también ENRIQUE SAYAGUÉS LASO, *La licitación pública*, Montevideo, Acali, 1978, pág. 57.

[181] BIELSA, *Derecho administrativo*, t. II, Buenos Aires, Depalma, 1955, págs. 162-163.

[182] *Meridiano SCA v. Administración General de Puertos*, Fallos 301:292 (1979), también en ED 88-444 y ss. Esta fue la posición de la Corte Suprema en un pronunciamiento ulterior

una norma expresa que exija la licitación pública para elegir al cocontratante, o sea, ante la ausencia de fundamento legal, debe estarse por la validez del acto"[183]. Sin embargo, cabe señalar que con anterioridad, en la causa *Schmidt*[184], la Corte había sostenido que el carácter formal de la licitación configuraba un procedimiento de garantía para el interés público[185] y que su incumplimiento, cuando la regla se hallaba impuesta por un mandato legal o constitucional, generaba una nulidad absoluta. La doctrina expuesta en el caso *Meridiano* resulta más amplia y categórica, al apuntar que más tarde el Alto Tribunal señaló que cuando la legislación aplicable exige una forma específica para la conclusión de un determinado contrato, dicha forma debe ser respetada porque se trata de un requisito esencial de su existencia[186].

En otras palabras, si bien la libertad de contratación del Estado no puede limitarse por la analogía[187], ni tampoco surgir en forma implícita[188], la exigencia de licitación pública, configurada como una regla inherente al ordenamiento,

---

(*Almacenajes del Plata S. A. v. Administración General de Puertos*, Fallos 311:2385 (1988); puede verse también *Cía. Argentina de Estiba y Almacenaje SAC v. Administración Gral. de Puertos s/daños y perjuicios*, Fallos 312:2096 (1989). Ampliar en Pedro J. J. Coviello, "El contrato administrativo en la jurisprudencia de la Corte Suprema de Justicia de la Nación", en AA.VV., *Contratos administrativos,* Jornadas organizadas por la Universidad Austral Facultad de Derecho, Ciencias de la Administración, Buenos Aires, 2000, págs. 83-96, esp. pág. 91.

[183] Fallos 301:292 (1979), consid. 9°.

[184] *Empresa Constructora F. H. Schmidt v. Pcia. de Mendoza*, Fallos 179:249 (1937).

[185] La invocación del interés público, en el campo de los contratos que celebra la Administración, también aparece en estudios doctrinarios extranjeros. Así, en el ámbito norteamericano se ha afirmado que "(a)l perseguir el objetivo de una administración contractual flexible para obtener los bienes y servicios que el gobierno requiere, los funcionarios contractuales y los restantes funcionarios públicos deben estar constantemente al tanto de la obligación de proteger el interés público. En la administración de un contrato del gobierno debe prestarse mucha atención al mantenimiento de la integridad del sistema competitivo". Conf. John Cibinic - Ralph Nash, *Administration of Government Contracts*, 3ª ed., Washington DC, The George Washington University, 1995, pág. 10, citado en Alberto B. Bianchi, "Algunas reflexiones críticas sobre la peligrosidad o inutilidad de una teoría general del contrato administrativo. (Una perspectiva desde el derecho administrativo de los Estados Unidos)", ED 184-900 (primera parte), y en ED 185-714 (segunda parte).

[186] Así lo entendió la Corte Suprema, entre otros, en los casos *Mas Consultores*, Fallos 323:1515 (2000); *Servicios Empresariales Wallabies*, Fallos 323:1841; *Ingeniería Omega*, Fallos 323:3924; *Carl Chung Chi Kao*, Fallos 324:3019; *Distribuidora Médica de Elena Kapusi*, D.604.XXXV; *Laser Disc*, Fallos 326:3206; *Bit Electrónica*, B.3229.XXXVIII; *Magnarelli*, Fallos 326:1280; *Punte*, P.328.XXVIII; *Cardiocorp*, C.1597.XL (2007).

[187] Sayagués Laso, *La licitación pública*, cit., pág. 57.

[188] Ver nuestro comentario al caso *Meridiano*, ED 88-446.

encuentra su basamento en dos principios generales del derecho: los principios de concurrencia y de igualdad.

Aunque el principio de concurrencia tiene jerarquía superior, no es menos cierto que, aun desde una posición antiformalista, la igualdad ha de respetarse tanto en el acceso[189] a la contratación administrativa como durante la ejecución del contrato[190].

En este sentido, en el marco del contrato administrativo confluyen simultáneamente relaciones de contribución, de distribución y de conmutación (que, en definitiva, constituyen las clásicas especies de la justicia). Si, por un lado, las relaciones de justicia general versan sobre todas las potestades del Estado y los deberes y cargas que este impone en la Administración durante la ejecución del contrato, por el otro, las relaciones de distribución y de conmutación tienen por objeto una relación más específica y concreta. En suma, ambas apuntan a lo debido por el Estado, ya tengan por objeto los bienes o cosas que distribuye la Administración, o bien los beneficios que obtiene el contratista en la conmutación voluntaria, en la que la igualdad se realiza de objeto a objeto, en proporción a la cosa.

A) *El principio de concurrencia y de competencia*

Precisamente, lo debido por el Estado en una relación de justicia distributiva, siempre que sea posible lograr la concurrencia de ofertas o cuando se trata de contrataciones estándares o de productos fungibles, conduce a la observancia por la Administración, del procedimiento de licitación pública u otro similar (v. gr., concurso, licitación, etc.), aun cuando no hubiera texto expreso que lo prescriba[191].

En el curso de la evolución descrita, la falta de una determinación normativa expresa en el orden nacional acabó completándose con la adopción

---

[189] JUAN CARLOS CASSAGNE, "La igualdad en la contratación administrativa", en *Cuestiones de derecho administrativo*, Buenos Aires, Depalma, 1987, págs. 98 y ss.

[190] Como lo sostiene BELTRÁN GAMBIER, "El principio de igualdad en la licitación pública y la potestad modificatoria en los contratos administrativos", *Derecho administrativo. Obra colectiva en homenaje al profesor Miguel S. Marienhoff,* Buenos Aires, Abeledo-Perrot, 1998, pág. 937. Ver, asimismo: Corte Sup., *Junta Nacional de Granos v. Frigorífico La Estrella SA s/ nulidad de contrato,* sent. de 9/8/2005, comentada por JUAN CORTELLEZI, "Un fallo que afirma el principio de igualdad de los oferentes en los concursos de precios y las prerrogativas de dirección pública", REDA núm. 56, Buenos Aires, Depalma, 2006, págs. 473-483.

[191] En un sentido similar, se ha expresado que "los bienes y servicios serán adquiridos mediante reglas de competencia a menos que existan razones convincentes para adoptar una solución en contrario" ("*Goods and services are to be acquired by competition rules unless there are convincing reasons to the contrary*"), conf. P. P. CRAIG, *Administrative Law*, 4ª ed., Londres, Sweet & Maxwell, 1999, pág. 122.

de la licitación pública o concurso público como regla general para todas las contrataciones comprendidas en el régimen[192].

De ese modo, el ámbito del principio de libre contratación queda limitado —en líneas generales— a los supuestos en que la decisión para el apartamiento se funda debida y suficientemente en la inviabilidad e inconveniencia de la concurrencia (por ej., caso de un fabricante único o exclusivo), y a los supuestos de extinción o fracaso de una licitación pública (tal el caso del art. 25, inc. d], 4, Reglamento de Contrataciones de la Administración Nacional, pero siempre que se haya efectuado antes el segundo llamado allí dispuesto, con los recaudos establecidos)[193].

Esta tesis encuentra apoyo no solo en el principio de igualdad que proclaman los artículos 16 y 75, inciso 23 de la Constitución (este último precepto prescribe la igualdad de trato), sino también en otro principio que recoge la reforma de 1994 relativo al deber del Estado de proveer "a la defensa de la competencia contra toda forma de distorsión de los mercados" (art. 42, segunda parte).

A nuestro juicio, el principio de concurrencia, que se vincula con la defensa de la competencia, resulta plenamente aplicable a las relaciones entre los particulares y el Estado en el ámbito de la contratación administrativa, siendo evidente, por otra parte, que soslayar el procedimiento de licitación pública (cuando la concurrencia es posible) constituye una forma de distorsionar el mercado[194].

En definitiva, si los principios poseen una dimensión de peso, cualquier duda debe resolverse a favor del principio de concurrencia, que constituye la médula de todo el procedimiento licitatorio.

Al promover la concurrencia del mayor número posible de ofertas[195], la Administración persigue obtener un menor precio (principio de eficiencia) o un procedimiento que asegure la realización de la obra en el tiempo que deman-

---

[192] Cfr. RCAN, art. 24, primera parte.

[193] Cfr. la experiencia británica, P. P. CRAIG, *Administrative Law*, cit., págs. 140 y ss., en el ámbito de las contrataciones de los gobiernos locales, con un abandono del *compulsory competitive tendering (CCT)* tal que la competencia deja de ser el único criterio de efectuar la mejor contratación.

[194] Sobre este principio se ha dicho que tiende a permitir que el mayor número posible de interesados pueda formular su oferta: ARMANDO N. CANOSA - GABRIEL MIHURA ESTRADA, "El procedimiento de selección del contratista como procedimiento administrativo especial", JA 1996-IV, 774/784. Ver, asimismo: JORGE I. MURATORIO, "Algunos aspectos de la competencia efectiva entre oferentes de la licitación pública", en AA.VV., *Cuestiones de contratos administrativos,* Jornadas de Derecho Administrativo de la Universidad Austral, Buenos Aires, RAP, 2007, págs. 371-386.

[195] "La concurrencia tiene por objeto lograr que al procedimiento licitatorio se presente la mayor cantidad posible de oferentes", conf. JULIO R. COMADIRA, "Algunos aspectos de la licitación pública", en AA.VV., *Contratos administrativos,* Buenos Aires, Jornadas organizadas

da la necesidad pública (principio de eficacia), lo que no impide la observancia armónica de los principios de informalismo e igualdad[196], salvo la configuración de las circunstancias que justifican la libre elección del contratista.

En ese marco de principios, los procedimientos de licitación pública o similares permiten lograr una mayor transparencia[197] en las decisiones de las autoridades administrativas, al haber más de un interesado en que la Administración observe la legalidad y adjudique a la oferta más conveniente o ventajosa, ya fuere por razones económicas o de otra índole (por ej., la selección de la mejor tecnología).

Los principios de concurrencia y de competencia así concebidos se hallan consagrados en el Reglamento de Contrataciones de la Administración Nacional, cuyo artículo 3°, inciso b), prevé que la gestión de las contrataciones debe ajustarse, entre otros principios, a la "promoción de la concurrencia de interesados y de la competencia de los oferentes".

B) *Principio de proporcionalidad y de razonabilidad*

El Reglamento de Contrataciones de la Administración Nacional también prevé, en su artículo 1°, una directriz conforme a la cual el régimen de contrataciones reglado en dicho decreto tendrá por objeto que las obras, bienes y servicios sean obtenidos con la mejor tecnología proporcionada a las necesidades. De ello se infiere la confrontación de las necesidades con la mejor tecnología posible, de modo que la decisión resultante contemple, en principio, dicha proporcionalidad.

A su vez, este concepto de proporcionalidad, que constituye un principio implícito aplicable a las contrataciones comprendidas en el régimen, se engarza, asimismo, en el principio de razonabilidad, en tanto no puede concebirse que la decisión de llevar adelante el *iter* enderezado a la concreción de la contratación estatal pueda ser irrazonable[198]. De tal suerte, el mérito, oportunidad y conveniencia de la actividad discrecional desplegada en aquel procedimiento no podrá suponer una desproporción entre necesidad y tecnología, ni trasuntar

---

por la Universidad Austral, Facultad de Derecho, Ciencias de la Administración, 2000, págs. 319-345, esp. pág. 330.

[196] Ver el lúcido artículo de AGUSTÍN A. GORDILLO, "El informalismo y la concurrencia en la licitación pública", en *Después de la reforma del Estado*, Buenos Aires, FDA, 1966, pág. VII-1 y ss., publicado también en *Revista de derecho administrativo*, núm. 11, Buenos Aires, Depalma, 1992, págs. 293-318.

[197] Sobre este principio en Francia ver BRUNO LASSERRE - NOËLLE LENOIR - BERNARD STIRN, *La transparence administrative*, Paris, PUF, 1987, págs. 13 y ss.

[198] CARLOS M. GRECCO - ANA P. GUGLIELMINETTI, "El principio de proporcionalidad en la Ley Nacional de Procedimientos Administrativos de la República Argentina (Glosas preliminares)", en *Documentación administrativa*, núms. 267-268, Madrid, INAP, septiembre de 2003-abril de 2004, pág. 133.

una decisión irrazonable en la faceta de gestión de la contratación[199]. Por ello, el Reglamento de Contrataciones de la Administración Nacional establece, en su artículo 3°, inciso a), la regla de la razonabilidad del respectivo proyecto, la cual, conforme a la jurisprudencia, presupone un amplio margen de ponderación[200] y que, a nuestro juicio, es susceptible de un control judicial pleno.

C) *Principio de eficiencia*

Hemos dicho que "el costo de los mecanismos estatales que inciden artificialmente sobre el mercado termina siendo pagado por la comunidad, sobre cuyos miembros recaen los efectos nocivos de una economía ineficiente"[201]. Ello resulta aplicable a la economía de los contratos administrativos. En otras palabras, las ineficiencias en el contrato que concluya la Administración deben ser evitadas a toda costa en salvaguarda de los intereses de la ciudadanía.

En forma adecuada, la ley 24.156 establece que uno de sus objetivos consiste en "garantizar la aplicación de los principios de regularidad financiera, legalidad, economicidad, eficiencia y eficacia en la obtención y aplicación de los recursos públicos"[202], y la ley 24.759[203] se refiere en forma expresa a sistemas para la "adquisición de bienes y servicios por parte del Estado que aseguren la publicidad, equidad y eficiencia de tales sistemas"[204].

En tal contexto, y coherentemente con lo prescrito en dichas leyes, el RCAN prevé, en su artículo 3°, inciso a), que uno de los principios a los que se debe ajustar la gestión de las contrataciones será el de "eficiencia de la contratación para cumplir con el interés público comprometido y el resultado esperado".

---

[199] En *Astilleros Alianza*, la Corte Suprema señaló que "la realización de una obra pública configura el ejercicio de una actividad discrecional por parte de la Administración que se lleva a cabo en función del mérito, oportunidad y conveniencia de aquella y que constituye el ejercicio de una facultad que, como regla, excluye la revisión judicial, cuyo ámbito queda reservado para los casos en que la decisión administrativa resultare manifiestamente ilegal o irrazonable"; conf. *Astilleros Alianza S. A. de Construcciones Navales, Industrial, Comercial y Financiera v. EN (PEN) s/daños y perjuicios - (incidente)*, Fallos 314:1202 (1991), especialmente consid. 5°.

[200] En *Astilleros Alianza*, Fallos 314:1202 (1991), especialmente consid. 6° *in fine*, se consideró que las normas involucradas habían conferido a la Administración "un amplísimo margen para determinar lo que, en un momento dado, es más conveniente para el quehacer portuario".

[201] JUAN CARLOS CASSAGNE, *Derecho administrativo*, t. II, 8ª ed. actualizada, Buenos Aires, LexisNexis, 2006, pág. 503.

[202] Ley 24.156, art. 4°, inc. a).

[203] Ley aprobatoria de la Convención Interamericana contra la Corrupción firmada en la tercera sesión plenaria de la Organización de los Estados Americanos.

[204] Convención citada en la nota precedente, Anexo I, art. II, inc. 5°.

D) *Principio de publicidad y difusión. Transparencia*

La gestión de las contrataciones también exige publicidad y difusión; ello resulta corolario natural de las reglas de promoción de la concurrencia y de la competencia antes mencionadas.

Va de suyo que la publicidad no siempre se limitará a la publicación en medios de soporte papel, sino que también podrá involucrar la difusión mediante medios electrónicos (la *web*). Por ello, el artículo 32 del Reglamento de Contrataciones, establece, para el caso de bienes y servicios, que "todas las convocatorias, cualquiera sea el procedimiento de selección que se utilice, se difundirán por internet u otro medio electrónico de igual alcance que lo reemplace, en el sitio del órgano rector, en forma simultánea, desde el día en que se les comience a dar publicidad por el medio específico que se establezca en el presente o en la reglamentación, o desde que se cursen las invitaciones, hasta el día de la apertura, con el fin de garantizar el cumplimiento de los principios generales establecidos en el art. 3° de este régimen".

En punto al cumplimiento del principio de transparencia —art. 3°, inc. c), RCAN—, el artículo 32 manda, en principio, difundir por internet, en el sitio del órgano rector, las convocatorias, los proyectos de pliegos correspondientes a contrataciones que la autoridad competente someta a consideración pública, los pliegos de bases y condiciones, el acta de apertura, las adjudicaciones, las órdenes de compra y, en fin, "toda otra información que la reglamentación determine".

Las obligaciones de difusión, empero, hallan excepción conforme a dicho artículo 32, en la medida en que se trate de operaciones contractuales secretas, o contrataciones de emergencia, entre otros supuestos. Por cierto que la respectiva calificación de secreta o de emergencia debe hallarse motivada —art. 7°, inc. e), LNPA—, no bastando la mera voluntad del funcionario interviniente.

Al respecto, como enseña la Corte Suprema, el secreto sobre determinados actos no significa "instituir un ámbito de la actividad administrativa al margen de la legalidad y del correlativo deber de dar cuenta de los antecedentes de hecho y derecho en virtud de los cuales se decide, y de observar exclusivamente los fines para los que fueron conferidas las competencias respectivas, entre ellas, la de contratar"[205], y la emergencia no puede considerarse ajena al deber de la Administración de brindar las razones de sus actos[206].

---

[205] *Organización Coordinadora Argentina v. Secretaría de Inteligencia de Estado*, Fallos 321:174 (1998).

[206] *Ingeniería Omega Sociedad Anónima v. Municipalidad de la Ciudad de Buenos Aires*, Fallos 323:3924 (2000). Ver, al respecto: Mirta Sotelo de Andreau, "Las contrataciones reservadas", en AA.VV., *Cuestiones...*, cit., págs. 79-101.

E) *Principio de responsabilidad*

El principio de responsabilidad, en la gestión de las contrataciones, encuentra asidero en la ley 24.156. En efecto, conforme al artículo 3°, existe un principio basilar de toda organización administrativa que consiste en que los funcionarios tienen la obligación de "rendir cuentas de su gestión".

En esta senda, el artículo 3°, inciso e), Reglamento de Contrataciones, establece el principio de responsabilidad de los agentes y funcionarios públicos que autoricen, aprueben o gestionen las contrataciones.

De la consagración de este principio surge claramente —como destaca la Corte Suprema— que si bien puede resultar indiferente a la ley el modo en que los particulares arreglan sus propios negocios, no resulta indiferente la manera en que los funcionarios administran los asuntos públicos"[207]. En ese marco, resulta de aplicación la regla conforme a la cual la obligación de indemnizar de quien ha actuado como órgano del Estado dependerá de la prueba del desempeño irregular de la función[208].

F) *Igualdad de tratamiento para interesados y oferentes*

En el ámbito de la licitación pública, que es el ámbito de grado máximo de concurrencia, se considera que la igualdad de posibilidades en la adjudicación del contrato constituye un presupuesto fundamental[209]. Esto significa que las condiciones deben ser las mismas para todos los competidores, trato igualitario que implica, incluso, que todos los interesados y oferentes reciban adecuada información sobre el devenir del proceso de selección.

En otras palabras, el principio de igualdad entre los oferentes —de pura raigambre constitucional— se manifiesta al posibilitarse la participación competitiva de todos ellos, erigiéndose en presupuesto de la contratación, aun ante la existencia de oferentes nacionales y extranjeros[210].

Un supuesto de particular importancia se verifica cuando, de acuerdo con el artículo 38, RPA, el funcionario competente declara, en forma fundada, la reserva de ciertas actuaciones comprendidas en el expediente por el cual tramita el *iter* contractual, dejando constancia de tal proceder. En efecto, puede darse el supuesto de que medie tal declaración, y los restantes oferentes no puedan llegar a conocer las otras ofertas, con afectación de la igualdad entre

---

[207] *Organización Coordinadora Argentina v. Secretaría de Inteligencia de Estado*, Fallos 321:174 (1998), consid. 8°.

[208] *Tarnopolsky, Daniel v. Estado nacional y otros s/proceso de conocimiento*, Fallos 322:1888 (1999).

[209] *Elinec SRL y otro*, Fallos 303:2108 (1981).

[210] *Papini, Mario Néstor v. Nación Argentina*, Fallos 304:422 (1982).

ellos, enervándose la posibilidad de efectuar impugnaciones. Se ha hecho adecuado mérito de este supuesto en la jurisprudencia, de modo que, en principio, debe hacerse prevalecer la correcta práctica administrativa, unida al principio del carácter público de los actos de un gobierno republicano, toda vez que "si la licitación se caracteriza fundamentalmente por la publicidad y el trato igualitario, el acceso de las partes al expediente favorece decididamente la observancia de la legalidad y transparencia del procedimiento"[211].

10. El principio de continuidad de los servicios públicos

Si la causa que legitima la existencia de un servicio público es una necesidad colectiva de tal entidad que no puede satisfacerse de otra manera que mediante la técnica de esta institución, el modo de asegurar que la prestación se haga efectiva es, precisamente, la regla de la continuidad. Según este principio, el servicio público ha de prestarse sin interrupciones. Sin embargo, ello no implica, en todos los supuestos, la continuidad física de la actividad pues solo se requiere que sea prestada cada vez que aparezca la necesidad (v. gr., servicio público de extinción de incendios).

La continuidad del servicio público se protege por dos medios, a saber: a) por la posibilidad de que la Administración proceda a la ejecución directa del servicio cuando este sea prestado por particulares, y b) por la reglamentación del derecho de huelga en los servicios públicos[212] sobre la base de que, en principio, la huelga se encuentra limitada por las leyes que reglamentan el ejercicio de los derechos[213] al igual que los paros patronales. En este sentido, tanto el ordenamiento positivo de Argentina como el de otros países han instituido el arbitraje obligatorio como un modo de solucionar los conflictos colectivos que puedan ocasionar la suspensión, paralización y negación de los servicios públicos esenciales[214].

---

[211] Interpretación que surge del voto del Dr. Pedro J. J. Coviello en *Finmecánica Spa Aérea*, causa 20.615/98, 6/11/1998, consid. 4ª, que tramitara por ante la C. Nac. Cont. Adm. Fed., sala 1ª.

[212] Ver y ampliar en Juan Carlos Cassagne, "La reglamentación del derecho de huelga en los servicios esenciales", ED 139-865/872.

[213] Marienhoff, *Tratado de derecho administrativo*, 4ª ed. act., t. II, Buenos Aires, Abeledo-Perrot, 1993, págs. 66 y ss. En tal sentido, la interpretación razonable del art. 14 bis de la Const., no implica consagrar el derecho de huelga de un modo absoluto pudiendo la ley reglamentar su procedencia limitándola a fin de no afectar el funcionamiento de los servicios públicos.

[214] El arbitraje obligatorio instituido por el decr. 8946 de 1962 y derogado por la ley 16.936, fue restablecido por medio de la ley 20.638. A su vez, la ley 17.183 faculta a las autoridades a sancionar a los agentes que prestan servicios públicos que recurran a medidas de fuerza. Sobre la ineficacia de la actual legislación para garantizar la continuidad de los servicios públicos: Véase Julio J. Martínez Vivot, "La huelga de los empleados públicos y en los

Es sabido que el reconocimiento del derecho de huelga, producido en este siglo, es obra del constitucionalismo social que lo ha incorporado en muchas constituciones modernas[215]. De ese modo, la huelga, de ser un hecho, por lo común antijurídico, pasó a convertirse en un derecho de jerarquía constitucional o, al menos, legal en aquellos países, como Estados Unidos[216], que no lo han incorporado a su carta constitucional. En rigor, esta última debió haber sido también la orientación de nuestro derecho positivo si hubiera seguido fiel al modelo adoptado, pero los constituyentes que aprobaron la reforma constitucional de 1957 lo incorporaron a la Constitución Nacional, en el agregado que hicieron al artículo 14, como un derecho garantizado a los gremios[217]. Su inserción en el citado artículo constituye un verdadero injerto y ha venido a plantear una honda problemática jurídica (aún no resuelta totalmente en nuestro país) ya que el *status* constitucional del derecho de huelga aparece en colisión directa con los derechos fundamentales consagrados en la Constitución, produciendo una importante fractura en el sistema de garantías, al que le resta vigencia y operatividad.

Toda huelga afecta no solamente los derechos de los patrones o empresarios —las llamadas libertades económicas y el derecho de propiedad— sino también la libertad de trabajo de los dependientes (derechos todos cuya efectividad la Constitución reconoce y garantiza en los arts. 14, 17, 19 y 28). Pero, además, y esto es lo que no ha sabido verse con claridad hasta hace poco tiempo, la huelga daña profundamente el tejido social, careciendo de sentido considerarla

---

servicios públicos", en *Derecho del trabajo*, t. XLIV-B, Buenos Aires, La Ley, 1984, núm. 12, págs. 1755-1773.

[215] V. gr., en la Constitución de España de 1978 (art. 28.1); en la italiana de 1948 (art. 39); también en el Preámbulo de la Constitución francesa de 1946 (declarado vigente por la Constitución de 1958) y en la Ley Fundamental de Bonn de 1949 (art. 9.3).

[216] Especialmente, a partir de la Ley Taft de 1947 y de la Ley Landrum-Graffith de 1959. Al fundamentar esta última la Comisión Redactora del proyecto de ley precisó: "El objetivo de la política del Estado en esta área es fácilmente explicable. Fue muy importante legalizar el poder sindical como contraparte de las poderosas corporaciones industriales. Es importante mantener la organización sindical fuerte. Pero la creación de instituciones investidas de poder suficiente para cumplir sus objetivos, también crea el peligro de que esas instituciones puedan erróneamente ir más lejos de sus objetivos o puedan ser usadas en beneficio de quienes las dirigen, en lugar de ser utilizadas en beneficio de aquellos a quienes se busca proteger. La política del Estado debe ser minimizar ese riesgo sin despojar a los sindicatos de la posibilidad de cumplir sus verdaderas funciones" (A. Cox, *Law and National Labor Policy*, t. II, Universidad de California, 1960).

[217] Conf. NÉSTOR P. SAGÜÉS, "El constitucionalismo social", en ANTONIO VAZQUEZ VIALARD, (dir.), *Tratado de derecho del trabajo*, t. II, Buenos Aires, Astrea, 1982, cap. VI, págs. 828-829; en contra GERMÁN J. BIDART CAMPOS, "La titularidad del derecho de huelga en la Constitución Argentina", ED 114-815.

desde la perspectiva de una relación interprivada, porque tanto su extensión como sus objetivos y formas de ejecución rebasan la perspectiva particular de las relaciones entre empresarios y trabajadores, para ingresar decididamente en el ámbito de lo público.

Esta calidad pública que posee la huelga se refleja con mayor intensidad cuando se trata de la prestación de servicios esenciales para la población ya que si el trabajo humano goza —en el plano de los valores— de prelación sobre los demás factores económicos[218] el Estado no puede tolerar, sin agravio a la justicia, que grupos, sectores o corporaciones abusen de su poder para impedir el trabajo que otros necesitan realizar para subsistir y mejorar sus condiciones de vida. En ese plano, las huelgas perjudican, directa o indirectamente, a todos los habitantes en su condición de proveedores, usuarios, consumidores, etc., impedidos de trasladarse de un lugar a otro, comunicarse con un semejante o atenderse en un establecimiento sanitario, para citar algunos de los ejemplos más reiterados. Esa mirada sobre la faceta pública de la huelga nos muestra la profunda desproporción que existe entre el sacrificio de unos y otros, entre los beneficios individuales o corporativos y los de la sociedad en su conjunto, poniendo en evidencia los graves daños económicos y sociales que provoca un conflicto colectivo, máxime cuando interrumpe la continuidad de los servicios públicos.

Lo que se halla en juego entonces es la privación del bien común cuya protección está confiada a los gobernantes. Por eso, en la naturaleza del derecho de huelga ha de verse la de un derecho secundario cuyo ejercicio no implica el ejercicio de una facultad normal derivada de una auténtica y primaria libertad. No configura, pues, un derecho fundamental ya que no podría concebirse la existencia de un derecho pleno para frustrar las libertades esenciales de las personas. ¿Cuál es entonces la real naturaleza de este derecho? La clave de su sustancia jurídica, evidentemente, consiste en concebir a la huelga como un derecho de excepción, un remedio extremo[219] cuyo fundamento radica en el estado de necesidad que sufren los trabajadores o empleados. Su legitimidad no es de principio sino que irrumpe en el plano del derecho como un instituto jurídico de carácter excepcional.

El ejercicio del derecho de huelga se debe encontrar, entonces, siempre condicionado o limitado por el bien común que debe marcar, por medio de la legislación, la línea divisoria entre su legítimo ejercicio y el abuso del derecho. Este punto de vista ha sido sostenido, reiteradamente, en las Encíclicas papales, donde se ha sentado la doctrina de que cuando alcanza a servicios esenciales

---

[218] La primacía ha sido remarcada por la Doctrina Social de la Iglesia (*Gaudium et Spes*, cap. III, secc. II, parágrafo 67).

[219] Esta naturaleza resulta atribuida por la Doctrina Social de la Iglesia (*Gaudium et Spes*, cap. III, secc. II, parágrafo 68 *in fine*).

la continuidad de estos ha de asegurarse mediante reglamentaciones adecuadas, ya que si el abuso de la huelga conduce a la paralización de toda la vida socio-económica esto resulta contrario al bien común de la sociedad, de cuya naturaleza participa el trabajo mismo[220].

El ordenamiento debe prever tanto la interdicción de las formas irregulares que puede asumir un conflicto colectivo de trabajo y un procedimiento de prevención que encauce la huelga de los servicios esenciales, así como un sistema de prestaciones mínimas para la atención de los servicios esenciales y un régimen sancionatorio, extensivo a los gremios, que garantice contra el abuso en el ejercicio del derecho de huelga y la alteración de la continuidad de los servicios.

Es por ello por lo que la ley 25.877 de 2004, establece en su artículo 24, que cuando por un conflicto de trabajo alguna de las partes decidiera la adopción de medidas legítimas de acción directa que involucren actividades que puedan ser consideradas servicios esenciales, debe garantizar la prestación de servicios mínimos para evitar su interrupción, considerándose esenciales los servicios sanitarios y hospitalarios, la producción y distribución de agua potable, energía eléctrica y gas y el control del tráfico aéreo. Asimismo, dicha ley dispone que una actividad no comprendida en la anterior enumeración podrá ser calificada excepcionalmente como servicio esencial, por una comisión independiente, previa apertura del procedimiento de conciliación previsto en la legislación cuando se den los siguientes supuestos: por un lado, cuando por la duración y extensión territorial de la interrupción de la actividad, la ejecución de la medida pudiere poner en peligro la vida, la seguridad o la salud de toda o parte de la población; por el otro, cuando se tratare de un servicio público de importancia trascendental, conforme a los criterios de los organismos de control de la Organización Internacional del Trabajo.

Debe ponerse de resalto, empero, la llamativa técnica legislativa adoptada, que soslaya el principio de calificación legal previa de una actividad como servicio público; así, la precitada norma excluye el transporte de gas declarado servicio público por el artículo 1º de la ley 24.076, e incluye, como servicios esenciales, actividades de interés público que no constituyen servicio público, tales como la producción de gas[221] y la generación de energía eléctrica[222].

11. La autotutela del dominio público

La protección del dominio público constituye otra de las peculiaridades del régimen jurídico típico del derecho público en el que coexisten, junto a las me-

---

[220] *Laborem Exercens*, párr. 20 *in fine*.

[221] Ley 24.076, art. 1º.

[222] Ley 24.065, art. 1º.

didas de tutela judicial, propias del derecho privado que se aplican por analogía frente al vacío existente en la legislación administrativa, las prerrogativas de la Administración para utilizar la coacción directa en defensa de los bienes dominiales.

Para proteger las finalidades que persigue esta categoría de bienes estatales, primordialmente su afectación al uso público directo por parte de los habitantes, la Administración puede utilizar la coacción sobre las personas que dificultan o impiden el cumplimiento de los fines que persigue esta categoría de bienes.

Se trata del principio general, que preside esta institución, establecido con el objeto de mantener la continuidad a la que están destinados los bienes dominiales[223]. Este principio ha sido recogido en el ordenamiento positivo de la Ciudad Autónoma de Buenos Aires[224], así como en la jurisprudencia de la Corte Suprema[225].

La principal consecuencia de la autotutela ejecutiva de excepción consiste en habilitar a la Administración para emplear la fuerza pública, con el objeto de proteger los bienes del dominio público, manteniéndolos en condiciones de ser utilizados por los habitantes o usuarios especiales.

En principio, el Estado, por intermedio de la Administración pública, y como representante del pueblo (en quien radica, en definitiva, la titularidad del dominio público) puede acudir, para proteger los bienes dominiales, tanto a la autotutela administrativa como a la instancia judicial, ejercitando, en este último supuesto, las acciones petitorias o posesorias que fueran pertinentes. La doctrina[226] ha señalado que se trata de una opción de ejercicio discrecional, la cual dependerá de las circunstancias de cada caso.

Aunque se haya negado, por un sector doctrinario[227], la procedencia de la acción reivindicatoria sobre bienes dominiales, lo cierto es que, en concordancia con la doctrina más autorizada[228], el anterior Código Civil siguió esa tesis al declarar, en el artículo 4019, inciso 1°, la imprescriptibilidad de

---

[223] MIGUEL S. MARIENHOFF, *Tratado de derecho administrativo,* t. v, Buenos Aires, Abeledo-Perrot, 1988, núm. 1780, págs. 320 y ss.; ANDRÉ DE LAUBADÈRE, *Traité élémentaire de droit administratif,* t. II, 5ème éd., Paris, LGDJ, 1970, págs. 175 y ss. y nuestro *Derecho administrativo,* 9ª ed., Buenos Aires, Abeledo Perrot, 2008, pág. 331.

[224] Ley de Procedimientos Administrativos de la Ciudad Autónoma de Buenos Aires, art. 12.

[225] *In re, Hijos de Isidro Grillo S. A.,* Fallos 263:477 (1965).

[226] MARIENHOFF, *Tratado de derecho administrativo,* cit., t. v, núm. 1783 b), pág. 326.

[227] MANUEL MARÍA DIEZ, *Derecho administrativo,* t. IV, Buenos Aires, Bibliográfica Omeba, 1969, págs. 449-450.

[228] BENJAMÍN VILLEGAS BASAVILBASO, *Derecho administrativo,* t. IV, Buenos Aires, Tea, 1954, pág. 178; MARIENHOFF, *Tratado de derecho administrativo,* cit., t. v, núm. 1783, págs. 324-325.

la acción reivindicatoria de las cosas que están fuera del comercio, lo cual implica admitir la viabilidad de dicha acción.

El ejercicio de las acciones judiciales que protegen el dominio público cobra especial trascendencia en nuestro régimen federal, habida cuenta que en las relaciones inter-administrativas que pertenecen a diferentes esferas de gobierno está vedado el uso de la coacción (autotutela) para proteger el dominio público. Este es otro principio general de nuestro derecho público que prohíbe esta especie de ejecutoriedad[229] en materia de relaciones inter-administrativas, exigiendo que los conflictos se ventilen, única y exclusivamente, ante los tribunales judiciales.

12. El principio de la responsabilidad del Estado: su fundamento filosófico y constitucional

El fundamento jurídico de la responsabilidad del Estado se encuentra en la justicia y en los principios que derivan de ella. Esos principios generales del derecho natural (v. gr., *alterum non leadere*) existen por si mismos sin necesidad de reconocimiento positivo. Su vigencia y principalidad se proyecta a todas las ramas del derecho, cobrando mayor trascendencia en las disciplinas no codificadas como el derecho administrativo.

Como ya lo hemos puntualizado, los principios generales, hállense o no regulados por el derecho positivo, prevalecen sobre las normas y constituyen mandatos carentes de supuestos de hecho que el intérprete completa, en su aplicación al caso, mediante una labor de ponderación, conforme a las reglas de la razonabilidad práctica. No siempre son mandatos de optimización y su operatividad puede ser tanto directa como derivada.

Todo análisis acerca del fundamento constitucional de la responsabilidad del Estado revela grandes coincidencias (no advertibles muchas veces por la fraseología personal) en punto a que la base del responder estatal se encuentra relacionada de una manera u otra, con los principios del Estado de derecho.

Ha sido nuestro maestro MARIENHOFF, quien mejor desarrolló esta tesis al decir que el fundamento de la responsabilidad estatal "no es otro que el «Estado de derecho» y sus postulados... Es de esos principios o postulados, que forman un complejo y que tienden, todos, a lograr la seguridad jurídica y el respeto de los derechos de los administrados, de donde surge el fundamento de la responsabilidad estatal en el campo del derecho público"[230]. Esta tesis ha sido seguida por la mayor parte de la doctrina[231].

---

[229] Vid nuestro *Curso de derecho administrativo*, 10ª ed., t. II, Buenos Aires, La Ley, 2011, pág. 346.

[230] MIGUEL S. MARIENHOFF, *Tratado de derecho administrativo,* t. IV, Buenos Aires, Abeledo-Perrot, 1973, págs. 251-252.

[231] PABLO ESTEBAN PERRINO, "La responsabilidad extracontractual por la responsabilidad ilícita en el derecho argentino", en *Modernizando al Estado para un país mejor*, Lima, Palestra,

A) *El principio de igualdad ante las cargas públicas como eje*
del fundamento constitucional de la responsabilidad del Estado

Dentro de la línea garantística formada por los principios que componen el Estado de derecho, el eje del fundamento constitucional se halla, a nuestro juicio, en el principio de igualdad ante las cargas públicas reconocido en el artículo 16 de la Constitución[232], lo que no es óbice para reconocer otros fundamentos concurrentes o complementarios como los que surgen del artículo 19 de la Constitución (*alterum non leadere*) o de la inviolabilidad de la propiedad (Const. Nal., art. 17) por causa de utilidad pública[233].

La obligación de reparar tiene un fundamento en la justicia que, como es sabido, radica en una relación de igualdad. Cuando se genera un daño por la actividad estatal se opera un desequilibrio, que no es justo que sea soportado en forma desigual por los habitantes. La restitución o compensación se rige, en principio, por las reglas de la justicia conmutativa (en proporción a la cosa) aun cuando puede haber también aplicación de los criterios de justicia distributiva (que impongan el deber de soportar una carga o daño en tanto ello sea razonable y no implique un sacrificio especial) así como también que retribuyan a las personas los daños según criterios de mérito o de circunstancias especiales. En el derecho público, los desequilibrios que provoca el accionar legítimo del Estado se compensan o indemnizan cuando no pesa sobre el particular la obligación de soportar el daño.

B) *El factor de atribución: la falta de servicio en la jurisprudencia*
de la Corte y en la nueva ley 26.944

La sanción de la nueva ley ha generado en materia de responsabilidad estatal y de los funcionarios y empleados públicos, grandes interrogantes en el ámbito profesional y doctrinario. Fuera de la regulación de los requisitos inherentes a la responsabilidad por la actividad ilegítima y, particularmente, el concepto de falta de servicio regulado en la ley conforme a la tesis que venimos soste-

---

2010, págs. 430-432; JORGE H. SARMIENTO GARCÍA, "Responsabilidad del Estado. Principios y proyecto de ley", La Ley de 11/3/2014; TOMÁS HUTCHINSON, "Lineamientos generales de la responsabilidad administrativa del Estado", en *Revista de Derecho de Daños,* 2010, Santa Fe, Rubinzal-Culzoni, pág. 108; JULIO RODOLFO COMADIRA - HÉCTOR J. ESCOLA - JULIO PABLO COMADIRA, *Curso de derecho administrativo,* t. II, Buenos Aires, Abeledo-Perrot, 2012, pág. 1511.

[232] JAVIER INDALECIO BARRAZA, *Manual de derecho administrativo,* Buenos Aires, La Ley, 2010, pág. 596.

[233] Véase: ROBERTO ENRIQUE LUQUI, "Responsabilidad del Estado", La Ley 2011-C, 1279; DANIEL M. NALLAR, "Análisis sobre la responsabilidad del Estado y del funcionario público en las provincias argentinas", en *Responsabilidad del Estado y del funcionario público,* Jornadas de la Universidad Austral, Buenos Aires, 2001, pág. 451.

niendo desde hace años, recogida por la Corte a partir del caso *Vadell*[234], tras el advenimiento de la democracia, y seguida en los fallos posteriores del Alto Tribunal[235], la regulación legal es pasible de graves objeciones sobre todo en el carácter restrictivo de la responsabilidad por actos legítimos y en las prescripciones que atañen a los funcionarios públicos.

La doctrina que precedió al dictado de la nueva ley, se basó en la reinterpretación del artículo 1112 del Código de Vélez Sarsfield —al considerar que sentaba un principio que servía para regular las llamadas faltas de servicio— postura con la que coincidió la mayoría de la doctrina del derecho administrativo nacional, en contra de la interpretación hasta entonces predominante[236].

[234] Dicho precedente se fundó en el dictamen del Dr. Juan Octavio Gauna, entonces Procurador General de la Nación, véase: Fallos, 306:2030.

[235] Fallos: 306:2030 (1984); 307:821 (1985); 315: 2865 (1992); 318:845 (1995); 321:1124 (1998); 330:563 (2007) y otros.

[236] Juan Francisco Linares, "En torno a la llamada responsabilidad civil del funcionario público", La Ley 153-601; Juan Octavio Gauna, "Responsabilidad del Estado. La competencia originaria de la CSJN y la revisión de la noción de causa civil", en *Responsabilidad del Estado*, Buenos Aires, Departamento de Publicaciones de la Facultad de Derecho de la Universidad de Buenos Aires, Rubinzal-Culzoni, 2008, págs. 327-329; interesa destacar que Gauna, como Procurador General de la Nación, al dictaminar en la causa *Ruth Sedero de Carmona c/ Provincia de Buenos Aires* (Fallos 310:1074) hizo referencia a la nueva interpretación de la Corte sobre el art. 1112 del Código Civil de Vélez Sarsfield realizada en el caso *Vadell* (Fallos 306:2030); Domingo J. Sesín, "Responsabilidad del Estado en la Provincia de Córdoba", en *Responsabilidad del Estado*, Buenos Aires, XXX Jornadas Nacionales de Derecho Administrativo, Rap, 2005, págs. 537 y ss; Julio Rodolfo Comadira, "La responsabilidad del Estado por su actividad lícita o legítima", EDA 2001-2002, págs. 756 y ss., esp. págs. 761-762; Jorge Sarmiento García, "La responsabilidad del Estado en la Provincia de Mendoza", en *Responsabilidad del Estado y del funcionario público*, Jornadas de la Universidad Austral, cit., págs. 384-385; Rodolfo Carlos Barra, "Cometidos administrativos en la actividad notarial y responsabilidad del Estado", ED 117:927; y "Responsabilidad del Estado de sus actos y contratos", ED 122-864, especialmente 865, nota 11; María Jeanneret de Pérez Cortes, "El ejercicio del poder de policía y la responsabilidad del Estado. La sentencia de la Corte Suprema de Justicia en la causa Friar S. A.", en *Cuestiones de responsabilidad...* cit., pág. 57; y en *Responsabilidad del Estado en materia de salud pública*, XXX Jornadas, cit., pág. 313; Pablo Gallegos Fedriani, "Responsabilidad del Estado por incumplimiento de la condena judicial", en *Cuestiones de responsabilidad del Estado y del funcionario*, Buenos Aires, Jornadas de la Universidad Austral, RAP, 2008, págs. 355-357; Alejandro Juan Uslenghi, "Lineamientos de la responsabilidad del Estado por su actividad ilícita", en *Responsabilidad del Estado y del funcionario...* cit., págs. 56-57; Bianchi, "La responsabilidad de los entes reguladores", en *Responsabilidad...*, cit., págs. 164-165; Pablo Esteban Perrino, "Los factores de atribución en la responsabilidad del Estado por su actividad lícita", en *Responsabilidad del Estado y del funcionario público*, cit., págs. 59 y ss; Eduardo Mertehikian, *La responsabilidad pública. Análisis de la doctrina y la jurisprudencia de la Corte Suprema*, con prólogo de Julio César Cueto Rua, Buenos Aires, Ábaco, 1998, págs. 63-73 y 97-99; Eduardo L. Pithod, "Responsabilidad del Estado por

acto lícito", en *Estudios de derecho administrativo*, t. XII, Mendoza, IEDA, Diké, 2005, págs. 153-154; JAVIER INDALECIO BARRAZA, *Responsabilidad extracontractual del Estado*, Buenos Aires, La Ley, 2003, pág. 83; CARLOS ALFREDO BOTASSI, "Responsabilidad del Estado por su actividad jurisprudencial", en *Responsabilidad...* cit., pág. 101, texto y nota 22; ARMANDO N. CANOSA, "Nuevamente el art. 1113 del Código Civil y la responsabilidad del Estado", ED 157-84; CARLOS ALBERTO ANDREUCCI, "Responsabilidad del Estado en la Provincia de Buenos Aires", en *Responsabilidad...*, cit., págs. 264-265; BELTRÁN GAMBIER, "Algunas reflexiones en torno a la responsabilidad del Estado por omisión, a la luz de la jurisprudencia", La Ley 1190-E-617; MARTÍN GALLI BASUALDO, *Responsabilidad del Estado por su actividad judicial*, Buenos Aires, Hammurabi, 2006, págs. 75-77 y ss.; MARÍA DEL PILAR AMENÁBAR, *Responsabilidad extracontractual de la Administración pública*, Santa Fe, Rubinzal-Culzoni, 2008, págs. 391-392; JORGE LUIS SALOMONI, "Originalidad del fundamento de la responsabilidad del Estado en la Argentina (Alcances y régimen jurídico con especial referencia a la extracontractual)", ED, Suplemento de Derecho administrativo de 29/03/00, págs. 7 y ss.; VIVIANA BONPLAND, "Responsabilidad extracontractual del Estado (Análisis exegético de las citas del codificador al art. 1112 del Código Civil", La Ley 1987-A, 779; con reservas en punto a la necesidad de regular el instituto en el futuro, véase: ERNESTO BUSTELO, "Responsabilidad del Estado por sus faltas de servicio", en *Estudios de derecho administrativo*, IEDA Nº XII, Mendoza, Diké, Foro de Cuyo, 2005, págs. 32 y ss.; DIEGO ANDRÉS CALONGE, "Responsabilidad del Estado en la Provincia de Buenos Aires. Análisis de la jurisprudencia de la Suprema Corte de Justicia", en *Responsabilidad del Estado...* cit. (Dir. PEDRO ABERASTURY), págs. 471 y ss.; MARÍA CLAUDIA CAPUTI, "Tendencias actuales en materia de responsabilidad del Estado por funcionamiento irregular de los órganos judiciales. El caso *Amiano*", La Ley, 2000-C, 763; FABIÁN O. CANDA, "La responsabilidad del Estado por omisión (Estado de situación en la jurisprudencia de la CSJN)", en *Cuestiones de responsabilidad...*, cit., págs. 158-161; PATRICIO M. E. SAMMARTINO, "La imputabilidad en la responsabilidad del Estado", en *Cuestiones de responsabilidad...*, cit., págs. 432 y 456; RICARDO H. FRANCAVILLA, "La imputabilidad en la responsabilidad del Estado", en *Cuestiones de responsabilidad...*, cit., págs. 228-229; MARÍA SUSANA VILLARRUEL, "Jurisdicción y competencia en materia de responsabilidad del Estado", en *Cuestiones de responsabilidad...*, cit., pág. 516; entre los trabajos más recientes, aparte del estudio específico de GALLI BASUALDO antes citado cabe mencionar: PEDRO ABERASTURY, "Principios de la responsabilidad del Estado", en *Responsabilidad del Estado*, Buenos Aires, LexisNexis Abeledo-Perrot, 2007, págs. 6 y ss; JUAN OCTAVIO GAUNA (h), "Responsabilidad del Estado en materia de salud, urbanística y ambiental", en *Responsabilidad del Estado...* cit., págs. 244 y ss, con especial comentario de los casos *Brescia* y *Schauman de Scasola*; MARTHA ZILLI DE MIRANDA, "La responsabilidad del Estado por omisión ilegítima. Su incidencia en la tutela del derecho fundamental a la salud", en *Derecho administrativo*, libro en homenaje al Profesor Doctor JULIO RODOLFO COMADIRA (Coord. JULIO PABLO COMADIRA y MIRIAM M. IVANEGA), Buenos Aires, Ad Hoc, 2009, págs. 1286-1287; y LUIS A. MELAZZI, "Responsabilidad del Estado en casos de error judicial y anormal funcionamiento del servicio de justicia", en *Derecho administrativo*, libro en homenaje al Profesor Doctor Julio Rodolfo Comadira..., cit., pág. 1261; ALFONSO BUTELER, "La responsabilidad del Estado por falta de servicio en un nuevo fallo de la Corte Suprema", La Ley, 2007-D, 319; y GRACIELA B. RITTO, "*Responsabilidad del Estado por omisión*", La Ley 2006-F, 615.

Se trató, entonces, de fundar la responsabilidad extracontractual del Estado en principios constitucionales pero también en el reconocimiento del carácter directo de la responsabilidad estatal y en la naturaleza objetiva del factor de atribución, con un criterio afín a la falta de servicio del derecho francés (que, a diferencia del derecho español no comprende los daños causados por el comportamiento regular o normal de la Administración, salvo los supuestos que generen un sacrificio especial)[237]. En cambio, el factor de atribución de responsabilidad por actividad legítima es el perjuicio especial.

Sin embargo, destacados civilistas utilizan el concepto de la falta de servicio como factor de atribución para determinar la responsabilidad del Estado; entre ellos, véase: Jorge Busta-mante Alsina, "Responsabilidad del Estado por error judicial (El auto de prisión preventiva y la absolución)", La Ley, 1996-B, 311, al adaptar y ampliar la interpretación que hiciera sobre el art. 1112 del Código Civil de Vélez Sarsfield sostiene que aunque este precepto continúa rigiendo la responsabilidad de los funcionarios públicos "ello no significa que no se induzca también de allí un principio general de derecho público, que impone la responsabilidad objetiva del Estado por la falta de servicio que implica la irregular prestación de la administración de justicia..." y más adelante afirma rotundamente que la responsabilidad del Estado es directa y objetiva; ídem, en "Responsabilidad del Estado por la muerte de internos en una cárcel al incendiarse esta", La Ley, 1996-C, 584, cabe apuntar que en este trabajo Bustamante Alsina se adhiere expresamente a nuestra tesis sobre la responsabilidad estatal (cit., pág. 586, nota 1); Felix A. Trigo Represas, *Responsabilidad de los jueces y Estado juzgados por daños derivados de errónea actividad judicial,* Separata de la Academia Nacional de Derecho y Ciencias Sociales, La Ley, Junio, 2008, págs. 2 y ss., esp. págs. 21-22; ver también del mismo autor, en colaboración con Marcelo J. López Mesa, el *Tratado de la responsabilidad civil,* t. IV, Buenos Aires, La Ley, 2004, Cap. 14 (redactado por López Mesa con la colaboración de Stella Maris Bambino), págs. 12 y ss.; señala que "los criterios adoptados por la Corte Suprema siguen, sin citarlos, dos trabajos de Cassagne publicados en la Revista El Derecho durante los años 1982 y 1983, bajo el título de "En torno al fundamento de la responsabi-lidad del Estado" (en ED 99-937) y del mismo autor "La responsabilidad extracontractual del Estado en el campo del derecho administrativo" (ED 100-985), así como —aunque en menor medida— un opúsculo de Juan Francisco Linares, titulado "En torno de la llamada responsabilidad civil del funcionario público" (publicado en La Ley 153-160)". Cabe señalar que, con bastante anterioridad al cambio jurisprudencial de la Corte Suprema, Leonardo A. Colombo, en su obra *Culpa aquiliana (cuasidelitos),* Buenos Aires, TEA, 1944, págs. 459 y ss. había reconocido la posibilidad de responsabilizar al Estado por la aplicación del art. 1112 del Código Civil, con cita del conocido precedente de la Corte de *Ferrocarril Oeste contra Provincia de Buenos Aires* (La Ley, t. 12, pág. 122), pág. 459, nota 641; véase también Jorge Mosset Iturraspe, *Responsabilidad por daños,* t. x, *Responsabilidad del Estado,* Santa Fe, Rubinzal-Culzoni, 2004, pág. 162, texto y nota 43. En el derecho procesal, vid: Roberto O. Berizonce, "El contralor de la labor jurisdiccional del poder judicial", en *Anales* de la Fa-cultad de Ciencias Jurídicas y Sociales de la Universidad Nacional de La Plata, t. 30, 1987, págs. 14 y 18, admite la responsabilidad objetiva y directa del Estado por el funcionamiento anormal del servicio jurisdiccional que implique faltas de servicio, con sustento en el ex art. 1112 del Código Civil.

[237] Ampliar en Pedro J. J. Coviello, "La responsabilidad del Estado por su actividad lícita", en ED Serie Especial de Derecho Administrativo de 29/8/2000.

C) *Un análisis retrospectivo: la concepción de* Aubry et Rau

Algunos doctrinantes, respetables por cierto, en el afán de sostener que el artículo 1112 del derogado Código Civil se refería a la responsabilidad de los funcionarios públicos y no a la del Estado (que en la concepción de Aubry et Rau era una responsabilidad por los actos del comitente) desgajan el pensamiento de los autores franceses y, además, ignoran la trascendencia de la última frase del artículo 1112, cuando prescribía que las faltas de servicio descritas como aquellas configuradas por el ejercicio irregular de las funciones de los funcionarios públicos "... son comprendidas en las disposiciones de este título".

Como se verá seguidamente, el sentido de esta frase ha sido incluir los irregulares incumplimientos en el cuadro de la responsabilidad del Estado por los actos del comitente del artículo 1384, tal como surge de una interpretación armónica de la obra del pensamiento de los autores franceses a quienes Vélez siguió en la redacción de los artículos 1109, 1112 y 1113. Así, mientras el artículo 1109 consagraba una responsabilidad general basada en la culpa (aplicable a las faltas personales de los funcionarios frente a terceros el artículo 1112, en la inteligencia más probable de Vélez (si se acepta que siguió a Aubry et Rau) comprendía no solo la responsabilidad frente a terceros (lo que era obvio a tenor del art. 1109) sino fundamentalmente la responsabilidad del Estado como comitente por los actos y omisiones de los funcionarios públicos que incumplen de modo irregular las obligaciones a su cargo y causan daños a terceros[238].

La idea de Vélez Sarsfield, al incorporar a dicho cuerpo legal un precepto específico que comprendía dentro de las disposiciones sobre responsabilidad aquiliana "los hechos y las omisiones de los funcionarios públicos en el ejercicio de sus funciones", no fue consagrar la responsabilidad de los funcionarios frente a los particulares y al propio Estado (por otra parte comprendida en el art. 1109 del Código, que agrupa los arts. 1382 y 1383, Código Civil francés), sino la conexión del respectivo factor de atribución con la responsabilidad del Estado, como se desprende de un estudio hecho por Linares que sirvió de punto de partida para la concepción de la responsabilidad que años más tarde desarrollamos[239].

---

[238] Es cierto que Linares se equivocó al utilizar la 4ª edición de Aubry et Rau de 1871 (que, obviamente, Vélez no pudo conocer cuando redactó el Código) pero ello no invalida su razonamiento dado que las citas de la 3ª edición (1856) y de la 4ª (1871) aunque cambia la numeración son prácticamente idénticas, con algunos pequeños agregados que confirman su interpretación.

[239] Así lo ha reconocido Pablo E. Perrino, "La responsabilidad de la Administración por su actividad ilícita. Responsabilidad por falta de servicio", ED, 185-781.

Esta concepción, que implica el establecimiento de un factor objetivo de atribución[240], reflejada en la configuración de una falta de servicio, por acción u omisión, ha sido seguida por la jurisprudencia de la Corte a partir del caso *Vadell* y viene a completar el fundamento constitucional de la responsabilidad del Estado (principios de igualdad ante las cargas públicas y reparabilidad de los sacrificios patrimoniales fundados en razones de interés público). En cambio, el funcionario público responde directamente frente a la víctima por falta personal (por ejemplo, fin de lucro personal)[241] aplicándose los artículos 1721 y 1726 del Código Civil y Comercial de la Nación[242].

Muchas de las concepciones contrarias a esta idea soslayaban el fundamento constitucional de la responsabilidad del Estado basándose en una interpretación exegética y aun histórica del precepto contenido en el artículo 1112 del Código Civil de Vélez Sarsfield, con olvido de las posibilidades que brindaban la analogía y la interpretación dinámica de las normas. No faltaron autores que pretendieron fundar la responsabilidad estatal en los textos del Código Civil de Vélez Sarsfield sosteniendo que esta era indirecta y objetiva[243].

En realidad, lo importante, en esta materia, habida cuenta de su fundamento constitucional, no era si la responsabilidad se funda o no en un precepto positivo del Código Civil. Realmente importaban dos cosas: a) reconocer que se trataba de una responsabilidad directa, fundada en principios de derecho público (Const. Nal., arts. 16 y 17), y b) aceptar que la culpa se excluye como factor de atribución sustituyéndolo con la figura de la falta de servicio originada en su funcionamiento irregular o defectuoso. Ambas cuestiones han sido bien resueltas en la nueva legislación sobre la materia.

---

[240] No cabe pues, hablar de culpa objetiva u objetivada, como algunos han dicho, para definir las faltas de servicio, como si la culpa fuera una noción polisémica. Al respecto, el art. 1722 del nuevo CCyCN prescribe: "El factor de atribución es objetivo cuando la culpa del agente es irrelevante a los efectos de atribuir la responsabilidad".

[241] Marcelo Duffy, "La responsabilidad del Estado y de los funcionarios públicos con motivo de su actuación en el procedimiento administrativo", en Héctor Pozo Gowland *et alters* (Dirs.), *Procedimiento administrativo*, t. II, cit., pág. 281.

[242] El art. 1766 del nuevo CCyCN establece que la responsabilidad del funcionario público se rige por las normas y principios del derecho administrativo. En nuestra opinión, este precepto se refiere a la responsabilidad de los funcionarios frente al Estado.

[243] Oscar Cuadros, "Consideraciones acerca de la responsabilidad del Estado en la Provincia de San Juan a la luz del panorama doctrinario, normativo y jurisprudencial argentino actual", en *Estudios de derecho administrativo XI*, IEDA, Mendoza, Diké, 2006, pág. 397. Recientemente, tras la sanción del nuevo CCyCN dicho autor propugna aplicar la teoría del riesgo, afirmando que la responsabilidad del Estado es objetiva (al excluir la culpa del agente); véase: *Administración y constitución*, Buenos Aires, Astrea, 2014, págs. 158-159. Al respecto, pensamos que el factor de atribución en la ley 26.944 es la falta de servicio y no el riesgo.

D) *Crítica de la ley 26.944*

La regulación de la responsabilidad del Estado en el Código Civil de Vélez Sarsfield garantizaba la estabilidad de una jurisprudencia, que (con pocas excepciones) se había mantenido durante treinta años y que se sustituye ahora por una ley que limita y, en algunos casos, suprime la responsabilidad estatal de un modo que cercena los principios del Estado de derecho. Entre las normas objetables cabe señalar el artículo 1º de la ley 26.944 que excluye la aplicación directa o subsidiaria del Código Civil y Comercial a la responsabilidad del Estado, lo que carece de sentido, toda vez que no siendo completa la regulación de la responsabilidad en dicha ley, hay que acudir necesariamente al Código Civil y Comercial para cubrir los vacíos normativos, mediante el procedimiento de la analogía, al que por razones de especialidad y autonomía, corresponde acudir en primer término para pasar luego, una vez verificado el juicio de compatibilidad, a la aplicación directa. En efecto, la posibilidad de acudir a la analogía para integrar la carencia de normas con el derecho privado es el procedimiento propio del derecho público y es, por ejemplo, el que permite extender la responsabilidad del Estado por la actividad de las entidades descentralizadas[244].

Basta señalar el requisito que prescribe la responsabilidad por omisión solo cuando se viola un deber concreto y determinado (art. 3º inc. d) lo que excluye la responsabilidad cuando la omisión transgrede algún principio general del derecho, estén o no regulados en la Constitución o en tratados internacionales; las rigurosas exigencias para acreditar el daño por la actividad legítima (art. 4º incs. c y e) y el carácter excepcional de esta, así como la prohibición de que no proceda el lucro cesante (art. 5º), el intento de excluir la responsabilidad por omisiones legítimas (dado que el inc. b) del art. 4° no menciona la inactividad estatal), la diferente regulación del nexo causal en los tipos de responsabilidad (por actividad ilegítima y legítima), entre otras prescripciones, para arribar a la conclusión de que la ley, implicará un grave retroceso institucional[245].

Con referencia a la relación de causalidad cabe advertir que la regulación estatal es sumamente restrictiva por cuanto: sin razón que justifique el cambio modifica el requisito de la causalidad al exigir, en vez de la causalidad adecuada (como en los casos en que la responsabilidad proviene de la actividad ilegítima), que la misma sea directa, inmediata y exclusiva lo cual, como es obvio, limita sobre manera y en forma injusta la reparación de los daños pro-

---

[244] Véase, DAVID ANDRÉS HALPERIN, "La responsabilidad del Estado por el obrar de sus entidades descentralizadas", *Revista de Derecho de Daños 2015-1*, Buenos Aires, Rubinzal Culzoni, 2015, págs. 294 y ss.

[245] Ampliar en: PABLO ESTEBAN PERRINO, "Responsabilidad por actividad estatal legítima. Proyecto de ley de responsabilidad del Estado y de los agentes públicos", La Ley de 18/6/2014.

vocados por el accionar estatal. En especial, la exigencia de exclusividad hace que bastaría que un tercero interfiera en el suceso dañoso para excluir la responsabilidad del Estado, lo que viola el principio de razonabilidad de las leyes (Const. Nal., art. 28) alterando el contenido de un derecho considerado esencial, como es el de propiedad (Const. Nal., art. 17).

E) *El alcance de la indemnización: el principio general de la justa indemnización*

Existe estrecha vinculación, no siempre advertida, entre la teoría de la responsabilidad y la teoría de la justicia, que la mayor parte de los iuspublicistas no abordan, optando por ceñirse a la dogmática. Sin embargo, el conocimiento de la teoría de la justicia, máxime cuando se acude a la versión que más se aproxima a la exactitud, es una exigencia del enfoque sistémico que se predica como algo necesario e insoslayable en el ámbito científico[246]. De lo contrario, se fragmentan las partes del conocimiento separándose del conjunto, lo que explica la anarquía que reinaba en la ciencia jurídica como consecuencia de las ideas positivistas que aislaban el derecho y lo separaban de la justicia y de la moral[247].

El problema del alcance de la indemnización —frente a sacrificios o daños de los particulares por razones de utilidad pública, interés social o público—, se plantea tanto en materia expropiatoria como en el ámbito de la responsabilidad contractual (extinción por razones de interés público) o en el plano de los actos administrativos unilaterales (revocación por razones de oportunidad, mérito o conveniencia), a través de criterios fundados en la remediación de los sacrificios especiales que sufre el particular como resultado de la actividad legítima del Estado cuyos daños no está obligado a soportar, responsabilidad que se extiende a la actividad legislativa[248]. Más aún, no solo se plantea en el ámbito de la actividad legítima del Estado sino también respecto a las faltas de servicio que configuran la llamada responsabilidad por actividad ilegítima.

La diversidad de las soluciones y criterios proporcionados por la doctrina y la jurisprudencia para definir el alcance de la indemnización en tales casos nos lleva a replantear la cuestión para encontrar una fundamentación común

---

[246] Véase: MARIO A. BUNGE, *Memorias. Entre dos mundos*, Buenos Aires, Gedisa-Eudeba, 2014, págs. 234-237.

[247] Esta tendencia aún subsiste, fomentada por la falsa creencia en las autonomías científicas que ha generado incongruencias y contradicciones entre los derechos civil y administrativo con el derecho penal, el cual ha seguido sus propias aguas en contra del enfoque sistémico que debería haber conducido a esta disciplina a compatibilizar y armonizar sus teorías y soluciones positivas con los otros sectores del derecho.

[248] En Francia, se la denomina "responsabilidad sin falta", véase: JACQUELINE MORAND-DEVILLER, *Cours de droit administratif*, cit., págs. 725 y ss.

que permita tratar con la misma vara situaciones que, si bien son diferentes, guardan semejanza por analogía, en tanto la finalidad perseguida consiste en remediar la desigualdad causada por los daños que el Estado ocasiona con su accionar a los derechos o bienes de los particulares.

Lo primero que corresponde averiguar es si en el texto de nuestra Constitución existe algún precepto que permita establecer cuál es el alcance de la reparación en tales casos. Si bien se han hecho esfuerzos interpretativos para tratar de ubicar en un precepto constitucional —como el art. 19 de la Const. Nal.— el criterio para medir el alcance del daño, lo cierto es que no hay en ella un criterio preciso[249] y así como no se puede sacar jugo de las piedras, tampoco resulta lógicamente posible deducir del texto constitucional una regla o criterio que no resulta del precepto sino de la inferencia de los juristas[250].

La solución no pasa por acudir en todos los casos al criterio de la ley de expropiaciones[251] que circunscribe la indemnización al valor objetivo del bien y a los daños que sean una consecuencia directa de la expropiación con exclusión del lucro cesante, máxime cuando este concepto se ha interpretado en forma restrictiva, contrariando incluso sus fuentes doctrinarias que consideraban indemnizables el valor empresa en marcha[252] así como los lucros cesantes comprobables razonablemente previstos y los que derivan de la naturaleza del bien (un campo inundado por la decisión del poder público), considerándose que solo debía excluirse el lucro cesante eventual o hipotético[253].

Al respecto, si bien se ha reconocido que la figura de la expropiación por utilidad pública tiene un fondo común con la responsabilidad por actividad legítima del Estado, es evidente que se trata de instituciones distintas (en la primera hay sustitución de la propiedad que se traspasa al dominio estatal). Por otra parte, si el valor objetivo del bien es, en definitiva, el valor de mercado[254],

[249] Ariel Cardaci Méndez (*Revocación del contrato de obra pública*, Buenos Aires, Astrea, 2014, págs. 56 y ss.) analiza, con rigor científico, los principales *leading cases* en materia de responsabilidad contractual y extracontractual por actividad legítima.

[250] Carlos José Laplacette, "Derecho constitucional a la reparación de daños", La Ley, 2012-E, 1045.

[251] El art. 10 de la ley 21.499 preceptúa: "La indemnización solo comprenderá el valor objetivo del bien y los daños que sean una consecuencia directa e inmediata de la expropiación. No se tomarán en cuenta circunstancias de carácter personal, valores afectivos, ganancias hipotéticas, ni el mayor valor que pueda conferir al bien la obra a ejecutarse. No se pagará lucro cesante. Integrarán la indemnización el importe que correspondiere por depreciación de la moneda y el de los respectivos intereses".

[252] Marienhoff, *Tratado de derecho administrativo*, t. IV, 4ª ed., Buenos Aires, Abeledo-Perrot, 1987, págs. 253-254.

[253] Cfr. nuestro *Curso de derecho administrativo*, cit., págs. 286-287.

[254] CS, Fallos 207:804; 242:150, entre otros. Cfr. Marienhoff, *Tratado de derecho administrativo*, t. IV, cit., págs. 241-242; Jorge Luis Maiorano, *La expropiación en la ley 21.499*,

esta pauta resulta inaplicable para medir la indemnización por daños físicos o corporales a las personas[255].

La complejidad de nuestro sistema y los vaivenes de la jurisprudencia no impiden reconocer, en los fallos de la Corte, una firme tendencia hacia la reparación amplia[256] que incluye el lucro cesante razonable y comprobado (ganancias, utilidades o frutos dejados de percibir).

En rigor, la reparación nunca puede ser integral, tanto porque excluye la indemnización por los daños normales o cargas públicas no indemnizables (v. gr. los gastos que demanda la obligación de comparecer como testigo) como por la circunstancia que no todos los perjuicios dan derecho a la indemnización (v. gr. las consecuencias casuales y las remotas)[257].

Ahora bien, la inexistencia, en la Constitución formal, de un texto expreso que consagre el principio que rige la reparación o restitución (la clásica *restitutio*) no puede alegarse como pretexto o argumento para negar la procedencia de una indemnización amplia, comprensiva del daño emergente y del lucro cesante, así como de otros daños, como la violación de los derechos personalísimos[258], respondiendo tanto por las consecuencias inmediatas como por las mediatas previsibles[259]. En efecto, tras la reforma constitucional de 1994, que adjudicó a determinados tratados internacionales la calidad de fuente jurídica directa con jerarquía constitucional, superior a las leyes (Const. Nal., art. 75 inc. 22) ya no puede hablarse de la ausencia de un principio constitucional para regir la restitución, toda vez que la Convención Americana ha prescrito el principio de la "justa indemnización", en dos de sus artículos.

El primero de ellos prescribe que "ninguna persona puede ser privada de sus bienes, excepto mediante el pago de indemnización justa, por razones de utilidad pública o de interés social y en los casos y según las formas establecidas por la ley"[260] mientras que el segundo estatuye que cuando se vulneran derechos o libertades corresponde "el pago de una justa indemnización"[261]. Dichos preceptos han sido invocados por la doctrina del derecho público a partir de la reforma constitucional de 1994 para sustentar el fundamento del

---

Buenos Aires, Cooperadora de Derecho y Ciencias Sociales, 1987, pág. 62 y nuestro *Curso de derecho administrativo*, t. II, cit., pág. 285.

[255] PABLO E. PERRINO, "Responsabilidad por actividad estatal legítima. Proyecto de ley de responsabilidad del Estado y de los funcionarios públicos, La Ley, 2014-C, 1078.

[256] CARDACI MÉNDEZ, *Revocación...*, cit., pág. 173.

[257] Art. 901 del Código de Vélez Sarsfield; art. 1727 del nuevo CC y CN.

[258] CC y CN, art. 1738.

[259] CC y CN, art. 1726.

[260] CC y CN, art. 21 ap. 2.

[261] Art. 63 ap. 1.

principio de la justa indemnización[262] que algunos asimilan a reparación integral[263] o amplia[264], el cual constituye un nuevo paradigma del derecho público[265].

En consecuencia, la clave para desentrañar este intrincado problema interpretativo se encuentra en la comprensión del concepto "justa indemnización", el cual exige acudir necesariamente a la teoría de la justicia. Según alguna doctrina jurisprudencial minoritaria[266], la razón para justificar la exclusión de la procedencia del lucro cesante en la responsabilidad estatal derivada de la actividad legítima estribaría en que se trataría de una relación de justicia distributiva que rige las relaciones entre la comunidad y sus partes, conforme a criterios de distribución mientras que la justicia conmutativa vendría a regir las conmutaciones de acuerdo con los principios y reglas del derecho común o privado.

La concepción de TOMÁS DE AQUINO sobre la justicia conmutativa como una de las especies de justicia particular y su distinción con la justicia distributiva, incardinadas ambas en la justicia general, llamada también legal por ARISTÓTELES, implica un desarrollo realmente original de la concepción aristotélica que las unificaba dentro del concepto de justicia correctiva. Mientras la justicia general tiene por fin la realización del bien común, las dos especies de justicia particular se orientan, inmediatamente, a la ordenación de los bienes singulares de cada persona[267] y, en algunos supuestos, aparecen en forma conjunta en las relaciones jurídicas[268]. Esto último acontece en el plano de la responsabilidad estatal pues mientras la remediación de la desigualdad se lleva a cabo a expensas de la distribución del patrimonio o acervo común del Estado, la restitución se realiza según el criterio de la justicia conmutativa[269],

---

[262] PABLO E. PERRINO, "El alcance de la indemnización en los supuestos de extinción del contrato administrativo por razones de interés público", en la obra colectiva *La contratación pública*, t. 2, Buenos Aires, Hammurabi, 2006, págs. 1128-1129; LAPLACETTE, "Derecho constitucional...", cit., La Ley, 2012-E, 1045; CARDACI MÉNDEZ, *Revocación...*, cit., págs. 154 y ss. e EMILIO A. IBARLUCÍA, *El derecho constitucional a la reparación*, Buenos Aires, Ábaco, 2013, págs. 50 y ss.

[263] Véase: IBARLUCÍA, *El derecho constitucional...*, cit., pág. 194, para quien el derecho a la reparación se funda en un principio implícito (*op. cit.,* pág. 125).

[264] CARDACI MÉNDEZ, *Revocación...*, cit., págs. 172 y ss.

[265] Sobre la función de los paradigmas e incluso, de los llamados epistemes, véase: JUAN CRUZ ALLI ARANGUREN, *El principio de legalidad y la justicia social en el derecho administrativo francés*, Pamplona, Universidad Pública de Navarra, 2008, págs. 33 y ss.

[266] Voto en disidencia de la Dra. ELENA HIGHTON DE NOLASCO en la causa *El Jacarandá S. A.*, expuesto en Fallos 328:2654.

[267] *Suma Teológica*, Tratado de la Justicia, t. VIII, Madrid, BAC, 1956, *S.T.* II-II, q. 58 a.7.

[268] FINNIS, *Ley natural...*, cit., pág. 208.

[269] *Suma Teológica*, cit,, *S.T.* II-II, q. 62 a.1.

circunstancia que, unida a la deformación doctrinaria sobre la concepción de Tomás de Aquino que introdujo el Cardenal Cayetano[270], cuando sostuvo que la justicia distributiva era la justicia del Estado, ha sido la principal fuente de las confusiones y equívocos en que se ha incurrido al interpretar la teoría aristotélico-tomista de la justicia[271]. En rigor, se trata de conceptos e ideas que corren por andariveles distintos, gestadas en otro contexto histórico. No obstante ser de vigencia actual, su extrapolación ha de efectuarse con sumo cuidado cuando se pretende interpretar el modelo original.

Veamos las diferencias que existen en materia de compensación, según que se apliquen los principios de la justicia distributiva o los de la justicia conmutativa, para lo cual nada mejor que acudir a Finnis cuando expresa: "Un modelo legal de este tipo para asegurar la justicia distributiva busca, en consecuencia, compensar a *todos* los que sufren un daño en el área relevante de vida común, mientras que el modelo para asegurar la justicia conmutativa busca compensar solamente a quienes fueron lesionados por el acto de quien no se comportó con arreglo a sus deberes (según la justicia conmutativa) de cuidado y respeto por el bienestar de los demás, y a quien se le exige por tanto una reparación. Por otro lado, el modelo distributivo estará normalmente limitado por los recursos de los fondos comunes, de tal modo que *ninguno* de los que sean compensados recibirá tanto como lo que algunos de ellos podrían haber recibido en el modelo conmutativo. Sin duda que subsisten los deberes de justicia conmutativa de los transgresores, descontada la compensación que la parte lesionada reciba en virtud del modelo distributivo; pero estos deberes ya no son impuestos coactivamente por el derecho. De aquí que, si se adopta un modelo distributivo puro en un contexto en que sea inadecuado, algunas partes lesionadas pueden afirmar con razón que el derecho no logra garantizarles la justicia"[272].

---

[270] El error principal de la deformación que introdujo Cayetano consistió en sostener que la justicia distributiva es la justicia del Estado, algo que jamás pasó por la mente de Tomás de Aquino; sobre este punto puede verse un correcto análisis en Finnis, *Ley natural...*, cit., págs. 213-216. De ahí que algunos autores pasaron a identificar la justicia distributiva con el derecho público (entre nosotros es la tesis que luego de su primer libro ha vuelto a desarrollar Rodolfo C. Barra, en su *Tratado de derecho administrativo*, t. 1, Buenos Aires, Ábaco, 2002, págs. 123 y ss., esp. págs. 155 y ss.).

[271] Véase: Abelardo F. Rossi (*Aproximación a la justicia y a la equidad*, Buenos Aires, Educa, 2000, págs. 21 y ss., esp. pág. 22) afirma que el todo no es el Estado; Javier Hervada (*Introducción crítica al derecho natural*, cit., págs. 38-49) tampoco incurre en esa confusión. Al respecto, expusimos la opinión del texto en sucesivos trabajos: "La igualdad en la contratación administrativa", ED 101-899, entre otros, y en las distintas ediciones de nuestro *Derecho administrativo*, y últimamente en el *Curso de derecho administrativo*, 10ª ed., cit., págs. 21 y ss.

[272] Finnis, *Ley natural...*, cit., págs. 209-210.

Por otra parte, constituye un error interpretar la conmutatividad como un intercambio pues el entendimiento que cabe asignar a dicho concepto es mucho más amplio, refiriéndose a los cambios en general[273], así como interpretar que la pareja justicia distributiva-conmutativa se corresponde con el derecho público y el derecho privado, dado que hay relaciones de justicia distributiva en el derecho privado (v. gr. en la quiebra y en el derecho laboral) y de justicia conmutativa en el derecho público (v. gr. en los contratos de la Administración), sin perjuicio de que, en muchas ocasiones, suelen aparecer en forma conjunta.

Para captar debidamente la fórmula "justa indemnización" que utiliza la Convención Americana de Derechos Humanos[274] hay que tener en cuenta, básicamente, que la justicia entraña siempre una relación de igualdad y que esta igualdad exige que la reparación o restitución en la justicia conmutativa deba ser proporcional al valor de la cosa, bien o derecho conculcado de modo de restablecer el equilibrio y poder así remediar la desigualdad que produce el acto dañoso en el patrimonio del particular por el obrar del Estado.

Esta conclusión implica que la reparación, para que sea justa, ha de comprender el daño emergente y el lucro cesante[275], así como otros daños como los que se producen por la violación de los derechos personalísimos o el daño moral, ya sean producto de la responsabilidad por la actividad contractual o extracontractual, fuera legítima o ilegítima, porque de lo que se trata es de recomponer las cosas al estado anterior a la ocurrencia del daño para remediar la desigualdad. Así lo ha reconocido la jurisprudencia de la Corte Interamericana de Derechos Humanos en el caso *Velázquez Rodríguez*[276].

En definitiva, el mismo criterio que ha utilizado alguna jurisprudencia de la Corte para establecer el alcance de la indemnización, aunque sin fundarlo en la teoría de la justicia ni en la Convención Americana de Derechos Humanos, resulta válido para la interpretación que efectuamos ya que, si bien no lo relaciona con la teoría de la justicia, acierta esencialmente, salvando la deficiente terminología, al afirmar que "el principio de la reparación integral

---

[273] FINNIS, *Ley natural...*, cit., pág. 207.

[274] El principio de convencionalidad resulta vinculante (Const. Nal., art. 75 inc. 22) así como la interpretación que hace de la CADH la Corte Interamericana de Derechos Humanos. Esto último es discutible cuando se alteran principios, derechos y garantías de la primera parte de la Constitución, no obstante que la tendencia seguida por la Corte Suprema a partir del caso *Mazzeo* (Fallos 330:3248) ha dado por presupuesta dicha compatibilidad por el juicio que hizo el constituyente. No compartimos este argumento pues, de ser así, la norma constitucional no tendría sentido y sería superflua.

[275] CARDACI MÉNDEZ (*Revocación...*, cit., pág. 174) afirma que la indemnización debe comprender los beneficios económicos futuros ciertos.

[276] CIDH, 17/08/1990, *in re, Velázquez Rodríguez*, Interpretación de la sentencia de indemnización compensatoria (art. 67 Convención Americana de Derechos Humanos), Serie C9, párrafos 27 y 28.

que gobierna, entre otros, a la responsabilidad aquiliana, exige que se coloque a los damnificados en las mismas condiciones en que habrían estado de no haberse producido el hecho ilícito"[277] y que "el principio de la reparación 'justa e integral' debe entenderse como compensación con iguales características, de manera que se mantenga la igualdad de las prestaciones conforme al verdadero valor que en su momento las partes convinieron y no una equivalencia numérica teórica"[278].

Por esas razones, la exclusión del rubro lucro cesante que hace el artículo 5° de la ley 26.944 en el ámbito de la responsabilidad por actividad legítima, no resiste el test de constitucionalidad al conculcar los artículos 21 apartado 2 y 63 apartado 1 de la Convención Americana sobre Derechos Humanos.

No desconocemos que la solución propugnada por un sector de nuestra doctrina[279] en el sentido que la violación del principio de igualdad por una ley o reglamento, ubica la responsabilidad en el ámbito de la actividad ilegítima o ilícita elimina el problema interpretativo existente y por más dudas[280] que puedan suscitarse al respecto nos parece que la ilegitimidad se centra en el incumplimiento del deber de reparar que pesa sobre el Estado en supuestos de sacrificios especiales producidos por la actividad administrativa, legislativa o reglamentaria legítima, lo que muchas veces resulta difícil determinar *a priori*, máxime cuando se trata de daños patrimoniales particularizados y no susceptibles de generalización.

F) *Sobre la regulación de la responsabilidad del Estado por el Código Civil y Comercial o por leyes administrativas (nacionales y locales)*

Ante todo, hay que advertir que no es lo mismo regular la responsabilidad del Estado por el nuevo Código Civil y Comercial de la Nación que hacerlo *in totum* por el derecho civil.

Al respecto, el Código de Vélez Sarsfield, salvo casos excepcionales en que se aplicaba en forma subsidiaria (el art. 1502 referido a la locación de bienes públicos)[281], conducía a la aplicación de la técnica de la analogía la cual, ante la carencia normativa, adapta los preceptos civiles a los fines y principios del derecho administrativo.

---

[277] CS, Fallos 250:135.

[278] CS, Fallos 295:973.

[279] Juan Ramón de Estrada, "Responsabilidad del Estado por actos legislativos y discrecionales (Fundamentos y límites de la responsabilidad conforme a derecho)", ED 102-843 y Ernesto Bustelo, "Responsabilidad del Estado por su actividad ¿lícita?", en *Estudios de derecho administrativo XI*, IEDA, Mendoza, Diké, 2004, págs. 385-391.

[280] Bustelo, "Responsabilidad del Estado...", cit., pág. 391.

[281] Principio que mantiene el art. 1193 del nuevo CCyCN con una técnica más depurada.

Es cierto que la regulación de la responsabilidad del Estado y la de los funcionarios y empleados públicos, por faltas de servicio o conectadas al mismo, pertenece al derecho público e igualmente también la responsabilidad del Estado por su actividad legítima. Pero, aun así, no hay obstáculo de principio para que la materia de la responsabilidad estatal sea abordada por el Código Civil y Comercial de la Nación, en virtud de una serie de razones que hemos expuesto antes y que, probablemente, algunos publicistas no vayan a compartir. En algunos casos, se trata de normas de derecho público incluidas en la regulación civil y comercial, técnica ya utilizada en el artículo 2340 del Código de Vélez Sarsfield, que vuelve ahora a utilizarse en el precepto correspondiente del nuevo Código Civil y Comercial de la Nación[282].

Hay instituciones troncales del sistema jurídico que resulta conveniente y hasta necesario que sean reguladas por el Código Civil y Comercial, como, por ejemplo, la condición jurídica del Estado nacional, las provincias, la Ciudad Autónoma de Buenos Aires, los municipios y sus respectivas entidades autárquicas o jurídicamente descentralizadas que continúan siendo personas jurídicas públicas conforme a la definición legal del artículo 146 inciso a) del Código Civil y Comercial de la Nación.

Se trata de materias que plantean la necesidad y conveniencia de precisar los confines de las instituciones con el objeto de mantener la coherencia y la unidad del sistema jurídico.

Algo similar acontece con la responsabilidad del Estado y de los funcionarios y empleados públicos (v. gr. respecto de la concurrencia de responsabilidad entre la falta de servicio y las faltas personales de los agentes públicos no desconectadas del servicio). En definitiva, es tan legítimo regular la categoría básica en el Código Civil y Comercial y los criterios generales que determinan la responsabilidad en esos supuestos especiales (por medio de normas comunes aplicables al derecho público) como hacerlo mediante leyes especiales, aun reconociendo que se corre el riesgo de que una regulación nacional o provincial, restrinja o suprima la procedencia y el alcance de la responsabilidad.

No hay que olvidar, sin embargo, que la responsabilidad del Estado reposa en fundamentos que emanan de la Constitución y de los tratados internacionales ni tampoco que el Código Civil y Comercial de la Nación se aplicará, en principio, por analogía. Pero, en el caso que ocurriera alguna violación constitucional, el sistema jurídico opera como los reactivos en la química y si la norma o regulación degrada o suprime la responsabilidad estatal, el particular se encuentra habilitado para reaccionar judicialmente en defensa de sus derechos para privar de efectos o invalidar cualquier norma o principio inconstitucional.

Al haberse optado por la regulación administrativa nacional y local el legislador ha elegido un camino semejante al seguido por el derecho norteamericano donde proliferan diferentes ordenamientos estatales básicos, sin per-

---

[282] CCyCN, art. 235.

juicio de las regulaciones especiales ni de la Ley Federal de Reclamos al Estado denominada *Federal Tort Claims*[283]. El sistema norteamericano exhibe gran diversidad sustantiva y procesal[284] que no representa el mejor modelo

[283] En 1950, otro de nuestros grandes maestros, JORGE TRISTÁN BOSCH publicó un trabajo notable de investigación sobre la responsabilidad del Estado en Inglaterra y en Estados Unidos de América (La *Crown Proceedings Act*, 1947 y la *Federal Tort Claims*, 19446), La Ley, t. 57 –sección doctrina, págs. 895 y ss.

[284] Durante la mayor parte de la historia de Estados Unidos de América, la inmunidad soberana protegió al gobierno federal, a los gobiernos estatales y a sus empleados de ser demandados sin su consentimiento. A partir de mediados de la década de 1900, sin embargo, comenzó a morigerarse el principio de la inmunidad soberana. En 1946, el gobierno federal aprobó la *Federal Tort Claims Act* (*FTCA, 28 USC § 2674*), renunciando, para el caso de algunas acciones, a la inmunidad para ser demandado y responsabilizado. Por efecto de imitación, muchas legislaturas estaduales promulgaron también leyes para definir los límites de la inmunidad para los organismos y empleados gubernamentales estadaules.

Hoy, las leyes de reclamos a los estados por responsabilidad civil (*State Tort Claims Acts*) siguen mayormente el modelo de la FTCA y sustituyen la venia legislativa como requisito para promover demandas por daños contra los Estados de la Unión. Salvo el caso de Alabama (cuya constitución prohíbe, en el art. 1 § 14, que el Estado sea demandado en juicio), la mayor parte de estas leyes o bien proporcionan una renuncia general de inmunidad con ciertas excepciones o bien legalizan la inmunidad con exenciones limitadas que solo se aplican a ciertos tipos de demandas.

Por otra parte, existen las leyes de reclamos contra los Estados (*State Claims Acts*) que son otro tipo de leyes —distintas a las *State Tort claims Acts*—, que si bien también sirven a la limitación de la inmunidad para las demandas contra los Estados, establecen tribunales especiales de reclamaciones, juntas o comisiones (mayormente dependientes del poder ejecutivo) para resolver reclamos contra el Estado (generalmente, por fuera del régimen de la responsabilidad civil, pero no necesariamente), y también pueden limitar los daños o establecer determinadas excepciones a la responsabilidad. Connecticut, Illinois, Kentucky, Carolina del Norte y Ohio cuentan con este tipo de leyes.

Al menos 33 estados limitan o ponen tope a las sumas dinerarias por los daños que pueden ser reclamados en juicios contra el Estado y funcionarios, y por lo menos 29 estados (a menudo en combinación con tope) prohíben que se condene al Estado con daños punitivos o ejemplares. Por ejemplo, Wisconsin establece un tope de U\$S 250.000 para los casos de responsabilidad de funcionarios estaduales, pero no para las condenas contra el Estado o sus organismos (Wis. Stat. Ann. § 895.46.6).

Asimismo, existe en Estados Unidos la diferenciación entre *actos de gestión (propietary actions)* y *actos de gobierno (government actions)*. Estos últimos excluyen la responsabilidad de los estados. Sin embargo, la determinación de cuáles actos son de gestión y cuáles de gobierno es materia de opiniones diversas aun la jurisprudencia.

Algunos Estados han abolido esta distinción (por ejemplo, Wyoming; Wyo. Stat. § 1-39-101.b; y Nuevo México, N.M. Stat. Ann. § 41.4.2).

La Conferencia Nacional de Legislaturas Estaduales (*National Council of State Legislatures o NCSL*) enumera las leyes y las disposiciones constitucionales de los estados y del

y habría que ver si al replicarlo en nuestro país no se alterará el principio de unidad de legislación común que consagra el artículo 75 inciso 12 de la Constitución Nacional, bajo la premisa que también hay normas de derecho público que constituyen derecho común, como las prescripciones del Código Civil y Comercial referidas a la condición jurídica de las personas públicas y al dominio público.

Por otra parte, la regulación por una ley nacional de la responsabilidad del Estado implica que las provincias que se adhirieran a ella, conservan los poderes no delegados (Const. Nal., art. 121) para dictar las reglamentaciones inherentes a los estándares y normas concernientes al cumplimiento regular de cada función o servicio.

13. LA CONFIANZA LEGÍTIMA. REMISIÓN

De este principio ya nos hemos ocupado (Cap. I, núm. 17). Solo agregamos aquí que, en un caso reciente, la jurisprudencia de la Corte Suprema de Justicia de la Nación ha sostenido que se configuraba la violación de la confianza legítima cuando el Estado omite cumplir el compromiso de dictar un régimen promocional tributario que beneficiaba a empresas periodísticas a las que le permitió seguir gozando del régimen especial de promoción dado que, si bien este había sido derogado, el Estado había asumido el compromiso de dictar un régimen alternativo[285].

14. EL PRINCIPIO DE BUENA ADMINISTRACIÓN

Como un precipitado de antiguos y nuevos derechos[286], el artículo 41 de la Carta de Derechos Fundamentales de la Unión Europea consagra lo que se ha denominado principio de buena administración en los siguientes términos:

"1. Toda persona tiene derecho a que las instituciones y órganos de la Unión traten sus asuntos imparcial y equitativamente y dentro de un plazo razonable.

"2. Este derecho incluye en particular:

"• El derecho de toda persona a ser oída antes de que se tome en contra suya una medida individual que le afecte desfavorablemente.

Distrito de Columbia relativas a la inmunidad de responsabilidad civil y las demandas contra el Estado (disponible en *http://www.ncsl.org/research/transportation/state-sovereign-immunity-and-tort-liability.aspx*).

[285] CSJN, *Asociación Editores de Diarios de Buenos Aires (AEDBA) y otros c/ EN-dto. 746/03-AFIP s/ medida cautelar (autónoma)*, fallada el 28/10/2014.

[286] JAIME RODRÍGUEZ-ARANA, *El ciudadano y el poder público: el principio y el derecho al buen gobierno y a la buena administración*, Madrid, Reus, 2012, págs. 130-131.

"• El derecho de toda persona a acceder al expediente que le afecte, dentro del respeto a los intereses legítimos de la confidencialidad y del secreto profesional y comercial.

"• La obligación que incumbe a la Administración de motivar sus decisiones.

"3. Toda persona tiene derecho a la reparación por la comunidad de los daños causados por sus instituciones o sus agentes en el ejercicio de sus funciones, de conformidad con los principios generales comunes a los derechos de los Estados miembros.

"4. Toda persona podrá dirigirse a las instituciones de la unión en una de las lenguas de los tratados y deberá recibir una contestación en esa misma lengua".

La novedad más importante que introduce este precepto es el reconocimiento de nuevos derechos subjetivos a favor de los ciudadanos como contracara del deber de la Administración de resolver los asuntos en forma imparcial y equitativa, dentro de un plazo razonable. El incumplimiento de esos deberes por parte de la Administración genera derechos exigibles por los ciudadanos ante el poder judicial y, al propio tiempo, condensan un principio que procura una mayor celeridad y eficacia administrativa en beneficio de las personas.

La persona humana pasa así a ser el centro de la acción administrativa que, sin desatender las formalidades garantísticas, proyecta un nuevo informalismo más favorable a las libertades que a las potestades de la Administración, habida cuenta la necesidad de equilibrar la posición del ciudadano frente a un Estado cada vez más intervencionista[287].

Conforme a este principio se va desarrollando una moderna teoría sobre el accionar administrativo que pone el acento en la dimensión social del hombre y en la necesidad de resolver los problemas comunitarios que lo afectan sobre la base de un pensamiento dinámico, abierto, plural y complementario. El objetivo de la moderna administración es evitar la cultura del enfrentamiento y buscar instrumentos que permitan realizar la conciliación de intereses mediante técnicas de consenso, del diálogo, y por medio de pactos, acuerdos y transacciones[288]. En este sentido, los sistemas de mediación, conciliación y arbitraje marcan una tendencia creciente hacia la concreción del bien común, mediante la superación de la legalidad formal y la realización de la justicia material a través de la equidad.

Se trata de un proceso constante que todos los días va adaptándose a la realidad circundante para satisfacer, con eficiencia, las necesidades colectivas e

---

[287] Raúl Canosa Usera, prólogo al libro de Rodríguez-Arana, *El ciudadano...*, cit., pág. 8.

[288] Luciano Parejo Alfonso, "Transformación y ¿reforma? del derecho administrativo en España", en la obra *Innovación y reforma del derecho administrativo*, 2ª ed., Sevilla, INAP y Global Law Press-Editorial Derecho Global, 2012, págs. 572-584.

individuales de las personas, lo que conduce a replantear la función de algunas reglas del antiguo derecho administrativo como los principios de ejecutoriedad y ejecutividad, el efecto no suspensivo de los recursos que imponen multas y el carácter inalienable del dominio público, entre otros.

Prácticamente, el derecho fundamental a la buena administración se integra con la totalidad de los principios generales del derecho administrativo como legalidad, eficacia y eficiencia, razonabilidad, igualdad, responsabilidad, seguridad jurídica, buena fe, confianza legítima, tutela administrativa y judicial efectiva, responsabilidad, etc.[289], principios todos que permiten ser concretados en una serie de derechos subjetivos tales como: "1. derecho a la motivación de las actuaciones administrativas[290]; 2. derecho a la tutela administrativa efectiva; 3. derecho a una resolución administrativa en plazo razonable; 4. derecho a una resolución justa de las actuaciones administrativas; 5. derecho a presentar por escrito o de palabra peticiones de acuerdo con lo que se establezca en las normas, en los registros físicos o informáticos; 6. derecho a respuesta oportuna y eficaz de las autoridades administrativas; 7. derecho a no presentar documentos que ya obren en poder de la Administración pública; 8. derecho a ser oído siempre antes de que se adopten medidas que les puedan afectar desfavorablemente; 9. derecho de participación en las actuaciones administrativas en que tengan interés, especialmente a través de audiencias y de informaciones públicas; 10. derecho a una indemnización justa en los casos de lesiones de bienes o derechos como consecuencia del funcionamiento de los servicios de responsabilidad pública; 11. derecho a servicios públicos y de interés general de calidad; 12. derecho a elegir los servicios de interés general de su preferencia; 13. derecho a opinar sobre el funcionamiento de los servicios de responsabilidad administrativa; 14. derecho a conocer las obligaciones y compromisos de los servicios de responsabilidad administrativa; 15. derecho a formular alegaciones en cualquier momento del procedimiento administrativo; 16. derecho a presentar quejas, reclamaciones y recursos ante la Administración; 17. derecho a interponer recursos ante la autoridad judicial sin necesidad de agotar la vía administrativa previa, de acuerdo con lo establecido en las leyes; 18. derecho a conocer las evaluaciones de los entes públicos y a proponer medidas para su mejora permanente; 19. derecho de acceso a los expedientes administrativos que les afecten en el marco del respeto al derecho a la intimidad y a las declaraciones motivadas de reserva que en todo caso habrán de concretar el interés general al caso concreto; 20. derecho a una ordenación racional y eficaz de los archivos públicos; 21. derecho de

---

[289] RODRÍGUEZ-ARANA, El ciudadano…, cit., págs. 155-156.

[290] EZEQUIEL CASSAGNE, "El principio de razonabilidad en el procedimiento administrativo", en HÉCTOR POZO GOWLAND et alters (Dirs.), Procedimiento administrativo, t. I, cit., págs. 690 y ss. vincula la exigencia de motivación con el principio de razonabilidad.

acceso[291] a la información de interés general[292]; 22. derecho a copia sellada de los documentos que presenten a la Administración pública; 23. derecho a ser informado y asesorado en asuntos de interés general; 24. derecho a ser tratado con cortesía y cordialidad; 25. derecho a conocer el responsable de la tramitación del procedimiento administrativo; 26. derecho a conocer el estado de los procedimientos administrativos que les afecten; 27. derecho a ser notificado por escrito o a través de las nuevas tecnologías de las resoluciones que les afecten en el más breve plazo de tiempo posible, que no excederá de los cinco días; 28. derecho a participar en asociaciones o instituciones de usuarios de servicios públicos o de interés general; 29. derecho a actuar en los procedimientos administrativos a través de representante; 30. derecho a exigir el cumplimiento de las responsabilidades del personal al servicio de la Administración pública y de los particulares que cumplan funciones administrativas; y 31. derecho a recibir atención especial y preferente si se trata de personas en situación de discapacidad, niños, niñas, adolescentes, mujeres gestantes o adultos mayores, y en general de personas en estado de indefensión o de debilidad manifiesta"[293].

Asimismo, el derecho a la buena administración tiene como presupuesto la vigencia efectiva del principio de imparcialidad de los funcionarios[294], el cual tiene particular aplicación en materia de procedimiento administrativo donde no resulta legítimo que el agente público que resuelva el recurso sea el mismo que aplicó la sanción o quien decide esta última sea quien instruyó el respectivo sumario[295].

---

[291] José Luis Piñar Mañas, "Transparencia y protección de datos. Una referencia a la ley 19 de 2013 de 9 de diciembre, de transparencia, acceso a la información y buen gobierno", Colección Derecho Administrativo, en el libro *Transparencia, acceso a la información y protección de datos*, Madrid, Reus, 2014, págs. 45-46, considera que se trata de un derecho fundamental.

[292] María Claudia Caputi ("Ética pública y procedimiento administrativo", en Héctor Pozo Gowland et alters (Dirs.), *Procedimiento administrativo*, t. i, cit., pág. 596) considera que el acceso a la información pública es un "derecho humano fundamental" vinculado a la ética pública.

[293] *Ibidem*, págs. 158-159.

[294] William Barrera Muñoz, "El procedimiento administrativo en el derecho colombiano", en Héctor Pozo Gowland et alters. (Dirs.), *Procedimiento administrativo*, t. ii, cit., pág. 1401, apunta que la imparcialidad impide "tener en consideración factores de afecto o de interés y, en general, cualquier clase de motivación subjetiva".

[295] Alfredo S. Gusmán, "El procedimiento administrativo sancionador", en Héctor Pozo Gowland et alters. (Dirs.), *Procedimiento administrativo*, t. ii, cit., págs. 177-178; asiste razón al autor cuando sostiene que la práctica de establecer incentivos económicos para los funcionarios que apliquen multas afecta el principio de imparcialidad (*op. cit.,* pág. 178).

15. Los principios generales del procedimiento administrativo

En este punto vamos a prescindir de dos grandes principios del derecho público abordados en los capítulos anteriores (legalidad y razonabilidad) que muchos ordenamientos, como nuestra Ley Nacional de Procedimientos Administrativos, incluyen entre los principios del procedimiento administrativo, en razón de que configuran principios generales de todo el derecho público (constitucional y administrativo).

Los principios fundamentales[296] del procedimiento administrativo cumplen funciones relacionadas con trascendentes valores que anidan en el Estado de derecho. Hacen, en primer lugar, a la tutela administrativa efectiva en cuanto a la debida defensa de los derechos del particular antes y durante el trámite de procedimiento[297]. De otra parte, aseguran la sumisión de la Administración a la ley y al derecho y contribuyen, decisivamente, a la eficacia de la Administración pública, al afianzar la unidad del procedimiento administrativo, evitando formulaciones dispersas por medio de procedimientos especiales[298]. Por último, no hay que perder de vista la triple función que cumplen —como todo principio general— en el sentido de servir de fundamento, interpretación e integración del ordenamiento jurídico[299].

Sus fuentes positivas se alojan tanto en la Constitución Nacional (v. gr. el principio de legalidad reconocido en el art. 19 de la Const. Nal.) como en la Ley Nacional de Procedimientos Administrativos u otros sectores del ordenamiento, aunque aquellos que derivan de principios generales de derecho no necesariamente se encuentran positivizados y pueden tener su fuente en la justicia material o natural.

---

[296] Héctor Pozo Gowland, "Antecedentes históricos y evolución normativa del procedimiento administrativo en Argentina", en Héctor Pozo Gowland – Halperin – Aguilar Valdez – Juan Lima – Canosa (Dirs.), *Procedimiento administrativo*, t. I, cit., pág. 456, considera que son fundamentales no solo porque fueron recogidos por la LNPA "sino porque sirven a los fines interpretativos para determinar el alcance de las reglas particulares y las consecuencias que resultan de su aplicación".

[297] Sobre la tutela administrativa efectiva, últimamente Javier Urritigoity, "El principio de tutela administrativa efectiva", JA 2005-IV-35.

[298] David Andrés Halperin ("Procedimientos administrativos en materia de seguros", cit., págs. 64-65) analiza la problemática de los procedimientos especiales después de la sanción de la LNPA, a partir de la cual los principios generales del procedimiento administrativo comenzaron a aplicarse en forma supletoria; Martín Galli Basualdo ("Procedimientos administrativos en la industria y el comercio interior", en Héctor Pozo Gowland et alters. (Dirs.), *Procedimiento administrativo*, t. IV, cit., pág. 369) destaca la trascendencia de la aplicación subsidiaria y la posibilidad de acudir a la analogía en los procedimientos en la industria y el comercio interior.

[299] Jesús González Pérez, "El método en el derecho administrativo", en RAP núm. 22, págs. 45 y ss.

La fuerza y calidad de los principios los coloca en un plano jerárquicamente superior a las normas escritas y consuetudinarias y su aplicación no precisa, para ser operativa, de la reglamentación que dicte el poder ejecutivo, siendo exigibles, por tanto, por el administrado, dado que configuran verdaderos deberes para la Administración pública. Al propio tiempo, su influencia se expande a los ordenamientos locales en una tendencia que persigue la armonización y la unidad del sistema jurídico[300].

A) *El principio de verdad material*

A diferencia de lo que acontece en el proceso judicial, donde el juez circunscribe su función jurisdiccional a las afirmaciones y pruebas aportadas por las partes, siendo ellas el fundamento de la sentencia, en el procedimiento administrativo, el órgano que lo dirige e impulsa ha de ajustar su actuación a la verdad objetiva o material, con prescindencia o no de lo alegado y probado por el administrado.

De esta manera, el acto administrativo resulta independiente de la voluntad de las partes, a la inversa de lo que acontece en el proceso judicial, donde el acuerdo de los litigantes obliga al juez[301].

El principio de la verdad material u objetiva ha sido introducido en la ley de procedimientos administrativos vigente en el orden nacional[302] y aparece reconocido en algunas leyes provinciales[303], constituyendo una derivación del fin que persigue el Estado que no es otro que la realización del bien común[304].

B) *El principio de oficialidad*

La Administración pública —como gestora del bien común— tiene el deber de actuar *ex officio* en la prosecución del interés público, impulsando el procedimiento para llevarlo a cabo, cualquiera fuere la intervención e impulso

---

[300] ALBERTO BIGLIERI, "Procedimiento administrativo y derecho municipal", en HÉCTOR POZO GOWLAND *et alters* (Dirs.), *Procedimiento administrativo*, t. I, cit., págs. 1104-1106.

[301] Cfr. HÉCTOR J. ESCOLA, *Tratado general de procedimientos administrativos*, Buenos Aires, Depalma, 1973, pág. 126; AGUSTÍN A. GORDILLO, *Procedimiento y recursos administrativos*, Buenos Aires, Jorge Álvarez, 1964, pág. 31.

[302] En el orden nacional, la modificación dispuesta por la ley 21.686 introdujo el principio de la verdad material u objetiva dentro del debido proceso adjetivo (art. 1º, inc. f], ap. 2], LNPA, modificado por la ley 21.686). Esto no quita autonomía al principio ni desmerece su trascendencia, pero habría sido mejor regularlo separadamente. La parte pertinente del artículo prescribe: "[...] debiendo la Administración requerir y producir los informes y dictámenes necesarios para el esclarecimiento de los hechos y de la verdad jurídica objetiva".

[303] La Pampa, ley 951, art. 12, inc. a).

[304] ALBERTO M. SÁNCHEZ, "Procedimiento administrativo y derecho internacional", en HÉCTOR POZO GOWLAND *et alters*. (Dirs.), *Procedimiento administrativo*, t. I, cit., pág. 1267.

que tuvieran los administrados[305]. Desde luego que ello no suprime en modo alguno la intervención de los administrados en el procedimiento ni les cercena el derecho al impulso del mismo para llegar a la decisión definitiva o pedir la revocación de un acto por razones de ilegitimidad o de mérito.

El procedimiento administrativo es de naturaleza inquisitiva[306] y esta característica viene a resaltar uno de los contrastes más singulares en relación al proceso judicial civil, pues en este último impera el llamado principio dispositivo, donde el impulso procesal compete al particular interesado, a quien pertenecen todos los poderes de disposición respecto a las distintas fases del proceso, incluso para concluirlo en forma anticipada[307].

Del principio de la oficialidad emergen consecuencias que se proyectan en una ampliación de facultades del órgano administrativo que lleva a cabo la instrucción. Así, el órgano administrativo instructor puede revocar un acto una vez dictado y notificado, de oficio o a pedido de parte, cuando existiera una nulidad absoluta y el acto no hubiere tenido principio de ejecución[308] y ordenar la producción de toda clase de medidas de prueba, aun cuando no fueran peticionadas por el administrado[309].

Este principio de la oficialidad, que comprende tanto la impulsión como la instrucción de oficio, se encuentra expresamente recogido en una norma de la Ley Nacional de Procedimientos Administrativos que deja a salvo, expresamente, el derecho de los interesados a participar en las actuaciones[310], debiéndose exceptuar de este principio los trámites en los que medie solo el interés privado del administrado[311].

C) *El informalismo en el procedimiento administrativo*

Antes de la sanción de la Ley Nacional de Procedimientos Administrativos nuestra doctrina[312], y la jurisprudencia administrativa de la Procuración del

---

[305] García de Enterría - Fernández, *Curso de derecho administrativo,* t. I, Madrid, Civitas, 1977, págs. 383-384; Julio R. Comadira, "Algunas reflexiones...", pág. 67.

[306] Hildegard Rondon de Sanso, *El procedimiento administrativo,* cit., pág. 99.

[307] El procedimiento administrativo, en cambio, no puede abandonarse a los interesados: "debe ser regido y ordenado por el órgano administrativo" (Jesús González Pérez, *Manual de procedimiento administrativo,* 2ª ed., Madrid, Civitas, 2002, pág. 307).

[308] LNPA, art. 17, modificado por la ley 21.686. La norma se refiere a "derechos subjetivos que se estén cumpliendo".

[309] Héctor Frugone Schiavone, "Principios fundamentales del procedimiento administrativo", en *Procedimiento administrativo,* Montevideo, 1977, pág. 30.

[310] LNPA, art. 1º, inc. a). También lo recoge el art. 44 de la ley 5350 de Córdoba.

[311] Tal como lo prescriben el art. 148 de la ley 3909 de Mendoza y el art. 142 de la ley 5348 de Salta. En el orden nacional, el principio contenido en el texto está prescripto en el art. 4º del Reglamento de Procedimientos Administrativos.

[312] Agustín A. Gordillo, *Procedimientos y recursos administrativos*, Buenos Aires, Macchi, 1964, pág. 32.

Tesoro de la Nación[313] habían sustentado este principio, sosteniendo que el trámite o las actuaciones procedimentales de un recurso han de juzgarse con amplitud de criterio a favor del administrado.

A diferencia de lo que ha interpretado un sector de la doctrina francesa, donde el informalismo se ha conceptuado en el sentido de asignar mayor discrecionalidad a la Administración[314], la Ley Nacional de Procedimientos Administrativos ha estatuido expresamente el principio del informalismo a favor del administrado, excusando a los interesados de la inobservancia "de exigencias formales no esenciales y que pueden cumplirse posteriormente". Es un principio general de todo el procedimiento administrativo, aun cuando no se tratare de procedimientos de impugnación.

Además, adviértase que la excusación lo es solo respecto a las "formas no esenciales" concepto que se integra tanto con las irregularidades intrascendentes como con las nulidades relativas. Lo único que queda fuera de la garantía del informalismo es, entonces, la nulidad absoluta, en cuanto esta configure un vicio de forma esencial y no pueda ser posteriormente objeto de saneamiento (v. gr. art. 14, inc. b] de la ley 19.549). Tampoco puede ser invocado el informalismo para subsanar plazos perentorios puesto que esa posibilidad "sólo puede ser ejercida respecto de formalidades que pueden ser posteriormente cumplidas"[315].

El principio del informalismo ha sido aplicado a diversos supuestos, habiéndose invocado para excusar la calificación errónea de los recursos[316] o el error en el destinatario de la impugnación, como asimismo, para aceptar la procedencia de aquellos recursos que adolecen de fallas formales[317] en tanto estos defectos no configuren vicios en las formas esenciales.

En España, este principio ha sido reconocido en el procedimiento administrativo, circunscribiéndolo al derecho de acción o de impugnación que el respectivo ordenamiento prescribe a favor del administrado. Se trata del principio denominado *in dubio pro actione*, que postula la máxima tutela e interpretación más favorable al ejercicio del derecho a interponer los recursos, recibiendo aplicación —aparte de los supuestos recogidos por la jurisprudencia administrativa de nuestro país— en materia de cómputo de los plazos, de legitimación para ser parte en el procedimiento y de opción por la publicación o la notificación de un acto administrativo[318].

[313] *Dictámenes de la Procuración del Tesoro de la Nación*, t. 64, pág. 208; t. 73, pág. 69; t. 74, pág. 302, etc.

[314] PAUL DUEZ - GUY DEBEYRE, *Traité de droit administratif*, Paris, Dalloz, 1952, págs. 25 y ss.

[315] MARÍA JOSÉ RODRÍGUEZ, "La aplicación de la LNPA a los contratos administrativos", en HÉCTOR POZO GOWLAND *et alters*. (Dirs.), *Procedimiento administrativo*, t. II, cit., pág. 119.

[316] MARIENHOFF, *Tratado de derecho administrativo*, cit.,t. I, pág. 696.

[317] *Dictámenes de la Procuración del Tesoro de la Nación*, t. 64, pág. 176, t. 66, pág. 210 y ss.

[318] GARCÍA DE ENTERRÍA - FERNÁNDEZ, *Curso de derecho administrativo, cit.*, t. II, pág. 380.

Por aplicación de este principio cualquier duda que se plantee en el curso del procedimiento referida a las exigencias formales (cómputo de plazos, legitimación, decidir si el acto es definitivo o de mero trámite, calificación de los recursos, etc.) debe interpretarse a favor del administrado y de la viabilidad del recurso.

Al propio tiempo que en el procedimiento administrativo se exigen las formas requeridas para cada tipo de acto, no tienen cabida en el mismo aquellas formas creadas por la rutina burocrática o trasplantadas del proceso judicial civil o penal[319]. Es decir que la aplicación supletoria del Código Procesal Civil y Comercial de la Nación, que prescribe el Reglamento Nacional de Procedimientos Administrativos[320] solo procede a favor del administrado.

La Corte Suprema de Justicia de la Nación[321] ha dicho que frente al formalismo moderado[322] que caracteriza al procedimiento administrativo resulta "incongruente negar en él lo que está permitido en el ámbito de la justicia".

D) *El principio de eficacia*

El obrar administrativo requiere de una buena dosis de eficacia para cumplir los fines de interés público que debe alcanzar con su actuación. Tal fuerza de acción se ha transformado —por imperio de la propia naturaleza de la función administrativa— en un principio rector del procedimiento administrativo.

El principio de la eficacia, reconocido en el orden nacional[323], se integra con otros principios que lo complementan, tales como el de celeridad, sencillez y economía en los trámites administrativos, que hacen también a la eficiencia de la actuación administrativa[324].

En la Exposición de Motivos de la Ley Española de Procedimiento Administrativo —que es fuente de nuestra ley nacional— se lo destaca especialmente, señalando que "las aludidas directrices no se conciben como simples enunciados programáticos, sino como verdaderas normas jurídicas al habilitar a la Administración de una vez para siempre para adoptar cuantas medidas repercutan en la economía, celeridad y eficacia de los servicios"[325].

---

[319] ESCOLA, *Tratado general de procedimientos administrativos, cit.*, pág. 133.

[320] RLNPA, art. 106.

[321] "Fundación Universidad de Belgrano", *Fallos*, 300:1070 (1978) y en La Ley, 1979-B, 107. En dicho caso se resolvió aplicar —en forma supletoria— el art. 124 del CPCC.

[322] ESCOLA, *Tratado general de procedimientos administrativos, cit.*, pág. 131.

[323] LNPA, art. 1º, inc. b); RLNPA, art. 2º.

[324] HERNÁN CELORRIO, "Procedimiento administrativo en las relaciones económicas", en HÉCTOR POZO GOWLAND *et alters.* (Dirs.), *Procedimiento administrativo*, t. I, cit., págs. 733-735, advierte sobre la exigibilidad de conductas activas, como obligación estatal derivada del principio de eficiencia.

[325] Ley de Procedimiento Administrativo de 17 de julio de 1958, modificada por la de 2 de diciembre de 1963, *Exposición de Motivos*, cap. III, ap. 3º.

La afirmación del principio de eficacia y de sus complementos (celeridad, economía, sencillez) se traduce en el ordenamiento positivo nacional en una serie de facultades y deberes de los órganos superiores y, en general, de los demás órganos administrativos.

Entre las facultades expresamente contempladas, aparte de las que fluyen normalmente de la jerarquía (avocación, emitir órdenes, circulares e instrucciones, etc.) se prevé la facultad genérica de delegar atribuciones y de intervenir los respectivos órganos por parte de los ministros, secretarios de la Presidencia de la Nación y órganos directivos de los entes descentralizados[326] y de disponer en cualquier momento, la comparecencia de las partes interesadas, sus representantes legales o apoderados, para requerir las explicaciones que se estimen necesarias y aun para reducir las discrepancias que pudieran existir sobre cuestiones de hecho o de derecho[327].

Respecto de los deberes, y es esta la consecuencia más trascendente para los derechos del administrado —siempre que ello vaya acompañado de la debida protección en la práctica y realidad jurisprudencial— el Reglamento de la Ley Nacional de Procedimientos Administrativos prescribe que el órgano administrativo debe:

a) Tramitar los expedientes según su orden y decidirlos a medida que vayan quedando en estado de resolver; la alteración del orden de tramitación y decisión solo puede disponerse mediante decisión fundada;

b) Proveer en una sola resolución todos los trámites que, por su naturaleza, admitan su impulsión simultánea;

c) Concentrar en un mismo acto o audiencia todas las diligencias y medidas de prueba pertinentes;

d) Señalar, antes de dar trámite a cualquier petición, los defectos de que adolezca, ordenando que se subsanen, de oficio o por el interesado;

e) Disponer las diligencias necesarias para evitar nulidades[328].

Por otro lado, y con el objeto de que este principio no resulte meramente teórico, el decreto 1883 de 1991 dispuso la creación en el ámbito de cada Ministerio de una Secretaría General, la cual tendrá como responsabilidad primaria la de controlar todo lo concerniente a las normas sobre procedimiento administrativo, inclusive con relación a sus plazos y su eficacia[329].

---

[326] RLNPA, art. 2º; véase Jorge J. Docobo, "Delegaciones a los ministros y secretarios de Estado", JA, diario de fecha 30-VI-1975, sec. doctrina.

[327] RLNPA, art. 5º, inc. e).

[328] RLNPA, art. 5º, incs. a), b) y d).

[329] Art. 9º del decr. 1883 de 1991.

E) *La gratuidad del procedimiento*

Uno de los rasgos característicos del procedimiento administrativo que un sector de la doctrina eleva a la categoría de principio[330] es el de la gratuidad.

Si bien existen antecedentes en los antiguos reglamentos ministeriales de procedimiento administrativo de España[331] que solían prescribir el carácter gratuito del procedimiento, ni la ley actual de ese país ni la nuestra vigente en el orden nacional lo hacen.

Sin embargo, ello no es óbice para que constituya uno de los principios fundamentales que informan el sistema general del procedimiento administrativo[332]. Hay para ello varias razones.

En efecto, si se analiza el fundamento de la gratuidad la misma constituye una necesidad si se quiere la participación y el control, sin obstáculos económicos, por parte de los administrados. Es evidente que existe un verdadero interés público en que los administrados accedan libremente al procedimiento administrativo en tanto la Administración debe tutelar los intereses de la comunidad en general, los de las entidades menores y los derechos individuales. Nadie en mejor posición que el administrado para señalar a la Administración sus obligaciones y deberes, para agraviarse cuando se lesiona el bien común[333] y el bien individual que es compatible con aquel.

Por lo demás, la regla de todo procedimiento estatal es la gratuidad, salvo que una norma expresa imponga el criterio contrario.

El principio de gratuidad se afecta —en algunas ocasiones— cuando se imponen tasas al administrado para la realización de ciertos trámites administrativos que no implican una prestación técnica de un servicio público y que suelen imponerse muchas veces como un medio de formar un fondo especial para que ciertos organismos queden al margen de las directivas presupuestarias generales. En general, el órgano administrativo que propicia la imposición de

---

[330] García de Enterría - Fernández, *Curso de derecho administrativo, cit.*, t. II, pág. 389.

[331] Francisco González Navarro, *El procedimiento administrativo español en la doctrina científica*, Madrid, Presidencia del Gobierno, Secretaría General Técnica, 1972, pág. 84.

[332] El principio de gratuidad ha sido recogido por la jurisprudencia nacional (CNac.Cont. Adm.Fed., Sala V, 28/03/00 "Camuzzi Gas Pampeana S. A. c/Enargas Resol. 77/95"; Sala III, 5/09/02, "Lecuona Daniel César c/Gasnor S. A. s/proceso de conocimiento", del voto del Dr. Mordeglia. También ha sido especialmente tenido en cuenta este principio por la Procuración del Tesoro de la Nación, en el ámbito del procedimiento administrativo de selección del co-contratante de la Administración (Dictámenes 257:151; ver comentario Jorge I. Muratorio, "Improcedencia de la garantía de impugnación de la preadjudicación", REDA, vol. 18, Buenos Aires, Depalma, 2006, págs. 1144-1151).

[333] Comadira ("Algunas reflexiones sobre el procedimiento administrativo", cit., págs. 59-60) sostiene que el administrado debe ser considerado como colaborador de la Administración pública en la gestión del bien común.

tales tasas o contribuciones es el mismo que tendrá a su cargo la administración del fondo especial, con lo cual la ley de Parkinson se cumple una vez más, el órgano crece en personal aumentándose su presupuesto. Toda esta tendencia conduce inevitablemente al crecimiento administrativo y es notoriamente contraria al bien común.

F) *El debido proceso adjetivo*

El principio del debido proceso administrativo encuentra fundamento constitucional tanto en la garantía de la defensa que prescribe el artículo 18 de la Constitución como en el artículo 8° del Pacto de San José de Costa Rica (aplicable en virtud de lo estatuido por el art. 75 inc. 22 de la Const. Nal.), que al consagrar la tutela judicial efectiva se proyecta también al procedimiento administrativo[334].

El debido proceso adjetivo implica el reconocimiento de tres derechos fundamentales, que garantizan la defensa del administrado durante el transcurso del procedimiento, a saber: a) derecho a ser oído; b) derecho a ofrecer y producir pruebas, y c) derecho a una decisión fundada.

El derecho a ser oído comprende, a su vez, varios poderes jurídicos, como el de exponer las razones de las pretensiones y defensas antes de la emisión de actos que se refieran a los derechos subjetivos o intereses legítimos del administrado; el de interponer recursos, reclamaciones y denuncias; el de hacerse patrocinar y representar por profesionales de la abogacía; el de solicitar vista de las actuaciones[335], y el de presentar alegatos y descargos[336].

La facultad de ofrecer y producir prueba, si bien se rige por la regla de la pertinencia[337] y está limitada por el plazo que fija la Administración atendiendo a la complejidad del asunto y la índole de la que deba producirse, debe ser ampliamente reconocida como principio general del procedimiento administrativo[338]. Este derecho lleva ínsita la facultad del administrado de controlar las pruebas producidas[339], tanto las que ha ofrecido él mismo como las que produzca la Administración en forma instructoria, por aplicación del principio de la oficialidad.

---

[334] Cfr. Armando N. Canosa, *Procedimiento administrativo: Recursos y reclamos,* Buenos Aires, Abeledo Perrot, 2008, págs. 252 y ss.

[335] El derecho a la vista en las actuaciones no está enunciado expresamente en el art. 1º, inc. f) de la LNPA, pero evidentemente es presupuesto del derecho a ser oído y lo integra. Está reconocido en el art. 38 del RLNPA y rige durante todo el trámite del procedimiento.

[336] Este derecho está incluido en el art. 1º, inc. f), ap. 2º de la LNPA, pero sustancialmente corresponde al derecho a ser oído.

[337] LNPA, modificada por la ley 21.686, art. 1º, inc. f), ap. 2º.

[338] Escola, *Tratado general de procedimientos administrativos, cit.*, págs. 146-147.

[339] LNPA, con las modificaciones de la ley 21.686, art. 1º, inc. f), ap. 3º.

El debido proceso adjetivo se integra, también, con el derecho a una decisión fundada[340], el que permite al administrado exigir que la decisión (de mero trámite o definitiva) haga mérito de los principales argumentos y de las cuestiones propuestas, en la medida en que fueran conducentes a la solución del caso[341]. La exigencia de dictamen jurídico, como un procedimiento esencial previo al dictado del acto administrativo (LNPA, art. 7º inc. d), no puede ser soslayada permitiendo su subsanación *a posteriori*[342], dado que tal proceder conculca el principio del debido proceso adjetivo y por más que la jurisprudencia haya efectuado una interpretación amplia, esa tendencia es contraria a un principio que ha adquirido reconocimiento supranacional.

Finalmente, otro principio vinculado con el debido proceso adjetivo[343] es el concerniente a la razonabilidad del plazo tendiente a obtener un pronunciamiento administrativo con arreglo al principio de celeridad, es decir, sin dilaciones. En este sentido, la prescripción del artículo 8 de la Convención Americana de Derechos Humanos que consagra el derecho a ser oído dentro de un plazo razonable contiene un mandato vinculante que no se circunscribe al proceso judicial sino que se extiende al procedimiento administrativo[344]. Esta tesis fue sostenida por la Corte Interamericana de Derechos Humanos en el caso *Baena*[345].

---

[340] Véase RAFAEL BIELSA, "Necesidad de motivar jurídicamente los actos del poder administrados en el sistema político de la Constitución", en *Estudios de derecho público*, t. III, 2ª ed., Buenos Aires, Depalma, 1952, págs. 551 y ss.

[341] LNPA, con las modificaciones de la ley 21.686, art. 1º, inc. f), ap. 3º.

[342] FABIÁN OMAR CANDA, "La teoría de la subsanación en el procedimiento administrativo", en HÉCTOR POZO GOWLAND *et alters* (Dirs.), *Procedimiento administrativo*, t. II, cit., págs. 689 y ss.

[343] EZEQUIEL CASSAGNE, "El principio de razonabilidad en el procedimiento administrativo", en HÉCTOR POZO GOWLAND *et alters* (Dirs.), *Procedimiento administrativo*, t. I, cit., pág. 714.

[344] PATRICIO MARCELO E. SAMMARTINO, "El procedimiento administrativo en el Estado constitucional social de Derecho", en HÉCTOR POZO GOWLAND *et alters* (Dirs.), *Procedimiento administrativo*, t. I, cit., pág. 628 y CASSAGNE "El principio de razonabilidad...", cit., pág. 714.

[345] CIDH, caso *Baena, Ricardo y otros*, sent. de 2/3/2001.

Capítulo IX

EL PRINCIPIO DE LA TUTELA JUDICIAL EFECTIVA

1. Introducción

En el campo del derecho se llevan a cabo, cada tanto, transformaciones que modifican instituciones caducas y dan vida a nuevos principios creando reglas jurídicas que sean compatibles con los fines que persigue la adaptación o el cambio del sistema jurídico.

El fenómeno jurídico actual se caracteriza por la pérdida de la centralidad de la ley como fuente jurídica cuyo papel ha sido sustituido por los principios generales del derecho que prevalecen sobre las normas. Al propio tiempo, la justicia y la moral no se consideran ajenas al derecho (como en la teoría pura de Kelsen) sino partes sustanciales del mismo que informan todas las instituciones.

Tal ha sido el cambio de rumbo más grande que ha habido en el plano de la filosofía del derecho, el cual se profundiza a partir de la segunda guerra mundial con la caída del dogma positivista que postulaba la separación absoluta entre moral y derecho.

No deja de ser una paradoja el hecho que, como en los primeros tiempos del cristianismo, el resurgimiento del nuevo derecho natural se produjo con el apoyo de quienes militaban en el campo opuesto. En efecto, es significativo el hecho de que muchos iusfilósofos formados en el positivismo hayan abandonado sus postulados esenciales al aceptar que sin moral y sin principios de justicia, el derecho resulta ser solo un instrumento formal, susceptible de ser manejado a su antojo por dictaduras autoritarias de izquierda o de derecha. Lo que sucedió tras el derrumbe del nazismo y del fascismo constituye la demostración más acabada de la quiebra del positivismo legalista en el mundo.

El problema de todos los países es, y seguirá siendo, el de la limitación del poder para hacerlo compatible con los derechos humanos básicos, entre los que cuentan no solo los nuevos derechos colectivos y los derechos sociales de segunda generación, como algunos pretenden, sino también los derechos de la persona individual que hacen a su libertad y a la de sus necesidades materiales y espirituales, como la propiedad y la igualdad.

Salvo el derecho a la vida y a la consecuente integridad física, que poseen carácter absoluto, no hay jerarquía dogmática entre los distintos principios que fundamentan los derechos de las personas sino de una manera convencional ya que no puede existir un conflicto entre principios ni entre los derechos individuales con los colectivos, porque al afectar el principio de no contradicción, nunca puede ser la negación de un principio una regla interpretativa válida.

Porque atribuirle preferencia dogmática a un principio sobre otro implica negar de antemano este último, despojándolo de su condición de principio. Ello solo puede acontecer con el derecho a la vida que es un "megaprincipio" absoluto, base de todo el derecho y de sus principios generales.

Lo que sí se puede reconocer y de hecho acontece a menudo, es la promoción de un conflicto entre pretensiones que se apoyan en derechos que, en cada caso, aparezcan enfrentados, cuya resolución corresponde a los jueces, quienes darán toda o parte de la razón a uno u otro sobre la base de la ponderación y de las exigencias de la razonabilidad.

En ese escenario, el nuevo constitucionalismo (expresión que preferimos a la de neoconstitucionalismo) ha excedido el alcance del control judicial y ha contribuido a reafirmar la tendencia del derecho administrativo que pugnaba por frenar las arbitrariedades en la Administración, sobre la base de transformaciones normativas y jurisprudenciales pero, sobre todo, repotenciando el papel que deben desempeñar los principios generales del derecho en el sistema jurídico, cuya primacía no se discute.

A su vez, los tratados internacionales de derechos humanos han complementado el sistema de protección de los derechos individuales y sociales que prescribían los distintos ordenamientos constitucionales latinoamericanos, obligando a la aplicación de sus principios, los que se proyectan a todas las instituciones del derecho público.

En el nuevo constitucionalismo, el mundo jurídico se halla caracterizado por un universo de principios generales que actúan como mandatos vinculantes que prevalecen sobre las leyes. Se ha operado, pues, un cambio radical en el sistema de fuentes formulado por el positivismo y el sistema se concibe ahora como algo abierto y permeado por la justicia y la moral, así como, en ciertas circunstancias, también la equidad. Como efecto de ese fenómeno, la creatividad atribuida a los jueces para interpretar e incluso crear el derecho, se amplía considerablemente y, si bien no se confunde con las funciones ejecutivas y legislativas, es evidente que no se limita a la función de resolver entuertos y de reparar los daños que sufren los individuos sino que se proyecta hacia la aplicación de nuevos principios y herramientas procesales que tienden a la protección de los derechos fundamentales[1] de las personas.

En el campo procesal, la tutela judicial efectiva, ya sea que se la conciba como principio, derecho o garantía, cobra trascendencia principalísima con-

---

[1] Derechos fundamentales son los reconocidos en los primeros artículos de la Const. Nal. (art. 14 y ss.) así como los nuevos derechos (arts. 41 y ss.), sin que exista jerarquía entre ellos.

virtiéndose en el paradigma central que informa a todo el sistema protectorio de los derechos de las personas.

2. La triple faz de la tutela judicial efectiva (mandato vinculante, derecho y garantía)

En la doctrina que postula el principio hay consenso en el sentido de asignarle la condición de paradigma a la tutela judicial efectiva como un concepto que engloba el derecho y la garantía de la defensa en juicio.

Al ser un paradigma proporciona una nueva visión sobre la tutela judicial, convirtiéndola en un megaprincipio que agrupa todos los subprincipios que en el derecho clásico integraban la garantía de la defensa en juicio (a ser oído, a producir prueba y a que se dicte una decisión fundada) poniendo el acento en la efectividad de la protección judicial. En rigor, se trata de un derecho humano[2] o fundamental.

Ahora bien, la tutela judicial efectiva puede ser descrita a través de tres aspectos diferentes. En primer lugar, como principio general del derecho, es decir, como mandato que vincula a los jueces y protagonistas del proceso mediante una función integradora que desplaza cualquier norma que se oponga a la realización efectiva de la tutela judicial, además de la posibilidad de suplir vacíos normativos. En segundo término, si se toma el concepto moderno del derecho subjetivo (en un sentido amplio que incluye todos los intereses que protege el ordenamiento), la tutela judicial efectiva constituye una facultad que confiere el derecho a accionar judicialmente, sin trabas ni escollos de ninguna especie. Por último, la tutela judicial efectiva precisa, para realizarse en plenitud, disponer de las garantías[3] procesales que aseguren el acceso pleno a la justicia, la defensa en el trámite del juicio y la ejecución de la sentencia, lo que incluye también, como se verá más adelante, la tutela anticipada y las llamadas medidas autosatisfactivas.

3. El desarrollo del principio

En la última parte del siglo xx, aproximadamente desde treinta años atrás, el principio de la tutela judicial efectiva ha cobrado gran relevancia en el plano jurídico, gracias al impulso dado por la doctrina en España, con motivo de su recepción constitucional (art. 24). Su proyección en Hispanoamérica,

---

[2] Augusto Durán Martínez, *Contencioso-administrativo*, 2ª ed., Montevideo, Fundación Cultura Universitaria, 2015, pág. 362.

[3] Véase: Pedro Aberastury (*La justicia administrativa*, Buenos Aires, Lexis Nexis, 2006, pág. 38 y ss.) sostiene que "las garantías son las armas jurídicas que se le brindan al individuo" para hacer efectivos sus derechos (*op. cit.*, pág. 39).

particularmente en Argentina, ha sido notable, habiendo sido recogido tanto en la jurisprudencia de la Corte Suprema de Justicia de la Nación como en la Constitución de la Provincia de Buenos Aires del año 1994, aunque no siempre se han desprendido de él las consecuencias que cabe extraer en punto a reafirmar la tendencia hacia un control judicial pleno y sin cortapisas de la actividad administrativa y legislativa.

Nuestra Constitución, en línea con el molde de los antecedentes normativos y proyectos preconstitucionales, consagró en su artículo 18 la garantía de la inviolabilidad "de la defensa en juicio de las personas y de los derechos", siguiendo el Proyecto de Constitución para la Confederación Argentina elaborado por ALBERDI[4].

Esa garantía apuntaba, entonces, a brindar protección judicial a los derechos individuales y tendía a tutelar, fundamentalmente, la libertad de los ciudadanos, configurando uno de los ejes en los que se concretaba la filosofía constitucional.

En su evolución posterior, la garantía[5] de la defensa fue completada con otras técnicas, tendientes a ampliar el círculo de los derechos protegidos originariamente por el artículo 18 de la Constitución Nacional. Tal es lo que ocurrió con el trasplante del debido proceso adjetivo, proveniente del derecho norteamericano[6] y, más modernamente, con el llamado "derecho a la jurisdicción".

Mientras el debido proceso adjetivo desarrolla positivamente la protección de los derechos a exponer y plantear con amplitud las pretensiones en el proceso o procedimiento administrativo (derecho a ser oído), a ofrecer y producir la prueba conducente y a una decisión fundada que haga mérito de las principales cuestiones planteadas, el derecho a la jurisdicción reclama, simultáneamente,

---

[4] En la parte primera, cap. II, el art. 19 del Proyecto de ALBERDI expresa que "el derecho de defensa judicial es inviolable".

[5] Las garantías constitucionales constituyen medios tendientes a asegurar la protección de los derechos y a afianzar la seguridad jurídica. Actúan como instrumentos para contener el poder y lograr una buena Administración; han sido establecidas en el plano de las normas y principios de la Constitución Nacional y de las leyes; ver JUAN FRANCISCO LINARES, *El debido proceso como garantía innominada en la Constitución Argentina. Razonabilidad de las leyes*, Buenos Aires, Depalma, 1944, págs. 203-206; SEGUNDO V. LINARES QUINTANA, *Tratado de la ciencia del derecho constitucional y comparado*, t. V, Buenos Aires, Alfa, 1953-1963, pág. 355. Para CARRIÓ, cuando aludimos a las "formas de protección de los derechos", "queremos aludir a la acepción restringida de la palabra 'garantía' o sea la que se refiere a la posibilidad que tiene el titular de un derecho de poner en movimiento el aparato estatal, particularmente el jurisdiccional, a fin de que este actúe a su servicio y lo tutele" (cfr. GENARO R. CARRIÓ, *Recurso de amparo y técnica judicial*, Buenos Aires, Abeledo Perrot, 1959, pág. 28).

[6] Ver, por todos: JUAN FRANCISCO LINARES, *Razonabilidad de las leyes. El "debido proceso" como garantía innominada en la Constitución Argentina*, 2ª ed., Buenos Aires, Astrea, 1970, págs. 17 y ss.

el derecho a ocurrir ante un juez en procura de justicia a fin de obtener una sentencia justa y motivada susceptible de los recursos previstos en las leyes, junto con la exigencia de que el proceso se sustancie con rapidez, dentro de plazos razonables[7].

Estas garantías, que la jurisprudencia de la Corte Suprema de Justicia de la Nación y la doctrina[8] consideraron, en su momento, incluidas en la garantía del artículo 18 de la Constitución o vinculadas a ella, resultan sustancialmente potenciadas en virtud de la recepción de la tutela judicial efectiva, en el *sentido* que pasamos a exponer[9].

En efecto: no obstante la similitud que guardan las garantías constitucionales clásicas del ordenamiento constitucional argentino con la tutela judicial efectiva, esta última, como aconteció con la garantía constitucional innominada del debido proceso adjetivo[10], se caracteriza por su mayor amplitud no solo en el plano garantístico sino también en cuanto a la protección del interés general en procurar una buena administración[11] proyectándose también al procedimiento administrativo[12].

Los principales matices diferenciales comprenden variados aspectos ya que la tutela judicial efectiva apunta: 1) a la eliminación de las trabas que obstaculizan el acceso al proceso; 2) a impedir que, como consecuencia de los formalismos procesales, queden ámbitos de la actividad administrativa inmunes al control judicial, y 3) a asegurar el ejercicio pleno de la jurisdicción (ejecución de sentencias, medidas preventivas y autosatisfactivas).

Resulta evidente que se trata de una garantía que armoniza de modo cabal con el reparto de funciones propio de la separación de poderes que ha insti-

---

[7] GERMÁN J. BIDART CAMPOS, *Derecho constitucional*, t. 2, Buenos Aires, Ediar, 1969, págs. 473 y ss.

[8] *Alcaraz, Anatalia y otros c. Cía Sansinena S. A.*, Fallos 247:246 (1950), BIDART CAMPOS, *Derecho constitucional*, t. 2, cit., págs. 499-500.

[9] Una postura contraria a la sustentada en el texto ha sido sostenida por LUQUI en una obra excelente (ROBERTO ENRIQUE LUQUI, *Revisión judicial de la actividad administrativa*, t. I, Buenos Aires, Astrea, 2005, págs. 241 y ss.) sobre la base de que nada agrega de nuevo a la clásica garantía de la defensa en juicio que preceptúa el art. 18 de la Const. Nal. Sin embargo, ambas garantías guardan una relación de género y especie, en el sentido de que la tutela judicial efectiva comprende a la garantía de la defensa y, al propio tiempo, es más amplia, habida cuenta que tutela, entre otras cosas, el acceso a la justicia para que esta sea efectiva. En suma, se trata de una nueva categoría histórica que supera algunos dogmas antiguos, como el de la justicia revisora (en el contencioso administrativo).

[10] LNPA, art. 1º, inc. f.

[11] Cfr. TOMÁS RAMÓN FERNÁNDEZ, "Juzgar a la Administración contribuye también a administrar mejor", en REDA, núms. 15-16, Buenos Aires, Depalma, 1994, págs. 51 y ss.

[12] ARMANDO N. CANOSA, "Influencia del derecho a la tutela judicial efectiva en materia de agotamiento de la instancia administrativa", ED 166-988.

tuido nuestra Constitución, al prescribir positivamente el sistema judicialista (Const. Nal., arts. 116 y 117), en el cual los jueces son los órganos encargados de resolver los conflictos entre los particulares y el Estado[13].

En Argentina, antes de la moderna configuración del principio, un destacado sector de la doctrina[14] propició, en su momento, la postura que afirmaba la plenitud de la jurisdicción frente a las interpretaciones restrictivas que, con fundamento en las antiguas concepciones del contencioso-administrativo francés y español, propugnaban la limitación de los poderes del juez sobre la base de la naturaleza esencialmente revisora[15] que atribuían a esta clase de jurisdicción (que era concebida como una jurisdicción de excepción).

Recién en la última década algunos ordenamientos y la jurisprudencia —en forma limitada— han comenzado a transitar por el camino correcto. Sin dejar de reconocer la influencia que ha tenido en esta evolución la obra de los juristas vernáculos, que actuaron como verdaderos pioneros en este campo para desterrar los ápices formales que caracterizaban el contencioso-administrativo de su época, cabe resaltar la profunda gravitación que ha alcanzado la doctrina española a partir de la fundación de la "RAP" (Revista de Administración Pública) y de la publicación de las obras y trabajos científicos de sus juristas más eminentes[16].

A continuación abordaremos la recepción en el ordenamiento del principio de la tutela judicial efectiva y la incompatibilidad que plantea su vigencia constitucional con el dogma revisor y, particularmente, con el carácter preceptivo del requisito del agotamiento de la vía administrativa (mal llamada "instancia administrativa"), sin dejar de advertir que, tal como ha dicho GONZÁLEZ PÉREZ, "el derecho a la tutela judicial efectiva que se despliega, básicamente, en tres momentos diferentes del proceso (en el acceso a la jurisdicción, en el debido proceso y en la eficiencia de la sentencia) es, en definitiva, el derecho de toda persona a que se 'haga justicia', que se traduce, en el plano jurídico

---

[13] Un completo desarrollo del principio y consecuencias que derivan de la adopción del sistema judicialista se encuentra en la excelente tesis doctoral de JORGE TRISTÁN BOSCH, ¿Tribunales judiciales o tribunales administrativos para juzgar a la Administración pública?, Buenos Aires, Zavalía, 1951, pág. 36 y ss. Según este autor, la Constitución Argentina de 1853 representa, más que una ruptura con los antecedentes españoles, un salto adelante dentro de la línea evolutiva de las instituciones de la Metrópoli (ob. cit., pág. 45).

[14] JUAN FRANCISCO LINARES, "Lo contencioso administrativo en la justicia nacional federal", La Ley 94-919 y ss., esp. pág. 926; AGUSTÍN A. GORDILLO, Tratado de derecho administrativo, vol. 2, Buenos Aires, Macchi, 1980, págs. XIX-21 y ss.

[15] BARTOLOMÉ FIORINI, ¿Qué es el contencioso?, Buenos Aires, Abeledo Perrot, 1965, pág. 88.

[16] EDUARDO GARCÍA DE ENTERRÍA, Hacia una nueva justicia administrativa, 2ª ed., Madrid, Civitas, 1992; JESÚS GONZÁLEZ PÉREZ, La reforma de la legislación procesal administrativa, Madrid, 1992; TOMÁS RAMÓN FERNÁNDEZ, "Sobre el carácter revisor de la jurisdicción contencioso-administrativa", en Revista Española de Derecho Administrativo, 1976, pág. 728.

administrativo, en que siempre que crea que puede pretender algo con arreglo a derecho frente a un ente público, tenga la seguridad de que su petición será atendida por unos órganos independientes y preparados"[17]. Por tales razones, la moderna tutela preventiva, así como las medidas autosatisfactivas, forman parte de la tutela judicial efectiva.

4. FUNDAMENTO DEL PRINCIPIO DE LA TUTELA JUDICIAL EFECTIVA
EN EL DERECHO ARGENTINO

A) *En el orden nacional*

La recepción del principio en nuestro país se ha visto favorecida, primero, por el propio sistema y por una serie de principios de rango constitucional anteriores a la reforma de 1994 y, a partir de esta, por la recepción en la Constitución del llamado Pacto de San José de Costa Rica (Convención Americana sobre Derechos Humanos).

La adopción del sistema judicialista de control de los actos del ejecutivo y demás poderes del Estado (Const. Nal., ex arts. 100 y 101) y la previsión constitucional que, en forma expresa, veda al poder ejecutivo el ejercicio de funciones judiciales (Const. Nal., art. 109), completan la garantía de la defensa prescrita en el artículo 18 de la Constitución Nacional que cabe asimilar a la consagración del debido proceso como garantía innominada por parte de la jurisprudencia.

A su vez, el Preámbulo de nuestra Constitución revela el propósito que persiguieron los constituyentes al proclamar, entre los fines del Estado, el de "afianzar la justicia", configurando así un principio jurídico afín a la efectividad de la tutela judicial debida a los particulares, en cuanto este constituye el modo principal de afianzamiento de la justicia (en sentido lato).

De esa manera, la conexión entre la garantía de defensa y la tutela judicial efectiva se produjo sin forzar la positividad constitucional y aun antes de la reforma constitucional de 1994, en la cual el principio se introdujo a raíz de la incorporación al ordenamiento constitucional del Pacto Internacional de San José de Costa Rica (Const. Nal., art. 75 inc. 12).

Antes de la referida reforma constitucional 1994, la Corte Suprema de Justicia de la Nación —en uno de sus fallos notables— sentó el principio con fundamento en que "la idea directriz de la división de poderes que opera sincrónicamente con otra idea directriz de nuestro sistema constitucional —que emerge de la garantía del debido proceso— cuál es el principio *pro actione* a que conduce el derecho fundamental de la tutela judicial efectiva, que se deriva,

---

[17] JESÚS GONZÁLEZ PÉREZ, *Comentarios a la Ley de la Jurisdicción Contencioso Administrativa*, t. I, 3ª ed., Madrid, Civitas, 1998, pág. 17.

necesariamente, del art. 18 de la Constitución Nacional, cuya regulación se integra, además, con las disposiciones del Pacto de San José de Costa Rica, que al ser aprobado por la ley 23.054 y ratificado el 5 de diciembre de 1984, tiene el carácter de ley suprema de la Nación, de acuerdo con lo dispuesto por el art. 31 de la Constitución Nacional"[18].

Operada la recepción constitucional de la Convención Americana sobre Derechos Humanos (Pacto de San José de Costa Rica) a raíz de lo prescrito en el artículo 75, inciso 22, de la Constitución de 1994, cuyos artículos 8º y 25 consagran el derecho a la tutela judicial efectiva, el principio que nutre ese derecho adquirió plena operatividad constitucional, obligando también a las provincias, habida cuenta de que los pactos internacionales y máxime, aquellos incorporados expresamente a la Constitución nacional constituyen conforme a su artículo 31 la ley suprema de la Nación, debiendo entenderse como reza el inciso 22 del artículo 75 que los derechos reconocidos por ellos complementan los derechos y garantías constitucionales. El principio se encuentra también prescrito (aunque con mayor indeterminación) en otros tratados internacionales que poseen jerarquía constitucional: artículo XVIII de la Declaración Americana de los Derechos y Deberes del Hombre, artículo 8° de la Declaración Universal de Derechos Humanos y artículo 2° apartado 3, inciso a) del Pacto Internacional de los Derechos Civiles y Políticos.

Con algunas excepciones[19], el principio de la tutela judicial efectiva goza en nuestro país de amplio consenso doctrinario[20].

B) *En el orden provincial*

En el marco de la evolución hacia el reconocimiento de la tutela judicial efectiva se ubica la Constitución de la Provincia de Buenos Aires de 1994, que eliminó una serie de instituciones y principios procesales que habían terminado por anquilosar el sistema provincial, al haber contribuido a generar, por cierto, típicas denegaciones de justicia.

---

[18] *In re, Ekmekdjian, Miguel Angel c. Sofovich, Gerardo y otros*, Fallos 315:1492 (1992) y en ED 148-338, considerando 15; *Serra, Fernando H., y otro c. Municipalidad de Buenos Aires*, Fallos 316:2454 (1993), con nota de ALBERTO B. BIANCHI, "¿Tiene fundamentos constitucionales el agotamiento de la instancia administrativa?", La Ley 1995-A, 395.

[19] ROBERTO E. LUQUI, en su excelente obra *Revisión judicial de la actividad administrativa*, t. I, Buenos Aires, Astrea, 2006, págs. 241 y ss.

[20] Cfr. PEDRO ABERASTURY, *La justicia administrativa*, cit., págs. 37 y ss.; PABLO O. GALLEGOS FEDRIANI, *Las medidas cautelares contra la Administración Pública*, Buenos Aires, Ábaco, 2002, pág. 29; FERNANDO R. GARCÍA PULLES, *Tratado de lo contencioso administrativo*, t. I, Buenos Aires, Hammurabi, 2004, págs. 100 y ss. con otra terminología, aunque en varias partes de su obra hace mención a la tutela judicial efectiva (v. gr. pág. 71 y pág. 1049, punto 13).

De ese modo, se han superado antiguas construcciones procesales que, fuera de no existir razones valederas que justificaran su alojamiento en el texto constitucional, traducían barreras formales en punto al acceso y al derecho a obtener una sentencia sobre el fondo del proceso, circunscribiendo las controversias judiciales a las pretensiones planteadas en sede administrativa. Así ocurrió, entre otras figuras procesales, con conceptos que traducían una rémora a la plenitud del ejercicio de la potestad jurisdiccional, al suprimirse requisitos cuyo cumplimiento estricto y exclusivo se exigía para habilitar la acción contencioso administrativa, tales como los relativos a que el acto proviniera de autoridad administrativa, la previa denegación o retardación en sede administrativa y que los derechos fueran gestionados por parte interesada, extremos estos que habían sido usados como verdaderas válvulas de cierre de la jurisdicción.

La Constitución de 1994 comienza por prescribir, en su artículo 15, que la Provincia de Buenos Aires "asegura la tutela judicial continua y efectiva, el acceso irrestricto a la justicia, la gratuidad de los trámites y la asistencia letrada a quienes carezcan de recursos suficientes y la inviolabilidad de la defensa de la persona y de los derechos en todo procedimiento administrativo o judicial", agregando que "las causas deberán decidirse en tiempo razonable", y que "el retardo en dictar sentencia y las dilaciones indebidas, cuando sean reiteradas, constituyen falta grave".

El otro precepto constitucional que resulta trascendente para la protección de los derechos de las personas, al eliminar el recaudo de la decisión previa que agotaba la vía administrativa como requisito ineludible de admisibilidad de la pretensión procesal es el último párrafo del artículo 166.

En este aspecto, si bien no todas las opiniones coinciden en punto a si se mantiene o no el principio en el plexo constitucional[21], la regla del agotamiento de las instancias administrativas no ha sido consagrada en la Constitución.

En efecto, si se repara en que el último párrafo del artículo 166 dispone que los casos que determinan la competencia de los tribunales en lo contencioso-administrativo resultarán conformes a los procedimientos que prescriba la ley, la cual "establecerá los supuestos en que resulte obligatorio agotar la vía administrativa", va de suyo que, fuera de tales supuestos, dicho principio no existe. En rigor, la Constitución consagra la regla del no agotamiento pero

---

[21] PABLO ESTEBAN PERRINO, "El régimen de agotamiento de la vía administrativa en el nuevo Código Contencioso Administrativo bonaerense", ED 184-842. Aun cuando cabe ubicar a este autor en una línea garantísta afín a la que propugnamos, sostiene que la Constitución mantiene el principio. En cambio, otro sector de la doctrina considera que la nueva disposición constitucional consagra corno principio la inexistencia del agotamiento de la vía administrativa, posición que compartimos. Ver DANIEL FERNANDO SORIA, "El agotamiento de la vía en el proceso administrativo de la Provincia de Buenos Aires", REDA, núms. 24-26, Buenos Aires, Depalma, pág. 54, nota 31.

permite, por medio de una habilitación constitucional expresa, que la ley ti-pifique excepciones, las cuales podrían configurarse en la medida en que ar-monicen con las garantías y principios constitucionales, particularmente con la tutela judicial efectiva.

Es cierto que al no establecer pauta limitativa alguna para consagrar las excepciones, el legislador podría llegar a excederse en la determinación de los supuestos. Sin embargo, en tal caso, siempre habrá que considerar el límite de razonabilidad para poder impugnar toda decisión legislativa que afecte el principio de la tutela judicial efectiva, cuya incompatibilidad con el dogma revisor y la exigencia generalizada del requisito del agotamiento de la vía administrativa han sido cabalmente demostradas en la doctrina argentina[22] y española[23].

Veamos, a continuación, cómo se proyecta o debe proyectarse el principio de la tutela judicial efectiva en el ordenamiento argentino.

5. INSTITUCIONES Y HERRAMIENTAS PROCESALES VINCULADAS CON EL PRINCIPIO DE LA TUTELA JUDICIAL EFECTIVA

Las razones que justifican la configuración de la tutela judicial efectiva como mandato vinculante, supuesto como principio que está en la cima del ordenamiento procesal, obedecen a la acuciante necesidad de proteger los

---

[22] Cfr. GORDILLO, *Tratado de derecho administrativo*, vol. 2, cit., pág. XIX-21 y ss., postura que reitera en las ediciones posteriores del *Tratado*; HÉCTOR A. MAIRAL, *Control judicial de la Administración pública*, t. I, Buenos Aires, Depalma, 1984, págs. 346-347. Para un mayor desarrollo del tema se puede ver el lúcido trabajo de GUIDO S. TAWIL, "Los grandes mitos del derecho administrativo, el carácter revisor de la jurisdicción, la inactividad de la Administración y su fiscalización judicial", ED 128/958; y RAMIRO SIMÓN PADRÓS, "El carácter revisor y el denominado principio de congruencia en el proceso contencioso-administrativo", REDA, núms. 19-20, Buenos Aires, Depalma, 1995, págs. 497-525; ver también RAFAEL BIELSA, *Sobre lo contencioso-administrativo*, Santa Fe, 1949, pág. 149, y la nota de ALBERTO B. BIANCHI, al fallo *Ekmekdjian* de la Corte Suprema de Justicia de la Nación, antes citada.

[23] Cfr. TOMÁS RAMÓN FERNÁNDEZ, "Sobre el carácter revisor de la jurisdicción contencioso-administrativa", en *Revista Española de Derecho Administrativo*, núm. 16, Madrid, 1976, pág. 728; SANTIAGO MUÑOZ MACHADO, "Nuevos planteamientos de la jurisprudencia sobre el carácter revisor de la jurisdicción contencioso-administrativa", en *Revista Española de Derecho Administrativo*, núm. 26, Madrid, 1980, pág. 497; JUAN RAMÓN FERNÁNDEZ TORRES, *La jurisdicción administrativa revisora y la tutela judicial efectiva*, Madrid, Civitas, 1998, págs. 29 y 55; y el prólogo de GARCÍA DE ENTERRÍA a la obra de JUAN RAMÓN FERNÁNDEZ TORRES, *La jurisdicción administrativa revisora y la tutela judicial efectiva*, cit., págs. 21 y 55. Con anterioridad, NIETO y PARADA VÁZQUEZ criticaron la evolución regresiva y formalista de la jurisprudencia en orden a la conceptuación de la jurisdicción como puramente revisora, ver ALEJANDRO NIETO, "Sobre la tesis de Parada en relación con los orígenes de lo contencioso", RAP, núm. 57, Madrid, 1968, pág. 33.

derechos fundamentales de las personas y de realizar la justicia en los casos concretos sometidos a juzgamiento mediante procedimientos eficaces, que persigan tanto la restitución o mantenimiento de los derechos de las personas afectadas como la prevención de daños futuros.

A) *Razonabilidad de la duración de los procesos*

Hace a la efectividad de ese principio que los procesos se ventilen dentro de plazos razonables[24] en sintonía con el antiguo y simple axioma del derecho anglosajón subrayado por la doctrina del continente europeo, que afirma que la justicia tardía no es justicia.

La principalidad que caracteriza a la tutela judicial efectiva explica la proyección que tiene en diversas instituciones e instrumentos procesales que tienden a la mayor eficacia del principio mediante el acceso irrestricto a la jurisdicción, la posibilidad de obtener rápidamente medidas cautelares y preventivas de daños, así como a garantizar la ejecución de las sentencias.

En lo que sigue, vamos a ver cómo se proyecta la tutela judicial efectiva en otras instituciones y herramientas procesales.

Pero el principio del plazo razonable no se limita al proceso penal, rigiendo en toda clase de procesos judiciales[25], así como en el proceso administrativo[26].

B) *Acciones declarativas de inconstitucionalidad de leyes, reglamentos y actos administrativos: la causal de arbitrariedad*

A partir de la década del ochenta del siglo pasado, la Corte Suprema comenzó a reconocer la procedencia de acciones declarativas de inconstitucionalidad siguiendo, en parte, los criterios expuestos por el entonces Procurador

---

[24] El principio según el cual los procesos deben resolverse en plazos razonables conforme al principio del art. 8.1. de la CADH y del art. 14.3 del Pacto Internacional de Derechos Civiles y Políticos ha tenido, últimamente, gran proyección en el proceso penal. El principio ha sido reconocido en el orden nacional e interamericano. La Corte Suprema argentina, en el caso *Podestá*, de 7 de marzo de 2006 y la Corte Interamericana de Derechos Humanos en el fallo *Acosta Calderón*, de 24 de junio de 2005 (Serie C N°129, párrafo 105 entre otros) lo han postulado. Allí sostuvo la CIDH que para medir la razonabilidad de la duración de los procesos hay que tener en cuenta: a) la complejidad del asunto, b) la actividad procesal del interesado y c) la conducta de las autoridades judiciales.

[25] Incluso, con anterioridad a la reforma constitucional de 1994 (Fallos 287:248). Tras la reforma constitucional, la Corte se pronunció en el mismo sentido (Fallos 330:2975).

[26] PABLO E. PERRINO, "El derecho a la tutela administrativa efectiva", en AA.VV., *El derecho administrativo, hoy, 16 años después*, Buenos Aires, RAP, 2013, págs. 75 y ss.; y JULIO C. DURAND, "La duración razonable del procedimiento administrativo como garantía vinculada al debido proceso y condición de validez del acto administrativo", en *Revista Iberoamericana de Derecho Administrativo y Regulación Económica*, del 14/12/2012 (IJ-LXVI-909).

General de la Nación, Dr. MARQUARDT en un notable dictamen emitido en el caso *Hidronor c/ Provincia de Neuquén*, en el año 1971[27].

En una apreciable porción de casos en que la Corte sostuvo la procedencia constitucional de esta acción, la encuadró en el artículo 322 del Código Procesal Civil y Comercial de la Nación que regula la acción meramente declarativa de certeza. Sin embargo, esta norma fue diseñada para regir en las relaciones entre particulares y ante el vacío legislativo existente solo por analogía puede acudirse a ella en el derecho público, porque los requisitos que contemplan no resultan compatibles, en todos los supuestos, con las situaciones que vinculan a los particulares y el Estado, cuando se emiten leyes, reglamentos o actos inconstitucionales.

En otros casos, cuya trascendencia no siempre ha sido destacada, la Corte aceptó la procedencia de las llamadas acciones directas de inconstitucionalidad sin exigir el cumplimiento de los requisitos que prescribe el artículo 322 del Código Procesal Civil y Comercial de la Nación (situación de incertidumbre, lesión actual y no disponer de otro medio legal), los cuales resultan incompatibles con la índole de una acción directa que, respecto de una situación controversial en ciernes, procura prevenir daños futuros.

Con esta última afirmación no queremos decir que no proceda la acción meramente declarativa de certeza en el orden constitucional sino que ella solo tiene sentido en caso de duda sobre el alcance de una norma o acto mientras que la situación de incertidumbre no se da en las acciones declarativas directas de inconstitucionalidad en las que se alega y se pretende demostrar la certidumbre de su inconstitucionalidad.

En esta acción declarativa directa de inconstitucionalidad tampoco resulta lógico exigir que la lesión sea actual habida cuenta que, por lo común, estas acciones tienen por objeto la prevención de daños futuros[28], ni menos aún que no se disponga de otro medio legal porque se trata de una exigencia vinculada al carácter subsidiario que se atribuía erróneamente a la acción de certeza y que no tiene sentido alguno imponer en este tipo de acciones en que se procura economía de tiempo y la tutela judicial efectiva dentro de un plazo razonable.

---

[27] El dictamen del Dr. MARQUARDT se publicó más tarde a continuación del fallo *Santiago del Estero c/ EN* (Fallos 307:1387), y recibió un elogioso comentario por parte de GERMÁN J. BIDAR CAMPOS (La Ley 154-515).

[28] Véase el dictamen del Dr. MARQUARDT (reproducido en Fallos 307:1387, especialmente pág. 1399) donde se puntualiza: "[...] cabe afirmar que el sistema de control constitucional norteamericano es de carácter concreto, pero se ejerce no sólo por la vía reparatoria o retributiva, sino también preventiva [...] Rasgo característico de ese régimen es la posibilidad de impedir la ejecución de leyes inconstitucionales". De ahí que la Corte argentina acepta la procedencia cuando se busca precaver un acto "en ciernes" (Fallos 307:1379, *in re, Santiago del Estero*, de 1985).

El reconocimiento de la procedencia de la acción por la Corte se llevó a cabo a partir del fallo *Constantino Lorenzo* de 1985[29], que consideramos un precedente fundamental en la materia, cuyas principales líneas fueron recogidas en diferentes precedentes posteriores[30]. No obstante, también hubo fallos subsiguientes que se inclinaron por la vía de la acción meramente declarativa de certeza prevista en el artículo 322 del Código Procesal Civil y Comercial de la Nación. Los errores jurisprudenciales cometidos al encuadrar la acción en el Código Procesal Civil y Comercial de la Nación provienen de no haber advertido que se trata de dos acciones distintas (la declarativa de certeza y la acción directa de inconstitucionalidad) que tienen diferente objeto y requisitos[31].

A su vez, uno de los principales escollos que debieron superar las acciones declarativas de inconstitucionalidad ha sido el argumento basado en la inexistencia de causa o controversia o de "caso contencioso", a la luz de los artículos 116 y 117 de la Constitución y de la ley 27.

Al respecto, de la jurisprudencia de la Corte norteamericana, que sirve de fuente doctrinaria a la interpretación constitucional vernácula en razón de tratarse de un sistema judicial de características similares, se desprende el alcance amplio que atribuyen al concepto constitucional de caso o controversia, el cual se configura siempre que a) no se trate de obtener un pronunciamiento consultivo o hipotético y b) existiera "una controversia real y sustancial que admitiese una solución específica mediante una decisión de carácter definitivo"[32]. Poco tiempo más tarde, en el año 1941, la Corte, en el caso *Maryland Casualty Co. v. Pacific Coal and Oil Co.*, expresó que "La diferencia entre una acción abstracta y una controversia prevista por la ley de sentencias declarativas es necesariamente una diferencia de grado y sería difícil, si no imposible, establecer un patrón definido para determinar en todo caso cuando hay tal controversia. Básicamente, la cuestión es en cada caso si los hechos alegados, teniendo en cuenta todas las circunstancias, muestran que hay una sustancial controversia, entre partes que tienen intereses legales opuestos, de suficiente inmediatez y realidad para autorizar la emisión de una sentencia declarativa"[33], con remisión al caso *Aetna*[34].

---

[29] Fallos 307:2384.

[30] Véase Fallos 317:335, 317:1224 y 320:691.

[31] Al respecto, puede verse: MAXIMILIANO TORICELLI, *El sistema de control constitucional argentino. La acción declarativa de inconstitucionalidad como mecanismo de tutela*, Buenos Aires, LexisNexis-Depalma, 2002, págs. 230 y ss. y ALBERTO B. BIANCHI, "De la acción declarativa de certeza a la acción de inconstitucionalidad", EDC 2000/2001, págs. 577 y ss.

[32] La frase pertenece al Chief Charles Evans Hughes, en el caso *Aetna Life Insurance Co. v. Haworth* (300 US 227).

[33] 312 US 270.

[34] 300 US 227, 239-242.

En resumidas cuentas, si se cumplen las circunstancias antes señaladas, no hay obstáculo constitucional para el reconocimiento de las acciones declarativas directas[35] de inconstitucionalidad y así lo ha reconocido la Corte en el caso *Constantino Lorenzo* cuando expresó que "[...] resulta preciso disipar la confusión entre las peticiones abstractas y generales de inconstitucionalidad que no pueden revestir forma contenciosa por la ausencia de un inmediato interés del particular que efectúa la solicitud [...] y las acciones determinativas de derecho de base constitucional cuya titularidad alega quien demanda y quien tiende a prevenir o impedir las lesiones de tales derechos", refiriéndose, más adelante (Considerando 5°), a la admisión de la acción directa de inconstitucionalidad[36].

Consecuentemente, al no existir un marco legal positivo en el derecho nacional para encuadrar la acción declarativa directa de inconstitucionalidad y ser inaplicable, en muchos casos, la regulación procesal civil del artículo 322 del Código Procesal Civil y Comercial de la Nación[37], la procedencia de la acción directa encuentra sustento constitucional en el principio de la tutela judicial efectiva que se desprende de los artículos 8 y 25 de la Convención Americana de Derechos Humanos y, asimismo, en una interpretación extensiva del precepto contenido en el artículo 43 de la Constitución Nacional, habida cuenta que la proyección del principio supera el marco limitado de la acción de amparo. No hay que olvidar que la regulación constitucional precedentemente indicada contribuye al objetivo de "afianzar la justicia" que prescribe el Preámbulo de la Constitución.

En síntesis, la acción declarativa directa de inconstitucionalidad, de acuerdo con la jurisprudencia nacional y norteamericana, procederá aún cuando a) se trate de una acción preventiva interpuesta para prevenir daños futuros; b) no configure una hipótesis de consulta o de un pronunciamiento hipotético que excluya el carácter real y sustancial que debe revestir la causa; c) la controversia se entable entre partes con intereses contrarios, y d) el demandante persiga con la acción la realización de un interés inmediato.

La configuración de la acción declarativa directa de inconstitucionalidad no agota el ámbito de las acciones declarativas pues, aparte de la acción meramente declarativa de certeza, pueden promoverse distintas clases de acciones

---

[35] ALBERTO B. BIANCHI (*Control de constitucionalidad*, t. 1, Buenos Aires, Ábaco, 1992, pág. 415) se pronuncia a favor de la procedencia de la acción declarativa directa de inconstitucionalidad advirtiendo que, según la jurisprudencia de la Corte, la expresión directa se referiría a la instancia originaria y habría sido tomada del caso *Gomen* (Fallos 310:142) de 1987. Sin embargo, en *Constantino Lorenzo* la Corte había empleado el concepto de acción directa sin hacer alusión a que se refería a la instancia originaria.

[36] Fallos 307:2384 (1985).

[37] BIANCHI (*Control de constitucionalidad*, cit., t. 1, pág. 414) señala que el art. 322 del CPCCN "está claramente desbordado con la acción declarativa creada por la Corte".

en las que se persiga también la obtención de una sentencia declarativa, entre las que se encuentran: a) la acción impugnatoria de actos y reglamentos (art. 23 y ss. de la LNPA), y b) la acción de amparo prevista en el artículo 43 de la Constitución Nacional (que no excluye las acciones declarativas de inconstitucionalidad), sin perjuicio de la opción para acumular, en un proceso de conocimiento, una pretensión declarativa con una pretensión de condena o constitutiva.

En cuanto a la legitimación para accionar y el derecho subjetivo que la sustenta, nos inclinamos por una noción amplia del interés tutelado, abarcativa del clásico interés legítimo y de los nuevos derechos de incidencia colectiva conforme a la regulación establecida en el artículo 43 de la Constitución, siendo indiferente que el derecho debatido en la controversia sea de derecho público o de derecho privado.

El panorama que hemos descrito quedaría trunco si no hiciéramos referencia a las causales de inconstitucionalidad. Se trata de una materia bastante descuidada por la doctrina e incluso por la jurisprudencia, habiéndose tratado de extender los vicios que existen en el contencioso administrativo francés (en el recurso por exceso de poder, particularmente en una de sus variantes, la desviación de poder[38]) lo que podría ser aplicable para los vicios de los reglamentos y actos administrativos pero no para los defectos de las leyes. En ese sentido, los vicios de la voluntad en el reglamento así como en el acto administrativo no tienen la misma regulación ya que al ser la norma legal el producto de un órgano colegiado se precisa acudir a reglas especiales para invalidar las leyes. En tales casos, se puede admitir como regla que el vicio de la voluntad o de la desviación de poder de uno o varios legisladores no afecta la validez de la ley siempre que la mayoría de las voluntades que concurrió para sancionar la ley no se encuentre viciada.

En grandes líneas, la causal de arbitrariedad de las leyes aglutina los distintos vicios que pueden afectar a las leyes ya sean estas meramente formales o formales-materiales (es decir, normas de alcance general que integran el ordenamiento positivo) ya que siendo la arbitrariedad un acto contrario a la justicia, la razón o las leyes, el control de constitucionalidad de los actos legislativos que efectúan los jueces abarca todas las facetas que configuran el concepto de sentencia arbitraria, desde la violación de los principios generales del derecho, de los textos constitucionales y del derecho de los tratados de derechos humanos hasta la irrazonabilidad de las normas legales, que incluye

---

[38] En Francia, si bien el Consejo de Estado carece de competencia para declarar la inconstitucionalidad de una ley, por cuanto tal facultad pertenece, en exclusiva, al Consejo Constitucional, puede anular un acto administrativo que viola una regla constitucional, véase: JACQUELINE MORAND DEVILLER, *Droit administratif*, 13ème éd., Paris, LGDJ, 2013, pág. 236.

el análisis sobre la razonabilidad ponderativa, así como el de la razonabilidad de la selección (del principio de igualdad)[39].

La técnica del control de razonabilidad que, en forma sucinta, hemos descrito, es comparativamente semejante a la construcción sobre el control de proporcionalidad de los actos estatales que hacen la doctrina y jurisprudencia alemanas y el derecho de la Unión Europea, habida cuenta que el principio de proporcionalidad integra el principio de razonabilidad[40], motivo por el cual, para determinar la irrazonabilidad de una norma legal o incluso reglamentaria, se propugna acudir a los criterios básicos que rigen el control de proporcionalidad, basado en tres sub-principios que conducen a un juicio de a) adecuación, b) necesidad y c) proporcionalidad en sentido estricto[41], habiéndose considerado que el principio de proporcionalidad "es el test esencial en materia de libertades y derechos fundamentales"[42].

C) *Medidas precautorias (en general). Tutelas anticipadas y autosatisfactivas*

Uno de los campos más fértiles en el que se desarrolla el principio de la efectividad de la tutela judicial es, evidentemente, el de las medidas precautorias en general (sobre todo las que prescriben los arts. 230 a 232 del CPCCN) a las que corresponde adicionar lo concerniente a las tutelas anticipadas y autosatisfactivas.

En efecto, la teoría de las medidas precautorias ha ido evolucionando hasta aceptar la procedencia de medidas que persigan el mismo objeto que la pretensión principal del juicio, postura que había sustentado la doctrina[43] hace unos

---

[39] Linares, *Razonabilidad de las leyes..*, cit., págs. 111 y ss. Mientras la razonabilidad ponderativa requiere que la ley guarde una adecuada proporción entre antecedente y consecuente, la razonabilidad de la igualdad exige que a antecedentes iguales se imputen similares consecuencias, sin excepciones arbitrarias.

[40] Juan Carlos Cassagne, *El principio de legalidad y el control judicial de la actividad administrativa,* Buenos Aires-Madrid, Marcial Pons, 2009, pág. 202.

[41] Javier Barnés Vázquez, "Introducción al principio de proporcionalidad en el derecho comparado y comunitario", en *Revista de Administración Pública,* núm. 135, Madrid, 1994, págs. 495 y ss.

[42] Tomás Ramón Fernández, "Sobre los límites constitucionales del poder discrecional, lección jubilar", pronunciada en la Facultad de Derecho de San Sebastián, el 12 de mayo de 2010, reproducida en el libro Tomás Ramón Fernández – Juan Carlos Cassagne, *Sobre la ley, el poder discrecional y el derecho,* Buenos Aires, Abeledo Perrot, 2014, pág. 41.

[43] Vid, por ejemplo, Juan Carlos Cassagne – Pablo E. Perrino, *El nuevo proceso contencioso administrativo en la Provincia de Buenos Aires,* Buenos Aires, Lexis Nexis, 2006, pág. 328.

cuantos años y que fuera recogida por el Código Contencioso Administrativo y Tributario de la Ciudad Autónoma de Buenos Aires[44].

No obstante ello, una norma reciente de la ley sobre medidas cautelares[45] sostiene la vetusta regla consistente en exigir la no coincidencia entre el objeto de la cautela y el objeto de la demanda, lo cual contraría el principio de la tutela judicial efectiva ya que nadie ha podido explicar con rigor en qué extraño principio, razón o argumento se basa semejante limitación a los derechos de las personas.

Otro de los obstáculos que interfieren en la efectividad de la procedencia de la medida cautelar radica en la exigencia de requerir la configuración de un "daño irreparable" (el cual se afirma que, por la solvencia teórica del Estado, es de imposible concreción) cuando basta con alegar y demostrar la existencia de un grave daño o la amenaza (en ciernes) de sufrirlo.

De otra parte, no puede desconocerse que las modernas herramientas procesales como las tutelas anticipadas y las medidas autosatisfactivas contribuyen al fortalecimiento del principio de la tutela judicial efectiva, bajo el cual han surgido nuevos instrumentos procesales[46]. Ambas medidas se distinguen de las cautelares en que su finalidad no consiste en asegurar el resultado del proceso sino que actúan directamente sobre el derecho sustancial[47]. Sin embargo, en el caso de la medida autosatisfactiva consideramos que se requiere, en resguardo del derecho de defensa[48], se le corra una breve vista o traslado a la Administración, con carácter previo a su dictado.

La medida anticipada se inscribe dentro de la categoría de las tutelas urgentes pero —a diferencia de la medida autosatisfactiva— se interpone en

---

[44] Art. 177.

[45] Ley 26.854, art. 3°, ap. 4.

[46] Cfr. AMALIA FERNÁNDEZ BALBIS, *Contingencias del proceso civil*, Rosario, Nova Tesis, 2015, pág. 31.

[47] MABEL A. DE LOS SANTOS, "Diferencias entre la medida autosatisfactiva y la cautelar", en JORGE W. PEYRANO (Dir.), *Medidas autosatisfactivas*, t. I, 2ª ed., Santa Fe, Rubinzal Culzoni, 2014, pág. 439.

[48] JAVIER I. BARRAZA ("Las medidas de urgencia o las llamadas medidas autosatisfactivas", en JUAN CARLOS CASSAGNE (Dir.), *Tratado de derecho procesal administrativo*, 2ª ed., t. II, Buenos Aires, La Ley, 2011, pág. 481) critica el uso del término "autosatisfactiva" por ser un neologismo que no figura en el diccionario. Tratándose de una palabra de uso corriente en el lenguaje procesal optamos por mantener la denominación de "auto-satisfactiva" ya que el término auto (que significa propio o por uno mismo) es un elemento compositivo que al unirse a satisfactiva da idea de la superación de una dificultad (que es una de las acepciones del verbo satisfacer). De acuerdo con las advertencias de la Real Academia Española, las voces formadas mediante composición pueden ser parte del Diccionario.

el marco de un proceso principal al cual accede[49] al igual que las clásicas medidas cautelares[50].

Los requisitos para su procedencia, inspirados, en gran parte, en las normas del ordenamiento procesal civil brasileño, son: a) la verosimilitud del derecho en un grado mayor que las medidas cautelares ordinarias; b) la alegación de una urgencia impostergable en el sentido que si la medida anticipada no se dictase se frustraría el derecho del demandante; c) el otorgamiento de suficiente contracautela; d) que la medida no produzca efectos irreparables en la sentencia definitiva, y e) que la resolución judicial favorable no implique prejuzgamiento[51].

En cambio, la medida autosatisfactiva, aunque también se inscribe en la categoría de las tutelas urgentes, se agota con la resolución judicial que la otorga, no siendo necesaria la promoción de una acción principal para evitar su caducidad o decaimiento[52].

D) *La ejecución de sentencias*

Hasta el precedente *Pietranera* de la Corte Suprema, los particulares que obtenían una sentencia de condena o constitutiva contra el Estado no podían ejecutarla en virtud del artículo 7 de la Ley de Demandas contra la Nación 3952, que consagraba el efecto declarativo del fallo adverso al Estado. En realidad, el precepto se aplicaba a las sentencias que condenaban al Estado a pagar sumas de dinero[53].

Esa situación fue fuente de desigualdades y corruptelas porque los demandantes que habían triunfado en un pleito dependían de la buena o mala voluntad de los funcionarios de turno y en no pocas ocasiones debían aguardar extensos plazos para que se hiciera efectivo el cumplimiento de la sentencia.

La conexión con el principio de la tutela judicial efectiva es tan obvia y evidente que no requiere demostración argumental por cuanto si la sentencia no se cumple por tener solo efecto declarativo se puede decir que la efectividad de la protección judicial se resiente al punto de resultar inexistente[54].

---

[49] De los Santos, "Diferencias entre la medida...", cit., pág. 441.

[50] Ezequiel Cassagne, "Las medidas cautelares contra la Administración", en Cassagne (Dir.), *Tratado...*, cit., t. II, pág. 350.

[51] Fernández Balbis, *Contingencias...*, cit., pág. 31.

[52] Véase: Jorge W. Peyrano, "La medida autosatisfactiva. Forma diferenciada de tutela que constituye una expresión privilegiada del proceso urgente. Génesis y evolución", en AA.VV., *Medidas autosatisfactivas*, Rosario, Rubinzal Culzoni, 2002, pág. 13.

[53] Aberastury, *La justicia administrativa*, cit., pág. 377.

[54] Juan Carlos Cassagne, "Sobre la ejecución de las sentencias que condenan al Estado a pagar sumas de dinero", ED 128-920.

Corresponde apuntar que una parte significativa de la doctrina se pronunció por la inconstitucionalidad del artículo 7º de la Ley de Demandas contra la Nación[55].

Aunque esa situación de injusticia clamaba al cielo recién en el año 1966 —en el caso *Pietranera*[56]—, la Corte Suprema articuló, en forma pretoriana, un sistema bastante equilibrado en el sentido que reconocía la potestad judicial para intimar al gobierno nacional a que fije la fecha en que estima va a cumplir la sentencia bajo apercibimiento de fijarlo el juez. De esa manera, se conciliaba el interés público de la Administración en el cumplimiento del presupuesto y en evitar trabas a la actividad de la Administración con el derecho de los particulares a que se cumplan las sentencias dictadas en contra del Estado.

A partir de dicho fallo, los tribunales elaboraron, en forma pretoriana, una serie de reglas que debían observarse si el particular pretendía el cumplimiento de las sentencias estableciendo que, si la sentencia se encontraba firme y consentida, el juez debía requerir al Estado nacional que, en plazo perentorio, hiciese saber al tribunal el plazo dentro del cual cumpliría la sentencia, con la advertencia que, de no hacerlo, el mismo será determinado por el juez. Vencidos tales plazos (el fijado por la Administración o el decidido por el juez) quedaba expedita la vía judicial de ejecución de sentencia conforme a las prescripciones del Código Procesal Civil y Comercial[57].

Los errores de una política procesal a todas luces incoherente salieron a la luz con motivo del decreto 679 de 1988, que subordinaba el cumplimiento de las sentencias a las disponibilidades presupuestarias. En esa oportunidad, señalamos que lo que pretendía dicho decreto era nada menos que "quitarle a la Administración la responsabilidad principal en el cumplimiento de las sentencias judiciales firmes, que ahora pasa a depender de la decisión final del Congreso, ya que conforme con el artículo 3° el pago recién podría hacerse de acuerdo a lo que finalmente se prevea en el presupuesto general de la Nación, sin perjuicio de los actos previos que debe llevar a cabo la Secretaría de Hacienda para incorporar los respectivos créditos al proyecto de presupuesto que envíe al Congreso. Hay que advertir, entonces, que el cambio sustancial que introduce consiste en sustituir un sistema que permitía finalmente, ante la renuencia de la administración, la determinación de un plazo cierto y razonable por parte de los jueces para lograr que se hiciera efectiva la sentencia por otro radicalmente distinto, donde el plazo y forma de cumplimiento resultan

---

[55] Véase: Fiorini, *Derecho administrativo*, t. ii, cit., pág. 675; Alberto B. Bianchi, "Inconstitucionalidad sobreviniente del art. 7º de la Ley de Demandas contra la Nación", ED 118-827; Aberastury, *La justicia administrativa*, cit., págs. 377-379.

[56] Fallos 265:291 (1966).

[57] Pablo O. Gallegos Fedriani, "Ejecución de sentencias contra el Estado Nacional", en Cassagne (Dir.), *Tratado...*, cit., t. ii, pág. 296.

inciertos ya que, por una elemental derivación del principio de la división de poderes, los magistrados judiciales carecen de potestad para intimar al Congreso a que sancione el presupuesto [...] La jurisdicción se integra no solo con la potestad conferida por el Estado nacional a determinados órganos para resolver mediante la sentencia las cuestiones litigiosas que les sean sometidas sino también con el poder de «hacer cumplir sus propias resoluciones». Esto último constituye uno de los elementos imprescindibles a tal objeto que desde antiguo viene denominándose *executio* y que consiste en la potestad de disponer la ejecución de sus decisiones mediante el empleo de la fuerza pública. Ahora bien, como ese derecho a la jurisdicción, que hace a la tutela judicial efectiva, integra en el sistema constitucional las garantías del debido proceso, si las sentencias judiciales firmes que condenan al Estado al pago de sumas de dinero quedasen sometidas al ejercicio de facultades discrecionales y a plazos inciertos de cumplimiento no cabría sino concluir que se operaría una seria y grave afectación del principio contenido en el artículo 18 de la Constitución Nacional. Porque una cosa es que la administración pública condenada haga saber al juez el plazo en el que va a cumplir la sentencia con fundamento en las dificultades concretas por las que atraviesa en alguna circunstancia y otra cosa diferente es la de subordinar aquel plazo a un procedimiento engorroso, en gran parte discrecional, donde la incertidumbre sobre el tiempo en el que se hará efectiva la sentencia es prácticamente total hasta que el Congreso apruebe el gasto y lo incluya en el presupuesto general de la Nación"[58].

Poco después, en 1989, se dictó la ley 23.696 cuyo artículo 52 volvió a retomar el sendero abierto por *Pietranera* que había instrumentado un sistema de avanzada entre los existentes en el derecho comparado.

Dejando de lado una serie de normas sancionadas en el intermedio (v. gr., ley 24.447), debemos hacer referencia al sistema actual, previsto en la Ley de Presupuesto 24.624 pasando, a continuación, a transcribir su contenido:

Artículo 19: "Los fondos, valores y demás medios de financiamiento afectados a la ejecución presupuestaria del sector público, ya sea que se trate de dinero en efectivo, depósitos en cuentas bancarias, títulos, valores emitidos, obligaciones de terceros en cartera y en general cualquier otro medio de pago que sea utilizado para atender las erogaciones previstas en el presupuesto general de la Nación, son inembargables y no se admitirá la toma de razón alguna que afecte en cualquier sentido su libre disponibilidad por parte del o de los titulares de los fondos y valores respectivos [...] En aquellas causas judiciales donde el tribunal, al momento de la entrada en vigencia de la presente, hubiera ordenado la traba de medidas comprendidas en las disposiciones precedentes, y los recursos afectados hubieren sido transferidos a cuentas judiciales, los

---

[58] Conf. CASSAGNE, "Sobre la ejecución de las sentencias que condenan al Estado a pagar sumas de dinero", ED 128-920.

representantes del Estado nacional que actúen en la causa respectiva, solicitarán la restitución de dichas transferencias a las cuentas y registros de origen, salvo que se trate de ejecuciones válidas firmes y consentidas con anterioridad a la fecha de la presente ley".

Artículo 20: "Los pronunciamientos judiciales que condenen al Estado nacional o a alguno de los entes y organismos enumerados en el artículo anterior al pago de una suma de dinero o, cuando sin hacerlo, su cumplimiento se resuelva en el pago de una suma de dinero, serán satisfechos dentro de las autorizaciones para efectuar gastos contenidas en el presupuesto general de la administración nacional, sin perjuicio del mantenimiento del régimen establecido en la ley 23.982. En el caso que el presupuesto correspondiente al ejercicio financiero en que la condena deba ser atendida carezca de crédito presupuestario suficiente para satisfacerla, el poder ejecutivo nacional deberá efectuar las previsiones necesarias a fin de su inclusión en el del ejercicio siguiente, a cuyo fin la Secretaría de Hacienda del Ministerio de Economía y Obras y Servicios Públicos deberá tomar conocimiento fehaciente de la condena antes del día treinta y uno (31) de agosto del año correspondiente al envío del proyecto. Los recursos asignados por el Congreso Nacional se afectarán al cumplimiento de las condenas siguiendo un estricto orden de antigüedad conforme la fecha de notificación judicial y hasta su agotamiento, atendiéndose el remanente con los recursos que se asignen en el siguiente ejercicio fiscal".

Artículo 21: "Las sentencias judiciales no alcanzadas por la ley 23.982, en razón de la fecha de la causa o título de la obligación o por cualquier otra circunstancia, que se dicten contra las sociedades del Estado, sociedades anónimas con participación estatal mayoritaria, sociedades de economía mixta, empresas del Estado y todo otro ente u organización empresaria o societaria donde el Estado nacional o sus entes de cualquier naturaleza tengan participación total o parcial, en ningún caso podrán ejecutarse contra el Tesoro nacional, ya que la responsabilidad del Estado se limita a su aporte o participación en el capital de dichas organizaciones empresariales".

Con esas normas se hizo tabla rasa con la conquista procesal alcanzada en el caso *Pietranera* y con el artículo 52 de la ley 23.696, echando por tierra "el alto grado de avance en el nivel teórico" que había alcanzado el sistema, susceptible de ser exhibido en cualquier escenario internacional[59].

La referida regulación legal del sistema de ejecución de sentencias de la ley 24.624 fue primero declarada constitucional por un fallo de la Corte Suprema en el año 1998[60], aunque luego atemperó esa doctrina[61] reconociendo

---

[59] Cfr. ALBERTO B. BIANCHI (*Responsabilidad del Estado por su actividad legislativa*, Buenos Aires, Ábaco, 1999, págs. 17-20) formula críticas severas al régimen.

[60] *In re, La Austral Cía de Seguros SA c/ Lade*, Fallos 321:2284.

[61] En el caso *Giovagnoli*, de fecha 16/9/1999, Fallos 322:2132.

que esa declaración de constitucionalidad no podía convalidar la elusión del cumplimiento de las sentencias cuando existen partidas para ello en el presupuesto, autorizando incluso a decretar embargo sobre los fondos públicos en la inteligencia que el Estado no puede quedar al margen del orden jurídico.

Pero la cuestión parece no tener fin pues lo que parecía conformar un esquema previsible[62] ha vuelto a modificarse con la ley 25.344 de Emergencia Económica, dividiendo a los acreedores en dos categorías conforme a la fecha de sus respectivas acreencias y disponiendo el pago con bonos emitidos por el Tesoro Nacional.

En resumen, con la citada regulación estamos como alguna vez dijo la Corte que no podíamos estar: fuera del orden jurídico y llama la atención que esas regulaciones no hayan recibido por parte de los jueces, la tacha de inconstitucionalidad.

6. LOS REQUISITOS DEL AGOTAMIENTO DE LA VÍA ADMINISTRATIVA
Y DEL RECLAMO ADMINISTRATIVO PREVIO

En nuestro derecho procesal administrativo la situación es paradójica, ya que mientras en la Nación no estaba prescrito el requisito del agotamiento de la vía administrativa para promover una demanda judicial contra el Estado y sus entidades hasta la sanción de la Ley Nacional de Procedimientos Administrativos en el año 1972, las provincias y, particularmente, la provincia de Buenos Aires, exigían la previa denegación, la retardación o el agotamiento de la vía administrativa, según las respectivas regulaciones locales[63]. En la Nación, con

---

[62] GALLEGOS FEDRIANI, "Ejecución de sentencias ...", cit., pág. 316.

[63] Ver TOMÁS HUTCHINSON, "Mitos y realidades en el derecho administrativo argentino", La Ley 1989-C, 1071, esp. págs. 1077 y ss. Según HUTCHINSON, la fuente a que acudió VARELA al consagrar en "vía previa", no fue la ley Santamaría de Paredes, sino los antecedentes nacionales y provinciales anteriores (art. 156, inc. 3, de la Constitución de la Provincia de Buenos Aires de 1873). Aunque no es nuestro propósito polemizar con este distinguido autor, creemos que la norma de la Constitución de la Provincia de 1873 (que pasó a ser el art. 157, inc. 3, en la reforma constitucional de 1889) no establecía el requisito del agotamiento de la vía administrativa, sino tan sólo que hubiera "previa denegación de la autoridad administrativa". En realidad, esta exigencia aparece recién en el art. 28, inc. 1, del Código de VARELA de 1905, al prescribir como condición de admisibilidad del proceso contencioso administrativo que "la resolución sea definitiva y no haya recurso administrativo alguno contra ella". Este precepto fue, en rigor, el que impuso en la provincia el requisito del agotamiento de la vía administrativa. Cuadra apuntar también que al referirse al carácter definitivo de la resolución administrativa y agregarle "que no haya recurso administrativo alguno contra ella", el citado Código generó interpretaciones erróneas de la jurisprudencia provincial en punto a lo que se entiende por definitividad, comprendiendo en el concepto tanto las resoluciones que deciden el fondo del asunto como las que causan estado (es decir, las que agotan la vía administrativa).

anterioridad a la Ley Nacional de Procedimientos Administrativos, el único requisito era la promoción de un reclamo administrativo previo (ley 3952).

Y la situación resulta paradójica porque mientras que el Estado federal ha establecido el requisito del agotamiento de la vía administrativa para poder impugnar ante la justicia un acto de alcance particular o general, con plazos de caducidad a los que la jurisprudencia y una parte de la doctrina les asigna un carácter fatal y perentorio[64], manteniendo, para los otros supuestos, la figura del reclamo administrativo previo[65], por otro lado, el nuevo Código Procesal de la Provincia de Buenos Aires ha consagrado sus puntos de demandabilidad en sintonía con el principio de la tutela judicial efectiva (art. 166 de la Constitución de la Provincia)[66].

De ese modo, en el Código de Procedimiento Contencioso Administrativo de la Provincia de Buenos Aires se han configurado una serie importante de supuestos en los que no resulta necesario el "agotamiento de la vía administrativa" respecto de diversas pretensiones procesales, a saber:

a) Los actos administrativos definitivos o asimilables que emanen de la máxima autoridad administrativa con competencia resolutoria final o de un órgano con competencia delegada, dictados de oficio o con la previa audiencia o intervención del interesado. El Código de Procedimiento Contencioso

---

Ver VALLEFÍN (*Proceso administrativo y habilitación de instancia*, cit., págs. 51 y ss.) que mantiene el concepto amplio de "definitividad", aunque distingue ambas categorías y, más aún, las trata en forma separada como, por demás, corresponde a dos requisitos diferentes. Por su parte, la doctrina ha sostenido la distinción entre el concepto de acto definitivo y acto que causa estado en el sentido de que el primero es el que decide la cuestión de fondo finalmente mientras que el segundo es el que agota la vía administrativa de una situación contenciosa (cfr. LINARES, *Derecho administrativo*, cit., págs. 544-545). Al propio tiempo, hay autores como SORIA que han precisado más aún el concepto de acto definitivo, sosteniendo que son aquellos que "se exhiben de ordinario como el eslabón final de un encadenamiento de situaciones heterogéneas y no equivalentes que lo preceden y complementan" (DANIEL FERNANDO SORIA, "Los actos administrativos de trámite equiparables a definitivos y su impugnabilidad judicial", La Ley 1990-C, 947). La confusión o, si se quiere, la mezcla de conceptos, aparece en algunas obras de la antigua doctrina española, que probablemente habría seguido VARELA (ver FERMÍN ABELLA, *Tratado teórico-práctico de lo contencioso-administrativo*, 2ª ed., Madrid, Administración, 1888, pág. 570).

[64] Cfr. RAFAEL M. GONZÁLEZ ARZAC, "Los plazos de impugnación judicial de actos administrativos," ED 51-955.

[65] Arts. 30 a 32 de la LNPA, sin prescribir plazos de caducidad para la promoción de la demanda. Ver JUAN RAMÓN DE ESTRADA, "Agotamiento de la vía administrativa y habilitación de la instancia judicial: dos importantes fallos de la Corte Suprema", REDA, núm. 4, Buenos Aires, Depalma, 1990, pág. 323.

[66] Entre los trabajos doctrinarios ver AGUSTÍN A. GORDILLO, "El reclamo administrativo previo", La Ley 89-777.

Administrativo considera que estos actos son directamente impugnables en sede judicial (CPCA, art. 14, ap. 2, inc. b) sin necesidad de agotar la vía administrativa.

En línea con el principio de la tutela judicial efectiva, el Código prescribe, además, que si el particular interpusiere en tales casos los recursos de revocatoria o de reconsideración, queda suspendido el plazo de caducidad para demandar (CPCA, art. 18, inc. 1), lo cual implica que el recurso administrativo es una opción en favor del afectado por el acto administrativo.

b) Se configure el supuesto que la doctrina califica como de "ritualismo inútil", que puede darse tanto cuando la conducta de la demandada haga presumir la ineficacia cierta de agotar la vía administrativa, como cuando, en atención a las circunstancias del caso, la exigencia del agotamiento de la vía deviene en una carga excesiva o inútil[67], en la misma línea que su antecedente nacional (art. 32 LNPA). A este respecto, los casos que exhibe la jurisprudencia, sobre todo nacional, son de variada gama, y se los puede sintetizar[68] en cuatro grupos:

(i) Casos en que la Administración rechazó numerosas reclamaciones que contenían pretensiones idénticas[69].

(ii) Medidas dispuestas por el Estado en el ámbito de determinada política estatal[70].

(iii) Supuestos en que el Estado, al contestar la demanda, no opuso la falta de un reclamo previo como defensa o excepción. La jurisprudencia de la Corte Suprema de Justicia de la Nación ha considerado que exigir, en estos casos, el reclamo administrativo previo, constituiría un ritualismo inútil e inoperante[71].

(iv) Cuando se plantea la inconstitucionalidad de una ley en sede administrativa, en virtud de que se considera que dicha facultad pertenece, en exclusiva, al poder judicial[72] y que por ende esa es la sede en que corresponde formular el planteamiento.

---

[67] CPCA, art. 14, ap. 1 inc. b.

[68] Cfr. PERRINO, "El régimen de agotamiento de la vía administrativa en el nuevo Código Contencioso Administrativo bonaerense", cit., ED 184-842 especialmente págs. 849 y ss., a quien seguimos en todo este punto IV.

[69] CNCont.Adm. Fed., sala II, *in re, Macera Aibe y otros c. Ministerio de Educación y Cultura, s/ Empleo público*, fallo del 1995/07/18, cit. por PERRINO en la nota 114 del referido trabajo.

[70] CNCont.Adm.Fed., sala II, en la causa *Calzar S. A. c. Estado nacional, Ministerio de Economía y Obras y Servicios Públicos*, La Ley 1996-A, 633, con nota de GORDILLO, "Nuevos argumentos para la innecesariedad del reclamo administrativo previo".

[71] *Guerrero, Luis Ramón c. Municipalidad de Córdoba*, Fallos 312:1306 (1989) y *Pozzi, Angel Luis c. Municipalidad de Córdoba*, Fallos 313:326 (1990).

[72] *Ingenio y Refinería San Martín del Tabacal S. A.*, Fallos 269:243 (1967) y *Provincia de Mendoza c. Nación*, Fallos 298:511 (1977) y la causa *Calzar S. A.* cit. en nota 30.

c) Otros supuestos. Entre los otros casos en que no resulta necesario agotar la vía administrativa, el Código de Procedimiento Contencioso Administrativo contempla:

(i) La impugnación directa de actos de alcance general emanados de una autoridad jerárquica superior o del órgano con competencia delegada por aquella[73].

(ii) Cuando se configure el silencio administrativo[74].

(iii) Cuando la pretensión tenga por objeto la impugnación o el cese de la vía de hecho administrativa[75].

(iv) La pretensión resarcitoria proveniente de la responsabilidad provincial por su actividad lícita o legítima o de hechos o vías de hecho administrativas y las pretensiones meramente declarativas y de certeza[76].

En el orden nacional, la sanción de la Ley Nacional de Procedimientos Administrativos en 1972 implicó un verdadero retroceso garantístico, en la medida en que introdujo, por primera vez, dos instituciones entonces extrañas al contencioso-administrativo federal, como son el requisito del agotamiento de lo que la ley denomina "la instancia administrativa" y el establecimiento de plazos de caducidad para promover el proceso (arts. 23 a 25). Al propio tiempo, la Ley Nacional (arts. 30 a 32) mantiene el régimen, aunque morigerado, de la reclamación administrativa previa, salvo para las pretensiones de nulidad, en que procede la denominada vía recursiva.

Esta reclamación administrativa previa contemplada en la ley 3952, de demandas contra la Nación, si bien nació para superar el principio de la indemandabilidad del Estado, de origen norteamericano, en reemplazo de la exigencia de la venia legislativa que la Corte Suprema de Justicia de la Nación había establecido para sortear aquella interpretación constitucional[77], es un requisito que proviene del derecho francés para la apertura del recurso ante el Consejo de Estado[78].

[73] CPCA, art. 14, ap. 1 inc. c.

[74] Art. 14, ap. 1 inc. d, CPCA. Ver GUILLERMO ANDRÉS MUÑOZ, *Silencio de la Administración y plazos de caducidad*, Buenos Aires, Astrea, 1982, págs. 26 y ss.

[75] CPCA, art. 21.

[76] Cfr. PERRINO, "El régimen de agotamiento de la vía administrativa en el nuevo Código Contencioso Administrativo bonaerense", cit., ED 184-842 especialmente pág. 851.

[77] MAIRAL, *Control judicial de la Administración pública*, t. I, cit., pág. 356.

[78] Ver GEORGES VEDEL – PIERRE DELVOLVÉ, *Droit administratif*, t. 2, 12ème éd., Paris, Presses Universitaires de France, 1992, págs. 151 y ss. En el proceso de plena jurisdicción resulta de aplicación la regla de la decisión previa. Sin embargo, esta regla se excluye o se supera en algunos casos (por ejemplo, en reclamos vinculados a contratos de obras públicas o en caso de silencio administrativo).

La mezcla de fuentes que exhibe ese cuadro normativo, que poco tiene que ver con los antecedentes de nuestro derecho federal, ha conspirado y seguirá conspirando contra la armonización del sistema procesal, habiendo generado una situación anárquica en materia interpretativa que la jurisprudencia ha zanjado, generalmente, en contra de la tutela judicial efectiva.

Cabe advertir, asimismo, que el requisito del agotamiento de la vía administrativa se halla atenuado, en Argentina, por la utilización de la acción de amparo como proceso idóneo tendiente al pronto restablecimiento de los derechos y garantías constitucionales. Esta situación se da cuando la Administración ha violado los derechos constitucionales en forma manifiesta por acción u omisión, procediendo también en el supuesto de que la acción administrativa no se hubiera consumado, siempre que esta fuera inminente. Tampoco el requisito resulta exigible para promover acciones declarativas de inconstitucionalidad ni para requerir el dictado de medidas autosatisfactivas.

Ahora bien: aunque en tales casos no se exige el agotamiento de la vía administrativa, cuando se pretende el dictado de alguna medida cautelar dentro del proceso de amparo, alguna jurisprudencia requiere que se formule previamente un pedido de suspensión del acto administrativo que afecta los derechos del particular, lo que provoca demoras indebidas en el trámite procesal de la medida cautelar y puede generar la inutilidad de la sentencia que ha de dictarse en el amparo.

Las otras trabas que presenta el proceso de amparo para abrir la competencia del juez implican notorias restricciones al acceso jurisdiccional, dado que mientras, por un lado, se ha exigido, en algunos supuestos, la demostración de que no hay otros remedios administrativos o judiciales para restablecer los derechos constitucionales o impedir su violación (lo cual configura una prueba difícil de producir), por el otro, se requiere como requisito habilitante del amparo que la violación de los derechos y garantías constitucionales adolezca de "arbitrariedad o ilegalidad manifiesta" (lo cual deja fuera de la protección judicial los supuestos en que el vicio no surja del propio acto).

Con todo, el amparo, cuando ha funcionado, constituye un remedio eficaz para realizar con prontitud la tutela judicial de derechos constitucionales vulnerados, y en la práctica, aunque la sentencia que se dicta hace cosa juzgada exclusivamente respecto del amparo, la Administración suele corregir la arbitrariedad en que ha incurrido, sin que sea necesario acudir al proceso contencioso-administrativo ordinario.

Volviendo al agotamiento de la vía administrativa, la situación descrita ha fomentado, en los hechos, un nivel de litigiosidad mayúsculo, dado que al requerirse que el acto cause estado[79], surge la paralela exigencia de recurrir

---

[79] La exigencia de que el acto cause estado como requisito de admisibilidad de la acción contencioso-administrativa es de origen español y proviene de la llamada "Ley Camacho", de 1881. Anota GARCÍA DE ENTERRÍA: "A partir de ese momento se inicia la diferencia en nuestro derecho entre los conceptos de 'firmeza' y de 'causar estado': un acto administrativo

en tiempo y forma todos los actos administrativos que resuelvan peticiones finales o de fondo, trasformando la sede administrativa en una instancia jurisdiccional.

Si a ello se le agrega que, para acudir a la justicia, hay que interponer la demanda de unos fatales plazos de caducidad, muchas veces exiguos, se puede comprender cuánta razón tiene GONZÁLEZ PÉREZ al propiciar el carácter optativo de los recursos administrativos[80].

En lo que atañe al derecho de Hispanoamérica, se puede advertir que, con excepción de México, donde se asigna carácter potestativo a los recursos administrativos como regla general[81], el requisito del agotamiento de la vía administrativa se encuentra impuesto en las legislaciones administrativas de Venezuela[82], Colombia[83] y Costa Rica, adquiriendo en Perú *status* consti-

---

que no causa estado por proceder de órganos inferiores de la jerarquía alcanza, sin embargo, 'firmeza' tanto frente al particular que deja vencer los plazos de alzada contra él, como frente a la Administración, para la cual se hace, desde el mismo momento de dictarse, definitivo e irrevocable" (cfr. EDUARDO GARCÍA DE ENTERRÍA, "La configuración del recurso de lesividad", en *Revista de Administración Pública*, núm. 15, Madrid, 1954, págs. 144 y ss.). Por esta causa, aunque ambos requisitos procesales sean hijos del dogma revisor, lo cierto es que no hay que confundir (defecto en que incurre gran parte de la doctrina y la jurisprudencia) el recaudo de la decisión previa del derecho francés con el agotamiento de la vía administrativa, proveniente del derecho español. Sobre la exigencia de "causar estado" en España, incluso antes de la Ley Santamaría de Paredes, se puede ver FERMÍN ABELLA, *Tratado teórico-práctico de lo contencioso-administrativo*, cit., págs. 67 y 567 y ss.

[80] GONZÁLEZ PÉREZ ("La Constitución y la reforma...", cit., pág. 52) apunta al respecto: "Dictado un acto administrativo, cualquiera que sea el órgano administrativo del que proceda, se ha de admitir la posibilidad de acudir a los tribunales en defensa de los derechos e intereses legítimos que por él hubieran resultado lesionados. Si bien cabe admitir la posibilidad de que el interesado pueda, si lo desea, interponer contra él los recursos administrativos que, en cada caso, se prevean. Lo que dependerá de la confianza que se tenga en obtener por esta vía plena satisfacción de las pretensiones. Si el administrado, en razón a la naturaleza del asunto, evidencia de la infracción del ordenamiento jurídico en que el acto incurre o circunstancias personales del titular del órgano competente para resolver, considera posible una resolución estimatoria por esta vía, sin tener que acudir al proceso, siempre más lento, complicado y costoso, se ha de admitir la posibilidad de recurso. Pero si tiene la convicción de que nada logrará en esta vía, no tiene sentido demorar el momento de acudir al proceso con la exigencia de un recurso que constituirá un trámite inútil. Y, por supuesto, no tiene sentido establecer un sistema de recursos sometidos a distinto régimen jurídico, con las consiguientes dudas y dificultades a la hora de tener que agotar la vía administrativa. Un único recurso administrativo y potestativo".

[81] Art. 83 de la Ley Federal de Procedimientos Administrativos y art. 29 de la Ley del Tribunal Contencioso-Administrativo del Distrito Federal.

[82] Art. 93 de la Ley Orgánica de Procedimientos Administrativos y arts. 84.5 y 124.2 de la Ley Orgánica de la Corte Suprema de Venezuela, que regula la jurisdicción contencioso-administrativa.

[83] Art. 135 del Código Contencioso-Administrativo.

tucional[84]. En Estados Unidos, si bien la doctrina ha debatido acerca de su configuración, se reconocen numerosas excepciones (en la misma línea que las que se dan en nuestro país para eximir del reclamo administrativo previo en el orden nacional)[85] pero existen dos grandes barreras previas: el requisito de que el obrar impugnado se encuentre maduro (*ripeness*)[86] y la concepción de la llamada "jurisdicción administrativa primaria"[87], aplicable a la actividad de las agencias reguladoras.

En definitiva, el requisito del agotamiento de la instancia carece de toda base constitucional y resulta opuesto, al menos como regla generalizada aplicable a todos los supuestos, al principio de la tutela judicial efectiva, que reclama tanto el acceso irrestricto a un juicio pleno como el juzgamiento sobre el fondo de la pretensión articulada en un caso contencioso-administrativo[88].

7. Un cambio paradigmático: la jurisprudencia de la Corte Suprema de Justicia de Costa Rica

La Corte Suprema de Justicia de Costa Rica ha impuesto un giro copernicano al planteo tradicional que exhibía el derecho comparado (y que aún se mantiene en diversos ordenamientos) que legitimaba la exigencia de agotar la vía administrativa para poder acceder a la justicia, con fundamento en una serie de principios tales como eficacia, eficiencia y buena administración.

Si bien el legislador entendía que, con dicha exigencia, la propia Administración podía defender el acto administrativo impugnado, declarar su invalidez o modificarlo, evitando comparecer ante la justicia, lo cierto es que la regla del agotamiento se erigía en un formidable privilegio a favor de la administración que conculcaba el principio de igualdad de las cargas procesales y la tutela judicial efectiva.

---

[84] Art. 148 de la Constitución del Perú.

[85] Guido S. Tawil, *Administración y justicia. Alcance del control judicial de la actividad administrativa*, t. i, Buenos Aires, Depalma, 1993, pág. 110.

[86] Como lo explica Bernard Schwartz, en su clásica obra *Administrative Law*, 3ª ed., London, Little, Brown & Company, 1991, pág. 561, cit. por Perrino, "El régimen de agotamiento de la vía administrativa en el nuevo Código Contencioso Administrativo bonaerense", cit., ED 184-842 especialmente pág. 835.

[87] Ver Oscar Aguilar Valdez, "Reflexiones sobre las funciones jurisdiccionales de los entes reguladores de servicios públicos a la luz del control judicial de la Administración. Con especial referencia al ente regulador de la energía eléctrica", en AA.VV., *Anuario de Derecho Administrativo de la Universidad Austral*, t. i, Buenos Aires, Abeledo Perrot, 1994, págs. 193 y ss.

[88] En igual sentido, ver el excelente artículo de Soria, "El agotamiento de la vía en el proceso administrativo de la provincia de Buenos Aires", cit., págs. 53 y ss.

La jurisprudencia de la Sala Constitucional de la Corte Suprema de Justicia de Costa Rica, en el caso *Fonseca Ledesma*[89], consideró que, a la luz de la supremacía de la Constitución y de la mayor jerarquía y vinculación de los derechos fundamentales (la Corte habla de la eficacia expansiva y progresiva y de la interpretación más favorable) el carácter preceptivo u obligatorio de la regla "riñe con el derecho fundamental de los administrados a obtener una justicia pronta y cumplida ex artículos 41 y 49 de la Constitución Política (tutela judicial efectiva) y con el principio de igualdad, puesto que —sólo en el proceso contencioso-administrativo—... se le obliga al justiciable, antes de acudir a la vía jurisdiccional..." al agotamiento de la vía administrativa, mediante la interposición de los recursos ordinario correspondientes.

El Alto Tribunal costarricense enfatiza en el sentido de que la violación de la tutela judicial efectiva deriva de los siguientes aspectos:

a) El hecho de que los recursos administrativos no logran que los superiores jerárquicos modifiquen o revoquen las decisiones adoptadas por los órganos inferiores. Puntualiza, al respecto, que es algo así como pretender "sacar agua de un pozo seco", transformado el procedimiento previo a la instancia judicial en una pesada carga para el administrado;

b) Las demoras que dilatan la decisión de fondo en el procedimiento administrativo, lo cual prolonga —en forma indefinida— el acceso a la justicia. Y

c) La sumatoria de este último plazo (el necesario para agotar la vía administrativa) con el término de duración de los procesos en lo contencioso-administrativo, sumatoria que, en definitiva, genera una justicia tardía.

Adquiere relevancia, a su vez, la fundamentación concerniente al principio de igualdad, cuyo contenido refuerza la tesis garantística que se encuentra en la entraña del principio de la tutela judicial efectiva. Al respecto, la Sala Constitucional de la Corte Suprema de Justicia de Costa Rica señaló:

"En lo que atañe a la vulneración del principio de igualdad, debe indicarse que el agotamiento preceptivo de la vía administrativa, derivado del privilegio de la auto-tutela declarativa, expone al justiciable que litiga contra una administración pública a una situación discriminatoria, puesto que no existe un motivo objetivo y razonable para someterlo a ese requisito obligatorio, a diferencia del resto de las órdenes jurisdiccionales. Debe tenerse en consideración que, incluso, la libertad de configuración o discrecionalidad legislativa al diseñar los diversos procesos, tiene como límite infranqueable el principio de igualdad. Lo anterior, queda reforzado si se considera que las administraciones públicas son un sujeto de Derecho más que no tienen por qué gozar de tales privilegios o prerrogativas y que el eje central en una administración prestacional o en un

---

[89] Se trató de un proceso ordinario promovido por William Fonseca Ledezma contra Gerardo Bolaños Alvarado, Claudia Reyes Silva y el Estado, resuelto con fecha 15 de marzo de 2006.

Estado social y democrático de derecho lo es la persona, esto es, el usuario o consumidor de los bienes y servicios públicos. En esencia, los intereses públicos y la satisfacción de las necesidades colectivas no pueden tenerse como cláusulas de apoderamiento para enervar los derechos fundamentales de los administrados o, sencillamente, como el altar para ser sacrificados"[90].

La línea inaugurada por la Corte Suprema de Justicia de Costa Rica, mantenida en sentencias posteriores[91], alcanzó consolidación parcial en el Código Procesal Contencioso Administrativo de dicho país, que entró en vigencia el 1º de enero de 2008. En este último ordenamiento, se sienta el carácter optativo de la regla del agotamiento como principio general que solo hace excepción en materia municipal y de contratación pública[92].

En Argentina, muchos administrativistas se han volcado a favor de la tendencia a suprimir la regla del agotamiento de la vía administrativa o, al menos, atenuarla, basados en que su subsistencia conculca el principio de la tutela judicial efectiva, de base constitucional y supra-constitucional[93].

Ese vuelco encuentra apoyo en la doctrina de la Comisión Interamericana de Derechos Humanos —en adelante CIDH— expuesta en el caso *Palacios*[94] en el que sostuvo que la exigencia de un recurso de revocatoria[95], contra un acto administrativo, de la máxima autoridad administrativa que había resuelto el fondo del asunto, conculca el derecho a la tutela judicial efectiva y al debido proceso, garantizado por los artículos 8 y 25 de la Convención Americana sobre Derechos Humanos[96].

[90] Considerando V de la sentencia *Fonseca Ledezma*.

[91] Resoluciones 10.263 de 19 de junio de 2008 y 13.022 de 27 de agosto de 2008.

[92] MANRIQUE JIMÉNEZ MEZA y otros, *El nuevo proceso contencioso administrativo,* Poder Judicial, Escuela del Poder Judicial, Costa Rica, 2006, pág. 129, cit. por HEIDY ZÚÑIGA BOLAÑOS, *El agotamiento preceptivo de la vía administrativa en la contratación administrativa,* San José, Universidad de Costa Rica, Facultad de Derecho. Curso a cargo del Prof. Jorge Enrique Romero Pérez, 2008, pág. 15.

[93] Vid. OSCAR R. AGUILAR VALDEZ, "El agotamiento de la vía administrativa y la tutela judicial efectiva: una evaluación general del sistema de la ley 19.549 a treinta años de su vigencia", en JUAN CARLOS CASSAGNE (Dir.), *Procedimiento y proceso administrativo,* Jornadas de la UCA, Buenos Aires, LexisNexis, Abeledo-Perrot, 2009, págs. 367 y ss.

[94] Informe de la CIDH Nº 105/99, caso Palacios Narciso c/ Argentina (Nº 10.194).

[95] Requisito exigido por la jurisprudencia de la Suprema Corte de la Provincia de Buenos Aires.

[96] Véase: CARLOS A. BOTASSI ("Habilitación de la instancia contencioso-administrativa y derechos humanos", La Ley 2000-F-594) anota, con acierto, que "La decisión de la CIDH posee una extraordinaria importancia porque denuncia la ilegitimidad de las trabas rituales, inconsecuentes y superfluas que impiden contar con una defensa efectiva de los derechos esenciales, o, en el mejor de los casos, postergan extraordinariamente los ya morosos trámites judiciales. Asuntos tales como la obligación de recurrir el acto definitivo emanado del órgano

En conclusión, la CIDH y en época reciente, de un modo más asertivo, la Corte Suprema de Costa Rica han establecido un nuevo paradigma. Esta última, en sintonía con la doctrina que venía propugnando la supresión o atenuación de la regla del agotamiento declara que la mencionada regla es inconstitucional, por violación de la tutela judicial efectiva y de otros principios constitucionales, como el de igualdad de cargas procesales, con lo que el requisito de agotar la instancia, en el que descansaba el sistema, ha pasado a ser opcional y no obligatorio o preceptivo. La consecuente primacía constitucional se ha impuesto así como los principios del Estado de derecho. Más aún, han salido ganando los justiciables con esta nueva conquista del derecho público.

---

superior con competencia decisoria, los plazos breves de caducidad, la exigencia irrestricta del pago previo a la demanda judicial, la legitimación limitada a los titulares de derechos subjetivos, la invocación de actos de gobierno, institucionales o no justificables, la exclusión del control de discrecionalidad, y otras medidas y pseudoinstituciones restrictivas que aparecen en las leyes y en la jurisprudencia clásica, deben ser revisadas y ajustadas a la nueva realidad de las normas constitucionales".

BIBLIOGRAFIA

ABAD HERNANDO, JESÚS L.: *Estudios de derecho administrativo,* Mendoza, 1985.

ABELLA, FERMÍN: *Tratado teórico-práctico de lo contencioso-administrativo,* 2ª ed., Madrid, Administración, 1888.

ABERASTURY, PEDRO - GOTTSCHAU, PATRIZIA E.: "Interrelación del derecho supranacional en el procedimiento administrativo nacional", en ABERASTURY, PEDRO - BLANKE, HERMANN-JOSEF (Coords.), *Tendencias actuales del procedimiento administrativo en Latinoamérica y Europa,* Buenos Aires, Eudeba y Fundación Konrad Adenauer, 2012.

ABERASTURY, PEDRO: "La decisión de controversias del derecho común por parte de tribunales administrativos", JA, 2005-III-5.

— "Principios de la responsabilidad del Estado", en *Responsabilidad del Estado,* Buenos Aires, LexisNexis Abeledo-Perrot, 2007.

— *La justicia administrativa,* Buenos Aires, Lexis Nexis, 2006.

AFTALIÓN, ENRIQUE: "Las faltas policiales, la garantía de legalidad y el formalismo", La Ley, 88-254.

AGAMBEN, GIORGIO: *El estado de excepción,* trad. del italiano, Adrián Hidalgo Editora, Buenos Aires, 2007.

AGUILAR VALDEZ, OSCAR: "Reflexiones sobre las funciones jurisdiccionales de los entes reguladores de servicios públicos a la luz del control judicial de la Administración. Con especial referencia al ente regulador de la energía eléctrica", en AA.VV., *Anuario de Derecho Administrativo de la Universidad Austral,* t. I, Buenos Aires, Abeledo Perrot, 1994.

— "El agotamiento de la vía administrativa y la tutela judicial efectiva: una evaluación general del sistema de la ley 19.549 a treinta años de su vigencia", Cassagne, Juan Carlos (Dir.), *Procedimiento y Proceso Administrativo,* Jornadas de la UCA, Buenos Aires, Lexis-Nexis, Abeledo-Perrot, 2009.

AJA ESPIL, JORGE A.: *Constitución y poder. Historia y teoría de los poderes implícitos y de los poderes inherentes,* Buenos Aires, Tea, 1987.

ALAIS, HORACIO F.: *Los principios del derecho aduanero,* Buenos Aires, Marcial Pons, 2008.

ALBERDI, JUAN BAUTISTA: *Bases,* 4ª ed., San Pablo, Plus Ultra, 1984.

ALESSI, RENATO: Sistema istituzionale del diritto amministrativo italiano, 2ª ed., Milán, Giuffrè, 1958.

ALEXY, ROBERT: *Teoría de la argumentación jurídica. La teoría del discurso racional como teoría de la fundamentación jurídica,* trad. Manuel Atienza e Isabel Espejo, Madrid, Centro de Estudios Constitucionales, 1997.

— *Teoría de los derechos fundamentales,* 2ª reimp., Madrid, Centro de Estudios Constitucionales, 2001.

— *Epílogo a la teoría de los derechos fundamentales,* Madrid, Centro de Estudios, 2004.

— *Teoría de la argumentación jurídica,* trad. del alemán, Lima, Palestra, 2007.

— *Teoría de los derechos fundamentales,* traducción de Carlos Bernal Pulido, 2ª ed., Madrid, Centro de Estudios Políticos y Constitucionales, 2007.

— *El concepto y la naturaleza del derecho,* trad. del alemán de Carlos Bernal Pulido, Madrid, Marcial Pons, 2008.

ALLI ARANGUREN, JUAN CRUZ: *El principio de legalidad y la justicia social en el derecho administrativo francés,* Pamplona, Universidad Pública de Navarra, 2008.

ALTAMIRA GIGENA, JULIO ISIDRO: *Los principios generales del derecho como fuente del derecho administrativo,* Buenos Aires, Astrea, 1972.

AMAYA, JORGE ALEJANDRO: *El control de constitucionalidad,* Buenos Aires, Astrea, 2012.

AMENÁBAR, MARÍA DEL PILAR: *Responsabilidad extracontractual de la Administración pública,* Santa Fe, Rubinzal-Culzoni, 2008.

ANDREUCCI, CARLOS ALBERTO: "Responsabilidad del Estado en la Provincia de Buenos Aires", en *Responsabilidad del Estado y del funcionario público,* Buenos Aires, Jornadas de la Universidad Austral, 2001.

ARISTÓTELES: *Etica a Nicomaco,* Madrid, Centro de Estudios Constitucionales, 1985.

ARNANZ, RAFAEL A.: *De la competencia administrativa (con especial alusión a la municipal),* Madrid, Montecorvo, 1967.

ATIENZA, MANUEL – RUIZ MANERO, JUAN: *Las piezas del derecho. Teoría de los enunciados jurídicos,* 2ª ed., Barcelona, Ariel Derecho, 2014.

ATIENZA, MANUEL: *Las razones del derecho. Teorías de la argumentación jurídica,* México, Instituto de Investigaciones Jurídicas, Universidad Nacional Autónoma de México, 2005.

BACELLAR FILHO, ROMEU FELIPE: *Direito administrativo e o novo Código Civil,* Belo Horizonte, Fórum, 2007.

— *Reflexões sobre direito administrativo,* Belo Horizonte, Forum, 2009.

BADENI, GREGORIO: "El caso Simón y la supremacía constitucional", La Ley 2005-D, 639.

— *Tratado de derecho constitucional,* t. I, Buenos Aires, La Ley, 2004; 2ª ed., Buenos Aires, La Ley, 2006; t. I, II y III, 3ª ed., Buenos Aires, La Ley, 2010.

BALBÍN, CARLOS F: *Curso de derecho administrativo,* t. I, Buenos Aires, La Ley, 2007.

BANDEIRA DE MELLO, CELSO ANTONIO: *O conteúdo jurídico do princípio da igualdade,* San Pablo, 1978.

BARBE PÉREZ, HÉCTOR: *Los principios generales del derecho como fuente del derecho administrativo en el derecho uruguayo,* Montevideo, 1958.

BARNÉS VÁZQUEZ, JAVIER: "Introducción al principio de proporcionalidad en el derecho comparado y comunitario", *Revista de Administración Pública,* núm. 135, Madrid, 1994.

— "El procedimiento administrativo en el tiempo y en el espacio. Una perspectiva histórica comparada", en Pozo Gowland, Héctor – Halperin, David Andrés – Aguilar Valdez, Oscar – Juan Lima, Fernando – Canosa, Armando (Dirs.), *Procedimiento administrativo,* t. I, Buenos Aires, La Ley, 2012.

BARRA, RODOLFO CARLOS: *Principios de derecho administrativo,* Buenos Aires, Ábaco, 1980.

— "Hacia una interpretación restrictiva del concepto jurídico de servicio público", LL 1983-B, 363.

— *Tratado de derecho administrativo,* t. 1, Buenos Aires, Ábaco, 2002.

— "Cometidos administrativos en la actividad notarial y responsabilidad del Estado", ED 117:927.

— "El ordenamiento institucional de los derechos humanos", en *Temas de derecho público,* Buenos Aires, RAP, 2008.

— "La libertad de prensa en la reciente jurisprudencia de la Corte Suprema", en Gordillo, Agustín, (Dir.), *Derecho administrativo. Doctrinas esenciales,* t. I, La Ley, 2010.

— "Responsabilidad del Estado de sus actos y contratos", ED 122-864.

BARRANCOS Y VEDÍA, FERNANDO: "Acerca del equilibrio y control entre los poderes del Estado", en *Anales de la Academia Nacional de Derecho y Ciencias Sociales,* 1ª serie, 2ª época, Academia Nacional de Derecho y Ciencias Sociales, Vol LIII-46, Buenos Aires, 2008.

BARRAZA, JAVIER INDALECIO - SHAFRIK, FABIANA HAYDÉE: *El jefe de gabinete,* Buenos Aires, Abeledo-Perrot, 1999.

BARRAZA, JAVIER INDALECIO: *Responsabilidad extracontractual del Estado,* Buenos Aires, La Ley, 2003.

— *Manual de derecho administrativo,* Buenos Aires, La Ley, 2010.

— "Las medidas de urgencia o las llamadas medidas autosatisfactivas", en Cassagne, Juan Carlos (Dir.), *Tratado de derecho procesal administrativo,* 2ª ed., t. II, Buenos Aires, La Ley, 2011.

BARRERA MUÑOZ, WILLIAM: "El procedimiento administrativo en el derecho colombiano", en Pozo Gowland, Héctor – Halperin, David Andrés – Aguilar Valdez, Oscar – Juan Lima, Fernando – Canosa, Armando (Dirs.), *Procedimiento administrativo,* t. II, Buenos Aires, La Ley, 2012.

BEJAR RIVERA, LUIS JOSÉ: "El concepto de Derecho Administrativo", en *Derecho administrativo,* México, Porrúa y Universidad Panamericana, 2010.

BELADIEZ ROJO, Margarita, *Los principios jurídicos,* reimpresión, Tecnos, Madrid, 1997.

BELLUSCIO, AUGUSTO C.: "Equiparación de sexos en los órganos de las personas jurídicas", La Ley 2006-C, 1457.

BENOIT, FRANCIS P.: *Le droit administratif français*, París, Dalloz, 1968.

BERIZONCE, ROBERTO O.: "El contralor de la labor jurisdiccional del Poder Judicial", en *Anales* de la Facultad de Ciencias Jurídicas y Sociales de la Universidad Nacional de La Plata, t. 30, 1987.

BERMEJO VERA, JOSÉ: *Derecho administrativo básico*, 6ª ed., Madrid, Thomson Civitas, 2005.

BERNAL PULIDO, CARLOS: *El principio de proporcionalidad y los derechos fundamentales. El principio de proporcionalidad como criterio para determinar el contenido de los derechos fundamentales vinculante para el legislador*, Madrid, Centro de Estudios Políticos y Constitucionales, 2003.

BIANCHI, ALBERTO B.: *La delegación legislativa,* Buenos Aires, Ábaco, 1990.

— *Control de constitucionalidad*, t. 1, Buenos Aires, Ábaco, 1992 y 2ª ed., Buenos Aires, Ábaco, 2002.

— "Horizontes de la delegación legislativa luego de la reforma constitucional", ReDA, Año 6, Buenos Aires, Depalma, 1994.

— "¿Tiene fundamentos constitucionales el agotamiento de la instancia administrativa?", La Ley 1995-A, 395.

— "Inconstitucionalidad sobreviniente del art. 7º de la Ley de Demandas contra la Nación", ED 118-827.

— "Algunas reflexiones críticas sobre la peligrosidad o inutilidad de una teoría general del contrato administrativo. (Una perspectiva desde el derecho administrativo de los Estados Unidos)", ED 184-900 (primera parte), y en ED 185-714 (segunda parte).

— *Responsabilidad del Estado por su actividad legislativa*, Buenos Aires, Ábaco, 1999.

— "De la acción declarativa de certeza a la acción de inconstitucionalidad", EDC 2000/2001.

— "Dimensión actual de la delegación legislativa", ReDA, núm. 42, Buenos Aires, Depalma.

— "La potestad reglamentaria de los entes reguladores", en *Acto y reglamento administrativo,* Jornadas organizadas por la Universidad Austral, Buenos Aires, RAP, 2001.

— *La regulación económica*, Buenos Aires, Ábaco, 2001.

— "La responsabilidad de los entes reguladores", en *Responsabilidad del estado y del funcionario público,* Jornadas de la Universidad Austral, Buenos Aires, 2001.

— "El caso San Luis o de cómo la emergencia fue encarada desde la delegación legislativa", ReDA núm. 45, Buenos Aires, Abeledo Perrot, 2003.

— "El control judicial bajo la doctrina de la deferencia", en *Control de la Administración Pública*, Buenos Aires, Ediciones Rap, 2003.

— "El caso 'Bustos' y sus efectos, por ahora", Suplemento especial La Ley "Pesificación de los depósitos bancarios", de 28/10/2004.

— "Las potestades administrativas del Presidente de la Nación" en AA.VV., *Organización administrativa, función pública y dominio público*, Jornadas organizadas por la Universidad Austral, Buenos Aires, Rap, 2005.

— "Reflexiones sobre el caso 'Ángel Estrada' y sus efectos en la jurisdicción arbitral", EDA 2005-487.

— *Historia constitucional de los Estados Unidos*, Buenos Aires, Cathedra Jurídica, 2008.

BIDART CAMPOS, GERMÁN J.: *Derecho constitucional*, t. II, Buenos Aires, Ediar, 1966; t. I, Buenos Aires, Ediar, 1968, t. 2, Buenos Aires, Ediar, 1969 y t. II, Buenos Aires, Ediar, 1996.

— *El derecho constitucional del poder*, t. I y II, Buenos Aires, Ediar, 1967.

— *Manual de derecho constitucional argentino*, Buenos Aires, 1984.

— *Tratado elemental del derecho constitucional argentino*, t. I, Buenos Aires, Ediar, 1989; t. 1, Buenos Aires, Ediar, 2001 y t. VI, *La reforma constitucional de 1994*, Buenos Aires, Ediar, 1995.

— *La tipología de la Constitución Argentina*, Anales de la Academia Nacional de Derecho y Ciencias Sociales de Buenos Aires, Año XVI, segunda época, núm. 13, y su *Tratado elemental de derecho constitucional*, t. I, 2ª ed., Buenos Aires, Ediar, 1995.

— "*Habeas corpus* y expulsión de extranjeros. Lo abstracto y lo concreto", La Ley 1999-C, 62.

— "La titularidad del derecho de huelga en la Constitución Argentina", ED 114-815.

— *Teoría general de los derechos humanos*, Buenos Aires, Astrea, 2006.

BIDEGAIN, CARLOS MARÍA: *Curso de derecho constitucional*, t. I, Buenos Aires, Abeledo Perrot, 1994.

BIELSA, RAFAEL: "Acto jurisdiccional y acto judicial", La Ley 104-825.

— "El estado de necesidad con particular referencia al derecho constitucional y al derecho administrativo", Anuario del Instituto de Derecho Público, Rosario, 1940.

— *Derecho administrativo. Legislación administrativa argentina*, t. III, 4ª ed., Buenos Aires, El Ateneo, 1947.

— *Sobre lo contencioso-administrativo*, Santa Fe, 1949.

— "Necesidad de motivar jurídicamente los actos del poder administrados en el sistema político de la Constitución", en *Estudios de derecho público*, t. III, 2ª ed., Buenos Aires, Depalma, 1952.

— "Reglamentos delegados", La Ley, t. 102, pág. 1061.

— *Estudios de derecho público,* t. III, Derecho Constitucional, Buenos Aires, Arayú, Librería Editorial Depalma, 1952.

— *Derecho constitucional,* Buenos Aires, Depalma, 1954.

— *Derecho administrativo,* t. I y II, 5ª ed., Buenos Aires, Depalma, 1955; t. I y II, 6ª ed., Buenos Aires, La Ley, 1964 y t. v, 6ª ed., Buenos Aires, La Ley, 1966.

— *Metodología jurídica,* Santa Fe, Castellví, 1961.

BIGLIERI, ALBERTO: "Procedimiento administrativo y Derecho Municipal", en Pozo Gowland, Héctor – Halperin, David Andrés – Aguilar Valdez, Oscar – Juan Lima, Fernando – Canosa, Armando (Dirs.), *Procedimiento administrativo,* t. I, Buenos Aires, La Ley, 2012.

BISCARETTI DI RUFFIA, PAOLO: *Derecho constitucional comparado,* Madrid, Tecnos, 1987.

BLAQUIER, CARLOS PEDRO: *Apuntes para una introducción a la filosofía,* Buenos Aires, Lons, 2003.

BONPLAND, VIVIANA: "Responsabilidad extracontractual del Estado (Análisis exegético de las citas del codificador al art. 1112 del Código Civil", La Ley 1987-A, 779.

BOQUERA OLIVER, JOSÉ M.: *Derecho administrativo,* t. I, Madrid, Instituto de Estudios de Administración Local, 1972.

BORDA, GUILLERMO A.: *Tratado de derecho civil,* Parte General, 3ª ed., Buenos Aires, Perrot.

BOSCH, JORGE TRISTÁN: *Ensayo de interpretación de la doctrina de la separación de los poderes,* Buenos Aires, Universidad de Buenos Aires, Facultad de Derecho y Ciencias Sociales, 1944.

— *¿Tribunales judiciales o tribunales administrativos para juzgar a la Administración pública?,* Buenos Aires, Zavalía, 1951.

— "Lo contencioso administrativo y la Constitución Nacional", La Ley 81-834.

BOTASSI, CARLOS A.: "Habilitación de la instancia contencioso-administrativa y derechos humanos", La Ley 2000-F-594.

— "Responsabilidad del Estado por su actividad jurisdiccional", en *Responsabilidad del Estado y del funcionario público,* Jornadas de la Universidad Austral, Buenos Aires, 2001.

BRAIBANT, GUY: "Les autorités administratives indépendantes", Colliard - Timsit (Dirs.), París, PUF, 1988.

BREWER CARÍAS, ALLAN RANDOLPH: *Derecho administrativo,* Caracas, 1975.

— "Los principios de legalidad y eficacia en las leyes de procedimientos administrativos en América Latina", en *La relación jurídico-administrativa y el procedimiento administrativo,* IV Jornadas Internacionales de Derecho Administrativo "Allan Randolph Brewer-Carías", Caracas, Funeda, 1999.

— *Principios fundamentales del derecho público,* Caracas, Editorial Jurídica Venezolana, 2005.

— "Sobre los límites al ejercicio del poder discrecional", en *Estudios jurídicos en homenaje al profesor Mariano R. Brito*, Montevideo, Fundación de Cultura Universitaria, 2008.

— *La Constitución de Cádiz y el constitucionalismo americano*, San José de Costa Rica, Editorial Investigaciones Jurídicas, 2012.

BRITO, MARIANO: "De la razonabilidad del acto administrativo: la cuestión de su contralor jurisdiccional anulatorio", en *Derecho administrativo. Supremacía-contemporaneidad-prospectiva*, Montevideo, Universidad de Montevideo, Facultad de Derecho, 2004.

BUNGE, MARIO A.: *La ciencia, su método y su filosofía*, Buenos Aires, Siglo Veinte, 1975.

— *Filosofía política*, Barcelona-Buenos Aires, Gedisa, 2009.

— *Memorias. Entre dos mundos*, Buenos Aires, Gedisa-Eudeba, 2014.

BUSSO, EDUARDO: *Código civil anotado*, t. I, Buenos Aires, Ediar, 1944.

BUSTAMANTE ALSINA, JORGE: "El marco normativo dentro del cual debe ejercerse la libertad de prensa", La Ley 1992-B, 848.

— "Responsabilidad del Estado por error judicial, (El auto de prisión preventiva y la absolución)", La Ley 1996-B, 311.

— "Responsabilidad del Estado por la muerte de internos en una cárcel al incendiarse esta", La Ley 1996-C, 584.

— "Nuestro derecho común interno frente a la doctrina jurisprudencial norteamericana de la *actual malice*", La Ley 1997-A, 936.

BUSTELO, ERNESTO: "Responsabilidad del Estado por su actividad ¿lícita?", en *Estudios de derecho administrativo XI*, IEDA, Mendoza, Diké, 2004.

— "Responsabilidad del Estado por sus faltas de servicio", en *Estudios de derecho administrativo*, IEDA Nº XII, Mendoza, Diké, Foro de Cuyo, 2005.

BUTELER, ALFONSO: "La responsabilidad del Estado por falta de servicio en un nuevo fallo de la Corte Suprema", La Ley 2007-D, 319.

CAJARVILLE PELUFFO, JUAN PABLO: "Supremacía constitucional e interpretación", en el libro *Sobre derecho administrativo*, t. 1, Montevideo FCU, 2007.

CALONJE, DIEGO ANDRÉS: "Responsabilidad del Estado en la Provincia de Buenos Aires. Análisis de la jurisprudencia de la Suprema Corte de Justicia", en *Responsabilidad del Estado*, Buenos Aires, Lexis Nexis - Abeledo Perrot, 2007 (Dir. Pedro Aberastury).

CAMUS, ALBERT: *El hombre rebelde*, trad. del francés, 14ª ed., Buenos Aires, Losada, 2003.

CANASI, JOSÉ: *Derecho administrativo*, t. I, Buenos Aires, Depalma, 1972-1977.

CANDA, FABIÁN OMAR: "La suspensión del acto administrativo estable", en *Procedimiento administrativo*, Jornadas organizadas por la Facultad de Derecho, Buenos Aires, Universidad Austral, Ciencias de la Administración, 1998.

— "La responsabilidad del Estado por omisión (Estado de situación en la jurisprudencia de la CSJN)", en *Cuestiones de responsabilidad del Estado y del funcionario,* Jornadas de la Universidad Austral, Buenos Aires, RAP, 2008.

— "La teoría de la subsanación en el procedimiento administrativo", en Pozo Gowland, Héctor – Halperin, David Andrés – Aguilar Valdez, Oscar – Juan Lima, Fernando – Canosa, Armando (Dirs.), *Procedimiento administrativo*, t. II, Buenos Aires, La Ley, 2012.

CANOSA, ARMANDO N. - MIHURA ESTRADA, GABRIEL: "El procedimiento de selección del contratista como procedimiento administrativo especial", JA 1996-IV, 774.

CANOSA, ARMANDO N.: "La delegación legislativa en la nueva Constitución", en Cassagne, Juan Carlos (Dir.), *Estudios sobre la reforma constitucional,* Buenos Aires, Depalma, 1995.

— "Nuevamente el art. 1113 del Código Civil y la responsabilidad del Estado", ED 157-84.

— "Influencia del derecho a la tutela judicial efectiva en materia de agotamiento de la instancia administrativa", ED 166-988.

— "El debido proceso adjetivo en el procedimiento administrativo", en Cassagne, Juan Carlos (dir.), *Procedimiento y Proceso Administrativo*, Buenos Aires, Lexis Nexis, 2007.

— *Procedimiento administrativo: recursos y reclamos*, Buenos Aires, Abeledo Perrot, 2008.

— "Principio de la tutela administrativa efectiva", en Pozo Gowland, Héctor – Halperin, David Andrés – Aguilar Valdez, Oscar – Juan Lima, Fernando – Canosa, Armando (Dirs.), *Procedimiento administrativo*, t. I, Buenos Aires, La Ley, 2012.

CAPUTI, MARÍA CLAUDIA: "Tendencias actuales en materia de responsabilidad del Estado por funcionamiento irregular de los órganos judiciales. El caso *Amiano*", La Ley, 2000-C, 763.

— *La ética pública*, Buenos Aires, Depalma, 2000.

— "Ética pública y procedimiento administrativo", en Pozo Gowland, Héctor – Halperin, David Andrés – Aguilar Valdez, Oscar – Juan Lima, Fernando – Canosa, Armando (Dirs.), *Procedimiento administrativo*, t. I, Buenos Aires, La Ley, 2012.

CARDACI MÉNDEZ, ARIEL: *Revocación del contrato de obra pública*, Buenos Aires, Astrea, 2014.

CARRÉ DE MALBERG, RAYMOND: *Teoría general del Estado*, trad. del francés, con prefacio de Héctor Gros Espiell, México, Fondo de Cultura Económica, 2000, reimpresión de la edición de 1998.

CARRIÓ, GENARO R.: *Recurso de amparo y técnica judicial,* Buenos Aires, Abeledo Perrot, 1959.

CASARES, TOMÁS D.: *La justicia y el derecho*, 2ª ed., Cursos de Cultura Católica, Buenos Aires, 1945.

CASÁS, JOSÉ OSVALDO: *Derechos y garantías constitucionales del contribuyente*, Ad-Hoc, Buenos Aires, 2002.

CASSAGNE, EZEQUIEL: "Las medidas cautelares contra la Administración", en Cassagne, Juan Carlos (Dir.), *Tratado general de derecho procesal administrativo*, t. II, Buenos Aires, La Ley, 2011.

— "El principio de razonabilidad en el procedimiento administrativo", en Pozo Gowland, Héctor – Halperin, David Andrés – Aguilar Valdez, Oscar – Juan Lima, Fernando – Canosa, Armando (Dirs.), *Procedimiento administrativo*, t. I, Buenos Aires, La Ley, 2012.

CASSAGNE, JUAN CARLOS – PERRINO, PABLO E.: *El nuevo proceso contencioso administrativo en la Provincia de Buenos Aires*, Buenos Aires, Lexis Nexis, 2006.

CASSAGNE, JUAN CARLOS: *La ejecutoriedad del acto administrativo*, Buenos Aires, Abeledo Perrot, 1970.

— *El acto administrativo*, Buenos Aires, Abeledo-Perrot, 1974, 2ª ed., reimp., Buenos Aires, Abeledo Perrot, 1981 y 3ª ed., Buenos Aires, La Ley, 2012.

— "En torno a la figura del contrato administrativo", en *Cuestiones de derecho administrativo*, Buenos Aires, Depalma, 1987.

— "La igualdad en la contratación administrativa", *Cuestiones de derecho administrativo*, Buenos Aires, Depalma, 1987.

— *Cuestiones de derecho administrativo*, Buenos Aires, Depalma, 1987.

— *Principios generales del derecho en el derecho administrativo*, Separata de la Academia Nacional de Derecho y Ciencias Sociales de Buenos Aires, 1988 y en Buenos Aires, Abeledo-Perrot, 1988, reimpresión, Buenos Aires, Abeledo Perrot, 1992.

— *La huelga en los servicios públicos esenciales*, Madrid, Civitas, 1993.

— "Nuestro derecho común interno frente a la doctrina jurisprudencial norteamericana de la *actual malice*", La Ley 1997-A, 936.

— *Derecho administrativo*, t. II, 7ª ed., Buenos Aires, Lexis Nexis, 2002, t. I y II, 8ª ed. actualizada, Buenos Aires, LexisNexis, 2006, 9ª ed., Buenos Aires, Abeledo Perrot, 2010.

— *Curso de derecho administrativo*, 10ª ed., t. I y II, Buenos Aires, La Ley, 2011.

— "Perspectivas de la justicia contencioso-administrativa argentina en el siglo XXI", en *Estudios de derecho administrativo*, t. X, Mendoza, Diké, 2004.

— "Las fuentes de la Constitución Nacional y el Derecho Administrativo", La Ley 2007-E, 993.

— *El principio de legalidad y el control judicial de la discrecionalidad administrativa*, Marcial Pons, Buenos Aires-Madrid, 2009.

— *Ley Nacional de Procedimientos Administrativos. Comentada y anotada*, Buenos Aires, La Ley, 2009.

— "La ejecutoriedad del acto administrativo: la suspensión de sus efectos en el procedimiento administrativo", EDA 2009-703.

— "El Bicentenario de la Constitución de Cádiz, sus raíces y sus proyecciones", La Ley 2011-F, 1318.

— "La Ley Nacional de Procedimientos Administrativos", ED 42-839.

— "Los contratos de la Administración pública", ED 57-793.

— "La igualdad en la contratación administrativa", ED 101-899.

— "Sobre la ejecución de las sentencias que condenan al Estado a pagar sumas de dinero", ED 128-920.

— "La reglamentación del derecho de huelga en los servicios esenciales", ED 139-865/872.

Cassese, Sabino: *La globalización jurídica*, trad. del italiano, Instituto Nacional de Administración Pública, Madrid, Marcial Pons, 2006.

Castro, Adolfo: *Cortes de Cádiz. Complementos de las sesiones verificadas en la Isla de León y en Cádiz,* t. ii, Analecta, reimpresión de la obra original de 1913, Pamplona, 2004.

Cejador y Franca, Julio S. J.: *La lengua de Cervantes: Gramática y Diccionario de la Lengua Castellana en el Ingenioso Hidalgo D. Quijote de la Mancha*, obra premiada en el certamen público abierto por el Ateneo de Madrid con ocasión del III Centenario de la publicación del "Quijote", t. 2, Madrid, J. Rates, 1906.

Celorrio, Hernán: *"Derechos sociales y tutela judicial"*, en *Estudios de derecho administrativo,* núm. 3, Montevideo, La Ley, 2011.

— "Procedimiento administrativo en las relaciones económicas", en Pozo Gowland, Héctor – Halperin, David Andrés – Aguilar Valdez, Oscar – Juan Lima, Fernando – Canosa, Armando (Dirs.), *Procedimiento administrativo*, t. i, Buenos Aires, La Ley, 2012.

Cerulli Irelli, Vincenzo: *Corso di diritto amministrativo*, Turín, 1999.

Chinot, René: Le privilège d'exécution d'office de l'Administration, París, Maurice Lavergne, 1945.

Chomsky, Noam - Foucault, Michel: "La naturaleza humana: ¿justicia o poder?", Valencia, Universidad de Valencia, 1976.

Cianciardo, Juan: *El principio de razonabilidad. Del debido proceso sustantivo al moderno juicio de proporcionalidad*, Buenos Aires, Ábaco, 2004.

Cianciardo, Juan (Coord.): *La interpretación en la era del neo-constitucionalismo,* Ábaco, Buenos Aires, 2006.

Cibinic, John - Nash, Ralph, *Administration of Government Contracts*, 3ª ed., Washington D. C., The George Washington University, 1995.

Cisneros Farias, Germán: *Derecho sistemático,* México, Porrúa, 2005.

Clavero Arévalo, Manuel Francisco: "La doctrina de los principios generales del derecho", Revista de la Administración Pública, núm. 44.

Colmeiro, Manue: *Derecho administrativo español*, 3ª ed., Madrid, Imprenta de José Rodríguez, 1865.

Colombo, Leonardo A.: *Culpa aquiliana (cuasidelitos),* 1ª ed., Buenos Aires, 1944.

COMADIRA, Julio Rodolfo, *Acto administrativo municipal*, Depalma, Buenos Aires, TEA, 1992.

— "Los reglamentos de necesidad y urgencia (Fundamento. Su posible regulación legislativa)", La Ley 1993-D-750.

— *Derecho administrativo*, Buenos Aires, Abeledo Perrot, 1996.

— "Reflexiones sobre la regulación de los servicios públicos privatizados y los entes reguladores", ED, 162-1134.

— "Algunos aspectos de la licitación pública", en AA.VV., *Contratos administrativos,* Jornadas organizadas por la Universidad Austral, Buenos Aires, Facultad de Derecho, Ciencias de la Administración, 2000.

— "La responsabilidad del Estado por su actividad lícita o legítima", EDA 2001-2002.

— "Los reglamentos delegados", en *Acto administrativo y reglamento,* Jornadas organizadas por la Universidad Austral, Buenos Aires, RAP, 2001.

— *Procedimientos administrativos* (*Ley Nacional de Procedimientos Administrativos, anotada y comentada*), con la colaboración de Laura Monti, Buenos Aires, La Ley, 2002.

COMADIRA, JULIO RODOLFO, ESCOLA, HÉCTOR J. - COMADIRA, JULIO PABLO: *Curso de derecho administrativo,* t. II, Buenos Aires, Abeledo-Perrot, 2012.

COOLEY, THOMAS M.: *Principios del derecho constitucional en los Estados Unidos de América*, Buenos Aires, J. Peuser, 1898.

CORTELLEZI, JUAN: "Un fallo que afirma el principio de igualdad de los oferentes en los concursos de precios y las prerrogativas de dirección pública", REDA núm. 56, Buenos Aires, Depalma, 2006.

CORTI, ARÍSTIDES HORACIO M.: en su trabajo "Decretos de necesidad y urgencia y de promulgación parcial de leyes. Legislación delegante. Reglamentos delegados", publicado en ED, diario de 7 de septiembre de 2010.

COVIELLO, PEDRO J. J.: "La denominada zona de reserva de la Administración y el principio de la legalidad administrativa", en Cassagne, Juan Carlos (Dir.), *Derecho administrativo. Obra colectiva en homenaje al profesor Miguel S. Marienhoff,* Buenos Aires, Abeledo-Perrot, 1998.

— "El contrato administrativo en la jurisprudencia de la Corte Suprema de Justicia de la Nación", en AA.VV., *Contratos administrativos,* Jornadas organizadas por la Universidad Austral Facultad de Derecho, Ciencias de la Administración, Buenos Aires, 2000.

— "La responsabilidad del Estado por su actividad lícita", en ED Serie Especial de Derecho Administrativo del 29/08/2000.

— *La protección de la confianza del administrado*, Buenos Aires, Lexis–Nexis, Abeledo Perrot, 2004.

— "Los principios generales del derecho frente a la ley y al reglamento en el derecho administrativo argentino", ReDA, núm. 62, Buenos Aires, Lexis-Nexis, 2007.

— "Los principios y valores como fuentes del Derecho Administrativo", en *Cuestiones del derecho administrativo,* Buenos Aires, RAP, 2009.

— "Reflexiones sobre la ética pública", *Revista Ius et Veritas,* núm. 48, Buenos Aires, 2010.

Cox, A.: *Law and National Labor Policy,* t. II, Universidad de California, 1960.

CRETELLA JUNIOR, JOSÉ: "Principios fundamentales del Derecho Administrativo", en *Estudios en homenaje al profesor López Rodó,* t. I, Madrid, Universidad Complutense, 1972.

CUADROS, OSCAR: "Consideraciones acerca de la responsabilidad del Estado en la Provincia de San Juan a la luz del panorama doctrinario, normativo y jurisprudencial argentino actual", en *Estudios de derecho administrativo XI,* IEDA, Mendoza, Diké, 2006

— *Administración y Constitución,* Buenos Aires, Astrea, 2014.

CUETO RÚA, JULIO: *Fuentes del derecho,* Buenos Aires, Abeledo Perrot, 1965.

D'ALESSIO, FRANCESCO: *Istituzioni di diritto amministrativo,* t. I, Turín, Unione Tipográfica Editrice Torinense, 1939.

DALLA VÍA, ALBERTO R.: *Derecho constitucional económico,* Buenos Aires, Abeledo Perrot, 1999.

— "La Constitución de Cádiz y los antecedentes de la Constitución de la Nación Argentina", EDC 2008-429.

DANOS ORDOÑEZ, JORGE: "Los principios generales del Derecho en el Derecho Administrativo Peruano", en la obra colectiva *Los principios en el derecho administrativo iberoamericano,* Junta de Castilla y León, La Coruña, Netbilo, 2008.

— "La protección de los derechos de los consumidores y usuarios en el derecho peruano", en el libro *Congreso Internacional de Derecho Administrativo,* X Foro Iberoamericano de Derecho Administrativo, El Salvador, 2011.

DE AQUINO, TOMÁS: *Tratado de ley. Tratado de la justicia. Opúsculo sobre el gobierno de los príncipes,* México, Porrúa, 1975.

DE ESTRADA, JUAN RAMÓN: "La primera reforma a la ley de procedimientos administrativos", en *Revista Legislación Argentina,* t. 1978.

— "Agotamiento de la vía administrativa y habilitación de la instancia judicial: dos importantes fallos de la Corte Suprema", REDA, núm. 4, Buenos Aires, Depalma, 1990.

— "Enseñanza privada y servicio público", ED 119-955.

— "Responsabilidad del Estado por actos legislativos y discrecionales (Fundamentos y límites de la responsabilidad conforme a derecho)", ED 102-843.

DE FIGUEIREDO MOREIRA NETO, DIOGO: Curso de Direito Administrativo, 14ª ed., Forense, Río de Janeiro, 2007 y 15ª ed., Río de Janeiro, 2009.

DE LA RIVA, IGNACIO M.: "Los decretos sujetos al control del legislador en el marco de la ley Nº 26.133", en Boullade, Gustavo (Dir.), *Fuentes del derecho administrativo,* Buenos Aires, Lexis-Nexis, IEDA, 2007.

De la Vallina y Velarde, Juan Luis: *Transferencia de funciones administrativas*, Madrid, Instituto de Estudios de Administración Local, 1964.

De Laubadère, André: *Traité elémentaire de droit administratif*, t. ii, 5ª ed., París, LGDJ, 1970.

— *Traité de droit administratif*, 9ª ed. actual. por Venezia, Jean-Claude y Gaudemet, Yves, t. i, París, LGDJ, 1984.

De los Santos, Mabel A.: "Diferencias entre la medida autosatisfactiva y la cautelar", en Peyrano, Jorge W. (Dir.), *Medidas autosatisfactivas*, t. i, 2ª ed., Santa Fe, Rubinzal Culzoni, 2014.

Debbasch, Charles: *Droit administratif,* Paris, ed. Económica, 2002.

Del Vecchio, Giorgio: *Los principios generales del derecho*, 3ª ed., Barcelona, Bosch, 1979.

Delpiazzo, Carlos E.: "Recepción de los principios generales del derecho por el derecho positivo uruguayo", en *Los principios en el derecho administrativo iberoamericano*, Foro Iberoamericano de Derecho Administrativo, Junta de Castilla y León, La Coruña, Netbiblo, 2008.

Di Malta, Pierre: *Essai sur la notion du pouvoir hiérarchique*, París, LGDJ, 1961.

Didier, María Marta: *El principio de igualdad en las normas jurídicas*, Buenos Aires, Marcial Pons, 2012.

Diez, Manuel M. - Hutchinson, Tomás (colab.): *Manual de derecho administrativo*, t. ii, Buenos Aires, Plus Ultra, 1980.

Diez, Manuel M.: *Derecho administrativo*, t. i y ii, Buenos Aires, Bibliográfica Omeba, 1963, t. iii, Buenos Aires, Bibliográfica Omeba, 1967, t. iv, Buenos Aires, Bibliográfica Omeba, 1969.

— *Derecho administrativo*, 2ª ed., t. ii, Buenos Aires, Plus Ultra, 1976.

— *El acto administrativo,* Buenos Aires, Tea.

Docobo, Jorge J.: "Delegaciones a los Ministros y Secretarios de Estado", JA, diario de fecha 30-VI-1975.

— "El reglamento de procedimientos administrativos aprobado por el decr. 1759 de 1972", JA, núm. 4028.

Dromi, José Roberto: "El dictamen y la formación de la voluntad administrativa", RADA, núm. 2, Buenos Aires, Universidad del Museo Social Argentino, 1971.

— *El procedimiento administrativo*, Madrid, 1986.

— *Introducción al derecho administrativo*, Madrid, Grouz, 1986.

Druetta, Ricardo T.: "Garantía de impugnación en los procesos de selección del cocontratante. Su incompatibilidad con los principios fundamentales del procedimiento administrativo", en *Procedimiento administrativo*, Jornadas organizadas por la Facultad de Derecho, Universidad Austral, Buenos Aires, RAP, 1998.

Duez, Paul - Debeyre, Guy: *Traité de droit administratif*, Paris, Dalloz, 1952.

Duffy, Marcelo: "La responsabilidad del Estado y de los funcionarios públicos con motivo de su actuación en el procedimiento administrativo", en Pozo

Gowland, Héctor – Halperin, David Andrés – Aguilar Valdez, Oscar – Juan Lima, Fernando – Canosa, Armando (Dirs.), *Procedimiento administrativo*, t. II, Buenos Aires, La Ley, 2012.

DUGUIT, LÉON: *Traité de droit constitutionnel*, París, Boccard, 1923.

DURÁN MARTÍNEZ, AUGUSTO: *Los principios generales del derecho en el derecho administrativo uruguayo. Aplicación por el legislador, el administrador y el juez*, Junta de Castilla y León, La Coruña, Netbilo, 2007.

— *Neoconstitucionalismo y derecho administrativo*, Montevideo, La Ley, 2012.

— *Contencioso-Administrativo*, 2ª ed., Montevideo, Fundación Cultura Universitaria, 2015.

DURAND, JULIO C.: "La duración razonable del procedimiento administrativo como garantía vinculada al debido proceso y condición de validez del acto administrativo", *Revista Iberoamericana de Derecho Administrativo y Regulación Económica*, de 14/12/2012 (IJ-LXVI-909).

DWORKIN, RONALD: *Los derechos en serio*, 2ª ed., Barcelona, Ariel, 1989.

EKMEKDJIAN, MIGUEL ANGEL: "La ejecutoriedad de los derechos y garantías reconocidas en el Pacto San José de Costa Rica", La Ley 1987-B, 263

— *Temas de derecho constitucional*, Buenos Aires, 1987.

ENTRENA CUESTA, RAFAEL: *Curso de derecho administrativo*, 3ª ed. (reimpresión), t. I, Madrid, Tecnos, 1970.

ESCOLA, HÉCTOR J.: *Tratado general de procedimiento administrativo*, Buenos Aires, Depalma, 1973.

ESMEIN, ADEMAR: *Eléments de droit constitutionnel français et comparé*, 8ª ed., París, Sirey, 1927.

ESTRADA, JOSÉ MANUEL: *Curso de derecho constitucional*, t. I, Buenos Aires, Compañía Sudamericana de Billetes de Banco, 1901, t. II, Buenos Aires, Sudamericana de Billetes de Banco, 1902.

— *Curso de derecho constitucional*, t. I, 2ª ed., Buenos Aires, Científica y Literaria Argentina, 1927.

FARRANDO, ISMAEL (h): *Manual de derecho administrativo*, Buenos Aires, Depalma, 1996.

FAZIO, GIUSEPPE: *La delega amministrativa e i rapporti di delegazione*, Milán, Giuffrè, 1964.

FERNÁNDEZ BALBIS, AMALIA: *Contingencias del proceso civil*, Rosario, Nova Tesis, 2015.

FERNÁNDEZ SALGADO, F.: *La dogmática de los derechos humanos*, Lima, Ediciones Jurídicas, 1994.

FERNÁNDEZ TORRES, JUAN RAMÓN: *La jurisdicción administrativa revisora y la tutela judicial efectiva*, Madrid, Civitas, 1998.

FERNÁNDEZ, TOMÁS RAMÓN - CASSAGNE, JUAN CARLOS: *Sobre la ley, el poder y el derecho*, Buenos Aires, Abeledo Perrot, 2014.

FERNÁNDEZ, TOMÁS RAMÓN: "Sobre el carácter revisor de la jurisdicción contencioso-administrativa", *Revista Española de Derecho Administrativo*, núm. 16, Madrid, 1976.

— *De la arbitrariedad de la Administración*, Madrid, Civitas, 1994.

— "Juzgar a la Administración contribuye también a administrar mejor", REDA, núms. 15-16, Buenos Aires, Depalma, 1994.

— "Reflexiones sobre las llamadas Autoridades Administrativas Independientes", en *Administración instrumental*, libro en homenaje a Manuel Francisco Clavero Arévalo, vol. I, Madrid, Civitas, 1994.

— "Sobre el derecho y el quehacer de los juristas. Dar y exigir razones", Universidad Complutense, Servicio de publicaciones, Facultad de Derecho, Madrid, 2011 y en La Ley 2012-B, 1150.

— "Sobre los límites constitucionales del poder discrecional, lección jubilar", pronunciada en la Facultad de Derecho de San Sebastián, el 12 de mayo de 2010, reproducida en el libro FERNÁNDEZ, TOMÁS RAMÓN – CASSAGNE, JUAN CARLOS, *Sobre la ley, el poder discrecional y el derecho*, Buenos Aires, Abeledo Perrot, 2014.

FERRAJOLI, LUCAS: *El garantismo y la filosofía del derecho*, Bogotá, Univ. del Externado, 2000.

— *Principia Iuris. Teoría del derecho y de la democracia*, t. 1, traducción del italiano, Madrid, Trotta, 2007.

FERRATER MORA, JOSÉ: *Diccionario de filosofía*, t. III y t. IV, Barcelona, Ariel Filosofía, 1994 y t. I, bajo la dirección de Josep-María Terricabras, Barcelona, Ariel Filosofía, 1999.

FINNIS, JOHN: *Ley natural y derecho fundamentales*, traducción de Cristóbal Orrego S., Buenos Aires, Abeledo Perrot, 2000.

FIORINI, BARTOLOMÉ A.: "Inexistencia del acto administrativo jurisdiccional", La Ley, 101-1027 y ss.

— *¿Qué es el contencioso?*, Buenos Aires, Abeledo Perrot, 1965.

— *Manual de derecho administrativo*, t. I, Buenos Aires, La Ley, 1968.

— *Teoría jurídica del acto administrativo*, Buenos Aires, Abeledo Perrot, 1969.

— *Derecho administrativo*, t.II, Buenos Aires, 1976.

FOLIGNO, DARÍO: *L'attività amministrativa*, Milán, 1966.

FORSTHOFF, ERNEST: *Tratado de derecho administrativo*, trad. del alemán, Centro de Estudios Constitucionales, Madrid, 1958.

FRANCAVILLA, RICARDO H.: "La imputabilidad en la Responsabilidad del Estado", en *Cuestiones de responsabilidad del Estado y del funcionario,* Jornadas de la Universidad Austral, Buenos Aires, RAP, 2008.

FRANCHINI, FLAMINIO: *La delegazione amministrativa*, Milán, Giuffrè, 1950.

FRANCO, SOBRINHO MANOEL DE OLIVEIRA: *Curso de direito administrativo*, San Pablo, 1967.

Frugone Schiavone, Héctor: "Principios fundamentales del procedimiento administrativo", en *Procedimiento administrativo*, Montevideo, 1977.

Gagliardo, Mariano: "Santo Tomás y la justicia", ED, diario del 9 de agosto de 2012.

Gallego Anabitarte: *Derecho general* de organización, Madrid, Instituto de Estudios Administrativos, 1971.

Gallegos Fedriani, Pablo O.: "Ejecución de sentencias contra el Estado Nacional", en Cassagne, Juan Carlos (Dir.), *Tratado general de derecho procesal administrativo*, t. ii, Buenos Aires, La Ley, 2011.

— *Las medidas cautelares contra la Administración pública*, Buenos Aires, Ábaco, 2002.

— "Responsabilidad del Estado por incumplimiento de la condena judicial", en *Cuestiones de responsabilidad del Estado y del funcionario,* Jornadas de la Universidad Austral, Buenos Aires, RAP, 2008.

Galli Basualdo, Martín: *Responsabilidad del Estado por su actividad judicial,* Buenos Aires, Hammurabi, 2006.

— "La autotutela del dominio público", JA número especial, 2010-III, 46.

— "Procedimientos administrativos en la industria y el comercio interior", en Pozo Gowland, Héctor – Halperin, David Andrés – Aguilar Valdez, Oscar – Juan Lima, Fernando – Canosa, Armando (Dirs.), *Procedimiento administrativo*, t. iv, Buenos Aires, La Ley, 2012.

Gambier, Beltrán: "Algunas reflexiones en torno a la responsabilidad del Estado por omisión, a la luz de la jurisprudencia", La Ley 1190-E-617.

— "El principio de igualdad en la licitación pública y la potestad modificatoria en los contratos administrativos", *Derecho administrativo. Obra colectiva en homenaje al profesor Miguel S. Marienhoff,* Buenos Aires, Abeledo-Perrot, 1998.

Garay, Alberto: *La igualdad ante la ley*, Buenos Aires, Abeledo Perrot, 1989.

García Belaunde, Domingo: "El Estado Social re-visitado", ReDA, núm. 81, Buenos Aires, Abeledo-Perrot, 2012.

García Belsunce, Horacio A.: *Garantías constitucionales*, Buenos Aires, 1984.

— "La delegación legislativa", en *Estudios de derecho constitucional tributario,* obra colectiva en homenaje al Dr. Juan Carlos Luqui, Buenos Aires, Depalma, 1984.

— "Los tratados internacionales de derechos humanos y la Constitución Nacional", Separata de la Academia Nacional de Ciencias Morales y Políticas, Buenos Aires, 2006.

García de Enterría, Eduardo - Fernández, Tomás R.: *Curso de derecho administrativo,* t. i y ii, Madrid, Civitas, 1977, t. i, 4ª ed., Madrid, Civitas, 1983, t. ii, 6ª ed., Madrid, Civitas, 1999 y t. i, 13ª ed., Madrid, Thomson-Civitas, 2006.

García de Enterría, Eduardo: "La configuración del recurso de lesividad", *Revista de Administración Pública*, núm. 15, Madrid, 1954.

— "La interdicción de la arbitrariedad en la potestad reglamentaria", RAP, núm. 30, Madrid, 1959.

— "Verso un concetto di Diritto Amministrativo como diritto statutario", en *Riv. Trimestrale di Diritto Pubblico*, núms. 2-3, 1960.

— "Administración local y Administración periférica del Estado: problemas de articulación", en *La Administración española. Estudios de ciencia administrativa*, Madrid, Instituto de Estudios Políticos, 1961.

— *Legislación delegada, potestad reglamentaria y control judicial*, Madrid, 1970 y 3ª ed, Reimpresión, Madrid, Thomson-Civitas, 2006.

— *Revolución francesa y administración contemporánea*, Madrid, Taurus, 1972.

— "Los Principios de la Organización del Urbanismo", RAP núm. 87, Madrid, 1978.

— *La Constitución como norma y el Tribunal Constitucional*, Madrid, 1981.

— *Reflexiones sobre la ley y los principios generales del derecho*, Madrid, Civitas, 1984.

— *Hacia una nueva justicia administrativa*, 2ª ed., Madrid, Civitas, 1992.

García Lema, Alberto: "La delegación legislativa y la cláusula transitoria octava", ED 182-1286.

García Pulles, Fernando R.: *Tratado de lo contencioso administrativo*, t. i, Buenos Aires, Hammurabi, 2004.

— "Ángel Estrada. La Corte Suprema y el fundamento de la potestad jurisdiccional. Facultades del legislador y de los justiciables", JA 2005-III-41.

— *Régimen de empleo público en la Administración nacional*, Buenos Aires, Lexis Nexis, 2005.

García Trevijano Fos, José A.: *Principios jurídicos de la organización administrativa*, Madrid, Instituto de Estudios Políticos, 1957.

— "Titularidad y afectación en el ordenamiento jurídico español", *Revista de la Administración Pública*, núm. 29, Madrid, Instituto de Estudios Políticos, 1959.

— *Tratado de derecho administrativo*, t. i, Revista de Derecho Privado, Madrid, 1964 y t. ii, Revista de Derecho Privado, Madrid, 1967.

Gargarella, Roberto: "El contenido igualitario del constitucionalismo", en *Teoría y crítica del derecho constitucional*, t. i, Buenos Aires, Abeledo Perrot, 2010.

— "Razones para el matrimonio igualitario: la igualdad", en Alegre, Marcelo – Gargarella, Roberto (Coords.), *El derecho a la igualdad. Aportes para un constitucionalismo moderno*, 2ª ed. ampliada, Buenos Aires, Abeledo Perrot, 2012.

Garrido Falla, Fernando: *Tratado de derecho administrativo*, t. i, Madrid, 1980, t. i, 4ª ed., Madrid, Instituto de Estudios Políticos, 1966 y t. i, 10ª ed., Madrid, Tecnos, 1987.

Gaudemet, Yves: *Droit administratif*, 20ª ed., París, LGDJ, 2012.

GAUNA, JUAN OCTAVIO: "Responsabilidad del Estado. La competencia originaria de la CSJN y la revisión de la noción de causa civil", en *Responsabilidad del Estado,* Departamento de Publicaciones de la Facultad de Derecho de la Universidad de Buenos Aires, Buenos Aires, Rubinzal-Culzoni, 2008.

GAUNA, JUAN OCTAVIO (h): "Responsabilidad del Estado en materia de salud, urbanística y ambiental", en *Responsabilidad del Estado*, Buenos Aires, Lexis Nexis - Abeledo Perrot, 2007 (Dir. Pedro Aberastury).

GAUNA, JUAN OCTAVIO - BARBAGELATA, JORGE A. S.: "Independencia del Poder Judicial", en Cassagne, Juan Carlos (Dir.), *Tratado general de derecho procesal administrativo*, t. I, Cap. IV, 2ª ed., Buenos Aires, La Ley, 2011.

GELLI, MARÍA ANGÉLICA: *Constitución de la Nación Argentina, comentada y concordada*, t. I, Buenos Aires, La Ley, 2001; 2ª ed., Buenos Aires, La Ley, 2003 y 4ª ed., Buenos Aires, La Ley, 2008.

GIANNINI, MASSIMO S.: *Lezioni di diritto amministrativo*, Milán, Giuffrè, 1950.

— *Diritto amministrativo*, t. I, Milán, Giuffrè, 1970.

GOLDSCHMIDT, WERNER: *Instrucción filosófica al derecho,* 4ª ed. Buenos Aires, Depalma, 1973.

GONZÁLEZ ARZAC, RAFAEL M.: "La competencia de los órganos administrativos", ED 49-886 y en *Estudios de derecho administrativo*, t. I, Buenos Aires, 1975.

— "Los plazos de impugnación judicial de actos administrativos," ED 51-955.

GONZÁLEZ CALDERÓN, JUAN ANTONIO: *Curso de derecho constitucional*, Buenos Aires, Depalma, 1994.

GONZÁLEZ NAVARRO, FRANCISCO: *El procedimiento administrativo español en la doctrina científica*, Presidencia del Gobierno, Secretaría General Técnica, Madrid, 1972.

— *El Estado social y democrático de derecho,* Pamplona, Editorial Universidad de Navarra, 1992.

— *Derecho administrativo español*, t. I, 2ª ed., Pamplona, Eunsa, 1993.

GONZÁLEZ PÉREZ, JESÚS: "El método en el derecho administrativo", RAP núm. 22.

— *Derecho procesal administrativo*, 2ª ed., t. I, Madrid, Instituto de Estudios Políticos, 1964; t. II, 2ª ed., Madrid, Instituto de Estudios Políticos, 1966.

— *La dignidad de la persona humana*, Madrid, Civitas, 1986.

— *El principio general de la buena fe en el derecho administrativo*, 2ª ed., Madrid, Civitas, 1989 y 4ª ed., Madrid, Thomson-Civitas, 2004.

— *La reforma de la legislación procesal administrativa*, Madrid, 1992.

— *Comentarios a la Ley de la Jurisdicción Contencioso Administrativa*, t. I, 3ª ed., Madrid, Civitas, 1998.

— *Manual de procedimiento administrativo*, 2ª ed., Madrid, Civitas, 2002.

GONZÁLEZ, JOAQUÍN V.: *Manual de la Constitución argentina*, Buenos Aires Ángel Estrada.

GORDILLO, AGUSTÍN – DANIELE, MABEL: *Procedimiento administrativo*, Buenos Aires, Lexis Nexis, 2006.

GORDILLO, AGUSTÍN A.: *Procedimiento y recursos administrativos*, Buenos Aires, Jorge Alvarez, 1964.

— *Introducción al derecho administrativo*, 2ª ed., Buenos Aires, Abeledo Perrot, 1966.

— *El acto administrativo*, 2ª ed., Buenos Aires, Abeledo Perrot, 1969.

— "El informalismo y la concurrencia en la licitación pública", en *Después de la reforma del Estado*, FDA, Buenos Aires, 1966 y en *Revista de Derecho Administrativo*, núm. 11, Buenos Aires, Depalma, 1992.

— "El reclamo administrativo previo", La Ley 89-777.

— *Tratado de derecho administrativo*, t. I, 3ª ed., Buenos Aires, Macchi, 1995; 4ª ed., Buenos Aires, FDA, 1997 y 5ª ed., Buenos Aires, FDA, 1998; t. II, Buenos Aires, Macchi, 1980; t. III, 3ª ed., Buenos Aires, Macchi, 1979 y 4ª ed., Buenos Aires, FDA, 1999.

— "Nuevos argumentos para la innecesariedad del reclamo administrativo previo", La Ley 1996-A, 633.

— "Las facultades normativas de los entes reguladores", RAP 212-120.

GOZAINI, OSVALDO A.: *Tratado de derecho procesal civil,* t. I, Buenos Aires, La Ley, 2009.

GRANNERIS, GIUSSEPPE: *Contribución tomista a la teoría del derecho,* trad. del italiano, Buenos Aires, Eudeba, 1977.

GRECCO, CARLOS M. - GUGLIELMINETTI, ANA P.: "El principio de proporcionalidad en la Ley Nacional de Procedimientos Administrativos de la República Argentina (Glosas preliminares)", *Documentación administrativa,* núm. 267-268, Madrid, INAP, 2004.

GRECCO, CARLOS MANUEL: "Sobre el silencio de la Administración", La Ley 1980-C, 777.

— *Impugnación de disposiciones reglamentarias,* Buenos Aires, Abeledo Perrot, 1988.

GUARDINI, ROMANO: *El poder*, 2ª ed., Madrid, Cristiandad, 1977.

GUARIGLIA, CARLOS E.: *El reto de la responsabilidad. Misión y visión del Estado contemporáneo*, Montevideo, Polo, 2003.

GUASTINI, RICCARDO: "La constitucionalización del ordenamiento jurídico: el caso italiano", en la obra Carbonell, Miguel (Dir.), *Neoconstitucionalismo(s),* Universidad Autónoma de México, Madrid, Trotta, 2006.

GUSMAN, ALFREDO S.: "El procedimiento administrativo sancionador", en Pozo Gowland, Héctor – Halperin, David Andrés – Aguilar Valdez, Oscar – Juan Lima, Fernando – Canosa, Armando (Dirs.), *Procedimiento administrativo*, t. II, Buenos Aires, La Ley, 2012.

GUTIERREZ COLANTUONO, PABLO ÁNGEL - JUSTO, JUAN BAUTISTA (colab.), *Administración pública, juridicidad y derechos humanos,* Buenos Aires, Abeledo Perrot, 2009.

Habermas, Jürgen – Ratzinger, Joseph: *Entre religión y razón*, México, Fondo de Cultura Económica, 2013.

Hallivis Pelayo, Manuel: *Teoría general de la interpretación*, México, Porrúa, 2009.

— *Interpretación de tratados internacionales tributarios*, México, Porrúa, 2011.

— "Elementos para lograr una homologación metodológica del control difuso de constitucionalidad en México", Revista Pro-Homine, año 1, número I, Suprema Corte de Justicia de la Nación, México, 2014.

Halperin, David Andrés: "Procedimiento administrativo en materia de seguros", en Pozo Gowland, Héctor – Halperin, David Andrés – Aguilar Valdez, Oscar – Juan Lima, Fernando – Canosa, Armando (Dirs.), *Procedimiento administrativo*, t. IV, Buenos Aires, La Ley, 2012.

— "La responsabilidad del Estado por el obrar de sus entidades descentralizadas", *Revista de derecho de daños 2015-I*, Buenos Aires, Rubinzal Culzoni, 2015.

Haro, Ricardo: *Constitución, poder y control*, México, Universidad Nacional Autónoma de México, 2002.

Hart, Herbert L. A.: *El concepto de derecho*, traducción del inglés del libro *The Concept of Law*, por Genaro R. Carrió, Buenos Aires, Abeledo Perrot, 1977.

— *Essays in Jurisprudence and Philosophy,* Oxford, Oxford University Press, 1983.

Hauriou, Maurice: *Précis de droit administratif et de droit public,* 9ª ed., París, Sirey, 1919.

— *Précis de droit constitutionnel*, París, Sirey, 1923.

Herrero y Rodríguez de Miñon, Miguel: "¿Unión Europea versus Estado Social?", Separata de la Real Academia de Ciencias Morales y Políticas, Año LXV, núm. 90, Madrid, 2013.

Hervada, Javier: *Introducción crítica al derecho natural*, 2ª ed., Bogotá, Temis, 2006.

Huici, Héctor: "La potestad jurisdiccional en el control administrativo de los servicios públicos", La Ley 1996-B, 981.

Hutchinson, Tomás: *Ley Nacional de Procedimientos Administrativos Ley 19.549. Comentada, anotada y concordada con las normas provinciales*, t. 1, Buenos Aires, Astrea, 1985.

— "Mitos y realidades en el derecho administrativo argentino", La Ley 1989-C, 1071.

— *Elementos de derecho administrativo*, Buenos Aires, La Ley, 2003.

— "Principio de legalidad, discrecionalidad y arbitrariedad", en Reiriz, María Graciela, (Coord.), *Derecho administrativo. Aportes para el rediseño institucional de la República*, Buenos Aires, Lexis-Nexis-Abeledo Perrot, 2005.

— "Lineamientos generales de la responsabilidad administrativa del Estado", en *Revista de Derecho de Daños,* Santa Fe, Rubinzal-Culzoni, 2010.

IBARLUCÍA, EMILIO A.: *El derecho constitucional a la reparación*, Buenos Aires, Ábaco, 2013.

IMAZ, ESTEBAN: "Acerca de la interpretación constitucional", JA, 1949-III-8.

— *Arbitrariedad y recurso extraordinario*, Buenos Aires, Arayú, 1954.

IVANEGA, MIRIAM M.: "Los principios de la organización administrativa", en *Documentación administrativa*, núms. 267-268, Madrid, Instituto Nacional de Administración Pública, 2004.

JEANNEAU, BENOIT: *Les principes généraux du droit dans la jurisprudence administrative*, París, 1954.

JEANNERET de PÉREZ CORTES, MARÍA: "El ejercicio del poder de policía y la responsabilidad del Estado. La sentencia de la Corte Suprema de Justicia en la causa Friar S. A.", en *Cuestiones de responsabilidad del Estado y del funcionario*, Jornadas de la Universidad Austral, Buenos Aires, RAP, 2008.

— "Responsabilidad del Estado en materia de salud pública", *Responsabilidad del Estado y del funcionario público*, Jornadas de la Universidad Austral, Buenos Aires, 2001.

JIMÉNEZ MEZA, MANRIQUE y otros: *El nuevo proceso contencioso administrativo*, Costa Rica, ed. Poder Judicial, Escuela del Poder Judicial, 2006.

JINESTA LOBO, ERNESTO: "La construcción de un derecho administrativo común. Reformulación de las fuentes del derecho administrativo con las construcciones del derecho internacional de los derechos humanos", ED, Suplemento de Derecho Administrativo, diario de 30 de marzo de 2012.

KAUFMANN, ARTHUR: "Derecho, moral e historicidad", Madrid, Marcial Pons, 2000.

— *La filosofía del derecho en la posmodernidad,* trad. del alemán, Bogotá, Temis, 2007.

KELSEN, HANS: *Esencia y valor de la democracia*, trad. del alemán por Rafael Luengo Tapia y Luis Legaz y Lecambra, Barcelona-Buenos Aires, Labor, 1934.

— *Derogación* y *derecho y lógica*, traducidos al castellano por el Instituto de Investigaciones Jurídicas de la Universidad Nacional Autónoma de México, publicados en el *Boletín Mexicano de Derecho Comparado*, núm. 21, México, 1974.

— *Teoría pura del derecho,* trad. del alemán, México, Porrúa, 2011.

KEMELMAJER DE CARLUCCI, AÍDA: "Huelga y Servicios Públicos", en Gordillo, Agustín, (Dir.), *Derecho administrativo. Doctrinas esenciales*, t. III, Buenos Aires, La Ley.

KENT, JAMES: *Del gobierno constitucional de los Estados Unidos,* 10ª ed., trad. al castellano por A. Carrasco Albano, Buenos Aires, Imprenta de Buenos Aires, 1865.

KUHN, TOMÁS: *La estructura de las revoluciones científicas,* trad. del inglés, Argentina, Fondo de Cultura Económica, 2002.

LACLAU, MARTÍN: "Relación entre lógica y Derecho en el último período de Kelsen", La Ley 1982-B, 699.

— *Soberanía y Estado de derecho*, Buenos Aires, Astrea, 2014.

Laje, Alejandro: *Derecho a la intimidad. Su protección en la sociedad del espectáculo*, Buenos Aires, Astrea, 2014.

Lampué, Pierre: "La notion d'acte jurisdictionel", Revue de Droit Public, t. 62, 1946.

Landi, Guido - Potenza, Giuseppe: *Manuale di diritto amministrativo*, Milán, Giuffrè, 1971.

Laplacette, Carlos José: "La Corte Suprema como sujeto pasivo de la delegación legislativa", La Ley 2010-B, 1199.

— "Control de constitucionalidad de oficio y Estado Constitucional de Derecho", La Ley, diario de 27/10/2011.

— "Derecho constitucional a la reparación de daños", La Ley 2012-E, 1045.

— "El olvidado imperio de la ley", *La Nación*, 16/12/2014.

Lascano, David: *Jurisdicción y competencia*, Buenos Aires, Guillermo Kraft, 1941.

Laserre, Bruno - Lenoir, Noëlle - Stirn, Bernard: *La transparence administrative*, París, PUF, 1987.

Leclercq, Jacques: *El derecho y la sociedad,* trad. del francés, *Leçons du droit naturel,* t. I, Barcelona, Herder, 1965.

Legaz y Lacambra, Luis: *Filosofía del derecho*, 2ª ed., Barcelona, Bosch, 1961 y 5ª ed., Barcelona, Bosch, 1979.

Lestani, Humberto H.: *La jurisdicción contencioso administrativa o ejercicio de la jurisdicción conforme al régimen constitucional argentino*, Buenos Aires, Ariel, 1937.

Limodio, Gabriel Fernando: "El crucifijo y la reforma del Código Civil a partir del caso *Lautsi*", ED 242-579.

Linares Quintana, Segundo V.: "El derecho constitucional de huelga", en AA.VV., *La huelga*, t. I, Instituto de Derecho del Trabajo, Universidad Nacional del Litoral, Santa Fe, El Instituto, 1951.

— |*Tratado de la ciencia del derecho constitucional argentino y comparado*, ts. III, V, VIII, Buenos Aires, Alfa, 1953-1963.

— "La legislación de emergencia en el Derecho argentino y comparado", La Ley 30-908.

— *Raíces hispánicas del constitucionalismo,* Separata de la Academia Nacional de Ciencias Morales y Políticas, Buenos Aires, 2007.

Linares, Juan Francisco: *El 'debido proceso' como garantía innominada de la Constitución Nacional. La razonabilidad de las leyes*, Buenos Aires, Depalma, 1944.

— *Poder discrecional administrativo*, Buenos Aires, Abeledo Perrot, 1958.

— *La razonabilidad de las leyes*, Buenos Aires, Astrea, 1970.

— "La competencia y los postulados de la permisión", RADA, núm. 2, Buenos Aires, Universidad del Museo Social Argentino, 1971.

— *Fundamentos del derecho administrativo*, Buenos Aires, Astrea, 1975.

— *La razonabilidad de las leyes. El debido proceso como garantía innominada en la Constitución Argentina*, 2ª ed., Buenos Aires, Astrea, 1989.

— *Derecho administrativo*, Buenos Aires, Astrea, 1986.

— *Términos para recurrir a la justicia administrativa fijados por analogía,* La Ley, t. 54.

— "En torno a la llamada responsabilidad civil del funcionario público", La Ley 153-601.

— "Lo contencioso administrativo en la justicia nacional federal", La Ley 94-919.

LLAMBÍAS, JORGE J.: *Tratado de derecho civil*, Parte General, t. I, 6ª ed., Buenos Aires, Perrot, 1975.

LO PRETE, OCTAVIO: "La Corte Europea y el crucifijo: laicidad bien comprendida en un caso emblemático", ED 242-609.

LÓPEZ VERGARA, PATRICIA: "Función administrativa del Poder Judicial", en Hutchinson, Tomás, *Elementos de derecho administrativo*, Buenos Aires, La Ley, 2003.

LORENZETTI, RICARDO LUIS: *Teoría de la decisión judicial. Fundamentos de derecho*, Santa Fe, Rubinzal Culzoni, 2008.

LUQUI, ROBERTO E.: "Nociones sobre la revisión jurisdiccional de los actos administrativos", La Ley, 144-1207.

— "Algunas consideraciones sobre el concepto de Administración pública", La Ley, 151-1076.

— *Revisión judicial de la actividad administrativa*, t. I, Buenos Aires, Astrea, 2005.

— "El orden y la seguridad como valores del derecho", Academia Nacional de Derecho y Ciencias Sociales de Buenos Aires, Buenos Aires, La Ley, 2008.

— "Responsabilidad del Estado", La Ley 2011-C, 1279.

— "Socialización de la justicia", La Ley 2011-F, 1290.

MAIORANO, JORGE LUIS: *La expropiación en la ley 21.499*, Buenos Aires, Cooperadora de Derecho y Ciencias Sociales, 1987.

MAIRAL, HÉCTOR A.: *Control judicial de la Administración pública*, t. I, Buenos Aires, Depalma, 1984.

— "Hacia una noción más acotada del acto administrativo (donde se explica como los argentinos pasamos, sin darnos cuenta, de obedecer la ley a obedecer a los funcionarios públicos)", RAP 2011-1 y 2, RAP, Buenos Aires, 2011.

MARIENHOFF, MIGUEL S., "El derecho a la libertad integral del ciudadano", publicado en Anales de la Facultad de Derecho y Ciencias Sociales de Buenos Aires, Serie I, núm. 9.

— *Tratado del dominio público*, Buenos Aires, Abeledo Perrot, 1960.

— *Tratado de derecho administrativo*, t. I, Buenos Aires, Abeledo Perrot, 1965, 4ª ed., Buenos Aires, Abeledo Perrot, 1990 y 5ª ed., Buenos Aires, Abeledo Perrot, 1995.

— *Tratado de derecho administrativo*, t. II, Buenos Aires, Abeledo Perrot, 1966, 2ª ed., actualizada, Buenos Aires, Abeledo Perrot, 1975, 4ª ed., Buenos Aires, Abeledo Perrot, 1993.

— *Tratado de derecho administrativo*, t. III-A, 4ª ed. actualizada, Buenos Aires, Abeledo-Perrot, 1994.

— *Tratado de derecho administrativo*, t. III-B, 2ª ed. act., Buenos Aires, Abeledo-Perrot, 1978.

— *Tratado de derecho administrativo,* t. IV, Buenos Aires, Abeledo-Perrot, 1973 y 4ª ed., Buenos Aires, Abeledo Perrot, 1987.

— *Tratado de derecho administrativo*, t. V, 2ª ed. act., Buenos Aires, Abeledo Perrot, 1988.

MARITAIN, JACQUES: *Introducción general a la filosofía*, 8ª ed., Buenos Aires, Club de Lectores, 1949.

MARTÍNEZ LÓPEZ-MUÑIZ, JOSÉ LUIS: "Principios generales del derecho administrativo constitucionalizados en el derecho español", *Actas del VII Foro Iberoamericano de Derecho Administrativo*, Valladolid y Salamanca, Junta de Castilla y León, La Coruña, Netbilo, 2008.

MARTÍNEZ VIVOT, JULIO J.: "La huelga de los empleados públicos y en los servicios públicos", en *Derecho del trabajo*, t. XLIV-B, Buenos Aires, La Ley, 1984, núm. 12.

MARTÍN-RETORTILLO BAQUER, SEBASTIÁN: *El derecho civil en la génesis del derecho administrativo y de sus instituciones,* 2ª ed., Madrid, Civitas, 1996.

MARTINS, DANIEL HUGO: *Introducción al derecho administrativo*, Montevideo, FCU, 1982.

MASSINI CORREAS, CARLOS IGNACIO: *El derecho natural y sus dimensiones actuales,* Buenos Aires, Ábaco, 1999.

— "Iusnaturalismo e interpretación jurídica", en Alarcón Cabrera, Carlos – VIGO, RODOLFO Luis (Coords.), *Interpretación y argumentación jurídica*, Buenos Aires, Marcial Pons, 2001.

— *Filosofía del derecho*, t. I, "El Derecho, los Derechos Humanos y el Derecho Natural", Buenos Aires, Lexis Nexis – Abeledo Perrot, 2005.

— "Iusnaturalismo e interpretación jurídica", en Cianciardo, Juan (Dir.), *La interpretación en la era del constitucionalismo*, Buenos Aires, Ábaco, 2006.

— "La nueva escuela anglo-sajona de derecho natural", en Rabbi-Baldi Cabanellas, Renato (Dir.), *Las razones del derecho natural. Perspectivas teóricas y metodológicas ante la crisis del positivismo jurídico*, 2ª ed., Buenos Aires, Ábaco, 2008.

— "Acerca del fundamento del principio de subsidiariedad", *Revista de Derecho Público,* núms. 39-40, Santiago de Chile.

MATA, ISMAEL: "La independencia funcional del Banco Central", en AA.VV., *El derecho administrativo hoy. 16 años después*, Jornadas de la Universidad Austral, Buenos Aires, RAP, 2013.

MAURER, HARTMUT: *Derecho administrativo. Parte general* , trad. del alemán, 17ª ed., Allgemeines Verwaltungsrecht, Madrid, Marcial Pons.

MAYER, OTTO: *Derecho administrativo alemán*, t. I, Buenos Aires, Depalma, 1949.

MEDAUAR, ODETE: *O direito administrativo em evoluçao,* 2ª ed., San Pablo, Revista dos Tribunais, 2003.

— *Direito administrativo moderno,* 15ª ed., San Pablo, Revista dos Tribunais, 2011.

MEILÁN GIL, JOSÉ LUIS: "Los principios generales del derecho desde la perspectiva del derecho público en España", *Actas del VII Foro Iberoamericano de Derecho Administrativo*, Valladolid y Salamanca, Junta de Castilla y León, La Coruña, Netbilo, 2008.

MELAZZI, LUIS A.: "Responsabilidad del Estado en casos de error judicial y anormal funcionamiento del servicio de justicia", en *Derecho administrativo,* libro en homenaje al Profesor Doctor Julio Rodolfo COMADIRA (Coord. Julio Pablo Comadira y Miriam M. Ivanega), Buenos Aires, Ad Hoc, 2009.

MÉNDEZ, APARICIO: *La jerarquía*, Montevideo, 1950.

— *La teoría del órgano*, Montevideo, Amalio M. Fernández, 1971.

MERKL, ADOLFO, *Teoría general del derecho administrativo*, Madrid, Revista de Derecho Privado, 1935.

MERTHIKIAN, EDUARDO: *La responsabilidad pública. Análisis de la doctrina y la jurisprudencia de la Corte Suprema,* con prólogo de Julio César Cueto Rua, Buenos Aires, Ábaco, 1998.

— "Delegación legislativa. Vencimiento del plazo legal", La Ley diario de 13/07/2010.

MESSNER, JOHANNES: *Ética social, política y económica a la luz del derecho natural*, Madrid, Rialp, 1967.

MILLER, JONATHAN – GELLI, MARÍA ANGÉLICA – CAYUSO, SUSANA: *Constitución y derechos humanos*, t. 2, Buenos Aires, Astrea, 1991.

MONTAÑA PLATA, ALBERTO: *Fundamentos de derecho administrativo*, Bogotá, Universidad del Externado de Colombia, 2010.

MONTESQUIEU, *El espíritu de las leyes*, Libro XI, Cap. III.

MONTI, LAURA: "Limitaciones a la vista de las actuaciones administrativas", *Cuestiones de derecho administrativo*, Jornadas organizadas por la Facultad de Derecho, Universidad Austral, Buenos Aires, RAP, 2006.

MORAND-DEVILLER, JACQUELINE: *Cours de droit administratif,* 7ª ed., París, Montchrestien, 2001.

— *Droit administratif,* 13ª ed., París, LGDJ, 2013.

MORELL OCAÑA, LUIS: *La delegación entre entes en el derecho español*, Madrid, 1972.

MORELLO, AUGUSTO M. – STIGLIZ, RUBÉN S., "La doctrina del propio acto", La Ley 1984-A, 865.

MORELLO, AUGUSTO M.: *Recurso extraordinario*, Buenos Aires, Abeledo Perrot y Librería Editora Platense, 1987.

MOSSET ITURRASPE, JORGE: *Responsabilidad por daños,* t. x, *Responsabilidad del Estado,* Santa Fe, Rubinzal-Culzoni, 2004.

MUÑOZ MACHADO, SANTIAGO: "Nuevos planteamientos de la jurisprudencia sobre el carácter revisor de la jurisdicción contencioso-administrativa", en *Revista Española de Derecho Administrativo*, núm. 26, Madrid, 1980.

— *Tratado de derecho administrativo y derecho público general*, t. I, Madrid, Thomson-Civitas, 2004, t. I y II, 2ª ed., Madrid, Iustel, 2006, t. IV, Madrid, Iustel, 2011.

MUÑOZ, GUILLERMO ANDRÉS: *Silencio de la Administración y plazos de caducidad*, Buenos Aires, Astrea, 1982.

MURATORIO, JORGE I., "Improcedencia de la garantía de impugnación de la preadjudicación", REDA, vol. 18, Buenos Aires, Depalma, 2006.

— "Algunos aspectos de la competencia efectiva entre oferentes de la licitación pública", en AA.VV., *Cuestiones de contratos administrativos,* Jornadas de Derecho Administrativo de la Universidad Austral, Buenos Aires, RAP, 2007.

NALLAR, DANIEL M.: "Análisis sobre la responsabilidad del Estado y del funcionario público en las provincias argentinas", en *Responsabilidad del Estado y del funcionario público,* Jornadas de la Universidad Austral, Buenos Aires, 2001.

— "La regulación económica del servicio público como factor de seguridad jurídica", en Mirabelli, Cesare – Barra, Rodolfo C. (Dirs.), *Primeras Jornadas italo-argentinas de servicio público*, organizadas por la Universidad Católica de Salta, Buenos Aires, RAP núm. 350, 2006,

— *Regulación y control de los servicios públicos*, Buenos Aires-Madrid-Barcelona, Marcial Pons, 2010.

NAVARRO FLORIA, JUAN G.: "Brevísimas apostillas a la sentencia del caso *Lautsi*. En memoria de Pedro J. Frías, maestro y amigo, estadista y cristiano cabal", ED 242-597.

NIETO, ALEJANDRO: "Sobre la tesis de Parada en relación con los orígenes de lo contencioso", RAP, núm. 57, Madrid, 1968.

OLLERO, ANDRÉS: "España: límites del normativismo a la luz de la jurisprudencia sobre la igualdad", en Rabbi-Baldi Cabanellas, Renato (Dir.), *Las razones del derecho natural. Perspectivas teóricas y metodológicas ante la crisis del positivismo jurídico*, 2ª ed., Buenos Aires, Ábaco, 2008.

ORTEGA Y GASSET, JOSÉ: "La democracia morbosa", en *Obras completas*, t. II, Madrid, Alianza Editorial, 1983.

— "La rebelión de las masas", en *Obras completas*, t. IV, Madrid, Alianza Editorial, Revista de Occidente, 1983.

— *Obras completas*, t. V, Madrid, Alianza Editorial, 1983.

PADILLA, MIGUEL M.: "Inconstitucionalidad de la ley 20.680", ED 112-901.

PADILLA, NORBERTO: "El respeto a la legítima diversidad. El caso *Lautsi* II", ED 242-584.

— "Un caso de intolerancia laica", ElDial, Suplemento de Derecho Constitucional, 07/12/2009; http://www.calir.org.ar/docs.

Palacio, Lino E.: "Algunas consideraciones sobre los actos jurisdiccionales de la administración", en *120 años de la Procuración del Tesoro*, Buenos Aires, 1983.

Parada Vázquez, José Ramón: "Privilegio de decisión ejecutoria y proceso contencioso", RAP, núm. 55, Madrid, Instituto de Estudios Políticos, 1958.

— *Derecho administrativo*, t. i, Madrid, Pons, 1989 y t. ii, 6ª ed., Madrid, Marcial Pons, 1992.

Parejo Alfonso, Luciano: "La potestad normativa de las llamadas Administraciones independientes: apuntes para un estudio del fenómeno", en *Administración instrumental*, libro en homenaje a Manuel Francisco Clavero Arévalo, vol. i, Madrid, Civitas, 1994.

— *Lecciones de derecho administrativo*, Valencia, Tirant lo Blanch, 2007.

— "Transformación y ¿reforma? del Derecho Administrativo en España", en *Innovación y reforma del derecho administrativo*, 2ª ed., Sevilla, INAP y Global Law Press-Editorial Derecho Global, 2012.

Peces-Barba Martínez, Gregorio – Fernández García, Eusebio – de Asis Roig, Rafael (Dirs.): *Historia de los derechos humanos*, t. ii, vol. ii, "La filosofía de los derechos humanos", Madrid, Dykinson, 2005.

Perelman Chaim: *La lógica jurídica y la nueva retórica*, Madrid, Civitas, 1988.

Pérez Hualde, Alejandro: *Decretos de necesidad y urgencia*, Buenos Aires, Depalma, 1995.

— "Las facultades legislativas del Poder Ejecutivo y su impacto en el régimen federal", VI Foro Iberoamericano de Derecho Administrativo, Bogotá, Universidad Externado de Colombia, 2007.

— "Reflexiones sobre neoconstitucionalismo y derecho administrativo", La Ley 2007-C, 851.

Perez Luño, Antonio E.: *Derechos humanos, Estado de derecho y Constitución*, 4ª ed., Madrid, Tecnos, 1991.

Perrino, Pablo Esteban: "El régimen de agotamiento de la vía administrativa en el nuevo Código Contencioso Administrativo bonaerense", ED 184-842.

— "La responsabilidad de la Administración por su actividad ilícita. Responsabilidad por falta de servicio", ED, 185-781.

— "Algunas reflexiones sobre los reglamentos delegados en la reforma constitucional", en Cassagne, Juan Carlos, *Derecho administrativo*, Obra colectiva en homenaje al Profesor Miguel S. Marienhoff, Buenos Aires, Abeledo Perrot, 1998.

— "El derecho a la tutela judicial efectiva y el acceso a la justicia contencioso-administrativa", *Revista de Derecho Público, Proceso Administrativo I,* Santa Fe, Rubinzal Culzoni, 2003.

— "El alcance de la indemnización en los supuestos de extinción del contrato administrativo por razones de interés público", en la obra colectiva *La contratación pública*, t. 2, Buenos Aires, Hammurabi, 2006.

— "El crecimiento de la potestad normativa de la Administración en los Estados contemporáneos", en *Cuestiones de derecho administrativo, Reglamento y otras fuentes del derecho administrativo*, Jornadas de la Universidad Austral, Buenos Aires, RAP, 2009.

— "La responsabilidad extracontractual por la responsabilidad ilícita en el derecho argentino", en *Modernizando al Estado para un país mejor*, Lima, Palestra, 2010.

— "La responsabilidad del Estado y de los prestadores de servicios públicos privatizados frente a los usuarios", en *Aportes para un Estado eficiente*, publicación del V Congreso Nacional de Derecho Administrativo del Perú, Lima, Palestra, 2012.

— "El derecho a la tutela administrativa efectiva", en AA.VV., *El derecho administrativo, hoy, 16 años después*, Buenos Aires, RAP, 2013.

— "Responsabilidad por actividad estatal legítima. Proyecto de ley de responsabilidad del Estado y de los funcionarios públicos, La Ley 2014-C, 1078.

— "Los factores de atribución en la responsabilidad del Estado por su actividad lícita", en *Responsabilidad del Estado y del funcionario público,* Jornadas de la Universidad Austral, Buenos Aires, 2001.

PEYRANO, JORGE W.: "La medida autosatisfactiva. Forma diferenciada de tutela que constituye una expresión privilegiada del proceso urgente. Génesis y evolución", en AA.VV., *Medidas autosatisfactivas*, Rosario, Rubinzal Culzoni, 2002.

PIEPER, JOSEF: *Justicia y fortaleza*, trad. del alemán, Madrid, 1968.

PIÑAR MAÑAS, JOSÉ LUIS: "Transparencia y protección de datos. Una referencia a la ley 19 de 2013, de transparencia, acceso a la información y buen gobierno", Colección Derecho Administrativo, en el libro *Transparencia, acceso a la información y protección de datos*, Madrid, Reus, 2014.

PITHOD, EDUARDO L.: "Responsabilidad del Estado por acto lícito"*, en Estudios de derecho administrativo,* t. XII, IEDA, Mendoza, Diké, 2005.

POZO GOWLAND, HÉCTOR: "Antecedentes históricos y evolución normativa del procedimiento administrativo en Argentina", en POZO GOWLAND, HÉCTOR *et alters* (Dirs.), *Procedimiento administrativo*, t. I, Buenos Aires, La Ley, 2012.

POZZOLO, SUSANA: *Neoconstitucionalismo y positivismo jurídico*, trad. del italiano, Lima, Palestra, 2011.

PRESCOTT, WILLIAM H.: *Historia de los reyes católicos,* t. I, Junta de Castilla y León, reproducción facsímil de la primera edición de la obra en idioma español de 1845, Salamanca, 2004.

PRIETO SANCHIS, LUIS: *Constitucionalismo y positivismo,* 2ª ed., México, UNAM-Fontamara, 1997.

PÜNDER, HERMANN: "Legitimación democrática de la legislación delegada. Análisis comparativo en el derecho de los EEUU, Gran Bretaña y Alemania", ED Suplemento de Derecho Administrativo, de 30 de abril de 2009.

PUY, FRANCISCO: *Teoría científica del derecho natural*, México, Porrúa y Universidad Panamericana, 2006.

QUIROGA LAVIÉ, HUMBERTO - BENEDETTI, MIGUEL ANGEL - CENICA CELAYA, MARÍA DE LAS NIEVES: *Derecho constitucional argentino,* t. II, Santa Fe, Rubinzal Culzoni, 2001.

RABBI–BALDI CABANELLAS, RENATO: *Teoría del derecho,* Buenos Aires, Ábaco, 2008.

RAINAUD, JEAN M.: *La distinction de l'acte réglamentaire et de l'acte individuel,* París, R. Pichon et R. Durand-Auzias, 1966.

RALLO LOMBARTE, ARTEMI: *La constitucionalidad de las administraciones independientes,* Madrid, Tecnos, 2002.

RANELLETTI, ORESTE: *Teoria degli atti amministrativi speciali,* Milán, Giuffrè, 1945.

RANIERI DE CECHINI, DÉBORA: "El viraje producido por la CEDH en el caso del crucifijo en las escuelas públicas de Italia: la puesta en escena de dos modelos jurídico-políticos irreconciliables", ED 242-590.

REBOLLO PUIG, MANUEL: "Los principios generales del derecho. Atrevimiento atribulado sobre su concepto, función e inducción", ED, suplemento de Derecho Administrativo, diario de 10/06/2015, Buenos Aires.

REVIDATTI, GUSTAVO A.: *Derecho administrativo,* t. I, Buenos Aires, Fundación de Derecho Administrativo, 1984.

RÍO, MANUEL: *Estudio sobre la libertad humana,* Buenos Aires, Guillermo Kraft, 1955.

RITTO, GRACIELA B.: *"Responsabilidad del Estado por omisión",* La Ley 2006-F, 615.

RIVAROLA, Rodolfo: *La Constitución Argentina y sus principios de ética política,* Rosario, Rosario Sociedad Anónima, 1944.

RIVERO, JEAN: "Los principios generales del derecho en el derecho francés contemporáneo", RAP núm. 6, Madrid, 1951.

— *Droit administratif,* 3ª ed., París, Dalloz, 1968 y 18ª ed. actualizada por Jean Waline, París, Dalloz, 2000.

RODRÍGUEZ, MARCELA V.: "Entre la justicia y la justicia formal: la discriminación por género en la jurisprudencia de la Corte Suprema de la Nación Argentina", en Alegre, Marcelo – Gargarella, Roberto (Coords.), *El derecho a la igualdad. Aportes para un constitucionalismo moderno,* 2ª ed. ampliada, Buenos Aires, Abeledo Perrot, 2012.

RODRÍGUEZ, MARÍA JOSÉ: "La aplicación de la LNPA a los contratos administrativos", en Pozo Gowland, Héctor – Halperin, David Andrés – Aguilar Valdez, Oscar – Juan Lima, Fernando – Canosa, Armando (Dirs.), *Procedimiento administrativo,* t. II, Buenos Aires, La Ley, 2012.

RODRÍGUEZ-ARANA, JAIME: "Los principios generales en la jurisprudencia administrativa en el Derecho Administrativo Español", en *Los principios en el derecho administrativo iberoamericano,* La Coruña, Netbilo, 2008.

— *El ciudadano y el poder público: el principio y el derecho al buen gobierno y a la buena administración,* Madrid, Reus, 2012.

— *Interés general, derecho administrativo y Estado del bienestar,* Madrid, Iustel, 2012.

Rodríguez R., Libardo: *Derecho administrativo general y colombiano*, Bogotá, Temis.

Rodríguez Varela, Alberto: "El valor de la vida inocente", ED 191-424.

— *Historia de las ideas políticas*, Buenos Aires, A-Z editora, 1989.

— "La neoescolástica y las raíces del constitucionalismo", Separata de la Academia Nacional de Ciencias Morales y Políticas de Buenos Aires, Buenos Aires, 2005.

— "La persona por nacer al comenzar el siglo veintiuno", en *El derecho humano a la vida*, Academia Nacional de Ciencias Morales y Políticas, Buenos Aires, 2006.

Romano, Santi: "Il Comune", en *Primo trattato completo di diritto amministrativo italiano*, t. ii-i, Milán, 1932.

Roquel, Rodolfo: *Introducción a la teoría general del derecho administrativo*, Buenos Aires, Dunken, 2004.

Rossi, Abelardo F.: *Aproximación a la justicia y a la equidad*, Buenos Aires, Educa, 2000.

Sabsay, Daniel (Dir.) – Manili, Pablo L. (Coord.): *Constitución de la Nación Argentina*, comentario al artículo 16 de Saba, Roberto, Buenos Aires, Hammurabi, 2009.

Sagués, Néstor Pedro: *Ley de amparo*, Buenos Aires, 1979.

— "El constitucionalismo social", en Vazquez Vialard, Antonio (dir.), *Tratado de derecho del trabajo*, t. ii, Buenos Aires, Astrea, 1982.

— "Los derechos no enumerados en la Constitución Nacional", Academia Nacional de Ciencias Morales y Políticas, Buenos Aires, 1985.

— "Derecho Constitucional y derecho de emergencia", *Separata de la Academia Nacional de Derecho y Ciencias Sociales de Buenos Aires, Anales XXXV*, segunda época, núm. 28, Buenos Aires, 1990.

— *Elementos de derecho constitucional*, t. 2, 3ª ed. act. y ampl., Buenos Aires, Astrea, 1999.

— *Derecho procesal constitucional. Recurso extraordinario*, t. 1, 4ª ed., Buenos Aires, Astrea, 2002.

— *Manual de derecho constitucional*, Buenos Aires, Astrea, 2007.

— *Elementos de derecho constitucional*, 3ª ed., Buenos Aires, Astrea, 2009.

— "El control de constitucionalidad en Argentina", en Sabsay, Daniel (Dir.), *Constitución de la Nación Argentina*, Buenos Aires, Hammurabi, 2010.

— "Principio de subsidiariedad y principio de antisubsidiariedad", *Revista de Derecho Público,* núms. 39-40, Santiago de Chile.

Sáinz Moreno, Fernando: *Conceptos jurídicos, interpretación y discrecionalidad administrativa*, Madrid, Civitas, 1976.

Saldaña Serrano, Javier: "La falacia iusnaturalista", publicado en Rabbi-Baldi Cabanellas, Renato (Dir.), *Las razones del derecho natural. Perspectivas teóricas y metodológicas ante la crisis del positivismo jurídico*, 2ª ed., Buenos Aires, Ábaco, 2008.

SALOMONI, JORGE LUIS: "Originalidad del fundamento de la responsabilidad del Estado en la Argentina (Alcances y régimen jurídico con especial referencia a la extracontractual)", ED, Suplemento de Derecho Administrativo de 29/03/00.

SAMMARTINO, PATRICIO MARCELO E.: *Amparo y Administración*, t. I, Buenos Aires, La Ley, 2012.

— "El procedimiento administrativo en el Estado constitucional social de Derecho", en Pozo Gowland, Héctor – Halperin, David Andrés – Aguilar Valdez, Oscar – Juan Lima, Fernando – Canosa, Armando (Dirs.), *Procedimiento administrativo*, t. I, Buenos Aires, La Ley, 2012.

— "Introducción al estudio del acto administrativo en el Estado Constitucional de Derecho", ReDA 81, Buenos Aires, Abeledo Perrot, 2012.

— "La imputabilidad en la responsabilidad del Estado", en *Cuestiones de Responsabilidad del Estado y del funcionario,* Jornadas de la Universidad Austral, Buenos Aires, RAP, 2008.

SAMPAY, ARTURO E.: *La filosofía jurídica del artículo 19 de la Constitución Nacional*, Cooperadora de Derecho y Ciencias Sociales, Buenos Aires, 1975.

SANABRIA, PABLO D.: "Las retenciones a la exportación. ¿Un impuesto inconstitucional?", La Ley 2008-B, 1034.

SÁNCHEZ, ALBERTO M.: "Procedimiento administrativo y derecho internacional", en Pozo Gowland, Héctor – Halperin, David Andrés – Aguilar Valdez, Oscar – Juan Lima, Fernando – Canosa, Armando (Dirs.), *Procedimiento administrativo*, t. I, Buenos Aires, La Ley, 2012.

SÁNCHEZ DE LA TORRE: *Los principios clásicos del derecho*, Madrid, 1975.

SÁNCHEZ VIAMONTE, CARLOS: *Manual de derecho constitucional*, 3ª ed., Buenos Aires, Kapelusz, 1958.

SANDEFUR, TIMOTHY: *The Right to Earn a Living: Economic Freedom and the Law,* Washington D. C., Cato Institute, 2010.

SANDULLI, ALDO M.: *Manuale di diritto amministrativo*, 10ª ed., Nápoles, Jovene, 1970.

SANTAMARÍA DE PAREDES, VICENTE: *Curso de derecho administrativo*, 4ª ed., Madrid, Establecimiento Tipográfico de Ricardo Fe, 1890.

SANTAMARÍA PASTOR, JUAN A.: *Fundamentos de derecho administrativo*, t. I, Madrid, Centro de Estudios Ramón Areces, 1988.

SANTIAGO, ALFONSO (h) - THURY CORNEJO, VALENTÍN: *Tratado sobre la delegación legislativa,* Buenos Aires, Ábaco, 2003.

SANTIAGO, ALFONSO: *Neoconstitucionalismo,* Separata de Anales de la Academia Nacional de ciencias Morales y Políticas, Buenos Aires, 2008.

SANTOFIMIO GAMBOA, JAIME ORLANDO: *Tratado de derecho administrativo*, t. 1, Bogotá, Universidad del Externado de Colombia, 2003.

— *Tratado de derecho administrativo*, t. II, 4ª ed., Bogotá, Universidad Externado de Colombia, 2007.

— "Principios del Derecho Urbanístico Colombiano", en la obra colectiva *Los principios en el Derecho Administrativo Iberoamericano,* Junta de Castilla y León, La Coruña, Netbilo, 2008.

SARMIENTO GARCÍA, JORGE: *Los principios en el derecho administrativo,* Mendoza, Diké, 2000.

— "Introducción", en *Estudios de derecho administrativo,* vol. IX, Mendoza, Diké, Foro de Cuyo, 2003

— "Responsabilidad del Estado. Principios y proyecto de ley", La Ley de 11/03/2014.

— "La responsabilidad del Estado en la Provincia de Mendoza", en *Responsabilidad del Estado y del funcionario público,* Jornadas de la Universidad Austral, Buenos Aires, 2001.

SARRÍA OLCOS, CONSUELO: "Los principios generales del derecho y el procedimiento administrativo en Colombia", en *Los principios en el derecho administrativo iberoamericano*, Actas del VII Foro Iberoamericano de Derecho Administrativo, celebrado en Valladolid y Salamanca, La Coruña, Netbiblo, 2008.

SAYAGUÉS LASO, ENRIQUE: *Tratado de derecho administrativo*, t. I, Montevideo, Talleres Gráficos Barreiro, 1963.

— *La licitación pública*, Montevideo, Acali, 1978.

SCHIFFRIN, LEOPOLDO H.: "Notas sobre el significado de los derechos humanos en la Constitución Argentina", en Miller, Jonathan M. – Gelli, María Angélica – Cayuso, Susana (Dirs.), *Constitución y derechos humanos*, t. 1, Buenos Aires, Astrea, 1991.

SCHMIDT-ASSMAN, EBERHARD: *La teoría general del derecho administrativo como sistema*, Instituto Nacional de la Administración Pública, Madrid, Marcial Pons, 2003.

—— "Cuestiones fundamentales sobre la reforma de la teoría general del derecho administrativo", en *Innovación y reforma del derecho administrativo* (dir. Javier Barnés Vázquez), 2ª ed., Sevilla, Inap-Global Law Press, 2012.

SCHWARTZ, BERNARD: *Administrative Law*, 2ª ed., Little Brown and Company, Boston, 1984, 3ª ed., Little Brown and Company, Boston-Toronto-Londres, 1991 y 4ª ed., *Administrative Law, a casebook*, Boston, 1994.

SEIJAS, GABRIELA: "La ejecutoriedad del acto administrativo", en *Derecho administrativo, homenaje al Prof. Julio R. Comadira*, Buenos Aires, Ad Hoc, 2009.

SENDÍN GARCÍA, MIGUEL ANGEL: "Los principios generales del derecho en el derecho administrativo español", *Actas del VII Foro Iberoamericano de Derecho Administrativo*, Valladolid y Salamanca, Junta de Castilla y León, La Coruña, Netbilo, 2008.

SERNA, PEDRO – TOLLER, FERNANDO: *La interpretación constitucional de los derechos fundamentales. Una alternativa a los conflictos de derechos*, Buenos Aires, La Ley, 2000.

Serna, Pedro: "El derecho a la vida en el horizonte europeo de fin de siglo", en Massini, Carlos Ignacio – Serna, Pedro, *El derecho a la vida*, Pamplona, Eunsa, 1998.

Sesín, Domingo J.: *Administración pública, actividad reglada, discrecional y técnica*, 2ª ed., Buenos Aires, Lexis Nexis Depalma, 2004.

— "Responsabilidad del Estado en la Provincia de Córdoba", en *Responsabilidad del Estado*, XXX Jornadas Nacionales de Derecho Administrativo, Buenos Aires, Rap, 2005.

Silva Tamayo, Gustavo: *Desviación de poder y abuso de derecho*, Buenos Aires, Lexis Nexis, 2006.

— "*Corsi e ricorsi* de los principios generales del derecho*"*, en ReDA, núm. 79, Buenos Aires, Abeledo-Perrot, 2012.

Simón Padrós, Ramiro: "El carácter revisor y el denominado principio de congruencia en el proceso contencioso-administrativo", REDA, núms. 19-20, Buenos Aires, Depalma, 1995.

Sola, Juan Vicente: *Derecho constitucional*, Buenos Aires, Lexis Nexis, Abeledo-Perrot, 2006.

— *Tratado de derecho constitucional*, t. ii, Buenos Aires, La Ley, 2009.

Soler, Sebastián: *Derecho penal argentino*, t. i, 3ª reimp., Buenos Aires, Tipográfica Editora Argentina, 1956.

Sorace, Domenico: *Diritto delle amministrazioni pubbliche*, Bolonia, Il Mulino, 2000.

Soria, Daniel Fernando: "El agotamiento de la vía en el proceso administrativo de la Provincia de Buenos Aires", REDA, núms. 24-26, Buenos Aires, Depalma.

— "Los actos administrativos de trámite equiparables a definitivos y su impugnabilidad judicial", La Ley 1990-C, 947.

Sotelo de Andreau, Mirta: "Las contrataciones reservadas", en *Cuestiones de contratos administrativos*, Jornadas de Derecho Administrativo de la Universidad Austral, Buenos Aires, RAP, 2007.

Spacarotel, Gustavo D.: "Aplicación del régimen de contratos administrativos a los contratos celebrados por los concesionarios de servicios públicos", en *Cuestiones de derecho administrativo*, Jornadas de la Universidad Austral, Buenos Aires, Rap, 2007.

Taveira Torres, Heleno: *Derecho tributario y Derecho privado. Autonomía privada, simulación y elusión tributaria*, Buenos Aires, Marcial Pons, 2008.

Tawil, Guido Santiago: "Los grandes mitos del derecho administrativo, el carácter revisor de la jurisdicción, la inactividad de la Administración y su fiscalización judicial", ED 128/958.

— *Administración y justicia. Alcance del control judicial de la actividad administrativa*, t. i, Buenos Aires, Depalma, 1993.

— "La desviación de poder. ¿Noción en crisis?", en *Estudios de derecho administrativo*, Buenos Aires, Abeledo Perrot, 2012.

— "El Preámbulo de la Constitución Nacional" en *Estudios de derecho administrativo,* Buenos Aires, Abeledo Perrot, 2012.

Tobías, José W.: "Persona y mercado", La Ley 2012-B, 632, Suplemento de la Academia Nacional de Derecho y Ciencias Sociales de Buenos Aires, del 28/02/2012.

Toller, Fernando M.: en el trabajo "Refutaciones lógicas a la teoría de los conflictos de derechos", en Cianciardo, Juan, (Coord.), *La interpretación en la era del neo-constitucionalismo,* Buenos Aires, Ábaco, 2006.

Toricelli, Maximiliano: *El sistema de control constitucional argentino. La acción declarativa de inconstitucionalidad como mecanismo de tutela*, Buenos Aires, Lexis Nexis-Depalma, 2002.

Trigo Represas, Felix A.: en colaboración con Marcelo J. López Mesa, el *Tratado de la responsabilidad civil,* t. IV, Buenos Aires, La Ley, 2004.

Trigo Represas, Felix A.: *Responsabilidad de los jueces y Estado juzgados por daños derivados de errónea actividad judicial,* Separata de la Academia Nacional de Derecho y Ciencias Sociales, La Ley, 2008.

Ubaud-Bergeron, Marion: "Exorbitance et droit des contrats: quelques interrogations à propos de la modification non conventionnelle du contrat administratif", en Bioy, Xavier (Dir.), *L'identité du droit public,* Toulouse, Presses de l'Université, 2011.

Urdanoz, Teófilo: *Introducción a la cuestión 58 de la suma teológica,* cit., t. VII.

Urrutigoity, Javier: "El derecho subjetivo y la legitimación procesal administrativa", en Sarmiento García, Jorge H. (dir.), *Estudios de derecho administrativo,* Buenos Aires, Depalma, 1995.

— "Del derecho de emergencia al derecho de la decadencia", *Estudios de derecho administrativo*, vol. VIII, IEDA, Mendoza, Diké, Foro de Cuyo, 2001.

— "El principio de tutela administrativa efectiva", JA 2005-IV-35.

Uslenghi, Alejandro Juan: "Lineamientos de la responsabilidad del Estado por su actividad ilícita", en *Responsabilidad del Estado y del funcionario público,* Jornadas de la Universidad Austral, Buenos Aires, 2001.

Valim, Rafael: *O principio de segurança jurídica no direito administrativo brasileiro,* San Pablo, Malheiros Editores, 2010.

Vanossi, Jorge R. - Dalla Vía, Alberto R.: *Régimen constitucional de los tratados,* 2ª ed., Buenos Aires, Lexis Nexis, 2000.

Vanossi, Jorge Reynaldo A.: *Régimen constitucional de los tratados*, Buenos Aires, El Coloquio, 1969.

— *Teoría constitucional,* t. II, Buenos Aires, Depalma, 1976.

— *El Estado de derecho en el constitucionalismo social*, Buenos Aires, Eudeba, 1982.

Vedel, Georges – Delvolvé, Pierre: *Droit administratif,* t. I y II, 12ª ed., París, PUF, 1992.

Vedel, Georges: *Droit administratif,* París, Presses Universitaires de France, 1961, 4ª ed., París, PUF, 1968 y trad. del francés, Madrid, 1976.

Ventura, Adrián: "El derecho a la libertad de expresión", en Sabsay, Daniel A. (Dir.) – Manili, Pablo L. (Coord.), *Constitución de la Nación Argentina y normas complementarias. Análisis doctrinal y jurisprudencial*, t. 1, Buenos Aires, Hammurabi, 2009.

Vergara Blanco, Alejandro: en la presentación al libro *Principios generales del derecho público* de Frank Moderne, traducido al español, ed. Jurídica de Chile, Santiago, 2005.

Vidal Perdomo, Jaime: *Derecho administrativo*, 5ª ed., Serie Textos Universitarios, Bogotá, Biblioteca Banco Popular, 1977.

— *Derecho administrativo*, 8ª ed., Bogotá, 1985.

Viehweg, Theodor: *Tópica y Jurisprudencia*, trad. del alemán, Madrid, Taurus, 1964.

Vigo, Rodolfo L.: "Los principios generales del derecho", JA 1986-III, 860.

— *Los principios jurídicos*, Buenos Aires, Depalma, 2000

— *El iusnaturalismo actual. De M. Villey a J. Finnis*, México, Distribuciones Fontamara, 2003.

— *De la ley al derecho*, 2ª ed., México, Porrúa, 2005.

Vile, Maurice J. C.: *Constitucionalismo y separación de los poderes*, trad. del inglés, Madrid, Centro de Estudios Políticos y Constitucionales, 2007.

Villarruel, María Susana: "Jurisdicción y competencia en materia de responsabilidad del Estado", en *Cuestiones de responsabilidad del Estado y del funcionario*, Jornadas de la Universidad Austral, Buenos Aires, RAP, 2008.

Villegas Basavilbaso, Benjamín: *Derecho administrativo*, t. i, Buenos Aires, Tea, 1949; t. ii, Buenos Aires, Tea, 1950; t. iv, Buenos Aires, Tea, 1954; t. v, Buenos Aires, 1954.

Virga, Pietro: *Diritto amministrativo*, 5ª ed., t. 2, Milán, Giuffrè, 1999.

Vítolo, Alfredo M.: "La crisis del sistema constitucional de control del poder", ReDA, núm. 47, Buenos Aires, LexisNexis - Depalma, 2004.

Vitta, Cino: *Diritto amministrativo*, 5ª ed., vol. i, Turín, UTHE, 1962.

Volpi, Franco: *El nihilismo*, 2ª ed., trad. del italiano, Buenos Aires, Biblos, 2011.

Wagner, Federico: "*In dubio pro reo* como límite a la interpretación de la ley penal", RDP, Buenos Aires, 2014-10-2135.

Waline, Marcel: *Droit administratif*, 9ª ed., París, Sirey, 1963.

White, G. Edward: *The Constitution ant the New Deal*, Cambridge, MA: Harvard University Press, 2000.

Wunder Hachem, Daniel: *Principio constitucional da supremacía do interesse público*, Belo Horizonte, Forum, 2011.

Zacagnino, María Eugenia – Fernández, María Alejandra: en Sacristán, Estela B. (Dir.), *Manual de jurisprudencia y doctrina*, Buenos Aires, La Ley, 2013.

Zacagnino, María Eugenia: "Teoría de la argumentación jurídica (III)", en Sacristán, Estela B. (Dir.), *Manual de doctrina y jurisprudencia*, Buenos Aires, La Ley, 2013.

ZAFFARONI, EUGENIO R.: *Tratado de derecho penal,* t. I, 4ª reimp., Buenos Aires, Ediar, 2004.

ZAGREBELSKY, GUSTAVO: *La ley y su justicia. Tres capítulos de justicia constitucional,* trad. del italiano, Madrid, Trotta, 2014.

ZAMBRANO, MARÍA DEL PILAR: "El liberalismo político y la interpretación constitucional", en Cianciardo, Juan (Coord.), *La interpretación en la era del neoconstitucionalismo,* Buenos Aires, Ábaco, 2006.

ZANOBINI, GUIDO: *Curso de derecho administrativo*, t. I, trad. del italiano, Buenos Aires, Arayú, 1954.

— *Corso di diritto amministrativo*, t. I, Milán, Giuffrè, 1958.

ZILLI DE MIRANDA, MARTHA: "La responsabilidad del Estado por omisión ilegítima. Su incidencia en la tutela del derecho fundamental a la salud", en *Derecho administrativo,* libro en homenaje al Profesor Doctor Julio Rodolfo COMADIRA (Coord. Julio Pablo Comadira y Miriam M. Ivanega), Buenos Aires, Ad Hoc, 2009.

ZUÑIGA BOLAÑOS, HEIDY: *El agotamiento preceptivo de la vía administrativa en la contratación administrativa,* Universidad de Costa Rica, Facultad de Derecho. Curso a cargo del Prof. Jorge Enrique ROMERO PÉREZ, Costa Rica, 2008.

ÍNDICE DE AUTORES

ANOTACIONES

ANOTACIONES

ANOTACIONES

ANOTACIONES

ESTE LIBRO SE TERMINÓ DE IMPRIMIR
EN LOS TALLERES DE EDITORIAL NOMOS,
EL DÍA CINCO DE ENERO DE DOS MIL DIE-
CIOCHO, ANIVERSARIO DEL NACIMIENTO
DE FRANCISCO SUÁREZ (n. 5, I,
1548 y m. 25, IX, 1617).

LABORE ET CONSTANTIA